회계사·세무사 ○○시○○시 ○격을 위한

해커스 경영아카데미
합격 시스템

해커스 경영아카데미 인강

취약 부분 즉시 해결!
교수님께 질문하기
게시판 운영

무제한 수강 가능+
PC 및 모바일
다운로드 무료

온라인 메모장+
필수 학습자료
제공

* 인강 시스템 중 무제한 수강, PC 및 모바일 다운로드 무료 혜택은 일부 종합반/패스/환급반 상품에 한함

해커스 경영아카데미 학원

쾌적한 환경에서 학습 가능!
개인 좌석 독서실
제공

철저한 관리 시스템
미니 퀴즈+출석체크
진행

복습인강 무제한 수강+
PC 및 모바일
다운로드 무료

* 학원 시스템은 모집 시기별로 변경 가능성 있음

회계사 · 세무사 · 경영지도사 단번에 합격! **해커스 경영아카데미** cpa.Hackers.com

해커스
서호성
재정학

해커스 경영아카데미

┃이 책의 저자

서호성

경력

현 | 해커스 경영아카데미 교수
　　해커스공기업 교수
　　해커스금융 교수
　　메가스터디 공무원 7급 경제학
　　합격의 법학원 감정평가사, 노무사 경제학
　　보험연수원 보험계리사 경제학

전 | 윌비스 고시학원 7급 경제학

저서

해커스 회계사 서호성 경제학
해커스 서호성 객관식 경제학
해커스 서호성 재정학
해커스 서호성 객관식 재정학
해커스 세무사 재정학 FINAL
해커스공기업 쉽게 끝내는 경제학 이론 + 기출동형문제
해커스 TESAT(테셋) 2주 완성 이론 + 적중문제 + 모의고사
해커스 매경TEST 2주 완성 이론 + 적중문제 + 모의고사
서호성 ABC 경제학
서호성 ABC 경제학 기출문제집
ABC 경제학 핵심포인트

머리말

안녕하세요. 서호성입니다.

벌써 경제학 강의를 한지 10년이 넘는 시간이 흘렀습니다. 경제학 강의를 하면서 가장 많이 느끼는 것은 수험생 여러분들이 경제학을 너무나 어렵게 생각한다는 것입니다. 경제학의 세부과목인 재정학은 더욱 어렵게 생각하는 분들이 많습니다.

세무사 1차 필수 과목인 재정학을 가르치는 저의 목표는 두 가지입니다.
첫째, 경제학이 어렵다는 고정관념을 깨고 싶다.
둘째, 너무 고차원적인 지식보다는 시험과 바로 연결되는 수험에 적합한 강의를 하고 싶다.

이 두 가지 목표에 도달하기 위해 재정학 교재를 집필하게 되었습니다. 이 교재의 특징은 다음과 같습니다.

1. 기출된 내용을 총망라하였습니다.

세무사 재정학에 자주 출제되는 내용은 본문으로, 가끔 출제되는 내용은 보조단에 서술함으로써 시험에 나올만한 주제를 모두 수록하였습니다.

2. 주제별 중요도를 표시하였습니다.

내용의 중요도를 표시하여 재정학 시험에 반드시 나오는 내용과 아닌 것을 구분하여 의미 없는 노력을 하지 않도록 하였습니다. 더불어 자주 나오는 주제는 내용 설명 뒤 기출문제를 바로 풀어볼 수 있게 함으로써 실제 문제화 방식을 보여드리려고 노력하였습니다.

3. 계산문제 풀이법을 담았습니다.

'집중! 계산문제'라는 타이틀을 통해 계산문제와 관련된 주제를 집중 공략하였습니다. 사실 재정학의 계산문제는 정형화된 형태로 출제됩니다. 따라서 주제에 따른 계산문제 해결방식을 단계별로 알 수 있도록 상세하게 기술함으로써 수험생들이 대부분의 계산문제를 접근할 수 있도록 저술하였습니다.

4. 다수의 핵심 OX문제를 수록하였습니다.

객관식 형태로 제시된 지문들을 OX문제로 구성하여 반드시 기억해야 할 중요 포인트들을 반복하여 숙지하도록 구성하였습니다.

5. 엄선된 기출문제를 수록하였습니다.

재정학은 대부분 기출문제의 주제에서 출제되기 때문에 다수의 기출문제를 수록하였습니다. 객관식 문제를 통해 앞에서 다루었던 중요 포인트, 출제되었던 중요 문장을 확실히 반복 학습하도록 하였습니다. 특히 계산문제의 경우 사고의 과정을 번호로 매겨 세부적으로 접근하여 재정학 계산문제를 완벽히 정복할 수 있도록 하였습니다.

재정학을 가르치는 사람으로서 가장 행복한 순간은 수험생 여러분들이 스스로 어렵다고 생각했던 재정학을 저와 함께 학습하면서 해볼 만한 재미있는 과목이라는 표정이 얼굴에서 드러날 때입니다. 저와 여러분들이 함께 노력한다면 세무사 1차 과목인 재정학은 세무사 시험 합격의 통과점에 지나지 않을 것이라고 단언하여 말씀드리겠습니다.

이 책을 출간하면서 많은 도움을 주신 유동균 원장님, 해커스 출판사 관계자분들과 해커스 경영아카데미 세무사 담당 교수님들께 진심으로 감사드립니다.

서호성

목차

해커스 서호성 재정학

회계사 · 세무사 · 경영지도사 단번에 합격! 해커스 경영아카데미
cpa.Hackers.com

제1장

재정학의 기초

제1장 | 재정학의 기초

정부와 재정학 ★

핵심 Check: 정부의 3대 주요기능

자원배분기능	공공재의 직접 생산, 외부성 교정
소득분배기능	소득재분배정책
경제안정화기능	통화정책, 금융정책

1. 정부

(1) 의미

① 좁은 의미

행정을 맡아보는 국가기관이다.

② 넓은 의미

좁은 의미의 정부뿐 아니라 정부투자기관으로 구성된 공공기관까지 포함된다.

(2) 정부의 특징

용어정리

정부투자기관

공기업 등이 해당한다.

① 운영책임

국민이 직접 선출한 사람이나 선출된 사람에 의해 임명된 사람들이 운영의 책임을 맡고 있다.

② 강제력

국민에 대해 강제력을 가진다.

예 국민에게 소득 일부를 세금으로 내도록 강제할 수 있다.

③ 비시장배분의 방법 이용

민간부문에서 생산된 부분은 시장에서 형성된 가격에 의해 배분이 이루어지지만, 정부에 의해 생산된 것은 그와 다른 방식으로 배분되는 것이 일반적이다.

예 우리나라에서 행해지는 의무교육 등

2. 정부를 보는 두 가지 견해

(1) 유기체적 견해

① 사회를 하나의 자연적 유기체로 본다는 특징을 가진다.

② 개인이 유기체의 한 부분을 구성하고 있으며, 정부는 그 유기체의 심장부에 해당한다.

③ 사회(= 정부)는 우월적 존재이며 개인은 전체의 이익에 봉사하는 것이 미덕이다.

(2) 기계론적 견해

① 정부는 단지 개인의 목표달성에 도움이 될 수 있도록 편의에 의해 고안된 존재에 지나지 않는다.

② 사회는 개인의 합 이상도 이하도 아닌 존재이다.

③ 정부는 개인의 이익을 위해 존재하며 정부 자체가 독자적인 목표를 가질 수 없다.

3. 정부의 3대 주요기능(R. Musgrave)

(1) 자원배분(allocation)기능

① 의미
정부가 특정 재화나 서비스를 직접 생산, 공급하는 일을 의미한다.

② 공공재의 직접 생산
공공재의 성격을 가지는 재화나 서비스의 경우에는 시장에 의한 배분이 효율적이지 못해 정부가 이의 배분에 직접 관여해야 할 필요성이 생긴다.

③ 외부성에 대한 개입
외부성이라고 불리는 현상에 의해 야기된 자원배분의 비효율성을 제거하기 위해 정부가 개입하는 때도 있다.

(2) 소득분배기능

① 의미
공평한 소득분배의 실현을 위해 노력하는 것을 의미한다.

② 분배 상태의 개선을 위해 정부가 개입하는 것에 대해 사람 간에 논쟁이 있을 수 있다. 예 누진세율 등

③ 현대의 정부는 거의 예외 없이 분배 측면에서도 적극적인 역할을 수행하고 있는 것을 볼 수 있다.

(3) 경제안정화기능

① 의미

생산요소의 완전한 고용, 물가의 안정, 그리고 국제수지의 달성을 위해 여러 정책을 사용하는 것을 의미한다.

② 과거에는 총수요를 적절한 수준으로 관리하는 것을 주안점으로 두고 정책을 실시하였다.

③ 최근에는 경제의 공급능력을 높이는 데도 정부가 적극적인 역할을 하는 것으로 인식이 바뀌어 가고 있다.

④ 경제안정을 위해 정부의 개입이 바람직한지에 대한 많은 논란이 있다.

4. 재정과 재정학

(1) 재정

정부 및 공공기관 등 공공부문이 그 기능을 수행하는 데 필요한 재원을 조달하고 지출하는 일련의 과정이다.

(2) 재정학

① 공공부문의 경제적 기능과 역할을 체계적으로 연구·분석하는 경제학의 한 분야이다.

② 재정학에서는 정부의 정책이 사회의 후생수준 증가에 바람직한지의 여부를 평가하는 일이 주요한 과제 중 하나이다.

5. 사회후생평가의 기준

(1) 효율성(efficiency)

① 의미

한 경제에 존재하는 생산적 자원이 전혀 낭비되지 않고 최선의 방법으로 활용된다는 것을 의미한다.

② 적정 생산·소비가 이루어지면 효율적, 과다 혹은 과소 생산·소비가 이루어지면 비효율적이다.

③ 파레토 효율성 등으로 측정한다.

(2) 공평성(equity)

① 경제 안에 존재하는 소득이나 재산 등이 사람들 사이에 얼마나 공평하게 분배되어 있는지를 평가하는 것이다.

② 사회가 매우 효율적으로 운영되고 있지만 공평한 분배가 이루어지지 못한다면 그런 사회는 결코 바람직하다고 할 수 없다.

③ 각 사회구성원마다 다른 분배기준을 가질 수 있다.

(3) 개인의 자유(individual freedom)

① 사람들 개인의 자유가 완벽하게 보장되어 있을수록 사회후생이 더 커지는 것으로 본다.

② 정부차원에서 개인의 자유를 보장해야 하지만 무조건 보장하는 것이 바람직하지는 않다.

③ 젊은 사람들이 번 돈을 함부로 쓰면 노년을 가난하게 보낼 수 있으므로 온정적 간섭주의를 통해 국민연금에 강제 가입하게 만드는 것이다.

용어정리

온정적 간섭주의
선의로 개인의 선택에 간섭하는 것으로 현명하지 못한 선택을 바로잡아주는 것이다.

확인문제

정부의 3대 기능으로 옳은 것을 고르면?

ㄱ. 과다 생산되는 경우 조세부과, 과소 생산되는 경우 보조금 지급
ㄴ. 비례세, 사회보장제도 등의 수단을 통해 적극적 역할 수행
ㄷ. 물가와 완전고용을 위해 정부의 정책적 개입
ㄹ. 경기변동과 같은 방향을 추구하기 위한 정책적 개입 추구

① ㄱ, ㄴ   ② ㄱ, ㄷ   ③ ㄴ, ㄷ   ④ ㄴ, ㄹ   ⑤ ㄷ, ㄹ

해답

ㄱ. 자원배분기능, ㄷ. 경제안정화기능에 해당한다.

[오답체크]
ㄴ. 누진세, 사회보장제도 등의 수단을 통해 적극적 역할 수행
ㄹ. 경기변동과 다른 방향을 추구하기 위한 정책적 개입 추구

정답: ②

자원배분의 효율성
★★

소비의 파레토 효율성	$MRS_{XY}^A = MRS_{XY}^B$
생산의 파레토 효율성	$MRTS_{LK}^X = MRTS_{LK}^Y$
종합적 파레토 효율성	$MRS_{XY}^A = MRS_{XY}^B = MRT_{XY}$
파레토 효율성의 한계	• 공평성은 알 수 없음 • 항상 사회후생이 극대화되지 않음

1. 파레토 효율성

(1) 파레토 효율성(= 파레토 최적)

하나의 자원배분 상태가 있다고 할 때, 어느 누구에게도 손해가 가지 않으면서 어떤 사람에게는 이득이 되도록 변화시키는 것이 불가능하다고 하자. 그렇다면 이와 같은 자원배분 상태는 파레토 효율적인 성격을 가진다.

(2) 파레토 개선, 파레토 우위, 열위

① 가정 - 실현 가능한 배분

한정된 생산물과 생산요소의 존재량을 가정한다. 따라서 가지고 있는 자원을 초과하는 배분은 불가능하다.

② 파레토 개선

사회 전체적인 관점에서 볼 때, 손해를 보는 사람이 아무도 없으면서 이득을 얻는 사람이 생기게 만드는 변화를 파레토 개선이라고 한다.

③ 파레토 우위와 파레토 열위

파레토 개선이 일어난 경우, 일어나기 전의 배분 상태를 파레토 열위, 일어난 후의 배분 상태를 파레토 우위라고 한다.

④ 파레토 효율성(= 파레토 최적)

파레토 개선이 일어날 수 없는 경우를 파레토 효율적이라고 한다.

⑤ 사례

사회가 사과 10개, 배 10개를 가지고 있다고 가정하자. 최초의 배분 상태는 A가 사과 4개와 배 4개, B가 사과 5개와 배 5개를 가지고 있을 경우, 배분 상태를 바꾸어 A가 사과와 배를 한 개씩 더 가지게 되면 사과 5개, 배 5개를 가지게 된다. 이때 A의 배분 상태가 전보다 좋아졌지만, B의 배분을 악화시키지 않았으므로 파레토 개선이 된 것이다. 이후에 A가 사과나 배를 더 가지려고 한다면 B의 사과나 배의 수량이 줄어들어야 하므로 현 상태가 파레토 최적인 상태가 된다.

2. 무차별곡선

(1) 개념

① 두 가지 재화를 소비해서 같은 효용을 얻을 수 있는 소비량의 조합을 연결한 선으로, 무차별곡선 위의 어떤 조합이든 같은 만족감을 준다.

② 개인의 주관적 만족과 선호를 반영하며, 무차별곡선을 통해서 개인의 주관적인 서수적 선호를 파악할 수 있다.

③ 사례

사탕 4개와 초콜릿 3개의 조합과 사탕 3개와 초콜릿 4개의 조합 중 어느 것을 가져도 상관이 없다면 효용이 같은 것이므로 두 조합은 무차별한 것이라고 볼 수 있다.

(2) 성질

① 우하향의 기울기를 갖는다.

한 가지 재화의 소비를 늘리면서 같은 효용(만족감)을 얻는 상태가 되려면 다른 재화의 소비를 줄여야 한다(기회비용의 원리). A와 B점이 모두 무차별곡선 위에 있으므로 두 점의 효용은 동일하다.

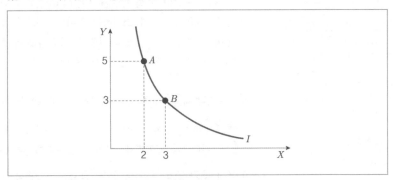

② 원점에서 멀어질수록 더 높은 효용 수준을 갖는다.

원점에서 멀다는 것은 더 많은 두 재화를 소비한 것이므로 효용의 합은 더 크다. 더 많은 소비량은 더 많은 효용을 가져다준다. 유의할 점은 한계효용체감의 법칙은 한 재화를 계속적으로 소비하는 것이고 무차별곡선은 두 재화를 골고루 소비하는 것이다.

③ 서로 교차할 수 없다.

무차별곡선이 서로 교차할 수 있다면 다음과 같은 그림으로 표현 가능하고, 그림의 a, b, c는 같은 효용을 가져야 한다. 왜냐하면 a, c와 a, b가 같은 무차별곡선 위에 존재하기 때문이다. 그러나 b는 c보다 X, Y의 소비량이 많으므로 b의 효용이 더 커야 한다. 따라서 b, c는 효용이 동일할 수 없고 무차별곡선은 서로 교차할 수 없다.

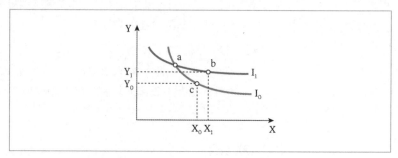

핵심 Plus +

무차별곡선과 등량곡선의 공통점
소비 측면의 무차별곡선은 두 재화를 조합하여 소비하였을 경우 같은 효용을 연결한 것이다. 생산 측면의 등량곡선은 두 생산요소를 조합하여 생산하였을 경우 같은 생산량을 조합한 것이다. 기본그래프의 형태는 동일하다.

한계효용공식
$$MU = \frac{\triangle TU}{\triangle Q}$$

④ 원점에 대해서 볼록하다.

무차별곡선 위의 점에서는 X재 소비를 추가적으로 늘렸을 때 같은 효용을 유지하기 위해서 Y재의 소비를 줄여야 한다. 이것을 수식으로 나타내면 $\frac{-\triangle Y}{\triangle X}$ 로 표현할 수 있다. 이를 한계대체율(MRS)이라 한다. 원점에 대해서 볼록하다는 것은 두 재화를 고르게 소비하는 것이 한 재화를 집중해서 소비하는 것보다 효용을 높이는 데 좋다는 것을 의미한다. 따라서 X재 소비량이 증가할수록 무차별곡선의 기울기인 한계대체율이 체감한다.

(3) 한계대체율(MRS; Marginal Rate of Substitution)

① 한계대체율은 X재 소비를 추가적으로 증가시키기 위하여 포기하여야 할 Y재 수량으로 나타낸다. 무차별곡선상의 두 점은 총효용이 동일하다는 것에서 유추할 수 있다.

② X재 추가 소비 증가로 인한 총효용 = Y재 추가 소비 감소로 인한 총효용

$$TU_X = TU_Y \; \blacktriangleright \; \triangle X \cdot MU_X = -\triangle Y \cdot MU_Y$$

③ $MRS_{XY} = \dfrac{-\triangle Y}{\triangle X} = \dfrac{MU_X}{MU_Y}$

3. 등량곡선

(1) 개념

① $Q = F(K, L) = a$(생산량 일정) $(K: 자본, \; L: 노동, \; Q: 생산량)$

② 어떤 상품을 생산하는 데 있어 같은 수준의 산출량을 효율적으로 생산해낼 수 있는 여러 가지 서로 다른 생산요소의 조합을 연결한 곡선을 말한다. 이를 그래프로 표현하면 다음과 같다.

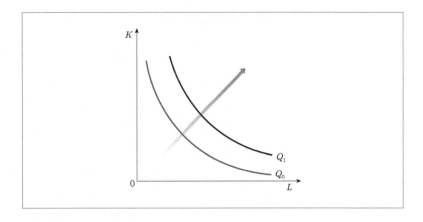

(2) 성질

① 원점으로부터 멀리 떨어진 등량곡선일수록 높은 산출량을 나타낸다.

② 등량곡선은 우하향한다.

③ 등량곡선은 서로 교차할 수 없다.

④ 등량곡선은 일반적으로 원점에 대해 볼록한 형태를 취한다. (한계기술대체율 체감)

(3) 한계기술대체율(MRTS; Marginal Rate of Technical Substitution)

① 의미

같은 생산량을 유지하면서 노동을 추가로 더 고용하기 위하여 감소시켜야 하는 자본의 수량으로 $\dfrac{-\triangle K}{\triangle L}$으로 표현한다.

② 한계기술대체율(MRTS)은 등량곡선 접선의 기울기의 절댓값과 같다.

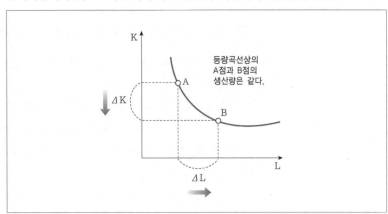

등량곡선상의 A점과 B점의 생산량은 같다.

4. 생산가능곡선

(1) 생산가능곡선(PPC; Production Possibility Curve)의 개념

① 의미

한 사회의 모든 생산요소를 가장 효율적으로 사용하여 최대로 생산가능한 두 재화(X재, Y재)의 조합을 나타내는 곡선이다.

② 우하향의 원인

생산가능곡선이 우하향하는 것은 희소성의 법칙 때문에 한정된 자원으로는 모두를 다 늘릴 수 없고 하나를 늘리면 다른 하나를 줄여야 하기 때문이다.

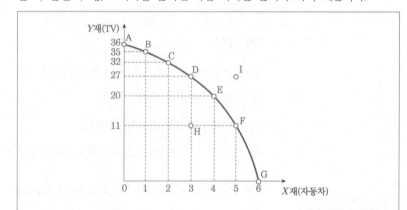

생산가능곡선의 해석
- 생산가능곡선 위에 있는 A(TV만 36대 생산), B, C, D, E, F, G(자동차만 6대 생산)점들은 생산이 효율적으로 이루어지는 점
- 생산가능곡선 내부에 있는 H점은 생산이 비효율적으로 이루어지는 점
- 생산가능곡선 외부에 있는 I점은 현재의 주어진 자원과 기술로는 생산할 수 없는 점

(2) 생산가능곡선의 곡선 내 이동과 선 자체의 이동

① 생산가능곡선의 내부에서 곡선상으로의 이동

H점에서 E점으로 이동하는 것으로 다음의 의미를 가진다.
- 비효율적인 생산점에서 효율적인 생산점으로의 이동
- 불완전고용 생산점에서 완전고용 생산점으로의 이동
- 파레토 개선을 통해 파레토 최적 달성

② 생산가능곡선의 이동

E점에서 I점으로의 이동은 기술진보, 교육 수준 향상, 천연자원발견, 인구 증가 등이 원인이다.

(3) 한계변환율(= 한계변화율)

① 한계변환율은 X재 생산을 추가적으로 증가시키기 위하여 포기하여야 할 Y재 수량으로 나타낸다. 생산가능곡선상의 두 점은 같은 자원을 사용하므로 총생산비가 동일하다.

② X재 추가 생산 증가로 인한 총비용 = Y재 추가 생산 감소로 인한 총비용

$$TC_X = TC_Y \ \rightarrow \ \triangle X \cdot MC_X = -\triangle Y \cdot MC_Y$$

핵심 Plus +
한계비용공식
$$MC = \frac{\triangle TC}{\triangle Q}$$

③ $MRT_{XY} = \dfrac{-\triangle Y}{\triangle X} = \dfrac{MC_X}{MC_Y}$

5. 소비 측면에서의 파레토 효율성

(1) 교환의 파레토 효율성 조건

① 그래프(에지워스 상자)

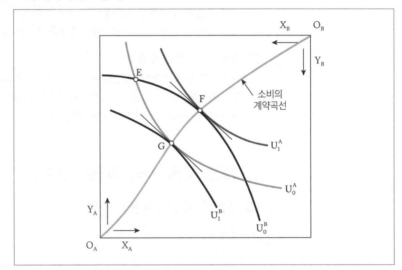

② 배분점이 E점에서 F점으로 이동하면 B의 효용은 U_0^B으로 변하지 않으나 A의 효용은 U_0^A에서 U_1^A으로 증가하여 파레토 개선이 이루어진다.

③ 배분점 F점, G점은 더 이상 한 사람의 효용을 감소시키지 않고는 다른 한 사람의 효용(후생)을 증가시키지 못하는 점이므로 파레토 효율성을 만족하는 점이다.

④ 파레토 효율성을 만족하는 점 F, G에서는 두 무차별곡선이 접하므로 무차별곡선의 접선의 기울기인 한계대체율(MRS)도 같아질 것이다.

⑤ 교환의 파레토 효율성(교환의 최적성) 조건은 $MRS_{XY}^A = MRS_{XY}^B$이다.

(2) 소비 측면의 계약곡선과 효용가능곡선

① 그래프

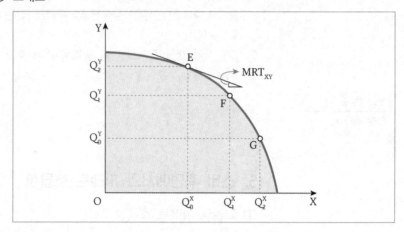

② 계약곡선

교환에 있어서 파레토 효율성이 존재하는 점 즉, 두 무차별곡선이 접하는 점은 무수히 많이 존재하며 이러한 점을 연결한 곡선을 소비 측면의 계약곡선이라 한다.

③ 효용가능곡선의 도출

재화공간의 계약곡선을 효용공간으로 나타내면 위 그림과 같이 우하향의 곡선이 도출되는데, 이를 효용가능곡선이라 한다. 효용가능곡선상의 모든 점은 소비가 파레토 효율적으로 이루어지는 점들이다.

6. 생산 측면에서의 파레토 효율성

(1) 생산의 파레토 효율성 조건

① 그래프

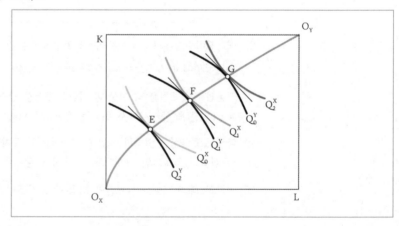

② 등량곡선이 접하지 않는 경우 생산물의 조정을 통해 파레토 개선이 가능하다.

③ 파레토 효율성을 만족하는 점 E, F, G에서는 두 등량곡선이 접하므로 등량곡선의 접선의 기울기인 한계기술대체율(MRTS)도 같아질 것이다.

④ 생산의 파레토 효율성(생산의 최적성) 조건은 $MRTS_{LK}^{X} = MRTS_{LK}^{Y}$이다.

(2) 생산 측면의 계약곡선과 생산가능곡선

① 그래프

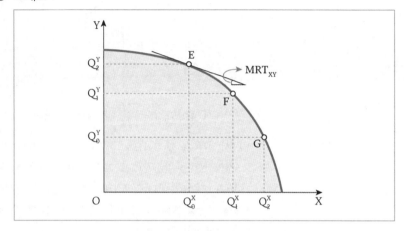

② 계약곡선

생산에 있어서 파레토 효율성이 존재하는 점 즉, 두 등량곡선이 접하는 점은 무수히 많이 존재하며 이러한 점을 연결한 곡선을 생산 측면의 계약곡선이라 한다.

③ 생산가능곡선의 도출

계약곡선 위의 점은 생산의 파레토 효율성을 만족하는 점들이다. 이 각각의 점들을 X재와 Y재를 생산하는 재화공간으로 옮겨 나타내면 위 그래프가 도출되는데, 이를 생산가능곡선이라 한다. 생산가능곡선(PPC)상의 모든 점은 생산이 파레토 효율적으로 이루어지는 점들이다.

7. 산출물구성의 파레토 효율성

(1) 종합적 파레토 효율성의 의미

산출물구성의 파레토 효율성이란 소비(교환)의 파레토 효율성과 생산의 파레토 효율성을 동시에 만족시키도록 산출물구성이 이루어진 상태를 의미한다.

(2) 종합적 파레토 효율성의 충족 조건 분석

① 그래프

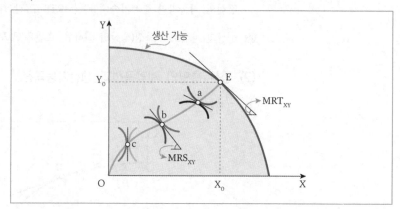

② b점에서 $MRS_{XY}\left(=\dfrac{MU_X}{MU_Y}\right)=3$이고 E점에서 $MRT_{XY}\left(=\dfrac{MC_X}{MC_Y}\right)=2$이면, b점 에서 MRS_{XY}가 3이므로 $MU_X=3MU_Y$이다. 따라서 소비자는 X재 1개와 Y재 3개의 효용을 같은 것으로 보고 있다. 반면 생산 측면에서는 MRT_{XY}가 2이므로 $MC_X=2MC_Y$이다. X재 1개를 더 생산하기 위해서 Y재 2개만 포기하면 되므로 X재 생산을 1단위 증가시키고 Y재 생산을 2단위 감소시키면 MRT_{XY}가 증가하 여 효율성이 개선된다.

③ 한계대체율과 한계변환율이 일치하지 않는 경우

구분	비교	파레토 효율성 달성을 위한 생산조정
$MRS_{XY} > MRT_{XY}$	X재 한계효용 > X재 한계생산비	X재 생산 증가, Y재 생산 감소
$MRS_{XY} < MRT_{XY}$	X재 한계효용 < X재 한계생산비	X재 생산 감소, Y재 생산 증가

(3) 종합적 파레토 효율성의 충족 조건

① 소비(교환)의 파레토 효율성 충족 조건 ➡ $MRS^A_{XY} = MRS^B_{XY}$

② 생산의 파레토 효율성 충족 조건 ➡ $MRTS^X_{LK} = MRTS^Y_{LK}$

③ 산출물구성의 파레토 효율성 충족 조건 ➡ $MRS^A_{XY} = MRS^B_{XY} = MRT_{XY}$

④ 종합적 파레토 효율성이 성립하려면 무차별곡선의 기울기와 생산가능곡선의 기울기가 같아야 한다.

8. 파레토 효율성의 한계

(1) 공평성을 판단할 수 없다.

파레토 효율성(최적성) 조건이 충족되면 자원배분의 효율성은 만족시키지만, 소득분배의 공평성까지 보장하는 것은 아니다.

(2) 파레토 효율성을 달성하는 점은 무수히 많다.

① 파레토 효율성을 만족하는 점이 무수히 많이 존재하므로 그 중 어느 점이 사회적으로 가장 바람직한지를 알 수 없다.

② 각 사회의 구성원들이 원하는 후생함수에 따라 바람직한 지점은 공평성까지 고려되는 개념이므로 각 사회마다 다를 수 있다.

③ 따라서 파레토 효율적인 자원배분하에서는 항상 사회후생이 극대화된다고 말할 수 없다.

확인문제

파레토 효율성에 관한 설명으로 옳지 않은 것은?
① 어느 한 사람의 효용을 감소시키지 않고서는 다른 사람의 효용을 증가시킬 수 없는 상태는 파레토 효율적이다.
② 일정한 조건이 충족될 때 완전경쟁시장에서의 일반균형은 파레토 효율적이다.
③ 파레토 효율적인 자원배분이 평등한 소득분배를 보장해 주는 것은 아니다.
④ 파레토 효율적인 자원배분하에서는 항상 사회후생이 극대화된다.
⑤ 파레토 효율적인 자원배분은 일반적으로 무수히 많이 존재한다.

해답

사회후생의 극대화는 자원배분의 파레토 효율성이 달성되는 효용가능경계와 사회무차별곡선이 접하는 점에서 이루어진다. 그러므로 파레토 효율적인 자원배분하에서는 항상 사회후생이 극대화되는 것은 아니다. 다시 말해 사회후생 극대화는 무수히 많은 파레토 효율적인 점들 중의 한 점에서 달성된다.   정답: ④

03

후생경제학의 정리 ★★

완전경쟁시장	P = AR = MR = MC
후생경제학의 1정리	일정 조건 충족 시 완전경쟁이면 파레토 효율성 달성
후생경제학의 2정리	특정 조건이 성립하면 정부의 소득재분배정책 가능

1. 완전경쟁시장

(1) 완전경쟁시장의 성립요건

① 완전경쟁시장에는 다수의 수요자와 공급자가 존재하므로 개별 수요자와 공급자는 가격에 영향을 미칠 수 없어 가격수용자(Price Taker)로 행동한다.

② 모든 기업은 동질적인 재화를 생산하므로 각 재화는 완전대체재이다.

③ 특정 산업으로의 진입과 퇴거가 자유롭다.

④ 경제주체들이 가격에 관한(정확하게는 가격이 결정되는 모든 조건에 관한) 완전한 정보를 보유하고 공유하므로 일물일가의 법칙이 성립한다.

(2) 단기 완전경쟁시장에서의 수요곡선

① 시장 전체의 수요곡선
- 시장 전체 수요량은 개별 소비자들의 수요량을 합한 것이므로 시장 전체 수요곡선은 개별 소비자들의 수요곡선의 수량을 합해야 한다. 따라서 수평으로 합하여 구한다.
- 개별 소비자들의 수요곡선이 우하향하므로 시장 전체의 수요곡선도 우하향한다.

② 개별 기업의 수요곡선
- 시장 전체의 수요·공급곡선에 의하여 균형가격이 결정되면 개별 기업은 주어진 가격 수준에서 원하는 만큼 판매 가능하다.
- 개별 기업은 자신의 생산능력 범위 내에서 생산량을 증가시키더라도 시장가격이 전혀 변하지 않으며, 주어진 가격으로 원하는 만큼 판매하는 것이 가능하므로 개별 기업이 인식하는 수요곡선은 수평선이다.

③ 그래프

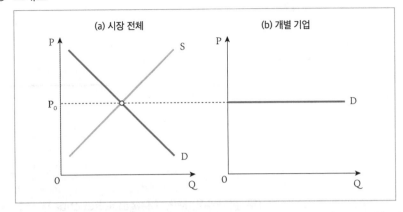

(a) 시장 전체   (b) 개별 기업

(3) 총수입(TR; Total Revenue)

① 가격과 판매량을 곱한 값

$$TR = P \times Q$$

② 완전경쟁시장에서 개별 기업은 가격수용자이므로 판매량과 관계없이 가격이 일정하다. 따라서 판매량이 증가할수록 총수입도 비례적으로 증가한다.

③ 완전경쟁시장에서 기업의 총수입곡선은 원점을 통과하는 직선의 형태이다.

④ 그래프

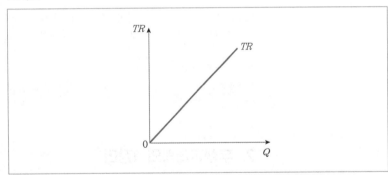

(4) 평균수입(AR; Average Revenue)

① 단위당 판매수입으로, 총수입을 판매량으로 나눈 값

$$AR = \frac{TR}{Q} = \frac{P \times Q}{Q} = P$$

② 총수입곡선에서 원점으로 연결한 직선의 기울기로 측정한다.

③ 총수입을 판매량으로 나누면 항상 가격과 일치하므로 평균수입곡선은 수평선의 형태이다.

④ 그래프

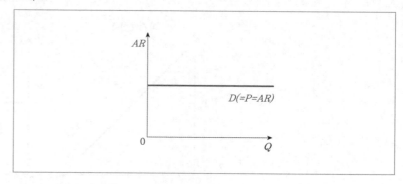

(5) 한계수입(MR; Marginal Revenue)

① 판매량이 1단위 증가할 때 총수입의 증가분

$$MR = \frac{\triangle TR}{\triangle Q} = \frac{P \times \triangle Q}{\triangle Q} = P$$

② 총수입곡선의 접선의 기울기로 측정한다.

③ 판매량이 1단위 증가할 때 총수입의 증가분(= 가격)은 항상 일정하므로 한계수입 곡선은 수평선의 형태이다.

(6) 이윤극대화

① 1단위 추가 판매 시 얻어지는 한계수입(MR)과 1단위 추가 생산 시 들어가는 한 계비용이 일치하는 지점에서 이윤극대화 생산량이 결정된다.

② 완전경쟁시장의 특징

P = AR = MR = MC

2. 후생경제학의 1정리

(1) 후생경제학 1정리

모든 개인의 선호체계가 강단조성(많이 소비하는 것이 좋음)을 지니고 외부성, 공공재 등의 시장실패 요인이 존재하지 않는다면 일반경쟁균형(왈라스균형)의 자원배분은 파레토 효율적이다.

① 강단조성(strong monotonicity)

두 변수 중 한 변수가 증가(감소)할 때 다른 변수도 증가(감소)하면 강단조성을 갖는다고 한다. 소비량이 증가할 때 총효용이 증가하면 선호가 강단조적, 선호가 강단조적이면, 한계효용은 정(+), 이는 소비자가 합리적으로 소비한다는 것을 의미한다.

② 시장실패 요인이 존재하지 않는다.

불완전경쟁시장에서는 P ≠ MC이다. 따라서 생산물구성의 파레토 최적은 불가능하다.

③ 일반경쟁균형의 자원배분은 파레토 효율적이다.

완전경쟁시장을 의미한다. 완전경쟁시장은 모두가 가격수용자이므로 파레토 효율성 조건을 충족한다.

(2) 후생경제학 1정리의 증명

① 교환의 최적성

- 소비자 A의 효용극대화 조건: $MRS_{XY}^A = \dfrac{P_X}{P_Y}$

- 소비자 B의 효용극대화 조건: $MRS_{XY}^B = \dfrac{P_X}{P_Y}$

- 생산물시장이 완전경쟁일 때, 일물일가가 성립하여 X재와 Y재의 가격이 모든 소비자에게 적용되므로 $MRS_{XY}^A = MRS_{XY}^B = \dfrac{P_X}{P_Y}$ 가 성립하여 소비의 파레토 효율성 조건을 충족한다.

② 생산의 최적성

- X재 생산자의 생산자균형 조건: $MRTS_{LK}^X = \dfrac{w}{r}$

- Y재 생산자의 생산자균형 조건: $MRTS_{LK}^Y = \dfrac{w}{r}$

- 생산요소시장이 완전경쟁일 때, 일물일가가 성립하여 w와 r이 모든 생산자에게 동일하게 적용되므로 $MRTS_{LK}^X = MRTS_{LK}^Y$ 가 성립하여 생산의 파레토 효율성 조건을 충족한다.

③ 생산물구성의 최적성

- 사회적 효용극대화 조건: $MRS_{XY} = \dfrac{P_X}{P_Y}$

- 생산의 최적성 조건: $MRT_{XY} = \dfrac{MC_X}{MC_Y}$

- 완전경쟁시장일 때, P = MC가 성립한다.

따라서 $MRS_{XY} = \dfrac{P_X}{P_Y} = \dfrac{MC_X}{MC_Y} = MRT_{XY}$ 가 성립하여 종합적 파레토 효율성을 달성한다.

3. 후생경제학의 2정리

(1) 후생경제학 2정리

> 모든 개인들의 선호가 연속적이고 강단조성 및 볼록성을 충족하면 초기 부존자원의 적절한 재분배를 통해 임의의 파레토 효율적인 자원배분을 일반경쟁균형을 통해 달성할 수 있다.

① 선호의 볼록성

무차별곡선이 원점에 볼록하다. 이는 소비자가 한계대체율(MRS)이 체감하는 일반적 선호를 갖는다는 것으로 골고루 소비하는 것이 좋음을 의미한다.

② 자원배분이 파레토 최적

$MRS_{XY} = \dfrac{P_X}{P_Y}$가 성립하므로 현재의 가격체계가 유지되어야 한다.

③ 효율적인 자원배분이 분권적인 시장기구에 의해 달성될 수 있음을 보여준다.

④ 그래프

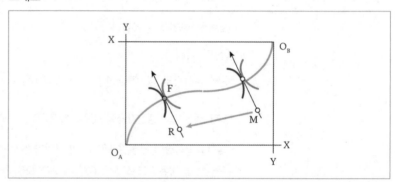

정부가 소득분배 상태를 M에서 R로 옮기면 시장의 원리에 따라 F점으로 이동하게 된다. 따라서 정부에 의한 자원배분이 시장가격체계에 영향을 주지 않으면 소득재분배정책이 가능하다는 것이다.

(2) 정책적 시사점

① 현금이전에 의한 소득재분배는 가격체계를 교란시키지 않으므로 자원배분의 효율성을 해치지 않는다. 따라서 소득재분배를 위한 정부개입은 가격체계를 변동시키지 않는 현금보조 등으로 국한하고 나머지는 시장의 가격기능에 맡겨야 한다.

② 비효율성을 초래하지 않는 소득재분배정책이 가능하다는 것을 보여준다.

③ 시장가격체계를 변화시키는 소득재분배정책은 바람직하지 않다는 것을 의미한다.
예 가격보조정책 등

04

시장의 실패
★★

핵심 Check: 시장의 실패

시장실패의 원인	불완전경쟁, 공공재, 외부성, 불확실성, 완비되지 못한 시장, 불완전한 정보(= 정보의 비대칭성)
정보의 비대칭성	• 역선택 - 감추어진 특성 - 의무가입 등 • 도덕적 해이 - 감추어진 행동 - 기초공제제도 등
정부실패의 원인	제한된 지식과 정보, 민간부문의 통제 불가능성, 정치적 과정에서의 제약, 관료조직에 대한 불완전한 통제

1. 시장실패의 원인

(1) 불완전경쟁

① 시장기구에 의한 자원배분이 효율적이라는 것은 완전경쟁이 전제되고 있는 상황에서만 타당성을 가진다.

② 불완전경쟁이 존재하면 시장의 실패는 당연히 일어난다.

  예 독점시장에서의 과소 생산 등

(2) 공공재

① 의미

도로 등과 같이 여러 사람의 공동소비를 위해 생산된 재화나 서비스로, 비경합성과 비배제성의 특징을 가진다.

② 비경합성

추가적으로 한 사람이 더 공공재를 소비하게 된다고 하더라도 다른 사람의 소비가능성이 줄어들지 않는 성격을 말한다.

③ 비배제성

대가를 치르지 않은 사람이라 하여 소비에서 배제할 수 없다는 성격을 말한다.

④ 무임승차로 인한 과소 생산

비경합성과 비배제성으로 인해 양(+)의 가격을 매기는 것이 불가능하다. 이로 인해 시장기구가 공공재를 적절한 수준에서 생산·공급할 수 없음을 의미한다.

(3) 외부성

① 의미

어떤 사람의 행동이 제3자에게 의도하지 않은 이득이나 손해를 가져다주는데도 이에 대한 대가를 받지도 지불하지도 않을 때 외부성(externalites), 외부효과(external effect)가 발생한다고 말한다.

② 과소, 과다 생산

자유로운 시장경제에 맡길 때 이로운 외부성은 사회적 최적 수준보다 더 적게 만들어지는 반면, 해로운 외부성은 최적 수준보다 더 많이 만들어지는 결과가 나타난다.

(4) 불확실성

① 의미

완전정보가 없는 상태로 장래에 일어날 일을 예측할 수 없는 상태를 의미한다.

② 자원의 비효율적 배분

앞에서 본 후생경제학의 정리들은 모든 것이 확실하다는 가정하에 구해진 것이다. 따라서 불확실성이 존재하는 경우 시장실패의 가능성이 크다.

③ 애로우의 조건부 거래시장이론

- 애로우는 앞으로 일어날 가능성이 있는 모든 상황을 전부 포괄하는 완벽한 조건부 거래시장이 존재하면 불확실성이 존재해도 시장실패가 일어나지 않는다고 주장하였다.
- 완벽한 조건부 거래시장이 존재한다는 것은 완벽한 보험이 제공된다는 것이다. 그러나 현실적으로 완벽한 보험을 마련한다는 것이 거의 불가능하다.

(5) 완비되지 못한 시장

현실에서 보험시장이나 자본시장 그 자체가 완전하게 갖추어져 있지 못해 효율적인 자원배분이 이루어지지 못하는 경우이다.

예 • 천재지변, 전쟁, 빈곤에 대한 보험 등을 제공하는 회사는 거의 존재하지 않기 때문에 위험에 그대로 노출된다.

　　• 보완적 시장이 존재하지 않을 때에도 자원배분이 제대로 이루어지지 못하는 결과를 초래할 수 있다.

(6) 불완전한 정보(= 정보의 비대칭성)

① 의미

　　거래 양 당사자 중 한 쪽이 정보를 가지지 못하는 비대칭 정보의 상황은 자원의 효율적 배분을 저해한다.

② 역선택과 도덕적 해이가 이에 해당한다.

확인문제

시장실패에 관한 설명으로 옳지 않은 것은?　　　　　　　　　　　　　[세무사 15]

① 시장실패는 정부개입의 충분조건을 제공한다.
② 시장실패는 자원배분의 비효율성을 초래한다.
③ 정보의 비대칭성이 시장실패를 야기할 수 있다.
④ 외부성의 존재로 인해 시장실패가 일어날 수 있다.
⑤ 시장이 완비되지 못한 경우 시장실패가 일어날 수 있다.

해답

시장실패가 발생하였을 때 정부가 적절히 개입하면 자원배분의 효율성이 높아질 수 있으나 정부가 잘못 개입하면 오히려 자원배분이 보다 더 비효율적일 수도 있다. 그러므로 시장실패는 정부의 시장개입에 대한 필요조건은 되나 충분조건까지 되는 것은 아니다.

정답: ①

2. 정보의 비대칭성

(1) 비대칭적 정보

① 의미

정보가 불완전하게 구비된 상황에서 경제적 이해당사자 중 한 쪽만 정보를 가지고 있고, 다른 한 쪽은 정보가 없거나 부족한 상황을 말한다.

② 구분

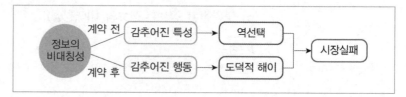

(2) 역선택(Adverse Selection)

① 의미

감추어진 특성의 상황에서 정보 수준이 낮은 쪽이 바람직하지 않은 상대방과 거래할 가능성이 커지는 현상을 의미한다.

② 중고시장에서의 역선택

중고시장에서 거래되는 자동차의 품질에 대한 정보의 비대칭성이 존재하는 경우 나쁜 품질의 중고차만 거래되는 현상으로 레몬시장(개살구시장)이라고도 한다.

> 해결방안
> • 신호 발송(Signaling): 좋은 품질의 자동차를 가진 사람이 품질보증함

③ 보험시장에서의 역선택

보험회사에서 사고(발병) 발생확률을 근거로 보험료를 산정하면 사고(발병) 발생확률이 높은 사람만 보험에 가입하는 현상을 의미한다.

> 해결방안
> • 선별(Screening): 보험회사가 피보험자에게 건강진단서를 요구함
> • 강제보험(집행): 의료보험, 고용보험, 국민연금 등

④ 금융시장에서의 역선택

대출이자율을 상승시키면 위험한 사업에 투자하려는 투자자만 대출을 받아 파산 위험이 커지므로 은행은 대출원금도 회수할 수 없을 가능성이 증대하는 현상을 의미한다.

> 해결방안
> • 신용할당: 신용 상태가 우수한 대출자에게 낮은 이자율로 대출함

⑤ 노동시장에서의 역선택

노동자를 고용하려는 기업이 노동자들이 원하는 임금의 평균값으로 임금을 제시하면 낮은 능력의 노동자만 고용되는 현상을 의미한다.

> 해결방안
> • 신호 발송(Signaling): 높은 능력의 노동자가 학력이나 자격증, 높은 영어점수 등을 제시함
> • 효율성 임금(Efficiency Wage): 평균임금보다 높은 한계생산성이 가장 높은 임금을 제시하여 높은 능력의 노동자를 확보함

핵심 Plus +

효율성 임금

임금이 노동자의 생산성을 결정한다는 이론으로 근로자의 임금이 높으면 이직률이 줄어들어 생산성 유지는 물론 직장을 잃지 않으려고 열심히 일할 것이므로 자연히 생산성이 올라간다는 것이다.

(3) 도덕적 해이(Moral Hazard)

① 의미

감추어진 행동이 문제가 되는 상황에서 정보를 가진 측이 정보를 갖지 못한 측에서 보면 바람직하지 않은 행동을 취하는 경향을 의미한다.

② 노동시장에서의 도덕적 해이

직장에 취업하고 나서 열심히 일할 유인이 없으면 근무를 게을리하는 현상으로, 주인-대리인 문제에서의 사용자와 노동자의 예와 동일하다.

> 해결방안
> • 유인설계(Incentive Design)에 의한 승진, 포상, 징계, 효율성 임금 등

③ 보험시장에서의 도덕적 해이

보험 가입 후 사고 예방을 게을리하여 사고 발생확률이 높아지는 현상을 의미한다.

> 해결방안
> • 공동보험(Co-Insurance)제도: 사고 시 손실액의 일정 비율만 보상함
> • 기초공제(Initial Deduction)제도: 손실액의 일정액은 본인이 부담함

④ 금융시장에서의 도덕적 해이

자금 차입자는 자금을 차입한 후 수익률과 위험률이 높은 사업에 투자하여 파산확률이 높아지고 금융기관은 원금을 회수하지 못할 가능성이 커지는 현상을 의미한다.

> 해결방안
> • 담보: 파산 시 차입자도 손해를 보므로 위험한 사업의 투자를 회피함
> • 감시: 금융기관에서 해당 기업에 감사 등을 파견하여 위험률이 높은 사업에 투자하려는 시도가 있을 시 대출금을 회수함

⑤ 재화시장에서의 도덕적 해이

생산자가 생산비를 낮추어 이윤을 증가시키기 위하여 재화의 품질을 떨어뜨리는 현상을 의미한다. 해결방안으로는 기업의 평판이나 상표에 대한 신뢰도에 손상을 입히면 더 큰 손실이 발생한다는 사실을 인지시켜 줌으로써 도덕적 해이를 해소할 수 있다.

(4) 주인-대리인 이론

① 개념 및 발생원인

도덕적 해이의 일종으로 대리인이 자신의 이익을 위해서 주인에게 손해를 끼치는 현상을 말한다. 대리인 문제도 정보 비대칭으로 인해서 발생하는데 주인이 대리인을 감시할 수 없는 상황에서 발생한다.

② 대리인 문제의 사례

- 기업의 경영자와 주주: 경영자가 자신의 이익을 위해서 주주에게 손해를 끼치는 현상이다.
- 정치인과 국민: 정치인이 당선된 이후에 국민의 이익을 위하여 노력하지 않는 현상이다.
- 의뢰인과 변호사: 변호사 선임 이후에 의뢰인의 이익을 위하여 노력하지 않는 현상이다.
- 사장과 종업원: 종업원이 취직 이후에 태만하게 되는 현상이다.

③ 대리인 문제의 해결방법

- 경영자가 주주의 이익을 극대화했을 경우 충분한 보상을 받을 수 있도록 유인체계를 만든다.
- 정치인이 국민의 이익을 위해서 봉사했을 때 충분한 보상이 주어지고 반대의 경우 손해가 가도록 제도적 장치를 마련한다. 다음 선거에서 정치 행위에 대해서 평가를 받도록 하는 것도 대리인 문제를 해결하기 위한 장치가 될 수 있다.
- 변호사와의 계약에서 변론에 성공할 때 보상이 이루어지는 방식으로 경제적 보상을 뒤로 늦추는 것도 방법이 될 수 있다.

확인문제

역선택(adverse selection)에 관한 사례로 옳은 것은? [세무사 13]
① 의료보험에 가입한 사람이 부주의하게 행동하여 부상 발생률이 증가하는 경우
② 주택의 임차인보다는 주택소유자가 집을 더 잘 관리하여 내부수리비용이 적게 드는 경우
③ 중고차 시장에서 상태가 나쁜 자동차가 주로 거래되는 경우
④ 하천에 대한 재산권이 설정되지 않아 상류와 하류 지역 간 분쟁이 발생하는 경우
⑤ 정부가 이공계 육성을 위해서 공과대학의 증설을 결정하는 경우

해답
중고차 시장이 가장 대표적인 역선택의 예이다.
[오답체크]
①은 도덕적 해이, ②는 대리인 문제, ④는 외부성에 관한 사례이고, ⑤는 사회적으로 외부경제를 가져올 가능성이 있다. 정답: ③

3. 시장의 실패와 정부개입

(1) 시장의 실패와 정부개입

① 정부개입의 필요성

시장의 실패가 일어날 때 정부가 개입해 시장기구의 부족한 점을 메워줄 수 있다.

② 시장의 실패는 정부개입의 필요조건이고, 충분조건은 아니다.

시장의 실패가 일어났을 때 정부가 개입할 수 있다는 것이지, 당연히 개입해야 한다는 것을 의미하지는 않는다.

③ 정부실패의 발생

정부의 개입은 민간부문의 자유로운 의사결정을 교란하는 결과를 가져오기 때문에 효율성에 나쁜 영향을 미친다. 예를 들어 조세는 일반적으로 초과부담(excess burden)을 일으키는 원인이 된다.

(2) 정부실패의 원인

① 제한된 지식과 정보

정부가 제한된 지식과 정보만을 갖고 개입을 시도할 경우 기대한 효과를 제대로 거두기가 어렵다.

② 민간부문의 통제 불가능성

정부가 무엇을 기대하고 있던 민간부문은 나름의 판단에 따라 어떻게 반응할지를 결정하기 때문에 현실에서 기대했던 바와 다른 반응이 나타나는 경우가 많다.

③ 정치적 과정에서의 제약

정치적 타협을 모색하는 과정에서 엉뚱하게 변질된 정책이 채택되고, 이에 따라 경제적 합리성이 희생될 수 있다.

④ 관료조직에 대한 불완전한 통제

관료들이 자신의 이익을 앞세운 선택을 한 경우 사회적 관점에서 볼 때 비효율적인 결정이 될 가능성이 크다.

정부실패의 발생원인으로 적합하지 않은 것은?　　　　　　　　　　　　　[세무사 09]
① 과다한 행정비용
② 관료의 지대추구 행위
③ 제한된 정보
④ 규모의 경제
⑤ 정책 결과 예측의 어려움

규모의 경제란 설비 규모가 커질수록 평균비용이 점점 하락하는 현상을 말한다. 규모의 경제가 발생하면 자연독점이 발생한다. 그런데 독점은 시장실패이므로 정부실패와는 아무런 관련이 없다.　　　　　　　　　　　　　　　　　　　　　　　　　　　　　정답: ④

05

사회후생함수
★★★

핵심 Check: 사회후생함수	
공리주의 사회후생함수	최대 다수의 최대 행복, 계산문제 중요
롤스 사회후생함수	최소 수혜자 최대의 원칙
평등주의 사회후생함수	가난한 자에게 높은 가중치 부여
애로우의 불가능성 정리	완비성, 이행성, 파레토 원칙, 무관한 선택대상으로부터의 독립성, 비독재성

1. 사회후생함수

(1) 사회후생함수

① 의미

　두 사람의 효용 수준이 U_A, U_B로 주어졌을 때, 다음과 같은 관계를 통해 사회후생(SW; Social Welfare)의 수준을 그 함숫값 $SW = f(U_A, U_B)$으로 나타내는 것을 사회후생함수라고 한다.

② 사회구성원들의 주관적인 가치판단에 해당하는 것으로 사회마다 다르며, 사회구성원끼리도 다르기 때문에 모든 사람이 동의할 수 있는 사회후생함수를 찾기 어렵다.

(2) 사회무차별곡선(SIC; Social Indifference Curve)

① 사회후생함수로부터 같은 수준의 사회후생을 주는 U_A, U_B의 조합들로 만들어지는 사회무차별곡선을 도출할 수 있다.

② 사회후생함수가 내포하고 있는 가치판단의 성격은 바로 사회무차별곡선의 모양에 반영된다.

2. 가치판단에 따른 사회무차별곡선

(1) 공리주의 사회후생함수(J. Bentham)

① 전체 사회후생(SW; Social Welfare)은 개인효용의 총합으로 도출된다. 따라서 사회무차별곡선(SIC)은 우하향하는 직선(MRS 일정)이 된다.

② 개인의 소득에 대한 한계효용이 동일하다고 가정한다.

③ 개인효용의 합이 크면 사회후생도 높으며, 개인 간 효용 및 소득분배의 공평성은 사회후생에 영향을 미치지 않는다.

④ $SW = U_A + U_B$ (U_A, U_B: 개인 A, B의 효용)

⑤ 에지워즈는 완전균등 소득분배가 사회후생을 가장 크게 할 수 있다고 본다.

⑥ 그래프

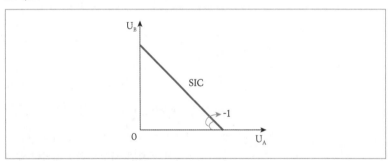

두 사람(A, B)만 존재하고 X재의 양은 1,000이고, A와 B의 효용함수는 각각 $3\sqrt{X_a}$, $\sqrt{X_b}$ 이다. 공리주의 사회후생함수의 형태를 가질 경우 사회후생의 극 댓값은? (단, X_a는 A의 소비량이고, X_b는 B의 소비량이며, X_a와 X_b는 모두 양의 수이다)

[세무사 16]

① 60   ② 70   ③ 80   ④ 90   ⑤ 100

해답

☑ 공리주의 함수 계산풀이법
1) 문제에 주어진 재화의 총량 파악 ➜ $X_a + X_b = 1,000$
2) 두 사람의 한계효용이 일치함을 파악 ➜ $MU^A = MU^B$
3) 이를 조합하여 답 도출

1) X재의 부존량이 1,000단위이므로 $X_a + X_b = 1,000$이다.
2) 공리주의는 한계효용이 동일하므로 $MU^A = MU^B$로 두면 $\dfrac{3}{2\sqrt{X_a}} = \dfrac{1}{2\sqrt{X_b}}$ 이다.
3) 두 식을 연립해서 풀면 $X_a = 900$, $X_b = 100$이다.
4) 이를 사회후생함수 $W = 3\sqrt{X_a} + \sqrt{X_b}$에 대입하면 사회후생 $W = 100$으로 계산된다.

정답: ⑤

(2) 롤즈(J. Rawls)적 사회후생함수

① 사회구성원 중 가장 낮은 효용(소득)을 누리는 자의 효용에 따라 사회후생수준이 결정된다.

② $SW = \text{Min}[U_A, U_B]$ (U_A, U_B: 개인 A, B의 효용)

③ 사회무차별곡선(SIC)은 L자형이 된다.

④ 최소 극대화 원칙(= 최소 수혜자 최대의 원칙)이 성립한다. 즉 최저 효용자의 효용이 증가하지 않으면 사회후생이 증가할 수 없다.

⑤ 효용(소득)이 완전평등분배될 때 사회후생이 극대화되며 재분배정책을 통해 사회후생을 증대시킬 수 있다.

⑥ 그래프

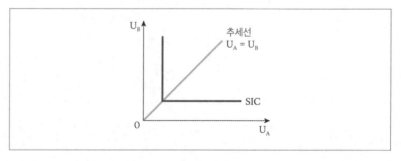

집중! 계산문제

두 사람 A와 B로 구성되어 있고, 사적재인 X재 한 재화만 존재하는 경제에서 A와 B의 효용은 각각 $U_A = \sqrt{3X_A}$, $U_B = \sqrt{X_B}$로 표시된다(단, X_A, X_B는 각각 A와 B의 X재 소비량). 이 경제의 사회후생함수가 롤스(Rawls)의 사회후생함수이고, X재의 총부존량이 1,200일 때 극대화된 사회후생의 값은? [세무사 10]

① 30　　　　② 40　　　　③ 50　　　　④ 60　　　　⑤ 70

해답

> ☑ 롤스 후생함수 계산풀이법
> 1) 문제에 주어진 재화의 총량 파악 ➡ $X_A + X_B = 1,200$
> 2) 두 사람의 한계효용이 일치함을 파악 ➡ $U_A = U_B$
> 3) 이를 조합하여 답 도출

1) 사회후생함수가 $W = \text{Min}\left[\sqrt{3X_A}, \sqrt{X_B}\right]$이므로 $\sqrt{3X_A} = \sqrt{X_B}$일 때 사회후생이 극대화된다.
2) 두 개인이 소비하는 X재의 양이 1,200이므로 $X_A + X_B = 1,200$도 동시에 성립해야 한다.
3) $\sqrt{3X_A} = \sqrt{X_B}$의 양변을 제곱하면 $3X_A = X_B$이고, 이를 $X_A + X_B = 1,200$에 대입하면 $4X_A = 1,200$, $X_A = 300$이다.
4) $X_A = 300$이므로 $X_B = 900$을 사회후생함수에 대입하면 사회후생은 $W = 30$으로 계산된다.

정답: ①

(3) 평등주의적 사회후생함수

① 사회구성원 중 높은 효용(소득)을 누리는 자에게 낮은 가중치를, 낮은 효용을 누리는 자에게는 높은 가중치를 적용하여 사회후생수준을 도출한다.

② $SW = U_A \times U_B$ (U_A, U_B: 개인 A, B의 효용)

③ 평등주의 성향이 강하면 강할수록 이를 대표하는 사회무차별곡선은 원점에 대하여 더욱 볼록한 모양을 가지게 되고, 이것이 극단에 이르게 되면 롤즈적 사회무차별곡선이 된다.

④ 그래프

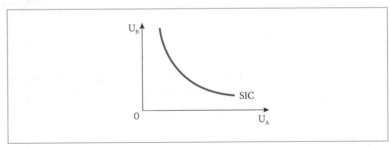

3. 효용가능경계와 사회후생의 극대화

(1) 효용가능경계

① 효용가능경계(UPF; Utility Possibility Frontier)란 경제 내의 사용 가능한 모든 자원을 가장 효율적으로 배분하였을 때 얻어지는 개인의 효용의 쌍을 의미하므로 효용가능경계상의 모든 점에서는 파레토 효율성(소비, 생산, 종합적)을 모두 충족시킨다.

② 그래프

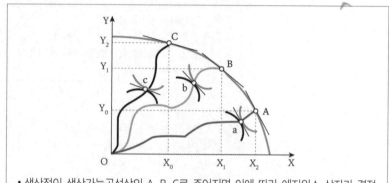

• 생산점이 생산가능곡선상의 A, B, C로 주어지면 이에 따라 에지워스 상자가 결정된다.

(2) 사회후생의 극대화

사회무차별곡선은 같은 후생을 나타내는 개인 A, B의 효용 수준의 조합이므로 원점에서 멀어질수록 효용은 커진다. 따라서 위 그림에서와 같이 효용가능경계와 사회무차별곡선이 접하는 E점에서 사회후생의 극대화가 달성된다.

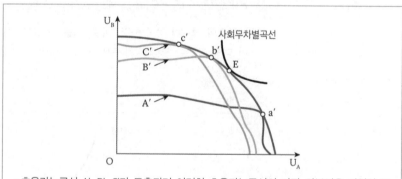

• 효용가능곡선 A', B', C'가 도출되며 이러한 효용가능곡선의 가장 외부점을 연결한 곡선을 효용가능경계라고 한다.

4. 애로우의 불가능성 정리

(1) 의미

애로우(K. Arrow)는 개별 효용함수로부터 사회후생함수를 도출하기 위해서는 몇 가지 조건이 필요하나 이를 만족하는 사회후생함수는 존재하지 않는다는 것을 증명하였다. 이를 불가능성 정리(impossibility theorem)라고 한다.

(2) 개별 선호를 사회 전체의 선호로 종합시키기 위한 조건

① 집단적 합리성(완비성, 이행성) 조건
- 여러 사회 상태에 대한 선호순서의 판단이 가능하고(= 완비성), 그 선호체계가 일관성(= 이행성)을 가져야 한다.
- 예 A > B > C ➔ A > C, B > C

② 파레토 원칙(Pareto principle)
사회구성원 모두 A를 B보다 선호하면 사회 전체도 A를 선호해야 한다.

③ 무관한 선택대상으로부터의 독립성
- 각 상태는 상호의존성이 없어서 하나의 상태가 선택 불가능하게 되더라도 나머지 선호순서는 불변이어야 한다.
- 독립성에서 개인의 선호는 기수적 선호의 강도가 고려되면 안 되고 서수적으로 측정되어야 한다.
- 예 A > B > C > D ➔ A > C > D

④ 비독재성(non-dictatorship)
사회적 선택이 한 사람의 선호에 의해 결정되지 않아야 한다.

(3) 결론

① 민주적이면서 효율적인 사회후생함수는 존재하지 않음을 증명하였다.

② 어떠한 민주적인 투표제도도 애로우가 제시한 조건을 모두 충족하지 못한다.

확인문제

애로우의 불가능성 정리에서 사회적 선호체계가 가져야 할 바람직한 속성이 아닌 것은?　　　　　　　　　　　　　　　　　　　　　　[세무사 18]

① 볼록성　　　　　　　　　　　② 이행성
③ 비독재성　　　　　　　　　　④ 파레토 원칙
⑤ 제3의 선택가능성으로부터의 독립

해답

애로우는 사회적 선호체계가 가져야 할 바람직한 속성으로 완비성과 이행성, 비제한성, 파레토 원칙, 무관한 선택대상으로부터의 독립성, 비독재성을 제시하였다.　　　정답: ①

보상의 원칙
★★

파레토 기준	한 명이라도 효용이 감소하지 않고 누군가 증가해야 개선
칼도(칼도-힉스) 기준	• 직접적 보상이 아닌 잠재적 보상 • 사람 수가 아닌 이익과 손해의 정도 • 효용가능경계 내에서 효용가능곡선상으로 가면 개선
차선의 이론	파레토 효율성 조건이 동시에 충족되지 않은 상황에서 그 중 더 많은 효율성을 충족시킨다고 해서 사회적으로 더 바람직한 상태가 되는 것은 아님

1. 보상의 원칙

(1) 보상의 원칙(compensation principle)의 필요성

① 어떤 변화에 따른 사회후생의 개선 여부를 판단하기 위해서는 개인 간 효용 변화를 평가해 보아야 한다.

② 기수적 효용으로 개인 간 효용 비교가 가능하다고 가정한다.

③ 개인 간 효용 변화를 평가할 수 있는 객관적 기준이 없으므로 보상의 원칙이라는 개념을 이용하여 우회적으로 평가한다.

(2) 파레토 기준(Pareto criterion)

① 경제 상태가 변화한 후, 누구의 효용 수준도 낮아지지 않으며 한 사람의 효용만이라도 증가했다면 전보다 사회후생이 증가한 것으로 평가한다.

② 현실적으로 누구의 효용도 감소하지 않는 변화(S', S'')는 거의 없다.

③ 자신의 효용은 불변이나 타인의 효용이 증가(S'')할 경우 상대적으로 자신의 효용이 감소할 수 있다.

예 사촌이 아파트를 사면 배가 아프다.

④ 그래프

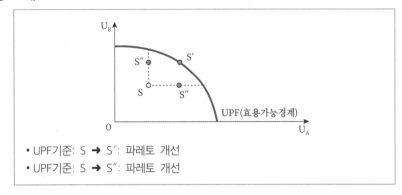

- UPF기준: S ➡ S′: 파레토 개선
- UPF기준: S ➡ S″: 파레토 개선

(3) 칼도 기준(Kaldor-Hicks criterion)

① 어떤 변화를 통해 이득을 얻는 사람에 의해 평가된 이득의 화폐가치가 손해를 보는 사람에 의해 평가된 손해의 화폐가치보다 더 클 때 그 변화를 개선이라고 평가할 수 있다.

② 잠재적 보상에 기초한다. 보상이 실제로 일어나는 것은 아니며, 다만 잠재적으로 행해질 수 있다는 점을 뜻한다.

③ 사람의 수가 중요한 것이 아니라 이익과 손해의 정도가 중요하다.

④ 일반적으로 칼도 기준은 힉스 기준이라고도 한다. 그러나 힉스 기준에서는 손해를 보는 그룹이 이득을 보는 그룹에게 사업 시행이 이루어지지 않도록 보상하는 상황을 전제로 한다.

⑤ 그래프

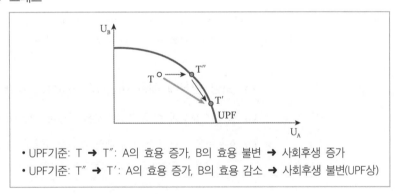

- UPF기준: T ➡ T″: A의 효용 증가, B의 효용 불변 ➡ 사회후생 증가
- UPF기준: T″ ➡ T′: A의 효용 증가, B의 효용 감소 ➡ 사회후생 불변(UPF상)

(4) 스키토프스키 기준(Scitovsky criterion)

사회경제 상태가 변화할 때 효용가능경계(UPF)가 변화할 가능성이 있다. 따라서 변화 전에는 칼도 기준으로 개선이고, 변화 후 칼도 기준으로 개선이 아닌 경우에만 사회후생이 증가한 것으로 평가한다.

① 스키토프스키 기준 평가 불가

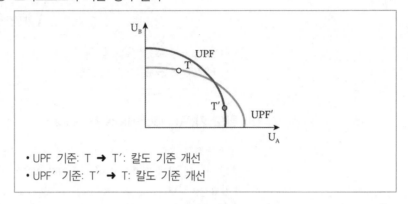

- UPF 기준: T ➡ T′: 칼도 기준 개선
- UPF′ 기준: T′ ➡ T: 칼도 기준 개선

② 스키토프스키 기준 개선

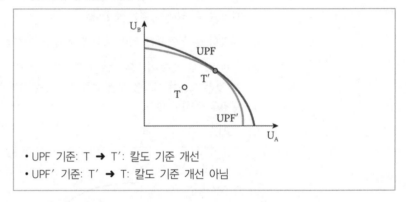

- UPF 기준: T ➡ T′: 칼도 기준 개선
- UPF′ 기준: T′ ➡ T: 칼도 기준 개선 아님

(5) 보상 원칙에 대한 비판(W. Baumol, A. Bergson)

① 실제로 보상이 이루어지는 것은 아니며 개념적 보상(잠재적 보상)에 불과하다.

② 효용측정 수단인 화폐에 대한 개인별 효용은 서로 다르다.

    예 고소득자 화폐효용 < 저소득자 화폐효용

2. 차선의 이론

(1) 의미

① 모든 파레토 효율성 조건이 동시에 충족되지 않은 상황에서 그 중 더 많은 효율성을 충족시킨다고 해서 사회적으로 더 바람직한 상태가 되는 것은 아니라는 것이다.

② 10개의 효율성 조건을 충족시켜야 하는 경우에 8개의 효율성 조건을 만족시키는 것이 7개의 효율성 조건을 만족시키는 것보다 더 바람직한 상태가 되는 것은 아니라는 것이다.

(2) 시사점

① 차선의 이론은 여러 가지 경제개혁조치를 추진할 때 비합리적인 측면을 점차로 제거해 나가는 점진적 접근법이 항상 최선은 아니라는 의미를 부여하고 있다.

② 비합리적인 것 중 일부분만을 제거하는 것이 더 나쁜 상황에 직면하게 할 수 있다는 것이다.

③ 그래프

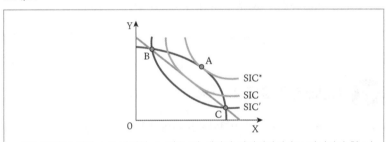

• 예산제약에 따라 A를 달성할 수 없을 때 생산의 최적성만이라도 달성하려 할 경우(B, C) 사회후생은 오히려 감소(SIC′)한다.

확인문제

보상 원칙에 관한 설명으로 옳지 않은 것은?　　　　　　　　　　　[세무사 18]
① 파레토 기준의 한계를 보완하는 차원의 근거이다.
② 개인 간의 직접적 효용 비교 없이 어떤 변화가 개선인지의 여부를 평가할 수 있는 방법이다.
③ 판단하는 시점에서는 보상 여부를 감안하지 않지만 선택 결정 이후에는 보상이 이루어져야만 한다.
④ 하나의 상태가 다른 상태로 변화했을 때 이득을 보는 사람이 손해를 보게 되는 사람의 손실을 보전하고도 남은 것이 있을 때 칼도 기준을 충족한다.
⑤ 사회구성원들이 1원에 대해 똑같은 사회적 가치평가를 한다고 암묵적으로 가정하고 있다.

해답
보상 원칙은 실제적 보상이 아닌 잠재적 보상을 기본으로 한다.　　　　　　정답: ③

제1장 | 개념확인 O X 문제

01 정부와 재정학 ★

01 재정학은 공공부문의 경제적 기능과 역할을 체계적으로 연구하는 경제학의 한 분야이다. (O, ×)

02 유기체적 견해에서 사회(= 정부)는 우월적 존재이며 개인은 전체의 이익에 봉사하는 것이 미덕이라고 본다. (O, ×)

03 기계론적 견해에서는 개인이 유기체의 한 부분을 구성하고 있으며, 정부는 그 유기체의 심장부에 해당한다고 본다. (O, ×)

04 머스그레이브는 정부의 3대 주요기능을 자원배분기능, 소득분배기능, 경제안정화기능으로 본다. (O, ×)

05 효율성이 달성되면 자연스럽게 공평성이 달성된다. (O, ×)

06 온정적 간섭주의는 개인의 자유를 보장하기 위한 수단이다. (O, ×)

02 자원배분의 효율성 ★★

07 파레토 효율성이 달성된 자원배분이 사회적으로 반드시 바람직한 상태는 아니다. (O, ×)

08 파레토 최적을 낳는 자원배분은 무수히 많다. (O, ×)

정답 및 해설

01 O

02 O

03 X 유기체적 견해에 해당한다.

04 O

05 X 양자는 별개의 문제이다.

06 X 온정적 간섭주의는 개인의 자유를 침해할 여지를 가지고 있다.

07 O

08 O

09 파레토 기준은 두 사람의 효용을 비교할 수 있을 때 적용이 가능한 기준이다.   (○, ×)

10 파레토 최적 상태는 누군가의 희생(후생 감소) 없이는 어떤 사람의 후생 증대가 불가능한 상태이다.
(○, ×)

11 모든 파레토 효율적인 배분 상태는 모든 파레토 비효율적인 배분 상태에 비해 모든 사람에게 선호된다.
(○, ×)

12 효용가능경계는 주어진 생산자원으로 얻을 수 있는 최대한의 효용조합을 나타낸다.   (○, ×)

13 주어진 생산자원이 완전히 고용되면 효용가능경계 위의 한 점을 얻는다.   (○, ×)

14 한계대체율과 한계기술대체율이 일치할 때 종합적 파레토 효율성이 달성된다.   (○, ×)

15 한계대체율이 한계변환율보다 크다면 소비와 생산의 조절을 통해서 파레토 개선이 가능하다.   (○, ×)

03 후생경제학의 정리 ★★

16 파레토 효율 상태에서는 완전경쟁시장에서 평균수입과 한계비용이 일치한다.   (○, ×)

17 파레토 효율 상태에서는 완전경쟁시장에서 시장가격이 한계비용과 일치한다.   (○, ×)

18 파레토 효율 상태에서는 시장가격이 평균비용과 일치한다.   (○, ×)

19 완전경쟁시장에서 달성된 균형가격은 파레토 효율성을 만족한다.   (○, ×)

정답 및 해설

09 X 구성원의 효용이 증감했는지만 비교하며, 구성원 간 비교는 없다.

10 ○

11 X 극단적으로 많이 가진 사람에게는 선호되지 않을 수 있다.

12 ○

13 X 완전히 고용되더라도 생산의 한계대체율이 같은 상태만 효율적이다. 즉, 완전고용이 반드시 효율적인
것은 아니므로 효용가능경계 위의 한 점을 얻는다고 단정지을 수 없다.

14 X 한계대체율과 한계변환율이 일치할 때이다.

15 ○

16 ○

17 ○

18 X 시장가격이 한계비용과 일치한다.

19 ○

20 외부경제가 존재하더라도 완전경쟁만 이루어진다면 파레토 최적의 자원배분은 가능하다. (○, ×)

21 모든 사람들의 한계대체율이 같을 때 소비 및 생산의 파레토 최적이 달성된다. (○, ×)

22 파레토 효율성과 관련된 후생경제학 1정리와 2정리에 있어서 소비자의 선호체계에 대한 기본가정은 동일하지 않다. (○, ×)

23 후생경제학의 2정리는 초기 부존자원을 적절하게 재분배함으로써 효율성은 저해하지만 공평성을 추구할 수 있다는 것을 보여준다. (○, ×)

24 후생정리학의 2정리에서는 시장이 완전경쟁이라면 자원은 효율적으로 배분됨을 보여주는데 이는 애덤 스미스의 '보이지 않는 손'이 달성됨을 보여준다. (○, ×)

04 시장의 실패 ★★

25 자연독점으로 인한 시장실패는 반드시 정부개입으로 치유해야 한다. (○, ×)

26 시장구조가 완벽하지 못할 경우 시장실패가 발생한다. (○, ×)

27 경제에서 정부개입의 이론적 근거를 시장실패의 치유에서 찾는다. (○, ×)

28 시장실패는 정부개입의 충분조건이 되는데 정부의 시장개입은 또 다른 비효율을 낳을 수 있으므로 신중해야 한다. (○, ×)

29 경제주체가 불완전한 정보를 갖는 경우 시장실패가 발생한다. (○, ×)

정답 및 해설

20 X 외부경제가 존재하면 안 된다.

21 X 생산의 파레토 최적이 달성되기 위해서는 재화 간(혹은 산업 간) 한계기술대체율이 같아야 한다.

22 ○ 1정리: 강단조성(완전경쟁은 효율적이다), 2정리: 강단조성 + 볼록성

23 X 효율성을 저해하지 않는다.

24 X 후생경제학의 1정리에 대한 설명이다.

25 X 정부개입이 시장실패를 야기할 수 있다.

26 ○

27 ○

28 X 필요조건이다.

29 ○

05 사회후생함수 ★★★

30 사회후생함수는 그 사회가 어떠한 가치 기준을 선택할 것인가에 대한 해답을 제공해 준다. (○, ×)

31 사회후생함수는 개인들의 효용을 측정할 수 있다고 가정한다. (○, ×)

32 사회후생을 극대화하는 배분은 파레토 효율을 실현한다. (○, ×)

33 어떤 배분이 총효용가능경계선(Utility Possibility Frontier)상에 있다면 그 배분에서는 효율과 공평을 함께 증가시킬 수 없다. (○, ×)

34 사회무차별곡선의 기울기가 −1인 사회후생함수는 어떤 한 사람이 낮은 효용 수준을 갖는다고 해서 그의 효용 수준에 더 큰 가중치를 부여하지는 않는다. (○, ×)

35 공리주의 사회후생함수는 소득을 공평하게 재분배해야 한다는 주장의 유력한 근거가 될 수 있다. (○, ×)

36 공리주의 사회후생함수는 모든 사회구성원의 총합으로 구성되며 $W = w_1 + \cdots + w_i$가 된다. (○, ×)

37 효용가능경계상의 두 점에서 A와 B의 후생수준이 각각 ($U_A = 50$, $U_B = 50$)와 ($U_A = 80$, $U_B = 30$)일 때 공리주의 사회후생함수에서는 전자의 사회후생수준을 높게 평가한다. (○, ×)

38 어떤 사람의 효용 수준이 높을수록 더 작은 가중치를 적용하여 도출되는 사회무차별곡선은 원점에 대하여 볼록한 형태를 띤다. (○, ×)

정답 및 해설

30 X 해답은 사회구성원이 결정하는 것이다.

31 ○

32 ○

33 ○

34 ○ 공리주의는 같은 가중치를 적용한다.

35 X 일반적으로는 아니나 에지워즈는 소득의 재분배는 사회후생을 증가시킬 수 있다고 주장한다.

36 ○

37 X 후자의 후생수준의 합이 높으므로 후자를 높게 평가한다.

38 ○

39 두 사람(A, B)만 존재하고 X재의 양은 1,000이고, A와 B의 효용함수는 각각 $3\sqrt{X_a}$, $\sqrt{X_b}$ 이다. 공리주의 사회후생함수의 형태를 가질 경우 사회후생의 극댓값은 80이다. (단, X_a는 A의 소비량이고, X_b는 B의 소비량이며, X_a와 X_b는 모두 양의 수이다) (○, ×)

40 롤즈(J. Rawls)의 사회후생함수는 개인 간 후생수준의 비교 가능성과 기수적 측정 가능성을 가정한다. (○, ×)

41 롤스의 사회후생함수는 사회구성원 중에서 효용 수준이 가장 낮은 사람의 효용이 그 사회의 후생수준이라고 본다. (○, ×)

42 롤스의 사회후생함수는 레온티에프 효용함수와 같은 형태를 가진다. (○, ×)

43 롤스의 사회후생함수는 사회구성원들의 소득을 완전히 평등하게 분배할 때에만 사회후생이 극대화된다. (○, ×)

44 평등주의 사회후생함수는 모든 사회구성원들에게 동일한 가중치를 부여한다. (○, ×)

45 평등주의적 사회후생함수는 개인의 후생수준이 높을수록 더 작은 가중치를 적용한다. (○, ×)

46 애로우는 민주적이면서 합리적인 사회후생함수는 존재하지 않는다고 보았다. (○, ×)

47 애로우의 불가능성 정리는 이행성, 비독재성, 볼록성, 파레토 원칙 등이 해당한다. (○, ×)

정답 및 해설

39 X [공리주의 함수 계산풀이법]
1) 문제에 주어진 재화의 총량 파악 ➡ $X_a + X_b = 1,000$
2) 두 사람의 한계효용이 일치함을 파악 ➡ $MU^A = MU^B$
3) 이를 조합하여 답 도출 ➡ 공리주의는 한계효용이 동일하므로 $MU^A = MU^B$로 두면
$\frac{3}{2\sqrt{X_a}} = \frac{1}{2\sqrt{X_b}}$ 이고, X재의 부존량이 1,000단위이므로 $X_a + X_b = 1,000$도 성립해야 한다.
이 두 식을 연립해서 풀면 $X_a = 900$, $X_b = 100$이다. 이를 사회후생함수 $W = 3\sqrt{X_a} + \sqrt{X_b}$ 에 대입하면 사회후생 $W = 100$으로 계산된다.

40 ○

41 ○

42 ○

43 X 최소 수혜자가 많이 가지면 된다.

44 X 약자인 구성원들의 후생에 가중치를 부여한다.

45 ○

46 ○

47 X 볼록성은 해당하지 않는다.

06 보상의 원칙 ★★

48 보상 원칙은 파레토 기준의 한계를 보완하는 차원의 근거이다. (○, ×)

49 개인 간의 직접적 효용 비교 없이 어떤 변화가 개선인지의 여부를 평가할 수 있는 방법이다. (○, ×)

50 판단하는 시점에서는 보상 여부를 감안하지 않지만 선택 결정 이후에는 보상이 이루어져야만 한다. (○, ×)

51 하나의 상태가 다른 상태로 변화했을 때 이득을 보는 사람이 손해를 보게 되는 사람의 손실을 보전하고도 남은 것이 있을 때 칼도 기준을 충족한다. (○, ×)

52 사회구성원들이 1원에 대해 똑같은 사회적 가치평가를 한다고 암묵적으로 가정하고 있다. (○, ×)

53 어떤 변화를 통해 이득을 얻는 사람에 의해 평가된 이득의 가치가 손해를 보는 사람에 의해 평가된 손해의 가치와 일치할 때 그 변화는 사회후생의 개선이다. (○, ×)

54 보상의 원칙은 개인 간의 효용 비교 문제를 잠재적 보상이라는 개념을 통해 우회한다. (○, ×)

55 보상의 원칙에 의하면 직접적인 개인 간 효용 비교를 하지 않고서도 사회적 변화의 개선 여부를 평가할 수 있다. (○, ×)

56 사업 시행으로 이득을 본 그룹의 이득이 손해를 본 그룹의 손해보다 클 때 칼도-힉스 보상 기준을 만족한다. (○, ×)

57 보상의 원칙은 당사자 간 실제 보상이 이루어지는 것을 전제로 한다. (○, ×)

정답 및 해설

48 ○

49 ○

50 X   잠재적 보상에 해당한다.

51 ○

52 ○

53 X   변화했을 때 이득이 더 커야 개선이라고 본다.

54 ○

55 ○

56 ○

57 X   잠재적 보상을 가정한다.

58 칼도-힉스 보상 기준은 경제 상태에 따라 손해를 입게 되는 사람의 수가 이득을 보는 사람의 수보다 적을 때 이루어지게 된다. (○, ×)

59 사업 시행으로 인해 이득을 본 그룹의 최대지불의사금액이 손해를 본 그룹이 수용할 수 있는 최소금액 이상이면 칼도 기준을 이용한다. (○, ×)

60 효용가능경계로 이동한 모든 파레토 개선은 칼도-힉스 보상 기준을 만족한다. (○, ×)

61 칼도 기준은 공공선택 기준에 있어 어느 구성원의 후생 하락도 허용하지 않는 파레토 기준의 비현실 문제를 보완한다. (○, ×)

62 칼도 보상 기준에 따르면, 어떤 정책이 사회후생을 증대시키기 위해서는 그 정책시행으로 공평성이 개선되어야 한다. (○, ×)

63 힉스 기준에서는 손해를 보는 그룹이 이득을 보는 그룹에게 사업 시행이 이루어지지 않도록 보상하는 상황을 전제로 한다. (○, ×)

64 차선 이론은 하나 이상의 효용성 조건이 이미 달성되지 않은 상태에서는, 만족되는 효율성 조건의 수가 많아진다고 해서 사회적 후생이 더 커진다는 보장이 없다는 이론이다. (○, ×)

65 차선의 이론을 활용한 것은 최적 물품세 이론이라고 볼 수 있다. (○, ×)

66 차선 이론은 시장 문제에 정부가 개입할 것을 주장하는 이론이다. (○, ×)

정답 및 해설

58 X 수가 아니라 크기이다.

59 ○

60 ○

61 ○

62 X 공평성의 개념이 아닌 효율성의 개념과 관련이 높다.

63 ○

64 ○

65 ○

66 X 정부의 개입이 무의미하다는 것을 주장하는 이론이다.

제1장 | 기출 & 예상문제

01 정부와 재정학 ★

01 정부의 역할을 정당화하는 복지국가의 목표로 적합하지 않은 것은? [세무사 09]
지식형
① 미시적 효율성 달성　　　　　　　　② 물가안정
③ 빈곤문제 해결　　　　　　　　　　④ 사회통합
⑤ 완전한 평등추구

02 다음 중 정부를 바라보는 시각으로 기계론적 견해에 대해 적합하지 않은 것은?
지식형
① 국가를 단순한 개인들의 집합체로 보는 견해이다.
② 정부는 개인들의 목적을 달성하기 위한 도구이다.
③ 정부가 독립적 목표를 가질 수는 없음을 강조한다.
④ 개인이 정부보다 우선시되어야 한다는 개인주의 사상에 입각한 견해이다.
⑤ 사회 전체는 개인에 우선하며 사익보다 공익이 우선된다.

03 다음 중 정부의 3대 기능 중 배분(allocation)기능에 속하지 않는 것은? [세무사 02]
지식형
① 기초생활 보장
② 오염배출권거래제도 시행
③ 공공재의 생산 및 공급
④ 독과점에 의한 비효율성의 시정
⑤ 환경세 부과

정답 및 해설

01 ⑤ 완전한 평등은 실현 가능하지 않을 뿐만 아니라 바람직하지도 않다. 완전한 평등은 사회주의 국가에서 바라는 것이다.

02 ⑤ 유기체적 견해에 해당한다.
[오답체크]
①②③④는 기계론적 견해에 해당한다.

03 ① 기초생활 보장은 공평성에 관한 정부의 기능(분배기능)이다.

02 자원배분의 효율성 ★★

04 효용가능경계(utility possibility frontier)에 관한 설명으로 옳은 것을 모두 고른 것은? [세무사 21]
지식형 ★★★

> ㄱ. 효용가능경계상의 각 점에서는 소비의 파레토 효율성만 충족된다.
> ㄴ. 효용가능경계상의 한 점은 생산가능곡선상의 한 점과 대응관계에 있다.
> ㄷ. 효용가능경계상의 일부 점에서만 MRS = MRT가 성립한다.
> ㄹ. 소비에 있어서 계약곡선을 효용공간으로 옮겨 놓은 효용가능곡선의 포락선(envelope curve)이다.
> ㅁ. 효율과 공평을 동시에 달성시키는 점들의 궤적이다.

① ㄱ, ㄴ   ② ㄴ, ㄹ   ③ ㄷ, ㅁ
④ ㄴ, ㄷ, ㄹ   ⑤ ㄴ, ㄷ, ㄹ, ㅁ

05 파레토 효율에 대한 설명 중 옳은 것을 모두 고르시오.
지식형 ★

> ㄱ. 소비자들의 효용이 극대화되는 상태이다.
> ㄴ. 생산자들의 생산이 극대화되는 상태이다.
> ㄷ. 시장경제체제와 상관없는 자원배분 상태이다.
> ㄹ. 효율성과 공평성 모두 고려한 가장 이상적인 상태이다.

① ㄱ, ㄴ   ② ㄱ, ㄷ   ③ ㄴ, ㄷ
④ ㄱ, ㄴ, ㄷ   ⑤ ㄴ, ㄷ, ㄹ

06 다음 중 파레토 효율 상태에서 항상 달성되는 조건이 아닌 것은? [세무사 12]
지식형 ★★

① 완전경쟁시장에서 평균수입과 한계비용이 일치한다.
② 완전경쟁시장에서 시장가격이 한계비용과 일치한다.
③ 두 재화의 상대가격이 두 재화의 한계대체율과 일치한다.
④ 시장가격이 평균비용과 일치한다.
⑤ 두 재화 간의 한계대체율과 한계변환율이 일치한다.

★★★
07 생산요소가 K와 L, 생산물이 X와 Y, 생산자이면서 동시에 소비자인 A와 B로 구성된 경제에서, 일반
지식형 균형 조건에 대한 다음 설명 중 옳지 않은 것은? (단, $MRTS$는 한계기술대체율, MRS는 한계대체율, MU는 한계효용, MC는 한계비용)

① 경제 전체의 효율성은 생산과 교환의 효율성을 만족시키며, $MC_X MU_X = MC_Y MU_Y$가 성립된다.

② 효용가능곡선상의 모든 점에서 $(MU_X/MU_Y)^A = MRS_{XY}^B$를 만족한다.

③ 생산가능곡선상의 각 점은 생산요소평면상 계약곡선의 어느 한 점에 1 : 1로 대응된다.

④ 생산가능곡선상의 모든 점에서 $MRTS_{KL}^X = MRTS_{KL}^Y$를 만족한다.

⑤ 독점이 발생하게 되면 파레토 효율성을 만족시키지 못하게 된다.

정답 및 해설

04 ② ㄴ. 효용가능경계란 경제 내의 사용 가능한 모든 자원을 가장 효율적으로 배분하였을 때 얻어지는 개
인의 효용의 쌍을 의미하므로 효용가능경계상의 모든 점에서는 파레토 효율성(소비, 생산, 산출물
구성)을 모두 충족시킨다.
ㄹ. 효용가능곡선의 가장 외부점을 연결한 곡선을 의미한다.

[오답체크]
ㄱ. 효용가능경계상의 각 점에서는 모든 파레토 효율성이 충족된다.
ㄷ. 효용가능경계상의 모든 점에서 MRS = MRT가 성립한다.
ㅁ. 효율과 관련이 있을 뿐 공평은 관련이 없다.

05 ④ ㄱ. 교환의 효율성을 의미한다.
ㄴ. 생산의 효율성을 의미한다.
ㄷ. 파레토 효율성은 경제체제와 관계없이 자원의 효율성 조건이다. 모든 경제체제에서 추구한다.

[오답체크]
ㄹ. 효율성만 고려한 상태이다.

06 ④ 파레토 효율성을 달성하는 완전경쟁시장에서는 항상 P = AR = MR = MC가 성립한다. 사회적 최적 생산
이 이루어진다고 하더라도 P = AC가 성립한다는 보장은 없다.

07 ① 종합적 효율성 조건은 $MRT_{XY} = MRS_{XY}$이므로 $(MC_X/MC_Y) = (MU_X/MU_Y)$이며, 이를 조금 정리하면
$MC_Y MU_X = MC_X MU_Y$가 성립된다.

[오답체크]
② 효용가능곡선상의 모든 점에서는 교환의 효율성을 만족하므로 $(MU_X/MU_Y)^A = MRS_{XY}^B$를 만족한다.
③ 생산가능곡선상의 각 점은 생산요소평면(생산의 에지워스 상자)상 계약곡선의 어느 한 점에 1 : 1로
대응된다.
④ 생산가능곡선상의 모든 점에서 생산의 효율성을 만족하므로 $MRTS_{KL}^X = MRTS_{KL}^Y$를 만족한다.
⑤ 독점이면 $P > MC$이므로 파레토 효율성을 만족시키지 못한다.

08 A와 B 두 사람과 커피(C)와 햄(H) 두 재화가 존재하는 교환경제를 상정한다. 수평축을 햄, 수직축을
계산형 커피로 하는 에지워드 상자(Edgeworth box)에서 A의 원점을 좌측 하단의 꼭짓점, B의 원점을 우측
상단의 꼭짓점이라고 하자. A의 효용함수는 $U(H_A, C_A) = H_A + 4\sqrt{C_A}$이고, B의 효용함수는
$U(H_B, C_B) = H_B + 2\sqrt{C_B}$이다. 이때, 계약곡선(contract curve)의 모양은? (단, 초기 부존자원이 A는
$H=8$, $C=10$이고, B는 $H=8$, $C=2$이다)

[세무사 11]

① 수직선

② 수평선

③ 대각선

④ A의 원점에서 시작되는 기울기가 $\dfrac{1}{4}$인 직선

⑤ B의 원점에서 시작되는 기울기가 $\dfrac{1}{4}$인 직선

09 A와 B의 효용함수는 각 $U_a = \text{Min}\{x_a, y_a\}$, $U_b = \text{Min}\{x_b, y_b\}$이다. x재화와 y재화의 전체 공급량은 각
지식형 각 10이다. 계약곡선과 효용가능곡선(utility possibility frontier)의 형태로 옳은 것은? [세무사 14]

① 통상적 에지워스 박스에서 우하향하는 대각선, $U_b = 5 + U_a$

② 통상적 에지워스 박스에서 우하향하는 대각선, $U_b = 5 + 2U_a$

③ 통상적 에지워스 박스에서 우상향하는 대각선, $U_b = 10 - U_a$

④ 통상적 에지워스 박스에서 우상향하는 대각선, $U_b = 10 - 2U_a$

⑤ 계약곡선과 효용가능곡선은 존재하지 않는다.

03 후생경제학의 정리 ★★

10 모든 소비자의 선호체계가 강단조성(Strong Monotonicity)을 갖고 경제 내에 외부성이 존재하지 않는다.
지식형 이 경우 파레토 최적에 관한 설명 중 옳지 않은 것은?

① 파레토 최적 상태에서는 한 사회의 자원이 효율적으로 배분된다.

② 소비자의 선호체계가 원점에 대해 볼록한 모양을 갖지 않는 경우, 시장에서 파레토 최적은 완전경쟁
상태(일반경쟁균형)를 의미한다.

③ 소득분배가 불균등하더라도 파레토 최적은 이루어질 수 있다.

④ 한 상태에서 다른 상태로 이동할 경우 적어도 한 사람이 손해를 보는 상태가 파레토 최적 상태이다.

⑤ 파레토 최적 상태는 여러 개 존재할 수 있다.

정답 및 해설

08 ② 1) 계약곡선은 두 사람의 한계대체율이 일치한다.

2) $MRS_{HC}^A = \dfrac{MU_H}{MU_C} = \dfrac{1}{2C_A^{-\frac{1}{2}}} = \dfrac{1}{2}\sqrt{C_A}$ 이고, $MRS_{HC}^B = \dfrac{MU_H}{MU_C} = \dfrac{1}{C_B^{-\frac{1}{2}}} = \sqrt{C_B}$ 이다.

3) $\dfrac{1}{2}\sqrt{C_A} = \sqrt{C_B}$ 이므로 $C_A = 4C_B$ 의 관계가 도출된다.

4) 이는 햄 소비량에 관계없이 개인 A의 커피 소비량이 개인 B의 커피 소비량의 4배가 되는 점에서 두 사람의 무차별곡선이 접함을 의미한다. 그러므로 계약곡선은 수평선의 형태임을 알 수 있다.

5) 그래프

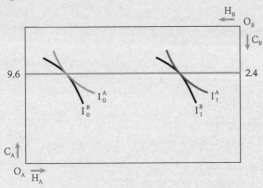

09 ③ 1) X재와 Y재의 부존량이 모두 10이므로 에지워스 상자는 정사각형이고, 두 사람의 효용함수는 모두 레온티에프 효용함수로 무차별곡선이 45°선에서 꺾어지는 L자 형태이다.

2) X재와 Y재를 모두 개인 B가 소비하면 B의 효용은 10, A의 효용은 0이다.

3) 이제 개인 A가 소비하는 X재와 Y재의 양이 모두 1단위씩 증가하고 개인 B가 소비하는 X재와 Y재의 양이 1단위씩 감소할 때마다 개인 B의 효용은 1만큼 감소하고 개인 A의 효용은 1만큼 증가하게 된다.

4) 따라서 효용가능곡선은 절편이 10이고 기울기가 -1인 우하향의 직선으로 도출된다.

5) 그래프

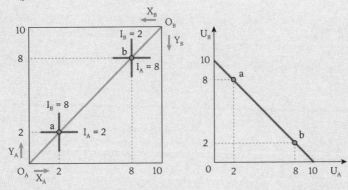

10 ② 파레토 최적은 완전경쟁 상태(일반경쟁균형)를 통해 달성할 수 있는데, 이 경우 필요한 조건이 소비자 선호체계의 볼록성이므로 틀린 문장이 된다.

[오답체크]

⑤ 세 가지 효율성 조건을 모두 만족하는 파레토 최적 상태를 나타내는 효용가능경계를 그려보면 파레토 최적 상태가 여러 개 존재할 수 있다.

11
지식형
★★

파레토 최적에 관한 설명으로 옳지 않은 것은? [세무사 16]

① 생산자 간 생산요소배분의 효율성은 모든 생산요소시장이 완전경쟁시장이면 달성된다.
② 소비자 간 재화배분의 효율성은 모든 상품시장이 완전경쟁시장이면 달성된다.
③ 시장경제에서 생산자 및 소비자 모두가 완전경쟁 상태에 있다면, 강단조성을 갖는 동시에 외부성 등이 존재하지 않는다는 조건하에서 파레토 효율이 이루어진다.
④ 파레토 최적 배분 상태는 효용가능경계곡선상에서 하나만 나타난다.
⑤ 재화의 최적 구성은 생산에 있어서 두 재화 간 한계변환율과 소비에 있어서 두 재화 간 한계대체율이 같을 때 이루어진다.

04 시장의 실패 ★★

12
지식형
★

시장실패에 관한 설명으로 옳지 않은 것은? [세무사 21]

① 불완전한 경쟁의 경우 시장실패가 일어날 수 있다.
② 공공재는 그 특성에 의해서 시장실패가 발생하게 된다.
③ 정부개입의 필요조건을 제공한다.
④ 완비되지 못한 보험시장의 경우 시장실패가 일어날 수 있다.
⑤ 외부불경제로 사회적 최적 생산량보다 과소 생산되는 경우에 발생한다.

13
지식형
★

시장에 존재하는 불확실성 완화 방안으로 옳지 않은 것은? [세무사 16]

① 도덕적 해이의 축소와 역선택의 확대
② 위험분산
③ 보험제도 실시
④ 조건부 거래시장 개설
⑤ 정보의 확산

14 ★★
지식형

시장실패에 관한 설명으로 옳지 않은 것은?

[세무사 11]

① 소수의 기업이 참여하는 시장에서 이윤극대화를 추구할 때 발생한다.

② A기업의 생산이 B기업 생산에 미치는 영향이 A기업에서 생산한 재화의 시장가격에 반영되지 않는 경우에 발생한다.

③ 사회적 비용이 사적 비용보다 클 경우, 기업의 사적 생산량은 사회적으로 효율적인 생산량보다 적다.

④ 경제주체들 간에 비대칭적 정보가 존재할 경우에 발생한다.

⑤ 무임승차 문제가 나타날 경우에 발생한다.

15 ★
지식형

시장실패에 관한 설명으로 옳지 않은 것은?

[세무사 15]

① 시장실패는 정부개입의 충분조건을 제공한다.

② 시장실패는 자원배분의 비효율성을 초래한다.

③ 정보의 비대칭성이 시장실패를 야기할 수 있다.

④ 외부성의 존재로 인해 시장실패가 일어날 수 있다.

⑤ 시장이 완비되지 못한 경우 시장실패가 일어날 수 있다.

정답 및 해설

11 ④ 효용가능경계상의 모든 점들은 소비와 생산이 동시에 파레토 효율적이다. 그러므로 자원배분이 파레토 효율적인 점은 무수히 많이 존재한다.

12 ⑤ 외부불경제로 인한 시장실패는 사회적 최적 생산량보다 과다 생산되는 경우에 발생한다.

13 ① 역선택과 도덕적 해이는 정보의 비대칭성으로 인해 발생하는 현상인데, 역선택의 확대는 정보의 비대칭성이 커지는 것을 의미한다.

14 ③ 사회적 비용이 사적 비용보다 큰 것은 생산에 있어 외부불경제가 발생할 때이다. 생산에 있어 외부불경제가 발생하면 시장기구에 의해서는 과잉 생산이 이루어진다.

15 ① 시장실패가 발생하였을 때 정부가 적절히 개입하면 자원배분의 효율성이 높아질 수 있으나 정부가 잘못 개입하면 오히려 자원배분이 보다 더 비효율적일 수도 있다. 그러므로 시장실패는 정부의 시장개입에 대한 필요조건은 되나 충분조건까지 되는 것은 아니다.

16 ★★
지식형

시장실패에 관한 설명으로 옳지 않은 것은?

[세무사 09]

① 경제주체가 불완전한 정보를 갖는 경우 시장실패가 발생한다.
② 보완재 시장이 갖추어져 있지 않은 경우에도 시장실패가 발생할 수 있다.
③ 시장실패는 정부개입의 필요조건이 되는데, 정부의 시장개입은 또 다른 비효율을 낳을 수 있기 때문에 신중해야 한다.
④ 불확실성이 존재한다면 완벽한 보험이 제공된다고 하더라도 시장기구에 의한 자원배분은 비효율적이된다.
⑤ 공공재를 정부가 공급하는 이유는 시장기구를 통해서 효율적인 수준이 보장되지 않기 때문이다.

17 ★★
지식형

비대칭적 정보가 존재할 때 의료보험시장에서 발생하는 역선택을 감소시키는 방안으로 옳지 않은 것은?

[세무사 11]

① 의료보험 가입 시 정밀신체검사를 요구한다.
② 보험회사가 의료보험 가입희망자의 과거 병력을 조회한다.
③ 의료보험 가입희망자의 건강 상태를 반영하여 보험료를 차등 부과한다.
④ 단체의료보험상품을 개발하여 해당 단체 소속원 모두 강제 가입하게 한다.
⑤ 의료보험에 기초공제제도를 도입한다.

18 ★
지식형

다음 중 역선택과 관련된 설명으로 옳은 것은?

① 자동차보험에 가입한 운전자일수록 안전 운전을 하지 않으려 한다.
② 화재보험에 가입한 건물주가 화재예방을 위한 비용 지출을 줄인다.
③ 소득이 증가할수록 소비 중에서 식료품비가 차지하는 비중이 감소한다.
④ 사고 위험이 높은 사람일수록 상해보험에 가입할 가능성이 높아진다.
⑤ 가로등과 같은 재화의 공급을 시장에 맡긴다면 효율적인 양보다 적게 공급된다.

★★★
19
계산형
중고차 시장에 중고차 200대가 매물로 나와 있다. 그 중 100대는 성능이 좋은 차이고, 100대는 성능이 나쁜 차이다. 성능이 좋은 차를 매도하려는 사람은 600만원 이상에 판매하려 하고, 성능이 나쁜 차를 매도하려는 사람은 400만원 이상에 판매하려 한다. 이 중고차 시장에서 중고차를 구매하려는 잠재적 구매자는 무한하다. 구매자들은 성능이 좋은 차는 900만원 이하에 구매하려 하고, 성능이 나쁜 차는 500만원 이하에 구매하려 한다. 중고차의 성능에 관한 정보를 매도자는 알고 있지만 구매자는 알지 못한다. 이 시장에는 어떤 균형이 존재할까?

① 모든 중고차가 700만원에 거래되는 균형이 존재한다.
② 좋은 중고차만 900만원에 거래되는 균형이 존재한다.
③ 좋은 중고차만 700만원에 거래되고, 나쁜 중고차는 500만원에 거래되는 균형이 존재한다.
④ 좋은 중고차만 900만원에 거래되고, 나쁜 중고차는 500만원에 거래되는 균형이 존재한다.
⑤ 어떤 균형도 존재하지 않는다.

정답 및 해설

16 ④ 모든 위험에 대비할 수 있는 완벽한 보험이 제공된다면 불확실성이 존재하더라도 시장기구에 의해 자원배분이 효율적일 수 있다.

17 ⑤ 의료보험의 기초공제제도는 역선택이 아니라 도덕적 해이를 감소시키기 위한 방안이다.

18 ④ 역선택(adverse selection)은 정보가 없는 쪽에서 볼 때 관찰할 수 없는 속성이 바람직하지 않게 작용하는 경향이다. 보험 가입도 가입자가 보험회사보다 더 많은 정보를 갖고 있기 때문에 보험회사로선 건강한 사람보다 그렇지 않은 사람과 거래하는 역선택이 발생하기 쉽다.

[오답체크]
① 자동차보험에 가입한 운전자일수록 안전 운전을 하지 않으려 하는 것은 도덕적 해이이다.
② 화재보험에 가입한 건물주가 화재예방을 위한 비용 지출을 줄이는 것은 도덕적 해이이다.
③ 앵겔지수에 대한 설명이다.
⑤ 공공재의 부족에 대한 설명이다.

19 ① 구매자는 자신이 구입할 자동차가 성능이 좋은 자동차가 나올 확률이 50%(1/2)이므로 평균적인 비용을 지불하려 한다. 즉, 구매자의 자동차에 대한 지불액은 700만원이다. 성능이 좋은 중고 자동차를 가진 매도자는 최소한 600만원은 받아야겠다고 생각하고 구매자는 700만원의 지불의향을 가지고 있다. 잠재적 구매자는 무한하고 공급은 100대이기에 성능이 좋은 중고 자동차 가격은 700만원이다. 성능이 나쁜 중고 자동차를 가진 매도자는 최소한 400만원은 받아야겠다고 생각하고 구매자는 700만원의 지불의향을 가지고 있다. 잠재적 구매자는 무한하고 공급은 100대이기에 성능이 나쁜 중고 자동차 가격은 700만원이다. 따라서 모든 중고차가 700만원에 거래되는 균형이 존재한다.

20
지식형
A와 B 두 명으로 구성된 사회에서 개인의 효용을 각각 U_A와 U_B, 사회후생을 W라고 할 때, 다음 중 옳지 않은 것은?   [세무사 22]

① 어떤 배분 상태가 효용가능경계상에 있다면 그 상태에서 효율성과 공평성을 동시에 개선시킬 수 없다.
② 평등주의적 사회후생함수의 경우, 평등주의적 성향이 극단적으로 강하면 롤즈(J. Rawls)적 사회무차별곡선의 형태를 가진다.
③ 롤즈의 사회후생함수는 $W = Min[U_A, U_B]$로 나타낼 수 있다.
④ 사회후생함수가 $W = U_A + 2U_B$일 경우, B의 효용이 A의 효용보다 사회적으로 2배의 중요성이 부여되고 있다.
⑤ 평등주의적 사회후생함수는 사회구성원들에게 동일한 가중치를 부여한다.

21
지식형
분배에 대한 공리주의적 주장으로 옳지 않은 것은?   [세무사 21]

① 가장 바람직한 분배 상태는 최소 극대화의 원칙을 따른다.
② 바람직한 분배가 모든 사람이 동일한 효용함수를 가지지 않을 때에도 나타날 수 있다.
③ 벤담(J. Bentham)은 사회 전체의 후생을 극대화하는 분배가 가장 바람직하다고 보았다.
④ 불균등한 소득분배도 정당화될 수 있다.
⑤ 효용함수는 소득의 한계효용이 체감한다는 가정이 필요하다.

22
지식형
사회후생함수에 관한 설명으로 옳지 않은 것은?   [세무사 21]

① 그 사회가 선택하는 가치 기준에 의해서 형태가 결정된다.
② 사회후생함수에서는 개인들의 효용을 측정할 수 있다고 가정한다.
③ 평등주의 사회후생함수는 각 개인의 효용에 동일한 가중치를 부여하게 된다.
④ 공리주의 사회후생함수에 의하면 사회후생의 극대화를 위해서는 각 개인소득의 한계효용이 같아야 한다.
⑤ 사회후생을 극대화시키는 배분은 파레토 효율을 달성한다.

23 [지식형] ★★
사회후생함수에 관한 설명으로 옳지 않은 것은? [세무사 17]

① 사회후생함수는 그 사회가 어떠한 가치 기준을 선택할 것인가에 대한 해답을 제공해 준다.

② 사회후생함수는 개인들의 효용을 측정할 수 있다고 가정한다.

③ 공리주의 사회후생함수일 경우 사회후생이 극대화되려면 각 개인의 소득의 한계효용이 서로 같아야 한다.

④ 사회후생을 극대화시키는 배분은 파레토 효율을 실현한다.

⑤ 어떤 배분이 총효용가능경계선(utility possibility frontier)상에 있다면 그 배분에서는 효율과 공평을 함께 증가시킬 수 없다.

24 [지식형] ★★
사회후생함수에 관한 설명으로 옳지 않은 것은? [세무사 15]

① 롤즈(J. Rawls)의 사회후생함수는 레온티에프(Leontief) 생산함수와 동일한 형태를 가진다.

② 평등주의 사회후생함수는 모든 사회구성원들에게 동일한 가중치를 부여한다.

③ 애로우(K. Arrow)의 불가능성 정리는 사회의 여러 상태를 비교, 평가할 수 있는 합리적이고 민주적인 기준을 찾을 수 없다는 것을 뜻한다.

④ 공리주의적 사회무차별곡선의 기울기는 -1이다.

⑤ 에지워드(F. Edgeworth)의 주장에 의하면, 소득의 재분배는 사회후생을 증가시킬 수 있다.

정답 및 해설

20 ⑤ 평등주의적 사회후생함수는 빈자에게 높은 가중치를 부여하므로 사회구성원들에게 다른 가중치를 부여한다.

[오답체크]

① 어떤 배분 상태가 효용가능경계상에 있다면 그 상태에서 이동시킬 경우에 효율성은 유지될 수 있지만 누군가는 더 가지고 누군가는 덜 가져야 하므로 공평성이 저해된다.

② 평등주의적 사회후생함수는 원점에 대하여 볼록한 형태이다. 롤즈의 사회후생함수는 최소 수혜자 최대의 원칙에 따라 빈자에 의해 사회적 후생이 결정된다. 따라서 평등주의적 성향이 극단적으로 강하면 롤즈(J. Rawls)적 사회무차별곡선의 형태를 가진다.

③ 롤즈의 사회후생함수는 최소 수혜자 최대의 원칙이므로 효용이 작은 사람에 의해 사회적 효용이 결정된다. 따라서 $W = Min[U_A, U_B]$로 나타낼 수 있다.

④ 사회후생함수가 $W = U_A + 2U_B$일 경우, 동일하게 효용이 1씩 증가하면 B의 효용이 A의 효용의 2배이므로 B의 효용이 A의 효용보다 사회적으로 2배의 중요성이 부여되고 있음을 알 수 있다.

21 ① 공리주의는 각 개인의 효용의 합이 최대인 경우이고 롤즈의 경우가 가장 바람직한 분배 상태는 최소 극대화의 원칙을 따른다.

22 ③ 평등주의 사회후생함수는 빈자에게 높은 가중치를 부여한다.

23 ① 사회후생함수는 각 학자가 주장한 것이고 이는 구성원들이 어떠한 것을 선택할 것인가에 따라 달라지므로 사회후생함수가 그 사회가 어떤 가치 기준을 선택할 것인가에 대한 해답을 제공해 주지는 못한다.

24 ② 평등주의 사회후생함수에서는 저소득층의 가중치가 고소득층의 가중치보다 높다.

[오답체크]

⑤ 에지워드(F. Edgeworth)는 공리주의적 견해이다. 따라서 소득의 한계효용이 체감하는 경우 소득분배의 공평성이 높아지면 사회후생이 증가한다.

25

★★
지식형

사회후생함수에 관한 설명으로 옳지 않은 것은?　　　　　　　　　　　　　　　　　　[세무사 12]

① 공리주의적 가치관에 따르면, 사회후생함수는 개인의 효용을 더한 것으로 정의된다.

② 평등주의적 가치관에 따르면, 사회후생을 결정할 때 효용 수준이 높은 사람이나 낮은 사람이나 동일한 가중치를 적용해야 한다.

③ 롤스(J. Rawls)의 사회후생함수는 사회구성원들 중에서 효용 수준이 가장 낮은 사람의 효용이 그 사회의 후생수준이라고 본다.

④ 애로우(K. Arrow)는 불가능성 정리에서 어떤 사회의 여러 가지 상태를 비교, 평가할 수 있는 합리적 기준이 존재하지 않음을 입증하였다.

⑤ 차선의 이론은 하나 이상의 효율성 조건이 이미 달성되지 않은 상태에서는, 만족되는 효율성 조건의 수가 많아진다고 해서 사회적 후생이 더 커진다는 보장이 없다는 이론이다.

26

★
지식형

애로우(Arrow)가 제시한 사회적 선호체계가 가져야 할 기준으로 옳지 않은 것은?　　　　　　[세무사 09]

① 파레토 원칙

② 비독재성

③ 완전성과 이행성

④ 적극적인 가치판단의 가능성

⑤ 무관한 선택대상으로부터의 독립

27

★★★
지식형

사회후생함수에 관한 설명으로 옳지 않은 것은? (단 n명으로 구성된 사회에서 개인 I의 후생은 w_i, 사회후생은 W)　　　　　　　　　　　　　　　　　　　　　　　　　　　　　　　　　　　[세무사 19]

① 공리주의적 사회후생함수는 모든 사회구성원의 총합으로 구성되며 $W = w_1 + \cdots\cdots + w_i$가 된다.

② 앳킨슨의 확장된 공리주의 후생함수는 $W = \dfrac{1}{\alpha}\sum\limits_{i=1}^{n} w_i^\alpha$로 표현되는데, 이는 α가 1보다 작은 경우에는 개인후생의 합뿐만 아니라 분배에 의해서도 사회후생이 영향을 받는다는 것을 보여준다.

③ 롤스의 사회후생함수는 도덕적 가치관을 중시하는 규범적 규율을 반영하는데, 이를 표현하면 $W = Min[w_1, ..., w_i]$로 표현할 수 있다.

④ 평등주의적 사회후생함수는 개인의 후생수준이 높을수록 더 작은 가중치를 적용한다.

⑤ 애로우는 합리적인 사회적 선호체계를 갖춘 사회후생함수가 존재함을 실증을 통해 입증했다.

★★★
28
계산형

어떤 사회가 두 사람 A, B로 구성되어 있다. 개인 A의 소득의 한계효용이 $MU^A = 100 - 4M^A$, 개인 B의 소득의 한계효용이 $MU^B = 100 - M^B$이다(여기서 M^A는 개인 A의 소득, M^B는 개인 B의 소득을 나타낸다). 그리고 사회 전체의 소득은 M으로 주어져 있으며, $M^A + M^B = M$이다. 공리주의 사회후생함수에 따르면 사회후생을 극대화하기 위해서는 사회 전체의 총소득을 어떻게 배분해야 하는가?

① 총소득의 $\frac{1}{5}$을 개인 A에게, 나머지는 개인 B에게 배분해야 한다.

② 총소득의 $\frac{1}{4}$을 개인 A에게, 나머지는 개인 B에게 배분해야 한다.

③ 총소득의 $\frac{1}{3}$을 개인 A에게, 나머지는 개인 B에게 배분해야 한다.

④ 총소득의 $\frac{1}{2}$을 개인 A에게, 나머지는 개인 B에게 배분해야 한다.

⑤ 총소득의 $\frac{3}{4}$을 개인 A에게, 나머지는 개인 B에게 배분해야 한다.

정답 및 해설

25 ② 평등주의적 견해에 따르면 사회후생을 결정할 때 효용 수준이 낮은 사람에게 높은 가중치를 부여하고, 효용 수준이 높은 사람에게는 낮은 가중치를 부여해야 한다.

26 ④ 적극적인 가치판단의 가능성은 애로우가 제시한 이상적인 사회후생함수가 갖추어야 할 조건과는 아무런 관련이 없다.

27 ⑤ 애로우는 불가능성 정리를 통해 합리적 사회 선호체계 중 민주적이면서 효율적인 사회후생함수는 존재하지 않음을 증명하였다.

28 ① 1) 사회 전체의 총소득이 일정하게 주어져 있고, 소득의 한계효용을 체감하는 경우 공리주의 사회후생함수에 의하면 사회후생이 극대화되도록 하려면 각 개인소득의 한계효용이 같아지게끔 소득을 배분해야 한다.

2) $MU^A = MU^B$로 두면 $100 - 4M^A = 100 - M^B$ ➡ $4M^A = M^B$가 성립한다.

3) 예산제약식은 두 사람의 소득을 합한 $M^A + M^B = M$이다.

4) 두 식을 연립해서 풀면 $M^A + 4M^A = M$, $M^A = \frac{1}{5}M$이 된다. 그러므로 사회후생이 극대가 되도록 하려면 사회 전체의 총소득의 $\frac{1}{5}$을 개인 A에게 배분해야 한다.

★★
29
지식형

칼도-힉스(Kaldor-Hicks)의 보상 기준에 관한 설명으로 옳은 것은?   [세무사 14]

① 누군가의 희생 없이는 어떤 사람의 후생 증대가 불가능하다.
② 최적의 자원배분을 실현하게 되어 더 이상 파레토 개선이 불가능하다.
③ 칼도-힉스의 보상 기준은 실제적 보상이 이루어질 것을 요구한다.
④ 칼도-힉스의 보상 기준이 적용된다는 것은 잠재적 파레토 개선이 이루어진다는 것을 의미한다.
⑤ 경제 상태 변화에 따라 손해를 입게 되는 사람의 수가 이득을 보는 사람의 수보다 적을 때에 이루어지게 된다.

★★
30
지식형

보상의 원칙에 관한 설명으로 옳은 것은?   [세무사 12]

① 개인 간의 효용을 직접 비교하여 어떤 변화가 사회후생의 개선인지 여부를 평가한다.
② 보상의 원칙은 개인 간의 효용 비교 문제를 잠재적 보상이라는 개념을 통해 우회한다.
③ 어떤 변화를 통해 이득을 얻는 사람에 의해 평가된 이득의 가치가 손해를 보는 사람에 의해 평가된 손해의 가치와 일치할 때 그 변화는 사회후생의 개선이다.
④ 보상의 원칙은 당사자 간 실제 보상이 이루어지는 것을 전제로 한다.
⑤ 파레토 개선의 경우에만 보상의 원칙이 충족된다.

31 ★★
지식형

칼도-힉스(Kaldor-Hicks) 보상 기준에 관한 설명으로 옳지 않은 것은? [세무사 10]

① 사업 시행으로 이득을 본 그룹의 이득이 손해를 본 그룹의 손해보다 클 때 칼도-힉스 보상 기준을 만족한다.

② 사업 시행으로 인해 이득을 본 그룹의 최대지불의사금액이 손해를 본 그룹이 수용할 수 있는 최소금액 이상이면 칼도 기준을 만족한다.

③ 모든 파레토 개선은 칼도-힉스 보상 기준을 만족한다.

④ 힉스 기준에서는 손해를 보는 그룹이 이득을 보는 그룹에게 사업 시행이 이루어지지 않도록 보상하는 상황을 전제로 한다.

⑤ 칼도-힉스 보상 기준을 만족하기 위해서는 실제적으로 보상이 이루어져야 한다.

정답 및 해설

29 ④ 칼도-힉스의 기준은 실제적 보상이 아닌 잠재적 보상을 의미한다. 칼도-힉스의 보상 기준이 적용된다는 것은 잠재적 파레토 개선이 이루어진다는 것을 의미한다.

[오답체크]
①② 파레토 기준에 대한 설명이다.
③ 칼도-힉스의 보상 기준은 잠재적 보상이 이루어질 것을 요구한다.
⑤ 수가 아닌 금액 정도와 관련되어 있다.

30 ② 보상 원리는 직접적으로 개인들 간의 효용 비교를 하지 않고 사회후생의 변화를 평가하기 위해 고안된 방법이다.

[오답체크]
① 개인 간의 효용을 직접 비교하는 것이 아니다.
③ 어떤 변화를 통해 이득을 얻는 사람에 의해 평가된 이득의 가치가 손해를 보는 사람에 의해 평가된 손해의 가치와 일치할 때 그 변화는 사회후생의 개선이 아닌 유지이다.
④ 보상의 원칙은 당사자 간 잠재적 보상이 이루어지는 것을 전제로 한다.
⑤ 파레토 개선이 아니어도 효용가능곡선 내부에서 곡선상으로 이동하면 개선된 것으로 본다.

31 ⑤ 사회 상태가 한 상태에서 다른 상태로 변할 때 이득을 얻는 사람과 손해를 보는 사람의 수가 다수이므로 실제적인 보상은 거의 불가능하다. 그러므로 칼도-힉스 기준은 '실제적 보상'이 아니라 '잠재적 보상'을 가정한다.

[오답체크]
③ 출제자는 효용가능경계로 이동하는 파레토 개선을 의미한 것으로 추측된다.

해커스 서호성 재정학

제2장

외부성과 공공재

01

외부성의 의미와 유형
★★

> **핵심 Check: 외부성의 의미와 유형**
>
> | 외부성 | 어떤 행위가 제3자에게 의도하지 않은 혜택이나 손해를 가져다주는데, 이에 대한 대가를 받지도 지불하지도 않을 때 발생함 |
> |---|---|
> | 금전적 외부성 | 상대가격구조의 변동을 가져오며, 사회구성원 간 소득분배에는 영향을 미치나 자원배분에는 영향을 미치지 않음 |

1. 외부성의 의의

(1) 외부성

어떤 행위가 제3자에게 의도하지 않은 혜택이나 손해를 가져다주는데, 이에 대한 대가를 받지도 지불하지도 않을 때 외부성이 발생한다고 한다.

(2) 특징

용어정리

시장의 테두리
가격을 매개로 경제활동이 이루어지는 것을 의미한다.

① 경제활동 혹은 경제 현상이 시장의 테두리 밖에서 일어난다는 것을 의미한다.

② 제3자에게 발생한 이득이나 손해가 전혀 의도하지 않은 것이어야 한다. 즉, 제3자에게 발생한 이득이나 손해에 대해 아무런 대가가 오가지 않았어야 한다는 것이다.

③ 꿀벌을 치는 사람이 어떤 과수원 옆에다 벌통을 갖다 놓은 결과 과일의 수확이 늘었을 때 대가를 지급하지 않은 경우만 외부성이 발생한다고 볼 수 있다.

(3) 외부성과 시장실패

① 외부성이 존재하면 사적 비용과 사회적 비용의 불일치 현상이 나타나며, 시장균형이 사적 비용에 따라 결정되어 비효율적 자원배분이 된다.

② 이로운(양, +) 외부성의 경우 사회적 기준에서 볼 때 과소 생산되며, 해로운 외부성(음, -)의 경우는 과다 생산된다.

2. 외부성의 유형

(1) 생산의 외부성과 소비의 외부성

① 생산의 외부성

생산활동에 따라 발생하는 외부성을 말한다.

예 기술개발, 공해산업 등

② 소비의 외부성

소비활동에 따라 발생하는 외부성을 말한다.

예 예방접종, 실내흡연 등

(2) 공공재적 외부성과 사적재적 외부성

① 공공재적 외부성

다수인에게 비경합적으로 발생하는 외부성을 말한다.

예 공해 등

② 사적재적 외부성

특정인 또는 특정 지역에 경합적으로 발생하는 외부성을 말한다.

예 우수사원 해외연수 등

(3) 실질적 외부성과 금전적 외부성

① 실질적 외부성

• 외부성으로 인해 그 사람의 효용함수나 생산함수에 영향을 주는 경우 발생한다.

• 자원배분의 비효율성이 발생한다.

• 시장의 가격기구를 통하지 않고 유리하거나 불리한 영향을 미치므로 한 경제주체의 이득이 다른 경제주체의 피해와 상쇄되지 않는다. 따라서 경제적 분석의 대상이 된다.

② 금전적 외부성

• 어떤 행동이 상대가격구조의 변동을 가져오고 이로 말미암아 이득을 보는 사람과 손해를 보는 사람이 발생하는 경우이다.

• 가격기구를 통하여 피해와 이익이 정확히 상쇄되므로 사회구성원 간 소득분배에는 영향을 미치나 자원배분에는 영향을 미치지 않는다.

• 사례

한 건설회사가 전국각지에 대규모 토목공사를 시작함으로써 건축자재의 가격이 폭등했고 이로 인해 집을 짓고 있는 어떤 사람이 경제적 압박을 받게 된다면, 건설회사의 행동으로 인해 건축자재 판매상은 돈을 벌겠지만 집을 짓는 사람은 손해를 보게 되므로 금전적 외부성을 만들어냈다고 볼 수 있다.

외부성에 관한 설명으로 옳지 않은 것은? [세무사 17]

① 외부성이 존재할 경우 효율적 자원배분을 위해서는 사회적 한계비용과 사회적 한계편익이 일치해야 한다.

② 실질적 외부성이란 개인의 행동이 제3자에게 의도하지 않은 이득이나 손실을 가져와 비효율적인 자원배분의 원인으로 작용하는 현상을 말한다.

③ 금전적 외부성이 존재하면 상대가격구조의 변동을 가져와 비효율적인 자원배분의 원인으로 작용한다.

④ 긍정적 외부성이 존재하면 해당 재화는 사회적 최적 수준보다 적게 생산되는 경향이 있다.

⑤ 부정적 외부성이 존재하면 해당 재화는 사회적 최적 수준보다 많이 생산되는 경향이 있다.

해답

금전적 외부성이 발생하면 상대가격구조의 변동으로 사회구성원 간에 소득재분배가 발생하나 자원배분의 비효율성은 초래되지 않는다. 정답: ③

02

외부성과 자원배분
★★

핵심 Check: 외부성과 자원배분

소비의 양의 외부성	PMB < SMB
소비의 음의 외부성	PMB > SMB
생산의 양의 외부성	PMC > SMC
생산의 음의 외부성	PMC < SMC

1. 사적 편익과 사회적 편익 및 사적 비용과 사회적 비용

(1) 사적 한계편익과 사회적 한계편익

① 사적 한계편익(PMB; Private Marginal Benefit)

상품 소비에 따른 개별 소비자의 한계효용이다. 개별 소비자의 수요곡선이 사적 한계편익곡선이 된다.

② 사회적 한계편익(SMB; Social Marginal Benefit)

상품 소비에 따른 사회 전체의 한계효용이다. 시장수요곡선이 사회적 한계편익곡선이 된다.

③ 소비의 외부성이 존재하면 사적 한계편익과 사회적 한계편익은 다르다.

(2) 사적 한계비용과 사회적 한계비용

① 사적 한계비용(PMC; Private Marginal Cost)

상품 생산에 실제로 지출된 한계생산비이다.

② 사회적 한계비용(SMC; Social Marginal Cost)

상품 생산에 따른 한계외부성을 화폐적 비용으로 평가하여 사적 한계비용에 포함한 한계생산비이다.

③ 생산의 외부성이 존재하면 사적 한계비용과 사회적 한계비용은 다르다.

2. 외부성의 유형

(1) 양의 외부성

① 어떤 경제활동이 제3자에게 이익을 주는데도 시장을 통해 대가를 받지 못한 경우이다.

② 사회 전체적으로 적정 수량보다 과소 소비 및 생산된다.

③ 소비 측면 분석

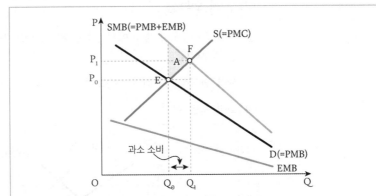

- 소비의 양의 외부성이므로 '외부한계편익(EMB) > 0'이다.
  따라서 SMB(PMB + EMB) > PMB = PMC(= S)가 성립한다.
- 현 생산점: E점(Q_0, P_0)
- 바람직한 생산점: F점(Q_1, P_1)
- 과소 소비: $Q_1 - Q_0$
- 사회적 후생손실: $\triangle$A

④ 생산 측면 분석

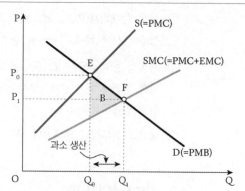

- 생산의 양의 외부성이므로 '외부한계비용(EMC) < 0'이다.
  따라서 SMC(PMC + EMC) < PMC = PMB(= D)가 성립한다.
- 현 생산점: E점(Q_0, P_0)
- 바람직한 생산점: F점(Q_1, P_1)
- 과소 생산: $Q_1 - Q_0$
- 사회적 후생손실: △B

(2) 음의 외부성

① 어떤 경제활동이 제3자에게 손해를 끼치는데도 시장을 통해 대가를 지급하지 않는 경우이다.

② 사회 전체적으로 적정 수량보다 과다 소비 및 생산된다.

③ 소비 측면 분석

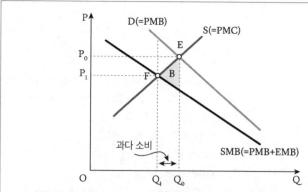

- 소비의 음의 외부성이므로 '외부한계편익(EMB) < 0'이다.
  따라서 SMB(PMB + EMB) < PMB = PMC(= S)가 성립한다.
- 현 생산점: E점(Q_0, P_0)
- 바람직한 생산점: F점(Q_1, P_1)
- 과다 소비: $Q_0 - Q_1$
- 사회적 후생손실: △B

④ 생산 측면 분석

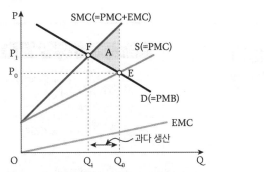

- 생산의 음의 외부성이므로 '외부한계비용(EMC) > 0'이다.
  따라서 SMC(PMC + EMC) > PMC = PMB(= D)가 성립한다.
- 현 생산점: E점(Q_0, P_0)
- 바람직한 생산점: F점(Q_1, P_1)
- 과다 생산: Q_0 - Q_1
- 사회적 후생손실: △A

확인문제

외부효과에 관한 설명으로 옳지 않은 것은? [세무사 12]
① 과수원의 이웃에 양봉업자가 이주해옴으로써 사과 수확량이 증가하였다.
② 기업이 생산과정에서 제3자에게 끼친 손해를 전액 보상하더라도 생산 측면에서 외부효과는 여전히 존재한다.
③ 사회적 비용이 사적 비용보다 큰 경우 이 기업의 균형생산량은 최적 생산량보다 많은 상태이다.
④ 섬진강 상류에서 돼지를 키우는 사람이 축산폐수를 방류한 결과, 하류의 고기잡이에 부정적인 영향이 발생했다.
⑤ 긍정적인 의미의 외부성이 존재한다는 것은 사회적 편익이 사적 편익보다 크다는 것을 의미한다.

해답

기업이 생산과정에서 제3자에게 끼친 손해를 전액 보상한다면 제3자에게 미치는 영향이 기업의 생산비용에 반영되므로 외부성이 내부화된다. 정답: ②

외부성의
해결방안
★★★

핵심 Check: 외부성의 해결방안	
코즈의 정리	• 누구인지에 관계없이 재산권의 설정이 명확해야 함 • 자율적 거래에 의한 것이므로 정부의 개입이 아님
피구세	• SMC(= PMC + EMC) = SMB로 사회적 최적량 구함 • 최적량을 EMC에 대입

1. 외부성의 사적 해결방안

(1) 합병

① 의미

외부성을 유발하는 기업과 외부성으로 인하여 피해(혹은 이익)를 보는 기업을 합병함으로써 외부성을 내부화하는 방법이다.

② 노래방에서 발생하는 소음 때문에 독서실 운영이 어려운 경우 독서실 소유자가 노래방을 합병하여 외부효과를 해결할 수 있다.

(2) 코즈의 정리: 협상에 의한 해결

협상비용이 무시할 정도로 작고, 협상으로 인한 소득재분배가 각 개인의 한계효용에 영향을 미치지 않는다면 외부성에 관한 권리(재산권)가 어느 경제주체에 귀속되는가와 상관없이 당사자 간의 자발적 협상에 의한 자원배분은 동일하며 효율적이다.

① 코즈는 외부성이 자원의 효율적 배분을 저해하는 이유는 외부성과 관련된 재산권이 제대로 정해져 있지 않기 때문이라고 보았다.

② 재산권(소유권)이 적절하게 설정되면 시장기구가 스스로 외부효과의 문제를 해결할 수 있다고 주장한다.

③ 협상비용이 너무 많이 들면 협상 자체가 이루어지기 어렵고, 외부효과로 인한 피해를 측정하기 어렵다.

④ 사례
- 강 상류에 있는 화학공장(A)이 오염물질을 배출함에 따라 강 하류에 있는 어부 (B)가 피해를 보는 상황을 가정한다.
- 맑은 물에 대한 소유권이 주어져 있지 않으면 서로 자신의 권리를 주장할 것이 므로 외부성 문제를 해결할 수 없다.
- 정부가 맑은 물에 대한 소유권을 A 혹은 B에게 부여하면 서로 협상을 통해 문제를 해결할 수 있다.
- 예를 들어, 맑은 물에 대한 소유권을 A에게 부여하면 협상을 통해 B가 A에 보상을 지급하는 조건으로 오염물질을 줄이는 것에 합의하게 된다.
- 맑은 물에 대한 소유권을 B에게 부여하면 협상을 통해 A가 B에게 보상을 지급하는 조건으로 오염물질을 줄이는 것에 합의하게 된다.

확인문제

코즈 정리에 관한 설명으로 옳지 않은 것은?   [세무사 16]
① 정부가 소유권을 설정하면, 자발적 거래에 의하여 시장실패가 해결된다는 정리이다.
② 외부성이 있는 재화의 과다 또는 과소 공급을 해소하는 대책에 해당한다.
③ 외부불경제의 경우 이해당사자 중 가해자와 피해자를 명확하게 구분하지 않더라도 코즈 정리를 적용할 수 있다.
④ 외부성 문제 해결에 있어서 효율성과 형평성을 동시에 고려하는 해결방안이다.
⑤ 코즈 정리는 외부성 관련 당사자들이 부담해야 하는 거래비용이 적을 때 적용이 용이하다.

해답

코즈 정리에 의하면 외부성과 관련된 소유권이 설정되면 외부성에 따른 시장실패가 해소되어 자원배분이 효율적이게 된다. 코즈 정리에서는 소유권이 누구에게 귀속되는 것이 바람직한지에 대해서는 다루지 않으므로 형평성 문제는 고려되지 않는다.   정답: ④

다음은 강 상류에 위치한 화학공장 A와 하류의 양식장 B로 구성된 경제에 관한 상황이다. A는 제품 생산 공정에서 수질오염을 발생시키고, 이로 인해 B에게 피해비용이 발생한다. A의 한계편익(MB_A)과 A의 생산으로 인한 B의 한계피해비용(MD_B)은 다음과 같다.

$$MB_A = 90 - \frac{1}{2}Q, \ MD_B = \frac{1}{4}Q$$

Q에 대한 A의 한계비용과 B의 한계편익은 0이며, 협상이 개시되는 경우 협상비용도 0이라고 가정하자. 다음 설명으로 옳지 않은 것은? (단, Q는 A의 생산량이다)

[세무사 20]

① 강의 소유권이 A에게 있고 양자 간의 협상이 없다면, A의 생산량은 180, A의 총편익은 8,100, B의 총비용은 4,050이다.
② 강의 소유권이 B에게 있고, 양자 간의 협상이 없다면, A의 생산량은 0, A의 총편익은 0, B의 총비용은 0이다.
③ 이 경제에서 사회적으로 바람직한 A의 생산량은 120, A의 총편익은 7,200, B의 총비용은 1,800이다.
④ 강의 소유권이 A에게 있고 양자 간의 협상이 성립하여 사회적으로 바람직한 생산량이 달성된다면, A가 B로부터 받는 보상의 범위는 최소 900 이상 최대 2,250 이하가 될 것이다.
⑤ 강의 소유권이 B에게 있고 양자 간의 협상이 개시되어 사회적으로 바람직한 산출량이 달성된다면, B가 A로부터 받는 보상의 범위는 최소 1,800 이상 최대 4,050 이하가 될 것이다.

해답

화학공장의 한계편익은 생산량이 0일 때 90이고 한계편익이 0일 때의 생산량은 180이다. 양식장의 한계비용은 생산량이 0일 때 0이고 화학공장이 180 생산할 때 45이다.

양자의 한계편익과 한계비용이 만나는 지점은 $90 - \frac{1}{2}Q = \frac{1}{4}Q$이므로 Q = 120이고 한계편익과 한계비용은 30이다. 이를 그래프로 나타내면 다음과 같다.

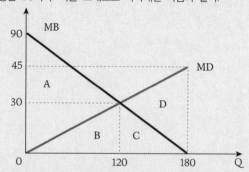

강의 소유권이 B에게 있고 양자 간의 협상이 개시되어 사회적으로 바람직한 산출량이 달성된다면, B는 B만큼 받을 용의가 있고 A는 A + B만큼 지불할 용의가 있다. 따라서 B는 $120 \times 30 \times \frac{1}{2} = 1,800$이고 A + B는 $(90 + 30) \times 120 \times \frac{1}{2} = 7,200$이므로 B가 A로부터 받는 보상의 범위는 최소 1,800 이상 최대 7,200 이하가 될 것이다.

[오답체크]

① 강의 소유권이 A에게 있고 양자 간의 협상이 없다면, A의 생산량은 한계편익이 0일 때까지 생산할 것이므로 180, A의 총편익은 A+B+C이므로 $180 \times 90 \times \frac{1}{2} = 8,100$, B의 총비용은 B+C+D이므로 $180 \times 45 \times \frac{1}{2} = 4,050$이다.

② 강의 소유권이 B에게 있고, 양자 간의 협상이 없다면, B는 생산을 하지 않는 것을 원하므로 A의 생산량은 0, A의 총편익은 0, B의 총비용은 0이다.

③ 이 경제에서 사회적으로 바람직한 A의 생산량은 화학공장의 한계편익과 양식장의 한계비용이 일치하는 지점이므로 120, A의 총편익은 A+B이므로 $(90+30) \times 120 \times \frac{1}{2} = 7,200$, B의 총비용은 B이므로 $120 \times 30 \times \frac{1}{2} = 1,800$이다.

④ 강의 소유권이 A에게 있고 양자 간의 협상이 성립하여 사회적으로 바람직한 생산량이 달성된다면, A는 C만큼 받고 싶어 하고 B는 C+D만큼 지불할 용의가 있다. C는 $60 \times 30 \times \frac{1}{2} = 900$이고 C+D는 $(30+45) \times 60 \times \frac{1}{2} = 2,250$이다. 따라서 A가 B로부터 받는 보상의 범위는 최소 900 이상 최대 2,250 이하가 될 것이다. 정답: ⑤

2. 외부성의 공적 해결방안

(1) 조세부과: 음의 외부성 발생 시

① 재화 단위당 외부한계비용(EMC)만큼의 조세를 부과하면 사적 한계비용(PMC)곡선이 단위당 조세액만큼 상방으로 이동하여 생산량과 가격이 사회적으로 바람직한 수준이 된다.

② 이 조세를 피구세(Pigouvine tax)라고 한다.

③ 그래프

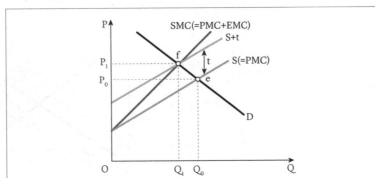

- 조세를 바람직한 산출량 수준(Q_1)에서의 SMC와 PMC의 차이(= EMC)만큼 부과한다.
- 이때 사적 한계비용(PMC)곡선이 상방으로 이동하여 생산량과 가격이 바람직한 수준이 된다.

상품의 시장수요곡선은 Q = 20 - P이고, 한계비용은 MC = 5 + Q이며, 상품 1단위 생산 시 발생한 한계피해는 MD = Q이다. 자원배분 왜곡을 치유하기 위한 최적 제품 부과금(product charge)은? (단, Q: 수량, P: 가격)　　　　[세무사 13]

① 2.5　　　　② 5　　　　③ 7.5　　　　④ 12.5　　　　⑤ 15

해답

☑ 피구세 계산풀이법
1) 문제에 주어진 식을 P = ~의 형태로 바꾼다.
2) 문제에서 제시된 MC(한계비용)와 MD(한계피해)를 합해 사회적 한계비용(SMC)을 구한다.
3) P = SMC로 두면 최적 생산량이 도출된다.
4) 단위당 최적 조세액은 최적 생산량 수준에서 SMC와 PMC의 차이만큼 이므로 최적 생산량을 SMC와 PMC에 대입하면 단위당 최적 조세액을 구할 수 있다.

1) 단위당 최적 조세액은 최적 생산량 수준(SMB = SMC)에서 SMC와 PMC의 차이이다.
2) 사회적인 한계비용 SMC = PMC + MD = 5 + 2Q이고, 수요함수가 P = 20 - Q이므로 P = SMC로 두면 20 - Q = 5 + 2Q, 사회적 최적량 Q = 5이다.
3) Q = 5를 사회적 한계비용함수에 대입하면 SMC = 15이고, Q = 5를 사적 한계비용함수에 대입하면 PMC = 10이므로 단위당 최적 조세액은 5임을 알 수 있다.　　　　정답: ②

(2) 보조금 지급: 양의 외부성 발생 시

① 재화 단위당 외부한계비용(EMC)만큼의 보조금을 지급하면 사적 한계비용(PMC)곡선이 단위당 조세액만큼 하방으로 이동하여 생산량과 가격이 사회적으로 바람직한 수준이 된다.

② 이 보조금을 피구보조금이라고 한다.

③ 그래프

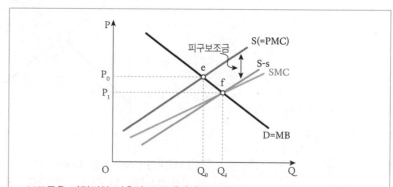

- 보조금을 바람직한 산출량 수준에서의 PMC와 SMC의 차이만큼 지급한다.
- 이때 사적 한계비용(PMC)곡선이 하방으로 이동하여 생산량이 바람직한 수준이 된다.

(3) 감산보조금

① 의미

생산량을 줄일 경우 보조금을 지급하는 제도로 보조금 지급을 통해 최적 수준으로 생산량 조절이 가능하다.

② 문제점

- 보조금을 얻기 위한 기업진입 가능성이 높아 재정지출이 부담될 수 있다.
- 보조금을 지급하기 위해 세금을 걷는 과정에서 초과부담이 발생할 수 있다.

(4) 정부의 직접규제

① 오염 부과금(가격통제)

- 생산자가 오염물질을 원하는 대로 방출하도록 허용한다.
- 방출한 오염물질 1단위당 생기는 한계비용과 방출 수준을 1단위 감소시킬 때 추가로 소요되는 자원과 관련된 한계비용이 같아지는 방출량 수준에서의 한계비용만큼 오염 부과금 혹은 오염세를 부과하면 적정량의 오염을 자발적으로 선택하게 된다.

② 정부의 직접규제(수량통제)

- 정부가 환경기준을 통해 기준량을 설정한다.
- 기준량 이상의 오염물질을 배출하는 것을 규제하는 방법으로 사회 전체적으로 볼 때 비용이 크게 소요된다.

(5) 오염배출권

① 의미

정부가 오염배출허용량을 설정하고 정부가 설정한 오염배출량만큼의 오염배출권을 발행한 다음, 각 기업이 오염배출권을 가진 한도 내에서만 오염을 배출할 수 있도록 하는 방법으로 오염배출권제도하에서는 오염배출권의 자유로운 거래를 허용한다.

② 오염배출권시장의 형성 조건

- 배출권거래시장이 형성되기 위해서는 각 공해 발생자들이 허용된 배출량까지 공해를 저감하는 한계비용의 차이가 커야 한다.
- 정화비용이 큰 기업이 배출권의 수요자, 작은 기업이 공급자가 된다.

③ 최적 감축량의 결정

- $MC_A = MC_B$ (여기서 MC는 한계비용이 아닌 오염물질 1단위를 줄이기 위해 추가적으로 들어가는 비용을 의미한다)
- 각 기업의 오염물질 1단위를 줄이기 위한 비용이 같아야 한다.

④ 효과

- 오염배출권의 자유로운 거래가 허용되면 시장에서 오염배출권 가격을 결정한다.
- 오염배출권 가격보다 낮은 비용으로 오염을 줄일 수 있는 기업은 오염배출권을 시장에서 매각하고 자신이 직접 오염을 줄인다.
- 오염절감비용이 많이 드는 기업은 오염배출권을 매입한 다음 오염을 배출한다.
- 오염배출권제도하에서는 낮은 비용으로 오염을 줄일 수 있는 기업이 오염을 줄이게 되므로 사회적으로 보면 적은 비용으로 오염을 일정 수준으로 줄일 수 있다.
- 이 제도는 미국 등 일부 선진국에서 시행 중이며, 우리나라도 시행되고 있다.

집중! 계산문제

두 기업 A와 B가 존재하는 경제에서 기업 A와 B의 총오염저감비용은 각각 $C_A = 100 + 2Z_A^2$, $C_B = 100 + 3Z_B^2$로 표시된다. (단, Z_A, Z_B는 각각 기업 A와 B의 오염물질 감축량) 이때 배출권거래제하에서 사회 전체적으로 오염물질을 60만큼 감축해야 한다면 이 경제 전체의 총오염저감비용을 최소화시키는 A와 B의 오염물질 감축량은? [세무사 10]

① A는 24, B는 36
② A는 20, B는 40
③ A는 35, B는 25
④ A는 40, B는 20
⑤ A는 36, B는 24

해답

☑ 오염배출권 계산풀이법
1) 문제에서 제시된 오염감축량을 인지한다. 문제에서는 $Z_A + Z_B = 60$으로 제시되어 있다.
2) 일정한 양의 오염을 감축하고자 할 때 사회 전체의 총비용이 극소화되려면 각 기업의 한계오염저감비용이 같아져야 한다. 다시 말하면 $MC_A = MC_B$가 성립해야 한다. 문제에서 총비용으로 주어져 있으면 미분하여 MC를 구하고, MC로 주어져 있으면 그대로 대입해도 된다.
3) 위의 두 식을 연립하면 기업들의 오염감축량을 구할 수 있다.

1) 각 개인의 총오염저감비용함수를 오염감축량(Z)에 대해 미분하면 A와 B의 한계오염저감비용은 각각 $MC_A = 4Z_A$, $MC_B = 6Z_B$이다.
2) $MC_A = MC_B$로 두면 $4Z_A = 6Z_B$이므로 $Z_A = 1.5Z_B$이다.
3) 사회 전체의 오염감축량 목표가 60이므로 $Z_A + Z_B = 60$이 성립해야 한다.
4) 두 식을 연립하면 $2.5Z_B = 60$, $Z_B = 24$로 계산된다.
5) 기업 B가 감축해야 하는 오염물질의 양이 24이므로 기업 A가 감축해야 하는 오염물질의 양 $Z_A = 36$임을 알 수 있다.
정답: ⑤

확인문제

외부성의 내부화에 관한 설명으로 옳은 것은?   [세무사 15]

① 공해를 줄이는 기업에 대해 저감된 공해 단위당 일정 금액의 보조금을 지급하는
  경우, 단기적으로는 배출 단위당 같은 금액의 환경세를 부과하는 경우와 공해저감
  효과가 동일하다.
② 배출권거래시장이 형성되기 위해서는 허용된 배출량까지 공해를 저감하는 데 있
  어서 공해 유발자들의 한계비용에 차이가 없어야 한다.
③ 코즈(R. Coase) 정리는 협상당사자가 많아 협상비용이 과다한 경우라도 당사자
  간의 자발적인 협상에 의해서 효율적 자원배분이 이루어질 수 있다는 것이다.
④ 여러 공해 유발자들에 대하여 법으로 동일한 규모의 배출한도를 설정하는 것은
  행정적으로 가장 간단하면서도 효율적이다.
⑤ 피구세(Pigouvian tax)는 교란을 일으키지 않는 중립세이다.

해답

② 모든 기업의 오염저감에 따른 한계비용이 동일하다면 오염배출권의 가격 수준에 따라
  모든 기업이 오염배출권을 매입하거나 매각하려고 할 것이므로 오염배출권시장이 형성
  될 수 없다. 오염배출권시장이 형성되려면 각 기업의 오염저감에 따른 한계비용이 서로
  달라야 한다.
③ 협상당사자가 많아 협상비용이 과다하게 소요된다면 협상 자체가 이루어질 수 없으므로
  코즈 정리가 성립하기 어렵다.
④ 여러 공해 유발자들에 대하여 법으로 동일한 규모의 배출한도를 설정하는 것은 행정적
  으로 간단할 수는 있으나 각 기업의 오염저감비용이 서로 다른 상태에서 동일한 배출한
  도를 설정하는 것은 자원배분의 효율성 측면에서 보면 비효율적이다.
⑤ 피구세는 상대가격체계의 변화를 통해 자원배분의 왜곡을 시정하므로 바람직한 조세이
  기는 하나 중립세인 것은 아니다.   정답: ①

공공재의
의미와 종류
★★★

용어정리

공공재와 가치재

공공재는 경합성과 배제성이 없는 재화이고 가치재는 사회적인 가치가 개인적인 가치보다 큰 재화로 교육, 의료서비스 등이 해당한다.

1. 공공재의 의미와 구분

(1) 의미

① 비경합성과 비배제성을 갖는 재화나 서비스이다.

② 민간부문에서 공급되기도 한다.

③ 그러나 대부분의 공공재는 비경합성과 비배제성 때문에 시장에서 과소 생산되므로 정부나 지방자치단체 등에 의하여 공급된다.

(2) 특성

① 비경합성(non rivalry)
  • 소비에 참여하는 사람의 수가 아무리 많아도 한 사람이 소비할 수 있는 양에는 변함이 없는 재화나 서비스의 특성을 의미한다.
  • 추가 소비의 한계비용이 0임을 의미한다.

② 비배제성(non excludability)
  • 재화나 서비스에 대하여 대가를 치르지 않고 이를 소비하는 사람도 이를 소비에서 배제할 수 없다는 것을 의미한다.
  • 무임승차자의 문제가 발생한다.

(3) 재화의 구분

구분		경합성	
		유 (막히는 도로)	무 (막히지 않는 도로)
배제성	유 (유료도로)	사적 재화 (만화책, 컴퓨터 등)	자연독점 (케이블 티브이 등)
	무 (무료도로)	공유자원 (울릉도 바다의 오징어 등)	공공재 (국방, 막히지 않는 무료도로 등)

2. 공유자원의 비극

(1) 공유자원

① 소유권이 명확하게 설정되어 있지 않은 공공자원을 의미한다.

② 공공재와는 달리 경합성은 있지만, 배재성이 없는 (무료) 재화를 의미한다.

(2) 공유자원의 비극

① 공공자원의 경우 자원의 과다사용으로 인하여 자원 고갈 등의 비효율적인 결과가 발생되는 현상을 의미한다.

> 예 연근해 어장, 마을 공동우물, 공동소유목초지 등

② 이러한 자원에 소유권이 설정되면(코즈의 정리) 소유자가 자원사용에 대한 사용료를 부과하여 과도한 사용을 적절하게 조절할 수 있다.

집중! 계산문제

마을 주민이면 누구나 방목할 수 있는 공동의 목초지가 있다. 송아지의 구입가격은 200,000이고 1년 후에 팔 수 있다. 마을 전체의 이윤을 극대화시키는 방목 송아지 수(A)와 개별 주민 입장에서의 최적 방목 송아지 수(B)는? (단, 송아지의 1년 뒤 가격 P = 1,600,000 - 50,000Q, Q: 방목하는 송아지 수) [세무사 19]

① A: 12, B: 12   ② A: 13, B: 16

③ A: 14, B: 28   ④ A: 15, B: 29

⑤ A: 16, B: 30

해답

☑ 공유자원 계산풀이법
1) 마을 전체의 이윤을 극대화시키는 수량은 MR = MC이다.
2) 개별 주민 입장에서 최적 송아지 수는 P = AC이다.

1) 송아지의 구입가격이 200,000이므로 MC는 200,000이다. 또한 1마리당 비용도 되므로 AC도 된다.
2) 마을 전체의 이윤극대화를 위해서는 MR = MC이어야 하므로 문제에서 TR을 미분하여 MR을 구하면 1,600,000 - 100,000Q이다.
   따라서 1,600,000 - 100,000Q = 200,000이므로 마을 전체의 이윤을 극대화시키는 방목 송아지 수는 14마리이다.
3) 개인의 이윤극대화를 위해서는 P = AC이어야 하므로 1,600,000 - 50,000Q = 200,000이다. 따라서 최적 방목 송아지 수는 28마리이다.   정답: ③

3. 뷰캐넌의 클럽 이론

(1) 개요

① 클럽재는 비경합성이 있기는 하나 불완전하여 혼잡이 문제되는 재화나 서비스 즉, 비순수공공재를 대상으로 한다.

② 회원 수가 그리 많지 않을 때는 혼잡이 거의 발생하지 않다가 그 수가 점차 불어나면서 혼잡의 문제가 발생하기 시작한다.

③ 뷰캐넌의 클럽 이론은 최적 클럽의 규모와 최적 회원 수를 찾아내고자 하는 데 주안점을 둔 이론이다.

(2) 기본가정

① 클럽에 가입한 개인들의 선호는 모두 동질적이다.

② 공공재의 비용은 모든 개인이 동일하게 부담한다.

(3) 1단계: 클럽의 규모가 일정하게 주어진 상황을 가정

① 주어진 규모의 클럽을 짓고 운영하는 데 드는 1인당 비용은 회원 수가 증가할수록 작아질 것이다.

② 회원 수가 너무 많아지면 혼잡이 생기기 시작해 1인당 편익이 급격히 감소할 것이다.

③ 이 편익과 비용을 모두 고려하면 주어진 규모의 클럽에 대한 최적 회원 수가 몇 명인지 알아낼 수 있다.

④ 이용자가 1명 늘어 증가할 때 한계편익과 한계비용이 일치하는 점에서 결정된다.

(4) 2단계: 회원 수가 주어진 것으로 상황을 가정

① 회원 수가 일정할 때 클럽의 규모가 너무 작으면 혼잡의 규모가 커질 것이다.

② 규모가 크면 혼잡은 없으나 1인당 비용이 많이 들 것이다.

③ 이 비용과 편익이 어떻게 변화하는지 관찰하면 주어진 회원 수에 대한 최적의 규모를 알아낼 수 있다.

④ 이용자들의 한계대체율의 합과 한계변환율이 일치하는 점에서 결정된다.

(5) 결론

① 이 두 과정을 통합해 최적인 클럽의 규모와 최적인 회원 수를 동시에 풀어낼 수 있다.

② 따라서 클럽재는 시장을 통해서 효율적으로 공급될 수 있다는 것을 알 수 있다.

확인문제

공공재(public goods), 사적재(private goods) 및 클럽재(club goods)에 관한 설명으로 옳은 것은?   [세무사 17]

① 정부에 의해 공급되지 않고 기업에 의해 공급되는 재화는 모두 사적재이다.

② 우편과 철도서비스는 순수공공재에 해당된다.

③ 클럽재는 시장을 통해서는 효율적으로 공급될 수 없다.

④ 공공재의 규모가 일정할 때, 추가적 사용에 따른 한계비용은 증가한다.

⑤ 이론적으로 순수공공재와 순수사적재 간 효율적 자원배분이 가능하다.

해답

이론적으로 순수공공재와 순수사적재 간 효율적 자원배분이 가능함을 보여주는 모델이 사무엘슨 모형이다.

[오답체크]

① 정부에 의해 공급되지 않고 기업에 의해 공급되는 재화라도 비경합성과 비배제성을 가지고 있다면 공공재가 될 수 있다.

② 우편과 철도서비스는 배제성이 있으므로 순수공공재가 아니다.

③ 클럽재는 시장을 통해서도 효율적으로 공급될 수 있다.

④ 공공재는 소비가 비경합적이므로 추가적인 사용에 따른 한계비용이 0이다.   정답: ⑤

공공재의
최적 공급
★★★

공공재의 최적 공급	• $MB_G^A + MB_G^B = MC_G$ • 한계대체율의 합($\sum_{i=1}^{n} MRS_i$) = 한계변환율(MRT) • 계산문제 풀이방법 숙지
린달 모형	• 준 시장적 모형 • 수요가 자발적으로 시현됨을 가정 • 계산문제 풀이방법 숙지

1. 사용재와 공공재의 최적 공급

(1) 사용재의 적정 공급

① 사용재(일반적인 재화)의 시장수요곡선은 개별 수요곡선의 수평 합으로 도출한다.

② 이때 시장수요곡선과 공급곡선의 교점에서 균형가격(P_0)과 균형량(Q_0)이 결정된다.

③ 재화가격이 P_0로 결정되면 개별 소비자들은 동일한 가격으로 각각 q_A, q_B만큼의 재화를 구입하여 소비한다.

④ 사용재의 적정 공급 조건은 $MB_A = MB_B = MC$이다.

⑤ 그래프

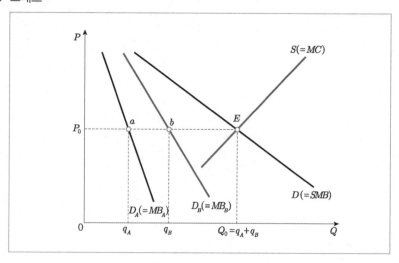

(2) 공공재의 적정 공급

① 공공재는 비배제성 때문에 무료로 이용하려는 성질로 인하여 자발적인 선호의 표현인 수요곡선을 표출하지 않아 가상수요곡선으로 공공재의 수요곡선을 도출한다.

② 공공재의 시장수요(사회적 한계편익)곡선은 개별 수요(한계편익)곡선의 수직 합으로 도출한다.

③ 이때 시장수요곡선과 공급곡선의 교점에서 균형가격과 균형량이 결정된다.

④ 공공재의 공급량이 결정되면 비경합성으로 인해 개별 소비자들은 동일한 양을 소비하면서 각각 한계편익만큼의 가격을 지불한다.

⑤ 공공재의 적정 공급 조건은 $\text{MB}_G^A + \text{MB}_G^B = \text{MC}_G$이다.

용어정리

가상수요곡선

공공재에 대한 개인의 수요는 공공재의 특성인 비경합성과 비배제성 때문에 실제 표출될 가능성이 낮다. 따라서 진정한 수요를 표출한다는 가정 하에서 구한 수요곡선이기 때문에 가상수요곡선이라고 부른다.

공공재의 기호

G와 Z를 모두 사용하는 경향이 있다.

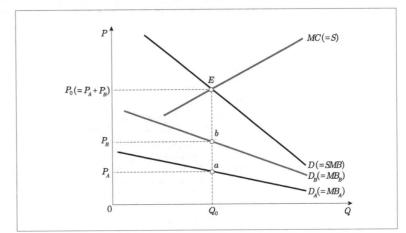

(3) 사용재(X)가 존재하는 경우 공공재(G)의 적정 공급(사무엘슨의 일반균형분석)

① 사용재(X)의 가격을 1, 완전경쟁시장에서 거래된다고 가정하자.

② 완전경쟁시장이므로 P = MC가 성립한다. 따라서 사용재와 그 한계비용은 모두 1의 값을 가지게 된다. 즉, $MB_X = MC_X = 1$

③ 위에서 언급한 공공재의 적정 공급 조건 $\text{MB}_G^A = \text{MB}_G^B = \text{MC}_G$을 위의 것으로 나누면 다음과 같다.

④ $\dfrac{MB_G^A}{MB_X} + \dfrac{MB_G^B}{MB_X} = \dfrac{MC_G}{MC_X}$이 성립한다. 한계편익의 비율은 한계효용의 비율과 같은 뜻을 지니므로 두 사람의 한계대체율을 더한 것의 합과 공공재의 한계변환율은 동일하다.

⑤ 이 조건은 n명의 소비자가 존재하는 경우로 쉽게 일반화될 수 있다.

핵심 Plus +

사무엘슨 모형의 의미

- 생산 측면에서 경제 전체의 자원 중 공공재와 사용재 생산에 얼마나 사용될 것인지는 사회구성원의 선호에 의해 결정된다.
- 사용재와 공공재 간의 파레토 효율적인 배분조건을 보여주고 있는 일반균형분석이다.

사무엘슨 모형의 가정

- 전지전능한 계획자, 두 개인만 존재, 공공재와 사용재가 1가지씩 존재한다.
- 소득분배는 사전적으로 주어져 있어 소득분배 문제는 고려하지 않는다.

⑥ 사무엘슨 모형에 의한 해(Samuelson solution)

한계대체율의 합($\sum_{i=1}^{n} MRS_i$) = 한계변환율(MRT)

집중! 계산문제

A, B, C 세 명의 공공재 수요함수는 각각 다음과 같다. 공공재를 1단위 공급하기 위한 비용이 90일 때, 공공재의 사회적 최적 수준은? (단, D는 공공재 수요량, P는 공공재 가격임)　　　　　　　　　　　　　　　　　　　　　　　[세무사 09]

- $D_A = 40 - P_A$
- $D_B = 50 - P_B$
- $D_C = 60 - P_C$

① 10　　　　　② 20　　　　　③ 30　　　　　④ 60　　　　　⑤ 90

해답

　☑ 공공재 계산풀이법
　1) 한계편익은 수요함수의 높이이므로 P = ~은 형태로 바꾸어 주어야 한다.
　2) 한계편익의 합은 P를 다 더해 구한다. 여기서 P를 더한다 해도 2P, 3P…… 등으로
　　 변하지 않고 P이다.
　3) 주어진 한계비용을 통해 '한계편익의 합 = 한계비용'으로 최적량을 구한다.
　4) 최적량을 주어진 수요함수에 대입하면 각자의 지불금액이 도출된다.

1) 공공재의 시장수요곡선은 개별 수요곡선의 수직 합이므로 문제에서 주어진 수요함수를
　 P에 대해 정리한 다음에 합해야 한다.
2) A, B, C의 공공재 수요곡선은 각각 $P_A = 40 - Q$, $P_B = 50 - Q$, $P_C = 60 - Q$이므로
　 시장수요곡선 $P = 150 - 3Q$이다.
3) 공공재 공급에 따른 한계비용 $MC = 90$이므로 공공재의 최적 생산량을 구하기 위해
　 $P = MC$로 두면 $150 - 3Q = 90$, $Q = 20$이다.　　　　　　　　　　　　　정답: ②

2. 린달(E. Lindahl)의 자발적 교환 모형

(1) 개요

① 이 모형은 자발적 교환의 원리에 입각하고 있다는 뜻에서 공공재 생산 문제와 관련한 '준 시장적 해결책(quasi-market solution)'이라고 불리고 있다.

② 각 개인이 공공재에 대한 수요를 자발적으로 시현한다는 가정하에서 공공재의 생산 수준과 비용부담비율이 동시에 결정될 수 있는 모형이다.

③ 사무엘슨 모형은 사적재와 공공재를 동시에 고려하여 적정 공급 조건을 분석하므로 일반균형분석 모형이라고 하며, 린달 모형은 공공재만을 대상으로 분석하므로 부분균형분석 모형이라고 한다.

④ 가정이 비현실적이므로 현실에서 일어나기 어렵다는 한계를 가지고 있다.

⑤ 보웬 모형도 린달 모형과 유사한 준 시장적 모형으로 볼 수 있다.

(2) 린달 균형

① 소비자가 선호를 정확히 표출하는 경우, 두 소비자(A, B)의 개별 수요곡선이 교차하는 점에서 적정 생산량(Q^*)과 비용부담비율(A: k^*, B: $1 - k^*$)이 결정된다.

② 그래프 분석

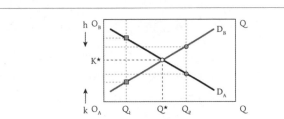

- Q_1: A의 부담용의 비율+B의 부담용의 비율>1 → 따라서 공급량 증가
- Q_2: A의 부담용의 비율+B의 부담용의 비율<1 → 따라서 공급량 감소

갑과 을 두 사람만 존재하는 경제에서 공공재 생산의 단위비용은 생산 수준과 관계없이 1이다. 갑의 공공재 수요함수는 $3 - \frac{1}{3} G_A$이고, 을의 공공재 수요함수는 $4 - \frac{1}{2} G_B$이다. 린달 균형(Lindahl equilibrium)에 의해 적정 공공재를 생산할 때, 갑과 을의 비용분담비율은? (단, G_A, G_B는 각각 갑과 을의 공공재 수요량이다)

[세무사 18]

① 갑: 0.2, 을: 0.8　　　　　② 갑: 0.4, 을: 0.6
③ 갑: 0.5, 을: 0.5　　　　　④ 갑: 0.6, 을: 0.4
⑤ 갑: 0.8, 을: 0.2

해답

> ☑ 린달 모형 계산풀이법-공공재와 유사
> 1) 한계편익은 수요함수의 높이이므로 P =∼ 형태로 바꾸어 주어야 한다.
> 2) 한계편익의 합은 P를 다 더해 구한다. 여기서 P를 더한다 해도 2P, 3P······ 등으로 변하지 않고 P이다.
> 3) 린달 모형에서 공공재의 한계비용은 1로 주어지는 것이 일반적이므로 한계비용을 1로 놓고 풀면 된다. 1이 아닌 경우 전체에서 차지하는 비율을 구한다.
> 4) 최적량을 주어진 수요함수에 대입하면 각자의 비용분담비율(녹지불금액)이 도출된다.

1) 갑의 공공재 수요함수가 $P_A = 3 - \frac{1}{3} G_A$, 을의 공공재 수요함수가 $P_B = 4 - \frac{1}{2} G_B$이므로 이 둘을 합한 공공재의 시장수요곡선은 합 $P = 7 - \frac{5}{6} G$이다.

2) 공공재 생산의 한계비용이 1이므로 최적 생산량을 구하기 위해 P = MC로 두면 $7 - \frac{5}{6} G = 1$, $\frac{5}{6} G = 6$, $G = \frac{36}{5}$이다.

3) $G = \frac{36}{5}$을 갑의 공공재 수요함수에 대입하면 $P_A = 0.6$, 을의 공공재 수요함수에 대입하면 $P_B = 0.4$로 계산된다. 단위비용이 1이므로 각 가격이 비용분담비율이 된다.

정답: ④

다수가 사용하는 공공재의 최적 공급 이론에 관한 설명으로 옳은 것은?

[세무사 16]

① 비배제성이 존재할 경우에도 공공재의 정확한 수요를 도출할 수 있다.
② 공공재의 전체 수요곡선은 개별 수요곡선을 수평으로 합한 것이다.
③ 공공재의 최적 공급 상황에서는 동일한 소비량에 대하여 상이한 가격을 지불하게
   된다.
④ 파레토 효율은 공공재 개별 이용자의 한계편익과 한계비용이 일치할 때 달성된다.
⑤ 공공재의 각 이용자가 부담하는 공공재 가격은 공급에 따르는 한계비용과 일치한다.

해답

비경합성과 비배제성 때문에 공공재의 최적 공급 상황에서는 동일한 소비량에 대하여 상이
한 가격을 지불하게 된다.

[오답체크]
① 비배제성이 존재하는 경우 자신의 수요를 표출하지 않을 것이므로 공공재의 정확한 수
   요를 도출할 수 없다.
② 공공재의 전체 수요곡선은 개별 수요곡선을 수직으로 합한 것이다.
④ 파레토 효율은 공공재 전체 이용자의 한계편익의 합과 한계비용이 일치할 때 달성된다.
⑤ 공공재의 각 이용자가 부담하는 공공재 가격은 비경합성 때문에 원하는 만큼 사용 가능
   하며 각각 다르게 설정된다.

정답: ③

06

무임승차자의 문제
★★

핵심 Check: 무임승차자의 문제

무임승차자의 문제	용의자의 딜레마(게임 이론) 이해
수요표출 메커니즘 (클라크세)	• 개인 A가 납부할 조세 = 총생산비용 - 개인 A를 제외한 다른 사람들의 편익 합 • 균형예산이 보장되지 않으며, 담합에 취약함

1. 무임승차자의 문제

(1) 사용재

① 어떤 소비자가 자신의 진정한 선호를 왜곡해서 표출함으로써 이득을 볼 여지가
   없다.

② 자신이 원하는 선호를 표출하고 그에 대한 가격을 지불함으로써 성립되기 때문
   이다.

(2) 공공재

① 소비자가 자신의 선호를 왜곡해 표출함으로써 이득을 볼 수 있다.

② 공공재는 비배제성을 가지고 있으므로, 생산에 비용을 전혀 부담하지 않은 사람이라도 그것을 소비하는 데서 배제할 수 없기 때문이다.

③ 다수의 사람이 무임승차를 시도한다면 자발적인 합의에 따라 결정한 공공재의 수준은 적정 수준에 미치지 못하게 된다.

(3) 협상 가능성의 존재

① 사람들은 비용부담을 회피하기 위해 공공재 수요를 표출하지 않는 전략적 행동을 한다.

② 이는 대화와 협상을 통해 사회적으로 적정한 수준의 공공재가 생산되도록 합의할 가능성도 있다는 것을 의미한다.

③ 용의자의 딜레마라는 틀을 통해 탐색하면 다음과 같다.

④ 사례 분석

- 마을에 저수지를 만들 것에 대해 논의를 하는 상황이 있다.
- 비용은 1,000만원씩이며, 홍수피해 방지액은 1,500만원이다. 그 중 한 사람만 1,000만원을 부담할 경우 각자가 750만원어치씩 홍수피해를 줄일 수 있다고 가정하자.
- 괄호는 개인 A와 B가 부담하거나 부담하지 않을 경우 (A의 보수, B의 보수)를 의미한다.

개인 A \ 개인 B	부담	부담하지 않음
부담	(500, 500)	(-250, 750)
부담하지 않음	(750, -250)	(0, 0)

- 개인 A는 개인 B가 부담할 경우 부담하면 500, 부담하지 않으면 750의 보수를 얻으므로 부담하지 않을 것이다.
- 개인 A는 개인 B가 부담하지 않을 경우 부담하면 -250, 부담하지 않으면 0의 보수를 얻으므로 부담하지 않을 것이다.
- 개인 B는 개인 A가 부담할 경우 부담하면 500, 부담하지 않으면 750의 보수를 얻으므로 부담하지 않을 것이다.
- 개인 B는 개인 A가 부담하지 않을 경우 부담하면 -250, 부담하지 않으면 0의 보수를 얻으므로 부담하지 않을 것이다.
- 따라서 균형점은 둘 다 부담하지 않는 것이 우월전략이 된다.
- 그러나 두 사람이 모두 1,000만원씩 부담해 완벽한 홍수방지시설을 갖추는 것이 더 큰 순편익을 가져다준다. 따라서 정부의 개입은 바로 이와 같은 용의자의 딜레마 상황을 타개하고 협조적인 해결책을 모색한다는 점에서 의미가 있을 수 있다.

확인문제

갑과 을 두 사람이 거주하는 동네에서는 범죄를 방지하기 위해 재원을 분담하여 보안등을 설치하고자 한다. 보안등을 설치하는 비용부담 여부에 따른 갑과 을의 순편익이 다음의 보수행렬과 같다고 할 때, 아래 설명 중 옳지 않은 것은?
{순편익(x, y) = 순편익(갑, 을)}   [세무사 08]

갑＼을	부담함	부담 안 함
부담함	(50, 50)	(-25, 75)
부담 안 함	(75, -25)	(0, 0)

① 이 게임에 있어서 우월전략균형은 (부담 안 함, 부담 안 함)이다.
② 이러한 게임은 양자 간 협상의 가능성을 보여주지만, 자발적으로 선호를 시현할 유인이 존재하지 않으므로 협상은 힘들어진다.
③ 담합을 통해 파레토 우월한 상태로 갈 수 있으나, 이탈할 유인이 존재한다.
④ 공공재에서 나타나는 무임승차의 문제를 잘 설명하고 있다.
⑤ 시장에 의해 보안등이 공급되고 각자 비용을 지불하는 것은 하나의 대안이 된다.

해답

1) 갑의 전략
   - 을이 부담할 경우 ➔ 갑이 부담하면 50, 부담하지 않으면 75이므로 부담하지 않음 선택
   - 을이 부담하지 않을 경우 ➔ 갑이 부담하면 -25, 부담하지 않으면 0이므로 부담하지 않음 선택
   - 따라서 갑의 우월전략은 부담하지 않음이다.
2) 을의 전략
   - 갑이 부담할 경우 ➔ 을이 부담하면 50, 부담하지 않으면 75이므로 부담하지 않음 선택
   - 갑이 부담하지 않을 경우 ➔ 을이 부담하면 -25, 부담하지 않으면 0이므로 부담하지 않음 선택
   - 따라서 을의 우월전략은 부담하지 않음이다.
3) 둘의 우월전략에 따라 우월전략균형은 (부담 안 함, 부담 안 함)이다.
4) 공공재의 특성은 부담하지 않으려고 할 것이므로 시장에서 거래가 불가능하다.

[오답체크]
① 위의 설명에서 (부담 안 함, 부담 안 함)임을 알 수 있다.
②④ 공공재에 대한 자발적으로 선호를 시현할 유인이 존재하지 않으므로 무임승차 문제가 발생할 수 있다.
③ 담합을 통해 둘 다 부담함으로 가면 갑, 을 모두 편익이 증가하므로 파레토 개선이 가능하지만 한 쪽이 이를 어기고 부담을 안 하면 편익이 더 커지므로 이탈할 유인이 존재한다.

정답: ⑤

2. 수요표출기구

(1) 의미

① 개인들 자신의 공공재에 대한 선호를 과장하거나 과소하게 시현할 경우 손해를 보게 함으로써 개인들의 진정한 선호 시현을 유도하는 일종의 유인제도이다.

② 수요표출기구의 대표적 예로는 클라크세(Clarke tax)라고 불리는 것이 있다.

③ 클라크세를 클라크 조세 또는 클라크-그로브즈 모형이라고도 한다.

(2) 내용

① 개인 A가 납부할 조세 = 총생산비용 − 개인 A를 제외한 다른 사람들의 편익 합

② 자신이 내야 할 조세의 크기가 자신이 표현한 공공재에 대한 선호와 관계없이 결정되므로 각 개인의 우월전략은 공공재에 대한 진정한 선호를 표출하는 것이다.

확인문제

3인으로 이루어진 상황에서 공공재 공급을 위한 재원분담을 가정하자. 공공재가 25단위 공급될 때, A, B, C 3인의 편익은 각각 40, 50, 30이라고 한다. 이 공공재의 단위당 공급비용은 4라고 한다. 재원분담 방식이 클라크(Clarke)세제를 따른다고 할 때, A, B, C가 부담해야 할 액수는 얼마인가? [세무사 08]

공공재 단위	A의 부담금	B의 부담금	C의 부담금
①	$\dfrac{100}{3}$	$\dfrac{100}{3}$	$\dfrac{100}{3}$
②	$\dfrac{40}{100}$	$\dfrac{50}{100}$	$\dfrac{30}{100}$
③	40	50	30
④	20	30	10
⑤	60	50	70

해답

공공재가 25단위 공급될 때 사회 전체의 총편익은 세 사람의 편익을 합한 120이고, 단위당 공급비용이 4이므로 총비용은 100이다. 각 개인이 부담해야 할 클라크 조세는 총비용에서 자신의 편익을 제외한 나머지 사람들의 편익을 뺀 값으로 결정된다. 그러므로 세 사람이 부담해야 할 액수는 각각 다음과 같다.
A가 부담해야 할 금액 = 100 - (50 + 30) = 20
B가 부담해야 할 금액 = 100 - (40 + 30) = 30
C가 부담해야 할 금액 = 100 - (40 + 50) = 10

정답: ④

(3) 문제점

① 균형예산이 보장되지 않는다.

② 지불할 용의를 일일이 파악해야 하므로 막대한 행정비용이 소모된다.

③ 담합으로 왜곡된 선호를 시현하면 제도 자체가 무의미해진다.

(4) 그로브즈-레야드 기구

① 클라크 조세는 우월전략이 성립하지만, 그로브즈-레야드 기구는 내쉬균형으로 약화시킨 것이다.

② 균형예산과 파레토 효율성 조건이 충족된다.

(5) 허비쯔의 불가능성 정리

① 자신의 진정한 선호 표출이 우월전략이 된다.

② 파레토 효율적인 공공재를 공급한다.

③ 균형예산이 달성된다.

④ 위의 3가지를 모두 만족하는 수요표출 메커니즘이 존재하지 않는다는 것을 허비쯔의 불가능성 정리라고 한다.
- 린달, 보웬, 사무엘슨 모형은 진정한 선호 표출을 가정하는 것이 비현실적이다.
- 클라크-그로브즈 모형은 균형예산을 달성하지 않는다.
- 그로브즈-레야드 모형은 우월전략을 달성하지 못한다.

확인문제

공공재 문제에 있어서 수요표출 메커니즘(demand revelation mechanism)이 시사하는 것으로 옳지 않은 것은?   [세무사 09]

① 담합이나 전략적 행동에 의한 선호의 왜곡은 이 메커니즘을 무력하게 만들 수 있다.

② 클라크-그로브즈(Clarke-Groves) 조세에 의하면 소비자는 자신의 진실한 선호를 표출하는 것이 우월전략이 된다.

③ 자발적 교환 모형을 설명하는 린달(Lindahl) 균형에서 소비자들은 공공재에 대한 자발적 선호를 현시하는 것으로 가정하고 있다.

④ 수요표출 메커니즘의 장점은 공공재 공급비용을 조달하는 데 있어서 균형예산의 달성이 보장된다는 점이다.

⑤ 공공재에 대한 무임승차 문제를 해결하기 위해 제시된 방안이다.

해답

수요표출 메커니즘의 문제점은 많은 행정비용이 소요될 뿐만 아니라 균형예산이 보장되지 않으며, 담합하여 왜곡된 선호를 시현할 경우 무력화될 수 있다는 것이다.   정답: ④

제2장 │ 개념확인 O X 문제

01 외부성의 의미와 유형 ★★

01 금전적 외부성이 자원배분의 비효율성을 유발할 수 있다. (○, ×)

02 금전적 외부성이 존재하면 상대가격구조의 변동을 가져와 비효율적인 자원배분의 원인으로 작용한다.
(○, ×)

03 경유 사용으로 인해 대기오염이 증가하여 국민건강을 해친다면, 이는 외부경제효과이다. (○, ×)

02 외부성과 자원배분 ★★

04 외부불경제에 대해 토빈세(Tobin tax)를 부과하면 대기오염을 감축시킬 수 있다. (○, ×)

05 외부효과를 상쇄하는 조세의 크기는 바람직한 소비량 수준에서의 한계피해액만큼이어야 한다. (○, ×)

06 조세부과를 통해 외부효과를 내부화할 수 있지만, 자원배분의 효율을 달성하기 어렵다. (○, ×)

07 외부성이 존재할 경우 효율적 자원배분을 위해서는 사회적 한계비용과 사회적 한계편익이 일치해야 한다.
(○, ×)

정답 및 해설

01 X 금전적 외부성은 자원배분의 비효율성과 아무런 관련이 없다.

02 X 자원배분과는 관련이 없다.

03 X 외부불경제이다.

04 X 피구세를 부과하여야 한다. 토빈세는 국제투기자본에 대한 과세이다.

05 ○

06 X 적정 생산을 가능하게 하여 자원배분의 효율성을 달성할 수 있다.

07 ○

08 외부성이 존재할 경우 완전경쟁균형의 생산량과 소비량은 파레토 효율의 생산량이나 소비량보다도 항시 적다. (○, ×)

09 피구세 형태의 공해세를 부과하게 되면 공해가 완전히 제거된다. (○, ×)

10 사회적 비용이 사적 비용보다 클 경우, 기업의 사적 생산량(균형생산량)은 사회적으로 효율적인 생산량(최적 생산량)보다 적다. (○, ×)

11 외부불경제가 존재하는 경우 시장에 맡겨두면 보편적으로 사회적 최적 생산량보다 과소 생산되는 경향이 있다. (○, ×)

12 오염물질 배출량을 0으로 줄이는 것이 파레토 효율적이다. (○, ×)

13 생산의 외부성이 존재할 경우 사회적으로 최적인 생산량은 사회적 한계비용과 한계편익이 일치하는 수준에서 달성된다. (○, ×)

14 기업이 생산과정에서 제3자에게 끼친 손해를 전액 보상하더라도 생산 측면에서 외부효과는 여전히 존재한다. (○, ×)

15 외부경제로 인하여 사회적 최적 생산량보다 과다 생산되는 경우에 시장실패가 발생한다. (○, ×)

16 긍정적인 의미의 외부성이 존재한다는 것은 사회적 편익이 사적 편익보다 크다는 것을 의미한다. (○, ×)

정답 및 해설

08 X 부정적인 외부성이 있으면 시장거래량이 완전경쟁균형거래량보다 많고, 긍정적인 외부성이 있으면 시장거래량이 완전경쟁균형거래량보다 적다. 따라서 항시 적은 것은 아니다.

09 X 완전히 제거되는 것이 아니라 적정량으로 변하게 된다.

10 X 부정적인 외부성이므로 기업의 사적 생산량은 최적 생산량보다 많다.

11 X 외부불경제이므로 과다 생산되는 경향이 있다.

12 X 오염물질 배출량을 0으로 줄이려면 생산량이 0이 되어야 하는데, 최적 생산량은 0이 아니기 때문에 효율적이지 않다.

13 ○

14 X 외부효과는 손해 혹은 이익에 대해 대가가 오가지 않았기 때문에 생기는 것이므로 보상이 이루어지면 외부효과는 존재하지 않는다.

15 X 외부경제는 긍정적인 외부효과이기 때문에 과다 생산이 아닌 과소 생산되는 경우에 시장실패가 발생한다.

16 ○

17 코즈 정리는 외부효과의 조정에 있어 당사자 간 협상보다는 공해세 등 경제적 수단을 적용하는 것이 효율적이라고 주장한다. (○, ×)

18 외부성을 내부화시키기 위해서는 항상 당사자 간의 자발적인 협상을 통해야 한다. (○, ×)

19 공공재적 외부성은 사적재적 외부성에 비해 당사자 간 직접적 협상에 의한 해결가능성이 높다. (○, ×)

20 코즈 정리가 성립하려면 재산권 혹은 소유권이 피해자에게 명확하게 설정되어 있어야 한다. (○, ×)

21 바람직한 조세제도는 외부성이 존재할 경우 가능한 민간부문 경제활동의 결과로 나타나는 상대가격을 왜곡하지 않아야 한다. (○, ×)

22 음(−)의 외부성이 존재할 때 사회적 최적 생산량 수준에서 배출한 한계피해액만큼 세금을 부과하면 과소 생산 문제를 해결할 수 있다. (○, ×)

23 기업에게 세금을 부과하여 사회적 비용과 사적 비용을 일치시키면 효율적이다. (○, ×)

24 공해 유발 기업의 평균비용과 시장수요에 대한 정확한 정보를 가지고 있다면 세금 부과를 통하여 외부성을 해결할 수 있다. (○, ×)

25 공해세 부과방식은 오염물질 배출로 인한 환경파괴를 완전히 해결할 수 있다. (○, ×)

26 환경오염 유발재화에 최적 피구세를 부과하면 환경오염이 발생하지 않는다. (○, ×)

정답 및 해설

17 X 코즈 정리는 자발적 협상이 효율적이라고 주장한다.

18 X 합병/코즈 정리/조세 등이 모두 외부성을 내부화시키는 방안이다.

19 X 공공재일수록 이해당사자가 많으므로 사적재적 외부성에 비해 직접적 협상이 불리하다.

20 X 코즈 정리는 외부성에 관한 권리(재산권)가 어느 경제주체에 귀속되는가와 상관없이 당사자 간의 자발적 협상에 의한 자원배분은 동일하며 효율적이다. 반드시 피해자에게 설정될 필요는 없다.

21 X 외부성이 존재할 경우는 가격을 변화시켜야 사회적 최적 생산량에 도달할 수 있다.

22 X 음의 외부성이므로 과다 생산 문제를 해결할 수 있다.

23 ○

24 X 한계피해에 대해 알고 있어야 외부성을 해결할 수 있다.

25 X 환경오염이 아예 발생하지 않는 것은 아니다.

26 X 적정 수준의 환경오염은 발생할 수 있다.

27 피구세는 교란을 일으키지 않는 중립세이다. (O, ×)

28 오염물질 배출 단위당 공해세를 부과하는 방식과 오염물질 절감 단위당 공해세와 같은 금액의 보조금을 지급하는 방식은 단기적으로는 오염물질 배출량에 동일한 영향을 미친다(같은 규모의 공해저감효과를 유도한다). (O, ×)

29 배출권거래시장이 형성되기 위해서는 각 공해 발생자들이 허용된 배출량까지 공해를 저감하는 한계비용의 차이가 없어야 한다. (O, ×)

30 배출권시장의 균형에서는 배출권을 줄이는 데 드는 각 기업의 한계저감비용이 같아진다. (O, ×)

31 오염배출권거래는 환경오염 감축효과가 불확실한 것이 단점이다. (O, ×)

32 온실가스배출권거래제는 개별 기업의 온실가스 저감에 따른 한계비용 격차가 작을수록 효과적이다. (O, ×)

33 오염배출권거래에 참여하는 기업은 모두 이득을 얻을 수 있다. (O, ×)

34 오염배출권의 거래가 자유롭게 이루어진다면 초기 오염배출권의 배분 상태와는 무관하게 오염배출권의 최종 배분 상태는 효율적이게 된다. (O, ×)

35 오염배출권거래는 피구세 방식에 비하여 더 많은 정보를 필요로 한다. (O, ×)

정답 및 해설

27 X 피구세는 상대가격체계의 변화를 통해 자원배분의 왜곡을 시정하므로 바람직한 조세이기는 하나 중립세인 것은 아니다.

28 O 감산보조금에 대한 내용이다. 다만, 감산보조금의 경우 장기적으로 보면 보조금을 수혜하기 위해 더 많은 기업들이 진입하게 되어 오염물질 배출량이 늘어날 수 있다.

29 X 공해 발생자들 간에 한계비용의 차이가 커야 배출권거래가 활성화될 수 있다.

30 O

31 X 감축효과가 확실하다.

32 X 격차가 클수록 효과적이다.

33 O 이득을 얻기 위해 자발적인 거래에 참여하는 것이기 때문이다.

34 O

35 X 오염배출권거래는 시장에서 이루어지므로 한계피해를 정확히 측정하여 세금을 부과하는 피구세에 비하여 더 많은 정보가 필요한 것은 아니다.

04 공공재의 의미와 종류 ★★★

36 비경합성이란 소비자의 추가적인 소비에 따른 한계비용이 0(zero)이 됨을 의미한다. (○, ×)

37 순수공공재는 배제성과 비경합성을 동시에 충족한다. (○, ×)

38 대부분 공공재는 순수공공재로 볼 수 있으며, 시장이 성립하지 못한다. (○, ×)

39 공공재의 소비자들은 자신의 수요를 정확하게 표출한다. (○, ×)

40 국가가 제공하는 의료서비스나 주택서비스는 공공재이다. (○, ×)

41 소비의 비경합성이란 공공재의 소비에 추가적으로 새로운 소비자가 참여하여도 혼잡이 전혀 생기지 않는다는 것을 의미하므로 추가적 소비자와 관련된 한계비용이 없다는 것이다. (○, ×)

42 각 개인의 수요를 수직적으로 합하여 공공재의 수요곡선을 도출하는 이유는 공공재의 비경합성 때문이다. (○, ×)

43 소비의 비경합성 때문에 무임승차자 문제(free rider problem)가 발생한다. (○, ×)

44 소비에 있어서 요금을 지불하지 않은 사람을 배제하는 것이 불가능하더라도 소비에 경합성이 작용한다면 시장에서 그러한 재화를 공급하는 것이 가능하다. (○, ×)

45 공공재도 배제가 가능하면 민간에 의해(시장기구에 의해) 공급이 가능하다. (○, ×)

정답 및 해설

36 ○

37 X 순수공공재는 비배제성과 비경합성을 동시에 충족한다.

38 X 대부분 공공재는 순수공공재로 볼 수 없으며, 비순수공공재도 많이 존재하므로 시장이 성립한다.

39 X 공공재의 소비자들은 비경합성과 비배제성 때문에 자신의 수요를 정확하게 표출하지 않는다.

40 X 국가가 제공하는 의료서비스나 주택서비스는 배제성과 경합성을 모두 지니고 있으므로 공공재가 아닌 가치재이다.

41 ○

42 ○

43 X 소비의 비배제성 때문에 무임승차자 문제가 발생한다.

44 X 비배제성 때문에 가격설정이 불가능하여 소비에 경합성이 작용하더라도 재화공급이 불가능하다.

45 ○

46 비경합성이 강한 공공재일수록 공공재가 주는 사회적 편익의 크기는 더 커진다. (○, ×)

47 공유자원(common resources)은 경합성은 있지만 배제성은 없는 재화이다. (○, ×)

48 공유자원의 사용에 가격이 부과되지 않기 때문에 사람들은 공유자원을 과다하게 사용하는데 이는 공유자원을 사용하는 경우 얻는 사적 가치가 사회적 가치보다 크기 때문이다. (○, ×)

05 공공재의 최적 공급 ★★★

49 공공재의 효율적 생산 수준은 각 개인의 수요를 수직적으로 합한 수요곡선과 공공재 생산의 한계비용곡선이 만나는 곳에서 결정된다. (○, ×)

50 공공재에 대하여 개별 수요자의 진정한 수요가 표출되지 않기 때문에 가상수요곡선의 개념을 사용한다. (○, ×)

51 적정 공급 수준에서는 수요자로 하여금 자신이 얻는 한계편익과 일치하는 가격을 지불하도록 하면 공공재 공급의 재원조달 문제가 해결 가능하다. (○, ×)

52 사무엘슨(P. Samuelson)은 모든 소비자들의 공공재와 사적재 간 한계대체율의 합이 두 재화의 한계변환율과 일치하는 것이 효율적인 공공재 공급의 필요조건이라고 하였다. (○, ×)

53 사무엘슨 모형에서는 사회구성원의 공공재에 대한 선호가 모두 알려져 있다고 가정한다. (○, ×)

정답 및 해설

46 ○ 비경합성이 강하면 사적 편익의 합이 커지므로 사회적 편익의 크기가 더 커진다.

47 ○

48 ○

49 ○

50 ○

51 ○ 자신이 진정으로 누리는 편익에 근거하여 가격을 지불하면 적정 생산량이 공급되어 재원조달 문제가 생기지 않는다.

52 ○

53 ○ 보웬/린달/사무엘슨 모두 선호는 주어졌다고 가정하여 공공재의 최적 공급량을 도출하는 것이다.

54 사무엘슨 모형은 순수공공재뿐만 아니라 비순수공공재를 포함한 공공재 공급 모형이다. (○, ×)

55 사무엘슨 모형에서는 사회구성원의 소득분배가 주어진 상태에서 공공재와 사용재의 최적 자원배분 모형을 제시하였다. (○, ×)

56 사무엘슨 모형에서 적정 공급은 한계기술대체율의 합이 한계생산변환율과 일치하는 수준에서 결정된다. (○, ×)

57 린달 모형의 정책적 함의는 '개인 간 갈등해소를 위해 정부가 적극적으로 개입해야 함'을 의미한다. (○, ×)

58 린달 모형에서 도출된 해는 사무엘슨의 효율성 조건을 만족시킬 수 있다. (○, ×)

59 린달 모형은 합의에서 결정되는 비용의 부담비율이 시장에서 가격의 기능과 유사함을 밝힌 모형이다. (○, ×)

60 린달 모형은 정부의 개입이 불필요하다는 것을 강조했다는 점에서 코즈 이론과 유사하지만, 형평성을 강조했다는 점에서 코즈 이론과 차별화된다. (○, ×)

61 린달 모형은 자발적 교환(합의)을 통해 공공재의 공급 문제를 다루고 있다. (○, ×)

62 린달은 시장의 분권화된 의사결정으로 효율적인 자원배분이 달성될 수 없음을 보였다. (○, ×)

63 린달 균형에서 공공재 생산량은 최적 생산량이다. (○, ×)

64 린달 모형은 공공재에 관한 진정한 선호를 표출하지 않아도 무방하다고 본다. (○, ×)

정답 및 해설

54 X 비순수공공재, 즉 클럽재 등을 고려한 것이 아니다.

55 ○

56 X 한계기술대체율이 아닌 한계대체율의 합이 한계변환율과 일치하여야 한다.

57 X 린달 모형의 정책적 함의는 자발적 교환 모형으로써 정부개입과는 관련이 없다.

58 ○

59 ○

60 X 린달 모형은 정부의 개입이 불필요하다는 것을 강조했다는 점에서 코즈 이론과 유사하지만, 형평성을 강조하지 않았다.

61 ○

62 X 린달은 시장의 분권화된 의사결정으로 효율적인 자원배분이 달성될 수 있음을 보였다.

63 ○ 린달 모형에서는 최적 공공재 생산량과 공공재 건설에 따르는 분담비율까지 결정된다.

64 X 진정한 선호를 표출해야만 효율적인 자원배분을 위한 생산량을 도출할 수 있다.

65 린달 모형은 공공재의 공급량과 비용분담비율을 동시에 풀어낼 수 있다. (○, ×)

66 부분균형분석에 의하면, 공공재는 소비자들의 한계편익의 합과 한계비용이 일치할 때 효율적인 공급이 이루어진다. (○, ×)

67 보웬(H. Bowen)에 따르면, 개별적이고 자발적인 교섭에 의해 공공재의 적정 공급이 실현된다. (○, ×)

06 무임승차자의 문제 ★★

68 수요표출 메커니즘의 궁극적 목적은 파레토 효율적 자원배분을 실현하기 위함이다. (○, ×)

69 클라크 조세의 핵심은 개인이 부담할 세금의 크기와 표출한 선호 간 독립성을 확보하기 위한 것이다. (○, ×)

70 클라크 조세에서 개인은 자신의 진정한 선호를 표출하는 것이 우월전략이다. (○, ×)

71 클라크세(Clarke tax)는 공공재 수요자의 진정한 선호를 이끌어내기 위한 제도로서 균형재정을 보장한다. (○, ×)

72 클라크 조세에서 어떤 소비자가 부담할 세금은 자신이 표출한 선호가 아니라 다른 소비자들이 표출한 선호에 의해 결정된다. (○, ×)

73 수요표출 메커니즘은 공공재가 과다 공급되는 것을 방지하기 위한 수단이다. (○, ×)

정답 및 해설

65 ○

66 ○

67 ○ 보웬 모형도 자발적 교환 모형이다.

68 ○

69 ○

70 ○

71 X 클라크세(Clarke tax)는 공공재 수요자의 진정한 선호를 이끌어내기 위한 제도이지만 균형재정을 보장하지는 않는다.

72 ○

73 X 수요표출 메커니즘은 수요를 자발적으로 표출하게 하여 최적 공공재 수량을 도출해 공공재가 과소 공급되지 않게 하기 위한 수단이다.

74 클라크 조세는 개인들이 공공재에 대한 선호를 자발적으로 나타내도록 유인하는 수요표출 메커니즘의 일종이다. (○, ×)

75 클라크 조세하에서 한 개인에게 부과되는 조세의 크기는 그가 시현한 수요와는 무관하게 결정된다. (○, ×)

76 한 개인이 자신의 수요를 축소하여 시현하는 경우 자신의 진실된 수요 수준에 비해서 더 많은 공공재가 공급된다. (○, ×)

77 클라크-그로브즈 조세를 부과할 경우, 우월전략은 공공재 소비자가 자신의 진정한 선호를 표출하는 것이다. (○, ×)

78 클라크 조세에서 담합이나 전략적 행동에 의한 선호의 왜곡은 이 메커니즘을 무력하게 만들 수 있다. (○, ×)

79 클라크세(Clark Tax)는 공공재 수요자의 진정한 선호를 끌어내기 위한 제도로서 이 방법으로 공공재 공급비용을 조달할 경우 균형예산이 보장된다. (○, ×)

정답 및 해설

74 ○

75 ○

76 X   수요를 축소하여 시현하면 공공재 또한 과소 공급된다.

77 ○

78 ○   담합이나 전략적 행동에 의해 선호가 왜곡되면 진정한 수요가 표출되지 않기 때문이다.

79 X   균형예산이 보장되지 않는다.

제2장 | 기출 & 예상문제

01 외부성의 의미와 유형 ★★

01 외부성에 관한 설명으로 옳지 않은 것은?

지식형
★★
[세무사 17]

① 외부성이 존재할 경우 효율적 자원배분을 위해서는 사회적 한계비용과 사회적 한계편익이 일치해야 한다.
② 실질적 외부성이란 개인의 행동이 제3자에게 의도하지 않은 이득이나 손실을 가져와 비효율적인 자원배분의 원인으로 작용하는 현상을 말한다.
③ 금전적 외부성이 존재하면 상대가격구조의 변동을 가져와 비효율적인 자원배분의 원인으로 작용한다.
④ 긍정적 외부성이 존재하면 해당 재화는 사회적 최적 수준보다 적게 생산되는 경향이 있다.
⑤ 부정적 외부성이 존재하면 해당 재화는 사회적 최적 수준보다 많이 생산되는 경향이 있다.

02 외부성에 관한 설명으로 옳은 것은?

지식형
★★
[세무사 11]

① 외부성을 내부화시키기 위해서는 항상 당사자 간의 자발적인 협상을 통해야 한다.
② 공공재적 외부성(joint externalities)은 사적재적 외부성(appropriable externalities)에 비해 당사자 간 직접적 협상에 의한 해결가능성이 높다.
③ 환경오염 유발재화에 최적 피구세(optimal Pigouvian tax)를 부과하면 환경오염이 발생하지 않는다.
④ 금전적 외부성(pecuniary externalities)이 자원배분의 비효율성을 유발시킬 수 있다.
⑤ 오염배출허가서 제도를 통하여 외부불경제를 교정하는 방법은 점차 시장경쟁성을 떨어뜨릴 수 있다.

정답 및 해설

01 ③ 금전적 외부성이 발생하면 상대가격구조의 변동으로 사회구성원 간에 소득재분배가 발생하나 자원배분의 비효율성은 초래되지 않는다.

02 ⑤ 오염배출허가서 제도가 실시되면 허가서를 가지지 못한 기업은 시장진입이 불가능하므로 점차 시장경쟁성을 떨어뜨릴 수 있다.

[오답체크]
① 외부성을 내부화시키기 위해서는 자발적인 협상의 방법도 있지만 정부에 의한 방법도 존재한다.
② 공공재적 외부성(joint externalities)은 수요를 정확히 표출하지 않으므로 당사자 간 직접적 협상이 어렵다.
③ 환경오염 유발재화에 최적 피구세(optimal Pigouvian tax)를 부과하면 환경오염의 양을 효율적으로 만들 수 있다.
④ 금전적 외부성(pecuniary externalities)은 상대가격의 변화를 통한 소득분배만 영향이 있을 뿐 자원배분의 비효율성을 유발시키지 않는다.

02 외부성과 자원배분 ★★

03 외부효과에 관한 설명으로 옳지 않은 것은? [세무사 12]
지식형

① 과수원의 이웃에 양봉업자가 이주해옴으로써 사과 수확량이 증가하였다.
② 기업이 생산과정에서 제3자에게 끼친 손해를 전액 보상하더라도 생산 측면에서 외부효과는 여전히 존재한다.
③ 사회적 비용이 사적 비용보다 큰 경우 이 기업의 균형생산량은 최적 생산량보다 많은 상태이다.
④ 섬진강 상류에서 돼지를 키우는 사람이 축산폐수를 방류한 결과, 하류의 고기잡이에 부정적인 영향이 발생했다.
⑤ 긍정적인 의미의 외부성이 존재한다는 것은 사회적 편익이 사적 편익보다 크다는 것을 의미한다.

04 대기오염을 유발하는 경우 차량의 운행으로 인한 외부성에 관한 설명으로 옳은 것은? [세무사 19]
지식형

① 경유 사용으로 인해 대기오염이 증가하여 국민건강을 해친다면, 이는 외부경제효과이다.
② 경유 소비에 대해 토빈세(Tobin tax)를 부과하면 대기오염을 감축시킬 수 있다.
③ 대기오염을 유발하기 때문에 경유 소비는 사회적 적정 수준보다 과소하다.
④ 외부효과를 상쇄하는 조세의 크기는 바람직한 경유 소비량 수준에서의 한계피해액만큼 이어야 한다.
⑤ 조세부과를 통해 외부효과를 내부화할 수 있지만, 자원배분의 효율을 달성하기 어렵다.

★★★
05 외부편익이 존재하는 경우를 나타낸 아래 그림에 관한 설명으로 옳은 것의 개수는? (단, D: 수요곡선,
지식형 PMB: 사적 한계편익, S: 공급곡선, PMC: 사적 한계비용, MEB: 외부한계편익, SMB: 사회적 한계편익)

[세무사 19]

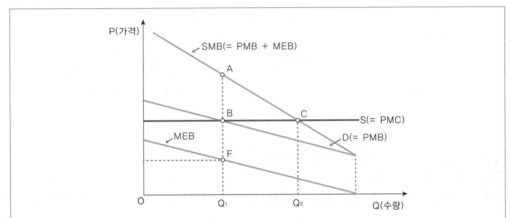

- 이 그림은 재화의 소비에 외부편익이 존재하는 경우를 나타낸 것이다.
- 시장균형은 PMB = PMC가 성립하는 점 B에서 달성되는데, 이때의 생산량 SMB > PMC가 되므로 사회적으로는 과소하다.
- 시장균형에서 발생하는 사회적 후생비용의 크기는 삼각형 ABC에 해당한다.
- 시장균형에서는 생산량을 변화시키려는 경쟁적 힘이 작용한다.
- 생산량을 Q_E로 증가시킴에 따른 사회적 순이득(net gain)은 삼각형 ABC와 같다.

① 1개   ② 2개   ③ 3개
④ 4개   ⑤ 5개

정답 및 해설

03 ② 기업이 생산과정에서 제3자에게 끼친 손해를 전액 보상한다면 제3자에게 미치는 영향이 기업의 생산
비용에 반영되므로 외부성이 내부화된다.

04 ④ ① 외부불경제에 해당한다.
② 토빈세(Tobin tax)는 국제투기자본에 대한 세금이다. 피구세에 해당한다.
③ 대기오염을 유발하기 때문에 경유 소비는 사회적 적정 수준보다 과다하다.
⑤ 조세부과를 통해 외부효과를 내부화할 수 있고, 적정 생산이 가능하므로 자원배분의 효율을 달성할
수 있다.

05 ④ • 이 그림은 사회적 편익이 사적 편익보다 크므로 재화의 소비에 외부편익이 존재하는 경우를 나타낸
것이다.
• 시장균형은 PMB = PMC가 성립하는 점 B에서 달성되는데, 이때의 생산량 SMB > PMC가 되므로 사
회적으로는 과소하다. 즉 사회적 최적량이 Q_E보다 적다.
• 과소 생산이므로 시장균형에서 발생하는 사회적 후생비용의 크기는 삼각형 ABC에 해당한다.
• 과소 생산이므로 생산량을 Q_E로 증가시킴에 따른 사회적 순이득(net gain)은 삼각형 ABC와 같다.

[오답체크]
• 시장균형이므로 생산량을 변화시키려는 경쟁적 힘이 작용하지 않는다. 초과 수요나 초과 공급일 때
발생한다.

03 외부성의 해결방안 ★★★

06 코즈(R. Coase) 정리에 관한 설명으로 옳지 않은 것은? [세무사 21]
지식형

① 외부성이 있는 경우 형평성이 아닌 효율성을 고려하는 해결 방안이다.
② 외부성이 있는 경우 당사자들의 이해관계와 무관하게 코즈 정리를 적용할 수 있다.
③ 외부성 문제가 있는 재화의 과다 또는 과소 공급을 해결하는 방안이다.
④ 정부가 환경세를 부과하여 당사자의 한 쪽에게 책임을 지게 하면 효율적 자원배분을 이룰 수 있다.
⑤ 소유권이 분명하다면, 당사자들의 자발적 거래에 의해 시장실패가 해결된다는 정리이다.

07 하천의 상류에는 하천오염물질을 유출하는 기업 A가 조업하고 있으며, 하천의 하류에는 깨끗한 물을 사용해
지식형 야 하는 기업 B가 조업하고 있다고 가정할 경우, 코즈 정리(Coase Theorem)와 관련하여 옳지 않은 것은?
[세무사 17]

① 하천의 재산권을 기업 A에게 부여하면 기업 B에게 부여하는 경우보다 하천의 오염도가 증가할 것이다.
② 코즈 정리가 성립하려면 재산권이 명확하게 규정되어 있어야 한다.
③ 코즈 정리가 성립하려면 협상으로부터 얻는 이득이 협상에 드는 비용보다 커야만 한다.
④ 코즈 정리에 따르더라도 분배 문제는 해결되지 않는다.
⑤ 코즈 정리가 성립하려면 재산권 부여와 관련된 소득효과가 없어야 한다.

08 코즈 정리에 관한 설명으로 옳지 않은 것은? [세무사 16]
지식형

① 정부가 소유권을 설정하면, 자발적 거래에 의하여 시장실패가 해결된다는 정리이다.
② 외부성이 있는 재화의 과다 또는 과소 공급을 해소하는 대책에 해당한다.
③ 외부불경제의 경우 이해당사자 중 가해자와 피해자를 명확하게 구분하지 않더라도 코즈 정리를 적용
할 수 있다.
④ 외부성 문제 해결에 있어서 효율성과 형평성을 동시에 고려하는 해결방안이다.
⑤ 코즈 정리는 외부성 관련 당사자들이 부담해야 하는 거래비용이 적을 때 적용이 용이하다.

09 갑의 생산행위가 시장기구를 통하지 않고 을에게 피해를 입히게 되는데, 갑의 한계편익은 $200 - 1/2Q$, 한
계산형 계비용은 50, 갑의 행위로 인한 을의 한계피해비용은 10이다. 코즈(Coase) 정리에 따라 효율적인 생산 규
모 산정이 가능하다고 할 때, 다음 설명으로 옳은 것은? (Q: 갑의 생산량) [세무사 18]

① 갑이 재산권을 가지고 있는 경우, 을이 80을 갑에게 제공하면 자발적 협상이 타결될 수 있다.
② 갑이 재산권을 가지고 있는 경우, 자발적 협상이 타결되면 갑의 생산량이 증가한다.
③ 갑이 재산권을 가지고 있는 경우, 자발적 협상이 타결되면 갑의 최대 후생은 22,600이다.
④ 을이 재산권을 가지고 있는 경우, 갑이 을에게 2,500을 제공하면 자발적 협상이 타결될 수 있다.
⑤ 을이 재산권을 가지고 있는 경우, 자발적 협상이 타결되지 않으면 갑의 생산량은 300이다.

정답 및 해설

06 ④ 코즈의 정리는 외부성의 사적 해결방안이다. 정부가 환경세를 부과하여 당사자의 한 쪽에게 책임을 지게 하는 것은 공적 해결방안에 해당한다.

07 ① 코즈 정리에 의하면 재산권이 누구에게 부여되는지는 자원배분의 효율성에 영향을 미치지 않는다. 그러므로 재산권을 A와 B 중에서 누구에게 부여하건 하천의 오염도는 사회적 최적 수준으로 결정된다.

08 ④ 코즈 정리에 의하면 외부성과 관련된 소유권이 설정되면 외부성에 따른 시장실패가 해소되어 자원배분이 효율적이게 된다. 코즈 정리에서는 소유권이 누구에게 귀속되는 것이 바람직한지에 대해서는 다루지 않으므로 형평성 문제는 고려되지 않는다.

09 ③ 1) 외부성을 고려하지 않는 경우 PMB = PMC가 성립한다.

    2) 외부성을 고려하지 않을 때 갑의 생산량을 구해보면 $200 - 1/2Q = 50$, $Q = 300$이 된다. 갑의 생산에 따른 을의 한계피해비용이 10이므로 갑이 300단위를 생산할 때 을의 총피해 규모는 3,000이된다.

    3) 사회적 한계비용은 사적인 한계비용과 한계피해를 합한 60이므로 사회적 최적 생산량을 구해보면 $200 - 1/2Q = 60$, $Q = 280$이다. 그러므로 시장기구에 의한 생산량은 사회적 최적 수준을 20단위 초과함을 알 수 있다.

    4) 갑이 생산량을 사회적 최적 수준까지 280단위로 줄일 때 갑의 순편익은 100만큼(= C의 면적) 감소한다. 그러므로 갑이 재산권을 갖고 있는 경우 자발적 협상이 타결되려면 을은 100보다 큰 금액을 제시해야 한다.

    5) 갑의 생산에 따른 한계피해가 10이므로 갑이 생산량을 300단위에서 280단위로 줄이면 을의 피해는 200만큼 감소한다, 그러므로 자발적 협상의 대가로 을이 제시할 수 있는 최대금액은 200이다. 만약 을이 자신이 제시할 수 있는 최대금액인 200만큼을 제시하여 자발적 협상이 타결되면 갑의 순편익은 22,600{(A + B)의 면적 + 200}이 된다.

    6) 을이 재산권을 갖고 있는 경우, 두 사람 사이에 협상이 이루어지지 않으면 을은 갑이 생산을 못하도록 할 것이므로 갑의 생산량은 0이 된다. 갑이 사회적 최적 수준에 해당하는 280단위를 생산할 때 을의 총피해 규모는 2,800이므로 을이 최소한 받고자 하는 금액은 2,800이다.

    7) 따라서 을이 재산권을 갖고 있는 경우 자발적 협상 타결이 이루어지려면 갑은 2,800 이상의 금액을 제시해야 한다.

    8) 그래프

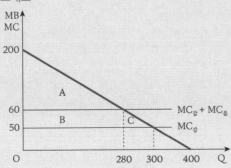

★★
10
지식형

다음은 코우즈 정리가 현실에서 성립하기 어려운 이유에 대한 설명이다. 옳지 않은 것은?　　　[세무사 08]

① 협상의 제비용, 즉 당사자들의 참여비용과 협상에 필요한 통역, 변호사비용 등이 높기 때문이다.

② 외부성에 대한 재산권의 정의를 명확히 하기 어렵기 때문이다.

③ 가급적 많은 수의 이해당사자가 필요하지만 그렇지 못하기 때문이다.

④ 협상 시 손해를 보는 측은 피해액수를 가급적 과다 보고하려는 유인이 상존하기 때문이다.

⑤ 협상 시 이익을 보는 측은 편익액수를 가급적 과소 보고하려는 유인이 상존하기 때문이다.

★★
11
계산형

다음은 재화 X의 소비에 대한 사적 한계편익(PMB), 생산의 사적 한계비용(PMC), 생산에 따른 외부한계피해(MD)이다.

• PMB = 600 - 4Q	• PMC = 6Q	• MD = 2Q

사회적 최적 생산량을 달성하기 위한 피구세(Pigouvian tax)의 크기는? (단, Q는 생산량이다) [세무사 21]

① 25　　　　　　　　　　② 40　　　　　　　　　　③ 50

④ 80　　　　　　　　　　⑤ 100

★★★
12
계산형

강 상류에서 우유를 생산하는 목장이 있다. 이 목장의 우유 1L의 한계비용은 MC = 100 + Q이고, 수요곡선은 P = 1,300 - 10Q이다. 목장의 축산폐수가 하류지역에 피해를 유발하는데, 그 한계피해는 MD = Q이다. 경쟁적인 우유시장에서 정부가 교정조세(corrective tax)를 부과할 경우 옳지 않은 것은? (단, P: 가격, Q: 수량)　　　[세무사 19]

① 사회적 최적 생산량은 100L이다.

② 사회적 최적 생산량 수준에서의 가격은 300이다.

③ 사회적 최적 생산량 수준을 달성하기 위해서는 단위당 100의 교정조세를 부과해야 한다.

④ 교정조세를 부과하지 않으면, 과다 생산될 여지가 있다.

⑤ 교정조세를 부과할 때 기업의 이윤극대화 생산량은 $\frac{1,200}{11}L$이다.

13 강 상류에서 가축을 기르는 축산농가와 하류에서 물고기를 잡는 어민들 간에 상류의 가축분뇨 방류로 인한
지식형 분쟁이 발생하였다. 다음 중 외부성을 해결하는 타당한 방안을 모두 고른 것은?   [세무사 19]

> ㄱ. 강물에 대한 소유권을 설정한다.
> ㄴ. 오염배출권을 발행하여 거래한다.
> ㄷ. 축산농가에 대해 환경세를 부과한다.
> ㄹ. 가축분뇨 방류로 인한 수질오염 허용치를 설정한다.

① ㄱ, ㄴ   ② ㄷ, ㄹ   ③ ㄱ, ㄴ, ㄷ
④ ㄴ, ㄷ, ㄹ   ⑤ ㄱ, ㄴ, ㄷ, ㄹ

정답 및 해설

10 ③ 이해당사자의 수가 많을수록 협상비용(거래비용)이 크게 소요되므로 코우즈 정리가 성립할 가능성이
낮아진다.

11 ⑤ 1) 피구세의 크기는 사회적 최적 생산량에서 발생한 외부한계피해이다.
2) 사회적 최적량은 SMB = SMC이다.
3) 문제에서 한계편익만 나와 있으니 PMB = SMB이다.
4) SMC = PMC + EMC이다. 문제에서 EMC = MD이므로 SMC = 6Q + 2Q = 8Q이다.
5) 따라서 사회적 최적량을 구하면 600 − 4Q = 8Q → 12Q = 600 → Q = 50이다.
6) MD = 2Q이므로 피구세는 100이다.
7) 그래프

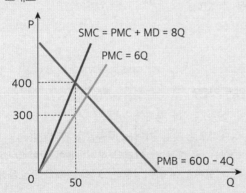

12 ⑤ 이윤극대화는 MR = MC일 때 이루어지므로 교정조세를 부과할 때 MC = 100 + 2Q이고 수요곡선은
P = 1,300 − 10Q이므로 MR = 1,300 − 20Q이다. 따라서 이윤극대화 생산량은 MR = MC이므로
$\frac{1,200}{22}$이다.

[오답체크]
①② '사회적 한계비용 = 사적 비용 + 한계피해'이므로 100 + Q + Q = 100 + 2Q이다. 이때 수요곡선과
만나는 사회적 최적 가격과 거래량을 구하면 1,300 − 10Q = 100 + 2Q이므로 P = 300, Q = 100이다.
③ 최적 수준일 때 한계비용에 대입하면 가격이 200이므로 최적 가격인 300으로 만들기 위해서는
100의 교정조세를 부과해야 한다.
④ 한계피해가 발생하는 외부불경제이므로 과다 생산될 여지가 있다.

13 ⑤ 모두 옳은 설명이다.

★★★
14 야생동물 보호정책에 관한 설명으로 옳지 않은 것은? [세무사 18]
지식형

① 순찰대를 만들어 감시를 하였으나 여전히 남획이 계속되었다면 규제를 통한 외부성의 내부화에는 한 계가 있음을 의미한다.

② 야생동물에 대한 재산권을 동물 판매업자에게 부여한 결과 남획이 줄어들었다. 이는 재산권을 누구에 게 부여하는가에 따라 소득분배뿐만 아니라 자원배분의 효율성도 영향을 받음을 의미한다.

③ 포획 가능한 야생동물 수를 매년 정하고, 포획권을 경매를 통해 판매하여 야생동물 수를 유지할 수 있었다. 이는 시장기구를 통해 외부성을 내부화한 예이다.

④ 야생동물에 대한 재산권을 해당 지역의 부족들에게 부여하였더니, 이 부족들은 탐방사업 등을 통해 수익을 거두기 위하여 야생동물 보호활동을 강화했다. 이는 재산권 확립을 통한 외부성 문제 해결의 예이다.

⑤ 야생동물을 포획 반출하는 행위에 세금을 부과하여 야생동물의 남획을 최적 수준으로 줄일 수 있었다 면 이러한 정책은 피구 조세의 예로 볼 수 있다.

★★
15 피구세(Pigouvian tax) 형태의 공해세 부과가 초래하는 영향에 관한 설명으로 옳은 것은? [세무사 18]
지식형

① 공해세 부과는 해당 제품의 한계비용을 인하하는 영향을 초래한다.

② 공해세 부과 후 해당 제품의 가격은 하락하게 된다.

③ 공해세 부과는 해당 제품의 과소한 생산량을 늘리는 효과가 있다.

④ 공해세 부과에 따라 공해가 완전히 제거된다.

⑤ 공해세의 대표적인 예로 탄소세를 들 수 있다.

★★
16 배출권거래제도에 관한 설명으로 옳지 않은 것은? [세무사 17]
지식형

① 기업들에게 허용되는 오염물질배출의 총량을 미리 정해 놓는다.

② 공해를 줄이는 데 드는 한계비용이 상대적으로 낮은 기업은 배출권을 판매한다.

③ 배출권시장의 균형에서는 배출권을 줄이는 데 드는 각 기업의 한계비용이 같아진다.

④ 배출권의 총량이 정해지면 배출권을 각 기업에게 어떻게 할당하느냐와 관계없이 효율적 배분이 가능 하다.

⑤ 환경오염 감축효과가 불확실한 것이 단점이다.

★★★
17
계산형

기업 A와 B는 현재 각각 500단위의 오염을 배출하고 있으며, 배출의 저감비용은 각각 $C(q_A) = 40 + \frac{1}{2}q_A^2$, $C(q_B) = 30 + q_B^2$이다. 정부가 총배출량을 30% 줄이기 위해 배출권거래제를 도입하고, A에 400단위, B에 300단위의 배출권을 무료로 할당한다면 배출권시장의 균형에서 (ㄱ) 배출권의 가격과 (ㄴ) 배출권 거래량은? (단, $q_i(i = A, B)$는 기업 i의 배출 저감량이다)　　　　　　[세무사 22]

① ㄱ: 100, ㄴ: 100단위
② ㄱ: 100, ㄴ: 200단위
③ ㄱ: 200, ㄴ: 100단위
④ ㄱ: 200, ㄴ: 200단위
⑤ ㄱ: 250, ㄴ: 100단위

정답 및 해설

14 ② 코즈 정리에 의하면 재산권을 누구에게 부여하는가는 소득분배에는 영향을 미치지만 자원배분의 효율성에는 영향을 미치지 않는다.

15 ⑤ ①② 피구세가 부과되면 공해 유발 기업이 인식하는 한계비용이 상승한다. 피구세 부과로 한계비용곡선이 상방으로 이동하면 거래량은 감소하고 가격은 상승하게 된다.
　　③ 최적 수준의 피구세가 부과되면 생산량이 최적 수준으로 줄어들고, 배출되는 공해의 양도 최적 수준으로 감소한다.
　　④ 피구세가 부과된다고 해서 공해배출량이 0이 되는 것은 아니다.

16 ⑤ 오염배출권제도가 시행되면 각 기업은 오염배출권을 가진 한도 내에서만 오염을 배출할 수 있다. 그러므로 오염배출권제도를 시행하면 환경오염을 정부가 설정한 목표 수준까지 쉽게 감축할 수 있다.

17 ③ 1) 줄여야 하는 배출권의 양은 300단위이다. 따라서 $q_A + q_B = 300$이다.
　　2) A기업의 한계저감비용은 $MC_A = q_A$이고, B기업의 한계저감비용은 $MC_B = 2q_B$이다.
　　3) 오염배출권시장의 균형은 두 기업의 한계저감비용이 같아져야 하므로 $MC_A = MC_B$ ➔ $q_A = 2q_B$이다.
　　4) 최초의 식에 대입하면 $2q_B + q_B = 300$ ➔ $q_B = 100$, $q_A = 200$이다. 따라서 A기업은 200단위를 감축해야 하고, B는 100단위를 감축해야 한다. 이때 한계저감비용이 200이므로 배출권의 가격은 200이다.
　　5) A는 200단위를 감축해야 하는데 배출권을 400단위 가지고 있으므로 100단위의 배출권이 남고 B는 100단위를 감축해야 하는데 배출권을 300단위 가지고 있으므로 100단위가 부족하다. 따라서 100단위의 배출권이 거래된다.
　　6) 그래프

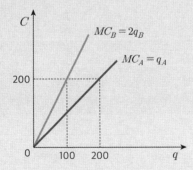

18 ★★
계산형

두 기업(A, B)이 존재하는 경제에서 A기업은 X재를 생산하고, B기업은 Y재를 생산할 경우, A기업의 비용함수(C_A)는 X^2+4X이고, B기업의 비용함수(C_B)는 Y^2+3Y+X이다. 효율적인 자원배분을 위한 정부 정책수단으로 옳지 않은 것은? (단, $X>0$, $Y>0$이다)　　　[세무사 16]

① B기업에 환경세를 부과한다.
② 외부성을 유발하는 물질에 대한 신규시장을 개설한다.
③ 두 기업을 공동소유할 수 있도록 통합한다.
④ 두 기업 간 거래비용이 매우 적고, 협상으로 인한 소득재분배의 변화가 없을 경우 자발적 타협을 유도한다.
⑤ 정부가 X재와 Y재의 사회적 최적량을 생산하도록 수량을 규제한다.

19 ★★
지식형

오염의 효율적 억제에 관한 설명으로 옳지 않은 것은?　　　[세무사 16]

① 오염의 최적 수준은 오염감축의 사회적 한계비용이 오염의 사회적 한계피해와 같아지는 점에서 결정된다.
② 오염발생기업에 대한 과세는 오염감축기술의 개발을 저해한다.
③ 오염은 기업 간 오염감축비용을 고려하여 통제하는 것이 합리적이다.
④ 재산권 설정과 거래를 통해 오염의 최적 수준을 달성할 수 있다.
⑤ 오염에 대한 과세는 기업들이 스스로 오염을 억제할 유인을 준다.

20 ★★
지식형

외부성 문제를 해결하기 위한 과세의 사례는?　　　[세무사 16]

① 모든 상품에 대해서 10%의 소비세를 부과하는 경우
② 고소득 근로자들에게 고율의 누진소득세를 부과하는 경우
③ 대기오염을 감축시킬 목적으로 오염발생기업 제품에 과세하는 경우
④ 고가부동산의 거래에 고율의 취득세를 부과하는 경우
⑤ 중소기업의 법인소득에 법인세를 부과하는 경우

21 외부성의 내부화에 관한 설명으로 옳은 것은? [세무사 15]
지식형

① 공해를 줄이는 기업에 대해 저감된 공해 단위당 일정 금액의 보조금을 지급하는 경우, 단기적으로는 배출 단위당 같은 금액의 환경세를 부과하는 경우와 공해저감효과가 동일하다.

② 배출권거래시장이 형성되기 위해서는 허용된 배출량까지 공해를 저감하는 데 있어서 공해 유발자들의 한계비용에 차이가 없어야 한다.

③ 코즈(R. Coase) 정리는 협상당사자가 많아 협상비용이 과다한 경우라도 당사자 간의 자발적인 협상에 의해서 효율적 자원배분이 이루어질 수 있다는 것이다.

④ 여러 공해 유발자들에 대하여 법으로 동일한 규모의 배출한도를 설정하는 것은 행정적으로 가장 간단하면서도 효율적이다.

⑤ 피구세(Pigouvian tax)는 교란을 일으키지 않는 중립세이다.

정답 및 해설

18 ① A기업의 X재 생산량이 증가하면 B기업의 생산비용이 증가한다. 이는 A기업이 B기업에게 외부불경제를 유발함을 의미한다. 그러므로 효율적인 자원배분이 이루어지도록 하려면 B기업이 아니라 A기업에게 환경세를 부과해야 한다.

[오답체크]
②는 오염배출권제도, ③은 기업의 합병, ④는 코즈 정리, ⑤는 정부의 직접규제에 대한 설명이다.

19 ② 오염발생기업에 대해 조세를 부과하면 오염을 발생시키는 기업은 오염감축기술을 개발하여 조세부담을 줄이고자 할 것이다. 그러므로 오염발생기업에 대한 과세는 오염감축기술의 개발을 촉진한다.

20 ③ 환경오염과 같은 부정적인 외부성을 교정하기 위해 부과하는 조세로는 피구세가 대표적이다. ③을 제외한 나머지는 외부성을 교정하기 위한 과세와는 무관하다.

21 ① ② 모든 기업의 오염저감에 따른 한계비용이 동일하다면 오염배출권의 가격 수준에 따라 모든 기업이 오염배출권을 매입하거나 매각하려고 할 것이므로 오염배출권시장이 형성될 수 없다. 오염배출권 시장이 형성되려면 각 기업의 오염저감에 따른 한계비용이 서로 달라야 한다.

③ 협상당사자가 많아 협상비용이 과다하게 소요된다면 협상 자체가 이루어질 수 없으므로 코즈 정리가 성립하기 어렵다.

④ 여러 공해 유발자들에 대하여 법으로 동일한 규모의 배출한도를 설정하는 것은 행정적으로 간단할 수는 있다. 그러나 각 기업의 오염저감비용이 서로 다른 상태에서 동일한 배출한도를 설정하는 자원배분의 효율성 측면에서 보면 비효율적이다.

⑤ 피구세는 상대가격체계의 변화를 통해 자원배분의 왜곡을 시정하므로 바람직한 조세이기는 하나 중립세인 것은 아니다.

★★★
22 연탄시장은 완전경쟁시장이며, 수요곡선이 $Q = 200 - P$, 단기공급곡선이 $Q = P - 100$이라고 한다. 연탄제

계산형 조과정에서 발생하는 분진에 따른 사회적 한계피해액(MD)은 $MD = \dfrac{Q}{2}$이다. 연탄생산량 감축에 따른 피구

보조금(Pigouvian subsidy)을 지급한다고 할 때, 생산량 감축 단위당 보조금의 최적 수준은 얼마인가?

[세무사 15]

① 5 　　　　　　　　② 10 　　　　　　　　③ 15
④ 20 　　　　　　　　⑤ 25

★★
23 피구(A. C. Pigou)의 공해세가 부과될 때 나타나는 효과로 옳은 것은? 　　　　[세무사 14]

지식형
① 공해세 부과는 사적 한계비용을 낮추어 상품가격을 하락시키는 결과를 초래한다.
② 공해세 부과는 사회적 한계비용을 높여 상품가격을 상승시키는 결과를 초래한다.
③ 공해세 부과는 사회적 한계비용을 낮추어 상품가격을 하락시키는 결과를 초래한다.
④ 공해세 부과에도 불구하고 상품가격이 불변이라면 그렇지 않은 경우보다 생산량이 크게 감소한다.
⑤ 공해세 부과의 가장 큰 장점은 공해를 완전히 제거하는 것이다.

★★
24 외부성이 존재할 때 나타나는 현상에 관한 설명으로 옳지 않은 것은? 　　　[세무사 13]

지식형
① 외부불경제가 존재하는 경우 시장에 맡겨두면 보편적으로 사회적 최적 생산량보다 과소 생산되는 경향이 있다.
② 외부불경제가 존재하는 경우 사회적 최적 생산량이 일반적으로 0이 되는 것은 아니다.
③ 대기오염에 의한 외부불경제의 경우 어떤 오염물질이 어느 정도 피해가 되는지는 측정하기 어렵다.
④ 외부불경제가 존재하는 경우 사회적 최적 생산량은 사적 한계비용에 한계피해를 더한 사회적 한계비용과 사회적 한계편익이 일치하는 수준에서 결정된다.
⑤ 사회적 최적 산출량 수준에서는 효율성이 극대화된다.

25 상품의 시장수요곡선은 Q = 20 - P이고, 한계비용은 MC = 5 + Q이며, 상품 1단위 생산 시 발생한 한계피해
계산형 는 MD = Q이다. 자원배분 왜곡을 치유하기 위한 최적 제품 부과금(product charge)은? (단, Q: 수량, P:
가격)

[세무사 13]

① 2.5   ② 5   ③ 7.5
④ 12.5   ⑤ 15

정답 및 해설

22 ④ 1) 외부불경제가 발생할 때 최적 피구세의 크기 혹은 생산량 감축에 따른 최적 보조금의 크기는 최적
생산량 수준에서 사회적 한계피해액이 된다.

2) 사적 한계비용을 의미하는 공급함수가 $P = 100 + Q$, 사회적 한계피해가 $MD = \frac{1}{2}Q$이므로 사회적

한계비용은 $SMC = 100 + \frac{3}{2}Q$이다.

3) 사회적 최적 생산량을 구하기 위해 수요함수와 사회적 한계비용함수를 연립해서 풀면

$200 - Q = 100 + \frac{3}{2}Q$, $\frac{5}{2}Q = 100$ ➡ Q = 40으로 계산된다.

4) 단위당 최적 감산보조금의 크기는 최적 생산량 수준에서 SMC와 PMC의 차이이다. 그러므로 최적
생산량 Q = 40을 SMC에 대입하면 160, PMC에 대입하면 140이므로 단위당 최적 감산보조금의
크기는 20임을 알 수 있다.

23 ④ 수요곡선이 수평선인 경우에는 공해세가 부과되어 사적 한계비용곡선(= 공급곡선)이 상방으로 이동하
더라도 재화의 가격은 변하지 않는다. 공해세 부과로 사적 한계비용곡선이 상방으로 이동할 때 수요가
완전탄력적이면 수요곡선이 우하향하는 경우보다 생산량이 더 큰 폭으로 감소하게 된다.

[오답체크]
① 공해세 부과는 사적 한계비용을 높여 상품가격을 상승시키는 결과를 초래한다.
②③ 공해세 부과는 사회적 한계비용과는 관련이 없다.
⑤ 공해세 부과는 공해를 효율적 수준으로 변화시킬 뿐 완전히 제거하지는 못한다.

24 ① 외부불경제가 존재하는 경우에는 시장기구에 맡겨두면 사회적 최적 수준보다 과다 생산된다.

25 ② 1) 단위당 최적 조세액은 최적 생산량 수준에서 SMC와 PMC의 차이이다.
2) SMC = PMC + MD = 5 + 2Q이고, 수요함수가 P = 20 - Q이므로 P = SMC로 두면 20 - Q = 5 + 2Q, 사
회적 최적량 Q = 5이다.
3) Q = 5를 사회적 한계비용함수에 대입하면 SMC = 15이고, Q = 5를 사적 한계비용함수에 대입하면
PMC = 10이므로 단위당 최적 조세액은 5임을 알 수 있다.

외부성과 공공재

제2장

해커스 서호성 재정학

플라스틱을 생산하는 과정에서 오염물질을 배출해 주민들에게 피해를 입히는 공장이 있다. 이 공장의 플라스틱 제품에 대한 주민들의 수요곡선, 한계비용 그리고 오염의 한계피해는 다음과 같다. 이 경우 피구세(Pigouvian tax) 부과에 따른 정부 조세수입의 크기는?

[세무사 12]

- $Q_d = 900 - P$ (Q_d: 수요량, P: 가격)
- $MC = \dfrac{2}{5} Q_s$ (MC: 사적 한계비용, Q_s: 생산량)
- $MD = \dfrac{1}{10} Q_s$ (MD는 오염의 한계피해)

① 3,600　　　　② 9,000　　　　③ 18,000
④ 36,000　　　　⑤ 72,000

하천 상류의 화학공장 총수입은 $10 Q_C$, 총비용은 $\dfrac{1}{4} Q_C^2$이고, 하천 하류의 양식업자 총수입은 $10 Q_F$, 총비용은 $\dfrac{1}{4} Q_F^2 + \dfrac{1}{4} Q_C Q_F$이다(단, Q_C: 화학공장의 생산량, Q_F: 양식업자의 생산량). 화학물과 양식생산물의 가격은 10이고 두 기업의 합병이 불가능할 때, 파레토 최적을 위해서 화학공장에 부과해야 할 단위당 피구세(Pigouvian tax)는?

[세무사 11]

① $\dfrac{20}{3}$　　　　② $\dfrac{30}{3}$　　　　③ $\dfrac{5}{3}$
④ $\dfrac{15}{3}$　　　　⑤ $\dfrac{10}{3}$

정답 및 해설

26 ④ 1) 외부불경제가 발생할 때 단위당 최적 조세액은 최적 생산량 수준에서 사적 한계비용과 사회적 한계비용의 차이만큼이다.

2) $SMC = PMC + MD = \frac{2}{5}Q + \frac{1}{10}Q = \frac{1}{2}Q$이므로 사회적 최적 생산량을 구하기 위해 P = SMC로 두면

$900 - Q = \frac{1}{2}Q$, $\frac{3}{2}Q = 900$이므로 최적 생산량 Q = 600이다.

3) 그러므로 단위당 최적 조세액은 사회적 최적량에서의 한계피해액(MD)에 해당하는 60이다.

4) 단위당 최적 조세액이 60이고, 생산량이 600이므로 정부의 조세수입은 생산량 × 최적 조세액 = 36,000이다.

5) 그래프

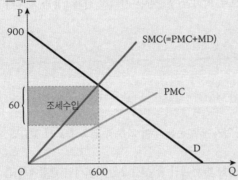

27 ⑤ 1) 화학공장의 총수입함수를 미분하면 $MR_C = 10$이고, 화학공장의 총비용함수를 미분하면 사적 한계비용은 $PMC_C = \frac{1}{2}Q_C$이다.

2) 화학공장의 이윤극대화 생산량을 구하기 위해 $MR_C = PMC_C$로 두면 $10 = \frac{1}{2}Q_C$이므로 $Q_C = 20$으로 계산된다.

3) 양식업자의 총비용함수를 Q_F로 미분하면 양식업자의 사적 한계비용은 $PMC_F = \frac{1}{2}Q_F + \frac{1}{4}Q_C$이다. 이 식으로부터 화학공장이 Q_C단위의 재화를 생산할 때 양식업자의 한계비용이 $\frac{1}{4}Q_C$만큼 증가하므로 화학공장의 생산에 따른 양식업자의 피해를 의미하는 외부한계비용이 $EMC = \frac{1}{4}Q_C$임을 알 수 있다.

4) 화학공장의 사적 한계비용은 $PMC_C = \frac{1}{2}Q_C$이고, 외부한계비용은 $EMC = \frac{1}{4}Q_C$이므로 사회적 한계비용은 $SMC_C = \frac{3}{4}Q_C$이다.

5) 사회적인 생산량을 구하기 위해 $MR_C = SMC_C$로 두면 $10 = \frac{3}{4}Q_C$, $Q_C = \frac{40}{3}$이다. 시장기구에 의한 생산량은 $20\left(=\frac{60}{3}\right)$단위이고, 사회적 최적 생산량이 $\frac{40}{3}$단위이므로 시장기구에 의한 화학공장의 생산량은 사회적 최적 수준을 $\frac{20}{3}$단위 초과한다.

6) 화학공장의 생산량이 사회적 최적 수준인 $\frac{40}{3}$단위로 감소하려면 최적 생산량 수준에서 외부한계비용만큼의 피구세를 부과해야 한다. $Q_C = \frac{40}{3}$을 외부한계비용 $EMC = \frac{1}{4}Q_C$에 대입하면 $\frac{10}{3}$이 도출된다. 따라서 단위당 $\frac{10}{3}$만큼의 피구세를 부과해야 한다.

28
지식형

외부성에 관한 설명으로 옳지 않은 것은?

[세무사 10]

① 외부성에는 부정적인 효과뿐만 아니라 긍정적인 효과도 있다.
② 거래비용이 매우 작고 소유권이 확립될 경우, 외부성을 해결하기 위해 정부가 반드시 개입할 필요는 없다.
③ 외부성을 해결하기 위한 피구세(Pigouvian tax)는 사회적으로 최적인 생산 수준에서의 한계피해와 일치한다.
④ 오염물질배출과 같은 외부성을 해소하기 위해서는 오염자들이 각각 동일한 양만큼 오염물질 배출을 줄이는 것이 비용효과적이다.
⑤ 생산의 외부성이 존재할 경우 사회적으로 최적인 생산량은 사회적 한계비용과 한계편익이 일치하는 수준에서 달성된다.

29
지식형

외부성에 관한 설명으로 옳은 것은?

[세무사 09]

① 과수원업자가 수확량 증대를 위해 양봉업자에게 돈을 주어 과수원 옆으로 오게 했다면 외부성을 내부화시켰다고 할 수 있다.
② 꿀벌이 과수원에 양(+)의 외부성을 제공하면 현재의 꿀 생산량은 사회적인 관점에서 볼 때 과잉 생산된 것이라고 볼 수 있다.
③ 음(−)의 외부성이 존재할 때 사회적 최적 생산량 수준에서 배출한 한계피해액만큼 세금을 부과하면 과소 생산 문제를 해결할 수 있다.
④ 양(+)의 외부성이 존재할 때 정부가 세금을 부과하여 자원배분을 효율적인 상태로 만들 수 있다.
⑤ 정부가 재산의 소유권만 명확하게 규정해도 외부성은 내부화된다.

30
지식형

외부성의 내부화에 관한 설명 중 옳은 것은?

[세무사 08]

① 단기적으로 보면 절감된 공해 단위당 일정 금액의 보조금을 지급하는 경우 배출 단위당 같은 금액의 공해세를 부과하는 경우와 같은 규모의 공해저감효과가 나타나게 된다.
② 코우즈 정리는 외부효과의 조정에 있어 당사자 간 협상보다는 공해세 등 경제적 수단을 적용하는 것이 효율적이라는 주장이다.
③ 배출권거래시장이 형성되기 위해서는 각 공해 발생자들이 허용된 배출량까지 공해를 저감하는 한계비용의 차이가 없어야 한다.
④ 독점기업이 공해를 배출하고 있을 때 독점상황을 유지하면서도 공해로 인한 외부효과를 당해 기업의 한계비용으로 내부화하도록 하는 경우 항상 경제적 효율성이 제고된다.
⑤ 공해저감의 한계비용이 공해 유발자별로 다른 경우 공해세보다는 일정한 규모의 배출한도를 설정하는 것이 경제적 효율성을 높이게 된다.

★★★
31
계산형

강 상류에서 갑과 을 두 기업이 동일한 공해물질을 각각 1,000톤과 800톤 배출하고 있다. 정부는 공해배출 톤당 일정액의 공해세를 부과하여 공해물질배출총량을 1,200톤까지로 600톤 줄이고자 한다. 한편 공해물질의 감축량을 Q톤이라 하면 갑과 을기업의 공해물질 감축에 소요되는 한계비용은 각각 $0.2Q$만원과 $0.1Q$만원으로 나타난다고 가정한다. 이 정책목표를 달성하기 위하여 부과하여야 하는 공해배출 톤당 공해세액은 얼마인가?

[세무사 08]

① 10만원   ② 20만원   ③ 30만원

④ 40만원   ⑤ 50만원

정답 및 해설

28 ④ 일정한 양의 오염물질배출을 줄이고자 할 때 각 오염자들이 오염물질배출량을 추가로 1단위 줄이는 데 드는 비용인 한계오염저감비용이 모두 같아지는 수준까지 오염을 줄이도록 하는 경우 사회 전체의 관점에서 볼 때 오염저감비용이 최소화된다.

29 ① ② 꿀벌이 과수원에 양(+)의 외부성을 제공하면 현재의 꿀 생산량은 사회적인 관점에서 볼 때 과소 생산된 것이라고 볼 수 있다.
③ 음(−)의 외부성이 존재할 때 사회적 최적 생산량 수준에서 배출한 한계피해액만큼 세금을 부과하면 과다 생산 문제를 해결할 수 있다.
④ 양(+)의 외부성이 존재할 때 정부가 보조금을 지급하면 자원배분을 효율적인 상태로 만들 수 있다.
⑤ 정부가 재산의 소유권을 명확하게 규정하더라도 협상비용이 크면 외부성은 내부화될 수 없다.

30 ① ② 코우즈 정리는 외부효과의 조정에 있어 당사자 간 협상이 효율적이라는 주장이다.
③ 배출권거래시장이 형성되기 위해서는 각 공해 발생자들이 허용된 배출량까지 공해를 저감하는 한계비용의 차이가 커야만 한다.
④ 공해는 과다 생산이다. 독점상황은 과소 생산이므로 내부화하는 경우 효율적일 수도 있지만 과소 생산될 수도 있다. 따라서 항상 경제적 효율성이 제고되는 것은 아니다.
⑤ 공해저감의 한계비용이 공해 유발자별로 서로 다른 경우 공해배출량을 직접규제하는 것보다는 적절한 수준의 피구세를 부과하는 것이 더 바람직하다.

31 ④ 1) $MC_{갑} = 0.2Q_{갑}$이므로 T원의 공해세가 부과될 때 갑기업의 최적 공해감축량을 구하기 위해 T = MC로 두면 $T = 0.2Q_{갑}$, $Q_{갑} = 5T$가 된다. 그 이유는 공해배출량이 Q톤을 초과하면 직접 공해를 줄이는 것보다 세금을 내는 것이 비용이 더 적게 들기 때문이다(단, MC는 공해물질 감축에 소요되는 한계비용).
2) 마찬가지로 을기업의 최적 공해감축량을 구하기 위해 T = MC로 두면 $T = 0.1Q_{을}$, $Q_{을} = 10T$이다.
3) 갑기업의 최적 공해감축량이 5T, 을기업의 최적 공해감축량이 10T이고, 이를 합한 두 기업의 공해 감축량의 합이 600톤이므로 5T + 10T = 600, T = 40으로 계산된다.

★★★
32
계산형

어떤 기업의 총수입함수(total revenue)와 총비용함수는 다음과 같다고 한다. 그런데 이 기업은 오염을 발생시키는 것으로 알려져 조사해본 결과 추가적으로 $50Q$의 환경비용이 발생하는 것으로 나타났다. 다음 설명 가운데 옳지 않은 것은?

[세무사 08]

- $TR = 100Q - \dfrac{1}{4}Q^2$

- $TC = 10Q$

가. 이 기업의 사적(private) 이윤을 극대화하는 산출량은 $Q = 180$이다.

나. 사회적으로 바람직한 산출량은 $Q = 175$이다.

다. 생산물 한 단위당 10의 환경세를 부과하면 사적 이윤을 극대화하는 산출량과 사회적 잉여를 극대화하는 산출량이 같아진다.

라. 부정적 외부성의 전형적인 사례이며, 왜곡을 발생시키지 않는 정액세(lump-sum tax)로써 문제를 해결할 수 있다.

① 가, 나   ② 가, 다   ③ 나, 다

④ 나, 라   ⑤ 다, 라

---

04 공공재의 의미와 종류   ★★★

★
33
지식형

공공재에 관한 설명으로 옳지 않은 것은?

[세무사 15]

① 공공재는 높은 외부경제효과가 발생하는 재화에 속한다.

② 비경합성이 강한 공공재일수록 공공재가 주는 사회적 편익의 크기는 더 커진다.

③ 비배제성이 강한 공공재일수록 공공재의 공급비용이 더 크다.

④ 공공재의 생산을 정부가 직접 담당하지 않고 민간에 위탁하는 경우도 있다.

⑤ 공공재의 무임승차 문제는 자원배분의 효율성을 저해한다.

★★
34 공공재의 성격에 관한 설명으로 옳은 것은? [세무사 19]

지식형

① 비경합성이란 소비자의 추가적인 소비에 따른 한계비용이 0(zero)이 됨을 의미한다.
② 순수공공재는 배제성과 비경합성을 동시에 충족한다.
③ 대부분 공공재는 순수공공재로 볼 수 있으며, 시장이 성립하지 못한다.
④ 클럽재는 배제성 적용이 불가능하다.
⑤ 공공재의 소비자들은 자신의 수요를 정확하게 표출한다.

정답 및 해설

32 ④ 1) $TR = P \times Q = 100Q - \frac{1}{4}Q^2$ 이므로 수요곡선은 $P = 100 - \frac{1}{4}Q$ 이다.

2) 총수입과 총비용을 미분하면 한계수입은 $MR = 100 - \frac{1}{2}Q$, 한계비용은 MC = 10이다.

3) 이윤극대화 생산량을 구하기 위해 MR = MC로 두면 $100 - \frac{1}{2}Q = 10$ 이므로 Q = 180으로 계산된다.

4) 외부총비용 ETC = 50Q를 미분하면 외부한계비용은 EMC = 50이다.

5) SMC = PMC + EMC = 60이므로 $100 - \frac{1}{4}Q = 60$ → 사회적 최적 생산량은 Q = 160이다.

6) 시장기구에 의한 생산량이 180이고, 사회적 최적 생산량이 160이므로 시장기구에 의해서는 20단위의 과잉 생산이 이루어진다.

7) 단위당 T원의 조세를 부과하면 한계비용이 그만큼 높아지므로 이윤극대화 조건은 MR = MC + T로 바뀌게 된다.

8) MR = MC + T로 두면 $100 - \frac{1}{2}Q = 10 + T$, $Q = 180 - 2T$ 이다. 그러므로 시장기구에 의해 생산량이 사회적 최적 수준과 일치하는 160이 되도록 하려면 단위당 10원의 조세를 부과해야 한다.

9) 비왜곡적인 중립세(정액세)를 부과하면 생산량이 변하지 않으므로 중립세는 외부성 문제 해결에는 적절하지 않은 조세이다.

33 ③ 비경합성이 강한 공공재일수록 그 공공재의 공급이 이루어지면 여러 사람이 소비할 수 있으므로 사회적 편익의 크기가 커진다. 그런데 공공재의 공급비용은 비배제성이 어느 정도 강한 지와는 무관하다.

34 ① 비경합성이란 누구나 사용할 수 있으므로 소비자의 추가적인 소비에 따른 한계비용이 0(zero)이 됨을 의미한다.

[오답체크]
② 순수공공재는 비배제성과 비경합성을 동시에 충족한다.
③ 대부분 공공재는 순수공공재로 볼 수 없으며, 비순수공공재도 많이 존재하므로 시장이 성립한다.
④ 클럽재는 비용을 지불하므로 배제성 적용이 가능하다.
⑤ 공공재의 소비자들은 비경합성과 비배제성 때문에 자신의 수요를 정확하게 표출하지 않는다.

35
지식형
★★

가치재(merit goods)와 비가치재(demerit goods)에 관한 설명으로 옳지 않은 것은? [세무사 11]

① 정부의 가치재 공급은 소비자 주권과 충돌할 수 있다.
② 정부가 보건소를 통해 어린이들에게 무료 예방접종을 제공하는 것은 가치재의 사례에 해당한다.
③ 담배와 같이 사회적 비용을 유발하는 재화에 과세하는 것은 비가치재 소비를 억제하는 데 목적이 있다.
④ 정부가 국방서비스를 생산하고 공급하는 것은 그것이 가치재이기 때문이다.
⑤ 가치재 공급은 정부가 개인들의 의사결정이 적절하지 않다고 판단하는 경우에 이루어진다.

36
지식형
★★

비가치재(demerit goods)에 관한 설명으로 옳지 않은 것은? [세무사 12]

① 비가치재는 정부에 의해 생산과 소비가 제약될 수 있다.
② 마약의 사용금지 조치는 비가치재에 대한 법적 규제의 예이다.
③ 주류에 대한 중과세는 직접규제의 예이다.
④ 비가치재에 대해서는 정부가 개인의 선호에 간섭하여 소비자 주권을 제약한다.
⑤ 죄악세(sin tax) 부과는 가격기구를 활용한 비가치재 대책에 해당한다.

37
지식형
★★

공유지의 비극(tragedy of the commons)에 관한 설명으로 옳지 않은 것은? [세무사 17]

① 소유권이 분명하지 않은 상태에서 각 개인이 자원을 아껴 쓸 유인을 갖지 못해 발생하는 문제이다.
② 연근해의 어족 자원 고갈이 하나의 예이다.
③ 공유지 사용과 관련된 개인의 결정이 다른 사람에게 외부성을 일으키게 된다.
④ 여러 사람이 공동으로 사용하려는 목적으로 구입한 자원의 소유권은 결국 한 사람에게 귀착된다.
⑤ 공동으로 사용하는 자원은 관련자들의 비효율적 사용으로 빨리 고갈되는 경향이 있다.

05 **공공재의 최적 공급** ★★★

★★
38
계산형
A, B 두 사람이 공동으로 소비하는 공공재(Z)에 대한 수요함수는 각각 $Z_A = 100 - 20P$, $Z_B = 100 - 10P$ 이고, 이를 생산하는 데 드는 한계비용이 3일 때, B의 린달가격(부담비율)은? (단, P는 공공재 가격이다)

[세무사 21]

① $\dfrac{2}{5}$ ② $\dfrac{1}{2}$ ③ $\dfrac{2}{3}$ ④ 1   ⑤ $\dfrac{5}{3}$

★★★
39
계산형
4가구(가 ~ 라)가 있는 마을에서 강을 건너기 위한 다리를 건설하기로 합의하였다. (가)는 다리를 건널 필요가 없는 농가이고, (나)는 다리를 이용하여 강 건너 직장에 출퇴근하여 500의 총편익을 얻는다. 다리 이용에 따른 (다)의 총편익은 $400 + 30M + 20M^3$이고 (라)의 총편익은 $300 + 70M + 30M^3$이다. 이때 다리의 총건설비용은 $3,850M + 700$이다. 다리의 적정 규모 M은? (단, M: 다리 규모)

[세무사 19]

① 2   ② 3   ③ 4
④ 5   ⑤ 6

정답 및 해설

35 ④ 가치재는 소비가 경합적이고 배제가 가능하므로 사용재에 속한다. 정부가 국방서비스를 공급하는 것은 국방서비스가 공공재이기 때문이다.

36 ③ 주류에 대해 높은 세율로 조세를 부과하는 것은 가격 인상을 통해 간접적인 방법으로 술의 소비를 줄이는 방법이다. 직접규제는 술의 판매를 금지하는 것과 같이 직접적으로 소비를 제한하는 조치를 말한다.

37 ④ 공유지의 비극은 비배제성, 경합성을 특징으로 하는 자원에서 많이 발생한다. 소유권이 제대로 설정되어 있지 않은 상태에서는 사람들이 자원을 아껴 쓸 유인을 갖지 못해 공동소유자원이 과도하게 이용되는 현상을 의미하므로 ④는 공유지의 비극과는 아무런 관련이 없다.

38 ③ 1) 공공재의 균형조건은 'MB의 합 = MC'이다.

    2) A와 B의 함수를 P의 형태로 바꾸면 A는 $P = 5 - \dfrac{1}{20}Z$, B는 $P = 10 - \dfrac{1}{10}Z$이다. 이를 더하면 $P = 15 - \dfrac{3}{20}Z$이다.

    3) 공공재의 균형조건에 대입하면 $15 - \dfrac{3}{20}Z = 3$이므로 Z = 80이다.

    4) 이를 각각의 수요함수에 대입하면 A는 1, B는 2를 부담하게 되어 B의 부담비율은 $\dfrac{2}{1+2} = \dfrac{2}{3}$이다.

39 ④ 공공재 생산을 위해서 '한계편익의 합 = 한계비용'이 되어야 한다. 따라서 다리 건설로 인한 (가)의 한계편익은 0, (나)의 한계편익은 0, (다)의 한계편익은 $30 + 60M^2$, (라)의 한계편익은 $70 + 90M^2$이므로 총한계편익은 $100 + 150M^2$이다. 한계비용은 3,850이므로 $100 + 150M^2 = 3,850$, 따라서 M = 5이다.

40
계산형

두 사람(A, B)이 존재하는 경제에서 공공재 X의 한계비용(MC_x)은 2X, A의 한계효용(MU_A)은 4 - X, B의 한계효용(MU_B)은 8 - 2X이다. 공공재의 균형량은? [세무사 16]

① 2.4   ② 2.8   ③ 3.0
④ 3.4   ⑤ 4.0

41
지식형

린달(E. Lindahl)의 자발적 협상 모형과 관련된 설명으로 옳은 것은 몇 개인가? [세무사 16]

- 부정적 외부성이 존재한다 하더라도, 개인 간의 협상을 통해 효율성이 개선될 수 있다는 이론이다.
- 린달 모형의 정책적 함의는 '개인 간 갈등해소를 위해 정부가 적극적으로 개입해야 함'을 의미한다.
- 린달 모형에서 도출된 해는 사무엘슨의 효율성 조건을 만족시킬 수 있다.
- 합의에서 결정되는 비용의 부담비율이 시장에서 가격의 기능과 유사함을 밝힌 모형이다.
- 정부의 개입이 불필요하다는 것을 강조했다는 점에서 코즈 이론과 유사하지만, 형평성을 강조했다는 점에서 코즈 이론과 차별화된다.

① 0개   ② 1개   ③ 2개
④ 3개   ⑤ 5개

42
계산형

A와 B 두 사람만 사는 섬에 공동 대피동굴을 파기로 했다. 동굴의 깊이(D미터)에 대한 A의 총효용함수는 $U_A = 50 + 100D - D^2$, B의 총효용함수는 $U_B = 30 + 40D - \frac{1}{4}D^2$로 표시된다고 한다. 동굴을 파는 총비용함수는 $C = 100 + 0.5D^2$으로 주어져 있다. 동굴의 최적 깊이는 얼마인가? [세무사 15]

① 20미터   ② 30미터   ③ 40미터
④ 50미터   ⑤ 70미터

43
계산형

국방에 대한 갑의 수요함수는 $Q = 45 - 3P$, 을과 병의 수요함수는 각각 $Q = 40 - 4P$이다. 국방의 한계비용이 25이면 사회적으로 적정한 국방 수준과 갑, 을, 병이 각각 부담해야 할 몫은? (단, Q: 국방 수준, P: 부담 몫) [세무사 14]

① 국방 수준은 10, 갑은 23, 을과 병은 각각 15
② 국방 수준은 12, 갑은 11, 을과 병은 각각 7
③ 국방 수준은 12, 갑은 11, 을과 병은 각각 9
④ 국방 수준은 23, 갑은 21, 을과 병은 각각 20
⑤ 국방 수준은 23, 갑은 15, 을과 병은 각각 10

★★
44
지식형
당사자 간의 자발적 교환에 의해 공공재의 생산 수준과 비용분담비율을 동시에 결정하는 린달 균형 모형에 관한 설명으로 옳지 않은 것은?

[세무사 14]

① 개별 소비자의 공공재 비용분담비율은 그 소비자의 소득에 비례한다.
② 분권화된 준 시장적 해결책(quasi-market solution)이다.
③ 개별 소비자의 공공재 비용분담비율은 당사자 간의 합의 결과이다.
④ 공공재가 갖는 비배제성 때문에 무임승차의 문제가 발생할 수 있다는 비판이 있다.
⑤ 린달 균형에서 공공재 생산량은 최적 생산량이다.

정답 및 해설

40 ① 두 사람의 한계편익을 합한 사회적 한계편익 SMB = 12 - 3X이므로 최적 공공재의 생산량을 구하기 위해 SMB = MC로 두면 12 - 3X = 2X이므로 X = 2.4로 계산된다. 단, MU를 MB로 해석해도 무방하다.

41 ③ • 부정적 외부성이 존재하지 않는다면, 개인 간의 협상을 통해 효율성이 개선될 수 있다는 이론이다.
• 린달 모형의 정책적 함의는 자발적 교환 모형으로써 정부개입과는 관련이 없다.
• 린달 모형은 정부의 개입이 불필요하다는 것을 강조했다는 점에서 코즈 이론과 유사하지만, 형평성을 강조하지 않았다.

42 ③ 1) 각 개인의 효용함수를 미분하면 개인 A와 B의 한계편익(= 한계효용)은 각각 $MU_A = 100 - 2D$, $MU_B = 40 - \frac{1}{2}D$이므로 이를 합한 사회적인 한계편익 $MB = 140 - \frac{5}{2}D$이다.

2) 총비용함수를 미분하면 MC = D이므로 최적의 동굴 깊이를 계산하기 위해 SMB = MC로 두면 $140 - \frac{5}{2}D = D$, $\frac{7}{2}D = 140$, D = 40으로 계산된다.

3) 그러므로 최적 동굴 깊이는 40미터임을 알 수 있다.

43 ② 1) 공공재의 시장수요곡선은 개별 수요곡선의 수직 합으로 도출되므로 시장수요곡선을 구하기 위해서는 각자의 공공재 수요곡선을 P에 대해 정리한 후에 더해야 한다.

2) 갑의 수요함수가 $P = 15 - \frac{1}{3}Q$, 을과 병의 수요함수가 각각 $P = 10 - \frac{1}{4}Q$이므로 공공재의 시장수요곡선은 $P = 35 - \frac{5}{6}Q$이다.

3) 공공재의 최적 생산량을 구하기 위해 $P = MC$로 두면 $35 - \frac{5}{6}Q = 25$, Q = 12로 계산된다. 이제 각 개인이 지불해야 할 가격을 구하기 위해 Q = 12를 각자의 수요함수에 대입하면 갑, 을, 병이 지불해야 할 가격은 각각 11, 7, 7로 계산된다.

44 ① 린달 모형에서 각 개인의 비용분담비율은 각자가 자발적으로 시현한 두 사람의 공공재 수요곡선이 교차하는 점에서 결정된다. 그러므로 비용분담비율은 각 소비자의 소득이 아니라 공공재에 대한 선호에 의해 결정된다.

[오답체크]
②③ 이 모형은 자발적 교환의 원리에 입각하고 있다는 의미에서 준 시장적 해결책이라고도 한다.
④ 린달 모형은 각 개인의 진정한 선호표출을 전제로 하므로, 각 개인이 진정한 선호표출을 하지 않는다면 무임승차의 문제가 발생할 수 있다.
⑤ 린달 균형은 파레토 효율적이다.

45 ★★
지식형

사무엘슨(P. A. Samuelson)의 공공재 공급 모형에 관한 설명으로 옳지 않은 것은? [세무사 14]

① 후생경제학적 입장에서 공공재 최적 공급 조건을 처음으로 제시하였다.

② 사회구성원의 공공재에 대한 선호가 모두 알려져 있다고 가정한다.

③ 순수공공재뿐만 아니라 비순수공공재를 포함한 공공재 공급 모형이다.

④ 사회구성원의 소득분배가 주어진 상태에서 공공재의 최적 자원배분 모형을 제시하였다.

⑤ 공공재(G)와 사적재(X)에 관한 각 소비자의 한계대체율(MRS_{GX})합이 한계변환율(MRT_{GX})과 같아야 한다.

46 ★★★
계산형

A, B, C 3인으로 구성된 경제에서 각각의 효용함수는 준선형함수 형태로 $U^A = \sqrt{G} + X_A$, $U^B = 2\sqrt{G} + X_B$, $U^C = 3\sqrt{G} + X_C$이다. $P_G = P_X = 1$일 때, 공공재를 효율적으로 공급하기 위해서 B 가 부담하여야 하는 분담률은? (단, G: 공공재, X_i: i의 사적재 소비량, P_G: 공공재 가격, P_X: 사적재 가격, i: A, B, C) [세무사 13]

① $\dfrac{1}{3}$
② $\dfrac{1}{9}$
③ $\dfrac{1}{6}$
④ $\dfrac{1}{2}$
⑤ $\dfrac{2}{3}$

47 ★★
지식형

린달(E. Lindahl)의 공공재 최적 공급 모형에 관한 설명으로 옳지 않은 것은? [세무사 12]

① 공공재 생산량과 비용부담비율이 동시에 결정되는 모형이다.

② 공공재 공급 규모 결정과정에 참여하는 사회구성원들은 자신의 진정한 선호를 드러낸다고 가정한다.

③ 비용부담비율이 시장에서의 가격과 동일한 역할을 수행하게 된다.

④ 균형점에서 결정되는 조세부담비율은 누진성을 보장한다.

⑤ 공공재 비용부담비율 결정은 편익원칙에 근거를 두고 있다.

128 회계사 · 세무사 · 경영지도사 단번에 합격! 해커스 경영아카데미 cpa.Hackers.com

48 고국에는 100명의 주민이 거주한다. 공공재인 구축함 보유에 따른 개별 주민의 한계편익은 MB = 10 - Q이
계산형 고, 구축함의 한 척당 공급가격은 100이다(단, Q: 구축함의 수). 이때, A국의 최적 구축함 수는?

[세무사 11]

① 0척   ② 1척   ③ 5척

④ 9척   ⑤ 10척

정답 및 해설

45 ③ 사무엘슨의 공공재 공급 모형은 사회구성원의 선호와 소득분배가 주어진 상태에서 순수공공재의 최적
공급 조건을 설명하는 모형으로 비순수공공재와는 관련이 없다.

46 ① 1) 각 개인의 공공재와 사용재 간의 한계대체율을 계산하면 다음과 같다.

$$MRS_{GX}^{A} = \frac{MU_G}{MU_X} = \frac{\frac{1}{2}G^{-\frac{1}{2}}}{1} = \frac{1}{2G^{\frac{1}{2}}} = \frac{1}{2\sqrt{G}}$$

$$MRS_{GX}^{B} = \frac{MU_G}{MU_X} = \frac{G^{-\frac{1}{2}}}{1} = \frac{1}{G^{\frac{1}{2}}} = \frac{1}{\sqrt{G}}$$

$$MRS_{GX}^{C} = \frac{MU_G}{MU_X} = \frac{\frac{3}{2}G^{-\frac{1}{2}}}{1} = \frac{3}{2G^{\frac{1}{2}}} = \frac{3}{2\sqrt{G}}$$

2) 각 개인의 한계대체율을 모두 합하면 $\sum MRS_{XY} = \frac{3}{\sqrt{G}}$ 이고, $MRT_{XY} = \frac{MC_G}{MC_X} = \frac{P_G}{P_X} = 1$이다.

3) 공공재의 적정 공급량을 구하기 위해 $\sum MRS_{XY} = MRT_{XY}$로 두면 $\frac{3}{\sqrt{G}} = 1$, $G = 9$이다.

4) 이제 $G = 9$를 각자의 한계대체율에 대입하면 개인 A, B, C가 부담해야 할 부담률은 각각 $\frac{1}{6}$, $\frac{1}{3}$, $\frac{1}{2}$로 계산된다.

47 ④ 린달 모형에서 각 개인의 조세부담비율은 각자가 공공재 소비로부터 얻는 편익에 의해 결정되므로
조세부담이 누진적이라고 보기 어렵다.

48 ④ 1) 구축함 보유에 따른 각 개인의 한계편익이 MB = 10 - Q이다.
2) 사회구성원이 100명이므로 사회 전체의 한계편익은 MB = 1,000 - 100Q이다.
3) 한 척당 공급가격이 100으로 일정하므로 MC = 100이다.
4) 최적 공공재의 공급량을 구하기 위해 MB = MC로 두면 1,000 - 100Q = 100이므로 Q = 9로 계산된다.

두 사람 A와 B가 사용하는 공공재의 한계편익과 한계비용이 다음과 같을 때 B의 린달가격(부담비율)은?

[세무사 10]

공공재 단위	1	2	3	4	5
한계편익 A	22	15	10	4	2
한계편익 B	18	15	10	8	6
한계비용	8	9	10	12	15

① $\dfrac{5}{3}$　　　　② 1　　　　③ $\dfrac{2}{3}$

④ $\dfrac{1}{2}$　　　　⑤ $\dfrac{2}{5}$

어느 공공재(Z)에 대한 갑과 을 두 사람의 수요곡선이 아래와 같이 표현된다. 이 공공재 생산의 한계비용은 100원으로 일정할 때, 이 공공재의 적정 공급량은 얼마인가? (단, 갑과 을 두 사람이 이 공공재에 대한 사회 전체의 수요자라고 가정한다)

[세무사 09]

- 갑: $Z = 100 - \dfrac{1}{2}P$

- 을: $Z = 50 - \dfrac{1}{3}P$

① 50단위　　　　② 100단위　　　　③ 175단위
④ 150단위　　　　⑤ 200단위

06 무임승차자의 문제 ★★

공공재의 수요표출 메커니즘에 관한 설명으로 옳은 것을 모두 고른 것은?

[세무사 19]

ㄱ. 수요표출 메커니즘의 궁극적 목적은 파레토 효율적 자원배분을 실현하기 위함이다.
ㄴ. 클라크 조세의 핵심은 개인이 부담할 세금의 크기와 표출한 선호 간 독립성을 확보하기 위한 것이다.
ㄷ. 클라크 조세에서 개인은 자신의 진정한 선호를 표출하는 것이 우월전략이다.
ㄹ. 클라크 조세에서 어떤 소비자가 부담할 세금은 자신이 표출한 선호가 아니라 다른 소비자들이 표출한 선호에 의해 결정된다.

① ㄱ, ㄷ　　　　② ㄴ, ㄷ　　　　③ ㄱ, ㄴ, ㄹ
④ ㄱ, ㄷ, ㄹ　　　　⑤ ㄱ, ㄴ, ㄷ, ㄹ

52
지식형

공동의 목초지에 갑과 을이 각각 100마리의 양을 방목하기로 합의하면 갑과 을의 이득은 각각 10원이다. 두 사람 모두 합의를 어겨 100마리 이상을 방목하면 갑과 을 이득은 각각 0원이다. 만약 한 명이 합의를 지키고 다른 한 명이 합의를 어기면 어긴 사람의 이득은 11원, 합의를 지킨 사람의 이득은 -1원이다. 이러한 게임적 상황에서 정부가 합의를 어긴 사람에게 2원의 과태료를 부과할 때 발생될 결과는? [세무사 18]

① 두 사람 모두 합의를 지킨다.
② 두 사람 모두 합의를 어긴다.
③ 두 사람의 합의 준수 여부는 불확실하다.
④ 갑은 반드시 합의를 지키지만 을은 합의를 어긴다.
⑤ 갑은 반드시 합의를 어기지만 을은 합의를 지킨다.

정답 및 해설

49 ③ 1) 4단위의 공공재가 공급될 때 개인 A와 B의 한계편익을 합한 사회 전체의 한계편익이 공공재 공급에 따른 한계비용과 일치하므로 공공재의 최적 공급량은 4단위이다.

2) 린달가격이란 각 개인의 한계편익과 일치하는 가격을 의미하므로 개인 A는 4, 개인 B는 8의 가격을 지불해야 한다.

3) 그러므로 개인 A의 부담비율은 $\frac{1}{3}\left(=\frac{4}{12}\right)$, 개인 B의 부담비율은 $\frac{2}{3}\left(=\frac{8}{12}\right)$이다.

50 ① 1) 개인 갑과 을의 공공재 수요곡선을 P에 대해 정리하면 각각 P = 200 - 2Z, P = 150 - 3Z이다.

2) 이를 합하면 시장 전체의 공공재 수요곡선 P = 350 - 5Z를 구할 수 있다.

3) 공공재의 최적 생산량을 구하기 위해 P = MC로 두면 350 - 5Z = 100, Z = 50으로 계산된다.

51 ⑤ 모두 옳은 설명이다.

52 ① 정부가 과태료를 부과하기 전과 후의 보수행렬을 만들어 보면 아래의 표와 같다.

갑＼을	합의 지킴	합의 어김
합의 지킴	(10, 10) ➜ 부과 후 (10, 10)	(-1, 11) ➜ 부과 후 (-1, 9)
합의 어김	(11, -1) ➜ 부과 후 (9, -1)	(0, 0) ➜ 부과 후 (-2, -2)

정부가 과태료를 부과하지 않는 경우에는 각자의 우월전략은 모두 합의 어김이므로 (어김, 어김)이 우월전략균형이 된다. 이제 정부가 합의를 어긴 사람에게 2원씩 과태료를 부과하면 두 사람의 우월전략은 모두 합의 지킴으로 바뀌게 되므로 (지킴, 지킴)이 우월전략균형이 된다. 그러므로 정부가 합의를 어긴 사람에게 2원의 과태료를 부과하면 두 사람 모두 합의를 지키게 된다.

★★

53 공공재와 무임승차 문제에 관한 설명으로 옳지 않은 것은? [세무사 13]

지식형

① 공공재에서 무임승차가 발생하는 원인은 비배제성 때문이다.

② 공공재에서 무임승차 가능성은 집단의 크기와는 관련이 없다.

③ 무임승차는 산업에서 생산제한이나 가격 인상을 위한 담합의 형성을 어렵게 함으로써 유용한 역할을 하는 경우도 있다.

④ 공공재의 효율적 생산 수준은 각 개인의 수요를 수직적으로 합한 수요곡선과 공공재 생산의 한계비용 곡선이 만나는 곳에서 결정된다.

⑤ 각 개인의 수요를 수직적으로 합하여 공공재의 수요곡선을 도출하는 이유는 공공재의 비경합성 때문이다.

★★

54 공공재의 수요표출 메커니즘에 관한 설명으로 옳지 않은 것은? [세무사 17]

지식형

① 어떤 소비자가 부담할 세금은 자신이 표출한 선호가 아니라 다른 소비자들이 표출한 선호에 의해 결정된다.

② 수요표출 메커니즘을 활용하면 공공재의 효율적 공급을 실현할 수 있다.

③ 개별 소비자들은 다른 소비자들의 선호 표출과 관계없이 정직하게 선호를 표출하는 것이 최선이므로 무임승차 문제는 발생하지 않는다.

④ 수요표출 메커니즘을 이용하면 정부의 균형예산 조건이 항상 충족된다.

⑤ 수요표출 메커니즘의 예로는 클라크세(Clarke Tax)가 있다.

★★

55 클라크 조세에 관한 설명으로 옳지 않은 것은? [세무사 15]

지식형

① 개인들이 공공재에 대한 선호를 자발적으로 나타내도록 유인하는 수요표출 메커니즘의 일종이다.

② 공공재가 과다 공급되는 것을 방지하기 위한 수단이다.

③ 한 개인에게 부과되는 조세의 크기는 그가 시현한 수요와는 무관하게 결정된다.

④ 한 개인에게 부과되는 조세의 크기는 그의 공공재 추가 소비가 다른 모든 사람들에게 미치는 소비자 잉여의 순손실과 동일하다.

⑤ 클라크 조세제도하에서는 자신의 진정한 선호를 표출하는 것이 최선의 전략이다.

56 공공재에 관한 설명으로 옳은 것은? [세무사 14]
지식형

① 국가가 제공하는 의료서비스나 주택서비스는 공공재이다.

② 공공재도 배제가 가능하면 민간에 의해 공급이 가능하다.

③ 클럽재는 혼합재(congestion goods)의 일종으로 파레토 효율 조건은 회원 수와 적정 시설 규모 중 하나만 반영해야 한다.

④ 뷰캐넌(Buchanan)의 클럽 이론은 클럽을 구성하는 모든 소비자의 재화에 대한 이용형태가 모두 상이하다는 것을 전제로 한다.

⑤ 클라크세(Clarke Tax)는 공공재 수요자의 진정한 선호를 이끌어내기 위한 제도로서 균형재정을 보장한다.

정답 및 해설

53 ② 집단의 크기가 커지면 무임승차가 용이하다.

54 ④ 균형예산이 이루어진다는 보장이 없다. 또한 사회구성원들이 담합하여 왜곡된 선호를 시현하면 제도 자체가 무력화될 수도 있다는 단점도 지니고 있다.

55 ② 클라크 조세는 공공재가 과다 공급되는 것을 방지하기 위한 것이 아니라 공공재가 과소 공급되는 것을 방지하기 위한 수단으로 고안된 수요표출 메커니즘의 일종이다.

56 ② ① 국가가 제공하는 의료서비스나 주택서비스는 배제성이 있으므로 공공재라고 볼 수 없다.
③ 클럽재는 혼합재(congestion goods)의 일종으로 파레토 효율 조건은 회원 수와 적정 시설 규모 둘 다 반영해야 한다.
④ 뷰캐넌(Buchanan)의 클럽 이론은 클럽을 구성하는 모든 소비자의 재화에 대한 이용형태가 모두 동일하다는 것을 전제로 한다.
⑤ 클라크세(Clarke Tax)는 공공재 수요자의 진정한 선호를 이끌어내기 위한 제도이지만 균형재정을 보장하지는 않는다.

공공재의 성격에 관한 설명으로 옳은 것은? [세무사 11]

① 해안가 작은 마을에 울린 지진해일 경보사이렌은 공공재이다.

② 클럽재의 경우, 회원 수 증가에 따른 편익변화만 제대로 도출할 수 있다면, 이론적으로는 적정 회원 수의 산정이 가능하다.

③ 공공부문이 어떤 재화를 공급한다면 그것은 공공재가 되기 위한 충분조건이 된다.

④ 무임승차 문제는 소비의 경합성으로 인해 발생하며 정부가 그 재화를 공급해야 하는 이유가 된다.

⑤ 어떤 재화의 소비가 배제불가능하더라도 비경합적이면 시장을 통해 그 재화를 공급할 수 있다.

공공재의 공급에 관한 설명으로 옳지 않은 것은? [세무사 11]

① 부분균형분석에 의하면, 소비자들의 한계편익의 합과 한계비용이 일치할 때 효율적인 공급이 이루어진다.

② 보웬(H. Bowen)에 따르면, 개별적이고 자발적인 교섭에 의해 공공재의 적정 공급이 실현된다.

③ 린달(E. Lindahl)은 시장의 분권화된 의사결정으로는 효율적인 자원배분이 달성될 수 없음을 보였다.

④ 클라크-그로브즈(Clarke-Groves) 조세를 부과할 경우, 우월전략은 공공재 소비자가 자신의 진정한 선호를 표출하는 것이다.

⑤ 사무엘슨(P. Samuelson)은 모든 소비자들의 공공재와 사적재 간 한계대체율의 합이 두 재화의 한계변환율과 일치하는 것이 효율적인 공공재 공급의 필요조건이라고 하였다.

공공재 문제에 있어서 수요표출 메커니즘(demand revelation mechanism)이 시사하는 것으로 옳지 않은 것은? [세무사 09]

① 담합이나 전략적 행동에 의한 선호의 왜곡은 이 메커니즘을 무력하게 만들 수 있다.

② 클라크-그로브즈(Clarke-Groves) 조세에 의하면 소비자는 자신의 진실한 선호를 표출하는 것이 우월전략이 된다.

③ 자발적 교환 모형을 설명하는 린달(Lindahl) 균형에서 소비자들은 공공재에 대한 자발적 선호를 현시하는 것으로 가정하고 있다.

④ 수요표출 메커니즘의 장점은 공공재 공급비용을 조달하는 데 있어서 균형예산의 달성이 보장된다는 점이다.

⑤ 공공재에 대한 무임승차 문제를 해결하기 위해 제시된 방안이다.

60
지식형

공공재의 성격과 관련된 설명 중 옳지 않은 것은?   [세무사 08]

① 소비의 비경합성이란 공공재의 소비에 추가적으로 새로운 소비자가 참여하여도 혼잡이 전혀 생기지 않는다는 것을 의미하므로, 추가적 소비자와 관련된 한계비용이 없다는 것이다.

② 순수공공재에 대해서는 정(+)의 가격을 설정하려고 해도 할 수 없으며, 만약 정의 가격설정이 가능하다고 하더라도 그렇게 하는 것은 바람직하지도 않다.

③ 소비에 있어서 요금을 지불하지 않은 사람을 배제하는 것이 불가능하더라도 소비에 경합성이 작용한다면 시장에서 그러한 재화를 공급하는 것이 가능하다.

④ 클럽재의 경우는 회원 수가 증가함에 따른 편익과 비용의 변화를 통하여 적정 회원 수를 산정하는 것이 이론적으로 가능하다.

⑤ 공공재를 규정함에 있어서는 공급과 생산의 주체가 누구인지 여부로 판단하는 것은 옳지 않다.

정답 및 해설

57 ① 해안가 작은 마을에 울린 지진해일 경보사이렌은 비경합성과 비배제성을 가지고 있으므로 공공재이다.

[오답체크]
② 클럽재의 경우, 회원 수 증가에 따른 편익변화뿐만 아니라 비용변화를 제대로 계산할 수 있어야 한다. 이 둘이 반영된다면 이론적으로는 적정 회원 수의 산정이 가능하다.
③ 공공부문이 어떤 재화를 공급한다면 그것은 공공재가 되기 위한 충분조건이 되는 것이 아니다. 공공재는 비경합성과 비배제성을 가지고 있어야 한다.
④ 무임승차 문제는 소비의 비배제성으로 인해 발생하며 정부가 그 재화를 공급해야 하는 이유가 된다.
⑤ 어떤 재화의 소비가 배제불가능하면 시장을 통해 그 재화를 공급하기 어렵다.

58 ③ 린달의 자발적 교환 모형에 의하면 각 개인들이 공공재에 대한 선호를 자발적으로 표명하면 공공재의 최적 공급이 이루어진다. 즉, 분권화된 의사결정으로 효율적인 자원배분이 이루어질 수 있다.

59 ④ 수요표출 메커니즘의 문제점은 많은 행정비용이 소요될 뿐만 아니라 균형예산이 보장되지 않으며, 담합하여 왜곡된 선호를 시현할 경우 무력화될 수 있다는 것이다.

60 ③ 소비에 있어 배제가 불가능하다면 생산비를 부담하지 않더라도 소비가 가능하므로 누구도 생산비를 부담하지 않으려고 할 것이다. 그러므로 배제가 불가능한 재화는 시장에서 공급되기 어렵다.

해커스 서호성 재정학

제3장

공공선택 이론

제3장 공공선택 이론

직접 민주제 하에서의 공공선택
★★

최적 다수결제	의사결정비용과 외부비용의 합이 최소인 가결률을 구하는 것
선호의 강도 반영	점수 투표제, 보다 투표제, 투표거래

1. 공공선택 이론

(1) 관심의 대상

① 개별 경제주체가 아닌 집단의 의사결정과정이 주요한 관심의 대상이다.

② 공공재를 생산함에 있어서 사람들의 각자 다른 의견을 정치적 과정을 통해 조정하고 집단적 합의에 이르는 길을 모색해야 하기 때문이다.

(2) 주제

① 방법과 성격

집단의 의사결정과정에서 선택될 방법들이 무엇이며 각 방법의 성격이 무엇인지를 밝히는 것이다.

② 자원배분의 공평성과 효율성

어떤 집단의사결정과정을 거쳐 이루어진 배분이 효율적인지, 나아가 공평성의 측면에서 어떻게 평가를 받을 것인지 관심을 둔다.

③ 정부의 행태 예측 및 설명

정치인과 관료는 독특한 유인구조를 가지며 이들은 정부의 행태에 영향을 미친다. 이를 분석함으로써 효율적인 정부를 만드려는 노력과 관련된다.

2. 직접 민주제하에서의 공공선택

(1) 전원 합의제(= 만장일치제)

① 의미

투표자 전원의 동의를 요구하는 표결방식이다.

② 문제점

- 선호의 강도를 반영하지 못한다.
- 모든 사람을 만족시킬 수 있는 의안을 찾아내는 데 너무 많은 시간과 비용이 소모된다.
- 소수의 전략적 행동에 따라 시간을 지연시키고 의사 진행을 비효율적인 방향으로 이끌어 갈 수 있다.
- 새로운 의안이 상정될 때마다 반대하는 사람이 나타나 아무런 합의를 하지 못하게 되면 결국은 원점으로 돌아가게 된다. 즉, 언제나 현재 상태가 다른 대안에 비해 월등한 우위를 점하게 된다.

(2) 과반수제(= 다수결 투표제)

① 의미

투표에 참여한 사람의 반 이상이 찬성하는 의안을 통과된 것으로 간주하는 것이다.

② 문제점

- 선호의 강도를 반영하지 못한다.
- 다수의 횡포가 발생할 가능성이 크다.
- 최소의 비용을 보장하지 못한다.
- 의안이 논의되는 순서에 따라 의사결정의 결과가 달라지는 '투표의 역설' 현상이 발생할 수 있다.

(3) 최적 다수결제(J. Buchanan and J. Tullock)

① 의미

외부비용과 의사결정비용을 더한 총비용이 최저로 되는 찬성비율을 요구하는 것을 최적 다수결제(optimal majority)라고 한다.

② 외부비용(external cost)
- 어떤 의안이 통과되었을 때 이로 인해 자신이 손해를 본다고 느끼는 사람에게 늘어나는 비용이다.
- 찬성표의 비율이 낮을수록 나머지가 불만을 느낄 것이므로 외부비용이 커진다.
- 전원 합의제에서는 이 비용이 거의 0에 가깝다고 말할 수 있다.

③ 의사결정비용(decision making costs)
- 어떤 의안 통과에 드는 시간과 관련된 비용이다.
- 의안의 통과에 필요한 찬성표의 비율이 높을수록 더 커진다.
- 모든 사람이 찬성해야 하는 전원 합의제에서 가장 크다.

④ 그래프

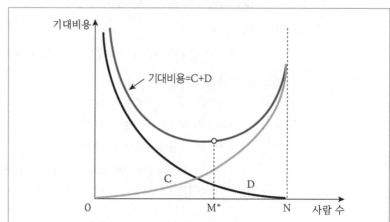

- 사람 수는 의안에 찬성하는 사람 수를 의미하며 C는 의사결정비용, D는 외부비용이다.
- 의사결정비용과 외부비용이 만나는 점에서 결정되는 것이 아니라, 두 비용의 합이 최소가 되는 경우를 찾는 것이다.

⑤ 문제점
- 선호의 강도를 반영하지 못한다.
- 고려되는 의안의 성격에 따라 비용곡선들이 상이할 수 있으므로 곡선의 모양을 찾아내기 어렵다.
- 최적 다수결의 기준을 정하는 단계에서 더 큰 비용이 발생할 수 있다.

집중! 계산문제

A시 의회에서는 의사결정 방식으로 최적 다수결제(optimal majority) 모형을 사용하기로 하였다. 가결률 $n(0 \leq n \leq 1)$에 따른 의사결정비용과 의안 통과로 인해 자신들이 손해를 본다고 느끼는 사람들에게서 발생하는 외부비용이 다음과 같다. 이때 최적 가결률은? [세무사 17]

- 의사결정비용 $= 10n^2 + 10$
- 외부비용 $= -6n^2 - 2n + 5$

① $\dfrac{1}{3}$　　② $\dfrac{1}{4}$　　③ $\dfrac{1}{5}$　　④ $\dfrac{1}{6}$　　⑤ 1

해답

☑ 최적 다수결 계산풀이법
1) 의사결정비용과 외부비용을 더해 총비용을 구한다.
2) 총비용의 미분 값이 0인 경우 극솟값을 의미하므로 최적 가결률이 된다.

의사결정비용과 외부비용을 합하면 투표제도 운용에 따른 총비용은 다음과 같다.
$C = (10n^2 + 10) + (-6n^2 - 2n + 5) = 4n^2 - 2n + 15$
투표제도 운용에 따른 총비용이 극소가 되는 가결률을 구하기 위해 n에 대해 미분한 뒤 0으로 두면 $\dfrac{dC}{dn} = 8n - 2 = 0$이므로 $n = \dfrac{1}{4}$이다.　　정답: ②

(4) 점수 투표제

① 의미

각자에게 정해진 점수를 부여하고 투표자가 선호의 강도에 따라 이를 적절히 분배하여 투표한 후 가장 많은 총점을 얻은 의안을 선택하는 것이다.

② 장점

투표자의 선호가 반영되어 합리적인 의사결정을 할 수 있다.

③ 단점

- 소수의 투표자의 전략적 행위로 최선의 대안이 선택되지 못하는 결과가 생길 수 있다.
- 선호를 기수적으로 표현하므로 무관한 선택대안으로부터의 독립성이 어긋난다.

④ 투표자의 전략적 행동 분석

구분	투표자 1	투표자 2	투표자 3	투표자 4	투표자 5	합계
후보 갑	7	5	5	1	1	19
후보 을	2	2	3	7	4	18
후보 병	1	3	2	2	5	13

- 주민대표를 뽑는 선거이며 총 10점의 점수를 부여하여 투표하는 상황을 가정하자.
- 선거 결과로 후보 갑이 선출된다.
- 후보 갑을 좋아하지 않는 투표자 4번이 가장 자신이 지지하는 을이 당선되지 않을 것을 예측하고 전략적 행동으로 병에게 전략적으로 점수를 몰아주면 후보 병이 당선된다.
- 이는 전략적 행위로 인해 최악의 후보가 당선될 수 있음을 보여준다.

용어정리

보다 투표제

보다 투표제는 n개의 대안이 있을 때 가장 선호하는 대안부터 순서대로 n, n - 1……. 1점을 부여하고, 가장 높은 점수를 받은 대안을 선택하는 투표 방식이다.

확인문제

투표제도에 관한 설명으로 옳은 것을 모두 고른 것은? [세무사 18]

A. 과반수제에서는 '투표의 역설' 현상이 나타날 수 있다.
B. 보다 방식(Borda count)에서는 선택대상 간 연관성이 없다.
C. 선택대상에 대한 선호의 강도는 점수 투표제에서 직접 표시될 수 있다.
D. 전략적 행동이 없다면 점수 투표제가 선택대상에 대한 선호의 강도를 가장 잘 반영한다.
E. 점수 투표제는 개인의 선호를 서수로 나타낸다.

① A, B, C
② A, C, D
③ B, C, E
④ B, D, E
⑤ C, D, E

해답

점수 투표제는 기수적 점수를, 보다 투표제는 최고 점수에서 1점씩 감하는 방식을 쓰는 것이다. 이를 통해 과반수제에서 나타나는 투표의 역설을 방지할 수 있다.

[오답체크]
B. 보다 방식(Borda count)에서는 선택대상 간 연관성이 있다.
E. 점수 투표제는 개인의 선호를 서수가 아닌 점수인 기수로 나타낸다.

정답: ②

과반수
하에서의
정치적 균형
★★

핵심 Check: 과반수하에서의 정치적 균형

중위투표자 이론	중위투표자가 원하는 것이 채택됨
투표의 역설	• 투표의 역설이 발생하면 중위투표자 이론이 성립하지 않음 • 의사 진행조작 발생 가능성 • 1차원적일 경우 다봉선호일 때 발생 • 2차원 이상일 경우는 단봉선호일 때도 발생 가능

1. 중위투표자 이론

(1) 중위투표자

어떤 안건에 선호 순서대로 투표자를 나열하였을 때 가운데 위치하는 투표자를 중위투표자라고 한다.

(2) 의미

과반수제하에서 모든 투표자의 선호가 단봉형이면 중위투표자가 가장 선호하는 의안이 채택된다는 것이 중위투표자(median voter theorem) 이론이다.

(3) 사례 분석

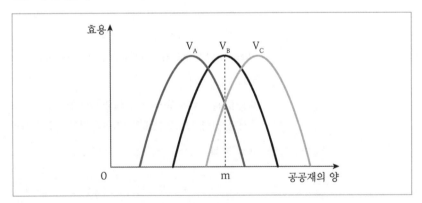

① A는 빈곤층, B는 중산층, C는 부유층이 원하는 공공재 수준임을 가정하자.

② A안과 B안이 붙으면 부유층과 중산층이 지지하므로 B안이 선택된다.

③ B안과 C안이 붙으면 빈곤층과 중산층이 지지하므로 B안이 선택된다.

④ 따라서 중위투표자인 중산층이 원하는 수준이 채택된다.

용어정리

보웬-블랙 다수결 모형의 가정

- 사회구성원 수가 N명으로 주어진다.
- 공공재 생산의 한계비용은 일정하다.
- 공공재 생산비용은 각 구성원이 균등하게 부담한다.
- 공공재에 대한 사회구성원의 선호가 정규분포(중심으로 대칭적 분포)이다.

(4) 보웬-블랙의 다수결 모형

① 의미

일정한 조건이 충족될 경우 다수결 투표를 통해 결정된 공공재 공급량이 유일하게 결정되며 사회적 최적 수준과 일치함을 보여주는 모형이다.

② 결론

- 사회구성원의 선호가 정규분포를 이루고 있다면 중위투표자는 평균치에 해당하는 선호를 갖기 때문에 중위투표자가 가장 선호하는 공공재 공급 수준이 사회적 최적 수준과 일치한다.
- 공공재의 최적 공급 조건인 사무엘슨 조건이 성립함을 알 수 있다.

2. 투표의 역설

(1) 콩도세 승자(Condocet winner)

① 여러 의안이 있을 때 둘씩 짝지어 비교하고 과반수를 얻어 살아남은 의안을 또 다른 의안과 비교하는 과정을 계속하는 것을 콩도세 방식이라고 한다.

② 콩도세 방식으로 결국 살아남게 된 의안을 콩도세 승자라고 한다.

(2) 투표의 역설

① 의미

- 다수결 투표제도하에서 모든 개인의 선호가 이행성을 충족하더라도 사회 선호가 이행성이 충족되지 않는 현상으로 단지 비교의 순서가 달라짐에 따라 표결의 결과가 달라지는 것을 의미한다.
- 따라서 중위투표자 정리가 성립하지 않는다.

② 의사 진행조작

자신이 선호하는 의안이 채택되는 데 유리한 의사 진행 과정, 즉 의안 간 비교의 순서를 선택함으로써 표결 결과에 영향력을 행사할 수 있다.

③ 사례 분석

투표자	A	B	C
선호 1순위	x	y	z
선호 2순위	y	z	x
선호 3순위	z	x	y

- 안건 x, y 대결(x 승리) 후 z와 대결하면 z가 선택된다.
- 안건 y, z 대결(y 승리) 후 x와 대결하면 x가 선택된다.
- 안건 z, x 대결(z 승리) 후 y와 대결하면 y가 선택된다.

• 그림으로 표현하면 다음과 같다.

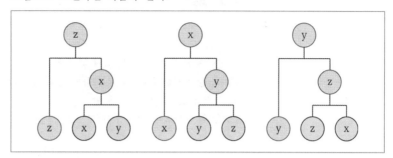

(3) 투표의 역설이 나타나는 경우

① 1차원적 문제

• 단봉선호인 경우 투표의 역설이 발생하지 않는다.

투표자	A	B	C
선호 1순위	x	z	y
선호 2순위	y	y	z
선호 3순위	z	x	x

→ 콩도세 방식 결정 시 y가 선택됨

• 다봉선호인 경우 투표의 역설이 발생한다.

투표자	A	B	C
선호 1순위	x	z	y
선호 2순위	y	x	z
선호 3순위	z	y	x

→ 투표의 역설 발생

② 2차원 이상의 문제에서는 단봉선호인 경우라도 투표의 역설이 발생할 수 있다.

투표의 역설에 관한 설명으로 옳지 않은 것은? [세무사 12]

① 투표 순서에 따라 그 결과가 달라지는 현상을 말한다.
② 중위투표자 정리가 성립하지 않는다.
③ 두 안건 가운데 하나를 선택하는 경우에는 발생하지 않는다.
④ 안건이 셋 이상인 경우에 발생할 수 있다.
⑤ 2차원 이상의 선택인 경우에도 모든 사람이 단봉선호를 갖고 있다면 발생하지 않는다.

해답

1차원의 선택에서는 모든 투표자의 선호가 단봉형이면 투표의 역설이 발생하지 않으나 2차원 이상의 선택에서는 모든 사람이 단봉선호를 갖고 있더라도 여전히 투표의 역설이 발생할 가능성이 있다. 　　　　　　　　　　　　　　　　　　　　　　　　　　　　정답: ⑤

03

대의 민주제 하에서의 공공선택
★★

핵심 Check: 대의 민주제하에서의 공공선택

다운스의 득표 극대화 모형	정치가 모형으로 과소 생산
투표거래	사회후생은 증가할 수도 있고 감소할 수도 있으나 공공재의 공급은 반드시 증가함
니스카넨 모형	관료의 예산극대화 모형으로 순편익이 0인 수준까지 과다 생산
미그-빌레인저 모형	관료의 효용극대화 모형으로 니스카넨 모형보다는 적지만 최적 수준보다 과다 생산

핵심 Plus +

대의 민주주의하에서의 공공선택 배경

현실적으로 직접 민주제를 사용하기 어려우므로 대의 민주주의를 채택한다. 대의 민주주의에서는 정치가나 관료에 의해 움직여지는데 그들의 이익을 추구하는 것이 효율적인 결과를 초래할 수도 있고 그렇지 않을 수도 있으므로 논의의 주제가 된다.

1. 정치가 모형

(1) 다운스(A. Downs)의 득표 극대화 모형

① 투표자

　투표자는 자신의 이익을 가장 잘 대표해 줄 수 있는 사람에게 표를 던질 것이다.

② 정치가
- 정치가는 자신의 득표를 극대화하기 위해 투표자에게 가장 유리한 정책을 추진하려 할 것이다.
- 정치가가 득표를 극대화하려면 결국 중위투표자의 지지를 얻으려는 방향으로 나아갈 것이다.
- 정당이 정책이나 이념에서 별다른 차별성 없이 비슷해지는 호텔링의 원칙이 발생한다.

③ 공공재의 적정 공급 문제: 투표자의 합리적 무지
- 사람들은 광고 등을 통해 사용재의 편익은 잘 알고 있지만, 공공재의 편익은 잘 인식되지 않는다.
- 공공재의 낮은 선호를 정책에 반영하여 낮은 수준의 조세와 공공재의 공급을 유권자들에게 제시하게 된다.
- 따라서 공공재는 과소 생산될 가능성이 크다.

(2) 정치적 결탁(= 투표거래)

① 의미
다수의 대안이 존재할 때 자신이 가장 선호하는 대안이 선택되도록 하는 전략적 행동이다.

② 투표거래를 찬성하는 입장
- 투표자의 선호강도가 반영되어 효율적 집단의사결정을 가능하게 해준다고 본다.
- 소수자를 보호할 수 있다.
- 더욱 효율적인 공공재의 배분을 가져온다고 본다.

③ 투표거래를 반대하는 입장
- 일반 대중의 희생하에서 특정 집단의 사람들에게만 이익이 돌아가는 방향으로 집단의사결정이 이루어질 가능성이 있다.
- 반대하는 입장은 투표거래는 사회후생을 오히려 감소시킨다고 본다.

④ 결론
투표거래를 통해 사회후생은 증가할 수도 있고 감소할 수도 있으나 반드시 공공재의 공급은 증가한다.

투표거래(logrolling)에 관한 내용으로 옳지 않은 것을 모두 고른 것은?

[세무사 14]

ㄱ. 소수자를 보호할 수 있다.
ㄴ. 공공재 공급의 효율적인 결과를 낳을 수 없다.
ㄷ. 재정지출 규모가 억제되는 효과가 있다.
ㄹ. 다양한 공공재를 공급하게 할 수 있다.
ㅁ. 다수결 투표제하에서는 투표거래가 발생하더라도 선호의 강도가 반영될 수 없다.

① ㄱ, ㄴ, ㄷ   ② ㄱ, ㄹ, ㅁ
③ ㄴ, ㄷ, ㄹ   ④ ㄴ, ㄷ, ㅁ
⑤ ㄴ, ㄹ, ㅁ

해답

ㄴ. 투표거래를 통해서 공공재 공급은 효율적일 수도 비효율적일 수도 있다. 다만, 투표거래 시 일반적으로 과다 생산된다.
ㄷ. 공공재가 다양하게 생산되므로 재정지출 규모가 확대되는 효과가 있다.
ㅁ. 다수결 투표제하에서 투표거래가 발생하면 자신이 좋아하는 것을 더 생산하려고 전략적 행동을 하므로 선호의 강도가 반영될 수 있다.

[오답체크]
ㄱ. 소수자가 자신이 선호하는 공공재 공급을 위해서 거래할 수 있으므로 소수자를 보호할 수 있다.
ㄹ. 서로가 원하는 공공재를 모두 생산하려고 하므로 다양한 공공재를 공급하게 할 수 있다.

정답: ④

2. 관료제 모형

(1) 니스카넨 모형(W. Niskanen)

핵심 Plus +

특수이익집단

명백한 목적의식과 이에 따른 조직력, 높은 투표율, 자금력을 바탕으로 정치인과 관료들에게 자신이 원하는 공공재를 생산하게 만들 수 있다. 이로 인해 공공재가 과다 생산될 수 있다.

① 기본가정
- 관료들은 자신이 속한 부서의 예산극대화를 목표로 하고 있다.
- 예산의 크기는 관료적 생산의 크기와 정비례하므로 예산의 극대화는 곧 관료적 생산의 극대화를 추구하는 것이다.

② 특징
- 총편익과 총비용을 비교하여 총편익이 크다는 사실을 입법부에 납득시키기만 하면 예산을 배정받을 수 있다.
- 관료들은 일반적으로 생산, 공급과정에서 나오는 소비자잉여를 국민에게 조금도 남겨주지 않을 수 있는 1급 가격차별독점자와 같은 독점력을 갖게 된다.

③ 그래프

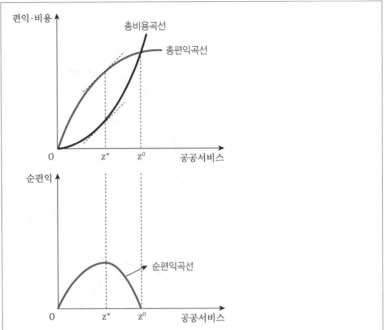

- z^*는 한계편익과 한계비용이 일치하는 지점으로 사회적 순편익이 가장 크므로 사회적 최적 수준이다.
- 관료들은 예산극대화를 추구하므로 총편익과 총비용이 일치하는 지점으로 사회적 순편익이 0인 z^0까지 생산하게 된다.
- 이는 관료들이 국민에게 돌아갈 잉여를 관료적 생산의 확대에 사용한 결과로서 적정 수준보다 과다 생산하는 비효율적 생산 수준이 선택된다는 것이다.

④ 대책
- 관리자 수준에 있는 관료들의 봉급을 예산 절감 노력에 상승하게 조정함으로써 이들이 과다한 생산활동을 하지 못하도록 억제할 것을 제의했다.
- 생산과 공급은 민간기업에 맡기고 정부는 경비만 대는 방법을 쓸 것을 제의했다.

(2) 미그-빌레인저 모형(J-L. Migue and G. Belanger)

① 기본가정
- 관료들은 예산이 아닌 효용의 극대화를 추구한다는 기본가정으로 출발한다.
- 효용이 단지 예산의 크기뿐 아니라 직책과 관련해 누릴 수 있는 여러 특권에도 영향을 받는다고 가정한다.
- 이를 함수로 $U = U(Q, R)$으로 표현할 수 있다. (단, Q: 관료적 생산 수준, R: 직책상의 특권)

② 그래프

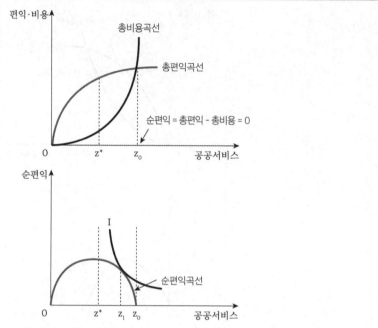

- 예산상의 잉여는 마치 기업의 이윤과 비슷한 역할을 한다. 따라서 그래프에는 순편익으로 표기하여도 관료적 생산에서 나온 잉여라는 기본적 성격에는 아무 차이가 없다.
- 관료들은 순편익곡선 위의 점들 사이에서 자신의 효용을 극대화해주는 z^1 수준을 선택할 것이다. 이 수준 역시 사회적 순편익을 극대화해주는 수준인 z^* 보다는 많다. 그러나 사회적 순편익이 0인 수준에서 생산하는 니스카넨 모형의 수준인 z^0 보다는 적다.
- 결론적으로 미그-빌레인저 모형의 공공재 수준은 니스카넨 모형보다는 적지만 사회적 최적량보다는 많다.

(3) 로머-로젠탈 모형: 관료 대 투표자

① 가정

직접 민주정치의 원리에 따라 다수결로 결정되며, 예산안이 기각되면 공공지출은 회복 수준으로 결정된다.

② 회복 수준

관료가 제안한 예산안이 기각되었을 경우 복귀해야 하는 지출 수준으로 전년도 예산 수준을 예로 들 수 있다.

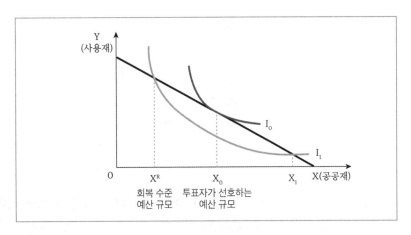

③ 공공재의 과다 생산

관료가 제안한 예산안이 부결되어 지출 규모가 회복 수준(X^R)으로 결정되면 효용 수준이 낮아지므로 이를 회피하기 위하여 상당히 높은 수준의 공공지출 즉, X_0보다 크고 X_1보다 적은 것을 수용하게 되어 과다 생산된다.

3. 그 외의 이론

(1) 갤브레이스(Galbraith)의 의존효과

① 의미

광고 등으로 인해 일반인들이 공공재보다는 사용재를 선호하게 되는 현상을 말한다.

② 과소 생산

자원이 한정되어 있는데 사용재를 주로 생산함으로써 공공재를 생산할 자원이 부족하게 되어 공공재가 과소 생산된다.

(2) 머스그레이브(Musgrave)의 조세저항

① 의미

부정적인 조세의식으로 이어지고 이는 공공재가 과소 공급된다는 것이다.

② 과소 공급

공공재는 조세와 편익이 직접적으로 대응되지 않는 것으로 인식되면 부정적인 조세의식으로 이어지고 이는 공공재의 과소 공급으로 이어지게 된다.

(3) 재정착각

① 의미

재정착각이 발생하여 더욱 많은 공공재의 과다 공급이 발생한다는 것이다.

② 과다 공급

소비세 등 간접세는 그 부담을 별로 느끼지 못하기 때문에 사람들이 실제로 자신이 부담하는 것보다 조세부담을 매우 가볍게 느끼는 재정착각이 발생하여 더욱 많은 공공재의 과다 공급이 발생한다.

(4) 뷰캐넌(J. Buchanan)의 다수결 투표와 리바이어던 가설

① 의미

다수결에 의해 공공재는 과다 생산된다는 것이다.

② 과다 공급

다수결에 의한 결정은 예산의 팽창을 가져오며, 대의 민주제하에서 일반 대중은 더 큰 정부지출에 반대하지 않는 투표성향을 지닌다.

확인문제

예산 결정과 그에 따른 공공재의 공급 규모에 대한 설명 중 옳지 않은 것은?
[세무사 09]

① 뷰케넌(Buchanan)은 다수결 투표에 의한 정치적 과정이 예산을 팽창하는 결과를 야기한다고 주장한다.
② 니스카넨(Niscanen) 모형에서 관료들이 선호하는 예산의 최적 수준은 예산산출곡선이 총비용곡선과 교차할 때 달성된다.
③ 갈브레이스(Galbraith)는 표 획득을 위한 정치가의 선전 등의 영향으로 공공재가 필요 이상으로 과다 공급되는 경향이 있다고 주장한다.
④ 니스카넨(Niscanen)은 관료들에 의한 예산과정의 비능률은 공공재 산출의 비용 측면이 아니라 과도한 산출 수준에 기인한다고 주장한다.
⑤ 로머-로젠탈(Romer-Rosenthal) 모형에서 관료들이 원하는 예산 수준을 달성하는 방법은 대안으로 제시되는 회복 수준을 투표자의 잉여가 매우 낮은 수준으로 설정하는 것이다.

해답

갈브레이스는 기업들의 광고, 홍보 등에 의해 일반인들이 사용재를 과도하게 선호하는 의존효과(dependence effect)가 발생하므로 공공재가 과소하게 공급되는 경향이 있다고 설명한다.

정답: ③

01 직접 민주제하에서의 공공선택 ★★

01 최적 다수결제는 의사결정비용과 외부비용을 합한 총비용이 최저로 되는 수준의 찬성비율을 공공선택의 기준으로 정하는 방식이다. (○, ×)

02 최적 다수결제도란 과반수제도하에서 의사결정비용과 결과승복비용이 일치하는 수준을 찬성비율로 결정하는 제도이다. (○, ×)

03 모두가 찬성해야 하는 만장일치제하의 공공선택의 결과는 파레토 효율적이 아니다. (○, ×)

04 다수결 투표가 가지는 문제점 가운데 하나는 투표자가 해당 사안에 대한 선호의 강도를 나타낼 수 없다는 점이다. (○, ×)

05 다수결 투표제도에서는 소수파의 이익이 침해되는 사례가 있을 수 있다. (○, ×)

06 중위투표자 정리는 모든 투표자의 선호가 단일정점 선호라면 다수결 투표의 결과는 중위투표자의 선호를 반영하게 된다는 것이다. (○, ×)

07 다수결 투표는 의사 진행조작(agenda manipulation) 문제가 발생할 수 있다. (○, ×)

정답 및 해설

01 ○

02 × 결과승복비용이 외부비용이다. 일치하는 수준이 아닌 의사결정비용과 외부비용의 합이 최저가 되는 수준을 찬성비율로 결정한다.

03 × 만장일치제하의 공공선택의 결과는 파레토 효율적이다.

04 ○

05 ○

06 ○

07 ○ 다수결 투표는 투표의 역설에 의해, 투표 순서에 따라 결과가 달라지기 때문이다.

02 과반수하에서의 정치적 균형 ★★

08 투표의 역설이란 집단적 선호의 이행성(일관성)이 충족되지 않는 현상을 말한다. (○, ×)

09 두 안건 가운데 하나를 선택하는 경우에는 투표의 역설이 발생하지 않는다. (○, ×)

10 모든 투표자들이 단일정점(single-peacked)의 선호를 갖게 되면 투표의 역설은 발생하지 않는다. (○, ×)

11 2차원 이상의 선택인 경우에도 모든 사람이 단봉선호를 갖고 있다면 투표의 역설은 발생하지 않는다. (○, ×)

12 투표의 역설이 발생할 경우 중위투표자 정리가 성립하지 않는다. (○, ×)

13 투표의 역설이란 정책비교의 순서가 달라짐에 따라 동일한 정책에 대한 표결의 결과가 달라지는 현상을 의미한다. (○, ×)

14 투표거래는 소수자를 보호할 수 있다. (○, ×)

15 투표거래는 공공재 공급으로 사회구성원의 편익을 높이는 결과를 낳을 수 없다. (○, ×)

16 각 이슈에 따른 개인들의 순편익이 알려져 있을 때 투표거래(logrolling)를 인정한다면, 인정하지 않는 경우에 비해서 항상 사회 전체의 총편익이 높아진다. (○, ×)

17 투표거래 시 재정지출 규모가 억제되는 효과가 있다. (○, ×)

정답 및 해설

08 ○

09 ○ 이행성은 세 가지 이상의 안건을 비교할 때 의미가 있기 때문이다.

10 X 정확하게 말하면 1차원 의제하에서라는 조건이 붙어야 한다.

11 X 2차원 이상의 의제하에서는 사회구성원이 모두 단봉형 선호여도 투표의 역설이 발생할 수 있다.

12 ○ 중위투표자 정리는 모든 투표자의 선호가 단봉형일 경우에만 일어난다. 투표의 역설은 선호가 다봉형일 때 일어나므로 중위투표자 정리와 투표의 역설은 함께 일어날 수 없다.

13 ○

14 ○ 투표거래는 소수의 의견을 강조하고 선호의 강도를 반영하기 위해 일어난다.

15 X 사회적 편익은 증가할 수도 있고 감소할 수도 있다.

16 X 총편익은 높아질수도 낮아질수도 있다.

17 X 투표거래가 일어나면 공공재의 공급은 항상 증가한다.

03 대의 민주제하에서의 공공선택 ★★

18 다운즈(A. Downs)는 조세는 적게 납부하면서도 보다 많은 공공서비스를 원하는 '투표자의 무지' 때문에 공공재의 공급은 과다하게 된다고 주장하였다. (○, ×)

19 다운즈의 득표 극대화 모형에서 정치가는 정부의 경제활동에 따른 순편익을 극대화하려 한다. (○, ×)

20 니스카넨 모형에서 관료제 조직은 가격 순응자와 같이 행동한다. (○, ×)

21 니스카넨 모형과 미그-빌레인저 모형에서는 공익추구를 기본가정으로 한다. (○, ×)

22 니스카넨 모형으로 관료는 예산의 한계편익과 한계비용이 일치하는 수준까지 예산 규모를 늘린다. (○, ×)

23 다른 조건이 모두 동일할 때, 니스카넨 모형에 따른 공공재의 초과 공급은 미그-빌레인저 모형에 따를 때의 초과 공급보다 적다. (○, ×)

24 니스카넨 모형에서 관료제에 대응하는 방안으로 생산과 공급활동은 민간기업에 맡기고 정부는 비용만 부담하는 방법이 있다. (○, ×)

25 니스카넨 모형에서 관료들은 예산의 극대화를 추구하는 것으로 가정한다. (○, ×)

정답 및 해설

18 X '투표자의 무지' 때문에 공공재의 공급이 과소하게 된다고 주장하였다.

19 X 득표를 극대화하려 한다.

20 X 가격 결정자처럼 행동한다.

21 X 니스카넨 모형과 미그-빌레인저 모형에서는 관료들의 이익극대화를 기본가정으로 한다.

22 X 니스카넨 모형으로 관료는 예산의 총편익과 총비용이 일치하는 수준까지 예산 규모를 늘린다.

23 X 다른 조건이 모두 동일할 때, 니스카넨 모형에 따른 공공재의 초과 공급은 미그-빌레인저 모형에 따를 때의 초과 공급보다 많다.

24 ○

25 ○

26 니스카넨 모형에서 관료는 득표 수 극대화를 추구한다는 기본가정을 채택하고 있다. (○, ×)

27 니스카넨 모형에서는 기본적으로 부패에 물들기 쉽다는 점을 강조하고 있다. (○, ×)

28 니스카넨 모형에서 관료가 목표로 하는 생산 수준에서는 사회적 잉여가 완전히 소멸되어 사회적 순편익이 0이 된다. (○, ×)

29 미그-빌레인저(Migue-Belanger) 모형에서 공공서비스 생산은 니스카넨 모형보다 더 적다. (○, ×)

30 로머-로젠탈(Romer-Rosenthal) 모형에서 관료들이 원하는 예산 수준을 달성하는 방법은 대안으로 제시되는 회복 수준을 투표자의 잉여가 매우 낮은 수준으로 설정하는 것이다. (○, ×)

31 갈브레이스는 표 획득을 위한 정치가의 선전 등의 영향으로 공공재가 필요 이상으로 과다 공급되는 경향이 있다고 주장한다. (○, ×)

정답 및 해설

26 X 예산극대화를 추구한다.

27 X 부패와는 관련이 없다.

28 ○ 총편익 = 총비용이다.

29 ○

30 ○

31 X 갈브레이스는 고도로 발달된 산업사회에서 민간기업들이 행하는 광고나 선전 등의 영향으로 소비자들의 선호가 공공재보다는 상대적으로 민간재에 쏠리게 된다고 주장하였다.

01 직접 민주제하에서의 공공선택 ★★

01
지식형

투표자들의 선호강도를 반영할 수 있는 제도를 모두 고른 것은? [세무사 19]

> ㄱ. 거부권 투표제   ㄴ. 보다 투표제   ㄷ. 점수 투표제
> ㄹ. 투표거래   ㅁ. 만장일치제

① ㄱ, ㄴ, ㄷ   ② ㄱ, ㄷ, ㄹ   ③ ㄴ, ㄷ, ㄹ
④ ㄴ, ㄹ, ㅁ   ⑤ ㄷ, ㄹ, ㅁ

02
지식형

보다 투표제(de Borda rule)는 애로우(K. Arrow)가 제시한 집합적 선택조건 중에서 어떤 조건을 충족시키지 못하는가? [세무사 11]

① 완전성   ② 이행성
③ 비제한성   ④ 파레토 효율성
⑤ 무관한 선택대안으로부터의 독립성

정답 및 해설

01 ③ 점수를 매기는 점수 투표제, 혹은 1점씩 감점하는 보다 투표제, 자신의 선호를 반영하기 위해 타인의 공공재 생산을 찬성해주는 투표거래가 투표자들의 선호강도를 반영할 수 있는 제도에 해당한다.

02 ⑤ 보다 투표제(de Borda rule)는 각 대안에 대한 선호를 기수적으로 표명하므로 점수 투표제와 마찬가지로 애로우가 제시한 조건 중 무관한 선택대안으로부터의 독립성을 위배한다.

★★
03 직접 민주제하에서의 공공선택 이론에 관한 설명으로 옳지 않은 것은?　　　　　　　　　　[세무사 09]
지식형
① 점수 투표제는 투표자의 선호를 점수화하여 선호의 총합이 큰 것을 선택하는 방식이다.
② 다수결 투표제에 의해 집단의사결정을 할 때, 투표의 역설 현상 때문에 일관성 없는 결과가 나올
수 있다.
③ 중위투표자 이론에 따르면 단봉형 선호와 다수결 투표제하에서 중위투표자가 가장 선호하는 의안이
채택된다.
④ 최적 다수결제는 의사결정비용과 외부비용(external cost)을 합한 총비용이 최저로 되는 수준의 찬성
비율을 공공선택의 기준으로 정하는 방식이다.
⑤ 모두가 찬성해야 하는 만장일치제하의 공공선택의 결과는 파레토 효율적이 아니다.

02　과반수하에서의 정치적 균형　★★

★
04 중위투표자 정리에 관한 설명으로 옳지 않은 것은?　　　　　　　　　　　　　　　[세무사 21]
지식형
① 양당제를 운영하고 있는 국가에서 정치적 성향이 대치되는 두 정당의 선거 공약이 차별화되는 것과
관련이 있다.
② 선호가 모든 투표자 선호의 한 가운데 있는 사람을 중위투표자라 한다.
③ 이 정리에 의한 정치적 균형이 항상 파레토 효율성을 가져오는 것은 아니다.
④ 투표자의 선호가 다봉형이 아닌 단봉형일 때 성립한다.
⑤ 가장 많은 국민들의 지지를 확보하려는 정치가는 중위투표자의 지지를 얻어야 하는 것으로 해석할
수 있다.

★★
05 단순 다수결 투표제를 통해 공교육에 대한 투자지출 규모를 결정하려고 한다. 3명의 투표자 A, B, C의 선호
지식형
가 각각 다음과 같이 주어졌을 때, 옳지 않은 것은? (단, 3가지 안에 대한 지출 규모는 $x < y < z$이다)
　　　　　　　　　　　　　　　　　　　　　　　　　　　　　　　　　　　　[세무사 17]

구분	A	B	C
1순위	x	y	z
2순위	y	z	x
3순위	z	x	y

① 이행성 조건이 충족되지 못한다.
② 투표의 역설이 발생한다.
③ 중위투표자 정리가 성립한다.
④ 꽁도세(Condorcet) 투표방식을 따를 때 대진 순서에 따라 승자가 달라진다.
⑤ 의사 진행조작(manipulation)이 발생할 수 있다.

06 복지 - 부담 정도에 관한 선호체계 중 투표의 역설을 일으키는 사례를 모두 고른 것은? [세무사 15]

지식형

구분	순위	A	B	C
사례 I	1	저부담 - 저복지	고부담 - 고복지	중부담 - 중복지
	2	중부담 - 중복지	중부담 - 중복지	고부담 - 고복지
	3	고부담 - 고복지	저부담 - 저복지	저부담 - 저복지
사례 II	1	저부담 - 저복지	고부담 - 고복지	중부담 - 중복지
	2	중부담 - 중복지	저부담 - 저복지	고부담 - 고복지
	3	고부담 - 고복지	중부담 - 중복지	저부담 - 저복지
사례 III	1	고부담 - 고복지	중부담 - 중복지	저부담 - 저복지
	2	중부담 - 중복지	고부담 - 고복지	고부담 - 고복지
	3	저부담 - 저복지	저부담 - 저복지	중부담 - 중복지

① 사례 I
② 사례 II
③ 사례 III
④ 사례 I, 사례 II
⑤ 사례 II, 사례 III

정답 및 해설

03 ⑤ 어떤 안건에 대해 모든 사람이 찬성하였다면 그 안건이 통과될 경우 모든 사람의 효용이 증가하므로 명백히 파레토 개선이 이루어진다. 따라서 파레토 효율적이다.

04 ① 중위투표자 정리는 중위투표자가 원하는 것이 결정되는 것이므로 양당제를 운영하고 있는 국가에서 정치적 성향이 대치되는 두 정당의 선거 공약이 유사해지는 것과 관련이 있다.

05 ③ 세 가지 대안을 놓고 투표를 하면 개인 A는 x, 개인 B는 y, 개인 C는 z에 투표할 것이므로 각 대안이 한 표씩만 얻기에 어떤 대안도 선택되지 않는다. 이를 표현하면 다음과 같다.

$x, y \rightarrow x$

$y, z \rightarrow y \rightarrow x > y > z > x \cdots$

$z, x \rightarrow z$

따라서 투표의 역설이 발생하므로 중위투표자 정리가 성립하지 않는다.

06 ② 설명을 간단히 하기 위해 저부담 - 저복지를 x, 중부담 - 중복지를 y, 고부담 - 고복지를 z로 두면 각 사례에서 개인들의 선호 및 투표 결과는 다음과 같이 정리된다.

구분	사례 I	사례 II	사례 III
투표자의 선호	$A : x > y > z$ $B : z > y > x$ $C : y > z > x$	$A : x > y > z$ $B : z > x > y$ $C : y > z > x$	$A : z > y > x$ $B : y > z > x$ $C : x > z > y$
꽁도세 방식의 투표 결과	$x < y$ $y > z$ $x < z$	$x > y$ $y > z$ $x < z$	$x < y$ $y < z$ $x < z$
사회 선호	$y > z > x$ (이행성 충족)	$x > y > z > x \cdots$ (이행성 위배) 투표의 역설 발생	$z > y > x$ (이행성 충족)

★★
07 갑, 을, 병 세 사람으로 구성된 사회에 공공재를 공급하고자 한다. 공공재의 총공급비용은 TC = 36Q이며,
계산형 갑, 을, 병 각각의 수요함수는 Q = 30 - P, Q = 35 - P/2, Q = 40 - P/4이다. 공공재 공급비용을 각자 균등하
게 부담할 때, 꽁도세 방식에 의한 공공재 공급량은? (단, Q: 수량, P: 가격)   [세무사 19]

① 29   ② 30   ③ 32   ④ 35   ⑤ 37

★★
08 중위투표자 정리에 관한 설명으로 옳지 않은 것은?   [세무사 18]
지식형
① 중위투표자는 전체 투표자 선호의 가운데 있는 투표자를 의미한다.
② 정당들이 차별적인 정책을 내세우도록 만드는 현상과 관련된다.
③ 모든 투표자의 선호가 단일정점(단봉형)인 경우 성립한다.
④ 중위투표자 정리에 의한 정치적 균형이 항상 파레토 효율을 달성한다는 보장은 없다.
⑤ 정당들이 중위투표자가 선호하는 정책들을 내세우도록 만드는 것과 관련된다.

★★
09 A국은 개인들의 효용함수가 동일하고, 고소득자가 저소득자보다 수는 적지만 소득점유율이 높은 불공평한
지식형 분배를 보이고 있다. 이때 공공재 공급과 관련하여 단순 다수결 투표를 할 경우 다음 중 옳은 것은? (단,
공공재는 정상재이다)   [세무사 17]
① 공공재에 대한 수요는 고소득자가 저소득자보다 항상 작다.
② 단순 다수결 투표로 정해지는 공공재 공급 수준은 효율적이다.
③ 중위투표자의 소득을 높이는 소득재분배 후 단순 다수결 투표를 한다면 공공재의 수요량은 적어질
  것이다.
④ 비례적 소득세를 부과하여 소득을 재분배하면 공공재가 최적 공급 수준에 비해 과다 공급될 가능성
  이 있다.
⑤ 해당 공공재에 대해 대체관계가 있는 사적재가 존재할 경우 단순 다수결 투표의 균형은 항상 성립하
  지 않는다.

10 ★★
지식형

중위투표자 정리에 관한 설명으로 옳지 않은 것은?

[세무사 15]

① 모든 투표자의 선호가 단봉형일 때 성립한다.

② 다운즈(A. Downs)의 표 극대화 모형에 따르면, 정치가는 중위투표자의 지지를 얻어야 하는 것으로 해석할 수 있다.

③ 중위투표자 정리에 따르면, 동일 차원의 선택대안에 대해서는 투표의 역설이 발생한다.

④ 양당제에서 성향이 상반된 두 정당의 선거 공약이 유사해지는 것과 관련이 있다.

⑤ 중위투표자 정리에 의한 정치적 균형이 항상 파레토 효율성을 달성하는 것은 아니다.

정답 및 해설

07 ① 1) 먼저 각각의 공공재 수요를 P로 바꾸면 갑은 P = 30 - Q, 을은 P = 70 - 2Q, 병은 P = 160 - 4Q이므로 이를 합하면 P = 260 - 7Q이다.

2) MC = 36이고 260 - 7Q = 36, 7Q = 224이므로 바람직한 공공재의 양은 32이다.

3) 그러나 꽁도세 방식이라면 한계비용을 동일하게 12씩 부담하여 갑은 18, 을은 29, 병은 37이므로 중위투표자인 을의 29에 의해 결정된다.

08 ② 중위투표자 정리가 성립하는 경우 득표를 극대화하려면 각 정당은 중위투표자가 선호하는 정책을 제시해야 한다. 따라서 각 정당의 정책은 매우 유사해진다.

09 ④ 비례적 소득세를 부과하여 소득을 재분배하면 저소득층의 소득이 증가한다. 따라서 저소득층의 공공재 수요량이 많아진다면 공공재가 최적 공급 수준에 비해 과다 공급될 가능성이 있다.

[오답체크]
① 공공재가 정상재이므로 공공재에 대한 수요는 고소득자가 저소득자보다 항상 많을 것이다.
② 단순 다수결 투표로 정해지는 공공재 공급 수준은 중위투표자가 원하는 수준이므로 반드시 효율적이라고 말할 수 없다.
③ 중위투표자의 소득을 높이는 소득재분배 후 단순 다수결 투표를 한다면 저소득층의 소득이 증가하므로 공공재의 수요량은 많아질 것이다.
⑤ 해당 공공재에 대해 대체관계가 있는 사적재가 존재하더라도 중위투표자가 원하는 수준의 공공재가 공급될 것이므로 다수결 투표의 균형이 존재할 가능성이 높다.

10 ③ 중위투표자 정리에 의하면 모든 개인들의 선호가 단봉형인 경우 1차원적인 선택대안에 대해서는 항상 중위투표자가 가장 선호하는 대안이 선택되므로 투표의 역설이 발생하지 않는다. 다만 2차원 이상인 것에는 단봉선호라 하더라도 투표의 역설이 발생할 수 있다.

11 ★★
지식형

한 국가에 세 개의 집단 A, B, C가 있고 각 집단의 공교육 지출 규모에 대한 선호는 다음과 같다. 다수결 투표제를 통해 공교육 지출 규모를 결정하는 경우 다음의 설명 중 옳은 것은? (단, 지출 규모는 $x > y > z$ 순서다)　　　　[세무사 14]

구분	A	B	C
1순위	x	y	z
2순위	y	z	x
3순위	z	x	y

① 집단적 선호의 이행성은 충족된다.
② B가 가장 선호하는 안건이 선택된다.
③ 의사 진행조작(agenda manipulation)의 문제가 발생한다.
④ 사회적 선호가 일관성 있게 결정된다.
⑤ 투표의 역설(voting paradox) 현상은 발생하지 않는다.

12 ★★
지식형

민주사회에서 공공지출을 결정하기 위한 투표과정에 관한 설명으로 옳지 않은 것은?　　　　[세무사 14]

① 공공재 수준과 조세부담 비중을 결정하는 린달(E. Lindahl)의 모형은 시장에서의 가격 결정과 같이 파레토 효율이 달성된다.
② 투표자 간 거래를 통해 각 개인이 선호하는 안건이 채택되도록 하는 전략적 행동을 투표의 거래(vote trading)라고 한다.
③ 모든 투표자가 단일정점(single-peaked) 선호라면, 국방예산의 규모를 결정하는 다수결 투표의 결과는 항상 중위투표자의 선호를 반영한다.
④ 다수결 투표를 통하여 해당 안건에 대한 개별 유권자의 선호강도를 파악할 수 있다.
⑤ 린달이 제시한 공공재 규모 및 조세부담 비중 모형은 공공지출에서도 만장일치 합의가 가능함을 보여준다.

13 ★★
계산형

3인의 유권자 a, b, c가 있는 사회이다. 공공재에 대한 유권자들의 수요함수는 각각 $D_a = 30 - P_a$, $D_b = 40 - P_b$, $D_c = 41 - P_c$로 주어져 있다. 공공재 1단위를 공급하기 위한 비용은 60이고, 이 비용은 각 유권자가 $\frac{1}{3}$씩 부담한다. 이때 공공재 규모 결정에 있어서 다수결 원칙에 의해 결정되는 수준(ㄱ)과, 사회적 최적 수준(ㄴ)은? (단, D_i: 유권자 i의 공공재 수요량, P_i: 유권자 i의 지불가격, i: a, b, c)　　　　[세무사 14]

① ㄱ: 17, ㄴ: 17　　　　② ㄱ: 20, ㄴ: 17
③ ㄱ: 20, ㄴ: 20　　　　④ ㄱ: 17, ㄴ: 20
⑤ ㄱ: 21, ㄴ: 17

14 ★
지식형

투표와 역설에 관한 설명으로 옳지 않은 것은?

[세무사 12]

① 투표 순서에 따라 그 결과가 달라지는 현상을 말한다.

② 중위투표자 정리가 성립하지 않는다.

③ 두 안건 가운데 하나를 선택하는 경우에는 발생하지 않는다.

④ 안건이 셋 이상인 경우에 발생할 수 있다.

⑤ 2차원 이상의 선택인 경우에도 모든 사람이 단봉선호를 갖고 있다면 발생하지 않는다.

정답 및 해설

11 ③ 투표의 역설이 발생하므로 의사 진행조작(agenda manipulation)의 문제가 발생한다.

[오답체크]

① 투표의 역설이 발생하는 상황이므로 집단적 선호의 이행성은 충족되지 않는다.

② 투표 순서에 따라 결과가 달라지므로 B가 가장 선호하는 안건이 선택된다고 말할 수 없다.

④ 사회적 선호가 일관성 있게 결정된다는 것은 사회적 이행성이 있다는 것인데 투표의 역설에서는 발생하지 않는다.

⑤ 투표의 역설(voting paradox) 현상은 발생한다.

12 ④ 다수결 투표에서 각 유권자는 자기가 가장 선호하는 대안에 대해 한 표만 던질 수 있을 뿐이므로 다수결 투표를 통해 특정 안건에 대한 개별 유권자의 선호강도를 알 수는 없다.

13 ② 1) 공공재 공급비용은 각 개인이 $\frac{1}{3}$씩 부담하므로 각 개인의 한계비용은 20이다.

2) 개인 A의 공공재 수요함수가 $P_a = 30 - Q_a$이므로 개인 A가 원하는 공공재 공급 수준을 알기 위해 $P_a = MC$로 두면 $30 - Q_a = 20$, $Q_a = 10$으로 계산된다.

3) 마찬가지 방법으로 계산하면 개인 B가 원하는 공공재의 양은 20단위, 개인 C가 원하는 공공재의 양은 21단위임을 알 수 있다. 이 경우 다수결 투표를 통해 공공재 공급량을 결정하면 중위투표자에 해당하는 개인 B가 원하는 양인 20단위로 결정된다.

4) 사회적 최적 수준을 알아보기 위해 각 개인의 수요함수를 P에 대해 정리한 후에 더하면 시장 전체의 공공재 수요함수는 P = 111 - 3Q이다.

5) 사회적 최적 수준의 공공재 생산량을 계산하기 위해 P = MC로 두면 111 - 3Q = 60이므로 사회적 최적 수준의 공공재 공급량(Q)은 17이다.

14 ⑤ 1차원의 선택에서는 모든 투표자의 선호가 단봉형이면 투표의 역설이 발생하지 않으나 2차원 이상의 선택에서는 모든 사람들이 단봉선호를 갖고 있더라도 여전히 투표의 역설이 발생할 가능성이 있다.

★★★
15
계산형

정수, 철수, 영희 3인으로 구성된 사회에서 공공재에 대한 개개인의 수요함수는 $P_{정수} = 10 - X$, $P_{철수} = 25 - X$, $P_{영희} = 30 - X$이다(단, P는 공공재 가격, X는 공공재 수량). 공공재의 공급함수가 $P = 45$일 때 파레토 효율적인 공공재 수량(A)과 다수결로 결정되는 공공재 수량(B)은? (단, 다수결로 결정된 공공재 생산의 비용은 3인이 균등하게 분담) [세무사 10]

① A는 $\frac{20}{3}$, B는 15

② A는 $\frac{20}{3}$, B는 10

③ A는 $\frac{10}{3}$, B는 15

④ A는 $\frac{10}{3}$, B는 10

⑤ A는 15, B는 $\frac{20}{3}$

03 대의 민주제하에서의 공공선택 ★★

★
16
계산형

공공서비스의 수요곡선은 $P = 16 - \frac{1}{2}Q$이고 이를 공급하는 데 소요되는 한계비용은 12로 일정할 때, 이를 독점적으로 공급하는 관료가 효율적인 서비스를 제공하기 보다는 자신이 속한 조직 규모 극대화를 추구하고 있다. 이런 경우 관료의 공공서비스 규모는? (단, P는 공공서비스의 가격, Q는 공공서비스의 규모이다) [세무사 21]

① 4　　　② 8　　　③ 12　　　④ 14　　　⑤ 16

★
17
지식형

공공재의 과다 공급 원인으로 옳은 것을 모두 고른 것은? [세무사 21]

ㄱ. 다수결 투표제도
ㄴ. 정치적 결탁(logrolling)
ㄷ. 다운즈(A. Downs)의 투표자의 무지
ㄹ. 갤브레이드(J. K. Galbraith)의 의존효과

① ㄱ, ㄴ　　② ㄱ, ㄷ　　③ ㄴ, ㄷ　　④ ㄴ, ㄹ　　⑤ ㄷ, ㄹ

정답 및 해설

15 ② 1) 세 사람의 공공재 수요곡선을 합한 공공재의 시장수요곡선은 P = 65 - 3X이고, 공공재 공급곡선이 P = 45이므로 수요곡선과 공급곡선을 연립해서 풀면 65 - 3X = 45, $X = \dfrac{20}{3}$ 으로 계산된다. 그러므로 파레토 효율적인 공공재의 수량은 $\dfrac{20}{3}$ 이다.

2) 이제 투표를 통해 공공재 공급량을 결정할 경우 각 개인의 입장에서 본 한계비용은 15이다. 각 개인이 원하는 공공재의 수준은 각 개인의 한계편익과 한계비용이 일치하는 수준에서 결정된다. 정수가 공공재를 소비할 때 얻는 편익은 P = 10 - X이고, 한계비용이 15이므로 10 - X = 15로 두면 정수가 원하는 공공재의 수준은 X = -5이다.

3) 철수가 원하는 공공재의 공급량은 25 - X = 15, X = 10이고, 영희가 원하는 공공재의 양을 30 - X = 15로 두면 X = 15로 계산된다.

4) 다수결 투표를 통해 공공재 공급량을 결정하면 중위투표자(median voter)에 해당하는 철수가 원하는 양인 10만큼의 공공재가 공급될 것이다.

16 ⑤ 1) 자신이 속한 조직의 극대화를 추구한다면 MR = 0인 수준까지 생산할 것이다.

2) $P = 16 - \dfrac{1}{2}Q$ ➡ MR = 16 - Q이므로 16 - Q = 0 ➡ Q = 16이다.

3) 따라서 공공서비스의 규모는 16이다.

17 ① ㄱ. 뷰캐넌의 리바이어던 이론에 따르면 다수결 투표제도는 공공재의 과다 공급의 원인이 된다.
ㄴ. 정치적 결탁(logrolling)은 투표거래를 의미한다. 투표거래 시 공공재가 과다 공급되는 것이 일반적이다.

[오답체크]
ㄷ. 다운즈(A. Downs)의 투표자의 무지는 적은 조세를 공약으로 적은 공공재를 공급하겠다는 것이다.
ㄹ. 갤브레이드(J. K. Galbraith)의 의존효과는 광고에 의해 사적재가 많이 생산되므로 공공재의 과소 공급의 원인이 된다.

18 ★★
지식형

관료제 모형에 대한 설명으로 옳은 것은?

[세무사 19]

① 니스카넨 모형에서 관료제 조직은 가격 순응자와 같이 행동한다.
② 니스카넨 모형과 미그-빌레인저 모형에서는 공익추구를 기본가정으로 한다.
③ 니스카넨 모형으로 관료는 예산의 한계편익과 한계비용이 일치하는 수준까지 예산 규모를 늘린다.
④ 다른 조건이 모두 동일할 때, 니스카넨 모형에 따른 공공재의 초과 공급은 미그-빌레인저 모형에 따를 때의 초과 공급보다 적다.
⑤ 니스카넨 모형에서 관료제에 대응하는 방안으로 생산과 공급활동은 민간기업에 맡기고 정부는 비용만 부담하는 방법이 있다.

19 ★★
지식형

공공선택에 관한 설명으로 옳지 않은 것은?

[세무사 14]

① 니스카넨(Niskanen) 모형에서 관료는 총편익과 총비용이 일치하는 수준까지 예산을 확대한다.
② 니스카넨 모형에서 관료는 과잉 생산의 경향을 보인다.
③ 다운즈(Downs)의 득표 극대화 모형에서 정치가는 정부의 경제활동에 따른 순편익을 극대화하려 한다.
④ 미그-빌레인저(Migue-Belanger) 모형에서 공공서비스 생산은 니스카넨 모형보다 더 적다.
⑤ 특수이익집단이 갖는 강점은 구성원들이 공유하는 명백한 목적의식, 조직력, 높은 투표율 등이다.

20 ★★
지식형

니스카넨(W. Niskanen)이 제기한 관료들의 예산 결정 행태에 관한 설명으로 옳지 않은 것은?

[세무사 12]

① 관료가 목표로 하는 생산 수준은 총편익곡선이 총비용곡선과 교차할 때 달성된다.
② 관료가 목표로 하는 생산 수준에서는 사회적 잉여가 완전히 소멸되어 사회적 순편익이 0이 된다.
③ 관료들의 특권, 명성, 영향력은 자신이 집행하는 예산의 규모에 비례한다.
④ 관료들은 제1급 가격차별독점자와 같은 독점력을 갖게 된다.
⑤ 관료들은 정치인의 득표 수를 극대화하는 예산을 선택한다.

정답 및 해설

18 ⑤ 니스카넨 모형에서 관료들은 과다 생산하므로 이를 막기 위해 생산과 공급활동은 민간기업에 맡기고 정부는 비용만 부담하는 방법이 있다.

[오답체크]
① 니스카넨 모형에서 관료제 조직은 가격 결정자와 같이 행동한다. 가격 순응자는 완전경쟁시장에 해당한다.
② 니스카넨 모형과 미그-빌레인저 모형에서는 관료들의 이익극대화를 기본가정으로 한다.
③ 니스카넨 모형으로 관료는 예산의 총편익과 총비용이 일치하는 수준까지 예산 규모를 늘린다.
④ 다른 조건이 모두 동일할 때, 니스카넨 모형에 따른 공공재의 초과 공급은 미그-빌레인저 모형에 따를 때의 초과 공급보다 많다.

19 ③ 다운즈의 득표 극대화 모형에 따르면 정치가는 정부의 경제활동에 따른 순편익을 극대화하는 것이 아니라 선거에서 자신 혹은 자신이 속한 정당의 득표 극대화를 추구하는 것으로 본다.

20 ⑤ 니스카넨 모형에서 관료들은 예산 규모 극대화를 추구할 뿐이며, 정치인의 득표 극대화는 아무런 관련이 없다.

해커스 서호성 재정학

제4장

공공경비와 예산제도

01

공공경비의 의미와 종류
★★

핵심 Check: 공공경비의 의미와 종류

의미	정부지출 = 공공경비
이전적 경비	총수요에 영향을 주지 않음
비이전적 경비	총수요에 영향을 주며 승수효과를 일으킴
승수	• 정부지출승수: $\dfrac{dY}{dG} = \dfrac{1}{1-c}$ • 조세승수: $\dfrac{dY}{dT} = \dfrac{-c}{1-c}$ • 투자승수: $\dfrac{dY}{dI} = \dfrac{1}{1-c}$ (투자승수 = 정부지출승수) • 균형재정승수: $\dfrac{dY}{dG} + \dfrac{dY}{dT} = \dfrac{1-c}{1-c} = 1$ (단, 폐쇄경제 시 $C = C_o + c(Y - T)$, $I = I_o$이고, $O < c(= MPC) < 1$, $T = T_o$이다)

1. 공공경비(= 정부지출)의 의미와 견해

(1) 의미

국가 또는 지방자치단체가 효율적인 자원배분, 소득재분배, 경제안정화를 도모하기 위해 지출하는 비용으로 예산이라는 형식으로 표현된다.

(2) 공공경비에 대한 견해

① 고전학파 견해

최소한의 정부가 바람직하므로 낮은 수준의 공공경비를 추구한다고 주장하였다.

② 현대적 견해

사회적인 이익 증대를 위한 재정의 역할이 강조되면서 공공경비가 늘어나는 추세이다.

2. 정부지출의 당위성

(1) 시장실패의 보완

① 자원배분의 효율성을 높일 수 있다는 점에서 정당성을 가진다.

② 예를 들어, 국방서비스, 경찰서비스, 도로 혹은 공원 등의 공공재를 생산·공급하기 위해 사용한다.

(2) 소득재분배

① 정부는 공평한 분배 실현으로 사회의 안정성을 높이려는 노력을 하고 있다.

② 일반적으로 재분배정책을 수행하는 데는 막대한 규모의 정부지출이 요구된다. 이로 인해 국민 관련 지출이 지속적으로 증가하는 경향이 있다.

③ 소득재분배에 관련된 지출에 부여되는 당위성의 강도는 시대의 조류가 바뀜에 따라 달라진다.

(3) 가치재

① 개인이 스스로의 후생에 대해 내린 판단이 부적절하다고 생각하는 경우, 정부는 이를 시정하기 위해 개입을 시도할 수 있다.

② 예를 들어, 가난한 가정에서 소득을 식품 구입에 사용하는 것이 아니라 가장의 음주나 도박에 사용하고 있는 것이 발견되었다면 술에 대한 지출을 줄이고 식품에 대한 지출을 늘리도록 유도할 수 있다.

③ 온정적 간섭주의를 반영하고 있으나, 소비자 주권의 원칙을 침해할 가능성이 있다.

3. 공공경비의 종류

(1) 생산적, 비생산적 경비

① 생산적 경비
고속도로 건설비용을 통행료 수입으로 조달하는 것 등 지출에 따라 일정한 보상이 발생하는 경비이다.

② 비생산적 경비
방위목적을 초과한 군사비지출 등 지출이 이루어지더라도 보상이 발생하지 않는 경비이다.

용어정리

온정적 간섭주의
개인이 자신의 이익이나 공익에 부합하지 않는 선택을 할 경우에, 바람직한 선택을 하도록 정부가 개인의 의사결정에 강제로 개입할 수 있다는 입장이다.

소비자 주권
시장경제에서 상품과 서비스의 소비자가 궁극적으로 지속적인 생산과 생산에서의 변화를 결정한다는 개념을 말한다.

(2) 소비적, 투자적 경비

① 소비적 경비

인건비, 물건비 등 일반 행정을 위하여 지출되는 경비로 총자산 규모는 불변한다.

② 투자적 경비

내구재, 생산시설 등에 대한 자본적 지출로 정부의 순자산 규모가 증가한다.

(3) 비이전적, 이전적 경비

① 비이전적 경비

재화 및 서비스의 구매를 위하여 지출된 경비로 직접적으로 총수요를 증대시켜 국민소득을 증가시킨다.

② 이전적 경비

연금, 보조금 등 단순히 구매력을 이전하기 위한 목적 또는 개인의 국가에 대한 청구권에 의하여 발생하는 지출로 직접적으로 총수요를 증가시키지 않는 경비이다.

4. 비이전적 경비-케인즈의 국민소득 결정 모형

(1) 기본가정

① 유휴설비의 존재

충분한 정도의 유휴설비가 존재하고 물가가 경직적인 단기에는 주어진 물가 수준하에서 산출량을 조정할 수 있다.

② 수평인 총공급곡선

주어진 물가 수준하에서 원하는 만큼 생산이 가능한 경우에는 총공급곡선이 수평이 된다.

③ 가격의 경직성

고전학파는 모든 가격변수가 신축적이라고 보는 데 비해, 케인즈는 단기적으로 가격과 임금이 경직적(특히, 하방으로)이라고 본다.

④ 수요중시

가격이 경직적이고 충분한 정도의 유휴설비가 존재하는 경우 경제 전체 생산액(= GDP)은 경제 전체 생산물에 대한 수요(= 총지출)에 의해 결정된다.

⑤ 고전학파가 실질이자율(가격)의 신축적인 조정에 의해 생산물시장의 균형이 이루어지는 것으로 보는 데 비해, 케인즈는 생산량의 조정에 의해 불균형이 조정된다고 본다.

(2) 케인즈의 승수효과

① 필요성

케인즈에 따르면 유효수요가 변하면 균형국민소득도 변하게 되는데, 균형국민소득에 어떤 변화를 초래하는지를 분석하는 이론이다. 예를 들어 정부지출이 100만큼 변할 때 균형국민소득이 얼마나 증가하는가를 계량화하기 위한 이론으로서, 케인즈 거시경제 이론의 핵심 중의 하나이다. 승수효과란 정부지출이 약간만 증가하더라도 '소득 증가 ➡ 소비 증가 ➡ 소득 증가 ➡ 소비 증가……'의 연쇄적인 과정을 통해 최종적으로는 국민소득이 훨씬 크게 증가하는 효과이다.

② 개념

독립지출 증가분에 대한 균형국민소득 증가분의 비율로서, 예를 들어 정부지출이 1원 증가할 경우, 균형국민소득이 얼마나 증가하는가를 나타내는 비율을 말한다.

$$승수 = \frac{균형국민소득\ 증가분}{독립지출\ 증가분}$$

③ 가정

- 잉여생산능력이 존재한다.
- 한계소비성향($MPC = \frac{\Delta C}{\Delta Y}$)이 일정하다.
- 물가가 고정되어 있다.
- 폐쇄경제이다.

④ 도출과정

- Y는 GDP, C는 소비, I는 기업의 투자수요로 케인즈의 단순 모형에서의 투자수요는 독립투자로서 일정한 상수이다. $I^D = I_0$, G는 정부지출(G_0)로 상수이다.
$C = C_0 + cY$
(단, C_0: 기초소비, c: 한계소비성향 = 소비의 증가분/소득의 증가분)
$I = I_0 \quad G = G_0$
$Y = C + I + G = C_0 + c(Y_d - T_0) + I_0 + G_0$
- 공급 측면인 Y와 수요 측면 Y_d가 균형 상태에서 같으므로 $Y_d = Y$로 놓고 이를 Y에 대해서 풀면 다음과 같다.
$Y = \frac{1}{1-c}[C_0 - cT_0 + I_0 + G_0]$

⑤ 승수

• 정부지출승수: $\dfrac{dY}{dG} = \dfrac{1}{1-c}$

• 조세승수: $\dfrac{dY}{dT} = \dfrac{-c}{1-c}$

• 투자승수: $\dfrac{dY}{dI} = \dfrac{1}{1-c}$ (투자승수 = 정부지출승수)

• 균형재정승수: $\dfrac{dY}{dG} + \dfrac{dY}{dT} = \dfrac{1-c}{1-c} = 1$

(3) 케인즈의 승수 유의사항

① 정부지출, 투자, 조세감면 등 모두 승수가 존재한다.

② 정부지출승수와 투자승수는 동일하다.

③ 정부지출이 조세감면보다 국민소득 증대효과가 더 크다.

④ 균형재정승수는 1이다. 즉 정부지출을 100억 늘리고 조세를 100억 걷으면 국민소득이 100억 증가한다.

(4) 승수효과의 한계

① 한계소비성향이 안정적이지 않다면 승수효과를 확정적으로 표시할 수 없다.

② 승수효과가 일어나는 동태적 과정이 순조롭지 못하다면 승수효과는 발생하지 않을 수 있다.

③ 공급 측면에 장애가 있다면 승수효과는 발생하지 않을 수 있다.

④ 기업의 형태에 의해 승수효과가 제약될 수도 있다.

확인문제

정부가 가계의 세금 부담을 2,000억원 감면하는 정책과 정부지출을 2,000억원 증가시키는 정책을 고려하고 있다. 정부가 각 정책을 실시할 경우 균형국민소득은 얼마나 증가하겠는가? (단, 구축효과는 없고, 한계소비성향은 0.75임)

[세무사 09]

① 세금 감면인 경우 1,500억원, 정부지출인 경우 8,000억원
② 세금 감면인 경우 1,500억원, 정부지출인 경우 1,500억원
③ 세금 감면인 경우 8,000억원, 정부지출인 경우 8,000억원
④ 세금 감면인 경우 6,000억원, 정부지출인 경우 8,000억원
⑤ 세금 감면인 경우 6,000억원, 정부지출인 경우 1,500억원

해답

한계소비성향이 0.75이므로 정부지출승수는 $4(=\dfrac{1}{1-0.75})$, 조세승수는 $-3(=\dfrac{-0.75}{1-0.75})$이다.

그러므로 정부지출이 2,000억원 증가하면 국민소득은 8,000억원 증가하는 데 비해, 세금이 2,000억원 감면되면 국민소득이 6,000억원 증가한다.

정답: ④

공공경비의 지속적 증가 현상에 대한 이론
★★

핵심 Check: 공공경비의 지속적 증가 현상에 대한 이론

거시적 설명	바그너, 전위효과론, 경제발전 이론
미시적 설명	중위투표자, 공공부문의 낮은 생산성, 철의 삼각형, 재정착각
브라운-잭슨	중위투표자의 공공서비스에 대한 수요의 소득탄력성이 1보다 큰 경우 중위투표자의 소득이 증가할 때 공공서비스의 수요는 급속도로 증가
보몰	노동집약적인 공공부문의 생산성이 떨어지기 때문에 발생

1. 거시적 설명

(1) 바그너의 법칙

① 1인당 국민소득이 증가할 때 국민경제에서 차지하는 공공부문의 상대적 크기가 증대하는 현상을 바그너의 법칙이라고 부른다.

② 국가유기체설에 입각하여 문제를 제기하는 데 그쳤다는 한계를 가지고 있다.

(2) 피콕-와이즈만(A. Peacock and Wiseman)의 전위효과론

① 전제

정부가 돈을 많이 쓰기를 원하지만 국민은 더 많은 세금을 내려고 하지 않는다.

② 평상시

경제가 안정적으로 성장하는 과정에서 세율구조가 그대로 유지된다면 조세수입은 지속적으로 증가하게 된다.

③ 사회적 혼란기

- 전쟁, 기근, 혹은 기타의 천재지변 발생을 의미한다.
- 사회적 혼란을 수습하기 위한 대규모의 정부지출이 국민의 조세부담을 크게 증가시키지만, 국민은 이러한 정부지출이 필요함을 이해하고 더 많은 세금을 내려고 할 것이다.

④ 전위효과(displace effect)

사회적 혼란기에 갑작스러운 정부지출 증가를 인정하는 분위기가 생기는 것을 전위효과라 한다.

⑤ 톱니효과(ratchet effect)

- 위기의 상황에서 늘어난 정부지출은 한동안 정상적인 수준으로 복귀하지 못하고 높은 수준에 머물러 있게 된다.
- 이와 같은 위기상황이 몇 차례 반복됨에 따라 정부지출은 점차 더 높은 수준으로 올라가게 된다. 추세선이 톱니바퀴 모양을 가지게 되는 것을 톱니효과라 한다.

(3) 머스그레이브-로스토우의 경제발전단계와 공공경비 팽창

① 경제발전 초기단계

사회간접자본 형성을 위한 대규모의 공공투자가 필요하다.

② 경제발전 중기단계

민간투자를 보완하기 위한 공공투자의 필요성이 증대한다.

③ 경제발전 후기단계

복지서비스, 소득보장 등을 위한 공공지출이 증대한다.

2. 미시적 설명

(1) 브라운 & 잭슨의 중위투표자의 선택

① 의미

중위투표자의 효용극대화 과정을 미시적으로 분석하고 여기서 도출되어 나온 공
공재의 수요를 설명의 근거로 삼는 접근법이다.

② 중위투표자의 공공서비스에 대한 수요의 소득탄력성이 1보다 큰 경우

중위투표자의 소득이 증가할 때 공공서비스의 수요는 급속도로 증가한다.

③ 결론

소득 증가에 따라 더 많은 공공재의 소비를 원하는 시민들의 요구 때문에 정부
지출 증가가 일어난 것이므로 정부지출의 지속적 증가를 부정적으로 볼 필요가
없다.

(2) 보몰(W. Baumol)의 공공부문의 낮은 생산성

① 공공부문의 생산성이 낮다.

- 제조업보다 서비스업의 생산성 향상 속도가 상당히 뒤처지는 것이 일반적이다.
- 민간부문은 자본집약적인 제조업의 형태가 많고, 공공부문은 노동집약적인 서
  비스업이 대부분을 차지한다.

② 기술혁신 등에서 민간부문의 생산성 향상은 임금을 상승시킨다.

③ 민간부문의 임금 증가는 공공부문의 임금을 증가시켜 공공서비스의 공급량이 일
정하더라도 공공경비의 팽창을 초래한다.

④ 보몰효과

정부가 생산, 공급하는 서비스의 생산비용이 상대적으로 빨리 올라 정부지출이
증가하는 것이다.

핵심 Plus +

**서비스업의 생산성이
떨어지는 이유**

과학기술이 발전한다
해도 요리사의 요리
속도 등이 더 빨라지
기 어려운 것을 예로
들 수 있다.

임금의 결정

완전경쟁시장인 경우
일반적으로 노동의 수
요는 $w = P \times MP$로
결정된다. 기술의 개
발은 한계생산(MP)의
증가를 가져와 임금을
상승시킨다.

(3) 공공선택 이론-철의 삼각형

① 정치가, 관료, 특수이익집단 간의 연합관계를 철의 삼각형이라 한다.

② 정치가는 득표의 극대화, 관료는 예산극대화, 특수이익집단은 구성원들에게 이익이 되는 정책집행의 극대화를 추구한다.

③ 이를 통해 다수의 공공사업이 시행된다는 것을 알 수 있다.

(4) 재정착각

① 의미

조세나 재정에 대해 정확하게 알기 어려워 발생하는 체계적인 오해를 의미한다.

② 원인

• 조세제도의 복잡성으로 인해 자신이 어떤 세금을 내는지 잘 모르게 되면 지출 프로그램과 관련된 조세부담을 한층 더 과소 평가하여 인식하게 만들 수 있다.

• 세입체계의 높은 탄력성으로 인해 세율이 변화하지 않는 경우 소득의 증가로 세금이 많이 올라간다 해도 저항 없이 받아들이는 경향이 있다.

• 국채가 미래의 조세부담을 의미한다는 사실을 제대로 인식하지 못할 때 조세가 아닌 국채를 통해 정부지출 규모가 더 커지는 경향이 나타날 수 있다.

③ 결론

재정착각 때문에 공공재의 공급 규모는 과다해지는 경향이 있다.

확인문제

공공경비 팽창에 관한 설명으로 옳은 것을 모두 고른 것은?　　　　[세무사 19]

> ㄱ. 바그너(A. Wagner)의 법칙이란 1인당 국민소득이 증가할 때 공공부문의 상대적 크기가 증가하는 것을 말한다.
> ㄴ. 피코크-와이즈만(A. Peacock and J. Wiseman)은 사회적 격변기에 정부지출 수준이 급속히 높아져 일정 기간 유지되면, 추세선 자체가 상방으로 이동하게 되는데 이를 전위효과(displacement effect)라고 불렀다.
> ㄷ. 보몰(W. Baumol)은 노동집약적인 공공부문이 민간부문보다 생산성 향상이 더디게 일어나기 때문에 경비가 팽창하게 된다고 보았다.
> ㄹ. 부캐넌(J. Buchanan)은 특정 공공지출의 편익은 수혜자들에게 직접적으로 인식되는 반면, 공공서비스의 공급비용은 모든 사회구성원들에게 조세 형태로 분산되기 때문에 공공서비스 공급비용을 과소 평가한다고 설명하였다.

① ㄱ, ㄷ　　　　　　　　　　② ㄴ, ㄷ
③ ㄱ, ㄴ, ㄹ　　　　　　　　④ ㄱ, ㄷ, ㄹ
⑤ ㄱ, ㄴ, ㄷ, ㄹ

해답

모두 옳은 설명이다.　　　　　　　　　　　　　　　　　정답: ⑤

예산제도
★★

복식예산제도	경상지출은 조세, 자본적 지출은 공채발행 등으로 충당
성과주의예산제도	관리기능을 강조
계획예산제도	계획기능 강조, 하향식 의사결정과정 반영
영기준예산제도	점증주의적 예산을 탈피하여 효율적 자원배분을 제고할 수 있는 제도, 상향식 의사결정과정 반영
조세지출예산제도	조세지출의 남발을 억제하기 위해 도입

1. 예산의 의미와 기능

(1) 의미

일정 기간(1회계연도)에 있어서의 국가의 수입·지출의 예정액 또는 계획안이다.

(2) 기능

① 재정통제기능

근대 예산제도는 의회의 행정부에 대한 민주통제수단으로써 발전되었다.

② 정치적 기능

- 예산은 정치과정을 통하여 현실적으로 가치를 배분하고 국민의 이해관계를 조정하는 정치적 기능을 가진다.
- 입법국가에서 예산의 정치적 역할은 소극적이었으나, 행정국가 이후 예산의 정치적 역할은 적극화되어 예산은 정치 활동의 초점이 되고 고도의 정치적 성격을 지니게 되었다.

③ 경제적 기능

- 자원배분(분배)기능: 시장경제를 통해 생산되지 않는 재화를 공급하기 위하여 자원을 할당한다.
- 소득재분배기능: 시장경제에서 결정된 분배 상태가 바람직하지 못할 때 이를 바로잡는다.
- 경제안정기능: 불경기로 실업이 증가할 때 실업률을 감소시키기 위해 총지출을 증가시킨다.
- 경제성장 촉진기능: 개발도상국의 경제성장을 위한 자본을 형성한다.

④ 법적 기능

입법부는 예산이라는 형식을 통하여 행정부에 대하여 재정권을 부여해 주며, 의회의 심의를 통과한 예산은 법적 구속력을 갖게 된다.

2. 예산제도의 종류

(1) 증분주의예산제도

① 의미

전년도 예산을 기준으로 일정 금액을 가감하는 방식이다.

② 예산의 통제기능만 중시

예산이 경직적이고 사회구조변화에 정부재정의 신축적 반응이 어려워 효율성이 떨어진다.

(2) 자본예산(복식예산)제도

① 의미

복식예산의 일종으로서 경상수지를 관리하는 경상예산과 자본수지를 관리하는 자본예산으로 구분하여 운영하는 예산제도를 의미한다.

② 경상지출과 자본적 지출

- 경상지출: 매년 반복적으로 이루어지는 것 ➜ 조세와 같은 경상수입으로 조달한다.
- 자본적 지출: 비반복적으로 이루어지는 것 ➜ 국공채와 같은 차입을 통해 조달해도 무방하다.

③ 장점

- 장기적인 재정계획의 수립에 도움을 주며 이에 따라 조직적인 자원개발과 보전을 위한 효과적인 수단이 될 수 있으며 정부의 신용을 높이는 데 도움을 준다.
- 정부의 순자산의 변동과 재정구조 및 사회자본의 축적, 유지를 파악할 수 있다.

④ 단점

- 적자예산을 편성하는 데 치중하게 될 우려가 있다.
- 인플레이션의 경우 이를 더욱 조장시킬 우려가 있다.
- 공공사업부문에 치중되어 국가 활동의 불균형을 초래할 우려가 있다.

(3) 성과주의예산제도(PBS; Performance Budgeting System)

① 의미

성과주의예산제도란 예산을 기능, 사업계획 및 활동을 바탕으로 분류·편성함으로써 업무 수행의 성과를 명백히 밝히려는 예산제도를 의미한다.

② 각 사업의 예산액 = 업무량 × 단위원가

<사업>	<단위원가>
도로건설 10km	1,000,000
거리청소 5km	200,000
방역사업 2회	100,000
예산액: $(10 \times 1,000,000) + (5 \times 200,000) + (2 \times 100,000) = 11,200,000$	

③ 관리지향적 예산제도(정부의 생산성 향상)

성과주의예산은 정부가 구입하는 물품보다 정부가 수행하는 업무에 중점을 두는 능률·관리지향적 예산제도라 할 수 있다. 이것은 입법적 통제수단에서 집행관리 수단으로써의 예산기능의 전환을 의미한다.

④ 장점

- 사업별 통제로 예산의 신축성과 효율성이 높아질 수 있다.
- 정부의 사업계획 및 활동이 제시됨으로써 정부의 홍보 활동이 개선되며, 국민·입법부가 정부의 사업 목적을 이해하기 쉽다.

⑤ 단점

- 능률성 측정에는 좋으나 효과성 측정은 미흡하다. 효율성과 효과성을 강조하지만, 더 근본적인 질문에 대해서는 해결하지 못한다. 즉, 해당 사업이 정말 필요한 것인지, 제한된 자원을 유사한 사업에 대해 최적으로 배분하는 방식 등에 대한 언급은 없다.
- 장기적인 계획과의 연계보다는 단위사업만을 중시하기 때문에 전략적인 목표 의식이 결여될 수 있다.

(4) 계획예산제도(PPBS; Planning-Programming-Budgeting System)

① 의미

장기적인 계획의 수립과 단기적인 예산의 편성을 프로그램 작성을 통하여 유기적으로 연결함으로써 자원배분에 관한 의사결정을 일관성 있게 합리적으로 하려는 예산제도를 말한다.

② 예산편성과정

- Program Category(계획항목): 제1의 수준에서 배열되는 최상위 수준의 대분류된 Program으로써 각 성청(省廳)의 기능·목적을 4~5개(많아도 10개 정도)로 크게 나눈 것이다.
- Program Sub-Category(계획세부항목): 제2의 수준에서 배열되는 Program으로써 유사한 산출물 단위에 관련된 것이다.
- Program Element(계획요소): 계획예산제도(PPBS) 과목구조의 기초 단위로 원칙적으로 다른 단위와 구별되는 최종산출물 단위에 해당한다.

③ 장점

- 의사결정의 일원화·합리화: 의사결정의 절차를 일원화시킴으로써 최고관리층이 더욱 합리적인 결정을 내릴 수 있다.
- 자원배분의 합리화: 경제적 합리성을 기준으로 자원을 배분하므로 자원배분의 합리화를 기할 수 있다.
- 장기적 사업계획의 신뢰성 제고: 장기에 걸친 효과와 비용을 분석·평가하여 실현성 있는 계획이 작성됨으로써 장기적 사업계획의 신뢰성을 높이게 된다.

④ 단점

- 목표의 명확한 설정 곤란: 목표의 다원성·정치적 성격, 이해관계·의견의 대립 등으로 목표의 명확한 설정이 곤란하다.
- 경제적 계량화의 곤란: 계획예산제도(PPBS)는 산출·편익·효과의 계량화에 중점을 두고 있으나 정책대안의 계량화는 곤란하며 가치개입적인 정책 결정을 수학적 분석기법만으로 다룰 수는 없다.
- 중앙집권화와 하부기구의 자주성 상실: 하향식 예산 접근으로 중앙집권적인 계획기능이 강화되어 과도한 중앙집권화를 초래하고 하부기구의 자주성이 상실되기 쉽다.

(5) 영기준예산제도(ZBB; Zero-Base Budgeting system)

① 의미

전 회계연도의 예산에 구애됨이 없이 정부의 모든 사업 활동에 대하여 영기준(Zero-Base)을 적용해서 그 능률성과 효과성 및 중요성 등을 체계적으로 분석하여 '우선순위'를 결정하고 그에 따라 실행예산을 편성·결정하는 예산제도를 말한다.

② 예산편성과정

- 가장 하부의 의사결정 단위인 부서 등에서 정책패키지의 우선순위 & 비용-편익분석 후 상위관리자에게 제출하는 것을 반복한다.
- 상향적인 과정을 통하여 전체 사업의 서열화 작업이 이루어지고 이를 바탕으로 우선순위에 따라 예산안을 편성한다.

③ 장점

- 감축 관리에 도움: 우선순위가 낮은 사업의 축소 및 폐지로 재정의 경직화를 타개할 수 있고 감축 관리에 도움을 주며 나아가서는 조세부담의 증가를 억제할 수 있다.
- 자원배분의 합리화: 조직이 모든 사업 활동에 관하여 그 능률·비용·효과를 계속적으로 재평가하게 함으로써 자원배분의 합리화를 보장할 수 있다.
- 사업예산의 효율성 향상: 사업의 우선순위를 정기적으로 새로이 평가, 결정하여 노력의 중복, 과다한 활동과 낭비를 배제할 수 있게 됨으로써 사업·예산의 효율성을 향상시킬 수 있다.
- 관리자의 참여 확대: 모든 계층의 관리자가 결정항목의 개발, 평가에 참여하며 그에 따라 업무개선의 동기가 부여되고 나아가서는 결정 방식이 상향적이므로 하의상달이 촉진된다.

④ 단점

- 분석평가의 어려움: 조직구성원들이 아무리 자기 업무를 잘 알고 있다고 하더라도 사업 활동과 그 성과를 합리적, 객관적으로 분석하고 대안을 개발하는 것은 쉬운 일이 아니다.
- 시간·노력의 과중한 부담: 매년 정부의 모든 계속사업과 신규사업에 관한 방대한 활동을 합리적, 객관적으로 분석·평가하는 데에는 시간과 노력의 과중한 부담이 따른다.
- 자료 부족과 분석, 평가능력의 제약: 결정항목의 작성과 우선순위의 결정에 필요한 정확한 자료·정보가 부족하며 고도의 분석·평가능력을 갖춘 행정인이 필요하다.
- 방대한 교육 훈련업무의 수반: 사업 활동과 성과의 분석·평가, 우선순위 결정, 대안의 탐색 등에 요구되는 고도의 능력을 갖출 수 있도록 관련 행정인에 대해 방대한 교육 훈련이 시행되어야 한다.

3. 조세지출예산제도

(1) 조세지출(tax expenditure)

① 개인이나 기업의 특정 경제활동을 장려하기 위하여 비과세, 감면 등의 세제상 유인을 제공함에 따라 포기된 세수를 의미한다.

② 형식적으로는 조세의 일종이지만 실제로는 지출의 성격을 가지며, 일종의 감추어진 보조금의 역할을 한다.

③ 조세제도 안에 조세지출의 요소가 많이 포함되어 있으면 자원배분의 비효율성이 야기될 수 있다.

(2) 조세지출예산제도

① 조세지출예산제도는 조세감면의 구체적인 내역을 예산구조를 통해 밝히는 것이다. 조세지출예산제도가 운영되면 재정정책의 효과를 판단하기 위한 기초자료로 이용될 수 있다.

② 조세지출예산제도는 ⊙ 불공정한 조세지출의 폐지, ⓒ 재정부담의 형평성 제고, ⓒ 세수 인상을 위한 정책자료가 된다.

③ 조세지출은 법률(조세특례제한법, 지방세특례제한법 등)에 따라 집행되기 때문에 일단 법률로 제정되면 관심을 두지 않는 한 계속되는 경직성이 강하다. 그리고 특정 분야에 지원되어 특혜의 가능성이 크기 때문에, 국회에서 통제하고, 정책효과를 판단하기 위해 조세지출예산제도가 필요하다.

④ 장점

조세지출의 주기적 검토를 통한 조세의 방만한 운영 방지 등이 있다.

⑤ 단점

조세지출의 효과 및 크기를 정확히 측정하기 어려움 등이 있다.

확인문제

다음 설명 중 옳지 않은 것은?   [세무사 18]
① 조세지출예산제도는 조세지출의 남발을 억제하기 위해 도입된 제도이다.
② 성과주의예산제도는 관리기능을 강조한 제도이다.
③ 프로그램예산제도는 계획기능을 강조한 제도이다.
④ 영기준예산제도는 점증주의적 예산을 탈피하여 효율적 자원배분을 제고할 수 있는 제도이다.
⑤ 성과주의예산제도는 예산의 과목을 부서별로 나누어 편성하는 제도이다.

해답

성과주의예산제도하에서는 예산을 부서별로 배정하는 것이 아니라 사업별로 배정한다.

정답: ⑤

01 공공경비의 의미와 종류 ★★

01 정부지출이 100만큼 증가할 경우 국민소득은 100보다 더 많이 증가한다. (○, ×)

02 조세를 100만큼 경감해 줄 경우가 정부지출을 100만큼 증가시킬 경우에 비해 국민소득을 더 적게 증가시킨다. (○, ×)

03 정부재정의 건전성을 확보하기 위해서 정부지출 증가액을 조세수입 증가액과 일치시킨다면 국민소득은 증가하지 않는다. (○, ×)

04 노후준비 등으로 민간부문의 한계소비성향이 감소할 경우 정부지출이 유발하는 국민소득 증가분은 줄어든다. (○, ×)

05 기업투자나 정부지출이 각각 100만큼 증가할 경우, 국민소득에 미치는 효과는 같다. (○, ×)

06 정부가 가계의 세금을 1,000억원 징수하는 정책과 정부지출을 1,000억원 증가시키는 정책을 고려하고 있다. 정부가 각 정책을 실시할 경우 균형국민소득은 1,000억원 증가한다. (단, 구축효과는 없고, 한계소비성향은 0.8임) (○, ×)

정답 및 해설

01 ○

02 ○

03 X 균형재정승수는 1이다. 정부지출을 100억 늘리고 조세를 100억 징수하면 국민소득은 100억 증가한다.

04 ○

05 ○

06 ○

02 공공경비의 지속적 증가 현상에 대한 이론 ★★

07 1인당 국민소득이 증가할 때 국민경제에서 차지하는 정부지출 규모의 상대적 크기가 커지는 현상은 바그너 법칙에 부합한다. (○, ×)

08 피콕–와이즈만은 위기 상황이 몇 차례 반복됨에 따라 정부지출은 점차 더 증가하나, 혼란기가 지난 후에도 정부지출의 상대적 비중은 이전 수준으로 회복하지 못하고 일단 높아진 수준에서 지속적으로 증가하는 현상이 나타난다고 설명하였다. (○, ×)

09 사회적 변혁기에는 사람들이 용인할 수 있는 세금 부담 수준이 증가한다. (○, ×)

10 브라운–잭슨은 바그너 법칙을 중위투표자 선택과 결부시켜 설명하며, (복지를 비롯한) 공공서비스에 대한 수요의 소득탄력성이 충분히 크면(소득 증가율에 비해 공공재에 대한 수요가 더 빠른 속도로 증가한다면 / 탄력적이면) 정부지출의 상대적 비중이 커진다고 보았다. (○, ×)

11 정부가 공급해야 하는 재화나 서비스는 수요의 가격탄력성이 크다. (○, ×)

12 보몰은 정부부문의 규모가 확대되는 이유로 정부부문의 생산성이 향상됨에 따라 확대재정정책을 추구하려는 욕구가 강하기 때문으로 보았다. (○, ×)

13 보몰은 정부부문의 규모가 확대되는 이유로 기술혁신에 따른 생산비 절감효과 측면에서 공공재가 민간재에 비해 뒤떨어지기 때문으로 보았다. (○, ×)

14 뷰캐넌은 대의 민주주의 체계가 본질적으로 정부부문의 과도한 팽창을 유발하는 속성을 가지고 있다는 리바이어던 가설을 제시하였다. (○, ×)

정답 및 해설

07 ○

08 ○

09 ○

10 ○ 공공서비스에 대한 수요의 탄력성이 1보다 크면 국민소득이 증가할 때 공공부문의 비중은 더 커진다.

11 X 정부가 공급해야 하는 재화나 서비스는 필수재이므로 수요의 가격탄력성이 작다.

12 X 정부부문의 생산성은 변화 없이 임금만 상승한다.

13 ○

14 ○

15 조세지출예산제도는 조세지출의 남발을 억제하기 위해 도입된 제도이다. (○, ×)

16 성과주의예산제도는 관리기능을 강조한 제도이다. (○, ×)

17 프로그램예산제도는 계획기능을 강조한 제도이다. (○, ×)

18 영기준예산제도는 점증주의적 예산을 탈피하여 효율적 자원배분을 제고할 수 있는 제도이다. (○, ×)

19 성과주의예산제도는 예산의 과목을 부서별로 나누어 편성하는 제도이다. (○, ×)

20 증분주의예산제도는 전년도 예산을 기준으로 일정 금액을 가감하는 과정을 거쳐 예산을 편성한다. (○, ×)

21 복식예산제도는 경상지출은 차입을 통해, 자본적 지출은 조세 등으로 충당한다. (○, ×)

22 성과주의예산제도는 업무량에 단위원가를 곱하여 예산액을 결정한다. (○, ×)

23 계획예산제도는 장기적 계획수립과 단기적 예산편성을 유기적으로 결합하고자 한다. (○, ×)

24 영기준예산제도는 상향식 의사결정과정을 예산에 반영한 것이다. (○, ×)

정답 및 해설

15 ○

16 ○

17 ○

18 ○

19 X 사업별로 나누어 편성하는 제도이다.

20 ○

21 X 경상지출은 조세, 자본적 지출은 차입을 통해 충당한다.

22 ○

23 ○

24 ○

01 공공경비의 의미와 종류 ★★

01
지식형

1인당 국민소득이 증가할 때 정부지출이 국민경제에서 차지하는 비중이 점차 증가하는 현상에 대한 원인이 아닌 것은?

[세무사 17]

① 소득 증가율에 비해 공공재에 대한 수요가 더 빠른 속도로 증가하기 때문이다.

② 시장의 기능이 자연적으로 축소되기 때문이다.

③ 관료가 예산을 극대화하려는 성향을 보이기 때문이다.

④ 기술혁신에 따른 생산비 절감효과 측면에서 공공재가 사적재에 비해 뒤떨어지기 때문이다.

⑤ 복지를 포함한 공공서비스 수요의 소득탄력성이 크기 때문이다.

정답 및 해설

01 ② 경제규모가 커지고 1인당 국민소득이 증가하면 시장의 기능이 오히려 원활해진다. 따라서 시장기능 축소는 추측될 수 없다.

★★
02 국민소득 결정에 관한 단순 케인즈 모형이 아래와 같을 때, 정부지출과 관련된 설명으로 옳지 않은 것은?
지식형 (단, 총공급곡선은 완전탄력적이며, 기업투자 및 정부지출은 독립적으로 이루어진다고 가정) [세무사 15]

> $Y = C + I + G$
> $C = C_0 + c(Y - T)$
> (T: 세금(정액세), c: 한계소비성향(0 < c < 1), Y: 국민소득, C: 민간소비, C_0: 상수, I: 기업투자, G: 정부지출)

① 정부지출이 100만큼 증가할 경우 국민소득은 100보다 더 많이 증가한다.
② 조세를 100만큼 경감해 줄 경우가 정부지출을 100만큼 증가시킬 경우에 비해 국민소득을 더 적게 증가시킨다.
③ 정부재정의 건전성을 확보하기 위해서 정부지출 증가액을 조세수입 증가액과 일치시킨다면 국민소득은 증가하지 않는다.
④ 노후준비 등으로 민간부문의 한계소비성향이 감소할 경우 정부지출이 유발하는 국민소득 증가분은 줄어든다.
⑤ 기업투자나 정부지출이 각각 100만큼 증가할 경우, 국민소득에 미치는 효과는 같다.

★★★
03 다음 모형에서 정부지출(G)을 1만큼 증가시키면 균형소비지출(C)의 증가량은? (단, Y는 국민소득, I는 투자,
계산형 X는 수출, M은 수입이며 수출은 외생적임) [노무사 13]

> • $Y = C + I + G + X - M$ • $C = 0.5Y + 10$
> • $I = 0.4Y + 10$ • $M = 0.1Y + 20$

① 0.1   ② 0.2   ③ 1.5   ④ 2.5   ⑤ 5

02 공공경비의 지속적 증가 현상에 대한 이론 ★★

04
지식형

정부지출 증가 원인에 관한 주장으로 옳은 것은? [세무사 22]

① 브라운-잭슨(C. Brown & P. Jackson): 바그너(A. Wagner)의 법칙을 중위투표자의 선택과 결부시켜 설명하였다.
② 보몰(W. Baumol): 사회적 격변기에 전위효과(displacement effect)의 영향으로 정부지출이 팽창된다고 보았다.
③ 피코크-와이즈만(A. Peacock & J. Wiseman): 노동집약적인 공공부문이 민간부문보다 생산성 향상이 느리기 때문에 정부지출이 팽창된다고 주장하였다.
④ 부캐넌(J. Buchanan): 정부지출의 편익이 간접적으로 인식되는 반면, 공공서비스의 공급비용은 과대평가되므로 정부지출이 팽창된다고 설명하였다.
⑤ 바그너의 법칙: 1인당 국민소득 하락 국면에서 공공부문의 상대적 크기가 증가하는 것을 말한다.

정답 및 해설

02 ③ 단순 케인즈 모형에서 정액세만 존재하는 경우 한계소비성향이 0.8로 주어진다면 정부지출승수, 투자승수, 조세승수는 각각 다음과 같다.

정부지출승수: $\dfrac{dY}{dG} = \dfrac{1}{1-c} = \dfrac{1}{1-0.8} = 5$

투자승수: $\dfrac{dY}{dI} = \dfrac{1}{1-c} = \dfrac{1}{1-0.8} = 5$

조세승수: $\dfrac{dY}{dT} = \dfrac{-c}{1-c} = \dfrac{-0.8}{1-0.8} = -4$

위에서 보는 것처럼 정부지출승수가 1보다 크므로 정부지출이 100만큼 증가하면 국민소득은 100보다 더 크게 증가한다. 정부지출승수와 투자승수는 그 크기가 같으므로 기업의 투자가 100만큼 증가할 때와 정부지출이 100만큼 증가하는 경우 국민소득은 동액만큼 증가한다.

03 ④ 조세는 정액세이므로 세율이 존재하지 않는 정부지출승수를 구하면 된다.

$\dfrac{dY_E}{dG_0} = \dfrac{1}{1-c(1-t)+m-i}$ 에서 $\dfrac{1}{1-0.5+0.1-0.4}$ 이므로, 정부지출을 1 증가시키면 국민소득은 5 증가한다. 따라서 소비는 그의 절반인 2.5가 증가한다.

04 ① ② 보몰(W. Baumol): 노동집약적인 공공부문이 민간부문보다 생산성 향상이 느리기 때문에 정부지출이 팽창된다고 주장하였다.
③ 피코크-와이즈만(A. Peacock & J. Wiseman): 사회적 격변기에 전위효과(displacement effect)의 영향으로 정부지출이 팽창된다고 보았다.
④ 부캐넌(J. Buchanan): 부캐넌은 공공재를 무상으로 공급받기를 원하는 일반 대중들이 더 큰 정부지출에 적극적으로 반대하지 않기 때문에 적자재정 등으로 정부부문이 과도하게 팽창된 현대판 리바이어던(국가라는 괴물)이 출연하게 되었다고 주장한다.
⑤ 바그너의 법칙: 1인당 국민소득 상승 국면에서 공공부문의 상대적 크기가 증가하는 것을 말한다.

05 ★★
지식형

정부지출 증가의 원인에 관한 설명으로 옳은 것을 모두 고른 것은? [세무사 12]

> ㄱ. 1인당 국민소득이 증가할 때 국민경제에서 차지하는 정부지출 규모의 상대적 크기가 커지는 현상은 바그너(Wagner) 법칙에 부합한다.
> ㄴ. 브라운-잭슨(Brown-Jackson)은 위기 상황이 몇 차례 반복됨에 따라 정부지출은 점차 더 증가하나, 혼란기가 지난 후에도 정부지출의 상대적 비중은 이전 수준으로 복귀하지 못하고 일단 높아진 수준에서 지속적으로 증가하는 현상이 나타난다고 설명하였다.
> ㄷ. 피콕-와이즈만(Peacock-Wiseman)은 바그너 법칙을 중위투표자 선택과 결부시켜 설명하며, 공공서비스에 대한 수요의 소득탄력성이 충분히 크면 정부지출의 상대적 비중이 커진다고 보았다.
> ㄹ. 보몰(W. Baumol)은 정부부문의 규모가 확대되는 이유로 정부부문의 생산성이 향상됨에 따라 확대재정정책을 추구하려는 욕구가 강하기 때문으로 보았다.
> ㅁ. 뷰캐넌(J. Buchanan)은 대의 민주주의 체제가 본질적으로 정부부문의 과도한 팽창을 유발하는 속성을 갖고 있다는 리바이어던 가설(Leviathan hypothesis)을 제시하였다.

① ㄱ, ㄹ　　　　　② ㄱ, ㅁ　　　　　③ ㄴ, ㄷ
④ ㄷ, ㄹ　　　　　⑤ ㄷ, ㅁ

06 ★
지식형

다음에서 제시하는 현상과 가장 거리가 먼 것은? [세무사 09]

> 1인당 국민소득이 증가할 때 국민경제에서 차지하는 공공부문의 상대적 크기가 증대한다.

① 전위효과(displacement effect)
② 점검효과(inspection effect)
③ 문턱효과(threshold effect)
④ 보몰효과(Baumol effect)
⑤ 자산효과(wealth effect)

07 **★★**
지식형

다음은 예산제도에 관한 설명이다. ( )에 들어갈 내용으로 옳은 것은?

[세무사 22]

> 각 기관의 지출항목별로 예산을 편성하는 방식을 (ㄱ)라고 부른다. (ㄱ)는 유사한 일을 하는 부서 간에 예산편중 중복을 차단하기 쉽지 않다. (ㄴ)는 비슷한 기능을 가진 부서들이 하는 업무를 하나로 묶어 소요 예산을 절감하는 방식을 따르며, 우리나라는 2007년부터 도입하여 운영하고 있다.

① ㄱ: 품목별 예산제도, ㄴ: 영기준예산제도
② ㄱ: 품목별 예산제도, ㄴ: 프로그램예산제도
③ ㄱ: 영기준예산제도, ㄴ: 품목별 예산제도
④ ㄱ: 프로그램예산제도, ㄴ: 품목별 예산제도
⑤ ㄱ: 영기준예산제도, ㄴ: 프로그램예산제도

정답 및 해설

05 ② ㄴ. 피콕과 와이즈만의 전위효과론에 대한 설명이며, 브라운-잭슨은 중위투표자에 의한 공공재 생산을 주장하였다.
　　ㄷ. 브라운-잭슨의 중위투표자 정리를 이용한 설명이다.
　　ㄹ. 보몰은 정부부문의 낮은 생산성이 경비 팽창의 원인이라고 주장한다.

06 ⑤ 문제에 주어진 문장은 경비 팽창에 관한 설명이다.
　　자산효과란 실질자산의 변화가 민간의 소비에 미치는 효과를 말하므로 경비 팽창의 법칙과는 아무런 관련이 없다.

07 ② 1) 품목별 예산제도
　　품목별 예산제도는 예산계정을 정부의 개별적인 조직 또는 기능이나 사업에 사용되는 구체적인 지출품목에 따라 분류하는 제도로, 예산에 대한 책임의 소재를 분명히 하고, 예산집행 시의 유용이나 부정을 방지하기 위해 품목별로 예산액을 명시하고 그 집행을 결산으로 확인하는 제도다. 지출계정은 예를 들면 봉급, 물건비, 자본설비 등 지출의 대상(objects)에 따라 분류되며, 지출대상은 다시 품목으로 세분되는데, 봉급을 예로 들면 월급, 임시월급, 초과수당 등으로 구분된다.
　　2) 프로그램예산제도
　　프로그램예산제도는 동일한 정책목표를 가진 단위사업들을 하나의 프로그램으로 묶어 예산 및 성과관리의 기본 단위로 삼는 것으로, 우리나라에서는 지방자치단체가 2008년부터, 중앙정부는 2007년부터 공식적으로 채택하였다.

08 ★★
지식형
공공경비 팽창에 관한 설명으로 옳지 않은 것은?

① 바그너(A. Wagner)의 법칙이란 1인당 국민소득이 증가할 때 공공부문의 상대적 크기가 증가하는 것을 말한다.
② 피코크-와이즈만(A. Peacock and J. Wiseman)은 사회적 격변기에 정부지출 수준이 급속히 높아져 일정 기간 유지되면, 추세선 자체가 상방으로 이동하게 되는데 이를 전위효과(displacement effect)라고 불렀다.
③ 보몰(W. Baumol)은 노동집약적인 공공부문이 민간부문보다 생산성 향상이 더디게 일어나기 때문에 경비가 팽창하게 된다고 보았다.
④ 부캐넌(J. Buchanan)은 특정 공공지출의 편익은 수혜자들에게 직접적으로 인식되는 반면, 공공서비스의 공급비용은 모든 사회구성원들에게 조세 형태로 분산되기 때문에 공공서비스 공급비용을 과소평가한다고 설명하였다.
⑤ 브라운-잭슨(Brown-Jackson)은 바그너 법칙을 중위투표자 선택과 결부시켜 설명하며, 공공서비스에 대한 수요의 소득탄력성이 비탄력적이면 정부지출의 상대적 비중이 커진다고 보았다.

---

03 예산제도 ★★

09 ★
지식형
다음 설명 중 옳지 않은 것은?

① 증분주의예산제도는 전년도 예산을 기준으로 일정 금액을 가감하는 과정을 거쳐 예산을 편성한다.
② 복식예산제도는 경상지출은 차입을 통해, 자본적 지출은 조세 등으로 충당한다.
③ 성과주의예산제도는 업무량에 단위원가를 곱하여 예산액을 결정한다.
④ 계획예산제도는 장기적 계획수립과 단기적 예산편성을 유기적으로 결합하고자 한다.
⑤ 영기준예산제도는 상향식 의사결정과정을 예산에 반영한 것이다.

---

10 ★
지식형
조세지출의 예로서 옳은 것은? [세무사 13]

① 남북협력기업에 대한 보조금 지급
② 기초생활수급자에 대한 에너지 교환권 지급
③ 법인세 특별감가상각
④ 담배소비에 대한 특별과세
⑤ 조세수입으로 확보된 자금의 지출

11 조세지출에 관한 설명으로 옳지 않은 것은? [세무사 09]

① 민간부문의 어떤 특별한 행위를 촉진하기 위해 조세상의 특혜를 부여할 때 생기는 조세수입의 상실분을 말한다.

② 조세지출은 역전된 보조라고 부를 정도로 공평성 측면에서 문제가 될 수 있다.

③ 투자세액공제 또는 기부금공제 등이 전형적인 사례이다.

④ 비과세, 세액감면, 보조금 등에 의한 세수결손을 의미한다.

⑤ 감추어진 보조금의 역할을 할 수 있다.

정답 및 해설

08 ⑤ 브라운-잭슨(Brown-Jackson)은 바그너 법칙을 중위투표자 선택과 결부시켜 설명하며, 공공서비스에 대한 수요의 소득탄력성이 충분히 크면 정부지출의 상대적 비중이 커진다고 보았다.

09 ② 복식예산제도는 자본적 지출은 차입을 통해, 경상지출은 조세 등으로 충당한다.

10 ③ 조세지출이란 개인이나 기업의 특정 경제활동을 장려하기 위하여 비과세, 감면 등의 세제상의 유인을 제공함에 따라 포기된 조세수입을 의미한다.

[오답체크]
①②④⑤는 모두 조세지출이 아니라 직접지출의 사례이다.

11 ④ 조세지출이란 개인이나 기업의 특정 경제활동을 장려하기 위하여 비과세, 감면 등의 세제상의 유인을 제공함에 따라 포기된 조세수입을 의미한다. 정부가 지급하는 보조금은 조세지출이 아니라 직접지출이다.

제5장

비용편익분석

제5장 | 비용편익분석

01

민간부문의 비용편익분석
★★★

핵심 Check: 민간부문의 비용편익분석

현재가치법	$NPV = PV - C$
내부수익률법	$(B_0 - C_0) + \dfrac{(B_1 - C_1)}{(1+m)} + \cdots\cdots + \dfrac{(B_n - C_n)}{(1+m)^n} = 0$
편익비용비율법	$BC\ ratio = \dfrac{PV_B}{PV_C}$

---

1. 비용편익분석의 의미와 과정

(1) 의미

① 투자안이나 정책 등의 의사결정을 할 때 비용과 편익을 따져 여러 대안 중 최적의 대안을 선정하는 기법이다.

② 잠재적 파레토 개선에 근거를 두고 있다.

(2) 투자를 실천에 옮길지 고려하는 과정

① 주어진 목표를 달성할 수 있게 하는 여러 투자계획의 대안 등을 찾아낸다.

② 각 대안이 실행되었을 때 결과로서 나타날 모든 것을 예측해본다.

③ 비용과 편익을 추정해 사업계획의 종합적인 타당성을 평가한다.

2. 현재가치법(NPV: Net Present Value)

(1) 의미

① 투자로부터 얻는 예상수입의 현재가치와 투자재의 구매비용을 비교해 투자 여부를 결정하는 것이다.

② 미래에 예상되는 비용과 편익은 적절한 비율로 할인되어 현재가치(Present Value)로 바뀌어야 일관성 있는 평가가 가능하다.

(2) 할인율

① 미래가치를 할인의 과정에 적용하는 비율이다.

② 투자계획에 사용되는 자금의 시간당 기회비용과 일치하도록 선택되어야 한다.

③ 민간부문의 투자평가에는 자금을 빌려다 쓸 때 지불해야 하는 이자율을 사용한다.

④ 공공투자계획의 평가에서는 사회적인 관점에서 평가된 기간당 기회비용이 사용되어야 하므로 민간부문과 다르다.

(3) 순편익의 현재가치

$$NPV = (B_0 - C_0) + \frac{(B_1 - C_1)}{(1+r)} + \frac{(B_2 - C_2)}{(1+r)^2} + \cdots\cdots + \frac{(B_n - C_n)}{(1+r)^n}$$

① NPV > 0이면 투자를 채택한다.

② NPV < 0이면 투자를 기각한다.

(4) 투자와 이자율(= 할인율)

① 현재 PV > C이어서 투자를 증가시킬 가치가 있는 투자안에 대하여 이자율(r)이 상승하면 위 식에 의하여 현재가치(PV)가 줄어든다. 따라서 PV < C가 된다면 투자를 포기하는 경우가 발생한다.

② 이자율이 상승하면 투자는 감소하게 되므로 투자는 이자율의 감소함수이다.

③ 따라서 할인율로 사용되는 시장이자율이 높을수록 사업의 타당성이 줄어든다.

집중! 계산문제

어떤 투자사업은 초기 투자비용이 500억원이고, 투자 다음 해부터 20년간 매년 20억원의 편익과 2억원의 비용이 발생한다고 한다. 사회적 할인율이 0%일 때, 이 사업에서 발생하는 순편익의 현재가치는? (단, 사업의 잔존가치는 0원이다)

[세무사 11]

① -100억원　　② -140억원　　③ 0원　　④ 100억원　　⑤ 140억원

해답

> ☑ 현재가치법 계산풀이법
> 1) 편익과 비용이 동시에 발생했다면 해당 연도에서 편익-비용을 계산한 후 결과를 할인한다.
> 2) 비용이 최초에 발생하고 편익은 미래에 발생했다면 편익만 할인하여 편익-비용을 계산한다.

사회적 할인율이 0이므로 순편익의 현재가치는 $NPV = -140$억원이다.

$$NPV = -500 + \frac{(20-2)}{(1+0)} + \frac{(20-2)}{(1+0)^2} + \cdots + \frac{(20-2)}{(1+0)^{20}}$$

$$= -500 + (18 + 18 + \cdots + 18) = -500 + 360 = -140$$

정답: ②

(5) 투자계획의 채택 여부

① 단일안의 경우

순편익의 현재가치가 0보다 큰 경우 채택하고 작으면 기각한다.

② 여러 대안을 비교할 경우

순편익의 현재가치가 높은 순서대로 채택하면 된다.

3. 내부수익률(IRR: Internal Rate of Return)

(1) 의미

① 내부수익률(투자의 한계효율)과 이자율을 비교해 투자를 결정한다는 케인즈의 투자 결정 이론으로, 투자의 한계효율이란 투자로부터 얻게 되는 수입의 현재가치(PV)와 투자비용(C)이 같아지는 할인율(m)을 의미한다.

② 즉, 투자의 순현재가치를 0으로 만드는 할인율을 의미한다.

(2) 내부수익률의 계산

$$(B_0 - C_0) + \frac{(B_1 - C_1)}{(1+m)} + \frac{(B_2 - C_2)}{(1+m)^2} + \cdots\cdots + \frac{(B_n - C_n)}{(1+m)^n} = 0$$

① 내부수익률(m)과 이자율(r)을 비교하여 투자를 결정한다.

- m > r이면 투자를 증가시킨다.
- m = r이면 투자를 중지한다.
- m < r이면 투자를 감소시킨다.

② 내부수익률에서는 투자는 시장이자율이 아닌 기업가의 기대와 (동물적) 감각에 의해 결정된다고 본다.

③ 사례

어떤 투자의 내부수익률이 9%라면 시장이자율이 9% 미만일 때 투자를 한다.

핵심 Plus +

토빈의 q 이론

- 주식시장과 기업의 투자를 연계시킨 이론으로 주가에 반영된 미래를 고려한 투자이론이다.
- 주식시장에서 평가된 기업의 시장가치(시가총액) ÷ 기업 실물자본의 대체비용(공장설비비용)
  → 1보다 크면 시장에서 평가하는 기업가치가 자본 양을 늘리는 데 드는 비용보다 크므로 투자하는 것이 바람직하다.

집중! 계산문제

A기업은 ○○산업단지에 현재 시점에서 10억원의 투자비용이 일시에 소요되는 시설을 건축하기로 했다. 이 시설로부터 1년 후에는 10억원의 소득이 발생할 것으로 예상되고 2년 후에는 B기업이 20억원에 이 시설을 인수하기로 했다고 하자. 연간 이자율이 50%라면 A기업의 입장에서 해당 사업의 내부수익률은 얼마인가? [세무사 15]

① 50%   ② 100%   ③ 150%   ④ 200%   ⑤ 250%

해답

☑ 내부수익률 계산풀이법
1) 현재가치법과 내부수익률의 공식은 유사하다. 다만 이자율 대신에 내부수익률인 m을 넣어서 식을 세워 구한다.
2) 문제에서 주어진 이자율은 트릭이므로 무시한다.
3) n차 방정식의 해는 n개이다. 따라서 (−)인 값은 배제한다.
4) 인수분해가 어려운 경우 객관식에서 제시된 값을 공식에 대입하여 0이 나오는 것을 구해도 된다.

1) 내부수익률은 순편익의 현재가치가 0이 되는 할인율(m)이므로 아래의 식을 풀면 순편익의 현재가치를 계산할 수 있다.

2) $NPV = -10 + \dfrac{10}{(1+m)} + \dfrac{20}{(1+m)^2} = 0$ ➡ $(1+m)^2 - (1+m) - 2 = 0$

➡ $m^2 + m - 2 = 0$ ➡ $(m+2)(m-1) = 0$ ➡ $m = -2$ 혹은 1이다.

3) 내부수익률이 (−)가 될 수는 없으므로 적절한 내부수익률 값은 $m = 1$임을 알 수 있다.

정답: ②

(3) 투자계획의 채택 여부

① 단일안의 경우

내부수익률이 투자계획에 드는 자금의 기회비용을 뜻하는 할인율(r)보다 크면 채택한다.

② 여러 대안을 비교할 경우

내부수익률이 높은 순으로 채택하면 된다.

(4) 단점

① 투자계획의 크기가 다른 경우 잘못된 선택이 가능하다. 즉, 내부수익률이 높아도 순편익의 총액이 작은 경우가 존재한다.

② n차 방정식으로 정해질 경우 해가 존재하지 않거나 여러 개의 해가 존재할 가능성이 있어 어떤 것을 내부수익률로 할지 분명하지 않다.

③ 편익의 흐름 양상이 다른 사업의 경우 시점에 따라 내부수익률의 크기가 다를 수 있으므로 잘못된 결론에 도달할 수 있다.

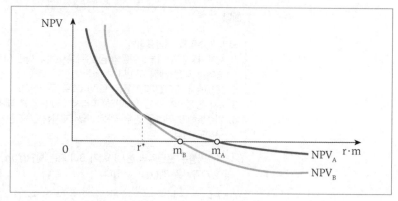

➜ 내부수익률로 평가 시 A안이 채택된다. 그러나 시장이자율이 r*보다 낮은 경우 순현재가치가 큰 B안을 선택하는 것이 바람직하다.

4. 편익-비용비율법(BC ratio; Benefit-Cost ratio)

(1) 의미

① 편익의 현재가치와 비용의 현재가치의 비율로 나타낸다.

② 순현재가치법이 총액을 비교하는 것이라면 편익-비용비율법은 분수 형태로 비교하는 것이다.

(2) 편익-비용비율의 계산

1보다 크면 채택하고 1보다 작으면 기각한다.

$$BC\,ratio = \frac{PV_B(=\text{편익의 현재가치})}{PV_C(=\text{비용의 현재가치})}$$

(3) 투자계획의 채택 여부

① 단일안의 경우

B/C비율이 1보다 크면 채택하고 1보다 작으면 기각한다.

② 여러 대안을 비교할 경우

B/C비율이 높은 것부터 우선순위를 부여한다.

(4) 단점

① 편익-비용비율이 높은 것이 가장 바람직한 것이 아닐 수 있다.

구분	투자계획 A	투자계획 B
편익	300억	200억
비용	100억	50억
순편익	200억	150억
편익-비용비율	3	4

- 순편익은 A안이 크지만, 편익-비용비율은 B안이 더 크다.
- 만약 편익-비용비율로 선택했다면 비합리적인 선택이다.

② 편익과 비용을 어떻게 처리하느냐에 평가 결과가 달라질 수 있다.

구분	투자계획 A	투자계획 B
편익	500억	400억
비용	200억	200억
편익-비용비율	2.5	2

- 만약 A안에 80억의 부수적인 피해가 발생한다고 하자.

- 편익의 감소로 처리하면 500억이 420억이 되므로 편익-비용비율은 $\frac{420}{200} = 2.1$ 이다. 따라서 A안이 채택된다.

- 비용의 증가로 처리하면 200억이 280억이 되므로 편익-비용비율은 $\frac{500}{280}$ = 약 1.785이다. 따라서 B안이 채택된다.

편익과 비용의 흐름이 다음 표와 같은 공공투자사업에 관한 설명으로 옳은 것은 몇 개인가? (단, 사회적 할인율은 10%이다)　　　　　　　　　　[세무사 16]

분석 기간	편익(억원)	비용(억원)
0기	0	10
1기	10	10
2기	10	10
3기	10	10
4기	10	0

- 사업의 내부수익률은 12%이다.
- 본 사업의 순현재가치는 1이다.
- 본 사업의 편익비용비율(B/C ratio)은 1보다 작다.
- 사회적 할인율이 7.5%로 인하되면 순현재가치는 증가한다.

① 0개　　　　② 1개　　　　③ 2개　　　　④ 3개　　　　⑤ 4개

해답

- 순편익의 현재가치가 (−)라는 것은 편익의 현재가치가 비용의 현재가치보다 작다는 것을 의미한다. 그러므로 순편익의 현재가치가 (−)인 공공투자의 편익비용비율$\left(\dfrac{B}{C}비율\right)$은 1보다 작다.
- 이 사업의 사회적 할인율이 10%에서 7.5%로 인하되면 4기에 발생하는 편익의 현재가치가 커지므로 순편익의 현재가치가 증가한다.

[오답체크]
- 내부수익률은 순편익(NPV)의 현재가치가 0이 되는 할인율이므로 이 공공투자안의 내부수익률은 $NPV = -10 + \dfrac{10}{(1+m)^4} = 0$을 만족시키는 값이다. 따라서 이 식을 풀면 $m = 0$으로 계산된다. 그러므로 이 공공투자안의 내부수익률이 0임을 알 수 있다.
- 0기에는 순편익이 -10, 1 ~ 3기에는 순편익이 0, 4기에는 순편익이 10이므로 이 공공투자사업의 순편익의 현재가치 $NPV = -10 + \dfrac{10}{(1+0.1)^4} ≒$ -3.170이다.　　　　　정답: ③

공공부문의 비용편익분석
★★

핵심 Check: 공공부문의 비용편익분석

편익의 종류	실질적 편익과 금전적 편익 등 구분해야 함
잠재가격	정확한 잠재가격을 구할 수 없으므로 조정된 시장가격 사용
독점인 경우 (조세도 유사)	공공재 생산량이 동일한데 소비량만 감소했다면 시장가격, 공공재 생산량이 증가했는데 소비량이 동일하다면 한계비용, 공공재 생산량이 증가했는데 소비량이 감소했다면 시장가격과 한계비용의 가중평균을 통해 기회비용계산
통계적 생명의 가치	인적자본접근법, 지불의사접근법
환경의 가치	지불의사접근법, 회피행위접근법, 헤도닉가격접근법, 조건부평가법 등
사회적 할인율	• 민간투자에 준할 경우 투자자금은 세전수익률, 소비자금은 세후수익률 적용 • 민간투자와 다른 방법을 사용하면 사회적 할인율은 낮게 설정하는 것이 좋음
위험할인인자	• 불확실한 편익은 그 값을 작게 만들어 주어야 하므로 위험할인인자는 1보다 작음 • 불확실한 위험은 그 값을 크게 만들어 주어야 하므로 위험할인인자는 1보다 큼

1. 공공부문의 특징

(1) 민간부문과의 공통점

편익과 비용을 분석하여 사업의 타당성을 검토한다는 측면이 동일하다.

(2) 민간부문과의 차이점

① 복합적 목표의 추구

민간부문의 기업은 이윤만을 유일한 관심의 대상으로 삼고 있으나, 공공부문은 여러 가지 복합적인 목표를 추구한다.

② 시장가격의 적용 불가능

• 기업의 경우에는 비용과 편익을 평가할 때 시장가격을 그대로 사용하면 되는데 공공부문은 시장가격의 사용이 바람직하지 못한 상황이 존재한다.

• 시장가격의 사용이 바람직하지 못한 예로는 시장이 존재하지 않는 경우, 존재한다 해도 시장이 기회비용을 제대로 반영하지 못하는 경우 등이 있다.

③ 공공사업의 여러 가지 목표

총소비 증대를 통한 후생 증진, 소득재분배, 산업발전의 기반 제공, 고용 수준의 제고, 경제자립도의 제고, 가치 욕구의 충족 등이 있다.

2. 공공사업의 편익 구분

(1) 실질적 편익과 금전적 편익

① 실질적 편익

공공사업의 수혜자가 얻는 실질적 편익을 의미하며, 그들의 복지증진에 기여한다.

② 금전적 편익
- 공공사업으로 인해 상대가격구조가 변화하고 그 결과 어떤 사람에게 금전상의 이득이 생긴 것을 의미한다.
- 상대가격의 변화로 인해 이득을 보는 자와 손해를 보는 자가 발생하지만 사회 전체적인 후생변화는 없다.
- 일반적으로 공공사업의 편익은 금전적 편익이 아닌 실질적 편익만 고려한다.

(2) 직접적 편익과 간접적 편익

① 직접적 편익
- 공공사업을 통해 직접 기대할 수 있는 편익을 의미한다.
- A지역의 산업 활성화를 위해 공단을 조성하는 공공사업을 시행하여 A지역의 산업이 실제 활성화되는 것을 예로 들 수 있다.

② 간접적 편익
- 공공사업의 부산물이라는 성격을 가지는 편익을 의미한다.
- A지역의 산업 활성화를 위해 공단을 조성하는 공공사업을 시행하는 과정에서 도로가 정비되고 이로 인해 주변 지역의 주민들이 실제로 편익을 얻는 것을 의미한다.
- 공단조성과정에서 환경이 오염된다면 부의 편익(= 추가적 비용)이 발생할 수도 있다.

(3) 유형적 편익과 무형적 편익

① 유형적 편익

우리가 수치상으로 실제 파악할 수 있는 편익을 의미한다.

예 관개사업을 통해 농산물의 생산량이 증가하는 경우 등

② 무형적 편익

수치로 파악할 수 없는 주관적 편익을 의미한다.

예 우주개발 프로그램을 통해 국가의 위신을 높이는 것 등

(4) 중간적 편익과 최종적 편익

① 중간적 편익

소비자에게 직접 소비되는 것이 아니라 다른 재화나 서비스의 생산을 돕는 효과의 성격을 갖는 편익을 의미한다.

예 관개사업을 통해 농사짓는 사람들에게 돌아가는 혜택 등

② 최종적 편익

공공사업에 나오는 편익이 소비자에 의해 직접 소비될 수 있는 성격을 가지는 것을 의미한다.

예 관개사업을 통해 저수량이 확보되는 것 등

(5) 내부적 편익과 외부적 편익

① 내부적 편익

행정 단위가 공공사업을 수행하고 있을 때 그것이 관장하는 구역 안에서 발생하는 편익이다.

② 외부적 편익

행정 단위가 공공사업을 수행하고 있을 때 그것이 관장하는 구역 외부로 누출되는 편익이다.

확인문제

공공투자가 유발하는 편익과 비용에 관한 설명으로 옳지 않은 것은? [세무사 18]
① 실질적 편익은 공공사업의 최종소비자가 얻는 편익으로, 사회후생 증가에 기여한다.
② 화폐적 편익과 비용은 공공사업에 의해 야기되는 상대가격의 변화 때문에 발생하며, 사회 전체의 후생은 불변이다.
③ 무형적 비용은 외부불경제에 의해 발생한다.
④ 유형적 편익이 무형적 편익보다 작은 공공사업이 존재한다.
⑤ 무형적 편익과 비용은 시장에서 파악되지 않기 때문에 공공투자의 시행 여부를 판단함에 있어 고려하지 않아도 된다.

해답

무형적 편익과 비용도 공공사업에 따라 사회가 얻는 이득과 사회가 부담하는 비용이므로 비용편익분석에서 모두 고려되어야 한다.   정답: ⑤

3. 편익과 비용의 평가 기준

(1) 공공사업의 평가 기준으로 시장가격을 사용하기 어려운 이유

독점 등의 시장의 불완전성, 조세 등의 정부개입 등이 존재한다.

(2) 잠재가격(shadow prices)

① 자원의 사회적 기회비용을 반영하는 가격이다.

② 실제로 사회적 기회비용을 정확하게 반영하는 가격을 산출하는 것은 어려우므로 현실적인 대안이 되기 어렵다.

(3) 조정된 시장가격(adjusted market prices)

① 시장의 불완전성의 원인에 따라 시장가격에 적절히 조정을 가한 가격이다.

② 독점의 경우

공공사업수행을 위해 독점자가 생산한 상품을 구입할 때 그 결과로 시장에 어떤 변화가 오느냐에 따라 달라진다.

- 상품의 생산량이 공공사업에서 사용한 그 양만큼 증가한다면 그 상품의 사회적 기회비용은 추가적 생산을 위해 소요된 자원비용이라고 볼 수 있으므로 한계비용을 평가 기준으로 사용한다.
- 공공사업수행을 위해 그 상품을 구매했는데도 생산량은 예전의 수준에 그대로 머물러 있다면 소비자에게 갈 상품이 공공사업에 쓰인 것이므로 시장가격을 평가 기준으로 사용한다.
- 상품의 생산량이 증가하기는 했는데 공공사업에서 사용한 것보다 적게 증가하는 경우에는 가격과 한계비용의 가중평균을 구해 이를 사회적 기회비용으로 간주할 수 있다.

③ 조세의 존재

- 독점에 준하여 구한다.
- 상품의 생산량이 공공사업에서 사용한 그 양만큼 증가한다면 그 상품의 사회적 기회비용은 추가적 생산을 위해 소요된 자원비용이라고 볼 수 있으므로 조세를 제외한 한계비용을 평가 기준으로 사용한다.
- 공공사업수행을 위해 그 상품을 구매했는데도 생산량은 예전의 수준에 그대로 머물러 있다면 소비자에게 갈 상품이 공공사업에 쓰인 것이므로 조세를 포함한 시장가격을 평가 기준으로 사용한다.
- 상품의 생산량이 증가하기는 했는데 공공사업에서 사용한 것보다 적게 증가하는 경우에는 가격과 한계비용의 가중평균을 구해 이를 사회적 기회비용으로 간주할 수 있다.

④ 실업의 존재
- 공공사업에 사람들을 고용하는 경우 실업에 대해 적절히 고려해야 한다.
- 심각한 불황으로 인해 비자발적 실업이 광범위하게 존재하는 경우가 아닌 한 실제로 지급되는 임금이 기회비용의 좋은 근사치가 된다.

집중! 계산문제

완전경쟁시장에서 X재에 대한 수요곡선과 공급곡선이 다음과 같이 주어져 있다.

- 수요: $P = 300 - X$
- 공급: $P = 2X$

정부가 공공사업에 X재를 30단위 투입하였다고 할 때, 이로부터 발생하는 사회적 비용(기회비용)은?

① 6,000　　　② 6,200　　　③ 6,300　　　④ 6,400　　　⑤ 6,600

해답

위의 식에서 균형가격과 거래량을 구하면 $300 - X = 2X$이므로 $X = 100$, $P = 200$이다. 정부가 공공사업에 X재를 30단위 투입하면 수요가 증가하므로 $P = 330 - X$가 된다. $330 - X = 2X$이므로 $X = 110$, $P = 220$이다. 이를 바탕으로 민간의 후생 감소분과 한계비용 증가분을 구하면 다음과 같다.

민간의 후생 감소분$(A + B) = \dfrac{1}{2} \times 20 \times 20 + 20 \times 200 = 4,200$

한계비용 증가분$(C + D) = \dfrac{1}{2} \times 10 \times 20 + 10 \times 200 = 2,100$

따라서 이 양자를 더한 사회적 비용은 6,300이다.

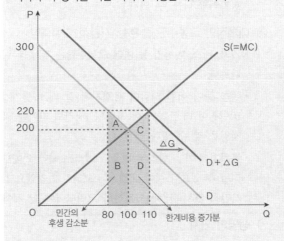

정답: ③

4. 특수한 상황에서의 편익과 비용의 평가

(1) 시장가격이 변화하는 경우

① 공공사업은 규모가 크기 때문에 이로 나온 상품이 시장에 유입되면서 가격에 변화가 나타날 가능성이 크다.

② 예를 들어, 수평인 한계비용이 하락하면 이로 인해 소비자잉여가 증가한다. 여기에서 발생한 잉여의 증가분이 공익사업으로 인한 편익 평가 기준으로 사용될 수 있다.

(2) 시장에서 거래되지 않는 것의 평가

① 시장가격이 없으므로 다른 상황에서 관찰된 소비자의 행위나 시장정보를 이용해 그와 같은 편익에 대한 사람들의 평가를 간접적으로 추정할 수밖에 없다.

② 단순소비자 선택을 적용한 시간의 가치측정
  • 공공사업으로 인한 편익은 시간당 임금에 절약된 시간의 크기를 곱하여 계산할 수 있다.
  • 예를 들어 공공사업의 결과 어떤 사람의 출퇴근시간이 연간 100시간 절약되었는데 그의 시간당 임금률이 5만원이라면 그에게 생긴 총시간의 편익은 연간 500만원이다.
  • 노동시간의 선택이 자유로운 상황에서만 정당화될 수 있다.
  • 특정한 일에 따르는 비금전적 이득 혹은 손해 때문에 임금률이 시간의 진정한 평가액과 다를 수 있다.

③ 대체적인 교통수단을 통한 시간적 가치측정
  • 기차, 버스, 비행기 등 여러 교통수단은 각각의 속도가 다르므로 걸리는 시간이 다르다.
  • 예를 들어 어떤 사람이 목적지에 갈 때 비행기가 KTX보다 2시간이 덜 들고 10만원이 더 든다면 이 사람의 1시간의 가치는 최소한 5만원이 된다고 판단한 것임을 알 수 있다.
  • 목적지에 가는 방식에 비용과 걸리는 시간 외에도 안전성이나 쾌적성 등이 고려될 수 있으나 이에 대해서는 고려하지 않았으므로 대체적인 교통수단을 통한 시간적 가치측정에는 적절히 고려되어야 할 것이다.

④ 생명의 가치
  • 윤리적으로는 생명의 가치가 무한하지만, 경제학적 관점에서는 특정한 가치를 가질 수밖에 없다.
  • 생명의 통계적 분석을 통해서 생각해 볼 수 있다.
  • 생명과는 별도로 환경변화를 통해 건강이 개선되거나 악화되는 가치를 평가할 수도 있다.

⑤ 무형적 가치

- 무형적 편익을 주요한 목표로 하는 공공사업에 대해 객관적인 평가를 한다는 것은 원칙적으로 불가능할 수 있다.
- 무형적 가치의 평가가 매우 힘든 상황이라면 비용편익분석을 포기하고 비용효율성분석이라는 우회적 방법을 쓸 수밖에 없다.
- 비용효율성분석은 공공사업이 주어진 것으로 간주하고 이를 달성할 수 있는 여러 대안 중 가장 적은 비용으로 달성할 수 있는 것을 찾아내는 접근방법이다.
- 예를 들어, 교통사고 사망률을 감소시킨다는 것을 목표로 설정하고 이를 달성하기 위한 가장 적은 비용의 대안을 찾는 것을 들 수 있다.

(3) 통계적 생명의 가치

① 통계적 생명이란 사람들이 시간이나 돈을 들여 죽음의 위험을 줄이는 행위를 하게 됨으로써 죽음의 확률과 금액을 바꾸는 것이 가능하다는 것을 전제로 한다.

② 인적자본접근법

- 어떤 사람의 죽음으로 인해 상실된 소득으로 평가하는 방법이다.
- 생명의 가치 = 소득 감소 - 부양비용 감소분
- 진정한 생명의 가치를 과소 평가하고, 생산이나 노동시장에 참여하지 않아 소득이 없는 사람의 가치는 없다고 보는 문제점을 가진다.

③ 지불의사접근법

- 사람들의 안전성 증대를 위해 지불할 용의가 있는 금액을 측정해 생명의 가치를 평가하는 방법이다.
- 사망의 확률이 높은 직종에 더 많은 임금을 지급하는 것이 보통인데 보상적 임금격차라고 한다.
- 직업을 선택할 때 그들이 처하게 될 위험에 대해 모르고, 알더라도 무시하는 경향이 나타날 수 있으므로 생명의 가치가 과소 평가될 수 있다.

(4) 환경정책의 편익과 비용

① 지불의사접근법

- 환경의 질 악화로 인해 손해를 본다고 느끼는 사람들은 이를 개선하기 위한 금액을 지불할 용의를 갖는다.
- 위의 지불의사를 알아내 그것이 환경정책에서 나오는 편익이라고 보는 것이 지불의사접근법이다.

핵심 Plus +

여행비용접근법
특정한 지역의 자연환경으로부터의 편익을 얻기 위해 사람들이 지출한 비용을 계산하여 그 자연자원의 가치를 평가하는 방법이다.

② 회피행위접근법
- 사람들은 위험을 회피하기 위해 어느 정도의 지출을 감수할 용의를 가진다.
- 위의 지불의사를 알아내 환경정책에서 나오는 편익을 측정하는 것이 회피행위 접근법이다.
- 대기오염으로 인한 호흡기 질환의 고통을 회피하기 위해 일정 금액을 지불하고 의료서비스를 이용했다면, 환경이 정화되어 호흡기 질환에서 해방되었을 때 의료서비스만큼의 편익을 얻는 것을 예로 들 수 있다.

③ 헤도닉가격접근법
- 주택가격을 그것이 갖는 여러 가지 특성의 가치로 분해할 수 있다는 것이 헤도닉가격접근법이다.
- 환경의 질이 높아지면 주택가격이 상승하게 되는데 이렇게 상승한 가격 폭을 환경정책에서 나온 편익으로 간주할 수 있다고 본다.

④ 조건부평가법(= 조건부가치평가법)
- 가상적인 환경개선의 가능성을 제시하고 사람들로 하여금 설문조사를 통해 이에 대해 평가를 하게 만드는 것이다.
- 예를 들어 마스크를 쓰지 않을 정도로 공기의 질을 개선한다는 가상적인 시나리오를 제시하고, 이를 위해 얼마의 추가적 세금을 부담할 용의가 있는지 묻는 것이다.

확인문제

시장에서 거래되지 않는 재화의 가치측정방법에 관한 설명으로 옳지 않은 것은?

[세무사 14]

① 환경과 같은 비시장재화의 가치측정은 이중계산이나 과대 계상의 위험성을 가지고 있다.
② 통계적 생명의 가치는 장래 기대소득의 현재가치를 계산하는 방법을 이용하여 측정할 수 있다.
③ 환경의 가치를 설문조사나 주민들의 선호도 조사를 통해 측정하는 방법을 조건부가치평가법(CVM)이라고 한다.
④ 시간의 가치는 서로 다른 시간이 소요되는 상이한 교통수단에 지불되는 비용의 차이를 이용하여 평가할 수 있다.
⑤ 통계적 생명의 가치는 특정 사업장에서 발생할 수 있는 위험에 따른 임금격차금액에 사망사고 발생확률을 곱하여 측정할 수 있다.

해답

위험에 따른 임금격차를 이용하여 생명의 가치를 평가하려면 임금격차금액에 사망사고 발생확률을 곱하는 것이 아니라 사망사고 발생확률로 나누어야 한다.　　　정답: ⑤

5. 의도적 왜곡평가와 분배 측면의 문제

(1) 의도적 왜곡평가 문제

① 비용과 편익의 객관적 평가가 어렵기 때문에 발생한다.

② 모든 사업이 끝난 후 경제적 타당성이 없는 것으로 드러나기도 한다.

③ 공공사업에서 나오는 편익의 이중계산을 통해 사업추진의 타당성을 인정받아 실행하는 경우를 예로 들 수 있다.

(2) 분배 측면의 고려

① 공공사업은 분배적 효과를 가져오는 것이 일반적이다.

② 공공사업의 분배적 효과를 고려한 타당성 평가를 하려면 소득계층별로 다른 분배가중치를 적용해 계층별 순편익에 조정해주는 방법이 있다.

6. 사회적 할인율

(1) 사회적 할인율의 필요성

① 민간 할인율의 선정

이는 차입된 것이나 자신이 보유한 것이나 관계없이 투자에 소요된 자금의 기간당 기회비용을 계산해 할인율로 사용하면 된다.

② 사회적 할인율의 선정

다양한 사회적 목표를 추구하고 있으므로 민간 할인율과는 달리 다양한 요소를 고려한 사회적 할인율이 선정되어야 한다.

③ 사회적 할인율의 도출방법

민간부문에 준한 할인율 도출접근법과 민간과는 별개의 논리에 의하여 할인율을 도출하는 방법이 있다.

(2) 민간부문에 준한 사회적 할인율의 도출

① 민간부문의 투자 ➜ 세전수익률

민간부문이나 공공부문 모두 동일한 자금을 사용했을 때 동일한 소득을 올려야 하므로 세전수익률을 사용한다.

② 민간부문의 소비 ➡ 세후수익률 혹은 소비자이자율
- 민간부문의 소비에 쓰일 자금이 공공사업에 투입되는 경우라면 할인율은 현재의 소비를 희생하는 것과 관련된 기회비용, 즉 소비자의 시간 선호율(rate of time preference)이 되어야 한다.
- 시점 간 자원배분이 최적 상태라면 시간 선호율은 소비자이자율과 같아진다.
- 이때 소비자이자율은 저축된 자금이 투자되었을 때 얻을 수 있는 수익에서 세금을 제하고 남은 부분을 저축한 사람에게 이자로 지급할 수 있기 때문이다.

집중! 계산문제

공공사업에 투입된 40억원의 자금 중 20억원이 민간부문의 투자에 쓰일 돈이었고, 나머지 20억은 소비에 쓰일 돈이었다고 했을 때 사회적 할인율은? (단, 세전이자율은 20%이고 이자소득세율은 50%이다)

① 5%　　　　② 10%　　　　③ 15%　　　　④ 20%　　　　⑤ 25%

해답

☑ 사회적 할인율 계산풀이법
1) 세후수익률은 '세전수익률 × (1 - 이자소득세율)'로 구한다.
2) 민간부문의 투자에 쓰일 자금은 세전수익률(= 세전이자율), 민간소비에 쓰일 자금은 세후수익률을 사용하여 가중평균한다.

문제에서 세후수익률은 $0.2 \times (1 - 0.5) = 0.1$ 즉, 10%이다.

이를 바탕으로 가중평균을 구하면 $\frac{20}{40} \times 0.2 + \frac{20}{40} \times 0.1 = 0.1 + 0.05 = 0.15$이다.

따라서 15%의 사회적 할인율을 가진다.　　　　　　　정답: ③

③ 투자의 잠재가격
- 투자된 돈 1원에 의해 미래에 발생할 수익의 흐름을 현재가치로 평가한 것을 a원이라 하면, 이것이 투자가 가져올 수 있는 미래의 소비 가능성인 투자의 잠재가격이다.
- 투자의 잠재가격을 구하기가 쉽지 않아 가중평균법이 더 많이 쓰이고 있다.

(3) 민간의 논리와 다른 사회적 할인율의 도출

① 사회적 할인율은 민간의 할인율보다 낮게 설정하는 것이 일반적이다. 할인율이 낮을수록 더 많은 공공사업의 타당성이 높아진다.

② 사회적 할인율을 낮게 설정해야 하는 이유
- 먼 장래에 발생할 편익이나 비용에 대해서도 적절한 고려를 해야 한다.
- 공공사업은 보통 이로운 외부효과를 만들어내므로 공공사업은 하는 편이 바람직하다.

7. 위험성의 문제

(1) 불확실성의 문제

① 미래에 나타날 공공사업의 편익이나 비용에 불확실성이 개입될 가능성이 크며, 이에 따라 적절한 대책을 마련해야 한다.

② 위험성을 고려하여 공공사업을 평가하는 방법으로는 할인율을 통한 조정, 확실 대등액을 통한 조정 등이 있다.

(2) 할인율을 통한 조정

① 공공사업의 특징
  • 비용은 주로 초기에 발생하고 편익은 장기간에 걸쳐 비교적 고른 흐름으로 발생하는 것이 일반적이다.
  • 따라서 위험은 미래에 발생하므로 할인율을 크게 만드는 경우를 고려해야 한다는 주장이 있을 수 있다.

② 할인율 상향조정의 문제점
  • 할인율이 상향조정되면 미래에 발생하는 편익이 작아지므로 많은 사업의 타당성이 상실된다.
  • 미래에 불확실한 비용을 요구하는 계획이 확실한 비용을 요구하는 계획보다 더욱 긍정적인 평가를 받을 수 있는 경우가 존재한다.

(3) 확실대등액을 통한 조정

① 확실대등액(CE; Certainty Equivalent)
  • 불확실한 상황에 놓여있을 때의 기대효용과 동일한 효용을 주는 확실한 상황에서의 금액을 확실대등액이라고 한다.
  • 위험기피자라면, 불확실한 상황보다 확실한 상황을 선호한다.
  • 예를 들어 공공사업에서 불확실한 상황이 있다고 가정하자. 생산된 것의 가치가 50%의 확률로 100만원일 수도 있고 0원일 수도 있다. 이때 기대치는 50만원($= 0.5 \times 100 + 0.5 \times 0$)이 된다.
  • 만약에 확실한 45만원으로 인한 효용이 불확실한 50만원으로 인한 효용과 같다면, 이때 45만원이 바로 확실대등액이다.
  • 위에서 50만원의 불확실한 편익을 45만원의 확실한 편익과 동일하게 보았으므로 이는 결과적으로 10%의 위험할인을 한 셈이 된다.

② 위험할인인자
  • 기대치 × 위험할인인자 = 확실대등액
  • 불확실한 편익은 그 값을 작게 만들어 주어야 하므로 위험할인인자는 1보다 작다.
  • 불확실한 위험은 그 값을 크게 만들어 주어야 하므로 위험할인인자는 1보다 크다.

③ 애로우-린드 정리는 비용-편익분석에서 위험을 고려할 필요가 없는 조건을 제시한다.

> 공공투자로부터 발생하는 편익과 비용이 국민소득(GDP)에 영향을 미치지 않을 정도로 규모가 작거나 그 편익과 비용이 다수에게 분할될 경우에는 공공투자로 인해 발생하는 위험이 무시할 정도로 작기 때문에 비용-편익분석에서 위험을 고려할 필요가 없다.

(4) 예를 통한 기대치, 기대효용, 확실성 등가

① 예

위험기피자인(효용함수 $U = \sqrt{w}$) 갑은 400 가치의 자동차를 소유하고 있으며 사고가 일어날 확률은 0.5이고 사고 시 손실액은 300이라고 가정하자.

② 기대소득(= 기대치)
- 기대소득(기대치): 불확실한 상황에서 예상되는 금액(소득)의 크기를 의미한다.
- 기대소득: $E(w) = p \cdot w_1 + (1-p)w_2$

  (소득 w_1을 얻을 확률이 p, 소득 w_2을 얻을 확률이 $1-p$)
- 재산의 기대치: $E(w) = p \cdot w_1 + (1-p)w_2 = 0.5 \times 100 + 0.5 \times 400 = 250$

③ 효용과 기대효용
- 효용 $U(w)$: 확실한 자산 w에 대한 효용을 말한다.
- 기대효용(효용의 기대치): 기대효용이란 불확실한 상황에서 얻을 것으로 예상되는 효용의 기대치를 의미하며 다음과 같이 계산한다.
- 기대효용: $E(U) = p \cdot U(w_1) + (1-p)U(w_2)$
- 재산의 기대효용: $E[U(250)] = p \cdot U(w_1) + (1-p)U(w_2)$
  $$= 0.5 \times \sqrt{100} + 0.5 \times \sqrt{400} = 15$$

④ 확실성 등가(= 확실대등액)
- 확실성 등가란 불확실한 상태에서 기대되는 효용의 기대치인 기대효용과 동일한 효용을 주는 확실한 자산의 크기이다.
- 확실성 등가: $U(225) = \sqrt{225} = 15$이므로 기대치 250의 확실성 등가는 225이다.

(5) 위험프리미엄

① 위험프리미엄이란 불확실한 자산을 확실한 자산으로 교환하기 위하여 지불할 용의가 있는 금액이다. 즉, 위험한 기회를 선택하도록 유도하기 위해 필요한 최소한의 추가보상이다.

② 위험프리미엄 = 기대치 - 확실성 등가 = 250 - 225 = 25

확인문제

어떤 사업에 대한 비용편익분석을 하려고 한다. 사업 시행 마지막 해인 50년 후에는 구조물을 처리하는 데 드는 비용 등을 고려할 때 기대순편익이 −100억원이라고 한다. 이자율은 매년 10%이고, 지금부터 50년 후의 위험할인율은 20%라고 한다. 사업 시행 마지막 해 순편익의 확실대등액(certainty equivalents)의 현재가치는? [세무사 17]

① $-100억원 \times (1-0.2-0.1)^{50}$

② $-100억원 \div (1-0.2) \div (1+0.1)^{50}$

③ $-100억원 \div (1+0.2) \div (1+0.1)^{50}$

④ $-100억원 \times (1-0.2) \div (1+0.1)^{50}$

⑤ $-100억원 \times (1+0.2) \div (1+0.1)^{50}$

해답

50년 후에 발생하는 기대순편익을 현재가치로 환산하려면 $(1+이자율)^{50}$으로 나누어주면 된다. 한편, 미래에 발생하는 불확실한 (−)의 기대순편익의 확실성 대등액을 구하려면 그 값을 크게 만들어 주어야 하므로 (1+위험할인율)을 곱해주어야 한다. 이를 수식으로 표현하면 다음과 같다.

$$기대순편익 = \frac{-100억원}{(1+0.1)^{50}} \times (1+0.2)$$

정답: ⑤

01 민간부문의 비용편익분석 ★★★

01 순현재가치법을 사용하면 프로젝트의 채택 여부나 순위에 관하여 모두 바른 결정을 할 수 있다. (○, ×)

02 할인율이 높을수록 순현재가치가 더 커지는 경우도 나타날 수 있다. (○, ×)

03 순현재가치법의 경우 사업 규모가 큰 사업이 불리하게 된다. (○, ×)

04 편익/비용비율을 계산하는 데는 할인율에 관한 정보가 필요하지 않다. (○, ×)

05 프로젝트의 채택 여부만을 결정하려면 순현재가치법이나 편익–비용비율법은 동일한 결과를 가져다준다. (○, ×)

06 편익–비용비율법으로 투자안을 평가하면 순편익의 현재가치가 작은 투자안을 선택할 수도 있다. (○, ×)

07 내부수익률은 순편익의 현재가치가 0이 되도록 하는 할인율을 말한다. (○, ×)

08 내부수익률이 양(+)으로 나타나는 경우 사업 타당성이 인정된다. (○, ×)

09 내부수익률을 이용하는 경우에 규모가 큰(작은) 투자사업이 언제나 우선순위가 높다고 나타난다. (○, ×)

정답 및 해설

01 ○ 순현재가치법을 사용하면 단일방안의 채택 여부를 고려하는 것 또는 두 가지 이상의 방안에 대하여 순위를 결정하는 것 모두가 가능하다. 순현재가치법은 가장 우월한 비용편익분석방법이다.

02 ○ 편익이 먼저 발생하고 비용이 나중에 발생하면 할인율이 높아질수록 순현재가치가 더 커질 수 있다.

03 X 순현재가치법은 사업 규모를 반영할 뿐 유/불리한 정도와는 관계가 없다.

04 X 편익의 현재가치를 비용의 현재가치로 나누어 수치를 구한 후 그것이 1보다 큰지 작은지에 따라 사업의 타당성 여부를 구분하는 방법으로서 현재가치를 계산하는 과정에서 할인율을 필요로 한다.

05 ○ 단일 사업에 대한 타당성을 검토하는 데 있어 내부수익률법, 순현재가치법, 편익-비용비율법은 동일한 결과가 나타난다.

06 ○ 편익-비용비율법은 사업의 규모를 고려하지 못하기 때문에 규모가 고려되는 순현재가치법의 결과와 달라질 수 있다. 예컨대 A방안의 편익이 60 비용이 30이고, B방안의 편익이 600 비용이 300인 경우 A방안과 B방안의 편익-비용비율법은 동일한 결과를 가져다주지만, 순현재가치법으로 평가하면 A방안의 순편익의 현재가치는 30, B방안의 순편익의 현재가치는 300으로 차이가 난다.

07 ○

08 X 내부수익률이 시장이자율보다 클 때 사업의 타당성이 인정된다.

09 X 내부수익률은 사업의 규모를 고려하지 못한다.

10 내부수익률을 계산하는 경우에 시장할인율을 얼마로 결정하는가에 크게 의존한다. (○, ×)

11 어떤 한 대안의 내부수익률은 여러 개로 계산될 수 있다. (○, ×)

12 복수사업을 비교할 때(우선순위를 결정할 때) 내부수익률법과 순현재가치법은 같은 결과를 보이게 된다. (○, ×)

13 편익은 비용의 감소, 비용은 편익의 감소로 생각할 수도 있으므로 편익과 비용의 정의를 어떻게 내리느냐에 따라서 내부수익률 값이 달라질 수 있다. (○, ×)

14 내부수익률(internal rate of return)법은 투자액 한 단위당 수익률을 비교하기는 용이하나 사업별 총수익을 비교하는 데에는 유용하지 않다. (○, ×)

15 비교하고자 하는 사업이 서로 다른 기간구조를 가질 경우 내부수익률만을 기준으로 투자 우선순위를 결정하는 것은 바람직하지 않다. (○, ×)

16 A기업은 ○○산업단지에 현재 시점에서 10억원의 투자비용이 일시에 소요되는 시설을 건축하기로 했다. 이 시설로부터 1년 후에는 10억원의 소득이 발생할 것으로 예상하고 2년 후에는 B기업이 20억원에 이 시설을 인수하기로 했다고 하자. 연간 이자율이 50%라면 A기업의 입장에서 해당 사업의 내부수익률은 100%이다. (○, ×)

17 어떤 투자사업은 초기 투자비용이 500억원이고, 투자 다음 해부터 20년간 매년 20억원의 편익과 2억원의 비용이 발생한다고 한다. 사회적 할인율이 0%일 때, 이 사업에서 발생하는 순편익의 현재가치는 −100억원이다. (단, 사업의 잔존가치는 0원이다) (○, ×)

정답 및 해설

10 X 내부수익률을 구하는 데엔 시장할인율이 고려되지 않는다(시장할인율에 크게 의존하는 것은 순현재가치법이다).

11 ○

12 X 복수사업을 비교할 때는 세 가지 비용편익분석방법이 다 다른 결과를 가질 수 있다. 단일 사업의 경우는 세 가지 방안 모두 같은 결과를 가진다.

13 X 편익-비용비율법의 단점이다.

14 ○ 사업별 총수익을 비교하는 데 유용하지 않다는 것은 사업 규모를 고려하지 못한다는 말과 같다.

15 ○

16 ○ 1) 내부수익률은 순편익의 현재가치가 0이 되는 할인율(m)이므로 아래의 식을 풀면 순편익의 현재가치를 계산할 수 있다.
2) $NPV = -10 + \dfrac{10}{(1+m)} + \dfrac{20}{(1+m)^2} = 0$ ➡ $(1+m)^2 - (1+m) - 2 = 0$
➡ $m^2 + m - 2 = 0$ ➡ $(m+2)(m-1) = 0$ ➡ $m = -2$ 혹은 1이다.
3) 내부수익률이 (−)가 될 수는 없으므로 적절한 내부수익률 값은 $m = 1$임을 알 수 있다.

17 X 사회적 할인율이 0이므로 순편익의 현재가치 $NPV = -140$억원으로 계산된다.
$$NPV = -500 + \frac{(20-2)}{(1+0)} + \frac{(20-2)}{(1+0)^2} + \cdots + \frac{(20-2)}{(1+0)^{20}}$$
$$= -500 + (18 + 18 + \cdots + 18) = -500 + 360 = -140$$

02 공공부문의 비용편익분석 ★★

18 실질적 편익은 공공사업의 최종소비자가 얻는 편익으로, 사회후생 증가에 기여한다. (○, ×)

19 화폐적 편익과 비용은 공공사업에 의해 야기되는 상대가격의 변화 때문에 발생하며, 사회 전체의 후생은 불변이다. (○, ×)

20 무형적 비용은 외부불경제에 의해 발생한다. (○, ×)

21 유형적 편익이 무형적 편익보다 작은 공공사업이 존재한다. (○, ×)

22 무형적 편익과 비용은 시장에서 파악되지 않기 때문에 공공투자의 시행 여부를 판단함에 있어 고려하지 않아도 된다. (○, ×)

23 공공사업에서 물품세가 부과된 상품을 사용하는 경우 공공사업 때문에 물품세가 부과된 상품의 생산량이 늘어나지 않는다면 한계비용을 평가 기준으로 사용할 수 있다. (○, ×)

24 공공사업에서 물품세가 부과된 상품을 사용하는 경우 공공사업 때문에 물품세가 부과된 상품의 생산량이 늘어난다면 생산자가격을 평가 기준으로 사용할 수 있다. (○, ×)

25 조세가 부과된 제품을 공공사업의 투입물로 사용하는 경우 투입물의 생산자가격이 아닌 소비자가격을 반드시 비용계산에 사용하여야 한다. (○, ×)

26 공공사업의 경우 불완전경쟁시장에서는 잠재가격이 적절한 평가 기준이 되지 못하므로 시장가격을 사용한다. (○, ×)

정답 및 해설

18 ○

19 ○

20 ○

21 ○

22 X 무형적 편익과 비용도 공공사업에 따라 사회가 얻는 이득과 사회가 부담하는 비용이므로 비용편익분석에서 모두 고려되어야 한다.

23 X 생산량이 늘어나지 않는다면 소비량이 감소한 것이므로 시장가격을 평가 기준으로 사용할 수 있다.

24 ○ 물품세가 부과된다는 것은 시장이 왜곡되었다는 것이다. 이 경우 생산량 증가는 한계비용 혹은 생산자가격을 평가 기준으로 사용할 수 있다.

25 X 상황에 따라 다르게 적용하여야 한다.

26 X 공공사업의 경우 불완전경쟁시장에서는 시장가격이 적절한 평가 기준이 되지 못하므로 잠재가격을 사용해야 한다.

27 공공사업에서 독점생산자가 생산한 제품을 중간투입요소로 사용하는 경우 독점제품의 생산이 공공사업 때문에 늘어나지 않는다면 시장가격을 평가 기준으로 사용할 수 있다. (○, ×)

28 민간에 고용되었던 사람이 공공사업에 투입되었다면 민간에서의 임금률이 기회비용이 된다. (○, ×)

29 환경의 가치를 설문조사나 주민들의 선호도 조사를 통해 측정하는 방법을 조건부가치평가법(CVM)이라고 한다. (○, ×)

30 위험을 회피하기 위해 어느 정도 지출을 감수할 용의가 있는지를 파악하는 편익산출법을 회피행위접근법이라고 한다. (○, ×)

31 지불의사접근법은 환경의 질 악화로 인해 손해를 본다고 느끼는 사람들이 환경개선을 위해 지불할 용의가 있는 금액을 파악하는 방법이다. (○, ×)

32 헤도닉가격접근법은 주택가격이 환경의 질을 포함하여 주택이 가지는 여러 가지 특성에 의해 결정된다고 설명한다. (○, ×)

33 통계적 생명의 가치는 특정 사업장에서 발생할 수 있는 위험에 따른 임금격차금액에 사망사고 발생확률을 곱하여 측정할 수 있다. (○, ×)

34 시간의 가치는 서로 다른 시간이 소요되는 상이한 교통수단에 지불되는 비용의 차이를 이용하여 평가할 수 있다. (○, ×)

35 현재가치할인율이 낮을수록 사업기간이 짧은 공공투자 프로젝트가 유리하게 평가된다. (○, ×)

제5장

해커스 서호성 재정학

정답 및 해설

27 ○ 독점시장에서 생산량의 변화가 없으므로 사회적인 기회비용은 생산량 증가에 따른 비용은 존재하지 않고 민간소비 감소에 따르는 편익 감소이므로 시장가격을 평가 기준으로 사용할 수 있다.

28 ○ 취업자가 공공사업에 투입된다면 민간에서의 세전임금률이 기회비용이 된다.

29 ○

30 ○

31 ○

32 ○ 주택가격이 환경의 질을 포함한 주택이 가지는 여러 특성에 의해 결정되므로, 헤도닉가격접근법은 환경의 이용가치를 주택가격에 의해 추정하는 방법이다.

33 × 임금격차금액에 사망사고 발생확률을 나누어 측정한다.

34 ○

35 × 할인율이 낮을수록 사업기간이 긴 공공투자 프로젝트가 유리하게 평가된다.

36 현재가치할인율이 높을수록 편익이 후기에 많이 발생하는 프로젝트가 유리하게 평가된다. (○, ×)

37 현재가치할인율이 높을수록 보다 많은 공공투자 프로젝트가 경제성이 높은 것으로 평가될 수 있다.
(○, ×)

38 정부 공공사업에 대한 할인율은 기회비용의 관점에서 희생된 민간부문 투자의 수익률을 사용할 수 있다.
(○, ×)

39 사회적 할인율은 자본시장이 완전할 때 자본의 한계생산성과 소비자의 시간 선호율을 적절히 반영하고 있다.
(○, ×)

40 공공투자가 가져오는 양(+)의 외부성을 고려하여 사회적 할인율을 민간 할인율보다 낮게 결정할 필요가 있다.
(○, ×)

41 공공사업의 편익은 미래에 걸쳐 장기적으로 발생하기 때문에 사회적 할인율을 민간 할인율보다 낮게 결정할 필요가 있다. (○, ×)

42 공공투자의 경우 미래세대의 후생 증가분도 반영해야 하므로 사회적 할인율은 민간 할인율보다 낮게 책정되는 것이 바람직하다. (○, ×)

43 공공사업의 경우 공공투자의 편익이 국민소득에 전혀 영향을 미치지 않을 정도로 작고, 공공투자의 비용이나 편익이 다수의 사람에게 분할될 때 위험과 불확실성을 고려할 필요가 없다. (○, ×)

정답 및 해설

36 X 현재가치할인율이 높을수록 비용이 후기에 많이 발생하는 프로젝트가 유리하다. 혹은 현재가치할인율이 낮을수록 편익이 후기에 많이 발생하는 프로젝트가 유리하게 평가된다.

37 X 일반적으로 비용이 초기에 발생하고 편익이 후기에 발생한다고 가정하기 때문에 현재가치할인율이 높다면 많은 프로젝트의 경제성이 낮은 것으로 평가될 수 있다.

38 O 기취업자를 공공프로젝트에 투입하는 경우 민간에서의 세전임금이 기회비용이 되는 것처럼, 공공사업에 대한 할인율은 기회비용의 관점에서 희생된 민간부문 투자의 세전수익률을 사용할 수 있다.

39 X 시장이자율(혹은 민간 할인율)은 자본시장이 완전할 때 자본의 한계생산성과 소비자의 시간 선호율을 적절히 반영하고 있기 때문에 공공사업에 사용되는 할인율에 이를 이용할 수 있다는 것이지 그것이 사회적 할인율은 아니다.

40 O

41 O

42 O

43 O 애로우-린드 정리의 내용이다.

01 민간부문의 비용편익분석 ★★★

01
계산형 ★

기간별 비용과 편익이 아래와 같을 때 공공사업의 순편익의 현재가치는? (단, 할인율은 10%이다)

[세무사 21]

구분	0기	1기	2기
비용	3,000	0	0
편익	0	1,100	2,420

① $-\dfrac{3,520}{(1+0.1)^2}$ ② $-\dfrac{520}{(1+0.1)}$ ③ 0

④ 100   ⑤ 520

02
지식형 ★★

비용편익분석에 관한 설명으로 옳은 것은?

[세무사 19]

① 비용편익분석의 이론적 기반은 파레토 보상 기준이다.
② 현재가치법을 사용할 경우, 할인율이 낮을수록 장기사업보다 단기사업이 유리하다.
③ 현재가치법은 총편익의 현재가치를 기준으로 사업의 우선순위를 결정한다.
④ 편익-비용비율법의 경우 그 값이 작을수록 우선순위가 올라간다.
⑤ 내부수익률은 순편익의 현재가치를 1로 만드는 할인율이다.

정답 및 해설

01 ③   1) NPV = 순현재가치의 합

2) $-3,000 + \dfrac{1,100}{(1+0.1)} + \dfrac{2,420}{(1+0.1)^2} = 0$

02 ①   ② 현재가치법을 사용할 경우, 할인율이 높을수록 장기사업보다 단기사업이 유리하다.
③ 현재가치법은 순편익의 현재가치를 기준으로 사업의 우선순위를 결정한다.
④ 편익-비용비율법의 경우 그 값이 클수록 우선순위가 올라간다.
⑤ 내부수익률은 순편익의 현재가치를 0으로 만드는 할인율이다.

03 비용-편익분석에 관한 설명으로 옳지 않은 것은? [세무사 18]

지식형

① 현재가치법에서 할인율이 높아질수록 편익이 초기에 집중되는 사업의 상대적 우선순위가 높아진다.
② 내부수익률은 사업 순편익의 현재가치를 0으로 만드는 할인율이다.
③ 사업의 규모가 현저히 다른 두 사업에 대해서 내부수익률법과 현재가치법은 다른 우선순위를 가질 수 있다.
④ 추가적인 비용을 비용 증가 또는 편익 감소 어느 쪽으로 분류하든 편익-비용비율은 달라지지 않는다.
⑤ 우리나라 정부에서 행하고 있는 예비타당성 조사는 비용-편익분석의 사례이다.

04 A, B 두 사업의 연차별 수익이 아래 표와 같다. 두 사업의 비용편익분석 결과에 관한 설명으로 옳지 않은

계산형 것은? [세무사 17]

사업안	사업 연차별 수익		
	0년	1년차	2년차
A	-1,000	0	1,210
B	-1,000	1,150	0

① 순현재가치평가 결과 할인율이 7%라면 A가 유리한 사업이다.
② 순현재가치평가 결과 할인율이 8%라면 B가 유리한 사업이다.
③ 할인율에 따라 내부수익률과 순현재가치의 평가 결과가 상이하다.
④ 내부수익률 기준으로는 B가 유리한 사업이다.
⑤ 순현재가치로 평가하는 경우, 할인율이 높을수록 편익이 단기간에 집약적으로 발생하는 단기투자에 유리하다.

★★★
05 A, B 두 투자사업은 사업 초기에 대부분의 비용이 발생하고, 사업 기간은 각각 5년, 10년이다. 그리고 2%
지식형 의 할인율하에서 순현가치(NPV)는 동일하며 내부수익률은 각각 5%와 3%이다. 다음 설명 중 옳지 않은
것은?

[세무사 14]

① A, B 모두 내부수익률이 할인율보다 높아서 사업추진이 가능하다.
② 내부수익률로 보면 A가 B보다 높아서 A를 선택한다.
③ A의 순현재가치와 B의 순현재가치가 같아서 현재가치법으로는 투자의 우선순위를 결정할 수 없다.
④ 현재가치법에 따르면 할인율을 4%로 하면 B의 순현재가치가 A보다 커져서 B를 선택한다.
⑤ 투자계획의 크기가 서로 다른 상황에서는 내부수익률만으로 투자의 우선순위를 결정하는 경우 오류
가 발생할 수 있다.

정답 및 해설

03 ④ 편익-비용비율은 편익의 현재가치를 비용의 현재가치로 나눈 값이므로 추가적인 비용을 편익의 감소
로 인식하는지, 또는 비용의 증가로 인식하는지에 따라 편익-비용비율이 달라진다.

04 ① 1) 공공사업 A와 B의 순편익의 현재가치는 아래의 식으로 나타낼 수 있다.

$$NPV_A = -1,000 + \frac{1,210}{(1+r)^2}$$

$$NPV_B = -1,000 + \frac{1,150}{(1+r)}$$

2) 지문분석

①② 할인율이 7%일 때는 A와 B의 순편익의 현재가치는 각각 57, 75이고, 할인율이 8%일 때는
각각 37, 65로 계산된다. 할인율이 7%일 때와 8%일 때 모두 공공사업 B의 순편익의 현재가치
가 더 크므로 현재가치법을 사용하면 두 경우 모두 공공사업 B가 유리하게 평가된다.

[오답체크]

③ 내부수익률에 따르면 B가 유리하다. 그러나 만약 할인율이 0%일 경우 순현재가치법으로는 A사업
이 유리하다.

④ 할인율이 10%일 때 A의 순편익이 0이고, 할인율이 15%일 때 B의 순편익이 0이므로 A의 내부수
익률은 10%, B의 내부수익률은 15%이다. 그러므로 내부수익률법으로 평가하면 공공사업 B가 유
리하게 평가된다.

⑤ 할인율이 높을수록 미래에 발생하는 편익이 작게 측정된다. 따라서 편익이 단기간에 집약적으로
발생하는 것이 유리하다.

05 ④ 할인율이 3%와 5% 사이에 있을 때는 투자안 A의 순현재가치는 0보다 크나 투자안 B의 순현재가치
는 0보다 작다. 그러므로 현재가치법에 따르더라도 할인율이 4%라면 순현재가치가 더 큰 투자안 A를
선택하게 된다.

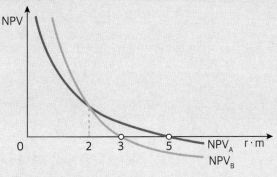

★★
06
계산형

다음은 환경 관련 기초시설 사업의 기간별 비용과 편익이다. 이때 내부수익률은 얼마인가? [세무사 14]

구분	0기	1기	2기
편익	0	15	18
비용	25	0	0

① 0.05 ② 0.08 ③ 0.10
④ 0.15 ⑤ 0.20

★★★
07
계산형

A시가 폐기물매립장을 건설하는 데 2010년 말 700만원의 비용이 소요된다. 2011년 초부터 폐기물을 반입하기 시작하여 2012년 말까지 사용할 수 있는데, 이 2년 동안 매립장의 사용에 따른 편익은 매년 말 1,005만원, 비용은 매년 말 400만원씩 발생한다. 할인율이 연 10%일 때, 이 사업의 2010년 말 기준 순현재가치는? (단, 잔존가치는 "0"임) [세무사 10]

① 150만원 ② 250만원 ③ 350만원
④ 450만원 ⑤ 550만원

★★
08
지식형

비용-편익분석과 관련된 설명 중 옳은 것은? [세무사 08]

① 순현재가치법의 경우 사업 규모가 큰 사업이 편리하게 된다.
② 두 가지의 사업을 비교할 때 내부수익률법과 순현재가치법은 같은 결과를 보이게 된다.
③ 편익-비용비율법의 경우 특정 항목을 음의 편익으로 볼 것인가 또는 양의 비용으로 볼 것인가에 관계없이 결과가 같게 나타난다.
④ 내부수익률이 양(+)으로 나타나는 경우 사업의 타당성이 인정된다.
⑤ 어떤 한 대안의 내부수익률은 여러 개로 계산될 수 있다.

★★
09 공공사업이 유발하는 편익과 비용에 관한 설명으로 옳은 것은? [세무사 22]

지식형

① 공공사업을 추진하는 행정주체는 내부적 편익과 외부적 편익 가운데 외부적 편익을 더 중시한다.

② 공공사업의 목표는 소득재분배, 총소비 증대를 통한 국민의 후생증진에 국한된다.

③ 공공사업에서 발생하는 금전적 편익은 사회 전체적인 후생을 증진시킨다.

④ 공공사업의 유형적 편익과 무형적 편익을 비교하면 무형적 편익이 크다.

⑤ 공공사업은 이윤 이외의 목표 추구 등을 고려하므로 그 편익과 비용을 측정할 때 시장가격과 다른 척도의 적용이 필요하다.

정답 및 해설

06 ⑤ 1) 내부수익률은 순편익의 현재가치가 0이 되는 할인율이므로 다음의 식을 만족하는 m값을 말한다.

2) $NPV = -25 + \dfrac{15}{(1+m)} + \dfrac{18}{(1+m)^2} = 0$ ➜ $-25(1+m)^2 + 15(1+m) + 18 = 0$

➜ $25(1 + 2m + m^2) - 15(1+m) - 18 = 0$ ➜ $25m^2 + 35m - 8 = 0$

➜ $(5m - 1)(5m + 8) = 0$ ➜ $m = \dfrac{1}{5}$ 혹은 $m = -\dfrac{8}{5}$

3) 내부수익률이 (−)가 될 수는 없으므로 적절한 값은 $m = \dfrac{1}{5} = 0.20$이다.

07 ③ 2010년 말에 700만원의 비용이 소요되고, 2011년 말과 2012년 말에 각각 605만원의 순편익이 발생하므로 2010년 말 기준 순현재가치는 350만원으로 계산된다.

$NPV = -700 + \dfrac{(1,005 - 400)}{(1 + 0.1)} + \dfrac{(1,005 - 400)}{(1 + 0.1)^2} = -700 + 550 + 500 = 350$만원

08 ⑤ 내부수익률은 n차 방정식이므로 해도 n개이다. 따라서 어떤 한 대안의 내부수익률은 여러 개로 계산될 수 있다.

[오답체크]

① 순현재가치법의 경우 사업 규모를 고려할 수 있지만 사업 규모가 큰 것이 편리하다고 단정지을 수 없다.

② 한 사업의 채택 여부를 결정할 때는 순현재가치법과 내부수익률법의 결과가 동일하나, 두 사업을 비교할 때는 순현재가치법과 내부수익률법이 다른 결과를 보일 수도 있다.

③ 편익-비용비율법의 경우 특정 항목을 음의 편익으로 볼 것인가 아니면 양의 비용으로 볼 것인가에 따라 우선순위가 바뀔 수 있다.

④ 내부수익률법을 통해 공공사업을 평가할 때는 내부수익률이 할인율보다 커야 사업의 타당성이 인정된다.

09 ⑤ ① 공공사업을 추진하는 행정주체는 내부적 편익과 외부적 편익 가운데 외부적 편익을 더 중시하지는 않는다.

② 공공사업의 목표는 소득재분배, 총소비 증대를 통한 국민의 후생증진에 국한되지는 않는다. 정부의 3대 목표는 자원배분, 소득재분배, 경제안정화이다.

③ 공공사업에서 발생하는 금전적 편익은 사회 전체적인 후생과 관련이 없다.

④ 공공사업의 유형적 편익과 무형적 편익을 비교했을 때 무형적 편익이 크다고 단정지어 말할 수 없다.

★★★
10 공공사업의 비용-편익분석에 관한 설명으로 옳지 않은 것은?   [세무사 15]
지식형
① 공공사업에 사용될 투입요소가 민간의 독점시장으로부터 제공된다면, 비용계산 시 독점가격에서 독점이윤을 제외시켜야 한다.
② 투입요소에 간접세가 부과된 경우, 이 조세는 정부로 이전되기 때문에 비용계산 시 제외시켜야 한다.
③ 사회적 할인율이 높아질수록 초기에 편익이 집중되는 사업이 유리해진다.
④ 공공투자에 사용되는 자금의 기회비용은 그 자금을 어떤 방식으로 조달하였느냐에 따라 달라질 수 있다.
⑤ 시장이자율이 사회적 할인율보다 높을 때 시장이자율을 할인율로 사용하면 공공사업의 경제성이 커질 수 있다.

★★★
11 정부 공공사업의 비용-편익분석과 관련된 설명으로 옳지 않은 것은?   [세무사 13]
지식형
① 정부 공공사업에 대한 할인율은 기회비용의 관점에서 희생된 민간부문 투자의 수익률을 사용할 수 있다.
② 공공사업에 대한 투입물의 가격은 경쟁시장 여부에 따라 달라진다.
③ 민간에 고용되었던 사람이 공공사업에 투입되었다면 민간에서의 임금률이 기회비용이 된다.
④ 공공사업으로 시장가격이 낮아지는 경우라면 증가된 소비자잉여가 사회적 편익에 포함되어야 한다.
⑤ 조세가 부과된 제품을 공공사업의 투입물로 사용하는 경우 투입물의 생산자가격이 아닌 소비자가격을 비용계산에 사용하여야 한다.

★★
12 공공사업의 비용-편익분석에 관한 설명으로 옳지 않은 것은?   [세무사 10]
지식형
① 공공사업의 비용과 편익이 장기간에 걸쳐 발생하기 때문에 적정한 사회적 할인율 선정이 어렵다.
② 공공사업의 경우 불완전경쟁시장에서는 잠재가격이 적절한 평가 기준이 되지 못하므로 시장가격을 사용한다.
③ 공공사업의 경우 예상되는 편익과 비용의 현재가치를 기준으로 판정하므로 분배적 측면을 고려하기는 어렵다.
④ 공공사업의 경우 공공투자의 편익이 국민소득에 전혀 영향을 미치지 않을 정도로 작고, 공공투자의 비용이나 편익이 다수의 사람에게 분할될 때 위험과 불확실성을 고려할 필요가 없다.
⑤ 공공사업에서 발생하는 무형의 비용 및 편익에 대한 평가가 매우 힘든 경우 비용효과성 분석을 사용한다.

13 ★★
지식형
환경정책시행을 통해 발생하는 편익을 측정하는 방법으로 옳은 것은? [세무사 16]

① 조건부가치측정법은 현시된 선호에 기초해 환경의 질 개선에 대해 사람들이 지불할 용의가 있는 금액을 편익으로 측정하는 방법이다.

② 회피행위접근법은 환경오염으로 발생하는 위험을 회피하기 위해 지불하는 금액을 편익으로 측정하는 방법이다.

③ 헤도닉가격접근법은 환경 질 악화로 손실을 본다고 느끼는 사람들에게 이를 개선하기 위해 지불할 용의가 있는 금액을 편익으로 측정하는 방법이다.

④ 지불의사접근법은 환경재의 질적 개선으로 인한 가격 상승 폭을 편익으로 측정하는 방법이다.

⑤ 여행비용접근법은 환경재를 이용함에 있어 가상적인 효과를 제시하고, 이를 통해 얼마만큼 지불할 용의가 있는지를 묻는 방법을 통해 측정하는 방법이다.

14 ★★
지식형
기후변화와 같은 매우 장기적인 현상과 관련된 사업의 비용편익분석에서 일정한 기간 단위로 점차 감소하는 양(陽)의 사회적 할인율을 적용하자는 주장이 있다. 이러한 주장의 근거로 옳은 것은? [세무사 11]

① 미래에 발생하는 비용과 편익을 더 높은 비중으로 반영하기 위한 것이다.

② 현재 시점에서 미래세대에 대한 고려는 무의미하기 때문이다.

③ 비용편익분석에서 나타나는 장기적인 편익의 불확실성과 위험을 반영하기 위한 것이다.

④ 미래에 발생하는 비용과 편익이 서로 다르기 때문이다.

⑤ 현재에 발생하는 비용과 편익을 더 높은 비중으로 반영하기 위한 것이다.

정답 및 해설

10 ⑤ 시장이자율이 사회적 할인율보다 높을 때 시장이자율을 공공사업의 할인율로 사용하면 나중에 발생하는 편익의 현재가치가 작아지므로 공공사업의 경제성이 낮게 평가된다.

11 ⑤ 조세가 부과된 제품을 공공사업의 투입물로 사용하는 경우 공공부문에서 사용되는 재화가 민간소비 감소에서 조달된 것이라면 소비자가격을 기회비용으로 보아야 하나 추가적인 생산 증가로 조달된 것이라면 한계비용을 기회비용으로 사용하여야 한다. 따라서 소비자가격으로 단정지어 말할 수 없다.

12 ② 완전경쟁시장인 경우는 시장가격을 사용할 수 있지만 불완전경쟁시장에서는 재화의 시장가격이 기회비용을 적절히 반영하지 못하므로 공공사업의 불완전경쟁시장에서 공급되는 재화가 투입물로 사용되는 경우에는 시장가격이 아니라 잠재가격을 사용해야 한다.

13 ② ①③⑤ 지불의사접근법에 대한 설명이다.
④ 헤도닉가격접근법에 대한 설명이다.

14 ① 일정 기간 단위로 점점 낮은 할인율을 적용하게 되면 모든 기간에 동일한 할인율을 적용할 때보다 상대적으로 미래의 순편익이 현재의 순편익보다 크게 평가된다. 그러므로 일정 기간 단위로 점차 낮은 사회적 할인율을 적용하자는 주장은 미래의 순편익을 더 높은 비중으로 반영하기 위한 것으로 볼 수 있다.

★★
15
지식형

환경정책에 있어서 비용과 편익의 측정 및 평가 방법에 관한 설명으로 옳지 않은 것은?　[세무사 12]

① 조건부가치평가법은 잘 보존된 환경이 갖는 사용가치를 시장가격으로 측정하는 방법이다.
② 위험을 회피하기 위해 어느 정도 지출을 감수할 용의가 있는지를 파악하는 편익산출법을 회피행위접근법이라고 한다.
③ 회피행위접근법에 따라 환경정책으로 인한 편익을 산출하면 편익이 과소 평가될 수 있다.
④ 헤도닉(hedonic)가격접근법은 주택가격이 환경의 질을 포함하여 주택이 가지는 여러 가지 특성에 의해 결정된다고 설명한다.
⑤ 지불의사접근법은 환경의 질 악화로 인해 손해를 본다고 느끼는 사람들이 환경개선을 위해 지불할 용의가 있는 금액을 파악하는 방법이다.

★★
16
지식형

비용-편익분석에 있어서 사회적 할인율에 관한 설명으로 옳지 않은 것은?　[세무사 09]

① 사회적 할인율은 자본시장이 완전할 때 자본의 한계생산성과 소비자의 시간 선호율을 적절히 반영하고 있다.
② 공공투자가 가져오는 양(+)의 외부성을 고려하여 사회적 할인율을 민간의 할인율보다 낮게 결정할 필요가 있다.
③ 공공사업의 편익은 미래에 걸쳐 장기적으로 발생하기 때문에 사회적 할인율을 민간 할인율보다 낮게 결정할 필요가 있다.
④ 공공투자의 경우 미래세대의 후생 증가분도 반영해야 하므로 사회적 할인율은 민간 할인율보다 낮게 책정되는 것이 바람직하다.
⑤ 현실적으로 자본시장의 불완전성으로 인해 시장이자율을 공공사업의 할인율로 사용하는 것은 적절하지 않은 측면이 있다.

★★
17
지식형

특정 프로젝트의 비용과 편익이 불확실한 경우 활용하는 확실성 등가(certainty equivalent)에 관한 설명으로 옳지 않은 것은?　[세무사 21]

① 확실성 등가가 크면 클수록 더 위험회피적(risk averse)이다.
② 확실성 등가를 산출하기 위해서는 프로젝트의 수익 분포뿐만 아니라 개인의 위험회피도에 대한 정보도 필요하다.
③ 위험중립적(risk neutral)인 개인의 경우 위험프리미엄은 0이며 확실성 등가는 기대소득과 일치한다.
④ 확실성 등가는 프로젝트의 기대소득에서 위험프리미엄을 공제한 금액을 말한다.
⑤ 위험회피적인 개인의 경우 위험한 기회로부터 기대소득보다 확실성 등가가 항상 작다.

정답 및 해설

15 ① 조건부가치평가법은 시장가격이 아니라 설문조사를 통해 사람들이 환경개선을 위해 각자가 지불할 용의가 있는 금액을 조사하는 것이다.

16 ① 사회적 할인율이 아니라 시장이자율에 대한 설명이다. 사회적 할인율은 사회적인 관점에서 적절하게 설정된 할인율을 말한다.

17 ① ①② 확실성 등가는 불확실한 상황에서 예상되는 기대효용과 동일한 수준의 효용을 가져다주는 확실한 소득이다. 확실성 등가를 산출하기 위해서는 개인의 위험회피도에 대한 정보가 필요하며 확실성 등가가 작으면 더 위험회피적이다.

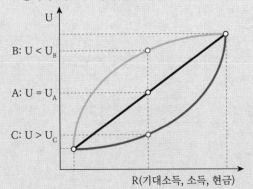

- A(위험중립자): 불확실성하의 기대효용(U) = 확실한 소득의 효용(U_A)
    → 소득이 증가할 때 소득의 효용은 일정하게 증가
- B(위험기피자): 불확실성하의 기대효용(U) < 확실한 소득의 효용(U_B)
    → 소득이 증가할 때 소득의 효용은 체감적 증가
- C(위험선호자): 불확실성하의 기대효용(U) > 확실한 소득의 효용(U_C)
    → 소득이 증가할 때 소득의 효용은 체증적 증가

[오답체크]
③④⑤ 위험프리미엄 = 기대소득 − 확실성 등가
위험중립적(risk neutral)인 개인의 경우 위험프리미엄은 0이며 확실성 등가는 기대소득과 일치한다. 위험기피적일 경우 위험프리미엄이 +이며, 위험선호적이면 위험프리미엄이 −이다.

해커스 서호성 재정학

회계사 · 세무사 · 경영지도사 단번에 합격! 해커스 경영아카데미
cpa.Hackers.com

제6장

조세의 기본원리

제6장 조세의 기본원리

01

세원의 변화와 바람직한 조세제도

★★

┌───┐
핵심 Check: 세원의 변화와 바람직한 조세제도

바람직한 조세의 조건	조세부담의 공평한 분배, 경제적 효율성, 행정적 단순성, 신축성, 정치적 책임성, 확실성
목적세	조세수입이 특정 용도에 사용되기로 정해진 조세
선형누진세	$T = -a + bY$
누진도의 측정	평균세율누진도는 0, 부담세액누진도(= 세수탄력성)는 1보다 클 때 누진세
중립세	경제행위에 교란을 주지 않는 조세로 소득효과만 있으면 넓게 중립세로 봄
└───┘

1. 역사적 주요 세원과 조세의 의미

(1) 전통사회

① 화폐 경제화의 단계가 지극히 미약하고 상업화와 도시화도 진전되지 못했다.

② 따라서 토지와 사람에 대한 과세가 일반적이었다.

(2) 전통사회에서 근대사회로 이행하는 단계

① 국내 상업 활동과 해외 무역 활동이 과세당국의 관심을 끌기 시작하였다.

② 관세, 주세, 혹은 담뱃세와 같은 물품세가 주를 이루게 되었다.

(3) 근대사회 이후

① 소득세나 법인세 같은 직접세에 대한 의존이 점차 늘어나게 되었다.

② 이와 동시에 물품세의 부과 대상이 확대되어 부가가치세와 같은 근대적 물품세
체계로 정착되었다.

③ 직접세와 간접세가 차지하고 있는 비중은 각 나라의 사회적, 역사적 배경에 따라
다른 양상을 보인다.

(4) 조세의 의미

국가가 재정수입을 조달할 목적으로 특별한 개별적 보상 없이 민간부문으로부터
강제적으로 징수하는 화폐이다.

2. 바람직한 조세의 조건

(1) 조세부담의 공평한 분배

① 조세는 국가가 수행하는 사업의 비용을 국민에게 부담시키는 수단이다.

② 따라서 공평한 조세부담에 대한 문제는 다른 어떤 것보다 더 큰 중요성을 가진다.

(2) 경제적 효율성

① 조세의 부과는 민간부문에 영향을 주어 자원배분의 비효율성을 유발하게 된다.

② 따라서 조세가 자원배분의 비효율성을 최소화하게 만들어야 한다.

(3) 행정적 단순성

① 조세가 사람들이 이해하기 어렵고 운영에 큰 비용이 든다면 바람직하지 않다.

② 조세행정비용의 절감과 납세자들의 자발적 협조를 얻을 수 있게 만드는 것이 중요하다.

(4) 신축성

① 조세가 경제적 여건의 변화에 쉽게 반응하는 것을 조세의 신축성이라고 한다.

② 예를 들면, 경기가 호황일 때 물가의 급격한 상승이 발생할 수 있다. 이때 조세가 신축적이라면 소득이 증가한 것에 대응하여 소득세가 많이 증가해 물가가 상승하는 것을 억제할 수 있다.

③ 조세제도가 신축성을 갖고 있으면 정부가 달성하고자 하는 목표를 좀 더 쉽게 달성할 수 있게 된다.

(5) 정치적 책임성

① 책임감이 있는 정부라면 각 납세자가 얼마나 부담하게 되는지 명백히 밝혀야 한다.

② 납세자의 반발을 회피하기 위해서 조세로 인지되기 어려운 간접세를 주된 수단으로 삼는 경우는 정치적으로 무책임하다고 볼 수 있다.

(6) 확실성

① 조세의 부과와 징수가 정해진 법률과 규정에 따라 확실하게 집행되어야 한다.

② 조세의 불확실성이 있는 경우 민간부문의 경제활동이 위축되거나 부조리가 만연하는 등의 불행한 결과를 가져오기도 한다.

3. 조세의 분류

(1) 직접세와 간접세

① 직접세는 납세자와 담세자가 일치하는 조세이다.

② 간접세는 납세자와 담세자가 일치하지 않는 조세이다.

(2) 인세와 물세

① 인세는 납세자의 개인적 부담능력을 고려하여 부과하는 조세이다.

② 물세는 납세자의 개인적 부담능력과 관계없이 재화의 거래, 재산의 보유 등에 부과하는 조세이다.

(3) 종량세와 종가세

① 종량세는 수량에 단위당 일정 금액을 부과하는 조세이다.

② 종가세는 과세표준에 일정 비율을 곱하여 부과하는 조세이다.

(4) 보통세와 목적세

① 보통세는 정부의 일반적인 지출 재원을 조달하기 위하여 부과되는 조세이다.

② 목적세는 조세수입이 특정 용도에 사용되기로 정해진 조세이다.
  예 교통, 에너지, 환경세 등

(5) 목적세의 장단점

① 장점
  - 특정 분야 사업에 대해 어느 정도의 예산이 확보될 가능성이 크기 때문에 사업의 안정성이 보장된다.
  - 예산배분에 있어 칸막이가 발생하므로 다른 분야 예산사업의 재정위험이 목적세로 시행하는 사업에 파급되지 않는다.
  - 해당 조세수입이 어느 정부지출로 귀결되는지를 알 수 있다.
  - 정부의 예산배분 과정에서 나타나는 정치적 갈등을 줄일 수 있다.

② 단점
  - 목적세 세수를 필요한 만큼 확보하지 못하면 보통세 세수를 전용해야 하는 문제가 발생할 수 있다.
  - 정부재정 운영의 신축성을 떨어뜨린다.

목적세에 관한 설명으로 옳지 않은 것은?　　　　　　　　　　　　　[세무사 15]

① 조세수입이 특정 용도에 사용되기로 정해진 세금이다.

② 특정 분야 사업에 대해 어느 정도의 예산이 확보될 가능성이 크기 때문에 사업의 안정성이 보장된다.

③ 예산배분에 있어 칸막이가 발생하므로 다른 분야 예산사업의 재정위험이 목적세로 시행하는 사업에 파급되지 않는다.

④ 해당 조세수입이 어느 정부지출로 귀결되는지를 알 수 있다.

⑤ 공공서비스의 비용을 수혜자에게만 직접 부담시킴으로써 조세의 효율성을 제고시킨다.

해답

모든 목적세가 공공서비스 제공비용을 수혜자에게 부담시키는 조세는 아니다. 예를 들어 교육세는 교육을 받는 사람만 가지는 것은 아니다. 　　　　　　　정답: ⑤

4. 세율에 따른 조세의 분류

(1) 세율의 구분

① 평균세율
  • 평균세율은 과세표준액에서 산출세액이 차지하는 비율이다.
  • 원점에서 그은 선의 기울기를 평균세율로 볼 수 있다.

② 한계세율
  • 한계세율은 과세표준액이 1단위 증가할 때 세액 증가분의 비율이다.
  • 접점에서 그은 선의 기울기를 한계세율로 볼 수 있다.

③ 실효세율
  실효세율은 총소득 혹은 총재산에서 산출세액이 차지하는 비율이다.

(2) 누진세

① 의미: 과세표준이 증가할 때 세율이 상승하는 조세이다.

② 선형누진세의 예: $T = -1,000 + 0.4Y$

(3) 비례세

① 의미: 과세표준의 크기와 관계없이 일정한 세율을 적용하는 조세이다.

② 비례세의 예: $T = 0.4Y$

핵심 Plus +

선형누진세, 비례세, 역진세의 구분

선형형태의 조세는 $T = a + bY$의 형태로 구성된다. b는 한계세율이며, a가 −이면 누진세, 0이면 비례세, +이면 역진세의 성격을 가진다.

면세점

면세점은 조세를 면제하는 기준이 되는 한도이다.

(4) 역진세

① 의미: 과세표준이 증가함에 따라 오히려 적용세율이 낮아지는 조세이다.

② 선형역진세의 예: $T = 1,000 + 0.4Y$

(5) 누진세와 비례세의 비교

① 선형누진세와 비례세의 조세부담 비교

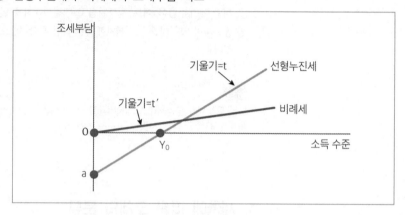

② 누진세와 비례세의 평균세율과 한계세율 비교

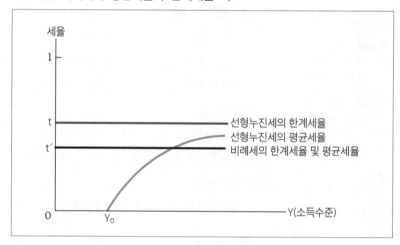

5. 누진도의 측정

(1) 평균세율누진도

① 공식 $= \dfrac{\text{평균세율의 변화분}}{\text{소득의 변화분}}$

② 0을 기준으로 +이면 누진세, - 이면 역진세이다.

(2) 부담세액누진도 = 조세수입의 소득탄력성

① 공식 = $\dfrac{\text{조세수입의 변화율}}{\text{소득의 변화율}}$

② 1을 기준으로 1보다 크면 누진세, 1보다 작으면 역진세이다.

(3) 양자의 차이

일반적으로 유사하지만 다른 결과가 나올 수도 있다.

확인문제

세수함수가 T = -300 + 0.5Y일 때, 다음 중 옳지 않은 것은? (단, T는 세금, Y는
소득, Y > 600이다)　　　　　　　　　　　　　　　　　　　　　　　　[세무사 17]

① 소득이 증가함에 따라 평균세율은 증가한다.

② 한계세율은 소득에 관계없이 일정하다.

③ 세수탄력성은 1보다 작다.

④ 한계세율은 평균세율보다 크다.

⑤ 위의 세수함수는 선형누진소득세에 해당된다.

해답

세수함수 T = -300 + 0.5Y는 선형누진세에 해당한다. 누진세의 경우에는 한계세율이 평균
세율보다 크고, 세수탄력성은 1보다 크다.　　　　　　　　　　　　　　정답: ③

---

6. 조세와 자원배분의 효율성

(1) 조세와 민간부문의 경제행위

① 민간부문이 외부의 간섭을 받지 않고 자유롭게 의사결정을 할 수 있을 때 효율적
자원배분이 이루어진다.

② 조세는 일반적으로 민간부문의 의사결정에 영향을 주고 그 결과 경제행위에 영
향을 미치는 교란이 발생하면 효율성이 떨어질 수밖에 없다.

③ 또한, 조세가 실제로 부과되기 전에 어떤 조세를 부과하는 것만으로도 효과를 낼
수 있다. 이를 공표효과라 한다.

④ 그러나 모든 조세가 효율성을 저하하는 원인이 되는 것은 아니며, 민간의 자율적
인 의사결정이 비효율성을 일으키는 예도 있다.

　예 외부불경제를 교정하기 위한 피구세 등

(2) 중립세(lump-sum tax)

① 정액세와 같이 민간부문의 경제행위에 전혀 교란을 일으키지 않는 조세이다.

② 조세가 부과되면 사람들은 조세부담을 줄이기 위해 경제행위를 바꾸는데 중립세가 부과되면 어떻게 해도 조세부담이 줄어들지 않으므로 종전의 행위를 바꾸려 하지 않기 때문이다.

③ 인두세가 중립세에 가장 가까운 예로 볼 수 있으나 완벽한 의미의 중립세로는 볼 수 없다.
- 어느 한 시점에서는 경제행위를 변화시킴으로써 인두세의 부담을 변화시킬 수 없으므로 중립세의 성격을 가진다.
- 장기적으로는 사람에 부과하는 인두세이므로 자녀의 수를 줄여 조세부담을 감소시킬 수 있기 때문이다.

④ 현실적으로는 소득효과만 있고 대체효과는 없는 조세라면 이를 중립세로 보는 것이 일반적인 경향이다.

(3) 교정과세(corrective taxation)

① 시장의 실패를 보완해주는 성격을 갖는 과세의 개념을 교정과세라고 한다.

② 대표적인 예로는 오염물질 배출을 적정 수준으로 유도하는 역할을 하는 환경세 등을 들 수 있다.

③ 개인의 자유를 주장하는 입장에서 보면 온정적 간섭주의의 성격을 갖는 교정과세는 불필요하고 부당한 간섭에 지나지 않는다.

확인문제

조세가 갖추어야 할 중요한 요소 중의 하나인 중립성에 관한 설명으로 옳지 않은 것은?   [세무사 13]
① 엄격한 의미에서 중립성이란 조세부과가 민간부문의 경제행위에 교란을 일으키지 않음을 의미한다.
② 조세가 부과될 때 사람들이 경제행위를 변화시키는 이유는 조세부담 회피와 관련이 있다.
③ 인두세는 장·단기적으로 경제행위에 영향을 미치지 않는 대표적인 중립세이다.
④ 완화된 개념에서 중립세란 소득효과만 있고 대체효과가 존재하지 않는 조세를 말한다.
⑤ 모든 조세가 반드시 경제행위를 왜곡시키는 것은 아니며, 오히려 민간부문의 왜곡된 경제 현실을 교정하는 경우도 있다.

해답

인두세는 단기적으로는 사람들의 행위에 영향을 미치지 않지만, 장기적으로 보면 자녀 수의 감소를 가져올 수 있으므로 완벽한 중립세인 것은 아니다.   정답: ③

공평한
조세부담
★★

┌───┐
│ **핵심 Check: 공평한 조세부담** │

편익원칙	공공서비스로부터 받은 편익에 비례하도록 조세부담 소득재분배, 경제안정화를 위한 재원 마련 어려움
능력원칙	수평적 공평성, 수직적 공평성을 달성해야 함
경제적 능력의 평가 기준	소득, 예산 집합, 임금률, 소비 수준, 재산
능력평가 기준으로서의 소득	실현된 소득에만 과세해야 하는지의 여부, 인플레이 션 문제, 요소소득과 이전소득의 차등 과세 필요성, 귀속소득과 현물소득의 처리
누진세 찬성	경제적 불평등 감소, 편익원칙, 사회계약론적 근거
누진세 반대	조세제도 복잡화로 인한 부유층 유리, 소수의 부유층 피해, 효율성 저하
동등희생의 원칙	동등절대희생, 동등비례희생, 동등한계희생의 원칙
탈세	적발될 확률, 벌금률의 증가는 일반적으로 탈루소득 V를 줄임

1. 공평한 조세부담의 원칙

(1) 편익원칙

① 의미

납세자가 공공서비스로부터 받은 편익에 비례하도록 조세부담을 분배하는 것이
공평하다고 보는 것이다.

② 연원

- 빅셀(K. Wicksell)의 자발적 교환 모형의 재정 이론에 그 연원이 있다.

- 시장에서 물건을 살 때 그것에게서 나오는 편익에 상응하는 가격을 지불하듯,
  공공부문이 공급하는 재화나 서비스로도 동일한 원리에 따라 조세를 납부해야
  한다는 것이다.

- 소비에서 경합성이 있는 수도 사용료 등에서 편익원칙의 적용이 정당화될 수
  있다.

③ 장점

자신이 정부 서비스로부터 받는 편익에 따라 조세부담이 결정되므로, 납세자의
자발적 협조를 끌어내기 쉽다.

④ 단점

- 공공재의 특성상 무임승차가 가능하므로 현실에서 자신이 얻는 편익의 크기를 과소 표출하는 문제가 발생할 수 있다.
- 소득재분배 및 경제안정화를 위한 재원 마련이 어려우므로 이에 따른 정부지출의 가능성이 없다.

(2) 능력원칙

① 의미

납세자의 담세능력에 따라 부담이 분배되어야 공평하다고 보는 것을 의미하며, 수평적 공평성과 수직적 공평성 모두 고려되어야 한다.

② 연원

- 밀(J. S. Mill)의 「정치 경제학 원리」 등에 그 연원이 있다.
- 밀은 역진적 성격을 갖는 편익원칙을 배격하고, 이보다는 능력원칙이 훨씬 더 공평한 조세부담의 분배를 가져올 것이라고 주장하였다.

③ 장점

조세를 운영하면서 빈부격차를 줄여 사회적 안정성을 높일 수 있다.

④ 단점

정부지출의 혜택과 조세부담을 연결하지 않기 때문에 납세자들의 자발적 협조가 어렵다.

(3) 수평적 공평성

① 의미

똑같은 경제적 능력의 소유자는 똑같은 세금 부담을 져야 한다는 원칙이다.

② 문제점

다양한 배경과 특성을 가진 사람 중에서 어떤 사람들을 똑같은 경제적 능력의 소유자로 보아 수평적 공평성의 적용대상으로 삼아야 할지 문제가 생긴다.

(4) 수직적 공평성

① 의미

더 큰 경제적 능력을 보유하고 있는 사람일수록 더 많은 세금을 내도록 해야 한다는 것이 수직적 공평성의 원칙이다.

② 문제점

경제적 능력이 커감에 따라 얼마나 누진적으로 세금 부담을 늘려야 하는지에 대하여 이견이 있을 수 있다.

확인문제

조세의 근거 학설인 이익설의 장점은?   [세무사 18]
① 조세가 갖는 강제성의 특징을 반영한다.
② 시장경제원리를 적용하기 때문에 조세부과가 용이하다.
③ 경제불안정을 극복하는 데 필요한 정부지출 재원조달이 수월하다.
④ 외부성과 무관하게 공공재 공급 재원을 조달할 수 있다.
⑤ 정부의 저소득층 지원을 위한 복지 재원 확보가 유리하다.

해답

자신이 얻는 이익에 근거하여 시장경제원리를 적용하기 때문에 조세부과가 용이하다.
[오답체크]
① 조세의 일반적 특징일 뿐 이익설과는 관련이 없다.
③⑤ 소득재분배와 경제안정화를 위한 재원조달이 어렵다.
④ 외부성이 발생하는 경우 공공재 공급 재원을 조달하기 어렵다.   정답: ②

2. 경제적 능력의 평가 기준

(1) 소득

① 현실에서 가장 많이 쓰이는 기준이다.

② 여가에 관한 생각이 다른 경우 높은 소득을 올리면 더 높은 조세부담을 지게 하는 것이 문제가 될 수 있다.

③ 예를 들어 여가를 중시하는 갑이 주 5일 일하고 월급 200만원을 벌고, 여가를 중시하지 않는 을이 주 7일 일하고 월급 250만원을 벌 때 을에게 높은 과세를 지게 하는 것은 문제가 있을 수 있다.

(2) 예산 집합(budget set)

① 노동시간을 통한 소득과 여가를 모두 고려한 예산 집합 혹은 기회 집합을 경제적 능력의 평가 기준으로 삼는 방법을 생각할 수 있다.

② 많은 경우에 명백한 순위를 매길 수 없다는 문제점을 가지고 있다.

(3) 임금률

① 임금률이 높을수록 더 큰 경제적 능력의 소유자로 판단하는 방법을 생각할 수 있다.

② 임금은 '노동시간 × 임금률'로 결정되는데 노동시간은 고려하지 않고 임금률로만 결정하자는 것이다.

③ 문제점
  • 임금률의 결정에는 능력의 크기뿐 아니라 교육이나 직업훈련 같은 인적투자도 영향을 미치고 있으므로 임금률만으로 능력을 판단하기 어렵다. 즉, 원래 능력은 다른데 인적투자의 차이 때문에 결과적으로 임금률이 같아진 것이라고 볼 수 있다.
  • 월급제로 일하는 경우 노동시간의 측정이 어려워 임금률을 구하기 어려운 경우가 있다.
  • 부동산 임대소득과 같이 비근로소득이 주요 소득원이 되는 사람의 경우에는 임금률이 적절하지 못한 기준이 된다.

(4) 소비 수준

① 소득은 감추기 쉬워도 소비는 그대로 드러날 수밖에 없으므로 소비 수준에 의해 경제적 능력을 평가하자는 것이다.

② 소득은 높으나 저축을 많이 하는 사람이 다수 존재할 경우 소비 수준이 낮지만, 능력이 낮다고 보기는 어렵다.

③ 소비세를 주장한 대표적 학자는 칼도로, 일정 기간의 지출액을 기반으로 과세하자는 지출세를 주장하였다.
  • 소득은 사회 전체의 재화를 증가시키지만, 소비는 감소시킨다. 또한 소비는 개인의 후생을 결정한다.
  • 물세가 아닌 인세이므로 누진과세가 가능하다.
  • 저축이 과세베이스에서 빠짐으로써 부유층에게 유리하고, 소비의 시간적 행태, 내구재 소비 등을 고려할 수 없다는 단점이 있다.

(5) 재산

① 재산의 크기를 경제적 능력으로 파악할 수 있다.

② 문제점
  • 재산의 종류가 다양하므로 개인의 재산을 정확하게 파악하기 어려울 수 있다.
  • 재산은 일정 시점의 저량(stock)의 성격이므로, 조세납부시점에서 현금흐름의 부족 때문에 유동성 문제에 빠질 수 있다.

3. 능력평가 기준으로서의 소득

(1) 실현된 소득에만 과세해야 하는지의 여부

① 자본이득을 얻으면 실현주의에 따라 실현된 소득에만 조세를 부과해야 하는지 발생주의 원칙에 따라 자본이득 전체에 부과해야 하는지에 대한 논의가 있을 수 있다.

② 미실현자본이득에 조세를 부과하는 경우 동결효과 등 다양한 문제가 따르기 때문에 대부분의 나라에서는 실현주의를 채택하고 있다.

핵심 Plus +

동결효과
토지 등의 자본이득이 발생하더라도 자산의 매각시점을 늦춤으로써 조세납부를 연기하는 것이다.

(2) 인플레이션 문제

① 인플레이션 발생 시 실질구매력에 변동이 없음에도 명목소득이 증가하는 경우가 있다.
예 명목임금이 100 ➔ 200으로 증가하고 물가도 2배 증가하는 경우 실질임금은 불변이다.

② 이 경우 소득세 제도가 명목소득을 대상으로 하면서 누진적인 세율구조를 채택하고 있는 경우에는 조세부담이 저절로 무거워지는 결과가 나타난다.

③ 원칙적으로 인플레이션 발생 시 조정을 통해 실질 조세부담에 변화가 생기지 않게 해야 한다.

(3) 요소소득과 이전소득의 차등 과세 필요성

① 노동이나 자본 등의 생산요소를 공급해 얻는 요소소득은 과세대상이지만, 정부가 이전해주어 생긴 이전소득은 대부분 비과세의 대상으로 처리하는 경우가 많다. 예 기초연금

② 논리적으로는 둘 다 받는 사람의 경제적 능력을 증가시켜 주기 때문에 요소소득과 똑같은 과세의 대상이 되어야 한다.

③ 같은 요소소득이라도 이자소득과 임대소득은 불로소득이기 때문에 더 무겁게 과세하자는 주장도 존재한다.

(4) 귀속소득과 현물소득의 처리

① 주택이나 부동산 혹은 자본재 등을 소유하면서 스스로 사용하고 있는 사람이 실질적으로 얻는다고 생각할 수 있는 소득을 귀속소득이라고 한다.

② 귀속소득에 대한 과세는 원칙적으로 소득이므로 이루어져야 하지만 정치적, 행정적 문제로 과세대상에 포함되는 사례를 찾아보기 어렵다.

③ 현물소득은 스스로 생산한 소득이다. 예를 들어 농민이 스스로 경작한 농산물을 소비하는 경우 소득으로 간주하지 않는 경우가 대부분이지만 실질적으로 현물소득이 발생한 후 소비에 사용하는 것으로 보아야 한다.

④ 다양한 형태의 직업이 현물소득을 얻고 있지만, 현실적으로 과세가 불가능하다.

4. 누진세 제도에 대한 관점

(1) 누진세 제도에 대한 찬성의견

① 경제적 불평등의 감소
누진세 제도를 통해 사람들의 가처분소득의 차이가 과세 전보다 줄어든다.

② 편익원칙에 입각한 주장
  • 경제적인 능력이 큰 사람일수록 정부 서비스에서 더욱 많은 혜택을 받는다.
  • 고소득층은 공공재 서비스에서 나오는 혜택의 증가율이 소득 증가율보다 크기 때문에 누진세가 정당화될 수 있다고 본다.

③ 사회계약론적 근거
  • 위험 기피적인 태도를 가진다는 전제로 사회계약을 했다는 것이다.
  • 뷰캐넌과 플라워즈(J. Buchanan and M. Flowers)는 자신들의 미래가 어떻게 될지 모르는 상황에서 조세제도를 채택한다면 자발적으로 누진세제를 선택할 것이라고 주장한다.
  • 롤스(J. Rawls)는 무지의 베일 상태에서 최소 수혜자 최대의 원칙을 정의의 원칙으로 합의하였으므로 이를 실현하기 위해서 누진과세를 인정한다.

핵심 Plus +
공공재 수요의 소득탄력성에 따른 구분
공공재 수요의 소득탄력성이 1보다 크면 누진세, 1이면 비례세, 1보다 작으면 역진세가 된다.

④ 동등희생의 원칙
  • 밀(J. S. Mill)은 공평한 과세의 원칙으로 동등희생의 원칙 즉, 모든 납세자가 조세 부담으로 인해 감수해야 하는 희생이 동일해야 한다고 주장한다.
  • 이 원칙을 반영한 조세제도는 누진적인 성격을 갖게 된다는 관점에서 누진세제를 옹호하는 논리가 제시되어 있다.

(2) 누진세 제도에 대한 반대의견

① 조세제도의 복잡화로 인한 부유층 유리

조세제도가 복잡할수록 부유층이 조세를 회피할 구멍을 쉽게 찾을 수 있다는 것이다.

② 소수의 부유층 피해

누진세의 영향을 받지 않는 다수가 누진세를 찬성할 때 소수의 부유층이 피해를 본다는 것이다. 물론 큰 설득력을 얻지는 못한다.

③ 효율성에 대한 부정적 영향

너무 강력한 누진세는 경제적 효율성을 떨어뜨린다. 특히 너무 강력한 누진세제는 근로의욕 저하를 가져오기 때문이다.

5. 동등희생의 원칙

(1) 가정

① 소득으로부터 얻는 효용의 크기를 기수적으로 측정할 수 있어 사람들 사이에서의 효용 비교가 가능하다.

② 모든 개인의 선호(효용함수)는 동일하다.

(2) 희생의 절대량(= 동등절대희생의 원칙)

① 조세납부로 인해 희생되는 효용의 절대량(= 면적)이 모든 사람에게 동일해야 한다.

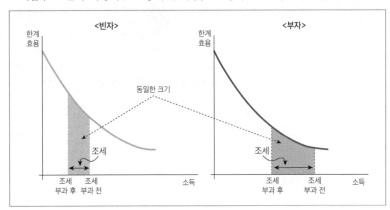

② 누진과세를 정당화시키기 위한 조건
- 효용함수는 소득 수준이 상승함에 따라 한계효용이 급격히 체감하는 형태여야 한다.
- 사무엘슨(P. Samuelson)은 한계효용의 소득탄력성이 1보다 큰 제한적인 상황에서만 누진세가 요구됨을 증명하였다. 즉 한계효용곡선이 가파른 기울기를 가져야 누진세가 정당화된다는 것이다.

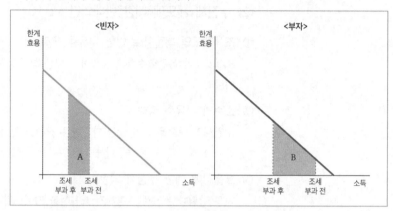

→ A = B여야 하므로 부자가 누진세를 납부해야 동등절대희생 성립함

③ 한계효용곡선이 수평선인 경우
- 모든 사람이 똑같은 금액의 세금을 낼 때 희생의 절대량이 같아지게 된다.
- 누진과세가 정당화되지 않을 뿐 아니라 역진적이라고 할 수 있는 인두세를 요구하게 된다.

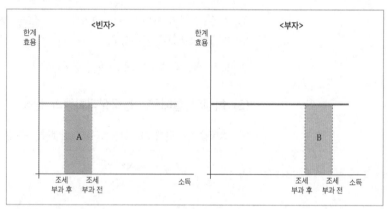

→ A = B여야 하므로 동일한 세금을 냄

(3) 희생의 비율(= 동등비례희생의 원칙)

① 조세납부로 인해 각자 원래 얻고 있던 효용의 크기에 대한 희생된 효용의 비율

($=\dfrac{\text{상실면적}}{\text{전체면적}}$)이 모든 사람에게 동일해야 한다는 것이다.

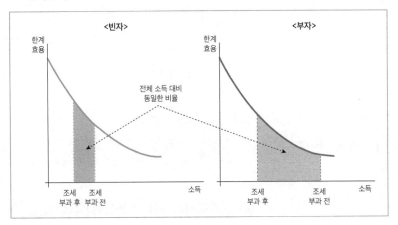

② 한계효용곡선의 형태에 따른 구분
- 한계효용곡선이 우하향의 직선이면 누진세가 성립한다.

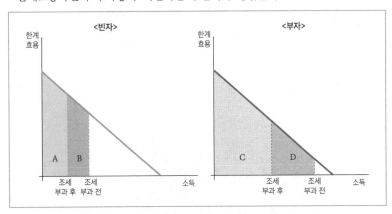

➔ $\dfrac{B}{A+B}=\dfrac{D}{C+D}$가 성립하려면 부자가 누진세를 납부해야 가능함

- 한계효용곡선이 우하향의 곡선이면 불분명하다.

• 한계효용곡선이 수평선이면 비례세가 성립한다.

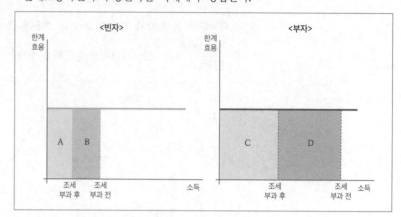

➔ $\dfrac{B}{A+B} = \dfrac{D}{C+D}$ 여야 하므로 비례세가 동등비례희생에 적합함

(4) 한계에서의 희생(= 동등한계희생의 원칙)

① 조세부과를 통한 한계에서의 희생이 모든 사람에게 똑같아야 한다는 것이다. 다시 말하면 모든 사람의 세후순소득이 같아지도록 세금을 부과해야 한다는 매우 극단적인 누진성을 요구하고 있다.

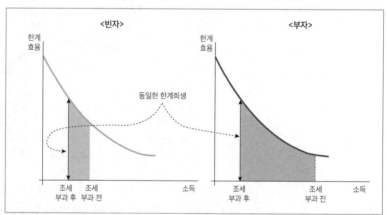

② 동등한계희생의 원칙을 누진성과 연관시키는 사람들의 주장
  • 소득의 한계효용이 체감하고 모든 사람의 효용함수가 동일하다고 가정한다.
  • 한계에서의 희생을 똑같이 만드는 누진세가 조세로 인한 사회 전체의 희생을 극소화시키는 장점을 갖추고 있다는 주장이다.

동등희생의 원칙에서 희생의 비율을 동등하게 하는 경우 누진세를 정당화하는
것으로 옳은 것은?   [세무사 21]
① 소득의 한계효용이 감소하고 직선이다.
② 한계효용의 소득탄력성이 1보다 크다.
③ 한계효용의 소득탄력성이 1보다 작다.
④ 소득의 한계효용이 일정하다.
⑤ 한계효용의 소득탄력성이 1이다.

해답

1) 동등비례희생은 조세납부로 인해 각자 원래 얻고 있던 효용의 크기에 대한 희생된 효용
의 비율(= $\dfrac{상실면적}{전체면적}$)이 모든 사람에게 동일해야 한다는 것이다.

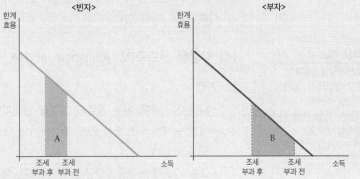

2) 한계효용곡선의 형태에 따른 구분
    • 한계효용곡선이 우하향의 직선이면 누진세가 성립한다.
    • 한계효용곡선이 우하향의 곡선이면 불분명하다.   정답: ①

6. 탈세행위의 문제

(1) 조세회피와 탈세

① 조세회피(= 절세)는 합법적으로 조세부담을 적게 하려고 자신의 행동을 수정하는 것이다.

② 탈세는 불법적으로 납세의무를 기피하려고 하는 행위를 의미한다.

(2) 탈세의 방법

이중장부 사용, 소득의 탈루, 현금거래 등이 있다.

(3) 탈세의 문제점

조세수입의 감소, 조세부담의 공평성에 의문이 생기게 되어 자발적 조세를 내려는 의욕 감소 등이 있다.

핵심 Plus +

로젠의 탈세 모형과 알링햄-샌드모의 탈세 모형의 납세자

로젠은 위험 중립자, 알링햄-샌드모는 위험 기피도 체감을 가정한다.

(4) 알링햄-샌드모(M. Allingham and A. Sandmo)의 탈세 모형

① 가정
- 납세자는 절대 위험 기피도 체감을 가정한다.
- 어떤 납세자의 소득이 W로 주어져 있는데 그 자신만 이를 알 뿐 과세당국은 모르고 있다.
- 그는 자신의 소득을 V만큼 줄여 신고하는데, 신고된 소득에 대해 세율 t가 적용된다.
- 그는 무작위적인 감사를 받을 수 있으며, 감사를 받으면 그의 정확한 소득이 밝혀지게 된다.
- 그가 만약 소득을 탈루했음이 밝혀지면 탈루소득(V)에 대해 a의 비율로 벌금을 내게 되는데, 이 벌금률 a는 세율 t보다 높다.

② 탈세했을 때 적발되지 않을 경우의 순소득(Y)

$$Y = W - t(W - V) = (1-t)W + tV$$

③ 탈세했을 때 적발되어 벌금을 내게 될 경우의 순소득(Z)(단, a: 벌금률)

$$Z = (1-t)W + tV - aV = (1-t)W - (a-t)V$$

④ 기대효용(단, p: 적발될 확률)

$$E(U) = (1-p)U(Y) + pU(Z)$$

⑤ 적발될 확률과 벌금률

적발될 확률 p의 증가, 벌금률 a의 증가가 탈루소득 V를 분명하게 줄인다는 결과를 도출하였다.

⑥ 세율 t의 상승

- 세율의 상승은 탈루소득 1원당 한계편익을 증가시키기 때문에 탈루소득을 더 크게 만드는 역할을 한다.
- 세율이 올라가면 한계편익이 커지기 때문에 탈루소득을 더 크게 만드는 대체효과가 발생한다.
- 절대 위험 기피도 체감을 가정하고 있으므로 탈루소득을 더 작게 만드는 소득효과가 발생한다.
- 절대 위험 기피도 체감을 가정할 때 소득효과가 대체효과보다 크므로 탈루소득을 감소시킨다.

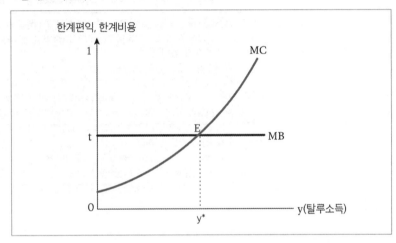

개인의 효용함수가 U(Y) = Y일 때, V만큼의 소득을 축소신고하는 경우 적발되지 않으면 소득은 W + tV이고, 적발되면 세금 및 벌금 납부 후 소득은 W - aV이다 (Y: 최종소득, W: 성실납세 후 소득, t: 세율, a: 적발될 경우에 추징세금을 반영한 총 벌과금의 비율). 이때 t = 0.2이고, a = 0.3이라면 적발될 확률(P)이 얼마가 되어야 축소신고를 하지 않기 시작하는가? [세무사 13]

① 0.1   ② 0.4   ③ 0.5   ④ 0.6   ⑤ 1

해답

☑ 탈세 계산풀이법
1) 문제에 주어진 조건으로 축소신고 시 기대소득을 구한다.
2) 축소신고 시 기대소득과 성실납세의 소득을 비교하여 성실납세의 소득이 높아야만 탈세를 하지 않는다는 점에 착안하여 부등호를 설정하고 계산한다.

1) V원의 소득을 축소신고하였을 때 축소신고가 적발되면 소득이 W - aV, 적발되지 않으면 소득이 W + tV이므로 적발될 확률이 p로 주어져 있다면 소득을 축소신고할 때의 기대소득은 다음과 같다.
기대소득 = $[p \times (W - aV)] + [(1 - p) \times (W + tV)]$
2) t = 0.2와 a = 0.3을 기대소득에 대입하면 다음과 같다.
기대소득 = $p(W - 0.3V) + (1 - p)(W + 0.2V) = W + 0.2V - 0.5pV$
3) 축소신고할 때의 기대소득 W + 0.2V - 0.5pV가 성실하게 납세할 때의 소득인 W보다 같거나 적다면 개인들은 축소신고를 하지 않을 것이다. 즉, 다음의 식이 성립한다면 축소신고를 하지 않을 것이다.
$W \geq W + 0.2V - 0.5pV$ ➜ $0.5pV \geq 0.2V$ ➜ $p \geq 0.4$
4) 따라서 적발확률이 0.4 이상이면 축소신고할 때의 기대소득이 성실납세할 때의 소득보다 같거나 적으므로 축소신고를 하지 않을 것이다.

정답: ②

제6장 | 개념확인 OX 문제

01 세원의 변화와 바람직한 조세제도 ★★

01 바람직한 조세제도는 가급적 자원배분의 효율성 상실을 초래하지 않아야 한다. (○, ×)

02 바람직한 조세제도는 공평한 분배를 추구하여야 한다. (○, ×)

03 경제여건의 변화에 따라 조세수입이 신축적으로 변하여 경제안정과 성장에 도움이 되어야 한다. (○, ×)

04 바람직한 조세제도는 정부의 징세비용과 납세자의 납세협력비용이 최소화되도록 해야 한다. (○, ×)

05 바람직한 조세제도는 조세저항이 최소화될 수 있는 조세구조여야 한다. (○, ×)

06 엄격한 의미에서 중립성이란 조세부과가 민간부문의 경제행위에 교란을 일으키지 않음을 의미한다. (○, ×)

07 완화된 개념에서 중립세란 소득효과만 있고 대체효과가 존재하지 않는 조세를 말한다. (○, ×)

08 인두세는 장 & 단기적으로 경제행위에 영향을 미치지 않는 대표적인 중립세이다. (○, ×)

09 조세가 부과될 때 사람들이 경제행위를 변화시키는 이유는 조세부담 회피와 관련이 있다. (○, ×)

10 모든 조세가 반드시 경제행위를 왜곡시키는 것은 아니며, 오히려 민간부문의 왜곡된 경제 현실을 교정하는 때도 있다. (○, ×)

제6장

해커스 서호성 재정학

정답 및 해설

01 ○

02 ○

03 ○

04 ○ 바람직한 조세제도가 갖출 덕목 중 하나인 행정적 단순성이다.

05 X 책임성 관점에 따르면 바람직한 조세제도는 조세저항이 있을 수 있다. 직접세가 책임성이 더 강하고, 조세저항 또한 더 강하다.

06 ○

07 ○

08 X 인두세는 장기적으로는 경제행위에 영향을 미칠 수 있다.

09 ○

10 ○ 피구세의 경우 왜곡된 경제 현실이 교정되기도 한다.

11 정액세의 부과는 상대가격을 변경시킨다. (○, ×)

12 정액세는 대체효과와 소득효과를 발생시킨다. (○, ×)

13 정액세는 효율성과 공평성을 동시에 충족시키는 조세이다. (○, ×)

14 소득이 1,000만원인 납세자에게는 300만원을, 소득이 100만원인 납세자에게는 30만원을 정액으로 부과하는 소득세는 정액세의 일종이다. (○, ×)

15 선형조세수입함수는 소득이 증가함에 따라 한계세율이 달라진다. (○, ×)

16 선형조세수입함수가 소득축을 통과하면 조세수입의 소득탄력성은 1보다 작다. (○, ×)

17 한계세율이 평균세율보다 작으면 조세수입의 소득탄력성은 1보다 작다. (○, ×)

18 조세수입의 소득탄력성은 조세의 누진도를 평가하는 데 도움이 되지 않는다. (○, ×)

02 공평한 조세부담 ★★

19 공평과세에 따르면 담배는 외부불경제를 유발하기 때문에 담배소비세를 부과해야 한다. (○, ×)

20 공평과세에 따르면 편익원칙은 빅셀(K. Wicksell), 린달(E. Lindahl) 등에 의해 발전되었는데, 이들은 조세를 자발적 교환에 대한 대가로 파악한다. (○, ×)

정답 및 해설

11 X 정액세는 상대가격을 변경시키지 않기 때문에 행동의 변화를 일으키지 않는다.

12 X 정액세는 대체효과가 발생하지 않는다.

13 X 정액세는 효율성만을 충족시킨다.

14 X 30% 세율의 비례세이다.

15 X 선형조세체계는 한계세율이 일정하다.

16 X 선형조세수입함수가 소득축을 통과하는 조세구조는 누진세이며, 누진세는 조세수입의 소득탄력성이 1보다 크다.

17 ○ 한계세율이 평균세율보다 작으면 역진세이며 역진세는 조세수입의 소득탄력성이 1보다 작다.

18 X 조세수입의 소득탄력성은 누진도를 평가하는 기준이 된다.

19 X 공평과세가 아닌 효율성과 관련된 내용이다.

20 ○

21 공평과세에 따르면 수수료, 통행료, 사용료는 편익원칙에 따른 과세의 예이다. (○, ×)

22 능력원칙에 따르면 상이한 경제적 능력을 갖춘 사람에게는 상이한 크기의 조세를 부과해야 한다. (○, ×)

23 피구세는 능력원칙에 부합하는 조세이다. (○, ×)

24 편익원칙에 의하면 조세는 공공서비스에 대한 대가이다. (○, ×)

25 공평과세에 따르면 자동차 소유자는 편익원칙에 따라 주행거리에 비례하여 자동차세를 부담해야 한다. (○, ×)

26 편익원칙은 능력원칙보다 조세부담이 있어 납세자의 자발적 협조를 유도하기가 용이하다. (○, ×)

27 납세자들의 무임승차 성향은 편익원칙의 실현을 어렵게 하는 원인이 될 수 있다. (○, ×)

28 편익원칙은 빅셀(Wicksell)이 제시한 자발적 교환 이론과 그 맥락을 같이한다. (○, ×)

29 조세부과의 이익설에 따르면 불황 등 경제불안정 극복을 위해 필요한 정부지출 재원을 조달하기 쉽지 않다. (○, ×)

30 편익원칙을 적용할 때 재분배목표를 추구하기 위한 조세와 지출의 운용이 허용될 수 있다. (○, ×)

31 우리나라 근로소득세는 이익설에 기초한 조세이다. (○, ×)

정답 및 해설

21 ○

22 ○

23 X 피구세는 효율성과 관련된 조세이다. 능력원칙은 공평성과 관련된 내용이다.

24 ○

25 ○ 주행거리에 비례한다는 것은 소유자가 도로주행에 있어 편익의 크기에 따라 조세를 부담한다는 것이다. 편익원칙은 공평성과 관련된다.

26 ○

27 ○

28 ○ 빅셀의 자발적 교환 이론은 린달 모형과 유사하다. 린달은 경제주체 당사자 간의 자발적 합의를 통해 최적 공공재 공급 규모와 분담비율을 동시에 결정한다고 하는데, 이는 편익원칙에 관한 것이다.

29 ○ 편익원칙에 따르면 경기안정화 효과를 얻지 못한다.

30 X 능력원칙에 따라 조세를 부과해야 재분배목표를 이룰 수 있다.

31 X 우리나라의 근로소득세는 누진세이므로 이익설(편익원칙)이 아닌 능력원칙에 기초한 조세이다.

32 능력원칙은 납세자의 경제적 능력에 따라 조세부담을 져야 함을 요구한다. (○, ×)

33 수평적 공평성과 수직적 공평성은 편익원칙보다는 능력원칙과 밀접하게 관련된다. (○, ×)

34 수평적 공평성의 원칙은 동일한 경제능력의 소유자에게 동일한 세금의 부담을 져야 함을 요구한다.
(○, ×)

35 능력원칙에 따르면, 서로 다른 경제적 능력을 가진 사람들에게 차등적인 금액의 조세를 부담시켜야 한다.
(○, ×)

36 부담능력에 따른 과세를 채택할 경우 소득이 유일한 부담능력의 척도가 된다. (○, ×)

37 역진세는 평균세율이 한계세율보다 크므로 소득이 증가할 때 평균세율은 하락하고 한계세율은 상승한다.
(○, ×)

38 역진세율체계하에서는 고소득자의 납세액이 저소득자의 납세액보다 작다. (○, ×)

39 누진세율체계하에서는 고소득자의 납세액이 저소득자의 납세액보다 크다. (○, ×)

40 정액세는 소득이 증가할수록 평균세율이 하락한다. (○, ×)

41 정액세의 한계세율은 0이다. (○, ×)

42 조세부담이 누진적이면 자원배분이 효율적이라고 할 수 있다. (○, ×)

43 편익원칙에 따른 과세를 채택할 경우 그 세율구조는 누진적이다. (○, ×)

정답 및 해설

32 ○

33 ○

34 ○

35 ○ 능력원칙 중 수직적 공평성에 관한 내용이다.

36 X 소득뿐만 아니라 소비/재산 등 또한 부담능력의 척도가 된다.

37 X 한계세율은 변함이 없거나 하락한다.

38 X 역진세는 소득 증가 시 평균세율이 하락하는 것이지, 총세금이 줄어드는 것이 아니다.

39 ○

40 ○ 정액세는 조세액은 그대로이고 소득액은 증가하므로 평균세율이 하락한다.

41 ○ 소득이 증가해도 세금이 증가하지 않기 때문에 한계세율이 0이다.

42 X 누진세는 공평성 측면에서 바람직한 조세제도이며 효율성과 상충된다.

43 X 일반적으로 편익원칙에 따른 과세를 채택할 경우 세율구조가 역진적일 수 있는데(편익원칙은 능력원칙과 상충) 공공수요의 소득탄력성이 1보다 크거나 공공수요의 가격탄력성이 1보다 작으면 세율구조가 누진적일 수 있다.

44 과세기간 동안의 개인별 소비액을 기준으로 과세하는 개인소비세의 경우 그 부담구조는 역진적이다.

(○, ×)

45 고소득층이 많이 사용하는 사치품에 대한 개별소비세 과세로 소비세의 역진성을 완화할 수 있다. (○, ×)

46 밀(J. Mill)은 공평과세의 원칙으로 동등희생설을 주장한다. (○, ×)

47 사무엘슨(P. Samuelson)에 의하면 동등절대희생의 원칙은 한계효용의 소득탄력성이 1보다 작은 경우에 누진과세를 정당화한다. (○, ×)

48 동등희생원칙은 편익원칙에 근거한 조세부담의 이론적 기초를 제공한다. (○, ×)

49 균등절대희생에 따르면 조세로 인한 사회 전체의 희생이 극소화된다. (○, ×)

50 모든 사람의 소득의 한계효용이 일정하다면 비례세가 비례균등희생의 원칙에 부합된다. (○, ×)

51 균등한계희생의 원칙은 과세로 인해 희생된 효용의 비율이 모든 사람에게 동일해야 함을 의미한다. (○, ×)

52 두 사람이 동일한 우하향하는 소득의 한계효용곡선을 가진다고 가정할 때 한계적 균등희생원칙에 따를 경우 누진세가 나타나게 된다. (○, ×)

53 균등한계희생에 따르면 모든 사람의 세후순소득이 같아지는 극단적으로 누진적인 조세가 정당화된다.

(○, ×)

정답 및 해설

44 X 소비를 능력의 기준으로 삼는 개인소비세는 과세구조를 어떻게 짜느냐에 따라 부담구조가 달라진다.

45 ○

46 ○

47 X 밀에 의하면 동등절대희생의 원칙에서는 누진과세 여부는 한계효용의 소득탄력성에 따라 달려있으며, 1을 기준으로 1보다 크면 누진세이고 작으면 역진세이다.

48 X 동등희생원칙은 능력원칙에 근거한 조세부담의 이론적 기초를 제공한다.

49 X 균등한계희생에 따를 경우 조세로 인한 사회 전체의 희생이 극소화되는 것이다.

50 ○ 모든 사람의 소득의 한계효용이 일정하다면 즉, 한계효용의 소득탄력성이 0이라면 비례세는 비례균등희생의 원칙에 부합된다.

51 X 비례균등희생원칙에 대한 설명이다.

52 ○

53 ○

제6장 │ 기출 & 예상문제

01 세원의 변화와 바람직한 조세제도 ★★

01 바람직한 조세제도의 조건으로 볼 수 없는 것은? [세무사 09]
지식형

① 조세구조는 조세수입의 극대화를 목표로 하는 것이어야 한다.
② 가급적 자원배분의 효율성 상실을 초래하지 않아야 한다.
③ 정부의 징세비용과 납세자의 납세협력비용이 최소화되도록 해야 한다.
④ 조세부담의 배분이 공평하게 이루어져야 한다.
⑤ 경제여건의 변화에 따라 조세수입이 신축적으로 변하여 경제안정과 성장에 도움이 되어야 한다.

02 목적세에 관한 설명으로 옳지 않은 것은? [세무사 17]
지식형

① 교육세, 교통·에너지·환경세 등을 예로 들 수 있다.
② 목적세 세수를 필요한 만큼 확보하지 못하면 보통세 세수를 전용해야 하는 문제가 발생할 수 있다.
③ 정부의 재원배분 과정을 자동화하여 정부예산의 효율성을 높인다.
④ 정부의 예산배분 과정에서 나타나는 정치적 갈등을 줄일 수 있다.
⑤ 정부재정운영의 신축성을 떨어뜨린다.

03 목적세에 관한 설명으로 옳은 것을 모두 고른 것은? [세무사 12]
지식형

> ㄱ. 세원과 지출이 연계되어 있어 재정운용의 경직성이 초래될 수 있다.
> ㄴ. 장기간 지속되는 특정 분야 또는 사업에 대한 예산을 안정적으로 확보하는 데 유리하다.
> ㄷ. 현행 우리나라 지방세체계하에서 레저세는 목적세로 분류된다.
> ㄹ. 목적세는 과세의 능력원칙을 구현하기 위한 조세이다.
> ㅁ. 현행 우리나라 국세체계하에서 교통·에너지·환경세는 목적세로 분류된다.

① ㄱ, ㄴ, ㄷ   ② ㄱ, ㄴ, ㄹ   ③ ㄱ, ㄴ, ㅁ
④ ㄴ, ㄹ, ㅁ   ⑤ ㄷ, ㄹ, ㅁ

★★★
04
지식형

세수함수가 T = -300 + 0.5Y일 때, 다음 중 옳지 않은 것은? (단, T는 세금, Y는 소득, Y > 600이다)

[세무사 17]

① 소득이 증가함에 따라 평균세율은 증가한다.
② 한계세율은 소득에 관계없이 일정하다.
③ 세수탄력성은 1보다 작다.
④ 한계세율은 평균세율보다 크다.
⑤ 위의 세수함수는 선형누진소득세에 해당된다.

★★★
05
지식형

소득세 구조가 누진적인 경우가 아닌 것은?

[세무사 17]

① 면세점이 존재하고 선형조세함수일 경우
② 면세점은 없으나 한계세율이 소득에 따라 증가할 경우
③ 세수탄력성이 1보다 클 경우
④ 한계세율과 평균세율이 같을 경우
⑤ 한계세율은 일정하나 평균세율이 소득에 따라 증가할 경우

정답 및 해설

01 ① 바람직한 조세제도는 자원배분의 효율성 상실을 최소화하면서도 그 부담이 사회구성원에게 공평하게 배분될 수 있는 세제이다. 조세수입의 극대화를 바람직한 조세제도의 조건이라고 보기 어렵다.

02 ③ 목적세는 특정한 조세수입을 특정한 지출에 사용하는 것이므로 칸막이식 재정운용이 이루어져 정부예산의 효율성을 떨어뜨리는 측면이 있다.

03 ③ ㄷ. 현행 우리나라 지방세체계하에서 레저세는 보통세로 분류된다.
ㄹ. 목적세는 특정한 재화를 소비하거나 특정한 재화의 거래에 부과되는 경우가 대부분이므로 능력원칙을 적용하기는 어렵다.

04 ③ 세수함수 T = -300 + 0.5Y는 선형누진세에 해당된다. 누진세의 경우에는 한계세율이 평균세율보다 크고, 세수탄력성은 1보다 크다.

05 ④ 한계세율과 평균세율이 같은 경우 원점을 통과하는 직선이어야 하고 이때 비례세이다.

★★
06 다음과 같은 형태로 운영되는 소득세 과세체계에 관한 설명으로 옳지 않은 것은? (단, 부의 소득세는 고려
계산형 하지 않는다)

[세무사 16]

$$T = (Y - 1,000) \times 0.3 \text{(T는 세액, Y는 소득)}$$

① 평균세율보다 한계세율이 항상 높다.
② 비례세에 비해 수직적 형평성을 개선하고 있다.
③ 소득공제액은 1,000이다.
④ 세액공제액은 300이다.
⑤ 누진세체계를 가지고 있다.

★★★
07 선형소득세제에 관한 설명으로 옳지 않은 것은?
지식형

[세무사 15]

세제 1: $T = 10 + 0.1Y$
세제 2: $T = 0.15Y$
세제 3: $T = -10 + 0.15Y$
(단, T: 조세수입, Y: 소득)

① 세제 1의 조세수입의 소득탄력성이 세제 2의 조세수입의 소득탄력성보다 작다.
② 세제 2와 세제 3은 동일한 한계세율을 가진다.
③ 세제 3의 평균세율은 누진구조를 가지고 있다.
④ 세제 3의 경우 면세점 이상의 소득자는 소득이 증가할수록 조세수입의 소득탄력성이 더 커진다.
⑤ 세제 1과 세제 3의 조세수입이 일치하는 지점에서 세제 1이 세제 3에 비해 조세수입의 소득탄력성이
   작다.

★★
08 부(-)의 소득세제에서 과세표준이 Y(소득)일 때 조세함수는 $T = -200 + 0.2Y$이다. 이때 옳지 않은 것은?
계산형

[세무사 13]

① 평균세율아 일정하다.
② 한계세율이 일정하다.
③ Y가 800이면 납부할 세금은 없다.
④ Y가 500이면 세후에 소득은 증가한다.
⑤ Y가 2,000이면 세금은 200이다.

09

★★
지식형

조세에 관한 설명으로 옳지 않은 것은?

[세무사 13]

① 역진세는 평균세율이 한계세율보다 크므로 소득이 증가할 때 평균세율은 하락하고 한계세율은 상승한다.

② 정액세는 소득이 증가할수록 평균세율이 하락한다.

③ 정액세의 한계세율은 0이다.

④ 정액세는 역진적 세 부담을 초래한다.

⑤ 조세의 초과부담은 평균세율보다 한계세율과 더 밀접하게 관련되어 있다.

10

★★
지식형

평균세율(세액/소득금액)의 변화로 조세의 누진성 여부를 판단할 때 옳지 않은 것은?

[세무사 10]

① 전 국민에게 동일금액으로 소득세를 부과하는 경우 누진성이 강화된다.

② 주세처럼 역진적인 세목은 소득분배를 악화시킨다.

③ 고소득층이 많이 사용하는 사치품에 대한 개별소비세 과세로 소비세의 역진성을 완화할 수 있다.

④ 동일한 세수라면 누진성이 높은 경우가 소득분배를 더 많이 개선한다.

⑤ 역진적인 조세라도 세수를 저소득층 중심으로 사용하면 소득분배를 개선할 수 있다.

정답 및 해설

06 ④ 문제에 주어진 세수함수를 정리하면 $T = -300 + 0.3Y$이므로 한계세율이 0.3인 선형누진세이다. 1,000 이상의 소득에 대해 조세가 부과되므로 소득공제액이 1,000이다. 이 조세체계하에서는 소득이 결정되면 그에 따라 납세액이 결정되므로 세액공제는 없다.

07 ④ 세제 3의 조세수입의 소득탄력성을 계산해 보면 조세수입의 소득탄력성이 1보다 큰 값이기는 하나 소득이 증가할수록 조세수입의 소득탄력성이 작아짐을 알 수 있다. 예를 들면, 소득이 100일 때는 탄력성이 $3\left(= \dfrac{15}{-10+15}\right)$이고, 소득이 200일 때는 $1.5\left(= \dfrac{30}{-10+30}\right)$이다.

[오답체크]
①⑤ 세제 1은 역진세, 세제 2는 비례세이므로 역진세의 조세수입의 소득탄력성이 비례세보다 작다.
② 세제 2와 세제 3은 0.15의 한계세율로 동일하다.
③ 세제 3은 누진세이므로 평균세율은 누진구조를 가지고 있다.

08 ① 문제의 식에서 한계세율은 0.2이고, 누진세의 형태이므로 평균세율은 증가한다.

09 ① 역진세는 평균세율이 한계세율보다 크므로 소득이 증가할 때 평균세율은 하락하고 한계세율은 평균세율보다 작으면 된다. 반드시 상승할 필요는 없다.

10 ① 전 국민에게 동일금액의 소득세를 부과하면 소득 대비로 볼 때 상대적으로 저소득층의 부담이 클 것이므로 조세부담이 역진적이게 된다.

★★★
11 어떤 국가의 소득세 수입함수가 T = -300 + 0.3M이라고 할 때, 옳지 않은 것은? (단, T는 소득세이고 M은
계산형   소득임)
[세무사 09]

① 이 국가의 소득세제는 선형의 소득세제이다.

② 이 국가의 소득세제는 누진성을 띠고 있다.

③ 소득 M = 500원인 사람의 소득세는 0원이며 평균소득세율은 0%이다.

④ 소득 M = 3,000원인 사람의 소득세는 600원이며 평균소득세율은 20%이다.

⑤ 소득 M = 5,000원인 사람의 소득세는 1,200원이며 평균소득세율은 24%이다.

★★★
12 소득세율이 소득 구간에 따라 0에서 100까지는 10%, 100 초과 200까지는 20%, 200 초과에서는 30%
계산형   이다. 갑의 총소득 240에서 각종 공제를 한 후 과세가능소득은 180이다. 갑의 한계세율(A)과 실효세율(B)
은?
[세무사 21]

① A: 10%, B: 약 14.4%

② A: 10%, B: 약 10.8%

③ A: 20%, B: 약 10.8%

④ A: 20%, B: 약 14.4%

⑤ A: 30%, B: 약 14.4%

| 02 | 공평한 조세부담 | ★★ |

★★
13 공평과세에 관한 설명으로 옳지 않은 것은?
지식형
[세무사 19]

① 편익원칙은 빅셀(K. Wicksell), 린달(E. Lindahl) 등에 의해 발전되었는데, 이들은 조세를 자발적 교환
에 대한 대가로 파악한다.

② 수수료, 통행료, 사용료는 편익원칙에 따른 과세의 예이다.

③ 능력원칙에 따르면 상이한 경제적 능력을 가진 사람에게는 상이한 크기의 조세를 부과해야 한다.

④ 밀(J. Mill)은 공평과세의 원칙으로 동등희생설을 주장한다.

⑤ 사뮤엘슨(P. Samuelson)에 의하면 동등절대희생의 원칙은 한계효용의 소득탄력성이 1보다 작은 경
우에 누진과세를 정당화한다.

★★
14
지식형

자본이득을 실현기준으로 과세할 때 나타나는 동결효과(lock-in effect)로 인해 발생되는 문제점이 아닌 것은? [세무사 12]

① 부동산의 장기보유경향이 감소된다.
② 자본재의 생산성이 떨어진다.
③ 새로운 투자가 제약되고 자산의 효율적 배분이 저해된다.
④ 가계의 자산선택이 왜곡된다.
⑤ 자산이동이 억제됨으로써 자산시장의 공급이 위축된다.

★★
15
지식형

알링햄-샌드모(M. Allingham and A. sandmo)의 탈세 모형에 관한 설명으로 옳지 않은 것은? [세무사 19]

① 세율 인상에 따른 대체효과는 탈루소득을 줄이는 방향으로 작용한다.
② 탈세행위는 불법성을 특징으로 한다는 점에서 조세회피와 구별된다.
③ 탈세방지 수단으로 적발확률의 증가와 벌금 인상을 고려할 때, 행정비용 측면에서는 높은 벌금의 부과가 바람직하다.
④ 절대 위험 기피도 체감의 특성을 가진 납세자를 가정한다.
⑤ 탈세행위는 수평적 공평성뿐만 아니라 수직적 공평성에도 부정적 효과를 낳는다.

정답 및 해설

11 ③ 소득(M)이 1,000원일 때 납세액이 0이므로 문제에 주어진 세수함수는 면세점이 1,000원이고, 한계세율이 30%인 선형누진세이다. 소득 M = 500을 세수함수에 대입하면 납세액 T = -150으로 계산된다. 이는 보조금을 받아야 하므로 평균세율은 -가 된다.

12 ③ 1) 과세소득 구간이 180이므로 앞으로 소득이 증가할 경우 추가적으로 20%의 조세를 내야 한다. 따라서 한계세율은 20%이다.

2) 실효세율 = $\dfrac{총조세}{총소득}$ = $\dfrac{10 + 16}{240}$ × 100 = 약 10.8%이다.

13 ⑤ 밀에 의하면 동등절대희생의 원칙에서는 누진과세 여부는 한계효용의 소득탄력성에 따라 달려있으며, 1을 기준으로 1보다 크면 누진세이고 작으면 역진세이다.

14 ① 실현된 자본이득에 대해서만 과세할 경우 자산의 매각시점을 늦추어 조세납부시점을 뒤로 연기하려는 것을 동결효과라고 한다. 동결효과로 인해 사람들이 부동산과 같은 자산의 매각시점을 뒤로 미룰 경우 부동산의 장기보유경향이 심해질 것이다. 그렇게 되면 자산이동이 억제되므로 자산의 효율적 이용이 어려워진다.

15 ① 세율 인상에 따른 대체효과는 탈루소득을 늘리는 방향으로 작용한다.

16
★★
지식형

다음 중 탈세에 관한 설명으로 옳지 않은 것은?   [세무사 18]

① 탈세에 대한 벌금률을 높이면 탈세는 감소한다.
② 세무감사의 확률을 높이면 탈세는 감소한다.
③ 임금소득에 비해 자영업소득의 탈세율이 높은 경우가 많다.
④ 귀속소득을 보고하지 않아 탈세가 되는 경우가 많다.
⑤ 세율 인상의 대체효과는 탈루소득을 증가시킨다.

17
★★
지식형

탈세에 관한 설명으로 옳지 않은 것은?   [세무사 15]

① 탈세는 법률을 위반해 가면서 조세부담을 줄인다는 점에서 조세회피와 구별된다.
② 세무조사를 받을 확률이나 벌금률을 높이는 것은 탈세를 줄이는 데 기여할 수 있다.
③ 세율을 인상할 경우 일반적으로 대체효과에 의해 탈세가 줄어드는 경향이 있다.
④ 조세제도가 자신을 불공평하게 대우했다고 느끼는 사람일수록 탈세행위를 할 가능성이 커진다.
⑤ 탈세 규모가 커질수록 지하경제가 확대된다.

18
★
지식형

탈세를 방지하기 위한 대책으로 볼 수 없는 것은?   [세무사 10]

① 누진세제를 강화하는 방향으로 조세구조를 개편한다.
② 세무조사 횟수를 늘리고 조사방법을 개선한다.
③ 일정한 기준치를 벗어나는 세무신고서는 전산시스템으로 검색하여 직접 조사한다.
④ 이중장부 발각 시 특별추징금을 부과한다.
⑤ 공평한 과세행정 정립에 노력한다.

정답 및 해설

16 ④ 자가 주택 거주자가 그 주택을 다른 사람에게 빌려주었을 때 얻을 수 있는 임대료에 해당하는 편익과 같은 귀속소득은 소득세 과세대상이 아니므로 탈세와 관계가 없다.

17 ③ 세무조사확률이 높아지면 탈세에 따른 한계비용이 커지므로 탈세가 감소하나, 세율이 인상되면 탈세에 따른 한계편익이 커지므로 오히려 탈세가 늘어나게 된다.

18 ① 조세의 누진성 강화로 인해 한계세율이 상승하면 탈세의 한계편익이 커지므로 탈세가 증가하게 될 것이다.

cpa.Hackers.com

해커스 서호성 재정학

제7장

조세와 소득분배

제7장 | 조세와 소득분배

01

조세부담의 귀착
★★

조세부담의 전가	조세납부액 - 실질처분가능소득의 변화 폭
조세전가의 종류	전전, 후전, 소전, 자본화
균형예산귀착	다른 조세가 없다고 가정하고 특정 조세로 조달한 재원에 의한 정부지출사업까지 고려하여 조세의 분배효과를 분석
차별귀착	모든 조세와 정부지출이 일정하게 유지된다고 가정하고 하나의 세금을 다른 세금으로 대체할 경우의 분배효과를 비교·분석
절대귀착	다른 조세나 지출에 아무런 변화가 없다는 가정하에서 특정한 조세의 분배적 효과를 분석

1. 조세부담의 전가

(1) 법적 귀착과 경제적 귀착

① 조세부담의 귀착(incidence)

궁극적으로 조세부담이 누구에게 떨어지는가를 뜻하는 개념이다.

② 법적 귀착

조세법상으로 누가 조세납부의 의무를 지도록 규정하고 있는지에 의해 결정된다.

③ 법적 귀착과 경제적 귀착이 차이를 보이는 이유

조세부담이 다른 사람에게 전가(shifting)되는 현상이 발생하기 때문이다.

(2) 조세전가의 의미

① 의미

법적 귀착보다 경제적 귀착이 적은 경우 다른 경제주체에게 조세부담을 이동시킨 것이다. 즉, 조세를 전가했다고 할 수 있다.

② 조세부담의 전가 = 조세납부액 - 실질처분가능소득의 변화 폭

③ 부담의 전가는 각 경제주체가 가지고 있는 경제적 관계의 특성에 의해 저절로 일어나게 된다.

(3) 조세전가의 종류

① 전방전가(= 전전)

조세의 전가가 생산물(생산요소)의 거래 방향과 일치하는 것이다.

📖 생산자 → 소비자에게 전가

② 후방전가(= 후전)

조세의 전가가 생산물(생산요소)의 거래 방향과 반대로 이루어지는 것이다.

📖 요소공급자에게 전가 ← 생산자

③ 소전

생산자가 경영합리화 등을 통해 생산의 효율성을 제고함으로써 조세부담을 흡수하는 것이다. 조세는 납부하나 실질적으로 누구도 조세를 부담하지 않는 것이 특징이다.

④ 자본화

부동산 등과 같이 공급이 고정된 경우 그 재화의 가격이 조세부담의 현재가치만큼 하락하는 것이다.

(4) 조세부담의 주체

① 조세부담의 주체

조세법에는 자연인과 법인 모두 조세부담의 주체로 설정되어 있으나 궁극적으로 법인의 조세부담 주체는 개인이다.

② 기능별 소득분배의 관점

- 어떤 생산요소를 공급하느냐에 따라 각 그룹별로 부담의 귀착을 분석하는 방법이다.
- 계층을 확연히 구분할 수 있는 상황에서 의미 있다.

③ 계층별 소득분배의 관점

- 부유층과 빈곤층 사이에서 조세부담이 어떻게 분배되고 있는지 보는 관점이다.
- 조세부담의 귀착이라 할 때 일반적으로 생각하는 귀착이다.

(5) 원천 측면과 사용 측면

① 실질처분가능소득(RDI; Real Disposable Income)에 생기는 변화

조세부담의 귀착의 양상을 알아내기 위해서 조세부과의 결과, 각 계층의 실질처분가능소득의 변화를 보아야 한다.

② 실질처분가능소득 $= \dfrac{Y - T_Y}{P + T_S}$ (Y: 납세자의 명목소득, T_Y: 소득세, P: 물가수준, T_S: 물품세)

③ 원천 측면(source side) 효과
- 조세부과로 인해 실질처분가능소득이 줄어들어 부담이 발생하는 것을 의미한다.
- 소득세가 부과되어 명목처분가능소득이 감소하는 것을 들 수 있다.

④ 사용 측면(use side) 효과
- 납세자가 상품을 구입할 때 지불하는 가격이 올라가 실질처분가능소득이 줄어드는 효과를 의미한다.
- 납세자가 구입하는 상품들에 물품세가 부과되어 세금을 포함한 소비자가격이 상승하는 것을 들 수 있다.

2. 귀착의 분석방법

(1) 균형예산귀착(balanced-budget incidence)

① 의미

다른 조세가 없다고 가정하고 특정 조세로 조달한 재원에 의한 정부지출사업까지 고려하여 조세의 분배효과를 분석하는 것이다.

② 그림으로 표현

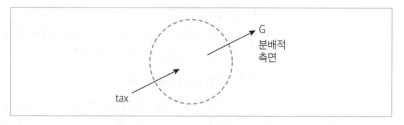

③ 예를 들어 국민연금제와 같이 독립적인 성격을 가졌을 뿐만 아니라 지출 측면이 중시되는 프로그램의 분배적 효과를 분석하는 데 유용하게 활용될 수 있다.

④ 조세의 분배적 효과 파악 용이
- 조세의 분배적 효과는 정부가 그 조세수입을 어떻게 사용하느냐에 따라 결정되는데, 이 점을 감안해 고안된 개념이 균형예산귀착이다.
- 균형예산귀착은 조세징수와 정부지출이 종합적으로 소득분배에 미치는 효과를 분석하는 것이므로 정부지출이 분배에 미치는 효과를 파악하는 데 적합하다.

⑤ 조세가 다수인 경우 분석 어려움

균형예산귀착은 다른 조세가 없다는 가정에서 출발한 것이므로 정부가 부과하는 조세가 다수인 경우에는 분석이 용이하지 않다.

(2) 차별귀착(differential tax incidence)

① 의미

모든 조세와 정부지출이 일정하게 유지된다고 가정하고 하나의 세금을 다른 세금으로 대체할 경우의 분배효과를 비교·분석하는 것이다.

② 그림으로 표현

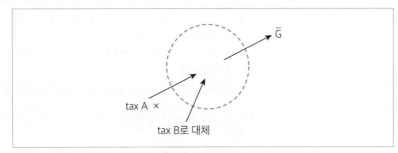

③ 부가가치세를 동일한 세수의 소득세로 대체했을 때 나타나는 분배적 효과를 보는 것을 예로 들 수 있다.

④ 두 조세를 비교하는 데 중점

- 차별귀착은 두 조세를 비교하는 것이 중심이다.
- 현실에서는 조세의 분배적 효과가 서로 섞이고 또한 의사결정의 교란까지 발생할 가능성이 있어 명확한 비교가 쉽지 않은 단점이 있다.

(3) 절대귀착(absolute incidence)

① 의미

다른 조세나 지출에 아무런 변화가 없다는 가정하에서 특정한 조세의 분배적 효과를 분석한 결과를 의미한다.

② 그림으로 표현

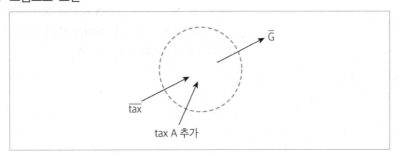

③ 소득세의 세수를 지금의 2배로 늘리면서 정부지출이나 조세에는 아무런 변화가 없다고 가정하고 분배적 효과를 분석하는 것이다.

④ 편리성이 높으나 조세의 분배적 효과를 분석하기에 적합한 방법은 될 수 없다.

조세의 귀착에 관한 설명으로 옳지 않은 것은? [세무사 17]

① 균형예산귀착은 다른 조세가 없다고 가정하고 특정 조세로 조달한 재원에 의한 정부지출사업까지 고려하여 조세의 분배효과를 분석한다.

② 차별귀착은 모든 조세와 정부지출이 일정하게 유지된다고 가정하고 하나의 세금을 다른 세금으로 대체할 경우의 분배효과를 비교·분석한다.

③ 절대귀착은 다른 조세나 정부지출에 아무런 변화가 없다는 가정하에서 특정 조세의 분배효과를 분석한다.

④ 절대귀착은 균형예산귀착보다 정부지출이 분배에 미치는 효과를 파악할 때 더 적합한 분석방법이다.

⑤ 균형예산귀착은 정부가 부과하는 조세가 다수인 경우에는 분석이 용이하지 않다.

해답

절대귀착은 정부지출이 고정된 상태에서 특정한 조세부과가 소득분배에 미치는 효과를 분석하는 것이므로 정부지출이 분배에 미치는 효과를 파악할 수 없다. 이에 비해 균형예산귀착은 조세징수와 정부지출이 종합적으로 소득분배에 미치는 효과를 분석하는 것이므로 정부지출이 분배에 미치는 효과를 파악하는 데는 절대귀착보다 균형예산귀착이 더 적합하다.

정답: ④

3. 귀착의 구분

(1) 부분균형분석과 일반균형분석

① 부분균형분석(partial equilibrium)

특정한 시장에 부과된 조세가 다른 시장에는 영향을 미치지 않고 그 시장에서만 영향을 미친다는 가정하에서 분배적 효과를 측정하는 방법이다.

② 일반균형분석(general equilibrium)

조세가 부과된 특정 시장뿐만 아니라 연관 시장의 파급효과까지 고려한 조세의 분배효과분석이다. 각 시장 사이의 상호연관 관계가 무시해서는 안 될 정도로 강할 경우 일반균형분석을 이용한다.

(2) 단기와 장기에서의 귀착

① 단기
- 일부 경제변수가 조정되지 않은 상황에서 한 부분에 조세를 부과한 경우를 분석하는 것이다.
- 저축에 조세를 부과한다고 할 때 단기에서의 분배적 효과는 저축자의 부담이 늘어난 것으로 나타난다.

② 장기
- 모든 경제변수가 조정된다고 보고 한 부분에 조세를 부과한 경우 장기에는 다른 부분에도 영향을 미치므로 전반적 효과를 분석하는 것이다.
- 저축에 조세를 부과한다고 할 때 장기에서는 저축의 감소가 자본 스톡의 감소로 이어지고, 이는 다시 노동에 대한 수요 감소를 거쳐 임금 하락으로 이어지게 된다.

(3) 개방경제와 폐쇄경제에서의 귀착

① 개방경제
- 자원의 이동이 자유로운 상황이다.
- 경제 규모가 작고 개방 정도가 큰 경제에서 자본과세가 실시될 때, 세후수익률이 예전보다 조금이라도 낮아진다면 자본은 대거 해외로 유출될 것이기 때문에 세전수익률이 그 과세 폭만큼 올라 세후수익률은 종전과 다름없이 유지될 것이다.

② 폐쇄경제
- 자원의 이동이 자유롭지 못한 상황이다.
- 개방성의 정도가 크지 않고 규모가 큰 경제에 자본과세가 이루어지면 개방경제와는 다른 상황이 벌어질 것이다. 즉, 자본에 대한 과세는 자본의 가격탄력성에 따라 달라진다.

조세귀착의 부분균형분석

★★★

핵심 Check: 조세귀착의 부분균형분석

종량세와 종가세	종량세는 평행이동, 종가세는 회전이동
조세부담	• 탄력도와 반비례, 비탄력적일수록 조세부담이 큼 • 독점시장은 MC곡선의 기울기가 클수록 생산자 조세부담이 큼
독점시장의 물품세	• 독점시장이라고 해도 모두 소비자가 부담하는 것은 아님 • 선형수요곡선이면서 한계비용이 일정한 경우 조세의 $\frac{1}{2}$만큼 가격 상승
노동시장	근로소득세 부과 시 일반적으로 노동자와 기업이 나누어서 조세부담
자본시장	완전히 개방적인 자본시장이면 자본의 사용자가 전적으로 부담
조세의 자본화	자산의 가격이 미래에 발생할 조세부담의 현재가치에 해당하는 부분만큼 하락하는 것

1. 완전경쟁시장의 물품세 귀착

(1) 의미

한 상품에 세금을 매길 때 그 세금을 누가 실질적으로 부담하는지를 측정하는 것을 말한다.

(2) 세금 부과방식

조세유형	종량세(단위당 t원 고정)	종가세(가격의 t% 체증)
부과방식	• 한 단위마다 일정액의 세금 부과 • 가격과 무관하게 단위당 조세액이 일정	• 가격의 일정 비율만큼 세금 부과 • 가격이 높을수록 단위당 조세액이 증가
그래프 이동형태	• 평행이동	• 회전이동
예	• 휘발유 1리터당 100원의 세금	• 맥주 출고가격에 10%의 세율
생산자에게 부과 (공급곡선의 이동)	 • 이론: S → S+T • 예 P = Q → P = Q+T	 • 이론: S → $\frac{1}{1-t}$ S • 예 P = 10 + Q 　→ (1 - t)P = 10 + Q

소비자에게 부과
(수요곡선의 이동)
	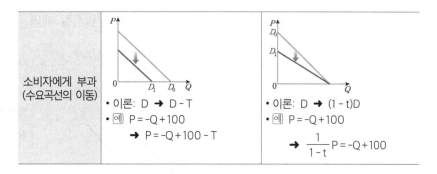
	• 이론: D ➜ D - T
	• 예 P = -Q + 100
	    ➜ P = -Q + 100 - T
		• 이론: D ➜ (1 - t)D
		• 예 P = -Q + 100
		    ➜ $\dfrac{1}{1-t}$ P = -Q + 100

(3) 조세부과의 효과

① 가정

  • 물품세는 상품 1단위당 일정액의 세금을 매기는 방식, 종량세 방식으로 부과된다.

  • 조세를 납부할 의무를 갖는 측은 상품의 공급자이다.

② 그래프 분석

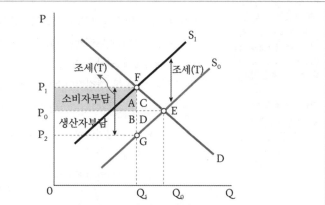

  • 최초 균형점 E점에서 균형가격 = P_0, 균형량 = Q_0이다.

  • T만큼의 조세(종량세)를 부과하면 공급곡선이 상방으로 T만큼 평행이동하고 새로운 균형점 F점에서 (소비자)가격 = P_1, 균형량 = Q_1이다.

  • 생산자가격 = 가격(P_1) - 조세(T) = P_2이다.

  • 소비자부담은 $P_1 - P_0$, 생산자부담은 $P_0 - P_2$이고 이를 더하면 T가 된다.

  • 총조세액은 □(A + B), 사회적 후생손실 발생분은 △(C + D)이다.

(4) 생산자와 소비자에게 각각 부담시킬 때의 비교

조세유형	생산자에게 종량세 부과 (단위당 t원)	소비자에게 종량세 부과 (단위당 t원)
부과효과 (종량세)		
	• 소비자잉여: $-(A+C)$ • 생산자잉여: $-(B+D)$ • 조세수입: $A+B$ • 사회후생: $-(C+D)$	• 소비자잉여: $-(A+C)$ • 생산자잉여: $-(B+D)$ • 조세수입: $A+B$ • 사회후생: $-(C+D)$

핵심 Plus +

탄력성에 따라 조세부담이 발생하는 이유
탄력적일수록 비탄력적인 사람보다 협상력 (bargaining power)이 커지기 때문이다.

탄력성과 후생손실
후생손실은 세율의 제곱과 탄력성에 비례한다. 따라서 탄력적일수록 후생손실이 크다.

(5) 수요, 공급의 가격탄력도와 조세의 귀착

① 수요가 탄력적이거나 공급이 비탄력적이면 생산자부담이 큼
  • 수요가 완전탄력적(수평)이거나 공급이 완전비탄력적(수직)이면 조세는 모두 생산자에 귀착된다.
  • 수요곡선이 탄력적일수록 소비자부담이 줄어든다.

② 수요가 비탄력적이거나 공급이 탄력적이면 소비자부담이 큼
  • 수요가 완전비탄력적(수직)이거나 공급이 완전탄력적(수평)이면 조세는 모두 소비자에 귀착된다.
  • 공급곡선이 탄력적일수록 생산자부담이 줄어든다.

③ 그래프 분석

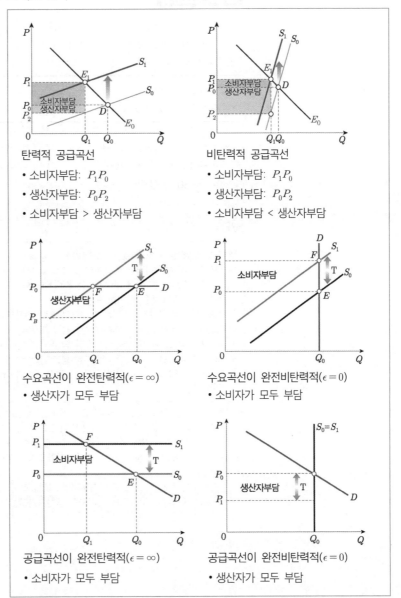

탄력적 공급곡선
- 소비자부담: P_1P_0
- 생산자부담: P_0P_2
- 소비자부담 > 생산자부담

비탄력적 공급곡선
- 소비자부담: P_1P_0
- 생산자부담: P_0P_2
- 소비자부담 < 생산자부담

수요곡선이 완전탄력적($\epsilon = \infty$)
- 생산자가 모두 부담

수요곡선이 완전비탄력적($\epsilon = 0$)
- 소비자가 모두 부담

공급곡선이 완전탄력적($\epsilon = \infty$)
- 소비자가 모두 부담

공급곡선이 완전비탄력적($\epsilon = 0$)
- 생산자가 모두 부담

④ 조세의 부담비율(단, ϵ_d: 수요곡선의 가격탄력도, ϵ_s: 공급곡선의 가격탄력도)

$$\text{소비자부담비율} = \frac{\epsilon_s}{\epsilon_d + \epsilon_s}, \quad \text{생산자부담비율} = \frac{\epsilon_d}{\epsilon_d + \epsilon_s}$$

수요함수와 공급함수가 각각 다음과 같다. 생산자에게 개당 200원의 종량세를 부과하면 소비자와 생산자가 각각 부담해야 하는 세금의 크기는 얼마인가? (단, P: 가격, Q: 수량)   [세무사 14]

- 공급함수: $P = Q$
- 수요함수: $P = 2,000 - Q$

① 소비자 20원, 생산자 180원   ② 소비자 50원, 생산자 150원
③ 소비자 100원, 생산자 100원   ④ 소비자 150원, 생산자 50원
⑤ 소비자 180원, 생산자 20원

해답

☑ 완전경쟁시장의 조세부담 계산풀이법
1) 생산자에게 부담시키면 공급곡선이, 수요자에게 부담시키면 수요곡선이 이동한다.
2) 일반적으로 생산자에게 부담시키는 종량세의 형태가 많으므로 P = ~로 둔 상태에서 조세를 더해 새로운 균형을 구한다.
3) 조세부과 후 균형가격 - 처음의 균형가격 = 소비자부담 조세
4) 조세액 - 소비자부담 조세액 = 생산자부담 조세액
5) 소비자부담 조세 × 거래량 = 소비자부담분
6) 생산자부담 조세 × 거래량 = 생산자부담분
7) 탄력성이 클수록 조세부담분이 적으므로 기울기의 역수만큼 부담하는 것으로 구해도 무방하다.

최초의 균형점은 $P = 2,000 - Q$에서 $Q = 1,000$, $P = 1,000$이다.
200원의 종량세를 부담하면 $P = Q + 200$이므로 $Q + 200 = 2,000 - Q$에서 $Q = 900$, $P = 1,100$이다. 따라서 처음 균형가격보다 100원 상승했으므로 소비자부담분은 100원이고, 소비자부담 조세크기와 생산자부담 조세크기가 200원이므로 생산자부담 조세크기는 100원이 된다.
쉽게 구하는 방식으로는 수요곡선 기울기의 절댓값과 공급곡선 기울기의 절댓값이 동일하므로 단위당 종량세가 부과되면 소비자와 생산자가 각각 절반씩 부담하게 된다. 정답: ③

2. 독점시장의 물품세 귀착

(1) 선형수요곡선이면서 한계비용이 일정한 경우

① 그래프

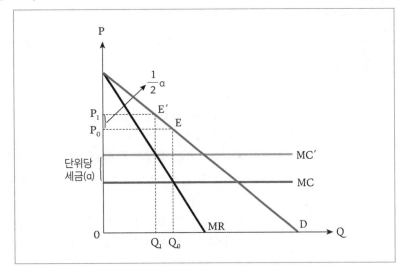

② 설명

- 한계수입곡선(MR)의 기울기는 수요곡선(D)의 기울기의 2배이다.
- 공급자에게 단위당 세금이 α만큼 증가할 때 소비자가격은 $\frac{1}{2}\alpha$만큼 상승한다.
- 이는 소비자와 생산자에게 반반씩 귀착된다.

(2) 선형수요곡선이면서 일반적 한계비용의 형태인 경우

① 그래프

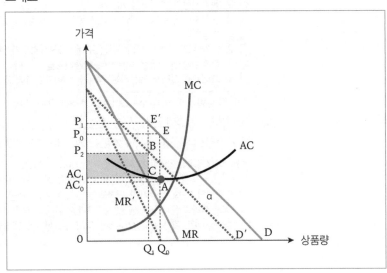

독점시장의 물품세 유의사항

독점시장에 조세를 부과할 경우 기업이 독점하므로 모든 조세를 소비자에게 전가한다는 오류를 범해서는 안 된다. 왜냐하면, 수요곡선의 탄력도에 따라 달라지기 때문이다.

수요의 가격탄력성이 1보다 크면서 일정하고, MC도 일정할 때

소비자가격이 세액의 100% 이상 상승한다.

생산량 감소 폭이 동일하게 종량세와 종가세가 부과될 때

조세수입은 종가세가 종량세보다 크므로 동일 조세를 얻기 위해서는 종가세의 생산량 감소가 더 적다.

D′: 종량세 부과 시
D″: 종가세 부과 시
종량세 부과 시 소비자 부담: A
종량세 부과 시 생산자 부담: B
종가세 부과 시 소비자 부담: A
종가세 부과 시 생산자 부담: B+C

공급곡선이 우하향하면서 수요곡선의 기울기가 공급곡선의 기울기보다 큰 경우 단위당 조세액의 100% 이상이 소비자에게 부과된다.

핵심 Plus +

이윤에 대한 과세

이윤세는 기업이 이윤극대화 조건에 따른 생산이 된 후 조세를 부과하는 것이므로 시장형태와 관계없이 즉, 완전경쟁시장이던 독점시장이던 생산자가 전적으로 부담한다.

② 설명
- 최초의 균형점에서 이윤극대화 생산량은 Q_0이고 총수입은 $P_0 E Q_0 0$이며 총비용은 $AC_0 A Q_0 0$이므로 총이윤은 $P_0 EA AC_0$이다.
- 단위당 소비자에게 세금이 α만큼 증가할 때 새로운 수요곡선이 변하고 이에 따라 MR곡선도 변동한다.
- 새로운 균형점에서 이윤극대화 생산량은 Q_1이고 총수입은 $P_1 E' Q_1 0$이고 총비용은 $AC_1 C Q_1 0$이므로 총이윤은 $P_1 E' CA C_1$이다.

③ 결론
- 독점기업이라고 하더라도 항상 조세부담을 모두 소비자에게 전가할 수 있는 것이 아니다.
- 수요의 가격탄력성과 한계비용곡선의 기울기에 의해 결정된다.
- 수요의 가격탄력성이 비탄력적일수록 한계비용곡선의 기울기가 급할수록 귀착이 커진다.
- 수요의 가격탄력성이 완전비탄력적이거나 한계비용곡선이 수직이 아닌 한 소비자와 생산자가 나누어 부담한다.

집중! 계산문제

독점시장에서 시장수요곡선은 $Q = 30 - P$이고, 총비용곡선은 $TC = \frac{1}{2}Q^2 + 3$일 때 단위당 6의 물품세를 부과한다. 이때 소비자잉여의 변화의 크기는?
(단, P: 가격, Q: 수량)   [세무사 14]

① 15　　　　　② 18　　　　　③ 25　　　　　④ 30　　　　　⑤ 35

해답

☑ 독점시장의 조세부담 계산풀이법
1) 생산자에게 부담시키면 한계비용곡선이 이동, 수요자에게 부담시키면 수요곡선이 이동한다.
2) 한계수입과 한계비용을 직접 구해야 하는 경우가 일반적이므로 총수입을 미분하여 한계수입, 총비용을 미분하여 한계비용을 구한다.
3) 그래프를 그려서 계산하는 경우가 쉬우므로 그래프 그리는 방법을 반드시 숙지한다.

1) 수요함수가 $P = 30 - Q$이므로 총수입 $TR = PQ = 30Q - Q^2$이고, 이를 Q에 대해 미분하면 한계수입 $MR = 30 - 2Q$이다.
2) 총비용함수 $TC = \frac{1}{2}Q^2 + 3$을 Q에 대해 미분하면 한계비용은 $MC = Q$이다.
3) 이윤극대화 생산량을 구하기 위해 $MR = MC$로 두면 $30 - 2Q = Q$, $Q = 10$이다.
4) $Q = 10$을 수요함수에 대입하면 조세부과 전의 가격 $P = 20$임을 알 수 있다.
5) 단위당 6원의 물품세가 부과되면 한계비용이 단위당 조세액만큼 높아진다. 이제 조세부과 후의 이윤극대화 생산량을 구하기 위해 $MR = MC + T$로 두면 $30 - 2Q = Q + 6$, $Q = 8$로 계산된다. $Q = 8$을 다시 수요함수에 대입하면 조세부과 후의 $P = 22$이다.

6) 조세부과로 인해 가격이 20원에서 22원으로 상승하면 소비자잉여는 감소한다. 소비자
   잉여 감소에 해당하는 직사각형의 면적이 16(= 2×8), 삼각형에 해당하는 면적이
   $2\left(=\dfrac{1}{2}\times2\times2\right)$이므로 소비자잉여 감소분은 18임을 알 수 있다. 조세부과 전의 소비자
   잉여 $50\left(=\dfrac{1}{2}\times10\times10\right)$에서 조세부과 후의 소비자잉여 $32\left(=\dfrac{1}{2}\times8\times8\right)$를 차감하더라
   도 마찬가지로 소비자잉여 감소분은 18로 계산된다.

7) 그래프

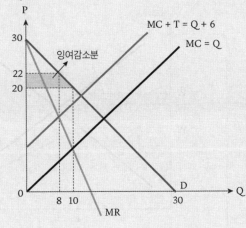

3. 과점시장의 물품세 부과

(1) 비용할증 가격설정

① $P = AC(1+m)$, m은 이윤 부가율이므로 반드시 이윤이 남도록 가격을 설정한다.

② 물품세 부과 시 과점기업이 이를 비용 증가로 인식한다면 물품세 부과 이후에는
   평균비용이 상승한다.

③ 조세부과로 평균비용이 상승하면 재화 가격은 단위당 조세액보다 더 크게 상승
   하므로 조세 전부가 소비자에게 전가된다.

(2) 총수입 극대화를 추구하는 경우

물품세를 비용 증가로 인식하더라도 조세 전부를 과점기업이 부담하게 된다.

4. 완전경쟁시장의 생산요소에 대한 과세의 귀착

(1) 노동에 대한 과세

① 생산요소시장의 수요자는 기업, 공급자는 가계이다.

② 그래프

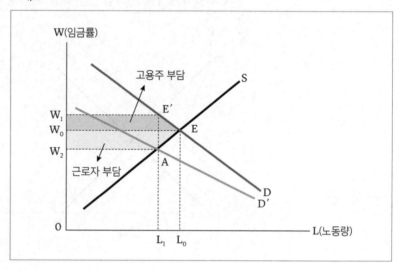

③ 설명

• 조세부과 전 균형가격인 임금은 W_0, 균형거래량인 균형노동량은 L_0이다.

• 기업에 근로소득세를 부과하면 근로소득세의 성격상 종가세의 일종이 되기 때문에 위의 형태로 변형된다.

• 새로운 균형점인 A에서 노동자들은 W_2(순임금률)의 임금을 받고 기업은 근로소득세를 포함해야 하므로 W_1(시장임금률)을 지출해야 한다.

④ 결론

근로소득세 부과로 더 많은 부담을 지게 되는가는 노동수요와 공급의 가격탄력성에 의존한다. 즉, 비탄력적인 쪽의 부담이 크다.

⑤ 예외

노동공급곡선이 후방으로 굴절하는 경우 후방굴절 구간에서 근로소득세가 부과되면 노동자에게 100% 이상 전가되며 기업은 오히려 이득을 얻게 된다.

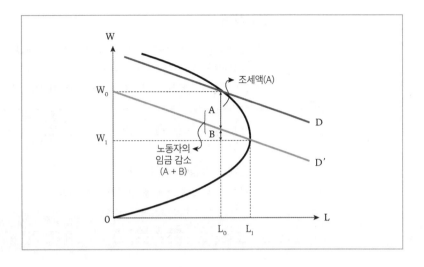

(2) 자본에 대한 과세

① 자본의 개방성이 중요하다.

② 폐쇄경제인 경우

자본의 사용자와 소유자가 각 탄력성의 크기에 따라 부담한다.

③ 완전히 개방적인 경제인 경우

- 국내 자본의 공급탄력성을 측정하면 무한히 큰 것으로 드러난다.
- 해외와의 자본거래가 매우 활발하게 이루어지고 있으므로 국제적으로 정해진 이자율에서 무한히 많은 자본이 국내 자본시장으로 공급될 수 있기 때문이다.
- 따라서 자본공급곡선은 수평선(= 완전탄력적)이 되어 조세를 포함한 자본의 수익률(= 이자율)은 과세 폭만큼 상승하게 된다.
- 자본의 공급자가 얻는 세후수익률에는 아무 변화가 없고, 자본에 대한 과세의 부담은 전적으로 자본의 사용자에게 귀착된다.

④ 결론

경제의 개방성이 높을수록 자본에 대한 과세가 자본의 사용자에게 전가될 가능성이 크다.

5. 조세의 자본화와 부담의 귀착

(1) 조세의 자본화

① 정의

자산의 가격이 미래에 발생할 조세부담의 현재가치에 해당하는 부분만큼 하락하는 현상이다.

② 예를 들어, 토지와 같이 그 공급이 고정되어 있고 내구성을 가진 상품에 조세를 부과할 경우, 조세부담을 자본화하여 가격이 하락한다는 것이다. 즉, 앞으로 지게 될 세금 부담이 예측되어 가격에 반영되는 현상이다.

(2) 사례

① 토지시장이 완전경쟁적일 때 토지가격과 임대료 수입 흐름의 현재가치는 서로 같아진다. 이를 표현하면 다음과 같다.
(r: 기간당 할인율, P_L: 토지가격, R: 기간당 임대료 수입)

$$P_L = R_0 + \frac{R_1}{(1+r)} + \frac{R_2}{(1+R)^2} + \cdots\cdots + \frac{R_n}{(1+R)^n}$$

② 임대료 수입에 조세부과

임대료 수입에 조세를 부과하면 다음과 같다.

$$P_L(조세부과\ 후) = (R_0 - t_0) + \frac{R_1 - t_1}{(1+r)} + \frac{R_2 - t_2}{(1+R)^2} + \cdots\cdots + \frac{R_n - t_n}{(1+R)^n}$$

③ 조세의 자본화

토지에 조세부과한 결과로 그 가격이 미래에 부담할 조세의 현재가치만큼 하락한다.

$$\triangle P_L = t_0 + \frac{t_1}{(1+r)} + \frac{t_2}{(1+R)^2} + \cdots\cdots + \frac{t_n}{(1+R)^n}$$

④ 현실 적용 가능성

현실적인 경우 경제적 용도에 사용될 수 있는 토지라고 할 때는 공급이 상당한 신축성을 가질 가능성이 크다. 따라서 완전한 자본화는 일어나지 않는다.

확인문제

부분균형분석을 따를 때 조세귀착에 관한 설명으로 옳지 않은 것은? [세무사 17]
① 물품세의 법적 귀착과 경제적 귀착은 항상 동일한 결과를 나타낸다.
② 물품세 부과에 따른 소비자에로의 조세귀착은 공급의 가격탄력성이 수요의 가격 탄력성보다 클수록 더 커진다.
③ 노동수요의 탄력성이 무한히 큰 경우 근로소득세를 부과하면 세 부담은 노동자에 게 모두 귀착된다.
④ 완전개방경제에서 자본에 대한 과세는 전적으로 자본의 사용자에게 귀착된다.
⑤ 조세귀착의 부분균형분석은 특정한 시장에서 부과된 조세가 다른 시장에 영향을 미치지 않고 그 시장에서만 영향을 미친다는 가정하에서 분배효과를 측정한다.

해답

법적 귀착(statutory incidence)이란 세법상의 납세의무자에게 조세부담이 귀속된다고 보는 것인 데 비해, 경제적 귀착(economic incidence)은 실제로 누가 조세를 부담하는지를 파악하여 조세를 부담하는 주체를 판단하는 것을 말한다. 법적 귀착과 경제적 귀착은 항상 동일한 결과가 아닐 수 있다.   정답: ①

03

조세귀착의 일반균형분석 : 하버거 모형
★★★

개별물품세	개별물품세를 부과한 상품의 가격 상승으로 인한 해당 생산요소의 해고로 조세귀착이 이루어짐
부분요소세	• 부분요소세의 효과는 산출효과와 요소대체효과로 나누어짐 • 산출효과는 재화의 성격에 따라 달라짐 • 요소대체효과는 부분요소세를 부과하는 생산요소의 상대가격이 하락함
상대가격 변화에 영향을 미치는 요인	• 요소집약도의 차이가 클수록 상대가격비율이 더 큰 폭으로 변화함 • 수요의 가격탄력성이 클수록 상대가격의 변화가 더 커짐 • 생산요소 간 대체탄력성이 작을수록 상대가격 변화가 더 커짐

1. 기본가정

핵심 Plus +

1차 동차 생산함수
규모에 대한 수익 불변의 특성을 가진다는 의미이다. 즉, 노동과 자본을 동시에 2배씩 늘리면 생산량도 2배 증가한다는 것이다.

생산요소의 공급이 고정되었다는 가정을 버리고 공급이 가변적이라는 사실로 대체할 경우
생산요소의 공급이 신축적이면 한 상품에 대한 물품세의 부과가 유발하는 요소 사이의 상대가격비율 변화의 정도는 앞에서 본 것보다 더 작아진다.

(1) 2×2 경제

가장 단순한 생산경제인 생산요소와 상품의 수가 모두 2인 경제이다.

(2) 자원의 부존량과 생산요소

모형에는 노동(L)과 자본(K) 두 생산요소가 존재하고 있는데, 그 부존량은 각각 주어져 있으며 완전한 이동성을 가지고 있다.

(3) 재화의 종류와 성격

기업들은 노동과 자본을 사용해 X재와 Y재 두 재화를 생산하고 있으며, 조세를 포함하지 않은 가격은 각각 P_X, P_Y로 표시된다.

(4) 시장의 형태

이 경제의 모든 시장에서 완전경쟁이 이루어지고 있다.

(5) 생산함수

각 재화를 생산하는 과정을 대표하는 생산함수는 1차 동차 혹은 선형동차 (linearly homogeneous)의 특성을 가지고 있다. 나아가 X재가 Y재보다 더 노동집약적인 방법으로 생산된다고 가정한다.

(6) 소비자들의 선호

모든 소비자는 동일한 선호를 가지고 있다.

2. 개별물품세

(1) 개별물품세(t_X)

① 한 상품에만 조세를 부과하는 것을 개별물품세라고 한다.

② X재에만 개별물품세를 부과한다고 가정하자.

(2) 설명

① 노동집약재인 X재에 t의 세율로 개별물품세를 부과하면 $(1+t)P_X$가 되어 X재의 상대가격이 $\dfrac{P_X}{P_Y} \rightarrow \dfrac{(1+t)P_X}{P_Y}$로 상승한다.

② X재의 상대가격 상승으로 인하여 X재의 수요량이 감소해 X재의 생산이 감소한다.

③ X재가 노동집약재이므로 상대적으로 노동(L)의 해고가 증가하고 노동수요의 감소로 임금(w)이 하락한다.

④ 반면 자본집약재인 Y재의 상대가격($\dfrac{P_Y}{P_X}$)은 하락한다.

⑤ Y재의 상대가격 하락으로 Y재의 수요량이 증가하여 Y재의 생산이 증가한다.

⑥ Y재가 자본집약재이므로 상대적으로 자본(K)의 고용이 증가하고 자본수요의 증가로 이자(r)가 상승한다.

⑦ 노동의 상대가격($\dfrac{w}{r}$) 하락으로 X와 Y재 생산자들은 더욱 노동집약적인 방법을 선택한다. 이로 인해 요소집약도($\dfrac{K}{L}$)는 조세부과 이전보다 낮아진다.

(3) 요소의 상대가격 변화 정도의 결정요인

① 요소집약도(factor intensity)
   - 요소집약도의 차이가 클수록 상대가격비율이 더 큰 폭으로 변화한다.
   - 요소집약도의 차이가 작다면 X재의 생산이 줄고 Y재의 생산이 늘어나는 배분이 생겨도 자본-노동비율은 크게 변하지 않을 것이고, 따라서 요소 사이의 상대가격비율도 별로 변화하지 않게 된다.

② 과세대상이 된 상품수요의 가격탄력성
- 과세대상이 된 상품수요의 가격탄력성이 클수록 상대가격의 변화가 더 커진다.
- 수요의 가격탄력성이 작으면 X재의 가격이 올라가도 Y재의 수요로 옮겨가지 못하기 때문에 자본-노동비율, 요소의 상대가격에도 별로 변화를 가져오지 못한다.

③ 생산요소 간 대체탄력성
- 생산요소 간 대체탄력성이 작을수록 상대가격 변화가 더 크다.
- 생산요소 사이의 대체탄력성이 작다는 것은 등량곡선이 L자에 가까운 모양을 가지게 된다는 것으로 아주 작은 요소투입비율의 변화가 매우 큰 상대가격비율의 변화로 이어지게 된다.

핵심 Plus +

대체탄력성

일정한 생산 수준을 유지한 상태에서 생산요소 간 대체 정도를 탄력성을 통해서 나타낸 것이다. 대체탄력성이 클수록 생산요소 간 대체가 용이하다는 것을 의미한다.

(4) 개별물품세의 부담귀착

① 소득의 원천 측면 분석

조세가 부과된 산업에서 집약적으로 사용되는 요소공급자에게 부담이 귀착된다.

② 소득의 사용 측면 분석
- 과세대상 상품을 상대적으로 더 많이 소비하고 있는 사람일수록 더 많은 부담을 지게 된다.
- 사치재에만 개별물품세가 부과된다면 부유층이 상대적으로 더 큰 부담을 질 수 있다는 것을 예로 들 수 있다.

3. 부분요소세

(1) 부분요소세(t_{KX})

① 한 생산부분에서 사용되는 하나의 생산요소에 대해서만 소득세를 부과하는 경우이다.

② X재의 자본에 부분요소세를 부과한다고 가정하자.

③ 법인세의 부담귀착을 설명하는 데 용이하다.

④ 부분요소세의 효과는 산출효과와 요소대체효과로 이루어진다.
- 산출효과는 특정 산업에 투입되는 요소에 대하여 소득세가 부과되면 생산량의 변화가 발생하고 이에 따라 생산요소의 상대가격이 변화하는 효과이다.
- 요소대체효과는 자본에 대해 조세가 부과되면 기업이 자본을 노동으로 대체함에 따라 자본의 상대가격이 하락하는 효과이다.

핵심 Plus +

일반요소세(t_L, t_K)

모든 부분에 고용된 생산요소에 부과되는 조세로 조세가 부과된 생산요소의 귀착이 이루어진다.

(2) 산출효과

① 노동집약재인 X재에 t의 세율로 자본에 부분요소세를 부과하면 X재의 상대가격 $(\frac{P_X}{P_Y})$이 상승한다.

② X재의 상대가격 상승으로 인하여 X재의 수요량이 감소해 X재의 생산이 감소한다.

③ X재가 노동집약재이므로 상대적으로 노동(L)의 해고가 증가하고 노동수요의 감소로 임금(w)이 하락한다.

④ 반면 자본집약재인 Y재의 상대가격$(\frac{P_Y}{P_X})$은 하락한다.

⑤ Y재의 상대가격 하락으로 Y재의 수요량이 증가하여 Y재의 생산이 증가한다.

⑥ Y재가 자본집약재이므로 상대적으로 자본(K)의 고용이 증가하고 자본수요의 증가로 이자(r)가 상승한다.

⑦ 노동의 상대가격$(\frac{w}{r})$ 하락으로 X와 Y재 생산자들은 더욱 노동집약적인 방법을 선택한다. 이로 인해 산출효과의 요소집약도$(\frac{K}{L})$는 조세부과 이전보다 낮아진다.

⑧ 요소의 상대가격 변화 정도의 결정요인은 개별물품세에서 언급한 것과 동일하다.
  • 요소집약도의 차이가 클수록 상대가격비율이 더 큰 폭으로 변화한다.
  • 과세대상이 된 상품의 수요의 가격탄력성이 클수록 상대가격의 변화가 더 커진다.
  • 생산요소 간 대체탄력성이 작을수록 상대가격 변화가 더 크다.

(3) 요소대체효과

① X재 산업에 사용되는 자본에 대해 조세를 부과하면 (세전)자본임대료가 상승하므로 X재 생산자는 자본을 노동으로 대체하고자 한다.

② X재 산업에서 세후자본임대료는 조세부과 전보다 하락한다. 자본의 소유자들은 합리적이므로 이익추구를 위해 자본을 X재 산업에서 Y재 산업으로 이동시킬 것이다.

③ X재 산업에서 Y재 산업으로의 자본이동은 X재 산업에서의 세후자본수익률과 Y재 산업에서의 (세전)자본수익률이 같아질 때까지 이루어질 것이다.

④ 따라서 항상 조세가 부과된 생산요소인 자본의 상대가격을 낮추는 방향($\frac{w}{r}$ 상승)으로 작용한다.

(4) 산출효과와 요소대체효과의 도식화

① 도식화

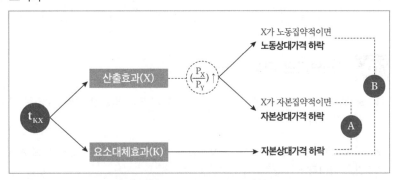

② 부분요소세에서 산출효과와 요소대체효과는 같은 방향과 반대 방향 모두 가능하므로 재화의 성격에 따라 다르게 평가하여야 한다.

확인문제

하버거(A. Harberger)는 조세귀착에 관한 일반균형 모형에서 다음과 같이 가정하였다. 이러한 경우에 나타나는 현상으로 옳지 않은 것은?   [세무사 18]

> A. 두 재화 X, Y가 있으며, 생산기술은 일차 동차(선형동차)이고 X는 자본집약적 부문이고 Y는 노동집약적 부문이다.
> B. 모든 시장은 완전경쟁이고 노동과 자본의 총량은 일정하고 부문 간 요소 이동성이 완전하다.

① X부문과 Y부문의 노동에 대한 동률의 조세는 그 부담이 모두 노동에 귀착된다.
② X재화에 물품세를 부과하면 노동에 대비한 자본의 상대가격을 높이게 된다.
③ X부문의 자본에 대한 과세는 산출효과를 통해 노동에 대비한 자본의 상대가격을 낮추게 된다.
④ X부문의 자본에 대한 과세는 요소대체효과를 통해 노동에 대비한 자본의 상대가격을 낮추게 된다.
⑤ Y부문의 노동에 대한 과세 시 산출효과와 요소대체효과는 서로 같은 방향으로 작용한다.

해답

1) 자본집약적인 X재에 대해 물품세를 부과하면 상대적으로 X재 가격이 상승한다.
2) X재의 상대가격이 상승하면 X재 소비가 감소하고 그에 따라 X재 생산이 감소한다.
3) X재 생산이 감소하면 X재 생산에 집약적으로 사용되는 생산요소인 자본이 대량으로 해고될 것이므로 자본임대료가 하락한다.
4) 한편, Y재 소비가 증가하면 Y재 생산이 증가하게 되는데, Y재가 노동집약재이므로 Y재 생산이 증가하면 노동수요가 증가하여 임금이 상승한다.
5) 그러므로 자본집약적 재화인 X재에 대해 물품세를 부과하면 자본의 상대가격은 하락하고, 노동의 상대가격은 상승하게 된다.   정답: ②

01 조세부담의 귀착 ★★

01 조세부담의 전가란 조세부담이 경제적 관계에 따라 법률상 납세의무자로부터 다른 경제주체에게로 이전되는 것을 말한다. (○, ✕)

02 조세부담의 전가란 법적으로 조세부담의 의무를 지고 있는 사람이 다른 사람에게 그 부담을 강제로 떠넘기는 것은 아니다. (○, ✕)

03 물품세의 법률적 귀착은 누가 정부에 세금을 내는가에 의해 결정되며, 경제적 귀착은 세금이 부과되기 전과 후의 개인이 사용 가능한 자원의 차이에 의해 결정된다. (○, ✕)

04 물품세의 법적 귀착과 경제적 귀착은 항상 동일한 결과를 나타낸다. (○, ✕)

05 정부지출을 불변으로 두고, 한 종류의 조세를 같은 조세수입을 가져다주는 다른 종류의 조세로 대체했을 때의 분배효과를 분석하는 것을 예산귀착이라고 한다. (○, ✕)

06 균형예산귀착은 다른 조세가 없다고 가정하고 특정 조세로 조달한 재원에 의한 정부지출사업까지 고려하여 조세의 분배효과를 분석한다. (○, ✕)

07 차별귀착은 모든 조세와 정부지출이 일정하게 유지된다고 가정하고 하나의 세금을 다른 세금으로 대체할 경우의 분배효과를 비교·분석한다. (○, ✕)

08 절대귀착은 다른 조세나 정부지출에 아무런 변화가 없다는 가정하에서 특정 조세의 분배효과를 분석한다. (○, ✕)

정답 및 해설

01 ○

02 ○

03 ○

04 ✕ 법적 귀착과 경제적 귀착의 결과가 항상 동일한 것은 아니다.

05 ✕ 정부지출을 불변으로 두고, 한 종류의 조세를 같은 조세수입을 가져다주는 다른 종류의 조세로 대체했을 때의 분배효과를 분석하는 것은 차별귀착이다. 예산귀착은 본래 세금의 크기와 동일한 크기의 정부지출을 쓸 때 그 세금이 누구에게 귀착되는지를 다룬다.

06 ○

07 ○

08 ○

09 절대귀착은 균형예산귀착보다 정부지출이 분배에 미치는 효과를 파악할 때 더 적합한 분석방법이다.

(○, ×)

10 균형예산귀착은 정부가 부과하는 조세가 다수인 경우에는 분석이 용이하지 않다.　　　　(○, ×)

11 조세부담은 생산물이나 생산요소의 시장가격을 통하여 거래 단계상 유통 진행 방향 또는 반대 방향으로 전가될 수 있다.　　　　(○, ×)

12 법인세 부담이 소비자에게로 전가되었다면 전전(forward shifting)이 발생한 것이다.　　　(○, ×)

13 법인세의 부과는 조세부담의 전전(forward shifting) 및 후전(backward shifting)을 모두 발생시킬 수 있다.

(○, ×)

14 조세를 납부해야 하는 생산자가 경영합리화 등을 통해 실질적으로 조세부담을 흡수하는 것을 소전(transformation)이라 한다.　　　　(○, ×)

02 조세귀착의 부분균형분석 ★★★

15 조세귀착의 부분균형분석은 특정한 시장에서 부과된 조세가 다른 시장에 영향을 미치지 않고 그 시장에서만 영향을 미친다는 가정하에서 분배효과를 측정한다.　　　　(○, ×)

16 종량세가 부과되면 공급곡선의 기울기가 커진다.　　　　(○, ×)

17 수요자에게 부과되는 경우 공급자에게 부과되는 경우보다 수요자 측의 부담귀착이 더 크다.　　(○, ×)

정답 및 해설

09 X　절대귀착은 정부지출이 고정된 상태에서 특정 조세부과가 소득분배에 미치는 효과를 분석하는 것이므로 정부지출이 분배에 미치는 효과를 파악할 수 없다. 이에 비해 균형예산귀착은 조세징수와 정부지출이 종합적으로 소득분배에 미치는 효과를 분석하는 것이므로 정부지출이 분배에 미치는 효과를 파악하는 데는 절대귀착보다 균형예산귀착이 더 적합하다.

10 ○

11 ○

12 ○

13 ○

14 ○

15 ○

16 X　종량세는 기울기 변화가 없다.

17 X　부담귀착은 세금의 법적 부담 주체는 중요하지 않고 탄력성의 상대적 크기에 따라 결정된다.

18 수요자에게 부과되는 경우에는 수요자와 공급자의 부담귀착이 공급의 가격탄력성보다 수요의 가격탄력성에 의해 더 많이 좌우된다. (○, ×)

19 물품세의 경제적 귀착은 어떤 재화 시장에서 세금이 생산자에게 부과되든지, 소비자에게 부과되든지 달라지지 않는다. (○, ×)

20 종가세가 생산요소에 부과되는 경우 요소소득에 세율을 적용하여 납세 전 요소소득에서 공제하는 방식으로 요소공급자에게 부과된다. (○, ×)

21 기업의 순수한 이윤에 대한 과세는 다른 경제주체로 전가되지 않는다. (○, ×)

22 수요곡선과 공급곡선에서 생산물 1단위당 300원의 세금이 부과되었다. 300원에서 소비자가 부담하는 세금은 200원이다. (단, 수요곡선: $P = 6,000 - 4Q$, 공급곡선: $P = 2Q$, P: 가격, Q: 수량) (○, ×)

23 수요함수가 $P = 2,000 - Q$, 공급함수가 $P = Q$일 때 생산자에게 개당 200원의 종량세를 부과하면 소비자와 생산자가 각각 부담해야 하는 세금의 크기는 동일하다. (단, P: 가격, Q: 수량) (○, ×)

<완전경쟁시장인 경우>

24 종량세가 부과된 재화의 가격 변화는 수요/공급의 탄력성에 따라 달라진다. (○, ×)

25 수요의 가격탄력성이 클수록 소비자에게 전가되는 세 부담 규모는 작아진다. (○, ×)

26 수요곡선이 비탄력적일수록 물품세의 소비자부담이 증가한다. (○, ×)

정답 및 해설

18 X 공급의 가격탄력성이나 수요의 가격탄력성이나 다르지 않다.

19 ○

20 ○ 예컨대, 근로소득세가 노동자에게 부과되는 경우 세금을 떼고 노동자에게 임금이 지급된다.

21 ○

22 ○ 수요곡선 기울기의 절댓값이 공급곡선 기울기의 절댓값보다 2배 크므로 비탄력적이다. 따라서 조세부담이 2 : 1로 이루어져야 하므로 소비자의 조세액은 200원이 된다.

23 ○ 수요곡선 기울기의 절댓값과 공급곡선 기울기의 절댓값이 동일하므로 단위당 종량세가 부과되면 소비자와 생산자가 각각 절반씩 부담하게 된다.

24 ○ 수요의 가격탄력성이 완전탄력적인 상황이면 소비자에게 세금이 부과된 경우 재화의 가격은 세금의 크기만큼 하락하고 공급자에게 세금이 부과된 경우 변화가 없으므로 재화의 가격 상승은 수요/공급의 탄력성에 영향을 받는다.

25 ○

26 ○

27 생산자와 소비자에 대한 조세의 상대적 부담비율은 수요와 공급곡선의 상대적 탄력성에 반비례한다.
(○, ×)

28 공급의 가격탄력성이 1일 때는 수요자와 공급자가 부담을 반씩 나눠서 지게 된다. (○, ×)

29 물품세 부과에 따른 소비자에로의 조세귀착은 공급의 가격탄력성이 수요의 가격탄력성보다 클수록 더 커진다.
(○, ×)

30 완전개방경제에서 자본에 대한 과세는 전적으로 자본의 사용자에게 귀착된다. (○, ×)

31 소비자들이 쉽게 대체재를 구할 수 있는 상품의 공급자들이 생산량을 조절하기 어려울 경우, 그 상품에 부과되는 조세는 소비자에게 더 많이 귀착된다. (○, ×)

32 다른 조건이 일정할 때, 시간이 흐를수록 공급곡선의 탄력성이 커지면 상대적으로 소비자에게 조세가 더 많이 귀착된다. (○, ×)

33 노동의 공급곡선이 우상향한다면 조세부담이 전부 기업에 전가된다. (○, ×)

34 노동수요의 탄력성이 무한히 큰 경우 근로소득세를 부과하면 세 부담은 노동자에게 모두 귀착된다. (○, ×)

35 노동공급의 탄력성이 아주 크다면 조세부담은 거의 전부 근로자에게 귀착된다. (○, ×)

36 노동공급곡선이 후방굴절하는 구간에서 임금소득세를 부과하면 노동공급자가 받는 순임금률인 공급임금률은 조세보다 더 크게 하락한다. (○, ×)

37 노동공급곡선이 후방굴절하는 구간에서 임금소득세를 부과하면 기업이 지불하는 수요임금률은 조세보다 더 크게 증가한다. (○, ×)

정답 및 해설

27 ○ 탄력성이 클수록 조세의 상대적 부담비율이 감소한다.

28 X 수요의 가격탄력성에 따라 달라진다.

29 ○

30 ○

31 X 대체재가 많을수록 수요의 가격탄력성은 커지며, 생산량 조절이 어려울수록 공급의 가격탄력성은 작아진다. 이 경우 조세는 공급자에게 더 많이 귀착된다.

32 ○

33 X 공급곡선이 수직인 경우 공급의 가격탄력성이 완전비탄력적이므로 조세부담을 기업이 모두 부담한다.

34 ○

35 X 노동공급의 탄력성이 아주 크다면 조세부담은 수요자인 기업에 귀착된다.

36 ○

37 X 노동공급곡선이 후방굴절하는 구간에서 임금소득세는 노동자에게 100% 이상 전가된다. 즉 임금이 더 낮아진다는 의미이다.

38 노동공급곡선이 후방굴절하는 구간에서 임금소득세를 부과하면 조세는 노동공급자에게 100% 이상 귀착된다.
(○, ×)

39 노동공급곡선이 후방굴절하는 구간에서 임금소득세를 부과하면 균형노동량은 증가한다. (○, ×)

40 노동공급곡선이 후방굴절하는 구간에서 임금소득세를 부과하면 수요자는 과세로 인해 더 낮은 임금률로 더 많은 노동을 고용한다. (○, ×)

41 두 재화 X와 Y가 완전대체재인 경우 재화 X에 조세를 부과하면, 조세는 재화 X의 공급자에게 모두 귀착된다.
(○, ×)

42 수요곡선이 수직선이면 소비자가 모든 조세부담을 진다. (○, ×)

43 개방경제에서 국가 간 자본이동이 완전한 경우, 자본에 대한 과세는 전적으로 자본수요자에게 귀착된다.
(○, ×)

44 토지의 공급이 완전히 고정되어 있다면 토지 재산세의 궁극적 귀착은 재산세 부과시점의 토지 소유자에게 귀착된다. (○, ×)

45 생산요소의 공급이 완전비탄력적인 경우 그에 대한 조세의 부담은 자본화된다. (○, ×)

46 조세의 자본화란 자산의 가격이 미래에 발생될 조세부담의 현재가치만큼 하락함을 뜻하는 것으로 자산의 공급이 신축적이라면 완전한 자본화는 발생하지 않는다. (○, ×)

47 A씨는 1m² 당 1,000,000원 하는 토지를 1,000m² 가지고 있다. 1m² 당 10,000원의 재산세가 영구적으로 부과되는 경우 조세의 자본화(tax capitalization) 크기는 1m² 당 100,000원이다. (단, 할인율은 10%, 토지공급은 완전비탄력적이라고 가정한다) (○, ×)

정답 및 해설

38 ○

39 ○

40 ○

41 ○ X가 Y로 인해 완전대체될 수 있다는 건 X의 수요의 가격탄력성이 무한대임을 뜻한다. 이 경우 재화 X는 가격을 변화시킬 수 없으므로 조세는 X의 공급자에게 모두 귀착된다.

42 ○

43 ○

44 ○

45 ○

46 ○ 자산의 공급이 완전히 고정된 경우에만 자본화가 발생한다.

47 ○ 할인율이 10%일 때 1m² 당 10,000원의 조세가 부과되는 경우 납세액의 현재가치가 100,000이므로 자본화되는 금액도 1m² 당 100,000원이다.

$$납세액의\ 현재가치 = \frac{10,000}{(1+0.1)} + \frac{10,000}{(1+0.1)^2} + \frac{10,000}{(1+0.1)^3} + \cdots + \frac{10,000}{(1+0.1)^n} + \cdots = \frac{10,000}{0.1} = 100,000$$

<독점시장인 경우>

48 독점시장에 물품세가 부과되는 경우 소비자가격은 조세부과액 이상으로 증가될 수 없다.　　　　(○, ×)

49 독점하에서 한계비용곡선이 일정하고 수요곡선이 직선인 경우에 종량세를 부과하면 가격은 종량세의 2배로 증가한다.　　　　(○, ×)

50 이윤세 부과는 독점기업의 균형생산량을 감소시킨다.　　　　(○, ×)

51 시장수요곡선이 Q = 160 − P, 독점자의 평균비용곡선이 AC = 40 + Q라고 할 때 독점이윤을 극대화하는 산출량(Q^*)은 30이다.　　　　(○, ×)

52 순수독점시장의 수요함수는 $Q = 300 - 3P$이고, 독점공급자의 총비용함수는 $TC = \frac{1}{2}Q^2 + 10Q + 20$이다. 정부가 소비자에게 20의 조세를 부과할 때 독점기업의 부담은 120이다.　　　　(○, ×)

정답 및 해설

48 X　수요의 가격탄력성이 1보다 크면서 일정하고 MC곡선이 수평선인 경우에는 100% 이상의 조세전가가 이루어진다.

49 X　독점하에서 한계비용곡선이 일정하고 수요곡선이 직선인 경우에 종량세를 부과하면 가격은 종량세의 1/2만큼 증가한다.

50 X　순수한 경제적 이윤에 대한 조세는 기업의 의사결정에 아무런 영향을 미치지 않는다. 그러므로 이윤세가 부과되더라도 기업의 생산량과 가격에는 아무런 변화가 발생하지 않는다.

51 ○　수요함수가 P = 160 - Q이므로 $TR = P \times Q = 160Q - Q^2$이고, 이를 Q에 대해 미분하면 한계수입 MR = 160 - 2Q이다. 한편, AC = 40 + Q이므로 $TC = AC \times Q = 40Q + Q^2$이고, 이를 Q에 대해 미분하면 한계비용 MC = 40 + 2Q이다. 이윤극대화 산출량을 구하기 위해 MR = MC로 두면 160 - 2Q = 40 + 2Q이므로 이윤극대화 산출량 Q = 30이다.

52 X　1) 수요함수가 $P = 100 - \frac{1}{3}Q$이므로 한계수입은 $MR = 100 - \frac{2}{3}Q$이고, 총비용함수를 미분하면 한계비용은 MC = Q + 10이다. 이윤극대화 생산량을 구하기 위해 MR = MC로 두면 $100 - \frac{2}{3}Q = Q + 10$ ➡ $\frac{5}{3}Q = 90$이므로 조세부과 전의 균형거래량 Q = 54이다. Q = 54를 수요함수에 대입하면 P = 82로 계산된다.

　　2) 정부가 소비자에게 20의 조세를 부과하면 수요곡선이 20만큼 하방으로 이동한다. 그러므로 조세부과 이후에는 수요함수가 $P = 80 - \frac{1}{3}Q$, 한계수입은 $MR = 80 - \frac{2}{3}Q$가 된다. 이제 조세부과 이후의 이윤극대화 생산량을 구하기 위해 MR = MC로 두면 $80 - \frac{2}{3}Q = Q + 10$ ➡ $\frac{5}{3}Q = 70$ ➡ Q = 42이다. Q = 42를 조세부과 이후의 수요함수에 대입하면 균형가격은 P = 66으로 계산된다.

　　3) 단위당 20의 조세가 부과되었을 때 시장가격이 16만큼 하락하였으므로 단위당 조세액 중 독점기업의 부담은 16이다.

03 조세귀착의 일반균형분석: 하버거 모형 ★★★

<X재가 자본집약적이고, Y재가 노동집약적 부분일 때>

53 X부문과 Y부문의 노동에 대한 동률의 조세는 그 부담이 모두 노동에 귀착된다. (○, ×)

54 X재화에 물품세를 부과하면 노동에 대비한 자본의 상대가격을 높이게 된다. (○, ×)

55 X부문의 자본에 대한 과세는 산출효과를 통해 노동에 대비한 자본의 상대가격을 낮추게 된다. (○, ×)

56 X부문의 자본에 대한 과세는 요소대체효과를 통해 노동에 대비한 자본의 상대가격을 낮추게 된다. (○, ×)

57 Y부문의 노동에 대한 과세 시 산출효과와 요소대체효과는 서로 같은 방향으로 작용한다. (○, ×)

58 두 산업 간 요소집약도의 차이가 클수록 상대가격비율은 더 큰 폭으로 변화한다. (○, ×)

59 조세부과의 대상이 된 상품에 대한 수요의 가격탄력성이 클수록 상대가격의 변화가 더 커진다. (○, ×)

60 생산요소 간 대체탄력성이 작을수록 상대가격의 변화는 작아진다. (○, ×)

61 원천(source) 측면에서 보면 물품세가 부과된 산업에서 집약적으로 사용되고 있는 생산요소의 공급자에게 부담이 귀착된다. (○, ×)

62 사용(use) 측면에서 보면 과세되는 상품을 상대적으로 더 많이 소비하고 있는 사람일수록 더 많은 부담을 지게 된다. (○, ×)

정답 및 해설

53 ○ 노동에 대한 일반요소세이므로 노동에 모두 귀착된다.

54 X X재의 상대가격 상승으로 X재의 수요량이 하락함에 따라 X재의 생산이 감소한다. 따라서 X재에 많이 투입되는 생산요소인 자본의 해고가 늘어나게 되어 자본가격이 하락한다. 따라서 자본의 상대가격은 낮아진다.

55 ○ X재에 대한 자본의 부분요소세는 X재의 가격을 상승시킨다. 이로 인해 X재의 수요량은 감소하여 X재 생산이 줄어들게 되어 X재에 많이 사용되는 자본의 해고가 늘어난다. 따라서 자본의 상대가격이 낮아진다.

56 ○

57 ○

58 ○

59 ○

60 X 생산요소 간 대체탄력성이 크다면 X재 생산에 집약적으로 사용되는 생산요소의 상대가격이 약간만 하락해도 해고된 생산요소가 쉽게 고용될 수 있으나, 대체탄력성이 작다면 생산요소의 상대가격이 크게 하락해야 해고된 생산요소가 다시 고용될 수 있다. 그러므로 요소 간 대체탄력성이 작을수록 요소의 상대가격 변화가 커진다.

61 ○

62 ○

제7장 기출 & 예상문제

01 조세부담의 귀착 ★★

01 다음에서 설명하는 조세귀착은? [세무사 21]

지식형

> 일반적인 조세귀착은 시장에서 조세부담의 분배에 대해서만 고찰하지만, 궁극적으로는 조세부담뿐 아니라 정부의 세수지출로 인한 편익까지 함께 고려할 필요가 있다. 예컨대 동일한 액수의 세금을 낸다 하더라도, 세수지출로 인해 혜택을 받는 사람과 그렇지 못한 사람 사이의 실질적 조세부담 정도는 상이할 수밖에 없다. 따라서 보다 엄격한 조세귀착을 고려하기 위해서는 조세부담뿐 아니라 세수지출로 인한 편익까지 함께 고려해야 한다.

① 일반균형 조세귀착
② 부분균형 조세귀착
③ 균형예산 조세귀착
④ 절대적 조세귀착
⑤ 차별적 조세귀착

정답 및 해설

01 ③ 균형예산귀착은 조세징수와 정부지출이 종합적으로 소득분배에 미치는 효과를 분석하는 것이므로 정부지출이 분배에 미치는 효과를 파악하는 데 적합하다.

[오답체크]
④ 절대귀착은 다른 조세나 지출에 아무런 변화가 없다는 가정하에서 특정한 조세의 분배적 효과를 분석한 결과를 의미한다.
⑤ 차별귀착은 모든 조세와 정부지출이 일정하게 유지된다고 가정하고 하나의 세금을 다른 세금으로 대체할 경우의 분배효과를 비교·분석하는 것이다.

02 조세부담의 전가와 귀착에 관한 설명으로 옳지 않은 것은?   [세무사 12]

지식형

① 조세부담의 전가란 법적으로 조세부담의 의무를 지고 있는 사람이 다른 사람에게 그 부담을 강제로 떠넘기는 것은 아니다.

② 기능별 소득분배 관점에서는 어떤 생산요소를 공급하느냐에 따라 사람들을 구분하고 각 그룹별로 세 부담의 귀착을 분석한다.

③ 부가가치세를 동일한 세수의 법인세로 대체할 때 어떤 분배적 효과가 생기는지를 분석하는 것이 차별 귀착(differential incidence)의 한 예이다.

④ 다른 조세나 지출에 아무런 변화가 없다는 전제하에서 특정 조세의 분배적 효과를 분석하는 것을 절 대귀착(absolute incidence)이라고 한다.

⑤ 법인세를 부과하면 소비자에게도 세 부담이 전가될 수 있는데, 이를 후방전가라고 한다.

03 완전경쟁시장에서 토지가격은 그 토지로부터 발생하는 임대료 수입 흐름의 현재가치와 같아진다. 이때 정

지식형
부가 임대료 수입에 대해 과세하면 토지가격은 미래 조세부담 흐름의 현재가치만큼 하락하게 된다. 이와 같은 현상과 조세의 실질적 부담자를 옳게 연결한 것은?   [세무사 11]

① 환원(tax capitalization) - 현재의 토지 소유자

② 소전(tax transformation) - 현재의 토지 소유자

③ 환원(tax capitalization) - 미래의 토지 구매자

④ 소전(tax transformation) - 미래의 토지 구매자

⑤ 전전(forward shifting) - 현재의 토지 소유자

---

02 **조세귀착의 부분균형분석** ★★★

04 조세의 전가와 귀착에 관한 설명으로 옳지 않은 것은?   [세무사 21]

지식형

① 독점시장의 경우 조세부담은 소비자에게 모두 전가되지는 않는다.

② 법인세의 법적 부담자는 기업이지만 법인세 과세로 인해 상품가격이 인상된다면 소비자에게도 세 부 담이 전가된다.

③ 국민연금제도에서 기여금은 법적으로는 고용주와 근로자가 1/2씩 부담하지만 실질적인 부담은 노동 의 수요 및 공급의 임금탄력성에 따라 결정된다.

④ 독점시장에서는 공급곡선의 형태에 따라 귀착은 달라진다.

⑤ 독점시장에서 종량세와 종가세가 미치는 효과는 상이하다.

05 ★★
계산형

완전경쟁시장 개별 기업의 수요함수는 P = 220 − Q이고, 공급곡선은 P = 40 + 2Q이다. 이때 60의 종량세를 공급에 부과할 경우 발생하는 영향에 관한 설명으로 옳지 않은 것은? [세무사 21]

① 시장가격은 160에서 180으로 상승한다.
② 종량세 과세에 따른 초과부담은 1,200이다.
③ 시장의 거래량은 60에서 40으로 줄어든다.
④ 종량세 부과로 발생하는 조세수입은 2,400이다.
⑤ 소비자에게 귀착되는 종량세 부담은 800이다.

정답 및 해설

02 ⑤ 조세의 전가가 생산물의 이동방향과 일치하는 것은 전전이라고 한다. 예를 들어, 조세가 부과되었을 때 생산자가 재화가격 인상을 통해 그 부담을 소비자에게 전가하는 것을 말한다.

03 ① 토지와 같이 공급이 고정된 재화에 대해 조세가 부과되면 토지가격은 나중에 납부하게 될 조세부담의 현재가치만큼 하락하게 되는데 이를 조세환원 혹은 조세의 자본화라고 한다. 조세환원이 이루어지면 조세부과를 발표하는 시점의 토지 소유자가 조세 전부를 부담하게 된다.

04 ④ 독점시장에서는 수요의 가격탄력성과 MC곡선의 기울기에 의해 귀착은 달라진다. 엄밀히 말하면 독점시장에서는 공급곡선이 존재하지 않는다.

[오답체크]
① 독점시장의 경우 조세부담은 수요의 가격탄력성과 MC곡선의 기울기에 의해 결정되므로 소비자에게 모두 전가되지는 않는다.
② 법인세의 법적 부담자는 기업이지만 법인세 과세로 인해 상품가격이 인상된다면 소비자의 구매량이 줄어들 것이므로 소비자에게도 세 부담이 전가된다.
③ 국민연금제도에서 기여금은 법적으로는 고용주와 근로자가 1/2씩 부담하지만 실질적인 부담은 경제적 부담을 의미하므로 노동의 수요 및 공급의 임금탄력성에 따라 결정된다.
⑤ 독점시장에서 종량세와 종가세가 미치는 효과는 동일 수량 감소일 경우 종가세가 더 많은 조세를 납부해야 하므로 상이하다.

05 ② 1) 최초의 균형가격과 거래량: 220 − Q = 40 + 2Q ➔ 3Q = 180 ➔ Q = 60, P = 160
2) 60의 종량세를 공급에 부과 시 공급곡선 변화: P = 40 + 2Q + 60 ➔ P = 100 + 2Q
3) 조세부과 후 균형: 220 − Q = 100 + 2Q ➔ 3Q = 120 ➔ Q = 40, P = 180
4) 조세로 인해 발생하는 조세수입: 60 × 40 = 2,400이다.
5) 초과부담: 조세액 × 감소한 거래량 × $\frac{1}{2}$ = $60 \times 20 \times \frac{1}{2}$ = 600이다.
6) 그래프

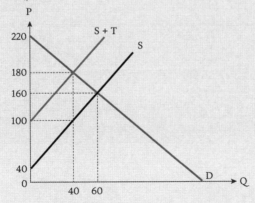

06 ★★
지식형

토지에 부과된 조세의 자본화(capitalization)에 관한 설명으로 옳은 것은? [세무사 21]

① 자본화의 크기는 기간당 할인율에 비례한다.
② 세율이 높을수록 조세의 자본화 정도는 작아진다.
③ 조세부담은 토지 임대사용자에게 귀착된다.
④ 토지가격의 변동 폭은 부과된 조세의 현재가치보다 크게 나타난다.
⑤ 토지와 같이 공급이 고정된 자산에 과세하면 미래 조세부담이 미리 예측되어 가격이 하락하는 현상을 말한다.

07 ★★
지식형

비용불변의 독점기업에서 생산하는 제품에 종가세를 부과할 때 나타나는 효과로 옳은 것은? (단, 수요곡선은 선형이며 우하향한다) [세무사 18]

① 비용불변이기 때문에 소비자가격은 변동하지 않는다.
② 종가세의 부담은 소비자와 생산자가 부담한다.
③ 소비자잉여는 불변이다.
④ 독점기업이기 때문에 줄이지 않고 대응할 수 있어 독점이윤은 불변이다.
⑤ 가격 상승은 부과된 단위당 세액보다 크다.

08 ★★
지식형

시장수요가 시장공급보다 탄력적인 재화가 있다고 할 때, 이 재화가 거래되는 경쟁적인 시장에서 물품세를 부과하거나 또는 가격보조를 할 경우 새로운 균형에서의 귀착으로 옳은 것을 모두 고른 것은? [세무사 17]

┌───┐
│ ㄱ. 수요자에게 물품세를 부과할 경우 상대적으로 수요자에게 조세가 더 많이 귀착될 것이다.   │
│ ㄴ. 수요자에게 가격보조를 할 경우 상대적으로 수요자에게 보조금이 더 많이 귀착될 것이다.   │
│ ㄷ. 공급자에게 물품세를 부과할 경우 상대적으로 공급자에게 조세가 더 많이 귀착될 것이다.   │
│ ㄹ. 공급자에게 가격보조를 할 경우 상대적으로 공급자에게 보조금이 더 많이 귀착될 것이다.   │
└───┘

① ㄱ   ② ㄷ   ③ ㄱ, ㄴ
④ ㄷ, ㄹ   ⑤ ㄱ, ㄴ, ㄷ, ㄹ

09
지식형

토지에 부과하는 조세부담이 자본화되어 토지가격이 하락했을 경우 다음 설명으로 옳은 것은? [세무사 17]

① 토지처럼 공급이 고정되어 있는 자산에 과세를 하면 조세부담의 자본화가 발생할 수 있다.

② 자본화가 일어나면 조세부담은 누구에게도 귀착되지 않는다.

③ 토지가격은 부과된 조세의 현재가치보다 항상 크게 하락한다.

④ 토지 임대사용자에게 모든 조세부담이 귀착된다.

⑤ 조세부과 후 토지 구입자에게 모든 조세부담이 귀착된다.

정답 및 해설

06 ⑤ 조세의 자본화란 토지와 같이 공급이 고정된 자산에 과세하면 미래 조세부담이 미리 예측되어 조세부담의 현재가치에 해당하는 부분만큼 가격이 하락하는 현상이다.

[오답체크]
① 자본화의 크기는 기간당 할인율에 반비례한다.
② 세율이 높을수록 조세의 자본화 정도는 커진다.
③ 조세부담은 토지 소유자에게 귀착된다.
④ 토지가격의 변동 폭은 부과된 조세의 현재가치만큼 나타난다.

07 ② 수요곡선이 우하향하는 직선의 한계비용이 일정할 때 단위당 정확히 조세액의 절반만큼 소비자에게 전가된다.

[오답체크]
① 소비자가격은 조세액의 반만큼 증가한다.
③ 소비자잉여는 감소한다.
④ 이윤세가 불변이다.
⑤ 가격 상승은 부과된 단위당 세액의 1/2만큼 증가한다.

08 ④ 조세를 부과하였을 때 상대적으로 수요가 탄력적이면 소비자부담이 작아지고, 공급이 탄력적이면 생산자부담이 작아진다. 보조금을 지급할 때는 조세와는 반대로 비탄력적인 측의 혜택이 더 크다.

09 ① 조세의 자본화(capitalization)란 토지와 같이 공급이 고정되어 있는 자산에 조세가 부과되면 토지가격이 조세부담의 현재가치만큼 하락하는 현상을 말한다. 조세의 자본화가 이루어져 토지가격이 하락하게 되면 조세부담은 조세부과를 발표하는 시점에 토지를 보유하고 있는 토지 소유자에게 전부 귀착된다.

★★★
10
계산형

순수독점시장의 수요함수는 $Q=300-3P$이고, 독점공급자의 총비용함수는 $TC=\frac{1}{2}Q^2+10Q+20$이다. 정부가 소비자에게 20의 조세를 부과할 때 옳지 않은 것은? [세무사 16]

① 세전균형거래량은 $Q=54$이다.
② 세전균형가격은 $P=82$이다.
③ 세후균형거래량은 $Q=42$이다.
④ 소비자가 실제로 부담하는 단위당 세금은 12이다.
⑤ 공급자가 실제로 부담하는 단위당 세금은 16이다.

★★
11
지식형

시장 내 모든 기업이 이윤극대화를 추구할 때, 종가세와 종량세의 조세귀착에 관한 설명으로 옳지 않은 것은? [세무사 16]

① 완전경쟁시장의 경우 과세 후 균형점에서 수요가격과 공급가격의 차만 같으면 종가세와 종량세의 전가는 동일하다.
② 완전경쟁시장의 경우 과세 후 균형점에서 수요가격과 공급가격의 차만 같으면 종가세와 종량세의 조세수입은 동일하다.
③ 독점시장에서 소비자에게 과세하는 경우 종가세와 종량세가 생산량에 동일하게 영향을 미친다면, 종가세의 조세수입이 종량세의 조세수입보다 많아진다.
④ 독점시장에서 소비자에게 과세하는 경우 종가세와 종량세로 인한 조세수입이 같다면, 종가세의 생산량보다 종량세의 생산량이 더 많아진다.
⑤ 독점시장에서 소비자에게 과세하는 경우 종가세와 종량세가 생산량에 동일하게 영향을 미친다면, 종가세와 종량세의 사중손실(deadweight loss)의 크기는 동일하다.

★★★
12
지식형

독점적 경쟁시장하의 개별 기업에 대한 과세의 효과에 관한 설명으로 옳은 것은? [세무사 16]

① 독점적 경쟁시장의 상품에 과세한 경우, 기업이 충성고객을 확보하였을 때는 전가가 어렵다.
② 독점적 경쟁시장의 상품에 과세한 경우, 상품의 이질성이 높으면 전가가 어렵다.
③ 독점적 경쟁시장의 기업에 대한 이윤세 부과는 기업의 이윤극대화 행위에 영향을 주지 못한다.
④ 완전경쟁시장 개별 기업의 상품에 과세한 경우에 비해 전가가 어렵다.
⑤ 독점적 경쟁시장의 상품에 과세한 경우 상품의 동질성이 높으면 전가가 용이하다.

정답 및 해설

10 ④ 1) 수요함수가 $P=100-\frac{1}{3}Q$이므로 한계수입은 $MR=100-\frac{2}{3}Q$이다.

2) 총비용함수를 미분하면 한계비용은 $MC=Q+10$이다.

3) 이윤극대화 생산량을 구하기 위해 $MR=MC$로 두면 $100-\frac{2}{3}Q=Q+10$, $\frac{5}{3}Q=90$이므로 조세부과 전의 균형거래량 $Q=54$이다. $Q=54$를 수요함수에 대입하면 $P=82$로 계산된다.

4) 정부가 소비자에게 20의 조세를 부과하면 수요곡선이 20만큼 하방으로 이동한다. 그러므로 조세부과 이후에는 수요함수가 $P=80-\frac{1}{3}Q$, 한계수입은 $MR=80-\frac{2}{3}Q$가 된다.

5) 조세부과 이후의 이윤극대화 생산량을 구하기 위해 $MR=MC$로 두면 $80-\frac{2}{3}Q=Q+10$, $\frac{5}{3}Q=70$, $Q=42$이다. $Q=42$를 조세부과 이후의 수요함수에 대입하면 균형가격은 $P=66$으로 계산된다.

6) 단위당 20의 조세가 부과되었을 때 시장가격이 16만큼 하락하였으므로 단위당 조세액 중 독점기업의 부담은 16이다.

7) 조세부과 이후 소비자는 66의 가격으로 재화를 구입하나 단위당 20의 조세를 납부해야 하므로 조세를 포함한 실제 지불가격은 조세부과 전보다 4만큼 높아진 86이다.

8) 그러므로 단위당 조세액 중 소비자부담은 4임을 알 수 있다.

9) 그래프

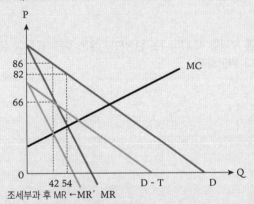

조세부과 후 MR ←MR′ MR

11 ④ '동일한 생산량 감소로 얻는 조세수입: 종가세 > 종량세'이므로 동일 조세수입을 얻기 위해서 종가세의 생산량 감소가 더 적다.

12 ③ 독점적 경쟁시장의 기업에 대한 이윤세 부과는 이윤극대화 생산을 한 후에 조세를 부과하는 것이므로 기업의 이윤극대화 행위에 영향을 주지 못한다.

[오답체크]
① 독점적 경쟁시장의 상품에 과세한 경우, 기업이 충성고객을 확보하였을 때는 수요의 가격탄력성이 비탄력적이므로 전가가 쉽다.
② 독점적 경쟁시장의 상품에 과세한 경우, 상품의 이질성이 높으면 수요곡선이 비탄력적이므로 전가가 쉽다.
④ 독점적 경쟁시장에서의 수요곡선은 우하향하므로 완전경쟁시장보다 비탄력적이다. 따라서 완전경쟁시장 개별 기업의 상품에 과세한 경우에 비해 전가가 쉽다.
⑤ 독점적 경쟁시장의 상품에 과세한 경우 상품의 동질성이 높으면 수요의 가격탄력성이 탄력적이므로 전가가 어렵다.

13
지식형

생산요소의 조세귀착에 관한 부분균형분석적 설명으로 옳은 것은?   [세무사 16]

① 노동의 수요탄력성이 무한히 클 경우 근로소득세는 고용주가 모두 부담한다.
② 자본에 과세하는 경우 자본의 개방도가 높을수록 자본공급자의 부담은 높아진다.
③ 공급이 고정되어 있는 토지에 대한 과세는 토지의 현재 소유자에게 귀착된다.
④ 토지의 공급이 신축적일 경우 토지에 대한 과세는 완전한 자본화를 가져온다.
⑤ 노동의 공급탄력성이 매우 작을 경우 근로소득세는 고용주가 대부분 부담한다.

14
지식형

수요곡선이 완전비탄력적이고 공급곡선이 탄력적인 상품에 종량세가 부과된 경우에 관한 설명으로 옳은 것은?   [세무사 14]

① 소비자가격이 단위당 세액만큼 상승한다.
② 조세의 부담은 모두 생산자에게 귀착된다.
③ 조세의 부담은 소비자와 생산자에게 동일하게 귀착된다.
④ 물품세는 중립세이므로 조세의 전가는 발생하지 않는다.
⑤ 과세에 따른 초과부담으로 인하여 생산자, 소비자 모두 과세액 이상을 부담한다.

15
지식형

공급곡선이 우하향하는 상품에 종량세를 부과할 때 나타나는 현상으로 옳은 것은? (단, 이 상품은 정상재이고 공급곡선의 기울기가 상대적으로 더 완만하다)   [세무사 14]

① 소비자가격이 상승한다.
② 초과부담이 발생하지 않는다.
③ 소비자부담액은 조세부과액보다 작다.
④ 소비자잉여는 불변이다.
⑤ 상품거래량은 증가한다.

★★
16
지식형

X와 Y가 완전대체재일 경우 상품 Y에 조세가 부과되면 조세부담은 누구에게 귀착되는가?　　[세무사 13]

① Y재의 공급자에게 전부 귀착된다.
② X재와 Y재의 공급자에게 귀착된다.
③ X재의 공급자에게 전부 귀착된다.
④ X재의 수요자에게 전부 귀착된다.
⑤ X재와 Y재의 수요자에게 귀착된다.

정답 및 해설

13 ③　공급이 고정되어 있는 토지는 공급의 가격탄력성이 완전비탄력적이므로 토지에 대한 과세는 토지의 현재 소유자에게 귀착되는데 이를 조세의 자본화라 한다.

[오답체크]
① 노동의 수요탄력성이 무한히 클 경우 근로소득세는 노동자가 모두 부담한다.
② 자본에 과세하는 경우 자본의 개방도가 높을수록 자본공급자의 부담은 낮아진다.
④ 토지의 공급이 완전비탄력적인 경우 토지에 대한 과세는 완전한 자본화를 가져온다.
⑤ 노동의 공급탄력성이 매우 작을 경우 근로소득세는 노동자가 대부분 부담한다.

14 ①　수요곡선이 완전비탄력적인 경우에는 단위당 일정액의 종량세가 부과되어 공급곡선이 상방으로 이동하면 소비자가격이 정확히 단위당 조세액만큼 상승한다. 즉, 세금 전부가 소비자에게 전가된다.

[오답체크]
②③ 조세의 부담은 모두 소비자에게 귀착된다.
④ 물품세는 중립세가 아니다.
⑤ 100%만 수요자가 부담한다.

15 ①　공급곡선이 우하향하면서 수요곡선보다 기울기가 더 완만한 경우, 단위당 일정액의 조세가 부과되어 공급곡선이 상방으로 이동하면 가격이 단위당 조세액보다 더 크게 상승함을 알 수 있다. 즉, 단위당 조세액의 100% 이상이 소비자에게 전가된다.

[오답체크]
② 중립세가 아니므로 초과부담이 발생한다.
③ 소비자부담액은 조세부과액보다 크다.
④ 소비자잉여는 감소한다.
⑤ 상품거래량은 감소한다.

16 ①　X재와 Y재가 완전대체재인 경우 Y재에 물품세가 부과되었을 때 Y재 공급자가 가격을 인상한다면 누구도 Y재를 구입하지 않을 것이므로 Y재 공급자는 가격을 전혀 인상할 수가 없다. 그러므로 X재와 Y재가 완전대체재일 때 Y재에 대해 물품세가 부과되는 경우 물품세는 전부 Y재 공급자가 부담하게 된다.

★★
17 생산요소 과세의 귀착에 관한 설명으로 옳지 않은 것은?   [세무사 13]
지식형

① 근로소득세는 종가세의 일종으로 근로소득세가 부과되면, 근로자가 받는 순임금률은 낮아진다.
② 근로자의 임금이 근로소득세만큼 낮아지기 때문에 근로소득세 부과는 전액 근로자에게 귀착된다고
   볼 수 있다.
③ 소규모 개방경제하에서는 자본공급곡선이 수평선이 되므로 자본에 대한 과세는 조세를 포함한 자본
   의 수익률을 과세 폭만큼 상승시킨다.
④ 소규모 개방경제하에서 자본에 과세하면 자본의 공급자가 얻는 세후수익률에는 변화가 없고 전액 자
   본사용자에게 귀착된다.
⑤ 조세의 자본화란 자산의 가격이 미래에 발생될 조세부담의 현재가치만큼 하락함을 뜻하는 것으로 자
   산의 공급이 신축적이라면 완전한 자본화는 발생하지 않는다.

★★★
18 노동공급곡선이 후방굴절하는 구간에서 임금소득세를 부과할 때 발생하는 현상으로 옳지 않은 것은?
지식형
                                                                          [세무사 13]

① 노동공급자가 받는 순임금률인 공급임금률은 조세보다 더 크게 하락한다.
② 기업이 지불하는 수요임금률은 조세보다 더 크게 증가한다.
③ 조세는 노동공급자에게 100% 이상 귀착된다.
④ 균형노동량은 증가한다.
⑤ 수요자는 과세로 인해 더 낮은 임금률로 더 많은 노동을 고용한다.

★★★
19 어떤 상품에 25%의 종가세율로 생산자 측에 과세한 후 판매량은 50이고, 판매가격도 50이 되었다. 이
계산형 기업의 한계비용은 40으로 일정하고, 수요곡선의 기울기는 -1이라고 할 때, 조세수입의 크기는?
                                                                          [세무사 13]

① 100   ② 200   ③ 250
④ 500   ⑤ 550

★★★
20
계산형

시장수요곡선이 $Q = 160 - P$, 독점자의 평균비용곡선이 $AC = 40 + Q$라고 할 때 독점이윤을 극대화하는 산출량(Q^*), 가격(P^*), 소비자잉여(S^*)는 얼마인가?

[세무사 12]

① $Q^* = 30$, $P^* = 130$, $S^* = 400$

② $Q^* = 30$, $P^* = 130$, $S^* = 450$

③ $Q^* = 40$, $P^* = 120$, $S^* = 450$

④ $Q^* = 40$, $P^* = 120$, $S^* = 800$

⑤ $Q^* = 60$, $P^* = 100$, $S^* = 1,800$

정답 및 해설

17 ② 근로소득세가 부과되면 일부는 기업주가 부담하고 일부는 근로자가 부담하게 된다. 그러므로 근로소득세의 조세부담은 전액 근로자에게 귀착되는 것이 아니고 수요와 공급의 가격탄력성에 따라 달라진다.

18 ② 노동공급곡선이 후방굴절하는 구간에서 임금소득세는 노동자에게 100% 이상 전가되므로 임금이 조세부과 전보다 더 낮아진다.

19 ④ 25%의 세율로 종가세가 부과된 이후의 가격이 50이므로 조세부과 이전의 가격은 40일 것이고, 이로부터 단위당 조세액이 10임을 추론할 수 있다. 단위당 조세액이 10이고 조세부과 후의 판매량이 50이므로 정부의 조세수입은 500임을 쉽게 알 수 있다.

20 ② 1) 수요함수가 P = 160 - Q이므로 $TR = P \times Q = 160Q - Q^2$이고, 이를 Q에 대해 미분하면 한계수입은 MR = 160 - 2Q이다.

2) AC = 40 + Q이므로 $TC = AC \times Q = 40Q + Q^2$이고, 이를 Q에 대해 미분하면 한계비용은 MC = 40 + 2Q이다.

3) 이윤극대화 산출량을 구하기 위해 MR = MC로 두면 160 - 2Q = 40 + 2Q이므로 이윤극대화 산출량은 Q = 30이다.

4) Q = 30을 수요함수에 대입하면 P = 130임을 알 수 있다. 이때 소비자잉여는 $450\left(= \frac{1}{2} \times 30 \times 30\right)$으로 계산된다.

5) 그래프

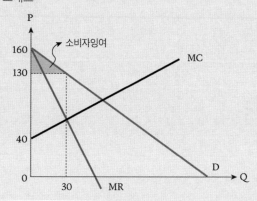

★★
21
지식형

이윤세에 관한 설명으로 옳지 않은 것은? [세무사 12]

① 이윤세 부과는 독점기업의 균형생산량을 감소시킨다.
② 이윤세 부과는 완전경쟁기업의 단기 균형생산량에는 영향을 미치지 않는다.
③ 이윤세 부과는 완전경쟁기업의 단기 균형가격에는 영향을 미치지 않는다.
④ 이윤세 부과는 완전경쟁기업의 장기 균형생산량에는 영향을 미치지 않는다.
⑤ 이윤세는 경제적 이윤에 부과되는 것이다.

★★★
22
계산형

A씨는 1m²당 1,000,000원 하는 토지를 1,000m² 가지고 있다. 1m²당 10,000원의 재산세가 영구적으로 부과되는 경우 조세의 자본화(tax capitalization) 크기는? (단, 할인율은 10%, 토지공급은 완전비탄력적이라고 가정한다) [세무사 12]

① 1m²당 1,000원   ② 1m²당 5,000원
③ 1m²당 10,000원   ④ 1m²당 50,000원
⑤ 1m²당 100,000원

★★★
23
계산형

이윤극대화를 추구하는 어떤 독점기업의 비용함수는 $C = 16 + Q^2$이고, 수요함수는 $P = 20 - Q$이다(단, Q: 수요량, P: 가격). 정부가 재화 한 단위당 4원씩의 조세를 이 기업 또는 소비자에게 부과한다고 가정할 때, 옳은 것을 모두 고른 것은? [세무사 11]

> ㄱ. 조세가 부과되기 전, 독점기업은 재화 한 단위당 15원의 가격에 5단위를 판매한다.
> ㄴ. 조세가 독점기업에 부과하는 경우, 이 기업은 재화 한 단위당 16원의 가격에 4단위를 판매하므로 조세의 $\frac{3}{4}$을 부담한다.
> ㄷ. 조세가 소비자에게 부과되는 경우, 소비자는 재화 한 단위당 12원의 가격에 4단위를 구매한다.
> ㄹ. 조세가 독점기업에 부과될 때, 소비자는 자신에게 부과되는 경우에 비해 부담을 덜 지게 된다.

① ㄱ, ㄴ   ② ㄷ, ㄹ   ③ ㄱ, ㄴ, ㄷ
④ ㄴ, ㄷ, ㄹ   ⑤ ㄱ, ㄴ, ㄷ, ㄹ

정답 및 해설

21 ① 순수한 경제적 이윤에 대한 조세는 기업의 의사결정에 아무런 영향을 미치지 않는다. 그러므로 이윤세가 부과되더라도 기업의 생산량과 가격에는 아무런 변화가 발생하지 않는다.

22 ⑤ 할인율이 10%일 때 1m²당 10,000원의 조세가 부과되는 경우 납세액의 현재가치가 100,000이므로 자본화되는 금액도 1m²당 100,000원이다.

$$납세액의\ 현재가치 = \frac{10,000}{(1+0.1)} + \frac{10,000}{(1+0.1)^2} + \frac{10,000}{(1+0.1)^3} + \cdots + \frac{10,000}{(1+0.1)^n} + \cdots = \frac{10,000}{0.1} = 100,000$$

23 ① 1) 수요함수가 P = 20 - Q이므로 한계수입 MR = 20 - 2Q이고, 비용함수를 미분하면 MC = 2Q이다.
2) 이윤극대화 생산량을 구하기 위해 MR = MC로 두면 20 - 2Q = 2Q이므로 Q = 5로 계산된다.
3) Q = 5를 수요함수에 대입하면 P = 15이다.
4) 조세부과 이후의 이윤극대화 생산량을 구하기 위해 MR = MC + T로 두면 20 - 2Q = 2Q + 4, Q = 4이다.
5) Q = 4를 수요함수에 대입하면 조세부과 이후의 가격 P = 16임을 알 수 있다.
6) 단위당 4원의 조세가 부과되었을 때 소비자가격이 1원 상승하므로 단위당 조세액의 $\frac{1}{4}$이 소비자에게 전가됨을 알 수 있다.
7) 시장가격은 16원이지만 생산자는 단위당 4원의 조세를 납부해야 하므로 생산자가격은 12원이다. 그러므로 단위당 조세액 4원 중 $\frac{3}{4}$은 생산자가 부담한다.
8) 소비자에게 단위당 4원의 조세가 부과되면 수요곡선이 4원만큼 하방으로 이동하므로 조세부과 이후의 수요곡선은 P = 16 - Q, 한계수입 MR = 16 - 2Q이다.
9) 조세부과 이후의 생산량을 구하기 위해 MR = MC로 두면 16 - 2Q = 2Q이므로 Q = 4로 계산된다. Q = 4를 조세부과 이후의 수요함수에 대입하면 P = 12이다.
10) 조세부과 이전 가격은 15원이었으나 조세부과 이후에는 생산자가격이 3원 낮아지므로 단위당 조세액 4원의 $\frac{3}{4}$만큼인 3원이 생산자에게 전가됨을 알 수 있다.
11) 조세부과 이후의 소비자가격은 생산자가격에 단위당 조세액 4원을 더한 16원이 된다.
12) 그래프

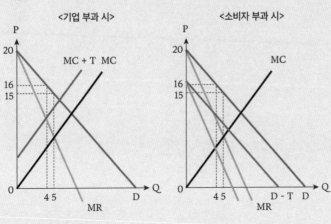

★★★ 24 조세에 관한 설명으로 옳은 것은? [세무사 11]
지식형

① 소비자들이 쉽게 대체재를 구할 수 있는 상품의 공급자들이 생산량을 조절하기 어려울 경우, 그 상품에 부과되는 조세는 소비자에게 더 많이 귀착된다.

② 수요와 공급 중 하나가 탄력적이거나 모두 탄력적인 재화에 조세를 부과하면, 상대적으로 거래량은 적게 감소하고 사중손실(deadweight loss)은 커진다.

③ 수요에 비해 공급이 상대적으로 비탄력적일 때 조세를 부과하면, 공급량이 가격 하락에 덜 민감하기 때문에 소비자들이 더 큰 조세부담을 지게 된다.

④ 정액세(lump-sum tax)는 모든 사람이 동일한 세액을 납부하므로 비례세 성격을 띠고 소득에 역진적이다.

⑤ 세율이 누진적으로 증가하는 소득세제는 납세자의 노동, 저축 및 투자유인을 왜곡시킬 수 있다.

03 조세귀착의 일반균형분석: 하버거 모형 ★★★

★★★ 25 하버거(A. Harberger)는 아래 가정하에 조세귀착의 일반균형 모형을 분석하였다. 이 경우에 나타나는 현상으로 옳은 것은? [세무사 22]
지식형

> • 두 재화 X, Y가 있으며, 생산기술은 1차 동차(선형동차)이고 X와 Y의 요소집약도는 동일하다.
> • 모든 시장은 완전경쟁이고 노동과 자본의 부존량은 주어져 있고, 이 생산요소들은 완전한 이동성을 갖는다.

① X부문과 Y부문에 대한 동일 세율의 물품세는 노동의 상대가격을 낮추게 된다.

② X부문에 물품세를 부과하면 노동에 대비한 자본의 상대가격을 높이게 된다.

③ X부문의 자본에 대한 과세는 산출효과를 통해 노동에 대비한 자본의 상대가격을 낮추게 된다.

④ X부문의 자본에 대한 과세는 요소대체효과를 통해 노동에 대비한 자본의 상대가격을 낮추게 된다.

⑤ Y부문의 노동에 대한 과세 시 산출효과와 요소대체효과는 서로 같은 방향으로 작용한다.

정답 및 해설

24 ⑤ 누진소득세는 조세저항을 불러일으키므로 납세자의 노동, 저축 및 투자유인을 왜곡시킬 수 있다.

[오답체크]
① 소비자들이 쉽게 대체재를 구할 수 있는 상품은 수요의 가격탄력성이 탄력적이고, 공급자들이 생산량을 조절하기 어려울 경우 공급의 가격탄력성이 비탄력적이므로 그 상품에 부과되는 조세는 공급자에게 더 많이 귀착된다.
② 수요와 공급 중 하나가 탄력적이거나 모두 탄력적인 재화에 조세를 부과하면, 상대적으로 거래량은 크게 감소하고 사중손실(deadweight loss)은 커진다.
③ 수요에 비해 공급이 상대적으로 비탄력적일 때 조세를 부과하면, 공급량이 가격 하락에 덜 민감하기 때문에 공급자들이 더 큰 조세부담을 지게 된다.
④ 정액세(lump-sum tax)는 모든 사람이 동일한 세액을 납부하므로 소득에 역진적이나, 비례세는 아니다.

25 ④ X부문의 자본에 대한 과세는 요소대체효과를 통해 자본가격을 낮게 되므로 노동에 대비한 자본의 상대가격을 낮추게 된다.

[오답체크]
① 동일 물품세의 경우 재화의 상대가격의 변화가 일어나지 않으므로 노동의 상대가격에 변화가 없다.
② X부문에 물품세를 부과하는 것은 개별물품세이므로 X재의 상대가격이 상승하여 X재에 고용된 생산요소의 가격을 낮추게 된다. 재화가 어떠한 생산요소를 사용하는지 나와 있지 않으므로 상대가격의 변화는 알 수 없다.
③ X부문의 자본에 대한 과세는 산출효과를 통해 해당 재화에 집약적으로 고용되는 생산요소의 가격을 낮추게 된다. 재화가 어떠한 생산요소를 사용하는지 나와 있지 않으므로 상대가격의 변화는 알 수 없다.
⑤ Y부문의 노동에 대한 과세 시 요소대체효과는 노동의 상대가격을 낮추지만 산출효과는 재화가 어떠한 생산요소를 사용하는지 나와 있지 않다. 만약 노동집약적 재화라면 산출효과와 요소대체효과는 동일하지만 자본집약재인 경우는 산출효과와 요소대체효과는 반대 방향으로 나타난다.

★★★ 26
지식형

하버거(A. Harberger)의 조세부담귀착에 대한 일반균형분석 모형을 아래와 같이 가정하자.

> 1. 서로 독립적인 두 가지 재화가 각각 법인부문(자본집약적으로 생산)과 비법인부문(노동집약적으로 생산)에서 선형동차의 생산함수에 따라 노동과 자본을 투입해서 생산된다.
> 2. 요소시장은 완전경쟁적인 시장이고, 노동과 자본의 총량은 일정하며 부문 간 완전한 이동성을 가진다.
> 3. 각 재화의 수요곡선은 우하향한다.

이때 정부가 법인세를 부과할 경우 나타나는 현상에 관한 설명으로 옳은 것은? [세무사 15]

① 산출효과에 의해 노동에 대한 자본의 상대가격이 하락한다.

② 법인, 비법인부문 모두 자본-노동비율$\left(\dfrac{K}{L}\right)$이 하락한다.

③ 요소대체효과에 의해 법인부문에서 노동에 대한 자본의 상대가격이 상승한다.

④ 과세 후 법인부문이 생산하는 재화에 대한 수요는 증가한다.

⑤ 산출효과와 요소대체효과가 서로 반대 방향으로 작용하기 때문에 결과적으로 노동자와 자본가 중 어느 쪽으로 조세부담이 귀착될지 불분명하다.

★★★ 27
지식형

X, Y 두 산업으로 구성된 경제에서 생산요소공급이 가변적인 경우, 노동집약적 X재 산업에 물품세를 부과할 때 나타나는 효과로 옳지 않은 것은? (단, 요소시장과 생산물시장은 완전 경쟁적이며, r: 자본의 가격, w: 임금률이다) [세무사 14]

① X재 산업의 임금률은 하락한다.

② X재 산업에 물품세가 부과되었을 때 대체효과가 소득효과보다 크다면 노동공급량은 감소한다.

③ 물품세 부과에 따라 X재 상대가격이 상승하기 때문에 X재를 더 많이 소비하는 사람일수록 부담이 증가한다.

④ 생산요소공급이 고정적인 경우와 비교하면 물품세가 자본과 노동의 상대가격$\left(\dfrac{w}{r}\right)$에 미치는 효과는 줄어든다.

⑤ 생산요소공급이 가변적이면 고정적인 경우에 비해 노동자본비율$\left(\dfrac{L}{K}\right)$이 더 크게 상승한다.

28

지식형

2 생산요소-2 상품인 경제(A. Harberger 모형)에서 한 상품에만 물품세를 부과하면 그 상품의 생산과정에 집약적으로 사용되는 생산요소의 상대가격을 떨어뜨리는 결과를 가져온다. 이때 상대가격 변화 및 물품세 귀착에 관한 설명으로 옳지 않은 것은?

[세무사 13]

① 두 산업 간 요소집약도의 차이가 클수록 상대가격비율은 더 큰 폭으로 변화한다.

② 조세부과의 대상이 된 상품에 대한 수요의 가격탄력성이 클수록 상대가격의 변화가 더 커진다.

③ 원천(source) 측면에서 보면 물품세가 부과된 산업에서 집약적으로 사용되고 있는 생산요소의 공급자에게 부담이 귀착된다.

④ 생산요소 간 대체탄력성이 작을수록 상대가격의 변화는 작아진다.

⑤ 사용(use) 측면에서 보면 과세되는 상품을 상대적으로 더 많이 소비하고 있는 사람일수록 더 많은 부담을 지게 된다.

정답 및 해설

26 ① 법인부문이 자본집약적이므로 산출효과에 의해 자본이 해고되어 노동에 대한 자본의 상대가격이 하락한다.

[오답체크]

② 자본의 상대가격이 하락하여 자본의 고용이 증가하므로 법인, 비법인부문 모두 자본-노동비율$\left(\dfrac{K}{L}\right)$이 상승한다.

③ 요소대체효과에 의해 법인부문에서 노동에 대한 자본의 상대가격이 하락한다.

④ 과세 후 법인부문이 생산하는 재화에 대한 수요는 감소한다.

⑤ 산출효과와 요소대체효과가 서로 동일 방향으로 작용하여 자본의 상대가격이 하락한다.

27 ⑤ 노동수요가 감소할 때 임금이 어느 정도 하락할지는 노동공급의 탄력성에 따라 달라지는데 노동공급이 고정되어 있다면 노동공급이 가변적일 때보다 임금이 더 큰 폭으로 낮아진다. 즉, 노동공급이 고정된 경우에는 요소상대가격$\left(\dfrac{w}{r}\right)$의 변화가 크게 나타난다. $\dfrac{w}{r}$가 하락하면 기업들은 그 이전보다 더 노동집약적인 생산방법을 선택할 것이므로 요소집약도$\left(\dfrac{K}{L}\right)$가 하락한다. 생산요소공급이 고정된 경우에는 가변적일 때보다 $\dfrac{w}{r}$의 하락 폭이 크므로 상대적으로 더 노동집약적인 생산방법을 채택할 것이다. 따라서 생산요소공급이 고정된 경우 생산요소공급이 가변적일 때보다 요소집약도$\left(\dfrac{K}{L}\right)$가 더 크게 상승한다. 이로 인해 노동자본비율$\left(\dfrac{L}{K}\right)$은 더 크게 하락한다.

28 ④ 생산요소 간 대체탄력성이 크다면 X재 생산에 집약적으로 사용되는 생산요소의 상대가격이 약간만 하락해도 해고된 생산요소가 쉽게 고용될 수 있으나, 대체탄력성이 작다면 생산요소의 상대가격이 크게 하락해야 해고된 생산요소가 다시 고용될 수 있다. 그러므로 요소 간 대체탄력성이 작을수록 요소의 상대가격 변화가 커진다.

29 ★★
지식형

생산요소공급이 가변적일 경우, 노동집약적인 산업에 물품세를 부과할 때 나타나는 효과로 옳지 않은 것은?

[세무사 12]

① 생산요소공급이 고정되었을 때보다 자본의 상대가격 변동에 미치는 효과가 줄어든다.
② 노동공급이 감소된다.
③ 노동과 자본의 대체탄력성이 작을수록 요소의 상대가격 변화가 크다.
④ 생산요소공급이 고정되었을 때보다 노동의 상대가격은 더 크게 하락한다.
⑤ 산업 간 요소집약도의 차이가 클수록 요소의 상대가격 변화가 크다.

30 ★★
지식형

하버거(Harberger)의 일반균형 귀착분석 모형(2 재화, 2 생산요소)에서 노동집약적인 재화에만 개별소비세를 부과할 경우의 조세귀착에 관한 설명으로 옳지 않은 것은?

[세무사 10]

① 원천(source) 측면에서 보면 노동자는 자본가보다 상대적으로 높은 조세부담을 지게 된다.
② 노동과 자본 사이의 대체탄력성이 클수록 상대적으로 노동자의 조세부담이 더 커질 것이다.
③ 과세대상 재화에 대한 수요의 가격탄력성이 클수록 노동자가 상대적으로 더 큰 조세부담을 지게 된다.
④ 소비자들의 선호가 동일하지 않을 경우 원천 측면뿐만 아니라 사용(use) 측면에서도 조세부담을 고려해야 한다.
⑤ 두 재화 사이의 요소집약도의 차이가 클수록 노동자가 상대적으로 더 큰 조세부담을 지게 된다.

31 ★★
지식형

두 재화(X재, Y재), 두 생산요소(노동, 자본)가 존재하는 하버거(Harberger) 모형에서 자본집약적인 X재에만 상품세를 부과할 경우의 효과에 관한 설명으로 옳지 않은 것은?

[세무사 09]

① X재의 상대가격은 상승하고, Y재의 상대가격은 하락한다.
② X재의 소비는 감소하고, Y재의 소비는 증가한다.
③ X재의 생산은 감소하고, Y재의 생산은 증가한다.
④ X재의 자본투입량이 감소하고, Y재의 노동투입량이 증가한다.
⑤ 자본의 상대가격은 상승한다.

정답 및 해설

29 ④ 노동집약적인 X재 산업에 물품세가 부과되면 X재의 상대가격이 상승하므로 X재 소비가 감소한다. X재 소비가 감소하면 X재 생산도 감소하므로 X재 생산에 투입되는 생산요소에 대한 수요가 감소한다. X재가 노동집약재이므로 X재 생산이 감소하면 상대적으로 노동수요가 크게 감소한다. 노동수요가 감소하면 임금이 하락하게 되는데 노동공급이 고정되어 있다면 노동공급이 가변적일 때보다 임금이 더 큰 폭으로 하락한다.

30 ② 대체탄력성이 작다면 자본을 노동으로 대체하기가 어렵기 때문에 해고된 노동이 다시 고용되려면 임금이 큰 폭으로 하락해야 한다. 그러므로 대체탄력성이 작을수록 노동자가 상대적으로 조세를 많이 부담하게 된다.

31 ⑤ 1) 자본집약적인 X재에 대해서만 물품세가 부과되면 X재의 상대가격이 상승하므로 X재의 소비 및 생산이 감소하는 반면 Y재의 소비와 생산이 증가한다.
2) 자본집약적인 X재 생산이 감소하면 X재 생산에 고용된 자본이 주로 해고되므로 자본임대료가 하락한다.
3) 노동집약적인 Y재 생산이 증가하면 Y재 생산에서 노동수요가 크게 증가하므로 임금은 상승한다.

제8장

조세의 초과부담과 바람직한 조세제도

제8장 조세의 초과부담과 바람직한 조세제도

01

조세의 초과부담
★★

초과부담	조세가 가져오는 실제 부담 − 조세징수액
물품세의 초과부담	공급곡선이 수평인 경우: $\frac{1}{2}t^2\epsilon PQ$
비효율성계수	$\dfrac{\text{초과부담}}{\text{조세수입}}$
소득세와 개별소비세	전통적인 견해에서는 소득세가 우월하나 현대적 견해에서는 소득세가 반드시 우월하다고 보기 어려움

1. 초과부담

(1) 초과부담의 정의

① 초과부담 = 조세가 가져오는 실제 부담 − 조세징수액

② 초과부담은 실제 조세징수액 이상으로 조세가 가져오는 실제 부담을 의미한다.

(2) 초과부담 발생의 원인

① 조세가 민간부문의 의사결정을 교란해 발생하는 효율성의 상실이 납세자에게 추가적인 부담으로 작용하기 때문이다.

② 효율적 자원배분이 되기 위한 조건
  - 한계대체율(MRS)과 한계변환율(MRT)이 서로 같아야 한다.

  - 완전경쟁시장인 경우: $MRS_{XY} = \dfrac{P_X}{P_Y} = \dfrac{MC_X}{MC_Y} = MRT_{XY}$

③ 대표사례: 물품세 부과 시 변화

  - X재에만 물품세를 부과한다고 가정하면 $MRS_{XY} = \dfrac{(1+t_X)P_X}{P_Y}$이 된다.

  - 따라서 $MRS_{XY} = \dfrac{(1+t_X)P_X}{P_Y} > \dfrac{MC_X}{MC_Y} = MRT_{XY}$이 되므로 효율성이 상실된다.

(3) 두 재화가 완전보완재인 경우

① 효용함수는 무차별곡선이 L자의 형태이다.

② 조세부과로 인한 가격효과는 소득효과만 발생할 뿐 대체효과는 발생하지 않는다.

③ 대체효과의 크기가 0이므로 초과부담은 발생하지 않는다.

④ 그래프, $U= \mathrm{Min}\left[\dfrac{x}{a}, \dfrac{x}{b}\right]$

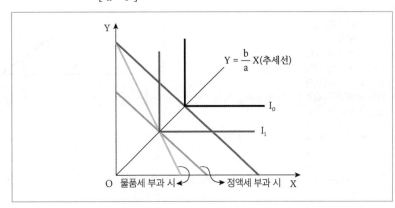

초과부담의 측정

소득효과와 대체효과를 모두 반영한 통상 수요곡선이 아닌 대체효과만 반영한 보상수요곡선을 이용한다.

조세부과 후에도 구입량의 변화가 없는 경우의 초과부담

한 재화의 구입량의 변화가 없지만, 대체효과로 인해 다른 재화의 소비량이 줄어들었기 때문에 초과부담이 발생한다. 간단하게 기억하면 대체효과가 발생하면 무조건 초과부담이 존재한다고 기억하면 된다.

일반적 공급곡선에서의 초과부담

일반적 공급곡선은 우상향하는 형태이다. 이 경우의 초과부담은

$\frac{1}{2}t^2 \cdot \frac{1}{\frac{1}{\epsilon}+\frac{1}{\eta}} \cdot PQ$

이다. (ϵ: 수요의 가격탄력성, η: 공급의 가격탄력성)

2. 시장의 차원에서 발생하는 물품세의 초과부담

(1) 수평의 공급곡선인 경우

① 그래프

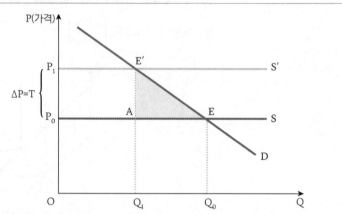

- 물품세를 부과하면 가격이 상승하여 수요량이 감소한다. 따라서 삼각형 AEE'만큼의 초과부담이 발생한다.

- 초과부담 $= -\frac{1}{2}\Delta P \cdot \Delta Q = \frac{1}{2}tP \cdot \Delta Q = \frac{1}{2}t(-\frac{P}{\Delta P} \cdot \frac{\Delta Q}{Q})\Delta P \cdot Q$

  $= \frac{1}{2}t^2 \epsilon PQ$

- $T = \Delta P = tP$, 수요의 가격탄력성 $= (-\frac{P}{\Delta P} \cdot \frac{\Delta Q}{Q}) = (-\frac{\Delta Q}{\Delta P} \cdot \frac{P}{Q})$를 이용한다.

② 결론

- 초과부담은 세율의 제곱에 비례한다.
- 초과부담은 수요의 가격탄력성의 크기에 비례한다.
- 초과부담은 재화의 가격, 거래량의 크기에 비례하며, 이 둘의 곱인 총거래액에 비례한다.

(2) 비효율성계수(coefficient of inefficiency)

① 비효율성계수 $= \dfrac{\text{초과부담}}{\text{조세수입}}$

② 공급곡선이 수평인 경우의 비효율성계수 $= \dfrac{\text{초과부담}}{\text{조세수입}} = \dfrac{\frac{1}{2}t^2\epsilon PQ}{tPQ} = \dfrac{1}{2}t\epsilon$

집중! 계산문제

A재의 한계비용은 100이고, 보상수요곡선은 $P = 200 - 2Q_a$이다. A재의 공급자에게 단위당 20의 조세를 부과하였을 때 비효율성계수(coefficient of inefficiency)는? (단, Q_a: A재의 수량)　　　　　　　　　　　　　　　　　　　　[세무사 18]

① 0.115　　　② 0.125　　　③ 0.135　　　④ 0.145　　　⑤ 0.250

해답

> ☑ 비효율성계수 계산풀이법
>
> 1) 비효율성계수 $= \dfrac{\text{초과부담}}{\text{조세수입}}$ 이므로 양자를 구해서 계산한다.
>
> 2) 공급곡선이 수평인 경우 비효율성계수는 $\dfrac{1}{2}t\epsilon$이다. 그러나 위의 방법으로 구하는 것을 추천한다.

1) 수요곡선 $P = 200 - 2Q$와 공급곡선 $MC = 100$을 연립해서 풀면 $200 - 2Q = 100$, $Q = 50$이다.

2) $Q = 50$을 수요함수에 대입하면 $P = 100$임을 알 수 있다.

3) 단위당 20의 조세가 부과되면 공급곡선이 단위당 조세액만큼 상방으로 이동하므로 조세부과 이후의 공급곡선 $MC = 120$이 된다.

4) 수요곡선과 조세부과 후의 공급곡선을 연립해서 풀면 $200 - 2Q = 120$, $Q = 40$이고, 이를 수요함수에 대입하면 $P = 120$이다.

5) 조세부과 이후의 거래량이 40이고, 단위당 조세의 크기가 20이므로 정부의 조세수입은 800이다.

6) 조세부과에 따른 초과부담의 크기는 삼각형의 면적으로 측정되므로

$\dfrac{1}{2} \times 20 \times 10 = 100$이다.

7) 그러므로 초과부담의 크기를 조세수입으로 나눈 비효율성계수는 $\dfrac{100}{800} = 0.125$이다.

8) 그래프

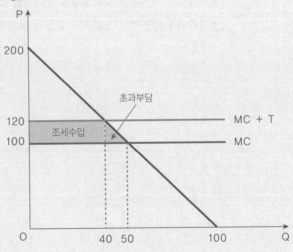

정답: ②

(3) 여러 상품에 물품세가 부과되는 경우

① 가정

- 두 재화는 대체재이다.
- 한 시장에 물품세가 부과되고 있다.
- 두 재화의 공급곡선은 모두 수평선의 형태이다.

② 그래프

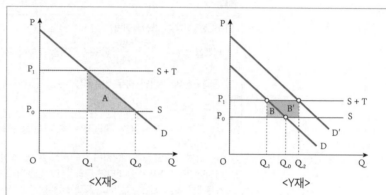

<X재>   <Y재>

- 두 재화는 대체재 관계로 가정하였으므로 X재를 콜라, Y재를 사이다라고 하자.
- Y재 시장에 이미 조세가 부과되고 있는 상태에서 X재에 조세를 부과하면 X재의 가격이 상승하여 거래량이 감소한다.
- 두 재화는 대체재 관계이므로 X재의 가격이 상승하면 Y재의 수요가 증가한다.
- 이로 인해 □(B + B')의 면적만큼 사회적인 후생이 증가한다.

③ 결론

- 조세의 부과가 반드시 사회적 후생손실을 발생시키는 것은 아니다.
- 대체재의 경우에는 사회후생을 증가시킬 수 있다.
- 보완재의 경우에는 성립하지 않음을 유의해야 한다.

3. 개인적 차원에서 발생하는 물품세의 초과부담

(1) 기본개념

① 대등 변화(equivalent variation)를 통한 초과부담의 측정
- 가격이 변하지 않은 상태에서, 가격 하락 또는 상승에 따른 만족도의 변화와 동등한 크기의 만족도 변화를 얻기 위해 조정해야 하는 소득의 크기를 의미한다.
- 초과부담의 측정 = 대등 변화 − 세금의 크기

② 정액세를 통한 초과부담의 측정
정액세는 중립세와 같이 대체효과가 없으므로 초과부담의 측정이 가능하다.

핵심 Plus +

중립세를 현실에서 사용하기 어려운 이유
중립세가 효율성의 측면에서는 바람직한 조세이지만 조세의 역진성이 발생하여 공평성의 측면에서는 바람직하지 않기 때문이다.

(2) 그래프

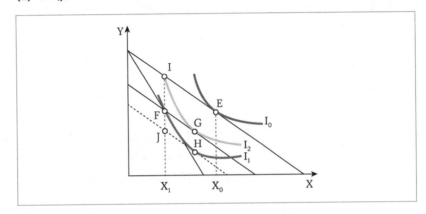

① 최초의 예산선에서 E의 조합으로 X재와 Y재를 소비하고 이때의 무차별곡선은 I_0이다.

② X재에 물품세를 부과하게 되면 X재의 가격 상승으로 인해 X재의 예산선이 축소되고 무차별곡선이 I_1을 지나게 된다.

③ 만약 정부가 동액의 정액세를 부과하면 예산선은 안쪽으로 평행이동하므로 균형점은 G점으로 이동하고 소비자의 효용 수준은 I_1보다 더 높은 I_2가 된다.

④ 이처럼 정액세 부과 시에는 물품세와 동일한 조세수입을 얻지만 소비자의 효용 수준은 더 높다.

⑤ 따라서 물품세의 초과부담은 I_1과 I_2의 차이로 측정된다.

4. 근로소득세의 초과부담

핵심 Plus +

소득세

소득세는 근로소득세
도 있지만 자본소득
세도 있다. 여기에서
는 근로소득세를 중심
으로 서술하고자 한다.

보조금의 초과부담

보조금도 초과부담이
발생하며 조세와 반
대로 생각하면 된다.

**공급자에게 보조금 지
급 시 잉여의 변화**

① 생산자잉여 증가분
② 소비자잉여 증가분
③ 초과부담

(1) 시장의 차원에서 발생하는 초과부담

① 그래프

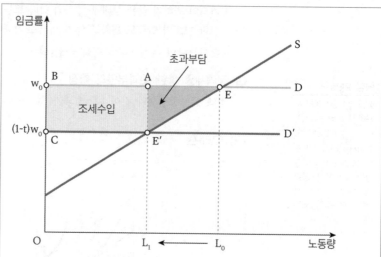

- 수평인 노동수요곡선을 가정하자.
- 근로소득세를 부과하면 노동수요가 감소하여 순임금률을 $(1 - t)w$로, 균형노동량
  도 L_1로 노동량을 감소시킨다. 이로 인해 초과부담이 발생하게 된다.
- 초과부담 = $\frac{1}{2}t^2\eta wL$(물품세와 유사하게 도출한다)

② 결론

- 초과부담은 세율의 제곱에 비례한다.
- 초과부담은 노동공급의 임금탄력성의 크기에 비례한다.
- 초과부담은 임금, 고용된 노동량의 크기에 비례한다.

(2) 개인적 차원에서 발생하는 초과부담

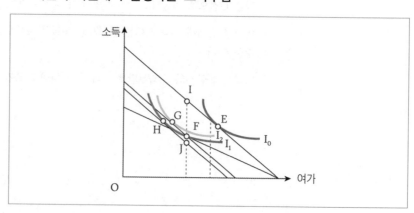

① 최초의 예산선에서 E의 조합으로 여가와 노동을 선택하고 이때의 무차별곡선은 I_0이다.

② 근로소득세를 부과하게 되면 임금이 하락하게 되어 예산선이 축소되고 무차별곡선이 I_1을 지나게 된다.

③ 만약 정부가 동액의 정액세를 부과하면 예산선은 안쪽으로 평행이동하므로 균형점은 G점으로 이동하고 소비자의 효용 수준은 I_1보다 더 높은 I_2가 된다.

④ 이와 같이 정액세 부과 시에는 근로소득세와 동일한 조세수입을 얻지만 소비자의 효용 수준은 더 높다.

⑤ 따라서 근로소득세의 초과부담은 I_1과 I_2의 차이로 측정된다.

확인문제

조세의 초과부담에 관한 설명으로 옳지 않은 것은? [세무사 19]
① 조세부과로 상대가격이 변화하고, 이로 인해 민간의 의사결정이 영향을 받음으로써 발생한다.
② 민간부문의 의사결정에 아무런 영향을 미치지 않는 조세를 중립세라 한다.
③ 세율이 높으면 초과부담이 줄어들지만 조세수입은 늘어난다.
④ 수요의 가격탄력성이 클수록 초과부담은 커진다.
⑤ 초과부담은 대체효과에 의해 발생하기 때문에 보상수요곡선으로 크기를 측정해야 한다.

해답
세율이 매우 높아지면 조세저항이 강해져 조세수입이 감소할 수 있다. 정답: ③

5. 초과부담의 일반균형분석적 접근

(1) 경제적 효율성의 조건

① 소비자의 선택이 X, Y재 사이에서만 이루어지는 것이 아니고 여가(L)까지 포함한 세 가지 사이에서 이루어진다고 가정하자.

② 경제적 효율성의 조건은 다음과 같다.

- 두 재화 간 선택: $MRS_{XY} = \frac{P_X}{P_Y} = MRT_{XY}$
- 여가와 소득 간 선택: $MRS_{LZ} = w = MRT_{LZ}$ (단, L은 여가, Z는 소득이다)
- 현재소비와 미래소비 간의 선택: $MRS_{1,2} = (1+r) = MRT_{1,2}$
  (단, 1은 1기의 소비, 2는 2기의 소비이다)

핵심 Plus +

앳킨슨-스티글리츠의
선별 이론
정보를 갖지 못한 과
세당국은 납세자의 능
력에 따라 조세부담
을 분배하지만, 능력
이 '감추어진 특성'이
기 때문에 직접 관찰
할 수 없다는 문제를
제기하였다.

(2) 초과부담의 발생원인

① X재에 세율 t의 개별물품세 부과: $MRS_{XY} = \dfrac{(1+t)P_X}{P_Y} \neq MRT_{XY}$

② 임금소득에 대하여 세율 t의 근로소득세 부과: $MRS_{LZ} = (1-t)w \neq MRT_{LZ}$

③ 세율 t의 이자소득세 부과: $MRS_{1,2} = 1 + (1-t)r \neq MRT_{1,2}$

(3) 소득세와 개별소비세

① 전통적인 견해

여가에 대한 고려가 없으므로 개별소비세보다는 소득세가 재화선택의 교란이 없
어 효율성의 측면에서 우월하다.

② 현대적인 견해

여가에 조세를 부과하는 것이 불가능하므로 소득세도 초과부담이 발생한다. 따라
서 소득세가 소비세보다 효율성 측면에서 우월하다는 결론을 내기 어렵다.

확인문제

X재, Y재, 여가 간의 선택에 조세부과가 미치는 효과로 옳지 않은 것은?
(단, X재: 여가와 보완재, Y재: 노동과 보완재) [세무사 18]

① X재에 대한 개별소비세는 X재와 여가 간의 선택에 영향을 미친다.
② Y재에 대한 개별소비세는 Y재와 여가 간의 선택에 영향을 미친다.
③ 일반소비세, 소득세, 개별소비세 가운데 어느 쪽이 더 효율적인가는 단정하기 어
렵다.
④ X재에 중과하는 개별소비세는 여가에 간접적으로 과세할 수 있기 때문에 보다 효
율적이다.
⑤ 정액세(lump-sum tax)는 초과부담을 수반하지 않기 때문에 형평성 측면에서 우
월한 조세이다.

해답

중립세(lump-sum tax, 정액세)는 초과부담을 발생시키지 않으므로 효율성 측면에서는 우월
하다. 그렇지만 중립세를 부과할 때 상대적으로 저소득층의 부담이 커진다면 형평성의 측면
에서는 바람직하지 않다. 정답: ⑤

02

최적
조세이론
★★★

램지 규칙	모든 상품의 수요량 감소율을 동일하게 설정해야 함
역탄력성 원칙	$\dfrac{t_X}{t_Y} = \dfrac{\epsilon_Y}{\epsilon_X}$, 탄력적일수록 낮은 세율, 비탄력적일수록 높은 세율 설정
콜렛-헤이그 규칙	여가와 보완재인 재화는 높은 세율, 여가와 대체재인 재화는 낮은 세율을 부과함
최적 선형소득세	한계세율이 높을수록 초과부담이 커지고, 정액증여가 커질수록 재분배효과가 커짐
스턴의 연구	불평등에 대한 혐오감 지표의 절댓값이 클수록, 노동공급이 비탄력적일수록, 조세수입목표가 클수록, 사회구성원의 능력 차이가 클수록 최적 한계세율이 높음
최적 비선형소득세	최고소득 구간의 한계세율을 0으로 잡으면 사회 전체적 효용이 커짐

1. 최적 조세구조

(1) 의미

① 사회후생을 극대화할 수 있는 조세구조를 뜻한다.

② 램지(F. Ramsey) 등으로 시작된 전통적 조세이론은 대부분 효율성의 관점에서 접근하고 있으나, 최근 공평성에 대한 조세이론이 등장하고 있다.

(2) 차선의 조세

① 파레토 효율적 조세구조
한 경제에 모든 효율성이 충족되어 있다면 효용가능경계 위의 한 점을 선택할 수 있다. 조세부과가 비효율성을 일으키지 않는다면, 효용가능경계는 효율적인 종전의 상태에 그대로 머물러 있게 된다.

② 차선의 방책을 찾는 데 초점
현실적으로 조세는 효율성의 상실을 가져오게 되는 점을 인정하고, 가능하면 이를 최소화하는 조세구조를 찾으려는 접근방법을 채택한다.

2. 최적 물품세

(1) 램지 규칙

① 물품세 체계에서 나오는 초과부담의 총합을 극소화하는 방법
- 한계초과부담(MEB; Marginal Excess Burden)이 같아지도록 세율을 결정해야 한다.
- 한계초과부담은 어떤 조세의 징수액을 1원 증가시켰을 때 발생하는 초과부담을 의미한다.

② 그래프

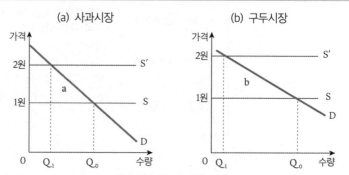

- 두 재화는 독립재를 가정하므로 X재인 사과시장과 Y재인 구두시장으로 설정하였다.
- 초과부담은 $\frac{1}{2} t_X P_X \triangle X$이다. ($\triangle X$ = X재의 $Q_0 - Q_1$)
- X재의 조세를 1원 증가시켰을 때 증가하는 초과부담의 증가분인 한계초과부담은

$$\frac{초과부담의 \ 증가분}{조세수입의 \ 증가분} = \frac{\frac{1}{2}(t_X P_X + 1)\triangle X - \frac{1}{2} t_X P_X \triangle X}{1원 \times X_t} = \frac{\frac{1}{2}\triangle X}{X_t} = \frac{\triangle X}{2X_t}$$이다.

(단, 조세를 증가시켰을 때 감소하는 양이 미약하므로 $\triangle X$는 동일하다고 가정한다. 또한 X_t는 X재의 거래량이다)

- 이와 마찬가지로 Y재인 구두시장의 한계초과부담은 $\frac{\frac{1}{2}\triangle Y}{Y_t} = \frac{\triangle Y}{2Y_t}$로 구할 수 있다.
- 만약 X재와 Y재에 물품세를 부과하는데, X재의 한계초과부담이 Y재의 초과부담보다 크다면 X재의 조세를 줄이고 Y재의 조세를 늘리면 총초과부담은 작아질 수 있다.
- 따라서 총초과부담의 극소화는 X재와 Y재의 한계초과부담이 같아질 때 성립한다.

③ 램지 규칙

- $\dfrac{\triangle X}{2X_t} = \dfrac{\triangle Y}{2Y_t}$ 이므로 정리하면 $\dfrac{\triangle X}{X_t} = \dfrac{\triangle Y}{Y_t}$ 이다.

- 조세제도로부터 나오는 총초과부담을 극소화하기 위해서는 '모든 상품의 수요량에 똑같은 비율의 감소'가 일어나도록 세율구조를 만들어야 한다. 강조하자면 감소분이 아닌 감소율이다.

- 여기서 말하는 수요량은 보상된 수요량이어야 한다.

(2) 역탄력성 원칙

① 의미

- X재의 보상수요의 가격탄력성을 ϵ_X라고 하면 $t_X \epsilon_X$는 조세부과로 인해 X재에 대한 수요량이 감소한 비율을 의미한다.

- Y재도 마찬가지이므로 램지 규칙에 따라 $t_X \epsilon_X = t_Y \epsilon_Y$가 성립한다. 이를 변형하면 $\dfrac{t_X}{t_Y} = \dfrac{\epsilon_Y}{\epsilon_X}$ 과 같다.

- 각 상품에 적용되는 물품세의 세율을 수요의 가격탄력성에 반비례하도록 정해야 한다는 것이다.

- 각 재화에 대해 단일세율보다는 차등세율로 물품세를 부과하는 것이 효율적이라는 것을 의미한다.

② 직관적 이해

- 수요의 가격탄력성이 높은 재화일수록 물품세 부과 때문에 수요량이 급격하게 감소할 것이므로 초과부담이 클 것이다.

- 반면 수요의 가격탄력성이 낮은 재화는 조세를 부과하더라도 수요량의 변화가 크지 않을 것이므로 초과부담이 작을 것이다.

- 따라서 초과부담을 극소화하기 위해서는 수요의 가격탄력성이 비탄력적인 재화에 높은 세율을, 탄력적인 재화에 낮은 세율을 부과하여야 한다.

핵심 Plus +

역탄력성 원칙

$\epsilon_X = \dfrac{\dfrac{\triangle X}{X}}{\dfrac{\triangle P}{P}}$

$\rightarrow \dfrac{\triangle X}{X} = \epsilon_X \cdot \dfrac{\triangle P_X}{P_X}$

$\rightarrow \dfrac{\triangle X}{X} = \epsilon_X \cdot t_X$

두 재화 A와 B의 보상수요의 가격탄력성은 각각 3과 0.3이다. A재 가격은 1,000원, B재 가격은 500원이다. A재의 가격에 10%의 세금을 부과하였을 때, 효율성 상실을 극소화하기 위해서는 B재에 얼마만큼의 세금을 부과하여야 하는가? (단, A, B 두 재화는 서로 독립재이며 두 재화의 공급곡선은 완전탄력적이다) [세무사 15]

① 10원 ② 50원 ③ 100원 ④ 250원 ⑤ 500원

해답

☑ 램지의 역탄력성 원칙 계산풀이법

1) 역탄력성 원칙의 공식 $\dfrac{t_X}{t_Y} = \dfrac{\epsilon_Y}{\epsilon_X}$ 에 문제의 조건을 대입한다.

2) 1은 100%, 0.1은 10%이므로 참고하여 조세액을 구한다.

1) 역탄력성 원칙에 의하면 초과부담을 극소화하려면 $\dfrac{t_A}{t_B} = \dfrac{\epsilon_B}{\epsilon_A}$ 의 관계가 성립하게끔 각 재화에 대한 세율을 설정해야 한다.

2) 문제에 주어진 수치를 대입하면 $\dfrac{0.1}{t_B} = \dfrac{0.3}{3}$, $t_B = 1$로 계산된다.

3) 즉, B재에 대해서는 가격의 100%에 해당하는 500원의 세금을 부과해야 한다.

정답: ⑤

(3) 콜렛-헤이그 규칙

① 의미

여가와 보완적인 관계에 있는 재화에 대해서는 높은 세율의 조세를 부과하고 여가와 대체적인 관계에 있는 재화에 대해서는 낮은 세율의 조세를 부과하여야 한다.

② 차등세율 강조

소득세는 모든 물품에 동일한 세율을 부과하는 것과 같은 실질적 효과가 있지만, 현실적으로 여가를 포함하기 어려우므로 차선의 선택으로 세율에 차등을 둔 것이 낫다고 주장한 것이다.

③ 사례

게임용 컴퓨터의 세율은 높게 설정하고 업무용 컴퓨터의 세율은 낮게 설정하는 것 등이 있다.

(4) 최적 물품세의 한계

효율성만을 고려했을 뿐 공평성을 고려하지 못해 사회의 안정성을 저해할 수 있다.

확인문제

최적 물품세에 관한 설명으로 옳지 않은 것은?   [세무사 19]

① 램지 규칙은 주어진 조세수입목표를 달성하는 가운데 초과부담을 최소화할 때 실현된다.
② 램지 규칙에 따른 최적의 세율구조는 보상수요곡선을 전제로 한다.
③ 콜렛-헤이그 규칙은 해당 재화의 수요의 가격탄력성에 따라 차등적인 물품세를 부과해야 성립한다.
④ 역탄력성 규칙은 역진성을 초래하는 한계가 있다.
⑤ 램지 규칙은 재화 간 조세수입의 한계초과부담을 일치시키는 과정에서 도출된다.

해답

콜렛-헤이그 규칙은 여가와 보완재 관계인 재화에 높은 세율을 부과하자는 것이다. 탄력성에 따라 부과하는 것은 역탄력성 원칙에 해당한다.   정답: ③

3. 최적 소득세

(1) 최적 소득세의 주안점

① 적절한 누진성의 선택을 통해 사회후생의 극대화를 이루고자 하는 데 주안점을 두고 있다.

② 사회후생을 극대화하기 위해서는 효율성과 관련된 초과부담과 공평성과 관련된 약자 보호 사이에 균형이 이루어져야 한다.

③ 초과부담을 낮추려면 한계세율을 낮추어야 하지만 공평성에 어긋날 수 있다.

④ 공평성을 달성하기 위해서는 고소득층에게 높은 세율을 적용해야 하지만 초과부담이 많이 발생한다.

(2) 최적 선형누진세

① 선형누진세의 정의

T = -S + tY (T는 조세, S는 정액증여, t는 세율, Y는 소득)

② 초과부담과 재분배효과의 관계

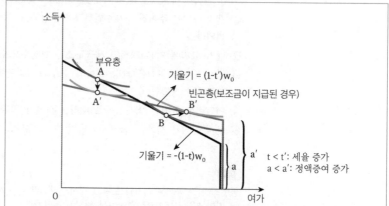

- 한계세율 t가 높을수록 초과부담이, 정액증여 S가 커질수록 재분배효과가 커진다.
- 일정한 조세수입을 달성해야 한다는 조건이 있을 때, 정액증여를 더 크게 만들기 위해서는 반드시 한계세율을 더 높이 올려야 한다.
- 한계세율이 높을수록 초과부담이 커지므로, 이 재분배효과는 초과부담의 증가라는 대가를 치르고 얻어진 것이라고 말할 수 있다.
- 한계세율과 정액증여를 모두 고려해 이 둘의 적절한 조합을 찾는 것이 최적 선형누진세이다.

③ 스턴의 연구(여가와 소득에 대한 선호, 여가와 소득 간의 대체탄력성이 일정하다고 가정함)

- 불평등에 대한 혐오감 지표의 절댓값이 클수록 최적 소득세율은 높다.
- 노동공급이 탄력적일수록(여가와 소득의 대체탄력성이 클수록) 최적 한계세율은 낮다.
- 조세수입목표가 클수록 최적 한계세율은 높다.
- 사회구성원의 능력 차이가 클수록 최적 한계세율은 높다.

(3) 최적 비선형누진세

① 의미

소득 증가에 따라 한계세율이 상승하다가 0이 되는 세율구조를 의미한다.

② 그래프

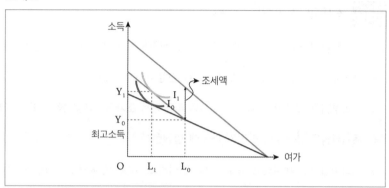

- 사드카(Sadka)와 시어드(Searde), 멀리즈(J. Mirrlees) 등에 의하면 비선형 최적 과세하에서 최고소득 구간에 대해서는 0의 한계세율을 적용하는 것이 최적이라는 결론을 내리고 있다.
- 이유는 최고소득 구간에 대한 한계세율이 0으로 낮아지면 고소득층의 효용은 커지기 때문이다.
- 고소득층의 효용이 커진다고 해서 그보다 소득 수준이 낮은 개인들의 효용 수준은 영향을 받지 않을 것이기 때문에 사회 전체적 효용은 증가한다.

확인문제

선형누진세와 비선형누진세에 관한 설명으로 옳지 않은 것은?   [세무사 19]
① 한계세율이 평균세율보다 높다.
② 비선형누진세는 한계세율과 평균세율이 동시에 변화한다.
③ 선형누진세는 한계세율과 평균세율이 변화하지 않는다.
④ 선형누진세는 비선형누진세에 비해 상대적으로 고소득층에게 유리할 수도 있다.
⑤ 선형누진세는 면세점을 두고 있다.

해답

누진세는 한계세율이 일정하더라도 평균세율보다 한계세율이 높아 평균세율이 증가해야 한다.

정답: ③

제8장 개념확인 O X 문제

01 조세의 초과부담 ★★

01 초과부담이 영(0)이란 의미는 조세가 소비활동이나 투자활동에 중립적임을 말한다. (○, ×)

02 중립세(lump-sum tax)는 초과부담을 발생시키지 않는다. (○, ×)

03 초과부담은 조세가 가져오는 실제의 부담에서 조세징수액을 뺀 것과 그 크기가 같다. (○, ×)

04 초과부담은 조세부담의 전가 때문에 발생한다. (○, ×)

05 초과부담은 조세부과로 상대가격이 변화하고, 이로 인해 민간의 의사결정이 영향을 받음으로써 발생한다. (○, ×)

06 민간부문의 의사결정에 아무런 영향을 미치지 않는 조세를 중립세라 한다. (○, ×)

07 세율이 높으면 초과부담이 줄어들지만 조세수입은 늘어난다. (○, ×)

08 수요의 가격탄력성이 클수록 초과부담은 커진다. (○, ×)

09 초과부담은 대체효과에 의해 발생하기 때문에 보상수요곡선으로 크기를 측정해야 한다. (○, ×)

10 초과부담은 조세부과로 인해 민간부문의 의사결정이 교란되기 때문에 발생한다. (○, ×)

정답 및 해설

01 ○

02 ○

03 ○

04 X 초과부담은 효율성에 관한 것이고 조세의 전가는 공평성에 관한 것이다. 조세의 전가가 일어나면서도 조세가 효율적일 수도 있고 조세의 전가가 전혀 일어나지 않음에도 비효율적인 조세가 있다.

05 ○

06 ○

07 X 세율이 매우 높아지면 조세저항이 강해져 조세수입이 감소할 수 있다.

08 ○

09 ○

10 ○

11 초과부담은 조세부과로 인한 후생비용이라고 표현할 수 있다. (○, ×)

12 종가세는 상대가격에 영향을 주지 않으므로 효율성 면에서 바람직하다. (○, ×)

13 종량세는 양(量)을 기준으로 과세하기 때문에 상대가격에 영향을 주지 않으며, 따라서 효율성 면에서 바람직하다. (○, ×)

14 수요의 가격탄력성이 클수록 조세수입의 크기는 증가한다. (○, ×)

15 상품에 부과된 물품세의 초과부담은 수요의 가격탄력도의 크기에 비례한다. (○, ×)

16 수요의 가격탄력성이 클수록 조세의 초과부담은 작아진다. (○, ×)

17 어떤 재화의 시장수요곡선과 공급곡선이 각각 $Q^D = 1,000 - 5P$, $Q^S = 50$이라고 가정한다. 정부가 이 재화 1단위당 100원의 세금을 소비자에게 부과했을 경우, 사중적 손실(deadweight loss)은 100이다. (단, Q^D는 수요함수, Q^S는 공급함수, P는 가격) (○, ×)

18 보상수요곡선의 탄력성이 클수록 대체효과는 크게 되고 초과부담은 커진다. (○, ×)

19 대체재가 많은 재화일수록 그 재화에 대한 과세로 인해 초래되는 사중손실은 더 커진다. (○, ×)

20 한 상품에 부과된 물품세의 초과부담은 공급의 가격탄력도의 크기에 따라 증가한다. (○, ×)

21 공급곡선이 비탄력적일수록 조세부과에 따른 사중손실이 커진다. (○, ×)

정답 및 해설

11 ○

12 X 종가세와 종량세 모두 한 재화에 대해서만 과세하면 상대가격에 영향을 준다.

13 X 특정 재화에만 부과되는 종량세는 (예컨대 X재, Y재 두 재화만 있을 경우) 상대가격에 영향을 주며, 이에 따라 대체효과가 발생하여 효율성 면에서 바람직하지 않다.

14 X 조세부과 시 거래량이 줄기 때문에 수요의 가격탄력성이 클수록 조세수입의 크기는 감소한다.

15 ○

16 X 수요의 가격탄력성이 클수록 조세의 초과부담은 커진다(초과부담은 수요의 가격탄력성에 비례한다).

17 X 공급함수가 $Q^S = 50$으로 주어져 있으므로 공급곡선이 수직선의 형태이다. 공급곡선이 수직선일 때는 조세가 부과되더라도 거래량이 전혀 감소하지 않으므로 사중적 손실도 발생하지 않는다.

18 ○

19 ○ 대체재가 많은 재화일수록 수요의 가격탄력성이 크고 과세로 인한 사중손실이 커진다.

20 ○

21 X 공급곡선이 비탄력적이면 거래량 축소가 덜 일어나기 때문에 사중손실이 작아진다.

22 수요와 공급 중 하나가 탄력적이거나 모두 탄력적인 재화에 조세를 부과하면, 상대적으로 거래량은 적게 감소하고 사중손실은 커진다. (○, ×)

23 한 상품에 부과된 물품세의 초과부담은 세율의 크기에 따라 증가한다. (○, ×)

24 초과부담(= 사중손실의 크기)은 세율의 제곱에 비례한다. (○, ×)

25 초과부담은 판매량에 비례한다. (○, ×)

26 종가세 부과 시 초과부담은 가격에 비례한다. (○, ×)

27 초과부담의 결정요인은 세율, 수요의 가격탄력성, 과세 전 지출액이다. (○, ×)

28 초과부담은 소득효과와 관계없고 대체효과와 관련된다. (○, ×)

29 완전경쟁시장에서 공급곡선은 완전비탄력적이고 수요곡선이 우하향하는 경우, 그 상품에 대한 조세는 초과부담을 발생시키지 않는다. (○, ×)

30 세율이 증가하면 비효율성계수(coefficient of inefficiency)는 커진다. (○, ×)

31 A재의 한계비용은 100이고, 보상수요곡선은 $P = 200 - 2Q_a$이다. A재의 공급자에게 단위당 20의 조세를 부과하였을 때 비효율성계수는 0.125이다. (단, Q_a: A재의 수량) (○, ×)

정답 및 해설

22 X 수요와 공급 중 하나가 탄력적이거나 모두 탄력적인 재화에 조세를 부과하면, 상대적으로 거래량은 많이 감소하고 사중손실은 커진다.

23 ○

24 ○

25 ○

26 ○

27 ○

28 ○

29 ○

30 ○ 비효율성계수 = 초과부담/조세수입

31 ○ 1) 수요곡선 $P = 200 - 2Q$와 공급곡선 $MC = 100$을 연립해서 풀면 $200 - 2Q = 100$, $Q = 50$이다.
　　2) $Q = 50$을 수요함수에 대입하면 $P = 100$임을 알 수 있다.
　　3) 단위당 20의 조세가 부과되면 공급곡선이 단위당 조세액만큼 상방으로 이동하므로 조세부과 이후의 공급곡선 $MC = 120$이 된다.
　　4) 수요곡선과 조세부과 후의 공급곡선을 연립해서 풀면 $200 - 2Q = 120$, $Q = 40$이다. 이를 수요함수에 대입하면 $P = 120$이다.
　　5) 조세부과 이후의 거래량이 40이고, 단위당 조세의 크기가 20이므로 정부의 조세수입은 800이다.
　　6) 조세부과에 따른 초과부담의 크기는 삼각형의 면적으로 측정되므로 100이다.
　　7) 그러므로 초과부담의 크기를 조세수입으로 나눈 비효율성계수는 $\frac{100}{800} = 0.125$이다.

32 맥주의 보상수요곡선이 $Q_d = 200 - P$이고 공급곡선(Q_s)은 $P = 100$, 정부가 생산자에게 맥주 단위당 20의 물품세를 부과한다고 가정하자. 이 경우 나타나는 비효율성계수(coefficient of inefficiency)는 0.125이다. (○, ×)

33 서로 대체재 관계인 두 상품만 존재하고 이미 그 중 한 상품에 세금이 부과되어 있을 때 다른 상품에 물품세를 부과하면 초과부담이 감소할 수 있다. (○, ×)

34 조세수입이 동일한 경우, 두 재화보다는 한 재화에 세금을 부과할 때 초과부담이 작아진다. (○, ×)

35 개별물품세가 부과되어도 수요량이 변하지 않으면 초과부담은 존재하지 않는다. (○, ×)

36 두 재화가 대체관계인 경우, X재에 조세가 부과된 상태에서 Y재에 조세를 부과하면 Y재의 과세에 따른 왜곡의 발생으로 반드시 경제 전체의 초과부담은 늘어난다. (○, ×)

37 두 재화가 완전보완재인 경우, 한 재화에 과세하면 경제 전체의 초과부담은 0(zero)이다. (○, ×)

38 이윤세 부과는 독점기업의 균형생산량을 감소시킨다. (○, ×)

정답 및 해설

32 ○ 1) 수요함수가 P = 200 - Q이고, 공급함수가 P = 100이므로 이를 연립해서 풀면 Q = 100이다.

2) 이제 단위당 20원의 조세가 부과되면 공급곡선이 20만큼 상방으로 이동하므로 조세부과 이후의 공급함수는 P = 120이다.

3) 조세부과 후의 거래량을 구하기 위해 다시 수요함수와 조세부과 후의 공급함수를 연립해서 풀면 200 - Q = 120이므로 Q = 80이다.

4) 단위당 조세액이 20이고, 조세부과 후의 거래량이 80이므로 정부의 조세수입은 1,600이다.

5) 단위당 20원의 조세가 부과되었을 때 거래량이 20단위 감소하므로 초과부담은 $\frac{1}{2} \times 20 \times 20 = 200$이다.

6) 초과부담이 200이고, 조세수입이 1,600이므로 초과부담을 조세수입으로 나눈 비효율성계수는 0.125로 계산된다.

33 ○

34 X 상대가격의 차이가 없도록 두 재화에 부과하면 초과부담이 없어진다.

35 X 개별물품세가 부과되더라도 수요량이 변하지 않는 것은 대체효과와 소득효과가 서로 상쇄될 때이다. 이 경우에도 대체효과가 0인 것은 아니므로 여전히 초과부담이 발생한다. 만약 두 재화가 완전보완재라면 대체효과가 0이므로 물품세가 부과되더라도 초과부담이 발생하지 않는다.

36 X 한 시장이 왜곡되어 있으면 경제 전체의 초과부담이 감소할 수도 있다.

37 ○

38 X 이윤세는 효율성을 만족하면서 세금의 전가도 일어나지 않는 바람직한 조세이다. 효율성을 만족한다는 것은 경제주체의 행위변화가 없다는 것이므로 이윤세 부과는 독점기업의 균형생산량을 감소시키지 않는다.

39 이윤세 부과는 완전경쟁기업의 장 & 단기 균형생산량에는 영향을 미치지 않는다. (○, ×)

40 보조금 지급으로 소비량이 증가하는 경우에는 초과부담이 발생하지 않는다. (○, ×)

41 보상수요곡선은 가격의 변화에 따른 대체효과만을 가지고 그린 수요곡선이다. (○, ×)

42 정상재의 가격이 인상될 때 보상수요곡선하에서의 소비량의 변화는 보통수요곡선의 경우에 비해 작게 나타난다. (○, ×)

43 초과부담의 계산을 정확히 하기 위해서는 수요곡선은 보통의 수요곡선이 아니라 보상수요곡선을 이용해야 한다. (○, ×)

44 정액세(lump-sum tax)는 소비자의 최적 소비 결정에 영향을 미치지 못한다는 차원에서 중립적이라 할 수 있으며 효율성 측면에서 바람직하다. (○, ×)

45 물품세 과세 이후에 소비량의 변화가 없다면 초과부담은 존재하지 않는다. (○, ×)

46 완전보완재인 두 상품 X와 Y 중에서 상품 Y에 종가세를 부과할 때 초과부담은 존재하지 않는다. (○, ×)

47 여가를 포함한 모든 상품에 일정한 세율의 물품세를 부과할 수 있을 때 초과부담은 발생한다. (○, ×)

48 정액세는 초과부담을 수반하지 않기 때문에 형평성 측면에서 우월한 조세이다. (○, ×)

정답 및 해설

39 ○

40 X 보조금도 세금과 마찬가지로 일반적인 경우에 비효율성을 야기한다.

41 ○ 보통(= 통상)수요곡선은 소득효과와 대체효과를 모두 반영하는 수요곡선이고, 보상수요곡선은 대체효과만을 반영한 수요곡선이다.

42 ○ 정상재의 경우 가격이 인상되면 대체효과와 소득효과 모두 생산량을 감소시킨다. 결과적으로 보통수요곡선이 보상수요곡선보다 완만하다.

43 ○

44 ○

45 X 물품세 과세 이후에 소비량의 변화가 없다 하더라도 대체효과로 인해 초과부담이 발생할 수 있다.

46 ○

47 X 여가에 물품세를 부과할 수 없기 때문에 초과부담이 발생한다. 여가에도 물품세를 부과할 수 있다면 초과부담이 발생하지 않는다.

48 X 정액세는 효율성 측면에서 우월한 조세이다.

02 최적 조세이론 ★★★

<최적 물품세>

49 파레토 최적 조건을 위반하지 않으면서 세수를 거둘 수 있는 조세는 정액세(lump-sum tax)이다. (○, ×)

50 여가를 포함한 모든 상품에 동일한 세율로 조세를 부과하면 초과부담이 발생하지 않는다. (○, ×)

51 램지 규칙은 파레토 효율적 조세가 아닌 차선의 조세를 찾는 이론이다. (○, ×)

52 최적 물품세란 주어진 조세수입목표를 달성하면서 자원배분의 왜곡을 가져오지 않는 조세구조이다.
(○, ×)

53 램지 조세는 일정 조세수입을 확보하면서 초과부담을 최소화시키는 물품세가 어떤 특성을 가지고 있는지를 보여준다. (○, ×)

54 램지 규칙은 주어진 조세수입목표를 달성하는 가운데 초과부담을 최소화할 때 실현된다. (○, ×)

55 램지 규칙에 따른 최적의 세율구조는 보상수요곡선을 전제로 한다. (○, ×)

56 콜렛-헤이그 규칙은 해당 재화의 수요의 가격탄력성에 따라 차등적인 물품세를 부과해야 성립한다.
(○, ×)

57 역탄력성 규칙은 역진성을 초래하는 한계가 있다. (○, ×)

58 램지 규칙은 재화 간 조세수입의 한계초과부담을 일치시키는 과정에서 도출된다. (○, ×)

정답 및 해설

49 ○

50 ○

51 ○ 램지 규칙은 과세함에 있어 비효율성이 야기되는 것을 인정하고 비효율성을 최소화하는 차선의 조세를 찾는 이론이다.

52 X 최적 물품세는 자원배분의 왜곡을 인정하되, 이를 최소화시키려는 조세구조이다.

53 ○

54 ○

55 ○

56 X 여가와 보완재인 재화에 높은 세율을 부과하자는 것이다.

57 ○

58 ○

59 과세 후 총초과부담을 극소화하기 위하여 (최적 물품세 구조에서는) 각 상품에서 거둬들이는 조세수입의 한계초과부담(marginal excess burden)이 서로 같아지도록 세율을 결정하여야 한다. (○, ×)

60 램지(F. Ramsey) 규칙에 따르면 최적 물품세는 모든 상품의 소비 감소량이 같도록 부과되어야 한다. (○, ×)

61 램지 조세는 각 상품의 보상수요의 감소비율이 모든 재화에 대해 서로 동일하도록 부과되어야 함을 보여준다. (○, ×)

62 램지 규칙에 따르면 최적 조세제도는 모든 상품의 수요를 같은 비율로 감축시키는 조세체계이다. (○, ×)

63 여가를 포함한 모든 재화에 동일한 세율을 적용할 때 효율성이 극대화된다. (○, ×)

64 램지 법칙(Ramsey rule)에 의하면 일반소비세가 개별소비세보다 더 효율적이다. (○, ×)

65 초과부담을 최소화하기 위해서 조세의 가격에 대한 비율(물품세율)은 보상수요의 탄력성에 비례해야 한다. (○, ×)

66 램지 원칙은 효율성을 고려한 과세 원칙이다. (○, ×)

67 역탄력성 원칙이 램지 원칙에 비해 일반적인 원칙이다. (○, ×)

정답 및 해설

59 ○

60 X 램지 규칙에 따르면 최적 물품세는 모든 상품의 소비 감소비율이 같도록 부과되어야 한다.

61 ○

62 ○

63 ○ 여가에 세율 적용이 가능하다면 옳은 지문이다. 다만, 여가에 세금을 부과할 수 없으므로 모든 재화에 동일한 세율을 적용한다는 것이 불가능하다. 그렇기 때문에 램지 규칙에 따르면 재화에 차등세율을 부과함으로써 효율성을 극대화시킨다.

64 X 램지 법칙에 따르면 다른 재화에 동일의 세율을 부과하는 것(일반소비세)보다 차등의 세율을 부과하는 것(개별소비세)이 최적이다.

65 X 초과부담을 최소화하기 위해서 조세의 가격에 대한 비율은 보상수요의 탄력성에 반비례하여야 한다. (역탄력성 규칙)

66 ○

67 X 램지 원칙으로부터 역탄력성 원칙이 유도되므로 램지 원칙이 역탄력성 원칙보다 일반적인 원칙이라고 볼 수 있다.

68 역탄력성 원칙에 따르면 효율성을 제고하기 위해서 수요의 가격탄력성에 반비례하게 과세하여야 한다. (○, ×)

69 역탄력성 원칙에 따르면 필수재에 대해서는 높은 세율로 과세하여야 한다. (○, ×)

70 램지 원칙에 따르면 모든 상품의 보상수요량에 똑같은 비율의 감소가 일어나도록 세율구조를 만들어야 한다. (○, ×)

71 램지 규칙은 가격탄력성이 낮은 물품에 대하여는 높은 세율을 부과하고, 소득탄력성이 낮은 물품에 대하여도 높은 세율을 부과해야 한다. (○, ×)

72 두 재화 A와 B의 보상수요의 가격탄력성은 각각 3과 0.3이다. A재 가격은 1,000원, B재 가격은 500원이다. A재의 가격에 10%의 세금을 부과하였을 때, 효율성 상실을 극소화하기 위해서는 B재에 300원의 세금을 부과하면 된다. (단, A, B 두 재화는 서로 독립재이며 두 재화의 공급곡선은 완전탄력적이다) (○, ×)

73 최적 물품세 이론에 의하면 생필품일수록 낮은 세율을 부과해야 한다. (○, ×)

74 램지는 상품수요의 탄력성의 격차가 크다면 개별소비세가 일반소비세보다 더 효율적일 가능성도 있다고 주장한다. (○, ×)

75 램지 조세는 조세의 효율성과 공평성이 상충될 수 있음을 보여준다. (○, ×)

76 소득계층 간 소비패턴에 큰 차이가 있다면 가난한 사람이 주로 사용하는 상품에 높은 세율을 부과할 때 재분배효과를 기대할 수 있다. (○, ×)

77 콜렛-헤이그(Corlett-Hague) 규칙에 의하면 여가와 보완재 관계에 있을수록 세율이 높아야 한다.(○, ×)

정답 및 해설

68 ○

69 ○

70 ○

71 X 램지 규칙은 소득탄력성과 관련이 없다.

72 X 1) 역탄력성 원칙에 의하면 초과부담을 극소화하려면 $\dfrac{t_A}{t_B} = \dfrac{\epsilon_B}{\epsilon_A}$의 관계가 성립하게끔 각 재화에 대한 세율을 설정해야 한다.

2) 이 식에 문제에 주어진 수치를 대입하면 $\dfrac{0.1}{t_B} = \dfrac{0.3}{3}$, $t_B = 1$로 계산된다.

3) 즉, B재에 대해서는 가격의 100%에 해당하는 500원의 세금을 부과해야 한다.

73 X 생필품은 수요의 가격탄력성이 낮기 때문에 높은 세율을 부과해야 한다.

74 ○

75 ○ 가격탄력성이 낮은 재화(필수재 등)에 고율의 세금이 부과되므로 효율성과 공평성이 상충될 수 있다.

76 X 소득계층 간 소비패턴에 큰 차이가 있다면 재분배효과를 얻기 위해서는 저소득층이 주로 사용하는 상품에는 낮은 세율로, 고소득층이 주로 사용하는 상품에는 높은 세율로 조세를 부과해야 한다.

77 ○

78 콜렛-헤이그 원칙에 따르면 여행사의 서비스 제공에 관한 컴퓨터의 세율이 업무용 컴퓨터에 대한 세율보다 높아야 한다. (○, ×)

79 콜렛-헤이그 법칙에 따르면, 세율은 그 상품의 소득탄력성에 반비례하여야 한다. (○, ×)

80 콜렛-헤이그 규칙은 각 상품에 적용되는 물품세의 세율을 수요의 가격탄력성에 반비례하도록 정하는 것이다. (○, ×)

81 콜렛-헤이그 규칙은 효율성 측면뿐만 아니라 공평성 측면에서도 소득세와 간접세의 우월성을 판단하는 데 기여하고 있다. (○, ×)

<최적 소득세>

82 비선형누진세는 한계세율이 평균세율보다 높다. (○, ×)

83 비선형누진세는 한계세율과 평균세율이 동시에 변화한다. (○, ×)

84 선형누진세는 한계세율과 평균세율이 변화하지 않는다. (○, ×)

85 선형누진세는 비선형누진세에 비해 상대적으로 고소득층에게 유리할 수도 있다. (○, ×)

86 선형누진세는 면세점을 두고 있다. (○, ×)

87 어떤 사람의 소득이 2,000만원, 소득세율은 30%, 정액증여(lump-sum grant)가 500만원이라고 하자. 이때 선형누진세에 의한 조세부담액은 200만원이다. (○, ×)

정답 및 해설

78 ○

79 X 콜렛-헤이그 법칙은 소득탄력성/가격탄력성 등과 관련이 없다.

80 X 램지 규칙에 대한 설명이다.

81 X 최적 물품세 이론(램지, 콜렛-헤이그 원칙)은 공평성 측면을 고려하지 않는다.

82 ○

83 ○

84 X 누진세는 한계세율이 일정하더라도 평균세율보다 한계세율이 높아 평균세율이 증가해야 한다.

85 ○

86 ○

87 X $T = -a + tY$에서 정액증여 $a = 500$만원, 세율 $t = 0.3$, 소득 $Y = 2,000$만원인 경우 조세부담액은 $T = -500$만원 $+ (0.3 \times 2,000$만원$) = 100$만원으로 계산된다.

88 멀리즈(J. Mirrlees)의 최적 비선형소득세에서는 최고소득 구간에 대한 한계소득세율은 0(zero)이다.

(○, ×)

89 멀리즈의 최적 비선형소득세에서는 한계소득세율은 항상 1보다 작다. (○, ×)

90 멀리즈의 최적 비선형소득세에서는 임금률이 낮은 개인이 높은 개인보다 더 큰 효용을 누릴 수도 있다.

(○, ×)

91 스턴(N. Stern)에 따르면 최적 선형누진소득세제하에서는 평등성에 대한 선호도가 클수록 세율은 높아야 한다. (○, ×)

92 스턴에 따르면 최적 한계세율은 사회후생함수의 형태에 따라 달라진다. (○, ×)

93 스턴에 따르면 사회구성원들의 불평등회피도가 작을수록 선형누진소득세제하에서 세율은 낮아야 한다.

(○, ×)

94 스턴의 최적 과세 모형에 의하면 노동공급의 탄력성이 작을수록 높은 세율을 책정하여야 한다. (○, ×)

95 스턴에 따르면, 소득과 여가 간 대체탄력성이 클수록 최적 소득세율은 커진다. (○, ×)

96 최적 한계세율은 각 개인 간 능력 차이와 역(逆)의 관계에 있다. (○, ×)

97 사드카와 시어드에 의하면 비선형 최적 과세하에서 최고소득 수준의 한계세율은 0이다. (○, ×)

98 최적 비선형누진소득세의 이론에 의하면 가장 높은 소득 수준에 대한 한계세율이 가장 높아야 하는 것은 아니다.

(○, ×)

정답 및 해설

88 ○

89 ○

90 X 최적 비선형소득세가 부과되면 임금률이 높은 사람이 더 많은 세금을 납부하지만 납세 후 소득은 여전히 임금률이 높은 개인이 더 많다. 그러므로 최적 비선형소득세가 부과되더라도 임금률이 높은 개인의 효용 수준이 임금률이 낮은 개인보다 높다.

91 ○

92 ○

93 ○

94 ○ 노동공급의 가격탄력성이 낮다는 것은 노동공급이 비탄력적이라는 것이므로 높은 세율 적용이 가능하다.

95 X 스턴에 따르면, 소득과 여가 간 대체탄력성이 클수록 최적 소득세율은 작아진다.

96 X 최적 한계세율은 각 개인 간의 능력 차이와 정(正)의 관계에 있다.

97 ○ 사드카와 시어드에 의하면, 비선형 최적 과세하에서는 차등세율이 부과되고, 최고소득 수준의 한계세율이 0이면 다른 소득자의 효용변화 없이, 최고소득자의 효용이 증가함으로써 파레토 개선이 일어날 수 있어 바람직하다고 본다.

98 ○

01 조세의 초과부담 ★★

01 조세의 초과부담에 관한 설명으로 옳은 것은? [세무사 21]
지식형

① 조세부과 시 발생하는 소득 변화에 의해 나타나는 납세자 선택의 왜곡현상을 의미한다.

② 서로 다른 재화에 대해 조세징수액이 같으면 초과부담의 크기는 동일하게 나타난다.

③ 초과부담은 조세부과로 인해 상대가격이 변하는 경우 대체효과에 의해 나타난다.

④ 조세부과로 인하여 소득효과와 대체효과가 상반된 방향으로 작용하여 상쇄되면 수요량의 변화가 없게 되어 초과부담은 발생하지 않는다.

⑤ 초과부담은 조세부과로 인해 발생하는 소비자잉여와 생산자잉여의 감소분을 합한 것이다.

02 시장균형에서 A상품의 소비량이 1,000이고 가격이 1,000이며, 수요와 공급의 가격탄력성이 각각 1/10, 1/10이다. 10%의 종가세가 부과되었을 때, 조세로 인한 사중손실의 크기는? [세무사 21]
계산형

① 10 ② 50 ③ 100 ④ 250 ⑤ 500

03 X재, Y재, 여가 간의 선택에 조세부과가 미치는 효과로 옳지 않은 것은? (단, X재: 여가와 보완재, Y재: 노동과 보완재) [세무사 18]
지식형

① X재에 대한 개별소비세는 X재와 여가 간의 선택에 영향을 미친다.

② Y재에 대한 개별소비세는 Y재와 여가 간의 선택에 영향을 미친다.

③ 일반소비세, 소득세, 개별소비세 가운데 어느 쪽이 더 효율적인가는 단정하기 어렵다.

④ X재에 중과하는 개별소비세는 여가에 간접적으로 과세할 수 있기 때문에 보다 효율적이다.

⑤ 정액세(lump-sum tax)는 초과부담을 수반하지 않기 때문에 형평성 측면에서 우월한 조세이다.

04 어떤 재화의 시장수요곡선과 공급곡선이 각각 $Q^D = 1,000 - 5P$, $Q^S = 50$이라고 가정한다. 정부가 이 재화 1단위당 100원의 세금을 소비자에게 부과했을 경우, 사중적 손실(deadweight loss)은? (단, Q^D는 수요함수, Q^S는 공급함수, P는 가격이다) [세무사 17]
계산형

① 0 ② 100 ③ 250

④ 1,000 ⑤ 2,500

05 X재와 Y재를 소비하는 어떤 사회에서 과세에 따른 초과부담에 관한 설명으로 옳은 것은? [세무사 17]

지식형

① 조세수입이 동일한 경우, 두 재화보다는 한 재화에 세금을 부과할 때 초과부담은 작아진다.

② 개별물품세가 부과되어도 수요량이 변하지 않으면 초과부담은 존재하지 않는다.

③ 현금보조는 부(-)의 조세의 일종이므로 초과부담이 발생한다.

④ 두 재화가 대체관계인 경우, X재에 조세가 부과된 상태에서 Y재에 조세를 부과하면 Y재의 과세에 따른 왜곡의 발생으로 반드시 경제 전체의 초과부담은 늘어난다.

⑤ 두 재화가 완전보완재인 경우, 한 재화에 과세하면 경제 전체의 초과부담은 0(zero)이다.

정답 및 해설

01 ③ 초과부담은 조세부과로 인해 상대가격이 변하는 경우 대체효과에 의해 의사결정의 왜곡이 발생하여 나타난다.

[오답체크]

① 초과부담은 조세부과 시 발생하는 가격 변화에 의해 나타나는 납세자 선택의 왜곡현상을 의미한다.

② 조세징수액만 고려되는 것은 아니다. 탄력성이 동일해야 초과부담의 크기가 동일하다.

④ 초과부담의 측정은 보상수요곡선으로 해야 한다. 즉 대체효과가 발생하면 소득효과와 관계없이 초과부담은 발생한다.

⑤ 초과부담은 조세부과보다 추가적으로 발생하는 소비자잉여와 생산자잉여의 감소분을 합한 것이다.

02 ④ 1) 수요와 공급곡선의 탄력성이 다른 경우 초과부담의 공식은 다음과 같다.

$$\frac{1}{2}t^2 \frac{1}{\dfrac{1}{\text{수요의 가격탄력성}} + \dfrac{1}{\text{공급의 가격탄력성}}}PQ$$

2) 위 공식에 대입하면 $\dfrac{1}{2}\times(0.1)^2\times\dfrac{1}{\dfrac{1}{\frac{1}{10}}+\dfrac{1}{\frac{1}{10}}}\times1,000\times1,000=250$ 이다.

03 ⑤ 중립세(lump-sum tax, 정액세)는 초과부담을 발생시키지 않으므로 효율성 측면에서는 우월하다. 그렇지만 중립세를 부과할 때 상대적으로 저소득층의 부담이 커진다면 형평성의 측면에서는 바람직하지 않다.

04 ① 공급함수가 $Q^S=50$으로 주어져 있으므로 공급곡선이 수직선의 형태이다. 공급곡선이 수직선일 때는 조세가 부과되더라도 거래량이 전혀 감소하지 않으므로 사중적 손실도 발생하지 않는다.

05 ⑤ 개별물품세가 부과되더라도 수요량이 변하지 않는 것은 대체효과와 소득효과가 서로 상쇄될 때이다. 이 경우에도 대체효과가 0인 것은 아니므로 여전히 초과부담이 발생한다. 만약 두 재화가 완전보완재라면 대체효과가 0이므로 물품세가 부과되더라도 초과부담이 발생하지 않는다.

조세의 초과부담과 바람직한 조세제도

제8장

해커스 서호성 재정학

★★
06 원점에 대해 볼록한 무차별곡선을 가진 소비자 A는 열등재인 X재와 정상재인 Y재의 소비에 있어서 효용극
지식형 대화를 달성하고 있다. 정부가 X재에 t_X의 세율로 과세한다고 할 때 가격효과에 관한 설명으로 옳은 것은?

[세무사 16]

> ㄱ. 대체효과에 의해, A의 X재 소비를 감소시키고 Y재 소비를 증가시킨다.
> ㄴ. 대체효과에 의해, A의 X재 소비를 감소시키고 Y재 소비를 감소시킨다.
> ㄷ. 소득효과에 의해, A의 X재 소비를 증가시키고 Y재 소비를 증가시킨다.
> ㄹ. 소득효과에 의해, A의 X재 소비를 증가시키고 Y재 소비를 감소시킨다.
> ㅁ. 소득효과에 의해, A의 X재 소비를 감소시키고 Y재 소비를 증가시킨다.

① ㄱ, ㄷ   ② ㄱ, ㄹ   ③ ㄱ, ㅁ
④ ㄴ, ㄷ   ⑤ ㄴ, ㄹ

★★★
07 완전경쟁시장에서 수요곡선은 우하향하는 직선으로 주어져 있고 공급곡선은 완전탄력적이라고 가정할 때 재
지식형 화 한 단위당 종가세 t를 부과하는 경우에 관한 설명으로 옳지 않은 것은? (단, 부분균형분석을 전제로 함)

[세무사 15]

① 조세의 초과부담은 t의 제곱에 비례한다.
② 조세수입은 t의 제곱에 비례한다.
③ 수요가 가격탄력적일 때 세후판매수입은 과세 이전보다 줄어든다.
④ 세후소비자가격은 과세 이전에 비해 (세전가격 × t)만큼 상승한다.
⑤ 과세 후 소비자잉여가 감소한다.

★★
08 조세의 부과로 인해 발생하는 초과부담에 관한 설명으로 옳지 않은 것은?   [세무사 15]
지식형
① 완전보완재인 두 재화 중 어느 하나에 물품세를 부과할 경우 초과부담의 크기는 세율에 비례하여 커진다.
② 수요가 완전비탄력적일 때 물품세를 부과하더라도 해당 시장에서 초과부담은 발생하지 않는다.
③ 종가세가 부과될 경우, 초과부담은 수요의 가격탄력성이 크거나 재화의 거래액이 많을수록 증가한다.
④ 초과부담은 대체효과에 의해서만 발생하기 때문에 초과부담을 분석하기 위해서는 소득효과가 제거된
    보상수요곡선을 사용해야 한다.
⑤ 독립적인 관계에 있는 두 재화에 물품세를 부과할 때 발생하는 초과부담은 대체관계에 있을 때에 비
    해 더 커진다.

09 ★★
지식형

근로소득세의 후생비용을 결정하는 요인에 관한 설명으로 옳지 않은 것은?

[세무사 15]

① 근로소득세율이 높을수록 후생비용이 크다.
② 임금률이 높을수록 후생비용이 크다.
③ 임금총액이 클수록 후생비용이 크다.
④ 보상노동공급곡선의 탄력성이 클수록 후생비용이 크다.
⑤ 노동수요곡선의 탄력성이 적을수록 후생비용이 크다.

10 ★★
지식형

요소의 투입이 고정적일 때 다음 중 가장 효율적인 조세는? (단, X재: 여가보완재, Y재: 여가대체재)

[세무사 15]

① 비례적으로 부과하는 근로소득세
② X재에 대한 물품세
③ Y재에 대한 물품세
④ X재에 대한 높은 세율의 개별소비세
⑤ Y재에 대한 낮은 세율의 개별소비세

정답 및 해설

06 ② X재에 t_X의 세율로 조세를 부과하면 X재의 상대가격이 상승한다. X재의 상대가격이 상승하면 소비자는 X재를 상대적으로 가격이 하락한 Y재로 대체할 것이므로 대체효과에 의해 X재 소비가 감소하고 Y재 소비가 증가한다.

한편, X재에 대한 조세부과로 인해 X재의 가격이 상승하면 소비자의 실질소득이 감소한다. 실질소득이 감소하면 소득효과에 의해 열등재인 X재 소비가 증가하고 정상재인 Y재의 소비는 감소한다.

07 ② 세율 인상으로 단위당 조세액이 증가할 때 판매량이 별로 감소하지 않는다면 정부의 조세수입은 증가할 수도 있으나 판매량이 매우 큰 폭으로 감소하면 정부의 조세수입은 오히려 감소할 수도 있다.

08 ① 두 재화가 완전보완재인 경우에는 대체효과가 0이므로 물품세가 부과되더라도 초과부담이 발생하지 않는다. 두 재화가 대체관계에 있을 때 한 재화에 물품세가 부과되고 있는 상황에서 다른 재화에 대한 물품세가 추가로 부과되면 그 이전보다 전체 초과부담이 감소할 수도 있다. 그러므로 두 재화가 대체관계에 있다면 두 재화가 서로 독립적인 관계에 있을 때보다 물품세 부과 시의 초과부담이 작아진다.

09 ⑤ 근로소득세의 초과부담은 $DWL = \frac{1}{2}t^2 \cdot \eta \cdot (w \cdot L)$이다. 그러므로 근로소득세의 세율($t$)이 높을수록, 노동공급의 임금탄력성($\eta$), 임금총액($wL$)이 클수록 근로소득세 부과 시의 후생손실이 커진다. 또한 노동수요가 탄력적일수록 근로소득세가 부과될 경우 고용량이 크게 감소하므로 후생손실이 커진다.

10 ① 노동공급이 고정되어 있다면 조세가 여가와 다른 재화 간의 선택에 미치는 영향은 고려할 필요가 없다. 그러므로 모든 재화에 대해 동일한 세율로 물품세를 부과하는 것이 최적이다. 여가가 고려대상이 되지 않는 경우 모든 재화에 동일한 세율로 부과하는 물품세는 비례적인 근로소득세와 동일하다.

★★★
11
지식형

조세의 초과부담에 관한 설명으로 옳지 않은 것은? [세무사 14]

① 완전보완재인 두 상품 X와 Y 중에서 상품 Y에 종가세를 부과할 때 초과부담은 존재하지 않는다.
② 보상수요곡선의 탄력성이 클수록 대체효과는 크게 되고 초과부담은 커진다.
③ 수요곡선과 공급곡선이 비탄력적일수록 조세수입은 작아진다.
④ 공급곡선이 완전비탄력적이고, 수요곡선이 우하향할 경우 조세의 초과부담은 없다.
⑤ 세율이 높을수록, 상품의 거래액이 클수록 초과부담은 커진다.

★★
12
계산형

맥주의 보상수요곡선이 $Q_d = 200 - P$이고 공급곡선(Q_s)은 $P = 100$, 정부가 생산자에게 맥주 단위당 20의 물품세를 부과한다고 가정하자. 이 경우 나타나는 비효율성계수(coefficient of inefficiency)는? (단, 모든 가격의 단위는 원이다) [세무사 13]

① $\frac{1}{8}$ ② $\frac{1}{4}$ ③ $\frac{1}{2}$
④ 1   ⑤ 2

★★★
13
지식형

두 재화 X, Y 중 X재에만 물품세를 부과하는 대신, 동일한 조세수입을 가져다주는 소득세로 대체하는 경우 다음 중 옳지 않은 것은? (단, M은 소득, P_X와 P_Y는 각각 X재와 Y재의 가격, t_X는 물품세율, t는 소득세율이다) [세무사 12]

① 물품세 부과 이전의 예산선은 $M = P_X X + P_Y Y$이다.
② X재에만 물품세를 부과한 후의 예산선은 $M = (1 + t_X) P_X X + P_Y Y$이다.
③ 물품세 부과와 동일한 조세수입을 가져다주는 소득세로 대체한 후의 예산선은 $(1 + t)M = P_X X + P_Y Y$이다.
④ 오직 두 재화 사이에서의 소비자 선택이 문제되고 있는 상황에서는 소득세가 물품세보다 효율적이다.
⑤ 효율성 측면에서 여가까지 고려한 일반적인 상황에서는 소득세가 더 우월하다고 할 수 없다.

★★
14
지식형

사중손실(deadweight loss)에 관한 설명으로 옳지 않은 것은? [세무사 11]

① 사중손실은 수요의 가격탄력성과 공급의 가격탄력성이 클수록 증가한다.
② 대체재가 많은 재화일수록 그 재화에 대한 과세로 인해 초래되는 사중손실은 더 커진다.
③ 사중손실의 크기를 계산하기 위해서는 소득효과와 대체효과를 모두 반영한 수요의 가격탄력성이 필요하다.
④ 사중손실의 크기는 세율의 제곱에 비례한다.
⑤ 세율이 증가하면 비효율성계수는 커진다.

정답 및 해설

11 ③ 조세가 부과될 때 정부의 조세수입은 '단위당 조세액 × 조세부과 후의 거래량'이다. 수요곡선과 공급곡선이 비탄력적이라면 조세가 부과되더라도 거래량이 별로 감소하지 않는다. 즉, 수요와 공급이 비탄력적일수록 조세부과 후의 거래량이 많기 때문에 정부의 조세수입도 크다. 물품세가 부과될 때의 초과부담은 $DWL = \frac{1}{2}t^2\epsilon(PQ)$이다. 따라서 이를 바탕으로 세율($t$)의 제곱에 비례하고, 수요의 가격탄력성($\epsilon$)에 비례하고, 거래액($PQ$)에 비례함을 알 수 있다.

12 ① 1) 수요함수가 P = 200 - Q이고, 공급함수가 P = 100이므로 이를 연립해서 풀면 Q = 100이다.
    2) 이제 단위당 20원의 조세가 부과되면 공급곡선이 20만큼 상방으로 이동하므로 조세부과 이후의 공급함수는 P = 120이다.
    3) 조세부과 후의 거래량을 구하기 위해 다시 수요함수와 조세부과 후의 공급함수를 연립해서 풀면 200 - Q = 120이므로 Q = 80이다.
    4) 단위당 조세액이 20이고, 조세부과 후의 거래량이 80이므로 정부의 조세수입은 1,600이다.
    5) 단위당 20원의 조세가 부과되었을 때 거래량이 20단위 감소하므로 초과부담은 $\frac{1}{2} \times 20 \times 20 = 200$ 이다.
    6) 초과부담이 200이고, 조세수입이 1,600이므로 초과부담을 조세수입으로 나눈 비효율성계수는 $\frac{1}{8}$ 로 계산된다.
    7) 그래프

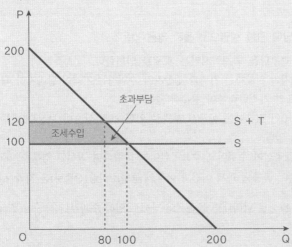

13 ③ t의 세율로 소득세가 부과되면 tM을 조세로 납부해야 하므로 소득세 부과 이후에는 소득이 $M-tM=(1-t)M$으로 바뀌게 된다. 그러므로 소득세 부과 이후의 예산제약은 $(1-t)M=P_X X+P_Y Y$ 이 된다.

14 ③ 사중적 손실은 조세부과 시 상대가격 변화에 따른 대체효과로 인해 발생한다. 그러므로 사중적 손실의 크기를 계산하려면 대체효과와 소득효과를 모두 반영하고 있는 통상적인 수요곡선이 아니라 대체효과만을 이용하여 도출된 수요곡선인 보상수요곡선을 사용해야 한다.

★★★
15
지식형

조세의 귀착과 초과부담에 관한 설명으로 옳지 않은 것은?
[세무사 11]

① 두 상품 X와 Y가 완전대체재인 경우, 상품 X에 조세가 부과되면 이 조세는 모두 상품 X의 수요자에게 귀착된다.

② 두 상품 X와 Y가 완전보완재인 경우, 상품 Y에 종가세가 부과되면 그로 인해 초과부담은 발생하지 않는다.

③ 완전경쟁시장에서 공급곡선은 완전비탄력적이고 수요곡선이 우하향하는 경우, 그 상품에 대한 조세는 초과부담을 발생시키지 않는다.

④ 다른 조건이 일정할 때, 시간이 흐를수록 공급곡선의 탄력성이 커지면 상대적으로 소비자에게 조세가 더 많이 귀착된다.

⑤ 이자소득세는 대체효과를 통해 비효율성을 유발한다.

★★
16
지식형

하버거 삼각형(Harberger's triangle)에 관한 설명으로 옳은 것은?
[세무사 10]

① 외부불경제가 존재할 때 피구세를 부과하면 자중손실(deadweight loss)은 감소한다.

② 자중손실의 크기는 세율의 제곱근에 비례한다.

③ 대체재가 많은 상품일수록 세금을 부과하면 자중손실은 감소한다.

④ 자중손실의 크기를 정확하게 측정하기 위해서는 보통수요곡선(ordinary demand curve)이 필요하다.

⑤ 공급곡선이 탄력적일수록 자중손실은 감소한다.

★★
17
지식형

물품세(excise tax)의 초과부담에 관한 설명으로 옳지 않은 것은?
[세무사 21]

① 물품세의 최적 과세는 초과부담을 최소화시키는 과세를 의미한다.

② 물품세의 초과부담은 소비자가 지불하는 가격과 생산자가 수취하는 가격이 달라지기 때문에 발생한다.

③ 물품세의 초과부담은 수요의 가격탄력성이 클수록 증가한다.

④ 보상수요의 가격탄력성이 0인 경우에는 물품세 부과로 인한 가격 상승이 보상수요량에 아무런 변화도 주지 않고 초과부담도 없다.

⑤ 어떤 재화의 시장에서 공급곡선이 수평이고 수요곡선이 우하향하며 직선인 경우 재화의 초기 균형가격은 P_1, 물품세의 세율은 t, 물품세 과세 이전과 이후의 균형소비량(산출량)은 각각 Q_1과 Q_2, 그리고 보상수요의 가격탄력성을 e로 나타내면 물품세의 과세로 인한 초과부담은 $\frac{1}{2}e(P_1Q_2)t^2$이 된다.

02 최적 조세이론 ★★★

18 람지 원칙과 역탄력성 원칙에 관한 설명으로 옳지 않은 것은? [세무사 18]

지식형

① 람지 원칙은 효율성을 고려한 과세 원칙이다.
② 역탄력성 원칙이 람지 원칙에 비해 일반적인 원칙이다.
③ 역탄력성 원칙에 따르면 효율성을 제고하기 위해서 수요의 가격탄력성에 반비례하게 과세하여야 한다.
④ 역탄력성 원칙에 따르면 필수재에 대해서는 높은 세율로 과세하여야 한다.
⑤ 람지 원칙에 따르면 모든 상품의 보상수요량에 똑같은 비율의 감소가 일어나도록 세율구조를 만들어야 한다.

19 람지(Ramsey)의 최적 물품 과세 원리에 관한 내용으로 옳지 않은 것은? [세무사 16]

지식형

① 초과부담을 최소화하는 방법이다.
② 과세 시 모든 상품의 소비량 감소율이 같도록 설계되어야 한다.
③ 재화 간 세수에 대한 후생비용의 비율이 같아야 한다.
④ 필수재에 더 높은 세율을 적용하도록 한다.
⑤ 수요의 가격탄력성이 높은 재화일수록 높은 세율을 적용한다.

정답 및 해설

15 ① 두 상품 X와 Y가 완전대체재인 경우, 상품 X에 조세가 부과되면 소비자들은 X재를 전혀 구입하지 않을 것이다. 그러므로 상품 X에 물품세가 부과되더라도 소비자에게 전혀 전가되지 않는다. 두 상품 X와 Y가 완전보완재이면 무차별곡선이 L자 형태이므로 대체효과가 발생하지 않는다. 따라서 두 상품이 완전보완재일 때는 물품세가 부과되더라도 초과부담이 발생하지 않는다.

16 ① 외부불경제가 존재할 때 피구세를 부과하면 생산량이 최적 수준으로 감소하므로 과잉 생산에 따른 자중손실(deadweight loss)이 없어진다.

  [오답체크]
  ② 자중손실의 크기는 세율의 제곱에 비례한다.
  ③ 대체재가 많은 상품일수록 수요의 가격탄력성이 탄력적이므로 세금을 부과하면 자중손실은 커진다.
  ④ 자중손실의 크기를 정확하게 측정하기 위해서는 대체효과만을 반영한 보상수요곡선을 사용한다. 통상(= 보통)수요곡선은 소득효과와 대체효과를 모두 반영한 것이다.
  ⑤ 자중손실은 탄력성에 비례하므로 공급곡선이 탄력적일수록 자중손실은 증가한다.

17 ⑤ 위의 조건을 이용하면 최초의 거래량이 반영되므로 물품세의 과세로 인한 초과부담은 $\frac{1}{2}e(P_1Q_1)t^2$이 된다.

18 ② 람지 원칙으로부터 역탄력성 원칙이 유도되므로 람지 원칙이 역탄력성 원칙보다 일반적인 원칙이라고 볼 수 있다.

19 ⑤ 람지 원칙에 의하면 초과부담을 극소화하려면 모든 재화의 수요량 감소율이 동일해지도록 각 재화에 대한 세율을 설정해야 한다. 이를 위해서는 수요가 탄력적인 재화에 대해서는 낮은 세율로 조세를 부과하고 수요가 비탄력적인 재화에 대해서는 높은 세율로 조세를 부과해야 한다(역탄력성 원칙).

20
지식형
★★

주어진 소득으로 개인이 재화를 선택하는 데 있어서 중립성을 저해하는 과세 방식은? [세무사 16]

① 소득세만 부과한다.
② 소득세를 부과한 이후에 특정 재화에 물품세를 부과한다.
③ 소득세와 일반소비세를 부과한다.
④ 모든 재화에 대해 동일한 물품세를 동시에 부과한다.
⑤ 소득효과만 있고 대체효과가 존재하지 않는 조세를 부과한다.

21
지식형
★★

램지 원칙에 관한 설명으로 옳은 것은? [세무사 15]

① 램지 원칙에 따르면, 수요의 가격탄력성이 0인 재화가 있다면 이 재화에 대해서만 조세를 부과해도 된다.
② 램지 원칙이 성립하기 위해서는 각각의 재화가 대체관계에 있어야 한다.
③ 수요의 가격탄력성이 큰 재화일수록 낮은 세율을 적용하는 것이 형평성의 관점에서 바람직하다.
④ 램지 원칙에 따르면 각 재화에 대해 단일세율로 물품세를 부과하는 것이 효율적이다.
⑤ 필수품에는 낮게 과세하는 것이 램지 원칙에 부합할 뿐 아니라, 사회적으로도 바람직하다.

22
지식형
★★

최적 물품세에 관한 설명으로 옳지 않은 것은? [세무사 15]

① 램지 규칙은 파레토 효율적 조세가 아닌 차선의 조세를 찾는 이론이다.
② 램지 규칙에 따르면 최적 물품세는 모든 상품의 소비 감소량이 같도록 부과되어야 한다.
③ 램지 규칙에 따르면 상품수요의 가격탄력성에 반비례하도록 세율을 설정하는 것이 효율적이다.
④ 콜렛-헤이그(Corlett-Hague) 규칙에 따르면 여가와 보완관계에 있는 상품에 높은 세율을 부과하여야 한다.
⑤ 과세 후 총초과부담을 극소화하기 위하여 각 상품에서 거두어 들이는 조세수입의 한계초과부담이 서로 같아지도록 세율을 결정하여야 한다.

23
계산형
★★★

두 재화 A와 B의 보상수요의 가격탄력성은 각각 3과 0.3이다. A재 가격은 1,000원, B재 가격은 500원이다. A재의 가격에 10%의 세금을 부과하였을 때, 효율성 상실을 극소화하기 위해서는 B재에 얼마만큼의 세금을 부과하여야 하는가? (단, A, B 두 재화는 서로 독립재이며 두 재화의 공급곡선은 완전탄력적이다) [세무사 15]

① 10원   ② 50원   ③ 100원
④ 250원   ⑤ 500원

24 최적 조세에 관한 설명으로 옳지 않은 것은?

지식형

① 파레토 최적 조건을 위반하지 않으면서 세수를 거둘 수 있는 조세는 정액세(lump-sum tax)이다.

② 역탄력성 법칙에 의하면 각 상품에 대한 최적 세율은 수요의 가격탄력성에 반비례하도록 책정되어야 한다.

③ 램지(F. Ramsey) 규칙에 따르면 최적 조세제도는 모든 상품의 수요를 같은 비율로 감축시키는 조세 체계이다.

④ 최적 소비과세는 효율성을 충족하지만 형평성을 저해할 수 있다.

⑤ 소득계층 간 소비패턴에 큰 차이가 있다면 가난한 사람이 주로 사용하는 상품에 높은 세율을 부과할 때 재분배효과를 기대할 수 있다.

정답 및 해설

20 ② 소비자가 주어진 소득으로 재화를 구입할 때 소비자 선택에 있어 교란이 발생하지 않으려면 모든 재화에 대해 동일한 세율로 조세를 부과하거나 소득세를 부과하면 된다. 만약 특정 재화에 대해서만 물품세를 부과하면 재화의 상대가격 변화로 인해 대체효과가 발생하므로 소비자 선택에 있어 교란이 발생한다.

21 ① 램지 원칙은 효율성만 추구하는 원칙이므로 수요의 가격탄력성이 0인 재화가 있다면 이 재화에 대해서만 조세를 부과하면 초과부담이 0이므로 가능하다.

[오답체크]

② 램지 원칙이 성립하기 위해서는 각각의 재화가 독립관계에 있어야 한다.

③ 수요의 가격탄력성이 큰 재화일수록 낮은 세율을 적용하는 것이 효율성의 관점에서 바람직하다.

④ 램지 원칙은 수요의 가격탄력성에 따른 차등세율을 주장하고 있다.

⑤ 필수품에는 높게 과세하는 것이 램지 원칙에 부합한다.

22 ② 램지 규칙에 의하면 초과부담이 극소화되려면 모든 상품의 소비량 '감소분'이 아니라 모든 상품의 소비량 '감소율'이 같아지게끔 각 재화에 대한 세율을 설정해야 한다. 다시 말해 모든 상품의 소비량이 '동일한 양만큼 감소'하는 것이 아니라 '동일한 비율만큼 감소'하도록 각 재화에 대한 세율을 설정해야 한다.

23 ⑤ 1) 역탄력성 원칙에 의하면 초과부담을 극소화하려면 $\frac{t_A}{t_B} = \frac{\epsilon_B}{\epsilon_A}$ 의 관계가 성립해야 한다.

2) 문제에 주어진 수치를 대입하면 $\frac{0.1}{t_B} = \frac{0.3}{3}$, $t_B = 1$이다.

3) 따라서 B재에 대해서는 가격의 100%에 해당하는 500원의 세금을 부과해야 한다.

24 ⑤ 소득계층 간 소비패턴에 큰 차이가 있다면 재분배효과를 얻기 위해서는 저소득층이 주로 사용하는 상품에는 낮은 세율로, 고소득층이 주로 사용하는 상품에는 높은 세율로 조세를 부과해야 한다.

25 조세의 효율성에 관한 설명으로 옳은 것을 모두 고른 것은? [세무사 11]

★★★
지식형

> ㄱ. 여가를 포함한 모든 상품에 동일한 세율로 조세를 부과하면 정액세(lump-sum tax)와 동등해진다.
> ㄴ. 여가를 포함한 모든 상품에 동일한 세율로 조세를 부과하면 초과부담이 발생하지 않는다.
> ㄷ. 콜렛-헤이그(Corlett-Hague) 법칙에 따르면, 세율은 그 상품의 소득탄력성에 반비례하여야 한다.
> ㄹ. 독점시장에서 평균비용과 한계비용이 동일하고 수요곡선이 우하향하는 직선일 경우, 단위당 종량세를 부과하면 가격은 부과된 조세의 반만큼 상승한다.

① ㄱ, ㄴ ② ㄷ, ㄹ ③ ㄱ, ㄴ, ㄷ
④ ㄱ, ㄴ, ㄹ ⑤ ㄴ, ㄷ, ㄹ

26 최적 물품세에 관한 설명으로 옳지 않은 것은? [세무사 11]

★★★
지식형

① 동질적 소비자를 가정할 때, 수요의 가격탄력성에 반비례하도록 종량세를 부과하면 초과부담이 최소화된다.
② 동질적 소비자를 가정할 때, 최적 물품세는 모든 재화에 대해 수요량이 동일한 비율로 감소되도록 조세를 부과해야 한다.
③ 이질적 소비자를 가정할 때, 소득의 사회적 한계가치를 반영하여 소득이 낮은 사람들이 많이 사용하는 재화에는 낮은 세율을, 소득이 높은 사람들이 많이 사용하는 재화에는 높은 세율을 부과하는 것이 바람직하다.
④ 여가가 정상재일 때, 여가와 보완관계에 있는 재화에는 더 낮은 세율을, 여가와 대체관계에 있는 재화에 대해서는 더 높은 세율을 부과해야 한다.
⑤ 동질적 소비자를 가정할 때, 수요의 가격탄력성에 반비례하는 물품세는 공평성을 저해할 수 있다.

27 멀리즈(J. Mirrlees)가 분석한 최적 비선형소득세와 관련된 내용으로 옳지 않은 것은? [세무사 17]

★★
지식형

① 효율과 공평을 함께 고려한다.
② 노동의 공급을 늘리는 유인기능의 성격을 지닌다.
③ 최고소득 구간에 대한 한계소득세율은 0(zero)이다.
④ 한계소득세율은 항상 1보다 작다.
⑤ 임금률이 낮은 개인이 높은 개인보다 더 큰 효용을 누릴 수도 있다.

28 ★★
지식형

스턴(N. Stern)이 주장한 소득세의 최적 과세에 관한 설명으로 옳은 것을 모두 고른 것은?   [세무사 16]

> ㄱ. 불평등에 대한 혐오감 지표의 절댓값이 낮을수록 최적 소득세율은 낮다.
> ㄴ. 조세수입목표가 클수록 최적 소득세율은 높다.
> ㄷ. 면세점 이상인 소득자에 대해서 최적 선형소득세는 최적 비선형소득세에 비해 수직적 공평을 제고하는 데 상대적으로 효과적이지 않다.

① ㄱ   ② ㄴ   ③ ㄱ, ㄴ
④ ㄴ, ㄷ   ⑤ ㄱ, ㄴ, ㄷ

29 ★★
지식형

최적 소득세의 누진성과 효율성에 관한 설명으로 옳지 않은 것은?   [세무사 13]

① 소득 수준의 상승에 따라 평균세율이 상승하면 누진성이 커진다.
② 조세의 소득탄력성이 클수록 누진적이다.
③ 선형누진세의 한계세율이 높을수록 초과부담이 커지고, 정액증여(lump-sum grant)가 클수록 재분배효과가 커진다.
④ 스턴(N. Stern)에 따르면, 평등성에 대한 선호가 강할수록 최적 소득세율은 높게 설정된다.
⑤ 스턴(N. Stern)에 따르면, 소득과 여가 간 대체탄력성이 클수록 최적 소득세율은 커진다.

정답 및 해설

25 ④   콜렛-헤이그 법칙에 의하면 여가와 보완적인 재화에 대해서는 높은 세율로 과세하고, 여가와 대체적인 재화에 대해서는 낮은 세율로 과세해야 한다. 그러므로 콜렛-헤이그 규칙은 재화의 소득탄력성과는 아무런 관련이 없다.

26 ④   콜렛-헤이그 규칙에 따르면 초과부담을 극소화하기 위해서는 여가와 보완관계에 있는 재화에 대해서는 높은 세율로 과세하고, 여가와 대체관계에 있는 재화에 대해서는 낮은 세율로 조세를 부과해야 한다.

27 ⑤   최적 비선형소득세가 부과되면 임금률이 높은 사람이 더 많은 세금을 납부하지만 납세 후 소득은 여전히 임금률이 높은 개인이 더 많다. 그러므로 최적 비선형소득세가 부과되더라도 임금률이 높은 개인의 효용 수준이 임금률이 낮은 개인보다 높다.

28 ⑤   스턴의 연구결과에 의하면 불평등 혐오도가 클수록, 노동공급이 비탄력적일수록, 사회구성원의 능력 차이가 클수록 그리고 조세수입목표가 클수록 최적 소득세율이 높아진다. 선형소득세는 한계세율이 일정한 값으로 주어져 있으나 비선형소득세는 소득 수준이 높아질수록 한계세율이 점점 더 높아진다. 그러므로 수직적 공평성을 제고하는 데는 선형소득세보다 비선형소득세가 더 효과적이다.

29 ⑤   스턴의 연구에 의하면 공평성에 대한 사회 선호가 클수록, 사회구성원의 능력 차이가 클수록, 조세수입목표가 클수록 최적 소득세율이 높아져야 하고, 노동공급이 탄력적일수록(여가와 소득 간의 대체탄력성이 클수록) 최적 소득세율은 낮아져야 한다.

★★
30 어떤 사람의 소득이 2,000만원, 소득세율은 30%, 정액증여(lump—sum grant)가 500만원이라고 하자.
계산형 이때 선형누진세에 의한 조세부담액은?   [세무사 12]

① 100만원   ② 200만원   ③ 450만원

④ 600만원   ⑤ 750만원

★★★
31 최적 조세이론이 주는 시사점으로 옳지 않은 것은?   [세무사 10]
지식형
① 사드카(Sadka)와 시어드(Searde)에 의하면 비선형 최적 과세하에서 최고소득 수준의 한계세율은 0이
   다.
② 콜렛-헤이그(Corlett-Hague) 원칙에 따르면 여행사의 서비스에 대한 세율이 업무용 컴퓨터에 대한
   세율보다 높아야 한다.
③ 에지워드(Edgeworth) 모형에 의한 최적 소득세는 급진적인 누진세를 의미하므로, 부자에 대한 세금
   이 사실상 100%가 되어야 한다.
④ 스턴(Stern)의 최적 과세 모형에 의하면 노동공급의 탄력성이 작을수록 높은 세율을 책정하여야 한다.
⑤ 롤스(Rawls) 사회후생함수에서 근로유인이 고려될 경우 최적 세율은 100%가 되어야 한다.

정답 및 해설

30 ① T = -a + tY에서 정액증여 a = 500만원, 세율 t = 0.3, 소득 Y = 2,000만원인 경우 조세부담액은
      T = -500만원 + (0.3 × 2,000만원) = 100만원으로 계산된다.

31 ⑤ 조세부과로 인해 근로의욕이 감소하는 효과가 발생한다면 롤스의 사회후생함수의 경우라고 하더라도
      지나친 고율의 과세는 사회 전체 소득의 총량을 감소시켜 결과적으로 사회후생의 감소를 초래한다.
      그러므로 롤스의 사회후생함수를 전제하더라도 최적 세율은 100%보다 낮은 수준이 되어야 한다.
      에지워드의 최적 소득세 모형에서는 공리주의 사회후생함수와 모든 사회구성원이 소득의 한계효용이
      체감하는 동일한 효용함수를 갖고 있는 것으로 가정한다. 이 경우 모든 사람의 세후소득이 동일하게끔
      조세가 부과될 때 사회후생이 극대화된다. 그러므로 에지워드 모형에서는 일정한 소득금액 이상에 대
      해서는 100%의 조세를 부과하는 것이 최적이 된다.

cpa.Hackers.com

해커스 서호성 재정학

제9장

조세제도

01

소득세
★★

핵심 Check: 소득세	
헤이그-사이먼즈의 포괄적 소득세제	발생주의, 실현 여부와 관계없이 경제적 능력, 소비할 수 있는 능력을 증가시키는 것을 모두 소득으로 봄
현실의 소득세제	미실현자본이득, 이전소득, 귀속임대료 포함 안 됨
공제	소득공제는 한계세율에 영향을 주지만, 세액공제는 영향을 주지 않음
과세단위	가족단위과세는 수평적 공평성을 추구할 수 있으나 결혼 중립성을 침해할 수 있음

1. 헤이그(R. Haig)-사이먼즈(H. Simons)의 포괄적 소득세제

(1) 정의

① 소득 = 두 시점 사이에 발생하는 경제적 능력 순증가의 화폐가치

② 소득 = 소비 + 순가치(net worth)의 변화

③ 실현 여부와는 관계없이 경제적 능력, 소비할 수 있는 능력을 증가시키는 것이면 모두 소득으로 본다.

(2) 장점

① 능력원칙에 충실한 과세가 가능해진다.

② 세원(tax base)이 잠식되어 가는 문제를 해결하는 데도 큰 도움을 얻을 수 있다.

③ 모든 종류의 소득이 동등한 대우를 받게 되므로 효율성을 높인다.

　　예 배당금과 사내유보를 통한 자본이득을 동일하게 취급함으로써 배당률 결정에 중립성이 유지될 수 있다.

(3) 문제점

① 경제적 능력에 생긴 순증가를 파악하기 어렵다.

　　물가의 변동에서 올라간 것과 내려간 것들이 다양하고, 실현되지 않은 자본이득까지 조사해 과세대상에 반영시켜야 하기 때문이다.

② 이중과세의 위험성

자본이득에 일단 과세하고 미래에 소득이 발생했을 때 또 다시 과세하면 이중으로 과세하는 것이 된다.

③ 현실성이 떨어진다.

가정 안에서 생산·소비되는 재화와 서비스, 내구성 자산의 귀속소득 등을 소득에 포함해 과세하기는 쉽지 않다.

2. 현실의 소득 정의

(1) 발생주의와 실현주의

① 발생주의

헤이그-사이먼즈의 소득 정의처럼 실현 여부와 관계없이 소득의 증가라고 볼 수 있는 변화는 소득세 부과 대상에 포함할 수 있다고 보는 것이다.

② 실현주의

발생주의에서 발생하는 여러 문제로 실현된 소득만을 과세대상에 포함하는 것이다. 현실적으로 대부분 실현주의를 사용한다.

(2) 현실의 소득세제

① 원칙

모든 종류의 요소소득을 합쳐서 계산된 소득을 기초로 하여 소득세가 부과되어야 한다.

② 노동, 자본, 토지 등을 제공한 대가로 받는 요소소득

임금, 임대료, 이자, 배당금 등의 요소소득은 전형적인 과세대상이 된다.

③ 자산을 사고파는 과정에서 생긴 자본이득

부분적으로 과세대상이 되기도 하고 과세대상에서 빠지기도 한다. 즉, 모든 자본이득을 완전한 과세대상에 포함하는 나라는 거의 없다.

④ 사회보장 급여 등 정부에 의해서 지급된 이전소득(transfer payment)

보통의 소득과 전혀 다르지 않지만, 소득세의 부과 대상에 포함되지 않는다.

⑤ 귀속임대료

집을 보유하지 못한 사람은 시장에서 주택서비스를 임대하여 사용료를 지급한다는 점을 생각하면, 자가 주택으로 나오는 서비스도 현물의 형태로 얻어지는 소득의 일종이라는 것을 알 수 있지만, 현실에서는 대부분 포함하지 않는다.

헤이그-사이먼즈(Haig—Simons)의 포괄적 소득세제에 관한 설명으로 옳은 것은?

[세무사 15]

① 소득의 발생 사실만으로 과세하는 것은 적절하지 않다는 실현주의에 근거한 소득이다.

② 소비지출과 순가치(개인 잠재소비능력) 증가분의 합을 과세대상으로 삼아야 한다는 입장이다.

③ 포괄적 소득세제는 수평적 공평성을 저해시킨다.

④ 배당금이나 자본이득을 다르게 취급하고, 여가나 내구성 자산으로부터의 귀속소득은 과세대상에서 제외한다.

⑤ 편익원칙에 충실한 과세 방식이다.

해답

포괄적 소득에는 소득의 원천이나 형태, 실현·미실현 여부와 관계없이 개인의 경제적 능력을 증가시킨 것은 모두 포함된다. 구체적으로 근로소득, 이자소득, 배당금, 자본이득뿐만 아니라 내구성 자산에서 발생한 귀속소득도 모두 포괄적 소득의 범주에 포함된다.

[오답체크]
① 발생주의에 근거한다.
③ 포괄적 소득세제는 수평적 공평성을 저해시키지 않는다.
④ 배당금이나 자본이득을 동일하게 취급한다.
⑤ 능력원칙에 충실한 과세 방식이다.

정답: ②

3. 공제제도

(1) 인적공제

① 의미

납세자 가족 한 사람당 일정액을 공제할 수 있게 만든 제도이다.

② 이유

소득의 취득 여부와 관련 없이 납세자가 가족의 생계를 유지하는 데 비용이 들어가기 때문에 공제를 해주는 것이다.

(2) 소득공제

① 의미

과세의 대상이 되는 소득에서 공제액만큼을 빼주는 것이다.

② 장점

높은 한계세율의 적용을 받는 납세자일수록 같은 크기의 소득공제에서 받은 실질적 이익이 커진다.

③ 단점

높은 한계세율의 적용을 받는 납세자는 부유층이므로 부유층에게 유리하게 작용할 수 있다.

(3) 세액공제

① 의미

납부할 세금을 직접 깎아주는 형식으로 공제를 해주는 방법이다.

② 장점

세액공제 자체가 세금 절감 폭이 되므로 한계세율이 높은 사람일수록 더욱 유리한 현상은 일어나지 않고, 오히려 한계세율이 낮은 사람에게 상대적으로 유리하게 작용할 수 있다.

4. 소득세의 세율구조

(1) 차등세율 소득세

① 우리나라의 소득세제에서 채택하고 있는 세율

낮은 소득 구간에서는 낮은 세율이 적용되다가 높은 소득 구간으로 옮겨가면서 점차 높은 세율이 적용되는 계단식 구조로 되어 있다.

② 우리나라의 종합소득세율

과세표준	세율		과세표준	세율
~ 1,200만원	6%		~ 1,400만원	6%
1,200만 ~ 4,600만	15%		1,400만 ~ 5,000만	15%
4,600만 ~ 8,800만	24%		5,000만 ~ 8,800만	24%
8,800만 ~ 1억 5,000만	35%	→	8,800만 ~ 1억 5,000만	35%
1억 5,000만 ~ 3억원	38%		1억 5,000만 ~ 3억원	38%
3억 ~ 5억원	40%		3억 ~ 5억원	40%
5억 ~ 10억원	42%		5억 ~ 10억원	42%
10억원 ~	45%		10억원 ~	45%

(2) 단일세율 소득세(flat rate income tax)

① 정의

누구에게나 그리고 어떤 종류의 소득에 대해서나 똑같은 하나의 세율만 적용하자는 것으로 기본공제나 명백한 소득 취득과 관련된 비용에 대한 공제를 제외하고는 어떤 공제도 적용하지 말 것을 원칙으로 한다.

② 찬성의 관점
- 단일세율이 적용되면 민간부문의 의사결정에 대한 교란을 줄일 수 있다.
- 세율이 복잡하지 않으므로 행정비용을 절감할 수 있다.
- 공제가 많이 일어나지 않으므로 합법적 조세회피행위를 막을 수 있다.
- 합법적 조세회피는 고소득층에서 많이 발생하므로 누진성도 확보할 수 있다.

③ 반대의 관점

효율성의 측면에서 갖는 장점이 분명하다 할지라도 공평성의 측면에서 문제가 있을 수 있다.

확인문제

아래의 표에 나타난 우리나라의 소득세율체계에 관한 설명으로 옳은 것은?
(단, 다른 조건은 일정하다고 가정)
[세무사 15]

과세표준	세율
1,200만원 이하	6%
1,200만원 초과 ~ 4,600만원 이하	15%
4,600만원 초과 ~ 8,800만원 이하	24%
8,800만원 초과 ~ 1.5억원 이하	35%
1.5억원 초과	38%

① 세액공제의 증가에 따라 한계세율이 감소한다.
② 과세표준 1.5억원 초과 구간에서 평균세율은 더 이상 오르지 않는다.
③ 동일한 과세표준 구간에서 조세수입의 소득탄력성은 평균세율에 비례한다.
④ 최저 과세표준 구간의 세율만 하락할 경우, 모든 구간의 납세자부담이 감소하지는 않는다.
⑤ 과세표준이 1,200만원을 초과하면 평균세율이 한계세율보다 낮다.

해답

누진세 구조이므로 과세표준이 1,200만원을 초과하면 평균세율이 한계세율보다 낮다. 따라서 점차 평균세율이 올라갈 것이다.

[오답체크]
① 세액공제는 한계세율에 영향을 미치지 않는다. 소득공제의 증가에 따라 한계세율이 감소한다.
② 과세표준이 1.5억을 초과하는 구간에서는 한계세율이 38%로 유지되나 소득이 증가하면 평균세율은 지속적으로 높아진다.
③ 조세수입의 소득탄력성은 한계세율을 평균세율로 나눈 값으로 정의되므로 동일한 과세 구간이라고 하더라도 평균세율이 높아지면 조세수입의 소득탄력성이 낮아진다. 이를 수식으로 표현하면 다음과 같다.

$$\text{조세수입의 소득탄력성} = \frac{\dfrac{dT}{T}}{\dfrac{dY}{Y}} = \frac{dT}{dY} \cdot \frac{Y}{T} = \frac{\text{한계세율}}{\text{평균세율}}$$

④ 최저 과세표준 구간의 세율만 하락하더라도 모든 납세자에게 1,200만원 이하의 소득에 대해 더 낮은 세율이 적용되므로 모든 구간 납세자의 부담이 감소한다. 정답: ⑤

5. 과세단위

(1) 가족단위과세

① 수평적 공평성 충족

다른 조건의 차이가 없다면 똑같은 소득을 갖는 가정은 똑같은 조세부담을 지도록 해야 하기 때문이다.

② 결혼 중립성 위배

가족단위과세는 결혼함으로써 조세부담이 달라지기 때문에 세금을 절약하려는 의도에서 결혼에 관한 결정을 변화시키는 사람이 생길 수 있다.

③ 주부들의 근로의욕 저하

부부의 소득을 합친 금액에 대해 소득세를 부과하면 누진세율구조 때문에 부인이 추가적으로 벌어들이는 소득에 대한 한계세율이 높아지기 때문이다. 따라서 포기하는 경우가 생긴다.

(2) 개인단위과세

① 결혼 중립성 있음

개인단위과세는 각자 소득에 조세를 부과하기 때문에 결혼 여부와 관계없다.

② 수평적 공평성 저해 가능성

부유층의 경우 자산소득을 가족 구성원에게 위장 분산함으로써 세 부담을 줄이려는 유인이 발생할 수 있다.

두 쌍의 예비부부의 소득과 소득세액이 아래와 같이 제시되어 있다(단, 소득공제는 없으며 한계세율은 소득액이 6,000만원까지는 10%, 6,000만원 초과 금액에 대해서는 X%를 적용한다고 가정). 다른 조건이 일정할 때 두 쌍의 예비부부가 결혼하고 과세 방식을 개인 기준에서 가구(가족) 기준 방식으로 변경할 경우 결혼 중립성 원칙과 수평적 공평성 원칙의 충족 여부와 그때의 한계세율(%)을 바르게 짝지은 것은? [세무사 15]

예비부부	개인소득	과세단위별 소득세액	
		개인 기준	가구(가족) 기준
김OO	0.3억원	300만원	4,800만원
박OO	1.7억원	3,900만원	
이OO	1억원	1,800만원	4,800만원
최OO	1억원	1,800만원	

ㄱ. 결혼 중립성 충족   ㄴ. 결혼 중립성 미충족
ㄷ. 수평적 공평성 충족   ㄹ. 수평적 공평성 미충족
ㅁ. 한계세율: 18%   ㅂ. 한계세율: 24%
ㅅ. 한계세율: 30%   ㅇ. 한계세율: 36%

① ㄱ - ㄷ - ㅁ   ② ㄱ - ㄷ - ㅅ
③ ㄱ - ㄹ - ㅂ   ④ ㄴ - ㄷ - ㅅ
⑤ ㄴ - ㄹ - ㅇ

해답

1) 결혼 중립성 여부
   김-박 예비부부의 경우 결혼을 하면 조세부담이 600만원 증가하고, 이-최 예비부부의 경우는 결혼하면 조세부담이 1,200만원 증가한다. 이처럼 결혼을 하면 조세부담이 증가하므로 과세 방식을 가구 기준 방식으로 변경하면 결혼의 중립성 원칙이 충족되지 않는다.
2) 수평적 공평성 충족 여부
   가구 기준 방식으로 과세하면 소득이 동일한 두 가구는 납세액이 같으므로 수평적 공평성은 충족된다.
3) 한계세율
   소득 6,000만원까지는 한계세율이 10%로 주어져 있으나 소득이 1억원인 개인이 개인 단위과세를 할 때 납부해야 하는 세금이 1,800만원이므로 6,000만원을 초과하는 4,000만원에 대한 소득세가 1,200만원이다. 그러므로 6,000만원을 초과하는 소득에 대한 한계세율은 30%임을 알 수 있다.
   정답: ④

부가가치세
★

핵심 Check: 부가가치세

다단계 거래세	각 생산단계에서의 총판매액 자체가 과세대상
부가가치세 유형	소비형, 순소득형, 총소득형 부가가치세
산정방식	• 직접공제방식은 총액을, 간접공제방식은 세액을 기준으로 함 • 간접공제방식은 상호견제 가능
면세와 영세	부가가치세의 면제대상으로 선정되면 최종소비단계에서만 부가 가치세가 부과되지 않지만, 영세는 중간단계에서 납부한 부가가 치세까지 환급해 줌

1. 부가가치세의 의미와 배경

(1) 부가가치세(value-added tax)의 의미

① 부가가치

각 생산단계에서 생산된 상품의 가치로부터 중간투입물로 사용된 상품의 가치를
뺀 것이다.

② 부가가치세

일반적인 소비과세의 한 형태로 각 생산단계에서 추가되는 부가가치를 과세대상
으로 삼는다.

(2) 부가가치세 도입배경: 다단계 거래세(multi-stage turn-over tax)

① 각 생산단계에서의 총판매액 그 자체가 과세대상이 된다.

② 각 단계에서 부과된 거래세가 계속 누적되어 다음 단계로 넘어가는 현상이 생기
는데, 이를 누적효과라고 한다.

(3) 다단계 거래세의 문제점

① 거래하지 않으면 조세가 발생하지 않으므로 기업 사이의 수직통합을 부추긴다.

② 각 거래단계에서 납부한 거래세를 정확히 파악할 수 없으므로 과소 환급이나 과다 환급의 문제가 발생할 수 있다.

③ 사례(농부, 제분업자, 제빵업자만 존재하며, 세율은 10%)

구분	농부	제분업자	제빵업자
총생산액	1억	3억	10억
다단계 거래세	1천	3천	1억
부가가치세	1천	2천	7천

2. 부가가치세의 유형

(1) 소비형 부가가치세

① 자본재를 과세대상에서 제외하는 것이다.

② 과세대상이 되는 부가가치
   = 일정 기간의 총수입 – 모든 중간투입물의 구매비용 – 자본재의 구매비용
   = 임금 + 이자 + 지대 + 이윤 – 순투자액(= 자본재 구입액 – 감가상각비)

③ 소비재에만 부과되는 일반적 판매세와 거의 비슷한 성격을 가지게 된다.

(2) 순소득형 부가가치세

① 그 해에 구매한 모든 자본재를 소비했다고 보는 것이 아니라 그 해에 소비된 자본재는 감가상각된 부분에 국한되기 때문에 이것을 과세대상에서 제외해야 한다는 것이다.

② 과세대상이 되는 부가가치
   = 일정 기간의 총수입 – 모든 중간투입물의 구매비용 – 자본재의 감가상각비용
   = 총소비액 + 순투자액(= 총투자액 – 감가상각비)
   = 임금 + 이자 + 지대 + 이윤

③ 국내순생산(NDP; Net Domestic Product)에 대한 과세라고 간주할 수 있다.

(3) 총소득형 부가가치세

① 자본재라고 해서 소비재와 전혀 다를 바 없다는 입장에서 이의 구매비용이나 감가상각에 대한 공제를 허용하지 않는다.

② 과세대상이 되는 부가가치

= 일정 기간의 총수입 − 모든 중간투입물의 구매비용

= 총소비액 + 총투자액

= 임금 + 이자 + 지대 + 이윤 + 감가상각비

③ 국내총생산을 과세대상으로 한다는 의미에서 'GDP형 부가가치세'로 부르기도 한다.

(4) 각 부가가치세 비교

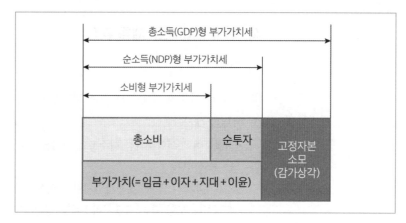

3. 부가가치세의 산정방식

(1) 합산방식

① 부가가치가 임금, 이자, 지대, 이윤 등의 요소소득으로 구성된다는 점에 착안하였다.

② 각 기업이 지급한 요소소득을 모두 더해 부가가치를 계산하는 것이다.

(2) 직접공제방식

① 어떤 기업의 총판매액에서 앞 생산단계로부터의 총구입액을 빼 기업의 부가가치를 구한 다음 여기에 세율을 곱하는 방식이다.

② (총판매액 − 전 생산단계 구입액) × 세율

③ 거래액공제방식이라고도 한다.

(3) 간접공제방식

① 어떤 기업의 총판매액에 부가가치세율을 곱해 산출한 세액에서 앞 생산단계의 기업들이 이미 납부한 부가가치세를 뺀 나머지를 그 기업이 부담해야 할 세액으로 결정하는 방식이다.

② (총판매액 × 부가가치세율) - 전 생산단계의 기업들이 납부한 부가가치세

③ 매입세액공제방식이라고도 한다.

④ 행정절차가 단순할 뿐 아니라 거래당사자 간에 상호견제를 통해 탈세를 막을 수 있는 장점이 있다.

⑤ 거래당사자 간의 상호견제가 가능한 이유는 전 생산단계의 부가가치를 납부한 사실이 확인되어야만 부가가치세 공제가 가능하기 때문이다.

4. 부가가치세의 세율구조

(1) 면세

① 부가가치세를 면제해 주는 것을 의미한다.

② 면세의 대상
- 식료품이나 의약품처럼 필수품의 성격을 가지고 있어 저소득층이 많이 구입하는 품목이다.
- 의료서비스나 교육, 문화사업처럼 공익성이 높은 재화나 서비스이다.
- 은행이나 보험 같은 금융서비스처럼 행정적인 측면에서 부가가치세제의 적용이 힘든 경우 등이 있다.

③ 부가가치세의 누적효과 사례(단, 간접공제방식을 사용하고, 부가가치세율은 10%이다)

구분	농부	제분업자	제빵업자	계
총생산/부가가치	5억/5억	8억/3억	10억/2억	총생산 10억
면세 없을 시 부가가치세	5천	3천	2천	부가가치세 1억
제분업자 면세 시	5천	없음	1억	부가가치세 1억 5천

- 제분업자 면세 시 부가가치세가 증가하는 이유는 간접공제방식하에서 전 단계의 사업자가 낸 부가가치세를 빼주는데 제분업자가 세금을 내지 않아서 빼줄 세금이 없기 때문이다.

(2) 영세율

핵심 Plus +

목적지 원칙

수출품에 대해서는 전적으로 면세를 허용하고 수입품에 대해서는 국내의 일반상품과 똑같이 과세하는 것을 목적지 원칙이라고 한다.

① 이전 단계에서 낸 부가가치세까지 면제되는 것을 의미한다.

② 영세율의 적용대상이 되면 생산과 유통을 포함하는 전 과정에 일체의 부가가치세 납부의무가 면제되는 결과가 나타난다.

③ 영세와 면세의 차이점

부가가치세의 면세대상으로 선정되면 최종소비단계에서만 부가가치세가 부과되지 않지만, 영세는 중간단계에서 납부한 부가가치세까지 환급해 준다.

④ 대부분 국가에서 수출되는 상품에 대해 영세율을 적용해 주고 있다.

확인문제

부가가치세에 관한 설명으로 옳은 것을 모두 고른 것은?   [세무사 11]

ㄱ. 부가가치세의 주요 도입배경으로는 다단계 거래세제에서 나타날 수 있는 수직적 통합을 이용한 조세회피방지와 수출품에 대한 소비세 환급을 통한 수출촉진 등을 들 수 있다.

ㄴ. 부가가치세는 모든 소비재에 대해 단일세율을 적용함으로써 저소득층의 조세부담을 상대적으로 낮추게 된다.

ㄷ. 어떤 상품이 부가가치세 면세대상인 경우, 중간단계에서 이미 납부한 부가가치세는 환급해 준다.

ㄹ. 어떤 상품에 영세율이 적용되는 경우, 그 이전 단계에서 납부한 부가가치세는 전액 환급해 준다.

① ㄱ, ㄴ   ② ㄱ, ㄷ   ③ ㄱ, ㄹ   ④ ㄴ, ㄷ   ⑤ ㄷ, ㄹ

해답

ㄴ. 부가가치세는 모든 소비재에 대해 단일세율을 적용함으로써 저소득층의 조세부담을 상대적으로 높이는 조세의 역진성이 나타난다.

ㄷ. 어떤 상품이 부가가치세 면세대상인 경우, 중간단계에 이미 납부한 부가가치세가 환급되지 않는다. 영세율일 경우에 환급된다.   정답: ③

법인세
★★

법인세 존립의견	• 통합주의: 법인세를 폐지하고 소득세로 걷자는 것 • 절대주의: 독립적인 법인세가 존재해야 한다는 것
법인세의 귀착	• 법인부문에 투자된 자본에 대한 과세라는 견해 - 하버거 모형 • 경제적 이윤에 대한 과세라는 견해 - 기업이 모두 부담함
법인세가 경제적 이윤에 대한 과세가 되는 조건	경제적 감가상각률과 세법상 감가상각률이 동일한 상태에서 자기자본의 귀속이자의 경비처리가 가능한 경우 또는 100% 차입경영인 경우
감가상각	이윤을 낮게 해줌으로써 법인세 부담을 줄여줌
인플레이션 시 감가상각 조절방법	• 자본재 가격의 평균 상승 폭을 측정해 감가상각의 허용 폭 을 이에 맞춰주는 방식 • 자본재 가격상승률을 감안해 법인세제에서 허용해 주는 내 용기간을 짧게 만들어주는 방식 등
법인세와 소득세	• 완전통합방식: 조합방식, 자본이득방식 • 부분통합방식: 지불배당공제제도, 귀속제도, 차등세율제도

1. 법인세의 의미와 존립에 대한 찬반의견

(1) 법인세

① 법적으로만 실체가 인정되는 법인을 과세대상으로 삼는 조세이다.

② 소득세보다 법인세의 세율이 낮은 것이 일반적이다.

(2) 법인세 존립의 반대의견

① 법인을 구성하는 것은 개인이다.

② 통합주의 견해
법인부문에서 발생하는 소득도 개인에게 귀속시켜 다른 소득과 합쳐진 상태에서
과세해야 한다.

③ 법인세 존재 시 이중과세 가능성
법인세가 따로 존재할 때 법인부문에 발생한 이윤 중 주주에게 배당된 부분은
법인 차원에서 일단 과세한 후, 개인 차원에서 또 한 번 과세하기 때문에 이중과
세되는 문제가 생긴다고 지적한다.

용어정리

법인의 정의

법인이란 전형적인 권
리능력의 주체인 자연
인 이외의 것으로서 법
인격(권리능력)이 인정
된 것이다. 일정한 목
적과 조직을 가진 사
람의 결합인 단체(사
단 또는 조합)와 일
정한 목적을 위하여
조성된 재산(재단)도
각각 사회에서 중요한
역할을 담당하기 때
문에 법률관계의 주
체가 될 수 있다. 따
라서 '사람'이나 '재산'
의 결합체에 관하여
법률로써 권리능력을
부여하고 이를 법인
이라 부른다.
재정학에서는 회사로
생각하고 논의를 진
행한다.

(3) 법인세 존립의 찬성의견

① 법인은 개인의 합과는 다른 특성을 가진다.

- 법인의 사회적 영향력이 더 커지고 있다.

- 전문적인 경영진에 의해 거의 독립적으로 운영되어 단순히 주주들에게 소득을 창출하여 전달해 주는 역할만 하는 것으로 보기 어렵다.

② 절대주의 견해

법인에 적용되는 독립적인 조세가 존재해야 한다.

③ 법인세가 따로 존재해야 하는 이유

- 법인이 사회적으로 법적, 제도적 지원을 받기 때문이다.

- 법인 차원의 일차적 과세를 함으로써 사내유보를 통해 소득세 부담을 줄이려는 시도를 막아야 한다.

- 법인세를 적절하게 운영함으로써 기업이 더 많은 저축과 투자를 하게끔 유도할 수 있다.

핵심 Plus +

법인의 이익 구성

법인의 이익은 배당하는 부분과 사내유보하는 부분으로 나누어진다. 정상적인 소득세의 대상이 되는 것은 배당된 부분이다.

2. 법인세 부담의 귀착

(1) 법인부문에 투자된 자본에 대한 과세라는 견해

① 원인

법인세의 과세대상이 되는 소득을 정의할 때 주주가 공급한 자본의 기회비용을 공제하는 것이 허용되지 않기 때문이다.

② 법인세는 자본에 부과되는 부분요소세로 볼 수 있으므로 하버거의 일반균형분석을 이용하여 법인세 귀착을 분석할 수 있다.

③ 산출효과

법인부문이 생산하는 재화가 자본집약적이라고 가정하면 재화의 가격 상승으로 인해 자본의 사용이 감소하여 자본의 상대가격이 하락하게 된다.

④ 요소대체효과

부문 간 요소집약도와 관계없이 항상 자본의 상대가격을 떨어뜨리는 효과가 발생한다.

⑤ 법인부문에 투자한 사람뿐만 아니라 모든 자본의 소유자가 부담을 진다. 법인세 부과로 인해 비법인부문으로 자본이 이동하여 궁극적으로 두 부분의 순수익률이 같아지기 때문이다.

(2) 경제적 이윤에 대한 과세라는 견해

① 경제적 이윤은 기업의 수입 중에서 모든 기회비용을 빼고 남은 것을 뜻한다.

② 당기순이익
- 회계학적 이윤
- 당기순이익 = 총수입 - (노동비용 + 이자비용 + 감가상각비)
$$= P \times Q - (wL + rB + \sigma K)$$
- rB: 지급이자, σ: 세법상 감가상각률

③ 경제적 이윤
- 경제학적 이윤 = 총수입 - (노동비용 + 자본비용)
$$= P \times Q - (wL + (r+d)K)$$
- r: 실질이자율, d: 경제적 감가상각률

④ 현실적 법인세 과세대상이 경제적 이윤과 다른 이유
- 법인세에서 허용하는 감가상각은 진정한 경제적 감가상각과 다른 것이 일반적이다.
- 법인의 자기자본에 대한 귀속이자도 기회비용의 일종이지만, 이를 비용으로 처리하는 것을 허용하는 법인세제는 현실에서 존재하지 않는다.
- 만약 세법상 감가상각이 경제적 감가상각과 같고 자기자본에 대한 귀속이자 처리가 가능하다고 가정하면 법인세는 경제적 이윤에 대한 과세로 볼 수 있다.

⑤ 법인세가 실질적으로 경제적 이윤에 대한 과세의 성격을 갖는 경우
- 100% 차입경영이면서 세법상 감가상각률이 경제적 감가상각률과 일치하는 경우이다.
- 한계투자가 차입된 자금에 의해 조달되는 경우에는 귀속이자를 비용으로 처리해 주지 않는다 해도 모두 차입에 대한 비용으로 발생하기 때문이다.

⑥ 법인세가 이윤에 대해 부과되는 과세의 성격을 갖는다면, 이의 부담은 법인의 소유주인 주주에게 전적으로 귀착된다.

용어정리

한계투자
기업이 추가적으로 수행할지를 고려하는 투자계획이다.

확인문제

회계상 감가상각이 경제적 감가상각과 같은 경우 법인세에 관한 설명으로 옳지
않은 것은?   [세무사 13]

① 법인세의 과세대상은 법인의 자기자본에 대한 정상적인 보수와 경제적 이윤을 합
  한 것이다.

② 100% 차입경영인 경우에는 경제적 이윤과 세전당기순이익은 다르다.

③ 100% 차입경영인 경우에는 법인세가 기업의 노동수요에 영향을 주지 않는다.

④ 100% 자기자본을 사용한 경우에 법인세는 법인에 사용된 자본에 대한 세금이 된다.

⑤ 100% 자기자본을 사용한 경우에 법인세는 비법인기업에 투자되는 자본에 영향
  을 준다.

해답

100% 차입경영이면서 세법상(회계상) 감가상각률과 경제적 감가상각률이 동일하다면 당기
순이익과 경제적 이윤이 일치하므로 법인세는 순수한 경제적 이윤에 대한 과세가 된다. 법
인세가 순수한 경제적 이윤에 대한 과세라면 법인세는 중립세의 성격을 갖게 된다. 즉, 법인
세는 기업의 노동수요나 투자에 아무런 영향을 미치지 않는다.   정답: ②

3. 감가상각의 문제

(1) 감가상각

자본재가 시간이 지남에 따라 가치가 줄어드는 부분을 의미한다.

(2) 경제적 감가상각의 측정방식

① 가격 중심적 접근방식

  시장에서 조사된 자본재 가격에 기초해 감가상각을 산출하는 방법이다.

② 비가격적 접근방식

  자본재가 노후화되는 물리적 과정 그 자체에 대한 관찰에서 감가상각을 산출하
  는 방법이다.

(3) 법인세제상의 감가상각

① 정액법

  일반적으로 법인세를 부과할 때는 n년의 사용 기간을 가진 자본재에 대해 1년에
  구매가격의 1/n씩 감가상각해 나가도록 허용하는 정액법을 사용하고 있다.

② 정부는 감가상각을 조절하여 투자에 영향을 미치기도 한다.

핵심 Plus +

시간이 지나면 자본재
의 가치가 떨어지는
이유

• 사용할 수 있는 시
  간이 짧게 남기 때
  문이다.

• 오래 사용하게 되면
  성능이 떨어지기 때
  문이다.

• 생산성에는 변화가
  없지만, 기술개발로
  인해 가치가 떨어지
  는 경우가 있기 때
  문이다.

(4) 정부의 투자를 늘리기 위한 감가상각의 조정

① 이유

감가상각된 부분은 비용으로 공제되어 법인세 부담을 줄이는 역할을 하기 때문이다.

② 가속감가상각

빠른 속도로 감가상각을 하도록 허용하면 투자한 기업은 법인세 부담의 현재가치가 더 작아지는 이득을 얻는다.

③ 즉시 경비처리

가속감가상각의 극단적인 형태로 자본재의 구매비용 전액을 즉시 경비로 처리해주는 경우이다.

④ 문제점

세금을 절약한 후, 시장에서 그 자본재의 실제 가치에 해당하는 높은 가격을 받고 되팔아 이득을 얻으려는 투자행위 등이 나타날 수 있다.

4. 인플레이션과 법인세

(1) 인플레이션이 법인세의 실질적 부담을 증가시키는 이유

① 인플레이션으로 자본재 가격이 상승하면 자본재 감가상각의 실질가치가 떨어지기 때문이다.

② 감가상각의 조절을 통해 인플레이션으로 인한 실질세율 상승이 일어나지 않도록 해야 한다.

(2) 감가상각을 조절하는 방법

자본재 가격의 평균 상승 폭을 측정해 감가상각의 허용 폭을 이에 맞춰주는 방식, 자본재 가격상승률을 감안해 법인세제에서 허용해 주는 내용기간을 짧게 만들어주는 방식 등이 있다.

(3) 선입선출법과 후입선출법

① 동일한 생산량을 생산하고, 인플레이션으로 인해 생산단가 상승이 발생했다고 가정하자.

② 선입선출법(FIFO; First-In First Out)은 먼저 생산된 것이 먼저 팔려나간다는 것이다.

③ 후입선출법(LIFO; Last-In First Out)은 나중에 생산된 것이 먼저 팔려나간다는 것이다.

④ 선입선출법을 사용하면 생산단가의 상승이 일어나기 이전이기 때문에 이윤이 크게 잡힌다.

　例 생산 20억 - 생산단가 10억 = 이윤 10억

⑤ 후입선출법을 사용하면 생산단가가 상승하므로 선입선출법보다 비용이 크게, 이윤이 적게 잡힌다.

　例 생산 20억 - 생산단가 15억 = 이윤 5억

⑥ 선입선출법보다 후입선출법을 채택하면 법인세 부담이 줄어든다.

⑦ 현실적으로 많은 기업이 선입선출법을 사용한다. 기업의 입장에서는 법인세 부담보다는 기업의 이윤을 크게 만들어주는 것이 선입선출법이기 때문이다.

(4) 인플레이션으로 기업이 이익을 보는 경우

① 인플레이션은 돈을 빌린 채무자에게 유리하다. 왜냐하면, 인플레이션은 채무의 실질가치를 떨어뜨리기 때문이다.

② 법인은 자본재 취득비용인 투자비용을 타인으로부터의 차입에 의존하는 경우가 많으므로 채무자인 기업은 유리해진다.

확인문제

인플레이션이 법인세에 미치는 영향 및 교정방안에 관한 설명으로 옳지 않은 것은?

[세무사 13]

① 인플레이션으로 감가상각의 실질가치가 떨어지는 현상이 생기면 법인세의 실질적 부담은 커지게 된다.
② 재고처리에 선입선출법을 적용할 경우, 인플레이션은 기업의 장부상 이윤을 과대 평가시켜 기업의 법인세 부담이 무거워진다.
③ 법인이 투자재원을 차입으로 충당하는 경우 인플레이션은 차입의 실질가치를 떨어뜨림으로써 기업에 이득을 준다.
④ 인플레이션이 발생하면 각종 자본재 가격의 평균 상승 폭을 측정해 감가상각의 허용 폭을 이에 맞춰 늘려주는 방식으로 실질세율 상승 현상을 교정할 수 있다.
⑤ 인플레이션이 발생하면 각종 자본재 가격 상승률을 감안해 법인세제에서 허용해 주는 내용연수를 늘려서 교정해 주어야 한다.

해답

인플레이션이 발생하면 감가상각의 실질가치가 하락하므로 법인세 부담이 증가하는 문제가 있다. 이를 조정해 주는 방법으로는 자본재 가격의 상승 폭을 고려하여 감가상각 허용 폭을 늘려주거나 세법상 자본재의 내구연수를 줄여주는 방법이 있다.　　　정답: ⑤

5. 법인세 통합의 문제

(1) 법인세 통합의 필요성

① 소득세가 존재하는 상황에서 별도의 법인세 존재로 인한 공평성의 문제가 발생할 수 있다.

② 법인세로 인한 효율성의 문제 발생 가능성
- 법인부문에만 과세되는 법인세가 법인부문과 비법인부문 사이의 자원배분을 왜곡할 가능성이 있다.
- 법인세의 존재로 인해 자본의 수익률에 대한 과세율이 높아지고 그 결과 저축의 결정에 교란이 생길 수도 있다.
- 법인세는 부채-자본비율이나 배당률의 선택과 같은 재무관리의 측면에서도 교란을 일으키는 원인이 될 수 있다.

③ 따라서 소득세와 법인세를 통합하는 방식이 논의되고 있으며 완전통합방식과 부분통합방식이 존재한다.

(2) 완전통합방식 - 조합방식

① 의미

법인의 주주를 법인화되지 않은 조합의 조합원(partner)과 같이 취급해 법인의 이윤을 주주에게 완전히 귀속시킨 다음 소득세를 부과하는 방식이다.

② 배당된 부분은 주주의 소득이므로 소득세를 부과하면 된다.

③ 배당되지 않고 사내유보된 부분에 대해서는 각 주주의 지분에 따라 배분해 소득으로 귀속시키고 이를 소득으로 잡아 소득세로 납부시키는 것이다.

④ 문제점
- 미실현배당에 대한 과세로 인한 현금흐름 즉, 유동성 문제가 발생할 수 있다.
- 소유가 광범위하게 분산되어 있고 주식이동이 빈번한 경우 적용이 어렵다.
- 외국인 투자가 혹은 장학재단이나 공익단체처럼 납세의무가 없는 단체가 주주인 경우의 과세 문제 등이 있다.

(3) 완전통합방식 - 자본이득방식

① 의미

법인세를 폐지하고 실현 여부와 관계없이 자본이득에 대하여 과세하는 방법이다.

② 법인의 이윤 중 배당된 부분은 주주의 소득이므로 당연히 소득세의 과세대상이 된다.

③ 사내유보된 부분은 주가 상승으로 나타날 것이므로 주가 상승에 따른 자본이득도 소득세 과세대상에 포함되어 과세한다면 완전통합이 가능하다.

④ 문제점
- 미실현자본이득에 대한 과세로 주주의 유동성 문제가 발생할 가능성이 있다.
- 매년 모든 주주의 미실현자본이득을 계산해야 하는 문제점이 발생한다.

핵심 Plus +

자산세

부의 불평등한 분배를 시정하기 위해 만들어진 조세이다.

편익원칙과 능력원칙에 부합하며 조세회피 및 세원이전이 어려워 조세부담이 직접 자산소유자에게 돌아가기 때문에 세수확보와 부의 재분배에 용이하다.

재산세, 상속세, 증여세가 이에 해당한다.

(4) 부분통합방식 - 지불배당공제제도

① 의미

법인기업이 지불한 배당의 일부 또는 전부를 과세표준에서 공제하는 방식이다.

② 사내유보에 대해서만 법인세가 과세되므로 기업저축이 감소하고 배당이 촉진된다.

(5) 부분통합방식 - 귀속제도

① 의미

법인소득에 대해 법인단계에서 과세한 다음 배당된 금액을 주주단계에서 다시 과세할 때 실제 배당액과 배당분에 대하여 과세된 법인세 상당액(귀속법인세)을 과세표준에 가산하여 소득세를 계산하고, 귀속법인세를 소득세 산출세액에서 공제하는 방법이다.

② 원천징수방식이라고도 하며 우리나라에서 사용한다.

(6) 부분통합방식 - 차등세율제도

① 의미

법인이윤 중 배당되는 부분에 대해 낮은 세율을 적용하고 사내유보되는 부분에 대해 높은 세율을 적용하는 방식이다.

② 배당이 촉진되고 기업저축이 억제되는 효과가 발생한다.

확인문제

법인세와 소득세의 통합에 관한 설명으로 옳은 것을 모두 고른 것은?

[세무사 18]

A. 조합방식(partnership method): 완전통합으로 배당이나 사내유보를 구분하지 않고 개인소득세로 부과하는 방식이다.

B. 자본이득방식(capital gains method): 완전통합으로 법인소득 중 배당되는 부분은 개인소득으로, 사내유보는 자본이득으로 과세하는 방식이다.

C. 배당세액공제제도(dividend gross-up method): 부분통합으로 법인의 모든 이윤에 과세한 후, 이중과세를 피하기 위하여 법인세 과세분 전체를 개인소득세에서 세액공제하는 방식이다.

D. 차등세율제도(split rate system): 부분통합으로 법인의 이윤 중 배당된 부분에 대해서는 사내유보가 되는 부분보다 더 낮은 법인세율을 적용해 주는 방식이다.

① A, D   ② B, C   ③ A, B, D   ④ B, C, D   ⑤ A, B, C, D

해답

귀속제도는 실제 배당액과 배당분에 대한 귀속법인세를 소득세 과세표준에 가산하여 소득세를 계산한 후 귀속법인세를 소득세에서 세액공제하는 방식이다.

지불배당공제제도는 법인기업이 지불한 배당의 일부 또는 전부를 과세표준에서 공제하는 방식이다.

정답: ③

제9장 개념확인 O X 문제

01 소득세 ★★

01 소득은 일정 기간 발생한 개인의 경제적 능력의 순증가분을 말한다. 따라서 과거에 축적된 부는 소득에서 제외한다. (○, ×)

02 헤이그-사이먼스(Haig-Simons) 소득은 두 시점 사이에서 발생하는 경제적 순증가의 화폐가치이다. (○, ×)

03 헤이그-사이먼스의 견해에 따르면 발생한 자본이득은 매매를 통해 실현되지 않아도 과세되어야 한다. (○, ×)

04 헤이그-사이먼스의 견해에 따르면 미실현자본이득은 모두 과세대상에 포함되지만, 귀속소득은 과세대상에 포함되지 않는다. (○, ×)

05 헤이그-사이먼스의 견해에 따르면 자가 주택으로부터의 귀속임대료(imputed income)는 명목적인 소득이기 때문에 과세소득에 포함되지 않는다. (○, ×)

06 헤이그-사이먼스의 견해에 따르면 발생 원천과 사용 용도가 다른 소득이라도 동일하게 취급한다. (○, ×)

07 헤이그-사이먼스의 견해에 따르면 소비할 수 있는 능력을 증가시키는 것이면 소득으로 간주한다. (○, ×)

08 헤이그-사이먼스의 견해에 따르면 정부가 저소득층에게 지급하는 생계비는 과세대상 소득에 포함되지 않는다. (○, ×)

09 포괄적 소득세제는 세원과 관계없이 소득이 동일한 사람은 동일한 세금을 납부하므로 수평적 공평성에 문제가 발생한다. (○, ×)

정답 및 해설

01 ○ 경제적 능력의 순증가분을 소비와 순가치의 변화분으로 표현할 수 있다.

02 ○

03 ○ 포괄적 소득세제는 발생주의이다.

04 × 귀속소득 또한 포괄적 소득에 포함된다.

05 × 귀속소득 또한 포괄적 소득에 포함된다.

06 ○

07 ○

08 × 포괄적 소득세제하에서는 정부의 보조금 또한 경제적 능력이 증가한 것이므로 과세대상 소득에 포함되어야 한다.

09 × 소득이 동일한 사람이 동일한 세금을 납부하므로 수평적 공평성에 문제가 없다.

10 헤이그-사이먼스의 견해에 따르면 개인의 경제적 능력을 높이는 것은 모두 과세대상에 포함되므로 동결효과 (lock-in effect)가 발생하는 문제점이 있다. (○, ×)

11 헤이그-사이먼스의 견해에 따르면 소비를 과세대상에 포함하기 때문에 내구재 소비의 경우 소비지출과의 구분이 어렵다. (○, ×)

12 헤이그-사이먼스의 견해에 따르면 저축이 과세대상에 포함되기 때문에 저축과 소비를 구분해야 하는 어려움 이 있다. (○, ×)

13 헤이그-사이먼스의 견해에 따르면 법률에서 구체적으로 열거한 소득만을 과세대상으로 하는 것은 포지티브 시스템(positive system)이다. (○, ×)

14 각종 공제제도는 포괄적 소득세를 제도화하는 과정에서 나타나는 문제점을 보완하기 위해 도입된 것이다. (○, ×)

15 누진세율구조인 경우 세액공제의 실제 조세감면효과는 대상자의 소득이 높을수록 크게 나타난다. (○, ×)

16 소득공제는 담세능력에 따라 과세하고자 하는 것이다. (○, ×)

17 단일세율 소득세제하에서는 조세의 누진성이 약화된다. (○, ×)

18 개인들의 수요에 대한 가격탄력성이 각각 다른 상황에서 특정 경제행위의 장려가 조세감면의 목표라면 소득 공제가 세액공제보다 효과적일 수 있다. (○, ×)

19 현재 우리나라 세액공제 사례로 의료비, 정치후원금 등이 있다. (○, ×)

정답 및 해설

10 X 동결효과는 발생주의가 아닌 실현주의에서 발생한다. 포괄적 소득세제는 발생주의이므로 관계가 없다.

11 ○ 내구재는 냉장고, 차와 같이 내구성이 있기 때문에 소비지출은 한 번에 일어나지만, 소비는 여러 해에 나누어 이루어진다. 그렇기 때문에 내구재 소비의 경우 소비지출과의 구분이 어려운 단점이 있다.

12 X 저축이 과세대상에 포함되기 때문에 저축과 소비를 구분할 필요가 없다.

13 X 포지티브시스템 ➔ 네거티브시스템

14 ○

15 X 누진적인 소득세 구조하에서 소득공제는 동일한 금액을 공제해 주더라도 소득이 많은 사람일수록 조 세감면효과가 크게 나타난다. 그러나 세액공제는 세액을 계산한 후에 일정 금액을 감면해 주는 것이므 로 감면효과는 대상자의 소득의 크기와 관계가 없다.

16 ○

17 ○

18 ○

19 ○

20 세액공제는 한계세율을 인상시킨다. (○, ×)

21 소득공제는 저소득층보다 고소득층에게 유리하다. (○, ×)

22 소득공제는 현실적으로 일정 요건을 정해놓고 요건을 만족하는 경우에만 공제해 주는 방법으로 운영되고 있다. (○, ×)

23 소득 획득에 드는 비용을 공제하면 수평적 공평성이 증진될 수 있다. (○, ×)

24 비용공제는 수직적 형평을 제고시키기 위해 도입된 제도라 할 수 있다. (○, ×)

25 소득공제의 경우 한계세율이 높은 사람일수록 유리하다. (○, ×)

26 공제대상의 성격 때문에 소득공제가 역진적이다. (○, ×)

27 한계세율은 세액공제에 의해 영향을 받는다. (○, ×)

28 근로소득에 대한 세액공제를 없애면 저소득층은 고소득층에 비해 상대적으로 불리해진다. (○, ×)

29 누진적인 소득세제하에서 인플레이션은 실질 조세부담을 낮추는 효과를 가진다. (○, ×)

30 어떤 근로자의 근로소득은 100만원, 비과세 이자소득은 10만원이다. 소득공제는 20만원, 근로소득 세액공제는 5만원이고, 단일세율로 20%를 부과할 때 이 근로자의 실효세율은 10%이다. (○, ×)

정답 및 해설

20 X 세액공제는 총세액이 나온 후에 공제하는 것이므로 한계세율과는 관계가 없다. 한계세율과 관계있는 것은 소득공제이다.

21 ○

22 ○

23 ○

24 X 비용공제는 수평적 형평을 제고시키기 위해 도입된 제도이다.

25 ○

26 X 한계세율에 따라 소득공제가 역진적이게 된다.

27 X 한계세율은 소득공제에 의해 영향을 받는다.

28 ○ 세액공제는 저소득층에게 상대적으로 유리하다.

29 X 누진적인 소득세제하에서 인플레이션이 발생함에 따라 명목소득이 증가하면 더 높은 한계세율을 적용받게 되므로 실질적인 조세부담이 증가한다.

30 ○ 근로소득과 이자소득을 합한 총소득은 110만원이나 이자소득 10만원은 비과세대상이고 소득공제가 20만원이므로 과세표준은 80만원이다. 과세표준이 80만원이고, 세율이 20%이므로 산출세액은 16만원이다. 그런데 근로소득 세액공제가 5만원이므로 실제로 납부해야 할 세액은 11만원이 된다. 총소득이 110만원이고, 실제 납부해야 할 세액은 11만원이므로 실효세율(= $\frac{\text{납세액}}{\text{총소득}}$)은 10%이다.

31 소위 결혼 벌금은 개인을 과세단위로 하는 경우에 나타나는 현상이다.   (○, ×)

32 개인을 과세단위로 선택하면 결혼에 대한 결정을 교란하는 문제가 발생한다.   (○, ×)

33 만약 소득세가 누진세율이 아닌 비례세율로 과세된다면 결혼 벌금의 현상은 발생하지 않을 것이다.

                                                                                        (○, ×)

34 부부합산과세는 2차 소득자(부소득자)의 근로의욕에 나쁜 영향을 미친다.   (○, ×)

35 가계를 과세단위로 삼으면 소득과 기타조건이 동일한 가족은 똑같은 세금을 낸다는 뜻에서 수평적 공평성이
     충족되어야 한다.   (○, ×)

36 로젠이 제시한 바람직한 소득세의 조건에서 동일한 소득의 가족에게는 똑같은 세금을 부과하는 수평적 공평
     성이 충족되어야 한다.   (○, ×)

37 로젠이 제시한 바람직한 소득세의 조건에서 합산과세 방식은 가족 간 수직적 공평성 조건을 충족하나 수평적
     공평성과 결혼 중립성 조건은 충족하지 못한다.   (○, ×)

38 로젠이 제시한 바람직한 소득세의 조건은 결혼 여부가 두 개인의 조세부담을 변화시켜서는 안 된다고 본다.
                                                                                        (○, ×)

39 로젠이 제시한 바람직한 소득세의 조건에서 납세자 간 분리과세 방식은 결혼 중립성 조건을 충족하나 가족
     간 수평적 공평성은 충족하지 못한다.   (○, ×)

40 로젠이 제시한 바람직한 소득세의 조건에서 소득이 증가함에 따라 한계소득세율이 증가하는 수직적 공평성
     이 충족되어야 한다.   (○, ×)

정답 및 해설

31 X 결혼 벌금은 가족단위과세 혹은 부부합산과세의 경우에 나타난다.

32 X 결혼이 과세에 영향을 주지 않으므로 과세단위가 결혼에 영향을 주지 않는다.

33 ○

34 ○

35 ○

36 ○

37 X 합산과세 방식으로 소득세를 부과하면 동일한 소득의 가구는 동일한 금액의 소득세를 납부하므로 수
        평적 공평성이 충족된다. 그러나 합산과세 방식하에서는 결혼 여부에 따라 세 부담이 달라지므로 결혼
        의 중립성 조건은 충족되지 않는다.

38 ○

39 ○

40 ○

41 일반소비세는 소비세가 갖는 다양한 장점 이외에도 외부성을 교정하는 장점이 있다. (○, ×)

42 부가가치세는 간접세로서 조세저항이 낮아 조세수입 확보에 유리하다. (○, ×)

43 소비과세를 시행할 경우 미실현자본이득과 자본손실을 측정해야 하는 소득과세의 한계를 피할 수 있다. (○, ×)

44 단일세율구조하에서 부가가치세의 세 부담은 소득 대비 비례적이라고 해석될 수 있다. (○, ×)

45 부가가치세는 다단계 거래세의 누적효과로 인한 문제를 해결하려는 방안 중의 하나로 도입되었다. (○, ×)

46 다단계 거래세는 부가가치세에 비해 수평적 통합을 부추긴다. (○, ×)

47 부가가치세는 다단계 거래세에 비해 탈세의 유인을 줄인다. (○, ×)

48 다단계 거래세는 부가가치세와 달리 수출상품에 대한 환급세액을 정확히 파악하기 어렵다. (○, ×)

49 다단계 거래세는 역진적이나, 부가가치세는 누진적이다. (○, ×)

50 면세제도는 효율성 상실을 가져오지 않으면서 역진성을 완화하는 제도이다. (○, ×)

51 우리나라의 경우 수출품에는 면세를 적용한다. (○, ×)

정답 및 해설

41 X 일반소비세는 외부성을 교정할 수 없다.

42 ○

43 ○

44 X 단일세율구조하에서 부가가치세의 세 부담은 소득 대비 역진적이다.

45 ○

46 X 다단계 거래세는 부가가치세보다 수직적 통합을 부추긴다.

47 ○

48 ○ 다단계 거래세의 경우는 매입세액공제방식이 없기 때문에 이전 단계 거래에서 얼마만큼 세금을 납부했는지 알 수 없어 수출상품에 대한 환급세액을 정확히 파악하기 어렵다.

49 X 부가가치세는 역진적이다.

50 X 면세제도는 역진성을 완화하는 제도이기는 하지만 효율성이 저해될 가능성이 있다.

51 X 우리나라는 수출품에 대해 영세율을 적용한다.

52 유통과정의 중간단계에 면세가 적용되는 경우 최종소비자가격은 면세가 적용되지 않을 경우에 비해서 높아지게 된다. (○, ×)

53 어떤 상품이 부가가치세 면세대상인 경우, 중간단계에서 이미 납부한 부가가치세는 환급해 준다. (○, ×)

54 어떤 상품에 영세율이 적용되는 경우, 그 이전 단계에서 납부한 부가가치세는 전액 환급해 준다. (○, ×)

55 최종소비단계에 영세율을 적용할 경우 완전 비과세효과가 나타난다. (○, ×)

56 우리나라의 부가가치세는 원칙적으로 단일세율을 적용한다. (○, ×)

57 우리나라의 부가가치세는 단일 세목으로는 가장 큰 세입을 차지한다. (○, ×)

58 우리나라의 부가가치세는 소비재와 자본재에 동시에 과세하기 때문에 경기조절기능이 크다. (○, ×)

59 우리나라의 부가가치세제는 전단계세액공제법을 채택하고 있다. (○, ×)

60 수출품, 특정 외화획득 재화 등에 대해서는 영세율을 적용한다. (○, ×)

03 법인세 ★★

61 경제적 이윤에 대해 과세하는 형태의 법인세는 기업의 생산 결정을 왜곡하지 않는다. (○, ×)

62 통합주의 견해에 따르면 법인세 부과로 인해 법인소득 단계와 개인소득 단계에서 이중과세하는 문제가 발생한다. (○, ×)

정답 및 해설

52 ○

53 X 어떤 상품이 부가가치세 면세대상인 경우, 중간단계에서 이미 납부한 부가가치세를 환급해 주지 않는다.

54 ○

55 ○

56 ○

57 ○

58 X 소비재에만 과세하는 소비형 부가가치세이므로 경기조절기능이 없다.

59 ○

60 ○

61 ○

62 ○

63 우리나라의 법인세율은 여러 세율로 구성된 누진구조로 되어 있다. (○, ×)

64 타인자본에 대해서만 이자비용공제를 허용하는 법인세는 투자재원조달방식에 왜곡을 가져오지 않는다. (○, ×)

65 국가 간의 조세경쟁이 존재하는 경우 투자를 유치하기 위해 각 국은 법인세율을 낮춘다. (○, ×)

66 법인세 찬성 관점에서 사회로부터 여러 혜택을 받고 있으므로 이에 대한 대가를 치르게 한다는 의미에서 법인세를 부과해야 한다. (○, ×)

67 법인세 찬성 관점에서 개인소득과 법인소득은 성격이 다르므로 별도로 유지하는 것이 필요하다. (○, ×)

68 법인세 반대 관점에서 법인세는 자기자본에 의한 재원조달보다 타인자본에 의한 재원조달을 우대하는 결과가 되어 기업의 재무구조를 악화시키는 요인이 된다. (○, ×)

69 법인세 반대 관점에서 법인세 반대론자들은 법인세에는 이중과세 문제가 발생한다고 주장한다. (○, ×)

70 법인세 부과 시 다른 조건이 일정하다면 중복과세로 인해 자본공급이 개인기업 쪽에서 법인기업 쪽으로 이동한다. (○, ×)

71 법인세 부과 시 다른 조건이 일정하다면 중복과세로 인해 차입보다 유상증자를 통한 자금조달이 증가한다. (○, ×)

72 자기자본에 대한 귀속이자가 경비로 인정되면 기업의 타인자본 의존도가 높아진다. (○, ×)

정답 및 해설

63 ○

64 X 자기자본의 귀속이자에 대해서는 비용처리를 허용하지 않는 데 비해 타인자본에 대해서만 이자비용공제를 허용하면 기업은 투자재원을 조달할 때 자기자본보다는 타인자본을 사용하고자 할 것이므로 투자재원조달방식에 있어 왜곡을 초래한다.

65 ○

66 ○

67 ○

68 ○

69 ○ 배당소득자와 근로소득자가 동일한 소득계층에 속한다고 하면, 중복과세 때문에 이들 사이의 수평적 공평이 저해된다.

70 X 다른 조건이 일정하다면 법인이 중복과세로 인해 세금이 두 번 부과되므로 자본공급이 법인기업 쪽에서 개인기업 쪽으로 이동한다.

71 X 유상증자보다 차입을 통한 자금조달이 증가한다.

72 X 자기자본에 대한 귀속이자가 경비로 인정되지 않기 때문에 타인자본 의존도가 높다. 귀속이자가 경비로 인정된다면 타인자본 의존도가 낮아지게 된다.

73 우리나라에서는 법인세의 이중과세 문제를 완화하기 위하여 지불배당공제제도를 시행하고 있다. (○, ×)

74 법인세의 통합주의 견해는 법인세를 폐지하자는 것이다. (○, ×)

75 법인세를 소득세와 완전통합하는 방식 중 자본이득방식은 법인세를 철폐하고 실현되지 않은 부분을 포함한 모든 자본이득에 소득세를 부과하는 것이다. (○, ×)

76 자본이득방식(capital gains method)은 실현된 자본이득에만 소득세를 부과함으로써 실질적으로 두 조세를 통합시킨 효과를 내게 된다. (○, ×)

77 조합방식(partnership method)은 완전통합으로 배당이나 사내유보를 구분하지 않고 개인소득세로 부과하는 방식이다. (○, ×)

78 자본이득방식(capital gains method)은 완전통합으로 법인소득 중 배당되는 부분은 개인소득으로, 사내유보는 자본이득으로 과세하는 방식이다. (○, ×)

79 지불배당공제제도(dividend gross-up method)는 부분통합으로 법인의 모든 이윤에 과세한 후, 이중과세를 피하기 위하여 법인세 과세분 전체를 개인소득세에서 세액공제하는 방식이다. (○, ×)

80 차등세율제도(split rate system)는 부분통합으로 법인의 이윤 중 배당된 부분에 대해서는 사내유보가 되는 부분보다 더 낮은 법인세율을 적용해 주는 방식이다. (○, ×)

81 법인세의 성격에는 법인부문에 투자된 자본에 대한 과세, 경제적 이윤에 대한 과세 등의 견해가 있다. (○, ×)

82 순수한 경제적 이윤에 대하여 과세하면 법인세는 전부 주주에게 귀착되며 초과부담도 발생시키지 않는다. (○, ×)

정답 및 해설

73 X 귀속제도를 시행하고 있다.

74 ○

75 ○

76 X 자본이득방식은 실현되지 않은 자본이득에 대하여도 과세한다.

77 ○

78 ○

79 X 귀속제도는 실제 배당액과 배당분에 대한 귀속법인세를 소득세 과세표준에 가산하여 소득세를 계산한 후 귀속법인세를 소득세에서 세액공제하는 방식이다. 지불배당공제제도는 법인기업이 지불한 배당의 일부 또는 전부를 과세표준에서 공제하는 방식이다.

80 ○

81 ○

82 ○

83 법인세가 경제적 이윤에 대한 과세라는 견해는 법인세 부과 후에도 기업의 극대화 선택에 아무런 변화가 일어나지 않는다는 점을 중시한다. (○, ×)

84 법인부문에 투자된 자본에 대한 과세라고 보는 견해와 경제적 이윤에 대한 과세라는 견해 모두가 법인세의 부담이 근로자에게 전가된다고 본다. (○, ×)

85 감가상각액이 늘어나면 법인세액이 줄어든다. (○, ×)

86 재고처리 선입선출법을 적용할 경우, 인플레이션은 기업의 장부상 이윤을 과대 평가시켜 기업의 법인세 부담이 무거워진다. (○, ×)

87 인플레이션은 감가상각의 실질가치를 떨어뜨림으로써 법인의 실질적 조세부담을 크게 한다. (○, ×)

88 인플레이션이 발생하면 각종 자본재 가격의 평균 상승 폭을 측정해 감가상각의 허용 폭을 이에 맞춰 늘려주는 방식으로 실질세율 상승 현상을 교정할 수 있다. (○, ×)

89 인플레이션이 발생하면 각종 자본재 가격상승률을 감안해 법인세제에서 허용해 주는 내용연수를 늘려주어야 한다. (○, ×)

90 세법상 감가상각의 내용연수가 단축되는 경우 투자가 위축된다. (○, ×)

91 가속상각이 이루어지더라도 감가상각되는 총액은 정상적인 감가상각의 경우와 같기 때문에 투자에 미치는 영향은 동일하다. (○, ×)

92 법인이 투자재원을 차입으로 충당하는 경우 인플레이션은 차입의 실질가치를 떨어뜨림으로써 기업에 이득을 준다. (○, ×)

정답 및 해설

83 ○

84 X 이윤세는 전가되지 않는다.

85 ○

86 ○

87 ○

88 ○

89 X 인플레이션이 발생하면 자본재의 내용연수를 줄여주어야 한다.

90 X 경비처리가 늘어나므로 법인세 부담이 줄어들어 투자가 늘어난다.

91 X 정상적인 경우보다 감가상각이 빠르게 진행되므로 법인세 부담이 줄어들어 투자가 늘어난다.

92 ○

제9장 │ 기출 & 예상문제

01 소득세 ★★

01 누진세에 관한 설명으로 옳지 않은 것은? [세무사 21]

지식형

① 조세회피가 발생할 가능성이 있다.

② 경제적 효율성이 저해될 수 있다.

③ 조세를 소득의 함수로 나타내면 원점을 지나는 선형조세함수의 형태가 된다.

④ 정부로부터 제공받는 서비스의 정도와 관계없이 조세부담을 해야 한다.

⑤ 경기변동 시 자동안정화기능을 한다.

02 개인소득세의 소득공제와 세액공제에 관한 설명으로 옳지 않은 것은? [세무사 18]

지식형

① 누진세율구조인 경우 세액공제의 실제 조세감면효과는 대상자의 소득이 클수록 크게 나타난다.

② 소득공제는 담세능력에 따라 과세하고자 하는 것이다.

③ 소득공제를 실시하면 파레토 효율성 조건 중의 하나인 교환의 조건을 충족하지 못한다.

④ 개인들의 수요에 대한 가격탄력성이 각각 다른 상황에서 특정 경제행위의 장려가 조세감면의 목표라면 소득공제가 세액공제보다 효과적일 수 있다.

⑤ 현재 우리나라 세액공제 사례로 의료비, 정치후원금 등이 있다.

정답 및 해설

01 ③ 조세를 소득의 함수로 나타내면 소득축을 지나는 선형조세함수로 표현할 수 있다. 원점을 지나는 선형조세함수의 형태는 비례세이다.

02 ① 누진적인 소득세 구조하에서 소득공제는 동일한 금액을 공제해 주더라도 소득이 많은 사람일수록 조세감면효과가 크게 나타난다. 그러나 세액공제는 세액을 계산한 후에 일정 금액을 감면해 주는 것이므로 소득이 적은 사람이 일반적으로 유리하다.

★★
03 개인소득에 관한 설명으로 옳지 않은 것은? [세무사 18]
지식형

① 헤이그-사이먼스(Haig-Simons) 소득은 두 시점 사이에서 발생하는 경제적 순증가의 화폐가치이다.
② 우리나라는 가구 단위가 아닌 개인 단위로 개인소득세를 과세하고 있다.
③ 감면 총규모를 유지하면서 소득공제를 세액공제로 변경하는 경우 수직적 형평성은 개선된다.
④ 우리나라의 소득세제는 실현주의를 기본 원칙으로 채택하고 있다.
⑤ 누진적인 소득세하에서 인플레이션은 실질 조세부담을 낮추는 효과를 가진다.

★★
04 로젠(H. Rosen)이 제시한 바람직한 소득세의 조건과 관련된 설명으로 옳지 않은 것은? [세무사 17]
지식형

① 동일한 소득의 가족에게는 똑같은 세금을 부과하는 수평적 공평성이 충족되어야 한다.
② 합산과세 방식은 가족 간 수직적 공평성 조건을 충족하나 수평적 공평성과 결혼 중립성 조건은 충족하지 못한다.
③ 결혼 여부가 두 개인의 조세부담을 변화시켜서는 안 된다.
④ 납세자 간 분리과세 방식은 결혼 중립성 조건을 충족하나 가족 간 수평적 공평성은 충족하지 못한다.
⑤ 소득이 증가함에 따라 한계소득세율이 증가하는 수직적 공평성이 충족되어야 한다.

★★
05 A국과 B국 모두 개인소득세를 도입하고 있다. A국은 비례세율구조이고, B국은 누진세율구조이다. 명목소득과 물가가 같은 비율로 상승한다고 할 때, 세법이 변화하지 않는 경우에 A국과 B국의 실질 조세징수액은? [세무사 17]
지식형

① A국, B국 모두 증가한다.
② A국은 감소하나 B국은 증가한다.
③ A국은 증가하나 B국은 감소한다.
④ A국은 변화가 없고 B국은 증가한다.
⑤ A국은 증가하고 B국은 변화가 없다.

★
06 인플레이션율이 3%, 명목이자율이 5%일 경우 20%의 이자소득세율이 적용된다면 납세 후 실질 수익률은? [세무사 17]
계산형

① 1% ② 2% ③ 3%
④ 4% ⑤ 5%

07 소득 구간별 세율이 아래와 같을 때, 연금저축에 대하여 400만원까지 소득공제 혜택이 주어지던 것이
계산형 400만원까지에 대하여 10%의 세액공제로 전환되었다고 가정할 경우의 효과로 옳은 것은? [세무사 16]

구분	세율
저소득층	5%
중소득층	15%
고소득층	30%

① 중소득자의 혜택이 상대적으로 증가한다.
② 저소득층의 연금저축이 감소할 것이다.
③ 저축금액에 관계없이 모든 계층에게 같은 금액의 세제 혜택이 주어진다.
④ 고소득층의 혜택이 상대적으로 더 감소한다.
⑤ 소득분배 개선효과는 없다.

정답 및 해설

03 ⑤ 누진적인 소득세제하에서 인플레이션이 발생함에 따라 명목소득이 증가하면 더 높은 한계세율을 적용
받게 되므로 실질적인 조세부담이 증가한다.

04 ② 합산과세 방식으로 소득세를 부과하면 동일한 소득의 가구는 동일한 금액의 소득세를 납부하므로 수
평적 공평성이 충족된다. 그러나 합산과세 방식하에서는 결혼 여부에 따라 세 부담이 달라지므로 결혼
의 중립성 조건은 충족되지 않는다.

05 ④ A국은 비례세율구조를 채택하고 있으므로 물가와 명목소득이 같은 비율로 상승하면 명목 조세수입도
동일한 비율로 증가한다. 그러므로 A국의 실질 조세수입은 변하지 않는다. 한편, B국은 누진세율구조
를 채택하고 있으므로 물가와 명목소득이 같은 비율로 상승하면 명목 조세수입은 물가 상승 폭보다
더 큰 비율로 증가한다. 그러므로 B국의 실질 조세수입은 증가한다.

06 ① 저축자가 5%의 이자수익을 얻은 후에 20%의 이자소득세를 내고 나면 납세 후 명목이자율은 4%이
다. 납세 후 인플레이션율이 3%이고, 명목이자율이 4%라면 납세 후 실질 수익률은 1%가 된다.

07 ④ 연금저축 400만원이 소득공제되면 저소득층은 세율이 5%이므로 납세액이 20만원 감소하고, 중소득
층은 세율이 15%이므로 납세액이 60만원 감소하고, 고소득층은 세율이 30%이므로 납세액이 120만
원 감소한다. 이제 연금저축 400만원이 10%의 세액공제로 바뀌게 되면 모든 계층의 납세액이 40만
원 감소하므로 저소득층은 유리해지나 중소득층과 고소득층은 불리해진다.

08 헤이그-사이먼즈(Haig-Simons)의 포괄적 소득에 관한 설명으로 옳지 않은 것은? [세무사 11]

지식형

① 소득은 일정 기간 동안 발생한 개인의 경제적 능력의 순증가분을 말한다.
② 납세자의 경제적 능력을 증가시키더라도 실현되지 않은 부분은 소득에 포함시키지 않는다.
③ 과거에 축적된 부는 소득에서 제외한다.
④ 각종 공제제도는 포괄적 소득세를 제도화하는 과정에서 나타나는 문제점을 보완하기 위해 도입된 것이다.
⑤ 발생 원천과 사용 용도가 다른 소득이라도 동일하게 취급한다.

09 소득세에 관한 설명으로 옳지 않은 것은? [세무사 10]

지식형

① 누진적인 소득세는 경기변동에 따라 자동안정화기능을 한다.
② 누진적인 소득세의 경우 동일한 소득 수준에서 한계세율은 평균세율보다 항상 크다.
③ 한계세율은 세액공제에 의해 영향을 받는다.
④ 선형누진세의 경우 한계세율은 소득 수준에 관계없이 항상 일정하다.
⑤ 한계세율이 증가할 때 대체효과는 근로의욕을 감퇴시킨다.

10 어떤 근로자의 근로소득은 100만원, 비과세 이자소득은 10만원이다. 소득공제는 20만원, 근로소득 세액공제는 5만원이고, 단일세율로 20%를 부과할 때 이 근로자의 실효세율은? [세무사 10]

계산형

① 20%　　　　　　② 15%　　　　　　③ 11%
④ 10%　　　　　　⑤ 9%

 02 부가가치세 ★

11 부동산 관련 조세에 관한 설명으로 옳지 않은 것은? [세무사 21]

지식형

① 부동산의 공급탄력성이 0이면 과세에 따른 초과부담이 발생하지 않는다.
② 부동산 보유세 인상 시 조세의 자본화에 의하여 부동산 가격이 상승하게 된다.
③ 우리나라의 부동산 취득 시 내는 조세로는 지방세인 취득세가 있다.
④ 우리나라의 재산세와 종합부동산세는 부동산 보유 시 부과된다.
⑤ 우리나라의 양도소득세는 부동산 양도 시 발생하는 차익에 대해서 과세하는 국세다.

12 ★★

지식형

부가가치세에 관한 설명으로 옳지 않은 것은?

[세무사 21]

① 각 생산단계에서 추가된 부가가치에만 과세되어 수직적 통합을 방지하는 효과가 있다.

② 영세율을 통해 수출품에 대해 조세를 효과적으로 환급해 줄 수 있다.

③ 소비형 부가가치세는 투자를 촉진하는 장점이 있다.

④ 매입세액공제방식은 탈세를 방지할 수 있다.

⑤ 어떤 상품이 면세의 대상인 경우 중간단계에서 납부한 부가가치세까지 환급해 준다.

정답 및 해설

08 ② 포괄적 소득에는 소득의 원천이나 형태 그리고 실현·미실현 여부와 관계없이 경제적 능력을 증가시키는 것은 모두 포함된다. 과거에 축적된 부는 경제적 능력의 순증가분이 아니므로 포괄적 소득에 포함되지 않는다.

09 ③ 세액공제란 산출세액을 계산한 다음에 일정 금액을 공제해 주는 것이므로 세액공제가 이루어지더라도 한계세율은 아무런 영향을 받지 않는다.

10 ④ 근로소득과 이자소득을 합한 총소득은 110만원이나 이자소득 10만원은 비과세대상이고 소득공제가 20만원이므로 과세표준은 80만원이다. 과세표준이 80만원이고, 세율이 20%이므로 산출세액은 16만원이다. 그런데 근로소득 세액공제가 5만원이므로 실제로 납부해야 할 세액은 11만원이 된다. 총소득이 110만원이고, 실제 납부해야 할 세액은 11만원이므로 실효세율(= $\frac{납부액}{총소득}$)은 10%이다.

11 ② 부동산 공급의 가격탄력성이 완전비탄력적이면 조세부과 시 공급자가 모든 조세부담을 지게 된다. 따라서 소비자는 부담하지 않으므로 부동산 보유세 인상 시 조세의 자본화에 의하여 부동산 가격이 하락하게 된다.

12 ⑤ 어떤 상품이 영세율 적용대상인 경우 중간단계에서 납부한 부가가치세까지 환급해 준다.

[오답체크]
① 다단계 거래세에서 부가가치세로 발전한 이유이다.
② 수출품에 영세율이 적용되는 이유이다.
③ 소비형 부가가치세는 자본재에는 과세하지 않으므로 투자를 촉진하는 장점이 있다.
④ 매입세액공제방식은 거래한 기업의 부가가치세가 확인되면 감면해 주므로 탈세를 방지할 수 있다.

13 부동산 관련 조세에 관한 설명으로 옳은 것은? [세무사 18]
지식형

① 우리나라의 재산세와 종합부동산세는 부동산 거래 시 부과된다.

② 부동산 보유세 인상 시 미래의 보유세 부담이 집값에 반영되어 집값이 상승하는 현상을 조세의 자본화라고 한다.

③ 보유세 인상의 실제적인 부담은 보유세 인상 이후 부동산 구입자가 모두 부담하게 된다.

④ 우리나라의 양도소득세는 부동산 양도 시 발생하는 차익에 대해 과세하는 지방세이다.

⑤ 부동산 공급이 완전비탄력적인 경우 부동산에 대한 과세는 초과부담을 발생시키지 않는다.

14 우리나라 소득세 및 부가가치세 체계에서 면세자비율을 낮추기 위한 방안으로 옳지 않은 것을 모두 고른
지식형 것은? (단, 향후 경제성장률과 물가상승률은 모두 양의 값이며 경제성장률이 더 높다. 현재의 소득공제 항
목은 모두 존치된다) [세무사 16]

> ㄱ. 소비 활력 제고를 위해 간이과세자의 간이과세 적용요건을 완화한다.
> ㄴ. 면세점을 현재 수준으로 유지한다.
> ㄷ. 저출산 문제에 대응하기 위해 다자녀 가정의 인적공제를 확대한다.
> ㄹ. 개인연금저축의 공제액을 확대한다.

① ㄱ, ㄴ   ② ㄴ, ㄷ   ③ ㄷ, ㄹ   ④ ㄱ, ㄴ, ㄹ   ⑤ ㄱ, ㄷ, ㄹ

15 부가가치세에 관한 설명으로 옳은 것은? [세무사 15]
지식형

① 각 생산단계에서 발생하는 총판매액을 과세대상으로 한다.

② 모든 물품에 대하여 동일 비율로 과세한다는 점에서 중립세의 성격을 가진다.

③ 생필품에 단일세율로 부과할 경우 소득분배에 역진적이다.

④ 기업 간 수직통합을 부추긴다는 문제가 있다.

⑤ 부가가치세 면세품목에는 영세율이 적용된다.

★★★
16
지식형

상품의 거래단계마다 일정 세율을 부과하는 다단계 거래세(multi-stage turnover tax)와 부가가치세의 차이에 관한 설명으로 옳은 것을 모두 고른 것은?

[세무사 12]

> ㄱ. 다단계 거래세는 부가가치세에 비해 수평적 통합을 부추긴다.
> ㄴ. 부가가치세는 다단계 거래세에 비해 탈세의 유인을 줄인다.
> ㄷ. 소비형 부가가치세는 자본재를 과세대상에서 제외시킨다.
> ㄹ. 다단계 거래세는 역진적이나, 부가가치세는 누진적이다.
> ㅁ. 다단계 거래세는 부가가치세와 달리 수출상품에 대한 환급세액을 정확히 파악하기 어렵게 만든다.

① ㄱ, ㄴ, ㄷ   ② ㄱ, ㄴ, ㄹ   ③ ㄴ, ㄷ, ㅁ
④ ㄴ, ㄹ, ㅁ   ⑤ ㄷ, ㄹ, ㅁ

정답 및 해설

13 ⑤   ① 우리나라의 재산세와 종합부동산세는 부동산 보유 시 부과된다.
       ② 조세의 자본화란 부동산 보유세가 인상될 때 집값이 상승하는 것이 아니라 추가적인 납세액의 현재가치만큼 집값이 하락하는 현상을 말한다.
       ③ 보유세가 인상되면 추가적인 조세는 과세발표시점의 부동산 소유자가 부담하게 된다.
       ④ 우리나라의 양도소득세는 지방세가 아니라 국세이다.

14 ⑤   면세자비율을 낮춘다는 것은 조세를 더 걷겠다는 의미이다. 간이과세 적용요건을 완화하거나 인적공제 및 개인연금저축의 공제액을 확대하면 면세자의 비율이 오히려 높아진다.

15 ③   생필품에 대해 단일세율로 부가가치세가 부과되면 소득 대비로 보면 저소득층의 부담이 상대적으로 클 것이므로 세 부담이 역진적이다.

       [오답체크]
       ① 각 생산단계의 부가가치를 과세대상으로 한다.
       ② 부가가치세는 중립세가 아니다.
       ④ 다단계 거래세와 관련이 있다.
       ⑤ 부가가치세제하에서는 면세품목에 대해서는 해당 단계의 부가가치에 대해서만 세금이 부과되지 않으며 그 이전 단계에서 낸 세금을 환급해 주는 것이 아니므로 면세품목에 대해서 영세율이 적용되는 것은 아니다.

16 ③   ㄱ. 다단계 거래세는 수평적인 통합을 부추기는 것이 아니라 수직적인 통합을 부추긴다.
       ㄹ. 부가가치세는 그 부담이 누진적이 아니라 역진적이다.

17 ★★
지식형
조세를 통한 소득재분배효과에 관한 설명으로 옳지 않은 것은?   [세무사 16]

① 누진세 구조의 개인소득세는 저소득층의 소득을 직접 증가시키는 것은 아니지만 소득분배 개선효과를 나타낸다.

② 소비세의 과세대상을 사치품으로 한정하여 부과한다면 고소득층이 세금 부담을 주로 할 것이므로 소득분배 개선효과를 나타낸다.

③ 한계세율이 점증하는 누진소득세체계에서 소득공제를 도입하면 고소득층의 세후소득을 감소시킨다.

④ 법인세의 세 부담이 소비자에게 전가된다면 소득분배가 악화된다.

⑤ 자산소득 지니계수가 높은 나라에서는 자산소득에 높은 세율로 과세하면 소득분배 개선효과를 나타낸다.

03 법인세 ★★

18 ★
지식형
법인세와 소득세를 통합하는 방식 중에서 완전통합방식에 해당하는 것은?   [세무사 21]

① 자본이득방식(capital gains method)

② 법인방식(corporation method)

③ 귀속제도(imputation system)

④ 차등세율제도(split rate system)

⑤ 배당세액공제제도(dividend gross-up method)

19 ★
지식형
법인세에 관한 설명으로 옳지 않은 것은?   [세무사 18]

① 경제적 이윤에 대해 과세하는 형태의 법인세는 기업의 생산 결정을 왜곡하지 않는다.

② 법인세 부과로 인해 법인소득 단계와 개인소득 단계에서 이중과세하는 문제가 발생한다.

③ 우리나라의 법인세율은 여러 세율로 구성된 누진구조로 되어 있다.

④ 타인자본에 대해서만 이자비용공제를 허용하는 법인세는 투자재원조달방식에 왜곡을 가져오지 않는다.

⑤ 국가 간의 조세경쟁이 존재하는 경우 투자를 유치하기 위해 각 국은 법인세율을 낮춘다.

20 ★★
지식형

법인세에 관한 설명으로 옳지 않은 것은? [세무사 15]

① 법인세 부과는 재화가격의 인상을 통해서 일부 또는 전부가 소비자에게 전가될 수 있다.
② 법인세 부과는 동일한 소득에 대한 이중과세의 문제를 지니고 있다.
③ 법인세가 경제적 이윤에 대한 과세가 되기 위해서는 당기순이익이 경제적 이윤과 같아야 한다.
④ 법인세 부과는 기업의 재원조달방식으로 차입보다 유상증자를 더 선호하게 할 것이다.
⑤ 명목법인세율과 실효법인세율과의 차이는 정부의 법인기업에 대한 지원의 정도를 의미한다.

21 ★★
지식형

법인세에 관한 설명으로 옳지 않은 것은? [세무사 14]

① 현행 법인세제에서 허용하고 있는 정액법, 정률법 등에 따른 감가상각은 경제적 감가상각과 차이가 난다.
② 법인세가 경제적 이윤에 대한 과세성격을 갖는다면 조세부담은 전적으로 주주에게 귀착된다.
③ 법인세가 경제적 이윤에 대한 과세성격을 갖는다면 초과부담이 발생하지 않는다.
④ 법인세가 법인부문에 투입된 자본에 대한 과세이고, 법인부문이 노동집약적이라면 조세부담이 자본가에게 전가된다.
⑤ 법인세가 법인부문에 투입된 자본에 대한 과세라고 볼 때 요소대체효과는 부문 간 요소집약도 차이에 상관없이 자본의 상대가격을 떨어뜨린다.

정답 및 해설

17 ③ 소득공제로 인해 과세대상 소득이 감소하면 상대적으로 높은 한계세율을 적용받는 고소득층의 세금부담이 크게 감소한다. 그러므로 소득공제가 도입되면 고소득층일수록 세후소득이 더 큰 폭으로 증가하게 된다.

18 ① 자본이득방식(capital gains method)은 법인세를 폐지하고 실현 여부와 관계없이 자본이득에 대하여 과세하는 방법으로 완전통합방식이다.

[오답체크]
③ 귀속제도(imputation system), ④ 차등세율제도(split rate system),
⑤ 배당세액공제제도(dividend gross-up method)는 부분통합방식이다.

19 ④ 자기자본의 귀속이자에 대해서는 비용처리를 허용하지 않는 데 비해 타인자본에 대해서만 이자비용공제를 허용하면 기업은 투자재원을 조달할 때 자기자본보다는 타인자본을 사용하고자 할 것이므로 투자재원조달방식에 있어 왜곡을 초래한다.

20 ④ 법인세법은 차입금에 대한 이자는 비용처리를 허용하나 자기자본의 귀속이자에 대해서는 비용처리를 허용하지 않는다. 그러므로 법인세가 부과되면 기업은 유상증자(자기자본)보다 차입에 의한 재원조달을 더 선호하게 된다.

21 ④ 법인세가 법인부문에 투입된 자본에 대한 과세이고, 법인부문이 노동집약적이라면 조세부담이 노동자에게 전가된다.

22
지식형

법인세 개혁 방안의 하나로 거론되는 완전통합방식에 대하여 완전통합 옹호론자들이 주장하는 효율성 개선 효과로 옳은 것을 모두 고른 것은?　　　　　　　　　　　　　　　　　　　　　　　　　　　[세무사 13]

> ㄱ. 재원조달에 있어서 부채로의 편향을 제거할 수 있다.
> ㄴ. 완전통합으로 효율성이 개선되더라도 법인세 납세자 전체의 후생은 불변이다.
> ㄷ. 법인과 비법인부문 간 자원배분의 왜곡이 제거될 수 있다.
> ㄹ. 조세로 인한 저축 의사결정 왜곡이 감소하게 될 것이다.

① ㄱ, ㄴ　　　　　　　　　② ㄱ, ㄷ, ㄹ　　　　　　　　　③ ㄱ, ㄹ
④ ㄴ, ㄷ　　　　　　　　　⑤ ㄴ, ㄷ, ㄹ

23 법인세의 성격과 존립 논쟁에 관한 설명으로 옳지 않은 것은?　　　　　　　　　　　[세무사 12]
지식형
① 통합주의 견해는 법인세를 폐지하자는 것이다.
② 절대주의 견해에 따르면 법인세 폐지는 기업의 사내유보에 대한 과세를 강화한다.
③ 법인세를 소득세와 완전통합하는 방식 중 자본이득방식은 법인세를 철폐하고 실현되지 않은 부분을 포함한 모든 자본이득에 소득세를 부과하는 것이다.
④ 우리나라에서는 법인세의 이중과세 문제를 완화하기 위하여 배당세액공제제도를 시행하고 있다.
⑤ 법인세 반대론자들은 법인세에는 이중과세 문제가 발생한다고 주장한다.

24 법인세에 관한 설명으로 옳지 않은 것은?　　　　　　　　　　　　　　　　　　　[세무사 11]
지식형
① 법인세는 과세의 공평성과 자원배분의 효율성을 달성하기 위해 소득세와의 통합이 논의된다.
② 인플레이션은 감가상각의 실질가치를 떨어뜨림으로써 법인의 실질적 조세부담을 크게 한다.
③ 정부는 법인세제상의 감가상각이 정상적인 속도보다 빠르게 진행되는 것을 허용함으로써 법인세의 탈세 유인을 축소시키고자 한다.
④ 법인세는 법인에 부과되는 조세로서 귀착자가 누구인지 불분명하다.
⑤ 법인세의 성격에는 법인부문에 투자된 자본에 대한 과세, 경제적 이윤에 대한 과세 등의 견해가 있다.

25
지식형

법인세액 결정에 관한 설명으로 옳지 않은 것은?

[세무사 11]

① 법인세는 자기자본보다 타인자본을 우대한다.
② 투자세액공제는 설비투자금액의 일정 비율을 공제하는 방식으로 이루어진다.
③ 물가가 상승하면 차입금의 실질이자부담이 줄어 절세효과가 나타난다.
④ 감가상각액이 늘어나면 법인세액이 줄어든다.
⑤ 법인소득을 주주에게 배당하면 법인세액이 줄어든다.

정답 및 해설

22 ② ㄱ. 법인세가 폐지되면 지불이자에 대한 소득공제가 없어지므로 부채로의 편향을 제거할 수 있다.
ㄷ. 법인세가 폐지되면 법인과 비법인을 구분하지 않아 자원배분의 왜곡이 제거될 수 있다.
ㄹ. 법인세가 존재할 경우 배당한 부분에 과세하지 않으므로 기업저축이 감소할 수 있다. 따라서 법인
세 폐지는 저축 의사결정 왜곡이 감소하게 할 것이다.

[오답체크]
ㄴ. 두 조세가 통합되면 법인을 통해 얻은 소득도 다른 소득과 합산하여 과세하므로 상대적으로 다른
소득이 많은 고소득층의 부담은 커지지만, 다른 소득이 별로 없는 저소득층의 부담은 별로 증가하
지 않거나 감소할 수도 있다. 이처럼 법인세와 소득세가 통합되면 일부 계층의 후생수준은 감소하
고 일부 계층의 후생수준은 증가하므로 사회 전체 후생수준의 증감 여부는 불분명하다.

23 ② 절대주의 견해는 법인세를 독립적으로 유지하자는 주장이며, 법인세가 폐지된다고 해서 반드시 사내
유보에 대한 과세가 강화된다고 보기는 어렵다.

24 ③ 세법에서 가속상각을 허용하는 것은 탈세 유인을 축소하기 위해서라기보다는 기업의 투자를 촉진하려
는 방안이다.

25 ⑤ 기업은 법인세를 납부한 이후의 이윤을 주주에게 배당하므로 배당 여부는 법인세 납세액에 영향을
미치지 않는다.

해커스 서호성 재정학

제10장

조세와 경제행위

제10장 조세와 경제행위

01

조세와 노동공급
★★★

핵심 Check: 조세와 노동공급

예산제약식	M = (24 – l)w
소득세 부과 시 여가가 열등재인 경우	여가가 열등재라면 소득효과와 대체효과 모두 노동을 감소 시키므로 반드시 노동공급이 감소함
소득세 부과 시 여가가 정상재인 경우	여가가 정상재인 경우 소득효과가 대체효과보다 크면 노동 공급이 증가하고, 대체효과가 소득효과보다 크다면 노동공 급이 감소함
후방굴절 노동공급곡선	여가가 정상재이면서 소득효과가 대체효과보다 큰 경우
완전보완재	대체효과가 발생하지 않으므로 모든 조세의 효과가 동일

1. 노동공급량의 결정요인

(1) 분석단위

노동공급, 저축, 위험부담 모두 개인이 분석단위가 된다.

(2) 노동공급량의 결정요인

① 사람마다 유보임금률(reservation wage rate)이 있어 실제의 임금률이 자신이 원하는 이상이어야만 노동시장에 참여한다고 볼 수 있다.

② 조세는 세금을 내고 난 후의 순임금률을 떨어뜨리는 결과를 가져옴으로써 노동 시장 참여와 관련된 결정에 영향을 미친다.

③ 사례
어떤 사람의 유보임금률이 시간당 10,000원이라고 할 때 조세를 부과하여 시간 당 9,000원이 되면 노동을 하지 않을 것이다.

2. 개인의 선택과 노동공급

(1) 가정

하루 중 여가와 노동시간의 합은 24시간이고, 여가시간 = l이면, 이때 노동시간 (L) = 24 - l이다.

(2) 효용극대화 모형

Max: $U = U(l, M)$
s. t(제약조건): $M = wL = w(24 - l)$, 즉 $wl + M = 24w$, M은 소득이다.

위의 식은 여가의 가격이 w이고 기타 재화를 소비하기 위한 소득의 가격이 1일 때 시간이 24시간 주어진 상태에서 효용극대화를 구하는 모형이다.

(3) 효용극대화 조건

$MRS_{lM} = w$, 즉 무차별곡선의 기울기가 여가의 가격 w(임금)와 같을 때 성립한다.

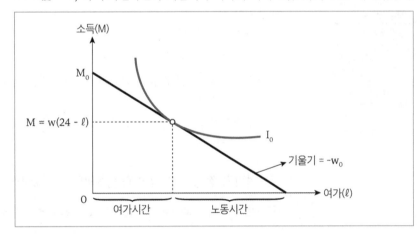

3. 비례소득세 부과의 효과

(1) 근로소득세 부과에 따른 대체효과와 소득효과

① 근로소득세 부과로 인한 그래프의 변화

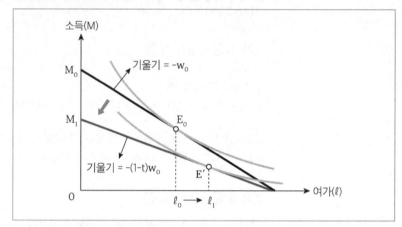

핵심 Plus +

중립세 부과 시 노동공급

중립세가 부과되면 대체효과는 발생하지 않고, 여가가 정상재일 때 실질소득 감소로 노동공급이 증가하는 소득효과만 발생한다.

② 대체효과

실질임금 하락 ➜ 여가의 상대가격 하락 ➜ 여가소비 증가 ➜ 노동공급 감소

③ 소득효과

- 여가가 정상재인 경우: 실질임금 하락 ➜ 실질소득 감소 ➜ 여가소비 감소 ➜ 노동공급 증가
- 여가가 열등재인 경우: 실질임금 하락 ➜ 실질소득 감소 ➜ 여가소비 증가 ➜ 노동공급 감소

(2) 여가가 정상재인 경우 대체효과와 소득효과의 크기에 따른 노동공급

① 근로소득세 부과 ➜ 대체효과 > 소득효과 ➜ 노동공급 감소

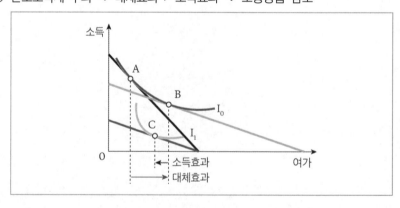

② 근로소득세 부과 ➡ 대체효과 < 소득효과 ➡ 노동공급 증가

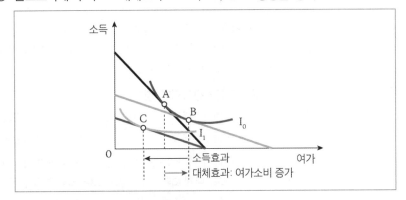

③ 여가가 정상재인 경우 노동공급곡선

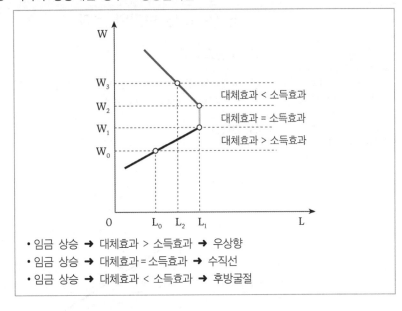

• 임금 상승 ➡ 대체효과 > 소득효과 ➡ 우상향
• 임금 상승 ➡ 대체효과 = 소득효과 ➡ 수직선
• 임금 상승 ➡ 대체효과 < 소득효과 ➡ 후방굴절

(3) 여가가 열등재인 경우

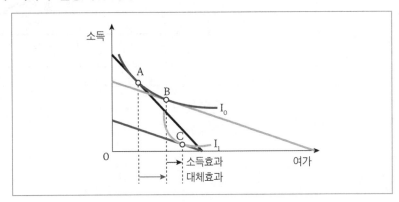

(4) 결론

① **여가가 열등재인 경우**

비례소득세 부과 시 여가가 열등재라면 소득효과와 대체효과 모두 노동을 감소시키므로 반드시 노동공급이 감소한다.

② **여가가 정상재인 경우**

- 비례소득세 부과 시 여가가 정상재라면 대체효과에 의해 노동공급이 감소한다.
- 비례소득세 부과 시 여가가 정상재라면 소득효과에 의해 노동공급이 증가한다.
- 따라서 여가가 정상재인 경우 소득효과가 대체효과보다 크면 노동공급이 증가하고, 대체효과가 소득효과보다 크다면 노동공급이 감소한다.

4. 누진소득세 부과의 효과

(1) 누진소득세

① 비례소득세는 소득의 일정 비율을 조세로 내지만 누진소득세는 소득이 높아질수록 더 높은 세율이 적용된다.

② 그래프

핵심 Plus +

여가가 완전보완재인 경우 노동시간 변화

대체효과가 발생하지 않으므로 중립세, 비례소득세, 누진소득세의 효과가 같다.

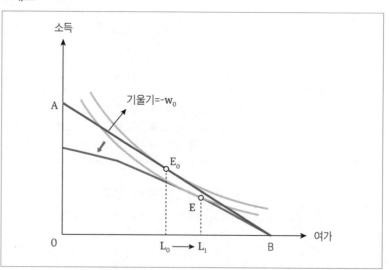

(2) 누진소득세와 노동공급: 근로소득세와 동일

① 여가가 열등재인 경우

여가가 열등재라면 소득효과와 대체효과 모두 노동을 감소시키므로 반드시 노동
공급이 감소한다.

② 여가가 정상재인 경우

여가가 정상재인 경우 소득효과가 대체효과보다 크면 노동공급이 증가하고, 대체
효과가 소득효과보다 크다면 노동공급이 감소한다.

(3) 비례소득세, 선형누진세, 중립세의 비교

① 노동시간: 중립세(c) > 비례소득세(b) > 선형누진세(a)

② 효용 수준: 중립세(c) > 비례소득세(b) > 선형누진세(a)

③ 그래프

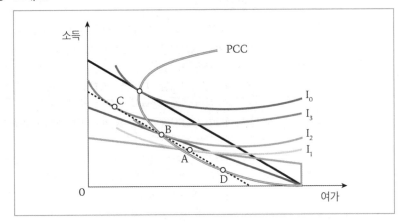

5. 모형의 문제점

(1) 비현실적 가정

기호, 임금 등이 사람마다 다른데 동일하다고 가정하고 있다.

(2) 세후임금률 변동 가능성

많은 사람이 동시에 노동공급량을 변화시키는 경우에는 세후임금률에 변화가 올 것이므로 세후임금률이 동일하다는 가정은 문제가 있을 수 있다.

(3) 노동시간을 조절할 수 있다는 가정

현실 속에서 자유롭게 노동시간을 조절할 수 있는 사람이 몇이나 될 것인지에 대한 의문을 제기할 수 있다.

확인문제

근로소득세 부과가 노동공급에 미치는 영향으로 옳은 것은? [세무사 18]
① 여가가 정상재일 경우, 소득효과와 대체효과 모두 노동공급을 증가시키므로 총노동공급은 증가한다.
② 여가가 정상재일 경우, 소득효과로 노동공급이 증가하고, 대체효과로 노동공급이 감소하여 총노동공급의 변화는 알 수 없다.
③ 여가가 열등재일 경우, 소득효과와 대체효과 모두 노동공급을 증가시키므로 총노동공급은 증가한다.
④ 여가가 열등재일 경우, 소득효과로 노동공급이 감소하고, 대체효과로 노동공급이 증가하여 총노동공급의 변화는 알 수 없다.
⑤ 여가가 열등재일 경우, 소득효과로 노동공급이 증가하고, 대체효과로 노동공급이 감소하여 총노동공급의 변화는 알 수 없다.

해답

근로소득세가 부과되면 대체효과는 노동의 공급을 감소시킨다. 반면 여가가 정상재인 경우는 소득이 감소하므로 여가소비 감소 - 노동공급 증가, 여가가 열등재인 경우는 여가소비 증가 - 노동공급 감소이다. 따라서 여가가 열등재인 경우 노동공급이 반드시 감소하며, 여가가 정상재인 경우는 소득효과와 대체효과의 크기에 따라 달라진다. 정답: ②

조세와 저축
★★★

핵심 Check: 조세와 저축

예산선	$C_2 = -(1+r)C_1 + Y_1(1+r) + Y_2$
이자소득세 부과로 인한 이자율 변화	$(1+r)$ ➜ $[1+(1-t)r]$
이자소득세 부과로 인한 저축자의 변화	• 저축자(소득효과 > 대체효과): 이자율 하락 ➜ 현재소비 감소(저축 증가) • 저축자(소득효과 < 대체효과): 이자율 하락 ➜ 현재소비 증가(저축 감소), 미래소비 감소
이자소득세 부과로 인한 차입자의 변화	이자율 하락 ➜ 소득효과와 대체효과 모두 현재소비를 증가시킴(차입 증가)

1. 시점 간 자원배분 모형

(1) 개념

소비는 현재 시점의 소득에만 의존하는 것이 아니라 소비자의 전 생애에 걸쳐서 자산을 효율적으로 배분하여 효용을 극대화하는 과정에서 소비가 이루어진다고 보고 이를 연구한 피셔의 이론이다.

(2) 예산선

① 현재소득 Y_1, 미래소득 Y_2, 현재소비 C_1, 미래소비 C_2라 하고 이자율 r로 저축과 대출이 가능하다고 가정한다.

$$\underset{\text{총소비의 미래가치}}{(1+r)C_1 + C_2} = \underset{\text{총소득의 미래가치}}{Y_1(1+r) + Y_2}$$

② X축을 현재소비 C_1, Y축을 미래소비 C_2로 놓으면 식은 다음과 같다.
$C_2 = -(1+r)C_1 + Y_1(1+r) + Y_2$이다.

(3) 효용극대화 모형

① 기본모형

Max: $U = U(C_1, C_2)$
s. t(제약조건): $(1+r)C_1 + C_2 = Y_1(1+r) + Y_2$

② 소비자균형조건

$$\underset{\text{무차별곡선의 기울기}}{MRS_{C_1 C_2}} = \underset{\text{예산선의 기울기}}{1+r}$$

③ 그래프

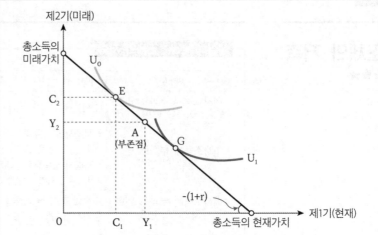

- 부존점(차입도 저축도 하지 않는 점: A점)을 지나고 가로축 절편은 $Y_1(1+r) + Y_2$이고 기울기는 $-(1+r)$인 우하향하는 직선이다.
- 가로축 절편 = 소득의 현재가치, 세로축 절편 = 소득의 미래가치
- 저축자: 소비자균형점(E점)이면 현재소득보다 적게 소비($Y_1 > C_1$)한다.
- 차입자: 소비자균형점(G점)이면 현재소득보다 많게 소비($Y_1 < C_1$)한다.

핵심 Plus +

이자소득세에서의 현재소비
현재소비는 정상재로 가정하고 이론을 전개한다.

일반적 소득세와 저축
근로소득세와 이자소득세 등 다양하게 존재하기 때문에 저축이 어떻게 변한다고 단정할 수 없다.

이자소득세와 차입자
차입자는 받을 이자가 없었으므로 이자소득세의 영향을 받으려면 이자지급액의 소득공제 여부가 중요하다. 만약 이자 지급액에 대한 소득공제가 이루어지지 않는 경우는 이자소득세의 영향을 받지 않는다.

2. 근로소득세 부과의 효과

(1) 근로소득세와 현재소비

근로소득세의 부과는 이자소득과는 관련이 없으므로 전체 소득만 줄어들게 된다. 따라서 소득효과에 의해 현재소비(정상재)는 감소한다.

(2) 근로소득세와 저축

① 정부가 조세수입 전부를 저축한다면 경제 전체의 저축은 증가한다.

② 정부가 조세수입 전부를 지출하거나 일부만 저축하는 경우 경제 전체의 저축의 증감 여부가 불분명하다.

3. 이자소득세 부과의 효과

(1) 이자소득세 부과로 인한 이자율의 변화

① 이자소득세 부과 전 예산선의 기울기는 $-(1+r)$이다.

② 이자소득세의 부과로 예산선의 기울기는 $-[1 + (1-t)r]$으로 변화한다.

③ 이는 예산선을 부존점을 기준으로 회전이동시키는 결과를 가져온다.

(2) 이자율 변화에 의한 소비자균형점의 변화

① 이자소득세 부과로 인한 이자율 하락은 총소득의 현재가치($Y_1 + \dfrac{Y_2}{1+r}$)를 증가시키고 미래가치[$Y_1(1+r) + Y_2$]를 감소시키므로 부존점을 회전축으로 예산선을 회전이동시킨다.

② 이때 소득효과와 대체효과를 발생시킨다.

(3) 소득효과와 대체효과

① 대체효과
  - 이자율 하락 ➜ 현재소비의 기회비용 하락 ➜ 현재소비 증가(저축 감소)
  - 대체효과는 소비자가 현재 저축자인지 차입자인지에 관계없이 항상 현재소비를 늘리고 미래소비를 감소시킨다.

② 소득효과
  - 저축자: 이자율 하락 ➜ 이자수입 감소 ➜ 소득 감소 ➜ 현재소비 감소
  - 차입자: 이자율 하락 ➜ 이자부담 감소 ➜ 소득 증가 ➜ 현재소비 증가
    (단, 이자지급액에 대해 소득공제가 이루어지는 경우)

(4) 효과의 크기에 의한 소비의 변화

이자율 하락이 소비에 미치는 최종적인 효과는 소득효과와 대체효과의 상대적 크기에 따라 결정될 것이다. 이를 정리하면 다음과 같다.

① 저축자(소득효과 > 대체효과)
  이자율 하락 ➜ 현재소비 감소(저축 증가)

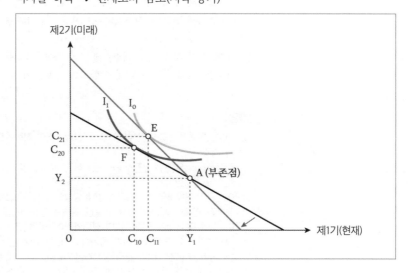

② 저축자(소득효과 < 대체효과)

이자율 하락 ➡ 현재소비 증가(저축 감소), 미래소비 감소

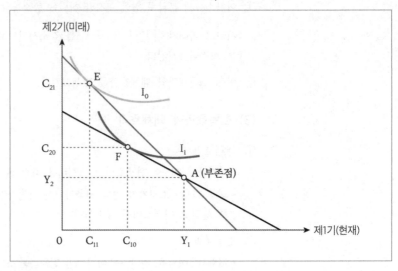

③ 차입자

이자율 하락 ➡ 소득효과와 대체효과 모두 현재소비를 증가시킴(차입 증가)

확인문제

이자소득세 부과의 효과로 옳지 않은 것은? (단, 현재소비와 미래소비는 모두 정상재이다) [세무사 18]

① 이자소득세 부과 시 민간저축과 정부저축의 합은 그 변화를 알 수 없다.
② 이자소득세가 부과되면 미래소비의 가격이 상승하는 효과를 가진다.
③ 이자소득세 부과 시 민간저축은 증가할 수도 감소할 수도 있다.
④ 이자소득세 부과 시 현재소비는 대체효과에 의해 증가하고 소득효과에 의해 감소한다.
⑤ 이자소득세 부과 시 미래소비에 주는 영향은 대체효과와 소득효과로 나눠지는데 이들 두 효과는 서로 반대 방향으로 작동한다.

해답

1) 이자소득세가 부과되면 현재소비의 상대가격이 하락하므로 대체효과에 의해서는 저축이 감소한다.
2) 이자소득세 부과로 실질소득이 감소하면 현재소비가 감소하므로 소득효과에 의해서는 저축이 증가한다.
3) 이처럼 대체효과와 소득효과가 반대 방향으로 작용하므로 이자소득세가 부과될 때 민간 저축과 경제 전체의 총저축의 증감 여부는 불분명하다.
4) 이자소득세 부과로 현재소비의 상대가격이 하락하고 미래소비의 상대가격이 상승하면 대체효과에 의해 현재소비가 증가하고 미래소비가 감소한다.
5) 현재소비와 미래소비가 모두 정상재이므로 이자소득세 부과로 실질소득이 감소하면 소득효과에 의해서는 현재소비와 미래소비가 모두 감소한다.
6) 이자소득세가 부과될 때 현재소비의 증감 여부는 불분명하나 미래소비는 반드시 감소함을 알 수 있다.

정답: ⑤

조세와
위험부담행위
★

핵심 Check: 조세와 위험부담행위

완전한 보상 시 (= 완전손실상계 시)	위험부담행위의 비율 증가
보상이 없는 경우 (= 손실상계 없는 경우)	• 위험부담행위의 소득탄력성이 +인 경우: 위험부담행위는 무조건 감소 • 위험부담행위의 소득탄력성이 -인 경우: 소득효과가 대체효과보다 크면 증가, 작으면 감소

1. 위험부담행위의 모형

(1) 효용함수

① 어떤 사람이 주어진 크기(W_0)의 자산을 보유하고 있는데, 이를 위험한 자산과 안전한 자산만 존재하며 두 가지가 적절히 혼합된 상태로 만든다고 가정하자.

② $U = U(y, \theta)$ (단, y는 수익, θ는 위험을 의미하며 $U_y > 0$, $U_\theta < 0$이다)

③ 즉, 수익이 높아질수록 효용은 증가하고, 위험이 높아질수록 효용이 감소한다.

④ 이로 인해 X축에 위험(= 표준편차), Y축에 수익(= 기대수익)을 놓으면 우상향하는 무차별곡선의 형태가 도출된다.

(2) 기회 궤적

① 의미
개인들이 선택할 수 있는 자산의 조합점들의 집합을 의미한다는 점에서 예산선과 거의 같은 내용이라고 보면 된다.

② 위험이 높아질수록 수익이 높아지므로 위험과 수익의 관계는 비례관계이다.

③ 인플레이션이 없다는 가정하에 어떤 사람이 자신의 자산 전체를 위험한 자산의 형태로 보유하기로 선택한다면, 그가 보유자산에서 얻는 수익과 이로 인해 발생하는 위험은 일정할 것이다. 이때 위험을 α, 수익을 β라고 하자.

(3) 균형

무차별곡선을 기회 궤적 위에서 임의의 자산 조합을 선택하면 다음과 같다.

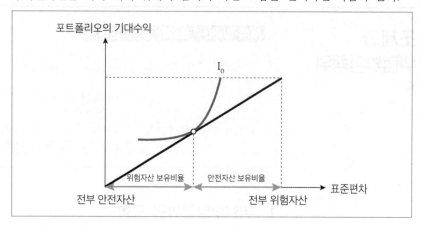

2. 조세부과의 효과

(1) 손실에 대한 보상 = 손실상계(loss offset)

① 손실상계는 투자로 인해서 손실이 발생했을 때, 세액 일부를 환급하거나 공제해 주어 손실분에 해당하는 조세부담을 줄여주는 것을 의미한다.

② 손실분에 해당하는 세액 전부를 감소시켜 주는 것을 완전손실상계(full loss offset), 세액 일부를 감소시켜 주는 것을 부분손실상계라 한다.

(2) 완전한 보상의 경우(= 완전손실상계가 이루어진 경우)

① 완전한 보상이 이루어지면 수익과 위험이 모두 비례적으로 감소하기 때문에 다음과 같은 변화가 나타난다.

② 다음 그림에서 대표적 개인의 선택은 E로 변화가 없다.

③ 선택점 자체는 변화가 없더라도 전체 선 OB에서 선 OK로 감소하였으므로 동일한 위험자산을 선택하였다 할지라도 전체 자산에서 차지하는 위험자산의 비율은 증가했다는 것을 알 수 있다.

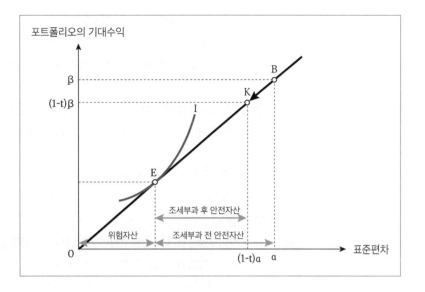

(3) 보상해 주지 않는 경우

① 보상해 주지 않으면 위험은 그대로이나 수익이 감소하여 기회 궤적의 기울기가 완만해진다.

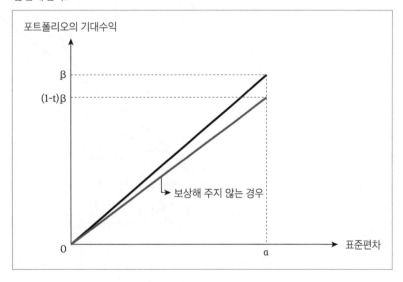

② 대체효과: 위험부담행위가 감소함

손실에 대한 보상이 없어 조세가 부과되면 위험은 그대로 있는 상태에서 수익만 줄어드는 결과가 나타난다. 이에 따라 위험스러운 자산의 상대적 매력이 떨어져 안전한 자산으로 대체하려는 효과가 나타난다.

③ 소득효과: 위험부담행위의 소득탄력성에 따라 달라짐

- 위험부담행위의 소득탄력성이 +인 경우는 실질소득 감소로 위험부담행위가 감소한다.
- 위험부담행위의 소득탄력성이 -인 경우는 실질소득 감소로 위험부담행위가 증가한다.

④ 결론

- 위험부담행위의 소득탄력성이 +인 경우: 위험부담행위는 무조건 감소한다.
- 위험부담행위의 소득탄력성이 -인 경우: 소득효과가 대체효과보다 크면 증가, 작으면 감소한다.

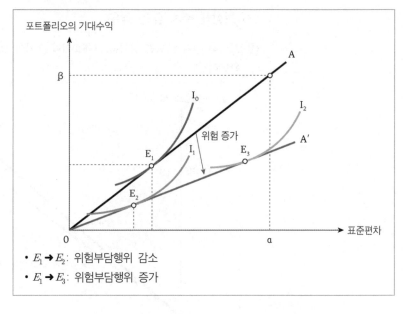

- $E_1 \rightarrow E_2$: 위험부담행위 감소
- $E_1 \rightarrow E_3$: 위험부담행위 증가

확인문제

안전자산과 위험자산으로 구성되어 있는 경제에서 안전자산의 수익률은 0이며, 개인은 수익극대화를 추구한다. 위험자산에 비례소득세를 부과하고 손실 보상을 전혀 해주지 않는 경우의 설명으로 옳은 것은? [세무사 16]

① 위험부담행위의 소득탄력성이 양이면, 소득효과는 위험자산에 대한 투자를 줄이고 대체효과는 위험자산에 대한 투자를 늘려 총효과는 불확실하다.

② 위험부담행위의 소득탄력성이 음이면, 소득효과와 대체효과 모두 위험자산에 대한 투자를 늘린다.

③ 위험부담행위의 소득탄력성이 양이면, 소득효과와 대체효과 모두 위험자산에 대한 투자를 줄인다.

④ 위험부담행위의 소득탄력성이 음이면, 소득효과와 대체효과 모두 위험자산에 대한 투자를 줄인다.

⑤ 위험부담행위의 소득탄력성이 양이면 소득효과와 대체효과가 발생하지 않아 위험자산에 대한 투자는 불변이다.

해답

1) 대체효과: 조세부과 ➡ 위험부담행위의 상대가격 ↑ ➡ 위험부담행위 ↓

2) 소득효과: $\epsilon_M > 0$: 조세부과 ➡ 실질소득 ↓ ➡ 위험부담행위 ↓
   $\epsilon_M < 0$: 조세부과 ➡ 실질소득 ↓ ➡ 위험부담행위 ↑

[오답체크]

①⑤ 위험부담행위의 소득탄력성이 양이면, 소득효과는 위험자산에 대한 투자를 줄이고 대체효과도 줄인다.

②④ 위험부담행위의 소득탄력성이 음이면, 소득효과는 위험자산에 대한 투자를 늘린다.

정답: ③

조세와 투자

★★

핵심 Check: 조세와 투자

자본의 사용자비용	$C=(r+d)P_K$
법인세 부과 후 자본의 사용자비용	$C=\dfrac{[(r+d)-t(x+y)]P_K}{1-t}$
법인세 부과 후 투자	• 자본의 사용자비용이 감소하면 투자 증가 • 자본의 사용자비용이 동일하면 투자 불변 • 자본의 사용자비용이 증가하면 투자 감소
중립적 법인세의 조건	• 자기자본의 귀속이자를 포함한 모든 이자비용의 완전 공제와 세법상 감가상각률과 경제적 감가상각률이 동일한 경우 • 자본재 구입비용을 즉시 상각하고, 이자비용공제를 허용하지 않는 경우
투자 촉진	가속상각제도, 투자세액공제 등
한계실효세율	$\dfrac{p-s}{p}$ (p: 세전수익률, s: 세후수익률)

1. 신고전파 투자이론(D. Jorgenson)

(1) 자본의 사용자비용(user cost of capital)

① 기업이 자본재를 일정 기간 사용할 때 드는 비용을 의미한다.

② 자본의 사용자비용은 명목이자율(i)과 감가상각률(d)에 비례하고 인플레이션율(π)에 반비례한다.

③ 이를 표현하면 자본의 사용자비용 $C=(i+d-\pi)P_K$이므로 $C=(r+d)P_K$이다. (단, P_K는 자본가격이며 r은 실질이자율이다)

(2) 투자 결정원리

① 자본재를 1단위 증가시킬 때의 총수입은 한계생산물 가치이다. 따라서 $P \cdot MP_K$이다.

② 자본재를 1단위 증가시킬 때 자본의 사용자비용은 $C=(r+d)P_K$이다.

③ 기업의 적정 자본량은 $P \cdot MP_K=(r+d)P_K$일 때 이루어진다.

④ 사례

자본재 1단위를 증가시킬 때 10개의 생산이 증가하고 재화의 가격이 1,000원이라면 자본재 생산으로 총 10,000원이 증가한 것이다. 이때 자본의 사용자비용이 10,000원을 초과하면 자본의 사용자비용이 크므로 투자를 줄이고 10,000원 미만이면 자본을 추가로 투입해야 한다. 따라서 극대화는 $P \cdot MP_K=(r+d)P_K$일 때 이루어진다.

2. 조세부과의 효과

(1) 법인세 부과 후 사용자비용

① t의 세율로 법인세를 부과하면 총수입에서 t의 세율로 조세를 내므로 자본의 한계생산물 가치가 $(1-t)P \cdot MP_K$로 감소한다.

② 세법상 이자비용공제와 감가상각이 인정되므로 납세액이 감소한다. 이는 자본의 사용자비용을 감소시킨다.

- 세법상 이자비용공제율을 x로 설정하면 지급이자의 비용처리에 따른 법인세 절감액은 txP_K가 된다.

- 세법상 감가상각률을 y로 설정하면 감가상각비의 비용처리에 따른 법인세 절감액은 tyP_K가 된다.

- 예를 들어 x를 10%, y를 20%, t를 10%, 자본재 가격을 100만원이라고 하면 지급이자의 비용처리에 따른 법인세 절감액은 1만원(= 0.1 × 0.1 × 100만원)이고, 감가상각비의 비용처리에 따른 법인세 절감액은 2만원(= 0.1 × 0.2 × 100만원)이다.

- 따라서 법인세 부과 후 자본의 사용자비용은 $C = (r+d)P_K - t(x+y)P_K$가 된다.

③ 법인세 부과 후 이윤극대화 조건: $(1-t)P \cdot MP_K = (r+d)P_K - t(x+y)P_K$

④ 위 식을 변형하면 $P \cdot MP_K = \dfrac{[(r+d)-t(x+y)]P_K}{1-t}$이 되고 변형된 식의 우변의 $\dfrac{[(r+d)-t(x+y)]P_K}{1-t}$가 법인세 납세 후 이윤극대화 시 자본의 사용자비용이다.

(2) 법인세 부과 후 투자의 변동

① 법인세를 부과한다고 해서 자본의 사용자비용이 반드시 증가하는 것은 아니다.

② 위에서 언급한 지급이자와 감가상각의 비용처리가 크게 된다면 법인세 부과 후 오히려 자본의 사용자비용이 감소할 수도 있다.

③ 따라서 법인세 부과 후 비용이 커지면 투자가 감소하지만, 오히려 비용이 적어지면 투자가 증가할 수도 있다.

④ 법인세 부과 전과 후의 자본의 사용자비용이 동일한 경우를 중립적 법인세라고 한다.

핵심 Plus +

법인세가 자본의 배분에 영향을 주는 경로

- 법인부문 안에서 기업들이 자본축적을 하는 과정, 즉 투자하는 과정에 영향을 준다.

- 그 경제 안에 축적된 자본이 법인과 비법인부문 사이에 배분되는 과정에 영향을 미치기도 한다. 즉, 과세되지 않은 비법인부문으로 자본을 이동하게 한다.

(3) 중립적 법인세의 조건

① 중립세가 되려면 법인세 부과 전과 후의 자본의 사용자비용이 동일해야 하므로 $(r+d)P_K = \dfrac{[(r+d)-t(x+y)]P_K}{1-t}$가 성립해야 한다.

② 첫째, 자기자본의 귀속이자를 포함한 모든 이자비용의 완전공제가 이루어지고 세법상 감가상각률과 경제적 감가상각률이 동일해지면 중립적 법인세가 된다.

- 이자비용의 완전공제가 이루어지면 $r=x$이고, 세법상 감가상각률과 경제적 감가상각률이 동일하면 $d=y$이다.

- $\dfrac{[(r+d)-t(x+y)]P_K}{1-t}$에 대입하면 $\dfrac{[(r+d)-t(r+d)]P_K}{1-t} = \dfrac{[(r+d)(1-t)]P_K}{1-t}$
  $=(r+d)P_K$가 되어 성립한다.

③ 둘째, 자본재 구입비용을 즉시 상각하고, 이자비용공제를 허용하지 않는 경우 중립적 법인세가 된다.

- 자본재 구입비용을 즉시 비용으로 처리하면 구입시점의 자본재 가격이 $(1-t)P_K$로 하락한다. 이로 인해 감가상각분이 존재하지 않으므로 $y=0$이다.

- 이자비용공제를 허용하지 않으므로 $x=0$이다.

- $\dfrac{[(r+d)-t(x+y)]P_K}{1-t}$에 대입하면 $\dfrac{[(r+d)(1-t)]P_K}{1-t} = (r+d)P_K$가 되어 성립한다.

(4) 투자 촉진의 방법

① 가속상각제도

실제보다 더 빠른 속도로 감가상각을 하는 제도를 시행하여 위 공식의 y값을 크게 만들어 자본의 사용자비용을 하락하게 하는 방법이다.

② 투자세액공제

투자세액공제란 투자한 금액, 즉 자본재를 구입한 금액의 일정 부분에 해당하는 금액을 법인이 내야 할 세금에서 빼주는 것으로 자본의 사용자비용을 감소시킨다.

③ 특정 기간 조세감면제도

일정한 기간 동안 특정 산업에 속한 기업에 조세감면의 혜택을 주는 제도이다.

④ 준비금제도

납세의 시기를 늦춰 줌으로써 기업의 실질적인 조세부담을 가볍게 해줄 수 있다.

3. 한계실효세율접근법(M. King and Fullerton)

(1) 한계실효세율

① 한계실효세율(effective tax rate, t) = $\dfrac{p-s}{p}$

- p: 한계적인 투자계획으로부터 나오는 세전수익률(단, 감가상각충당분은 제외)
- s: 이 투자계획의 재원을 제공한 저축자에게 지급되는 실질수익률

② 한계실효세율은 일반적으로 0보다 큰 값을 가지며, 그 값이 클수록 투자를 위축시키는 효과가 커진다.

③ 한계실효세율이 0보다 작게 나오는 경우는 세후수익률이 높으므로 투자가 촉진된다.

(2) 한계실효세율을 0보다 작게 만드는 경우

① 가속상각제도나 투자세액공제제도 등 투자를 촉진하기 위한 각종 조치가 있는 경우이다.

② 각 나라 정부가 투자 촉진을 위해 여러 가지 세제상 특혜를 경쟁적으로 제공하고 있으므로 이런 현상이 종종 나타나고 있다.

확인문제

법인세 부과에도 불구하고 중립성이 보장되는 경우로 옳지 않은 것은?

[세무사 15]

① 진정한 경제적 감가상각과 금융비용 전액 공제를 허용하는 경우
② 현금의 흐름 혹은 직접적 비용을 기준으로 과세하는 경우
③ 자본비용상각의 현재가치가 자본 구입가격과 일치하는 경우
④ 적자가 발생할 때 손실액을 다음 해로 이월해 주는 경우
⑤ 조세가 자본의 사용자비용을 변화시키지 않는 경우

해답

적자가 발생할 때 손실액을 다음 해로 이월해 줄 때도 법인세 부과로 자본의 사용자비용이 변할 수 있다. 그러므로 ④는 법인세의 중립성이 보장된다고 보기 어렵다. 정답: ④

조세의 기업에 대한 자본구조와 배당정책 ★

모딜리아니-밀러 제1명제	기업이 어떤 부채-자본비율(debt-equity ratio)을 선택하든 기업의 가치에는 아무런 영향이 없음
부채의 감세효과	타인자본 의존도가 높아질수록 법인세 부담이 가벼워짐
모딜리아니-밀러 배당무의미성 이론	완전한 자본시장의 가정하에서 배당정책이 기업의 가치에 아무 영향을 주지 않아 기본적으로 무의미함

1. 조세와 기업의 자본구조

(1) 모딜리아니-밀러의 제1명제

① 기업이 어떤 부채-자본비율(debt-equity ratio)을 선택하든 기업의 가치에는 아무런 영향이 없다는 것이다.

② 가정

(i) 기업의 투자정책은 이미 정해져 있으며, 투자가들도 이를 알고 있다.
(ii) 기업의 수익에는 아무런 조세도 부과되지 않는다.
(iii) 주식을 아무런 거래비용도 들이지 않고 자유로이 사고팔 수 있다.
(iv) 완전한 자본시장이 존재해 누구나 똑같은 이자율로 돈을 마음대로 빌려주고 빌릴 수 있다.
(v) 모든 투자가들은 똑같은 정보를 갖고 있으며, 나아가 경영자와도 같은 정보를 나눠 갖고 있다.
(vi) 경영자는 언제나 주주의 재산을 극대화하려고 노력하기 때문에 본인-대리인의 문제가 발생하지 않는다.
(vii) 기업의 파산과 관련해 아무런 비용이 발생하지 않는다.

③ 일련의 비현실적인 가정에서 그대로 따라 나오는 것이라고 할 수 있다.

(2) 법인세를 고려하는 경우

① 현실에서의 법인세는 자기자본과 타인자본을 달리 취급한다.

② 법인세상에서 부채에 대해 지급한 이자는 비용으로 공제가 허용되는 반면, 자기자본에 대한 귀속이자의 경우에는 공제가 허용되지 않는다.

③ 부채의 감세효과

타인자본 의존도가 높아질수록 법인세 부담이 가벼워지는 결과가 나온다. 이를 부채의 감세효과(tax shield)라고 한다.

④ 다른 조건이 똑같은 두 기업의 경우, 부채비율이 높은 쪽이 법인세 부담이 적으므로 기업가치가 더 크다고 볼 수 있다.

⑤ 즉, 법인세가 존재하는 경우 모딜리아니-밀러의 제1명제는 성립하지 않는다.

⑥ 현실에서는 타인자본 사용 시 파산 가능성이 높아지기 때문에(= 파산비용이 커서) 잘 나타나지 않는다.

2. 조세와 배당정책

(1) 모딜리아니-밀러의 배당무의미성 이론

① 의미

완전한 자본시장의 가정하에서 배당정책이 기업의 가치에 아무 영향을 주지 않아 기본적으로 무의미하다는 것이다.

② 비현실적 가정

- 완전한 자본시장의 조건이 현실에서 충족되기 어렵다.
- 조세가 부과되지 않고 거래비용이 들지 않는다는 가정은 현실과 맞지 않는다.

(2) 배당금에 대한 이론과 현실

① 배당금의 이론

- 기업이 수익 일부분을 사내에 유보하기로 결정하면 주식가격이 올라 주주들에게 자본이득이 돌아가게 된다.
- 배당금보다 자본이득에 대해 낮은 세율을 적용하는 것이 일반적인 현상이다.
- 따라서 이론적으로는 기업이 배당금을 지급하지 않고 모두 사내에 유보함으로써 주주들의 이득을 극대화할 수 있다.

② 배당금의 현실

현실 속에서는 무거운 조세부담을 감수하면서 배당금 지급을 요구하고 있다.

(3) 주주들이 배당금을 요구하는 이유

① 소액투자가나 비영리단체가 주주인 경우

소액투자가는 생활비의 충당을 위해, 비영리단체의 경우는 배당금처럼 정상적인 소득만 사용할 수 있도록 정관에 규정되어 있는 경우가 있다.

② 기업의 소유와 경영의 분리

경영진은 적절한 배당률을 선택함으로써 기업 활동에서 나온 수익의 수준이나 성장 가능성에 대한 신호를 주주에게 발송하려 하기 때문이다.

③ 경영진에 대한 주주들의 불신

주주와 경영자 사이에 존재하는 본인-대리인의 관계에서 경영자가 자신의 이득을 먼저 챙기는 도덕적 해이 문제가 발생할 수 있으므로 주주들은 배당을 요구할 수 있다.

④ 행태경제 이론의 관점

자제력이 부족한 사람들은 당장의 즐거움을 위해 배당을 받고 자본이득보다 더 높은 조세를 납부하여 나중에 후회할 일을 한다는 것이다.

확인문제

기업의 투자에 관한 설명으로 옳지 않은 것은? [세무사 10]

① 조세는 일반적으로 자본투자의 비용을 높이게 된다.

② 토빈의 q가 1보다 크면 투자가치가 있다.

③ 가속감가상각은 실제 경제적 감가상각보다 빠르게 자산을 결손 처분하도록 하는 방식이다.

④ 모딜리아니-밀러(Modigliani-Miller) 제1정리에 따르면 기업이 어떠한 부채-자본 비율을 선택하는가에 따라 기업의 가치는 변화한다.

⑤ 한계실효세율접근법에 의하면 한계실효세율이 높을수록 조세부과가 투자를 더욱 위축시킨다.

해답

모딜리아니-밀러의 제1정리에 의하면 기업의 가치는 그 기업의 수익력에 의해 결정될 뿐 자본구조와는 전혀 무관하다. 즉, 기업의 가치가 극대화되는 최적 자본구조는 존재하지 않는다.

정답: ④

제10장 개념확인 OX문제

01 조세와 노동공급 ★★★

01 비례적 근로소득세율 인상은 여가의 가격을 상승시킨다. (○, ×)

02 세율 인상의 효과는 임금률 상승의 효과와 동일하다. (○, ×)

03 비례소득세가 부과될 때 대체효과는 노동공급을 감소시키는 방향으로 작용한다. (○, ×)

04 여가가 정상재인 경우 노동에 과세하면, 소득효과는 노동시간을 감소시킨다. (○, ×)

05 비례적인 근로소득세가 부과될 때 여가가 정상재라면 대체효과는 노동공급을 감소시키나 소득효과는 노동공급을 증가시킨다. (○, ×)

06 여가가 정상재인 경우 세율 인상으로 인한 소득효과가 대체효과보다 크면 노동공급이 감소한다. (○, ×)

07 여가가 정상재일 때 대체효과가 소득효과에 의해 거의 상쇄되면 노동공급곡선은 수직선에 가까운 형태를 보인다. (○, ×)

08 근로소득세 부과 시 노동공급이 변하지 않거나 오히려 증가한다면 사회적 잉여의 순손실은 발생하지 않는다. (○, ×)

09 누진적 소득세의 경우, 여가의 가격을 나타내는 예산선의 기울기가 일정하다. (○, ×)

10 노동공급이 후방굴절되는 구간에서는 세율 인상으로 노동공급이 증가한다. (○, ×)

정답 및 해설

01 X 근로소득세율의 인상은 임금 하락과 같다. 임금은 여가의 기회비용이자 여가의 가격이므로 여가의 가격을 하락시킨다.

02 X 임금률 하락의 효과와 동일하다.

03 ○

04 X 여가가 정상재인 경우 노동에 과세하면, 소득효과는 노동시간을 증가시킨다.

05 ○

06 X 세율 인상으로 인한 소득효과가 대체효과보다 크면 후방굴절 노동공급곡선이다. 후방굴절 노동공급곡선에서는 세율이 높아질수록 노동공급이 증가한다.

07 ○

08 X 대체효과가 아예 없는 것이 아니므로 순손실은 발생할 수밖에 없다.

09 X 예산선의 기울기가 일정하지 않다.

10 ○

11 여가가 열등재일 때, 비례소득세를 부과하면 노동공급은 감소한다. (○, ×)

12 선형누진소득세제에서 면세점을 인하할 경우, 여가가 열등재라면 소득효과를 통해 노동공급은 증가한다. (○, ×)

13 선형누진소득세제에서 면세점을 인상할 경우, 여가가 정상재라면 소득효과를 통해 노동공급은 감소한다. (○, ×)

14 동일한 조세수입을 징수하고자 할 때, 비례소득세보다 선형누진소득세가 근로의욕을 더 떨어뜨린다. (○, ×)

02 조세와 저축 ★★★

15 저축에 대한 조세가 부과되기 이전에는 1기 소비의 가격은 $(1+r)$이 된다. (○, ×)

16 이자소득에 t의 세율로 과세하면 저축의 수익률은 '$r \times (1-t)$'가 된다. (○, ×)

17 이자소득세 부과는 미래소비의 상대가격을 인상시킨다. (○, ×)

18 이자소득세의 부과는 미래소비의 가격을 인상하게 되어 미래소비가 정상재라면, 소득효과로 인해 현재소비와 미래소비는 감소하게 된다. (○, ×)

19 이자소득세가 부과되면 과세 후 소득이 감소하므로 현재소비와 미래소비가 정상재라면, 소득효과로 인해 현재소비와 미래소비는 감소하게 된다. (○, ×)

20 이자소득세 부과에 따른 소득효과는 일정 수준의 미래소비를 유지하기 위하여 저축을 증가시키는 것을 말한다. (○, ×)

정답 및 해설

11 ○

12 X 면세점을 인하할 경우 소득은 줄어든다. 소득이 줄어들 때 여가가 열등재라면 여가소비가 늘어나므로 노동공급은 감소한다.

13 ○ 면세점을 인상할 경우 소득은 늘어난다. 소득이 늘어날 때 여가가 정상재라면 여가소비가 늘어나므로 노동공급은 감소한다.

14 ○

15 ○

16 ○

17 ○

18 ○

19 ○

20 ○

21 이자소득세 부과 후 어떤 개인이 2기의 소비 수준을 과세 전과 동일하게 유지하고자 한다면, 이자소득세율을 인상할 경우 현재소비를 줄이고 저축을 늘리게 된다. (○, ×)

22 이자소득세 부과 시 현재소비와 미래소비가 정상재라면, 미래소비는 소득효과와 대체효과의 상대적 크기에 따라 증가하거나 감소한다. (○, ×)

23 2구간 모형에서 근로소득에 대한 과세로 인해 나타나는 대체효과는 현재소비를 감소시킨다. (○, ×)

24 근로소득세 부과 시 세수의 전부를 정부저축으로 할당하면 경제 전체의 저축은 증가한다. (○, ×)

03 조세와 위험부담행위 ★

25 위험부담행위의 소득탄력성이 양이면, 소득효과는 위험자산에 대한 투자를 줄이고 대체효과는 위험자산에 대한 투자를 늘려 총효과는 불확실하다. (○, ×)

26 위험부담행위의 소득탄력성이 양이면, 소득효과와 대체효과 모두 위험자산에 대한 투자를 줄인다. (○, ×)

27 위험부담행위의 소득탄력성이 음이면, 소득효과와 대체효과 모두 위험자산에 대한 투자를 줄인다. (○, ×)

04 조세와 투자 ★★

28 신고전파 투자이론에 따르면 자본의 사용자비용이 적을수록 투자가 증가한다. (○, ×)

29 자본 스톡의 사용자비용 탄력성이 클수록 조세정책이 기업의 투자에 미치는 영향이 크다. (○, ×)

정답 및 해설

21 ○

22 X 현재소비와 미래소비가 정상재라면, 소득효과도 미래소비를 감소시키고 대체효과도 미래소비를 감소시킨다.

23 X 근로소득세를 부과하면 대체효과는 발생하지 않는다.

24 ○

25 X 위험부담행위의 소득탄력성이 양이면, 소득효과와 대체효과 모두 위험자산에 대한 투자를 줄인다.

26 ○

27 X 위험부담행위의 소득탄력성이 음이면, 소득효과는 위험자산에 대한 투자를 줄이고 대체효과는 위험자산에 대한 투자를 늘려 총효과는 불확실하다.

28 ○

29 ○

30 토빈의 q이론에 따를 경우, 자본의 대체비용이 클수록 투자가 줄어든다. (○, ×)

31 자본의 사용자비용과 관련된 한계실효세율 측정은 세전수익률을 세후수익률로 나누어서 구할 수 있다. (○, ×)

32 투자를 촉진하려는 방법으로 가속상각제도의 채택, 투자세액공제 허용 등이 있다. (○, ×)

33 경제적 순이윤에 대한 과세라면 법인의 생산량 결정에 왜곡이 발생하지 않는다. (○, ×)

34 법인세가 부과된 후 자본의 사용자비용에 변화가 없으면 투자에 대한 효과는 중립적이라고 해석할 수 있다. (○, ×)

35 졸겐슨(D. Jorgenson)의 신고전학파 투자모형에 의하면, 자본의 한계생산물 가치가 자본의 사용자비용과 일치할 때, 기업의 적정 자본량이 결정된다. (○, ×)

36 가속상각제도의 채택은 자본의 사용자비용을 크게 만드는 결과를 가져온다. (○, ×)

37 가속감가상각을 할 경우 실효세율이 하락한다. (○, ×)

38 투자세액공제는 신규투자에 대한 순비용을 증가시킨다. (○, ×)

39 한계실효세율은 한계적인 투자계획으로부터 나오는 세전실질수익률과 당해 투자계획의 자본제공자가 받는 세후실질수익률과의 차이를 세전실질수익률로 나눈 것이다. (○, ×)

40 한계실효세율접근법은 법인세 부과가 세후투자소득에 어떤 영향을 주는지에 주목한다. (○, ×)

정답 및 해설

30 ○

31 X 자본의 사용자비용과 관련된 한계실효세율 측정은 한계실효세율 $t = \dfrac{p-s}{p}$ (p: 세전수익률, s: 세후수익률)로 정의된다.

32 ○

33 ○ 순이윤에 과세하는 것은(이윤세는) 효율적인 조세이며, 투자에 대하여 중립적이다.

34 ○ 자본의 사용자비용에 따라 투자를 결정하기 때문에 자본의 사용자비용에 변화가 없으면 투자에 대한 효과는 중립적이라고 해석할 수 있다.

35 ○

36 X 가속상각제도는 자본의 사용자비용을 줄여주는 결과를 가져온다.

37 ○ 법인의 투자를 장려하기 위한 방법으로 가속상각제도가 있다.

38 X 투자세액공제는 신규투자에 대한 순비용을 감소시킨다.

39 ○

40 ○

41 한계실효세율접근법에 따르면 한계실효세율이 높을수록 조세부과가 투자를 더욱 위축시킨다. (○, ×)

42 한계실효세율이 음(−)의 값을 갖는 것으로 나타나면 법인세 부과가 투자행위를 촉진한다고 해석할 수 있다. (○, ×)

43 현실적으로 부채에 의해 재원을 조달할 경우 한계실효세율은 음(陰)의 값을 가질 수 있다. (○, ×)

44 한계실효세율접근법에 따르면 조세가 여러 다른 유형의 투자에 미치는 효과를 분석할 수 있다는 장점이 있다. (○, ×)

45 가속상각제도나 투자세액공제제도는 한계실효세율을 낮추지 못한다. (○, ×)

46 토빈의 q가 1보다 크면 투자가치가 있다. (○, ×)

05 조세의 기업에 대한 자본구조와 배당정책 ★

47 모딜리아니−밀러의 1명제는 기업가치극대화를 위한 최적 자본구조가 존재하지 않는다는 것이다. (○, ×)

48 모딜리아니−밀러는 배당이 높을수록 기업의 가치가 높다고 주장하였다. (○, ×)

49 모딜리아니−밀러 제1정리에 따르면 기업이 어떠한 부채−자본비율을 선택하는가에 따라 기업의 가치는 변화한다. (○, ×)

50 법인세의 특성상 부채를 가진 기업은 감세효과(tax shield)를 누릴 수 있다. (○, ×)

51 부채에서 나오는 감세효과는 세율이 높을수록 작아진다. (○, ×)

정답 및 해설

41 ○

42 ○

43 ○

44 ○

45 X 가속상각제도나 투자세액공제제도는 자본의 사용자비용을 낮춰 투자를 증가시킨다. 즉 한계실효세율을 낮출 수 있다.

46 ○

47 ○

48 X 기업의 가치는 배당과는 관련이 없다고 주장하였다.

49 X 기업이 어떠한 부채-자본비율을 선택하는지는 관계없다.

50 ○ 모딜리아니-밀러의 보조 정리에 따르면 조세가 존재하면 100% 차입경영이 유리하다.

51 X 부채에서 나오는 감세효과는 세율이 높을수록 커진다.

제10장 기출 & 예상문제

01 조세와 노동공급 ★★★

01
지식형

근로소득에 비례소득세를 부과하는 경우 나타나는 효과에 관한 설명으로 옳지 않은 것은? (단, 여가는 정상재이고, 근로소득만 존재한다) [세무사 21]

① 초과부담은 세율이 높아질수록 커진다.
② 노동공급곡선이 우상향이면 시장임금률은 상승한다.
③ 노동공급곡선이 수직이면 전부 근로자에게 귀착된다.
④ 실질소득의 감소로 노동공급을 증가시키려는 소득효과가 나타난다.
⑤ 대체효과와 소득효과가 동일하여 노동공급이 일정하면 순임금률과 시장임금률은 동일하다.

02
지식형
근로소득세 부과가 노동공급에 미치는 영향으로 옳은 것은? [세무사 18]

① 여가가 정상재일 경우, 소득효과와 대체효과 모두 노동공급을 증가시키므로 총노동공급은 증가한다.
② 여가가 정상재일 경우, 소득효과로 노동공급이 증가하고, 대체효과로 노동공급이 감소하여 총노동공급의 변화는 알 수 없다.
③ 여가가 열등재일 경우, 소득효과와 대체효과 모두 노동공급을 증가시키므로 총노동공급은 증가한다.
④ 여가가 열등재일 경우, 소득효과로 노동공급이 감소하고, 대체효과로 노동공급이 증가하여 총노동공급의 변화는 알 수 없다.
⑤ 여가가 열등재일 경우, 소득효과로 노동공급이 증가하고, 대체효과로 노동공급이 감소하여 총노동공급의 변화는 알 수 없다.

03
지식형
임금이 상승할 때 처음에는 우상향하다가 일정 임금 수준 이상에서 후방굴절 형태를 갖는 노동공급곡선과 관련된 설명으로 옳은 것은? (단, 여가는 정상재라 가정한다) [세무사 17]

① 후방굴절 구간에서는 대체효과가 소득효과보다 크다.
② 임금과 노동공급이 정(+)의 관계인 구간에서는 근로소득세를 증가시키면 노동공급은 증가한다.
③ 후방굴절 구간에서 근로소득세를 증가시키면 노동공급은 증가한다.
④ 근로소득세 과세는 초과부담을 초래하지 않는다.
⑤ 근로소득세 납부 후 임금률은 상승한다.

04 근로소득세 부과가 노동시장에 미치는 효과에 관한 설명으로 옳은 것은? [세무사 17]

지식형

① 여가가 정상재일 경우 임금 변화에 따른 소득효과가 대체효과보다 작다면 후방굴절형 노동공급곡선이 될 것이다.

② 여가가 열등재일 경우 비례소득세를 부과하면 노동공급량은 감소한다.

③ 여가가 정상재일 경우 비례소득세를 부과하면 대체효과는 노동공급을 늘리는 방향으로 작용하고 소득효과는 노동공급을 줄이는 방향으로 작용한다.

④ 여가가 정상재일 경우 누진소득세 부과가 노동공급에 미치는 영향은 비례소득세 부과와 유사하지만 고소득자에게 유리하다.

⑤ 여가가 정상재일 경우 선형누진소득세의 평균세율이 비례소득세와 동일하다면 노동공급에 미치는 효과는 동일하다.

정답 및 해설

01 ⑤ 시장임금 - 순임금 = 조세이므로 순임금률과 시장임금률은 동일하지 않다.

[오답체크]
① 초과부담은 세율의 제곱에 비례하므로 세율이 높아질수록 커진다.
② 노동공급곡선이 우상향이면 조세를 포함한 시장임금률은 상승하고 조세부과를 뺀 순임금률은 하락한다.
③ 노동공급곡선이 수직이면 노동공급이 완전비탄력적이므로 전부 근로자에게 귀착된다.
④ 여가가 정상재이므로 실질소득의 감소는 여가소비를 감소시켜 노동공급을 증가시키려는 소득효과가 나타난다.

02 ② 근로소득세가 부과되면 대체효과는 노동의 공급을 감소시킨다. 반면 여가가 정상재인 경우는 소득이 감소하므로 여가소비 감소-노동공급 증가, 여가가 열등재인 경우는 여가소비 증가-노동공급 감소이다. 따라서 여가가 열등재인 경우 노동공급이 반드시 감소하며, 여가가 정상재인 경우는 소득효과와 대체효과의 크기에 따라 달라진다.

03 ③ 후방굴절 구간에서는 근로소득세가 증가하면 임금이 하락하지만 노동공급은 증가한다.

[오답체크]
① 후방굴절 구간에서는 노동공급이 증가하므로 소득효과가 대체효과보다 크다.
② 임금과 노동공급이 정(+)의 관계인 구간에서는 근로소득세를 증가시키면 노동공급은 감소한다.
④ 근로소득세 과세는 초과부담을 초래한다.
⑤ 근로소득세 납부 후 임금률은 하락한다.

04 ② 여가가 열등재일 경우 비례소득세를 부과하면 소득효과와 대체효과 모두 노동공급을 감소시키므로 반드시 노동공급량은 감소한다.

[오답체크]
① 여가가 정상재일 경우 임금 변화에 따른 소득효과가 대체효과보다 크다면 후방굴절형 노동공급곡선이 될 것이다.
③ 여가가 정상재일 경우 비례소득세를 부과하면 대체효과는 노동공급을 줄이는 방향으로 작용하고 소득효과는 노동공급을 늘리는 방향으로 작용한다.
④ 여가가 정상재일 경우 누진소득세 부과가 노동공급에 미치는 영향은 비례소득세 부과와 유사하지만 고소득자에게 불리하다.
⑤ 여가가 정상재일 때 비례소득세를 동일한 조세수입을 얻는 선형누진세로 바꾸면 한계세율이 높아진다. 한계세율이 높아지면 여가의 상대가격이 크게 하락하므로 여가소비가 증가하는 대체효과가 크게 나타난다. 그러므로 비례소득세를 선형누진세로 바꾸면 노동공급이 감소하게 된다.

05 ★★

지식형

근로소득세가 노동공급에 미치는 영향으로 옳은 것은? [세무사 16]

① 여가가 정상재일 때, 비례소득세 부과로 인한 대체효과가 소득효과보다 크면 노동공급은 늘어난다.

② 여가가 정상재일 때, 비례소득세와 동일한 조세수입을 가져다주는 비왜곡적인 정액세를 부과하는 경우 노동공급에 미치는 효과는 동일하다.

③ 여가가 열등재일 때, 비례소득세 부과로 인한 대체효과가 소득효과보다 크면 노동공급은 늘어난다.

④ 여가가 열등재일 때, 비례소득세와 동일한 조세수입을 가져다주는 비왜곡적인 정액세를 부과하는 경우 노동공급에 미치는 효과는 동일하다.

⑤ 여가가 열등재일 때, 비왜곡적인 정액세를 부과하는 경우 소득효과만 존재하여 노동공급은 감소한다.

06 ★★

지식형

시간당 임금률 W_0를 받고 있던 근로자가 여가와 소득 사이에서 선택하는 상황을 가정하자. 여가와 소득에 관한 무차별곡선은 원점에 대해 볼록한 일반적 형태이며, 여가는 열등재이다. 세율 t로 비례소득세가 부과된 경우 소득세가 노동공급에 미치는 효과에 관한 설명으로 옳은 것은? [세무사 15]

① 순임금률은 $(1+t)W_0$로 상승한다.

② 소득효과는 노동공급량을 감소시킨다.

③ 대체효과는 노동공급량을 증가시킨다.

④ 대체효과가 소득효과보다 크면 노동공급량을 늘리는 방향으로 작용한다.

⑤ 노동공급곡선은 우하향하는 형태를 가진다.

07 ★★

지식형

근로소득세가 노동공급에 미치는 영향에 관한 설명으로 옳지 않은 것은? [세무사 14]

① 비례적인 근로소득세가 부과될 때 여가가 정상재라면 대체효과는 노동공급을 감소시키나 소득효과는 노동공급을 증가시킨다.

② 여가가 열등재일 때 근로소득세가 부과되면 대체효과가 소득효과보다 커서 노동공급이 증가한다.

③ 근로소득세가 노동공급에 미치는 영향을 분석하는 방법은 계량적 추정, 설문조사, 실험 등이 있다.

④ 여가가 정상재일 때 대체효과가 소득효과에 의해 거의 상쇄되면 노동공급곡선은 수직선에 가까운 형태를 보인다.

⑤ 실증연구결과에 따르면 가계의 주 근로소득자(primary worker)들의 세율에 대한 노동공급탄력성은 비탄력적인 반면, 보조 근로소득자(secondary worker)들의 노동공급탄력성은 상당히 탄력적이다.

08 우리나라는 근로소득세 최고세율을 35%에서 38%로 인상하였다. 이때 발생할 수 있는 변화에 관한 설명으로 옳지 않은 것은? (단, 여가는 정상재이다)

지식형 [세무사 12]

① 소득효과와 대체효과가 정확하게 상쇄되면 노동공급은 불변이다.

② 세율 인상으로 인한 소득효과가 대체효과보다 크면 고소득층의 노동공급이 감소한다.

③ 노동공급곡선이 후방굴절되는 구간에서는 세율 인상으로 노동공급이 증가한다.

④ 세율 인상으로 초과부담이 증가한다.

⑤ 세율 인상에도 불구하고, 고소득층의 노동공급량 감소에 따라 세수 증대가 이루어지지 않을 수 있다.

09 하루 24시간 중 노동과 여가의 선택에 직면한 근로자의 시간당 임금은 w이다. 이때 세율 t_w의 근로소득세가 부과될 경우 다음 설명 중 옳지 않은 것은? (단, M은 소득, H는 여가를 의미한다)

계산형 [세무사 12]

① 세후순임금률은 $(1-t_w)w$이다.

② 세금 부과 전의 예산선은 $M = -wH + 24w$이다.

③ 세금 부과 후의 예산선은 $M = -(1-t_w)wH - 24w(1-t_w)$이다.

④ 세금 부과 전 예산선의 소득축 절편은 $24w$이다.

⑤ 세금 부과 후 예산선의 여가축 절편은 24이다.

정답 및 해설

05 ⑤ 여가가 열등재일 때, 비왜곡적인 정액세는 대체효과가 발생하지 않으므로 소득효과만 존재하여 노동공급은 감소한다.

[오답체크]

① 여가가 정상재일 때, 비례소득세 부과로 인한 대체효과가 소득효과보다 크면 노동공급은 감소한다.

② 여가가 정상재일 때, 비례소득세는 소득효과와 대체효과 모두 발생하지만 정액세는 대체효과가 없으므로 동일한 효과가 아니다.

③ 여가가 열등재일 때, 비례소득세 부과로 노동공급은 반드시 감소한다.

④ 여가가 열등재일 때, 정액세는 대체효과가 없으므로 동일한 효과가 아니다.

06 ② 여가가 열등재이므로 비례소득세를 부과하면 소득이 감소하여 여가소비가 증가한다. 따라서 소득효과는 노동공급량을 감소시킨다.

[오답체크]

① 순임금률은 $(1-t)W_0$로 상승한다.

③ 대체효과는 노동공급량을 감소시킨다.

④ 대체효과와 소득효과 모두 노동공급을 감소시킨다.

⑤ 노동공급곡선은 임금 하락 시 노동공급이 감소하므로 우상향하는 형태를 가진다.

07 ② 여가가 열등재일 때 근로소득세가 부과되면 대체효과와 소득효과 모두 노동공급을 감소시킨다.

08 ② 근로소득세율이 인상되면 대체효과에 의해서는 노동공급이 감소하나 소득효과에 의해서는 노동공급이 증가한다. 그러므로 소득효과와 대체효과가 정확히 상쇄되면 노동공급이 변하지 않을 것이고, 소득효과가 대체효과보다 크면 오히려 노동공급이 증가할 것이다.

09 ③ 1) 근로소득세 부과 전의 예산제약: $(24-H) \times w = M$ ➡ $M = -wH + 24w$

2) 근로소득세 부과 후의 예산제약: $(24-H) \times (1-t_w)w = M$ ➡ $M = -(1-t_w)wH + 24w(1-t_w)$

★★
10 여가-소득 간의 선택 모형에서 조세가 개인의 노동공급 의사결정에 미치는 영향에 관한 설명으로 옳은 것
지식형 은? (단, 여가는 정상재이다) [세무사 11]

① 비례적 근로소득세율 인상은 여가의 가격을 상승시킨다.
② 근로소득세를 인상하면 소득효과는 노동공급을 증가시키는 반면, 대체효과는 노동공급을 감소시킨다.
③ 누진적 소득세의 경우, 여가의 가격을 나타내는 예산선의 기울기가 일정하다.
④ 일반적으로 근로소득세율이 낮을 때, 세율 인상은 노동공급을 감소시키지만, 근로소득세율이 높을 때
   세율 인상은 노동공급을 증가시킨다.
⑤ 세율 인상의 효과는 임금률 상승의 효과와 동일하다.

★★
11 근로소득세 부과가 노동시장에 미치는 영향으로 옳지 않은 것은? [세무사 11]
지식형

① 동일한 조세수입을 징수하고자 할 때, 비례소득세보다 선형누진소득세가 근로의욕을 더 떨어뜨린다.
② 여가가 열등재일 때, 비례소득세를 부과하면 노동공급은 감소한다.
③ 여가가 정상재일 때, 비례소득세 부과가 노동시장에 미치는 영향은 소득효과와 대체효과의 상대적
   크기에 따라 다르다.
④ 선형누진소득세제에서 면세점을 인하할 경우, 여가가 열등재라면 노동공급은 증가한다.
⑤ 선형누진소득세제에서 면세점을 인상할 경우, 여가가 정상재라면 노동공급은 감소한다.

02 조세와 저축 ★★★

★★★
12 이자소득세 부과의 효과에 관한 내용으로 옳은 것의 개수는? (단, 현재소비와 미래소비는 모두 정상재이다)
지식형 [세무사 22]

- 저축을 감소시키는 소득효과와 저축을 증가시키는 대체효과를 동시에 발생시킨다.
- 저축에 대한 영향은 시점 간 자원배분 모형을 이용하여 분석될 수 있다.
- 미래소비보다 현재소비가 유리한 여건이 제공될 수 있다.
- 현재소비는 대체효과에 의해 증가하고 소득효과에 의해 감소한다.
- 민간저축은 증가할 수도 감소할 수도 있다.

① 1개 ② 2개 ③ 3개
④ 4개 ⑤ 5개

★★
13
지식형

이자소득세 부과의 효과로 옳지 않은 것은? (단, 현재소비와 미래소비는 모두 정상재이다) [세무사 18]

① 이자소득세 부과 시 민간저축과 정부저축의 합은 그 변화를 알 수 없다.

② 이자소득세가 부과되면 미래소비의 가격이 상승하는 효과를 가진다.

③ 이자소득세 부과 시 민간저축은 증가할 수도 감소할 수도 있다.

④ 이자소득세 부과 시 현재소비는 대체효과에 의해 증가하고 소득효과에 의해 감소한다.

⑤ 이자소득세 부과 시 미래소비에 주는 영향은 대체효과와 소득효과로 나눠지는데 이들 두 효과는 서로 반대 방향으로 작동한다.

정답 및 해설

10 ② 근로소득세율이 인상되면 세후실질임금이 하락하므로 여가의 상대가격이 하락한다. 여가의 상대가격이 하락하면 대체효과에 의해서는 여가소비가 증가하므로 노동공급이 감소한다. 한편, 근로소득세율 인상으로 실질소득이 감소하면 여가소비가 감소하므로 소득효과에 의해서는 노동공급이 증가한다.

[오답체크]
① 비례적 근로소득세율 인상은 여가의 가격을 하락시킨다.
③ 누진적 소득세의 경우, 여가의 가격을 나타내는 예산선의 기울기가 변한다.
④ 여가가 정상재이므로 소득효과와 대체효과에 따라 노동공급은 달라진다.
⑤ 세율 인상의 효과는 임금률 하락의 효과와 동일하다.

11 ④ 선형누진세하에서 면세점을 낮추면 소득공제금액이 적어져 납세액이 증가하므로 실질소득이 감소한다. 여가가 정상재일 때는 실질소득이 감소하면 여가소비가 감소하므로 노동공급이 증가한다. 그러나 여가가 열등재일 때는 실질소득이 증가하면 여가소비가 증가하므로 노동공급이 감소한다.

12 ④ • 저축에 대한 영향은 2기간 모형인 시점 간 자원배분 모형을 이용하여 분석될 수 있다.
• 대체효과에 의해 미래소비보다 현재소비가 유리한 여건이 제공될 수 있다.
• 이자소득세의 부과로 현재소비는 대체효과에 의해 증가하고 소득효과에 의해 감소한다.
• 소득효과가 크면 민간저축은 증가, 대체효과가 크면 민간저축이 감소할 수도 있다.

[오답체크]
• 이자소득세를 부과하면 이자율이 $1+r \rightarrow 1+r(1-t)$가 된다. 따라서 실질소득이 감소하므로 현재소비가 감소하여 저축을 증가시키는 소득효과와, 현재소비의 상대가격이 하락하여 현재소비가 증가하므로 저축을 감소시키는 대체효과를 동시에 발생시킨다.

13 ⑤ 1) 이자소득세가 부과되면 현재소비의 상대가격이 하락하므로 대체효과에 의해서는 저축이 감소한다.
2) 이자소득세 부과로 실질소득이 감소하면 현재소비가 감소하므로 소득효과에 의해서는 저축이 증가한다.
3) 이처럼 대체효과와 소득효과가 반대 방향으로 작용하므로 이자소득세가 부과될 때 민간저축과 경제 전체의 총저축의 증감 여부는 불분명하다.
4) 이자소득세 부과로 현재소비의 상대가격이 하락하고 미래소비의 상대가격이 상승하면 대체효과에 의해 현재소비가 증가하고 미래소비가 감소한다.
5) 현재소비와 미래소비가 모두 정상재이므로 이자소득세 부과로 실질소득이 감소하면 소득효과에 의해서는 현재소비와 미래소비가 모두 감소한다.
6) 이자소득세가 부과될 때 현재소비의 증감 여부는 불분명하나 미래소비는 반드시 감소함을 알 수 있다.

조세와 경제행위

제10장

해커스 서호성 재정학

14 ★★
지식형

정부가 세수 증대를 목적으로 비과세인 금융상품 일부를 과세대상으로 전환하였다. 이 정책이 해당 금융상품을 보유하고 있는 개인의 노동공급에 미치는 효과에 관한 설명으로 옳은 것은? (단, 여가는 정상재이다)

[세무사 14]

① 여가는 감소하게 된다.
② 대체효과는 노동공급을 증가시킨다.
③ 대체효과는 노동공급을 감소시킨다.
④ 비과세금융상품에 대한 신규 과세로 임금률이 변화한다.
⑤ 소득효과는 노동공급을 감소시킨다.

15 ★★
지식형

소득세 부과가 가계의 저축에 미치는 영향으로 옳지 않은 것은?

[세무사 14]

① 저축에 대한 조세의 영향은 시점 간 자원배분 모형을 이용하여 분석될 수 있다.
② 근로소득세로 인해 가처분소득이 감소할 때 대체효과가 발생한다.
③ 이자소득세는 저축을 감소시키는 대체효과와 저축을 증가시키는 소득효과를 동시에 발생시킨다.
④ 근로소득세 부과 시 세수의 전부를 정부저축으로 할당하면 경제 전체의 저축은 증가한다.
⑤ 이자소득세로 인해 미래소비보다 현재소비가 유리한 여건이 제공될 수 있다.

16 ★★
지식형

두 기간을 사는 어떤 개인의 기간선택모형(inter-temporal choice model)을 이용하여 조세가 저축에 미치는 영향을 파악하고자 한다. 1기는 일을 하는 기간으로서 소득이 발생하며, 2기는 은퇴 후 기간으로서 소득이 없다고 가정한다. 이 개인이 1기에 발생한 소득 가운데 일부는 소비하며, 나머지 일부를 2기에 사용하기 위하여 저축한다고 할 때, 관련된 설명으로 옳지 않은 것은? (단, 두 기간 간 이자율은 r이고, 차입은 없다)

[세무사 11]

① 어떤 개인이 2기의 소비 수준을 과세 전과 동일하게 유지하고자 한다면, 이자소득세율을 인상할 경우 현재소비를 줄이고 저축을 늘리게 된다.
② 이자소득에 t의 세율로 과세하면 저축의 수익률은 $r \times (1 - t)$가 된다.
③ 이자소득 과세는 1기 소비를 늘리고 저축을 줄인다.
④ 저축에 대한 조세가 부과되기 이전에는 1기 소비의 가격은 $(1 + r)$이 된다.
⑤ 이자소득세율 인상과 이자율 인하는 이론적으로 저축에 미치는 효과가 동일하다.

03 조세와 위험부담행위 ★

17 ★★
지식형

투자자들이 자산유형별로 상이한 위험과 기대수익률을 고려하여 수익률을 극대화하도록 자산을 구성한다고 한다. 투자의 안전성이 정상재이고 투자자의 위험회피도가 체증적인 경우, 수익에 대한 비례소득세 부과가 투자자의 자산구성에 미치는 효과에 관한 설명으로 옳은 것은? [세무사 21]

① 기대수익률이 하락하여 안전성에 대한 기회비용이 증가함으로써, 위험자산의 비중은 작아진다.

② 완전손실상계제도가 있는 경우, 위험자산의 비중은 커진다.

③ 완전손실상계제도가 있는 경우, 투자수익과는 달리 손실에 대해 정부와 투자자가 공동 부담하도록 한다.

④ 손실상계제도를 전혀 허용하지 않는 경우, 위험자산의 비중에는 영향이 없다.

⑤ 손실상계제도를 전혀 허용하지 않는 경우, 소득효과가 대체효과보다 큰 경우에 한해 위험자산의 비중은 감소한다.

정답 및 해설

14 ① 비과세인 금융상품 일부를 과세대상으로 전환하면 해당 금융상품을 보유하고 있는 개인들의 실질소득이 감소한다. 여가가 정상재인 경우 실질소득이 감소하면 소득효과에 의해 여가소비가 감소한다. 이는 노동공급의 증가를 의미한다. 비과세금융상품이 과세로 전환되더라도 여가의 가격에 해당하는 시간당 임금은 변하지 않으므로 대체효과는 발생하지 않는다.

15 ② 근로소득세 부과로 인한 가처분소득의 감소는 실질소득의 감소이므로 가처분소득이 감소하면 대체효과가 아니라 소득효과가 발생한다.

16 ③ 이자소득세가 부과되면 현재소비의 상대가격이 하락하므로 대체효과에 의해서는 현재소비가 증가하는 반면 이자소득세 부과로 실질소득이 감소하면 소득효과에 의해서는 현재소비가 감소한다. 그러므로 이자소득세가 부과될 때 현재소비의 증감 여부는 대체효과와 소득효과의 상대적인 크기에 따라 달라진다. 즉, 이자소득세가 부과되면 1기 소비는 증가할 수도 있고, 감소할 수도 있다.

17 ② 완전손실상계제도가 있는 경우, 동일한 선택을 하더라도 위험이 감소하여 위험자산의 비중은 커진다.

[오답체크]

① 완전손실상계의 여부, 위험부담행위의 소득탄력성 등에 따라 달라지므로 단정할 수 없다.

③ 완전손실상계제도가 있는 경우, 투자수익과 손실 모두 정부와 투자자가 공동 부담하도록 한다.

④ 손실상계제도를 전혀 허용하지 않는 경우, 위험자산의 비중은 예측할 수 없다.

⑤ 손실상계제도를 전혀 허용하지 않는 경우, 위험부담행위의 소득탄력성이 양이면 위험부담행위가 감소하고, 위험부담행위의 소득탄력성이 음인 경우 소득효과가 대체효과보다 큰 경우에 한해 위험자산의 비중은 증가한다.

18 위험자산으로부터 발생한 손실에 대해 보상을 해주지 않은 경우 소득세의 부과로 인한 경제적 효과를 바르
지식형 게 설명한 것은? (단, 위험부담행위의 소득탄력성은 양의 값을 가진다고 전제한다)

① 대체효과는 위험부담행위를 감축시키고, 소득효과도 위험부담행위를 감축시킨다.
② 대체효과는 위험부담행위를 감축시키고, 소득효과는 위험부담행위를 증대시킨다.
③ 대체효과는 위험부담행위를 증대시키고, 소득효과도 위험부담행위를 증대시킨다.
④ 대체효과는 위험부담행위를 증대시키고, 소득효과는 위험부담행위를 감축시킨다.
⑤ 소득효과만 존재하므로 위험부담행위는 증대한다.

19 조세는 위험부담행위에 영향을 미치게 된다. 다음 설명 중 타당하지 않은 것은?
지식형

① 완전손실상계를 해주는 경우 비례소득세의 부과는 기대수익과 위험의 크기를 모두 감소시킨다.
② 완전손실상계의 경우 조세부과로 위험자산의 비중은 증가해 위험부담행위가 촉진된다.
③ 손실상계가 허용되지 않는 경우 조세의 부과는 기대수익만 감소시키고, 위험의 크기에는 아무런 영향
을 미치지 못한다.
④ 손실상계가 허용되지 않는 경우 조세의 부과로 인한 대체효과는 위험부담행위를 반드시 증가시킨다.
⑤ 손실상계가 허용되지 않는 경우 조세의 부과로 인한 소득효과는 소득탄력성이 양(+)이면 위험부담행
위는 줄어든다.

20 개인소득세가 개인의 위험부담행위(risk-taking)에 미치는 영향에 대한 설명으로 타당하지 않은 것은?
지식형

① 소득세의 대체효과 때문에 위험부담행위가 감소한다.
② 소득세의 소득효과 때문에 위험부담행위가 증가한다.
③ 손실차감제도, 즉 완전한 보상(full-lose offset)이 전제되면 개인의 위험부담행위의 비중은 증가할 것
으로 예상된다.
④ 위험부담행위의 소득탄력성이 음(−)이라면 소득효과와 대체효과의 상대적 크기에 따라 개인투자자
의 위험부담행위는 달라진다.
⑤ 위험과 기대수익이 선택대상일 때 무차별곡선은 우상향하는 모습을 갖는다.

04 조세와 투자 ★★

21
지식형
★★

조겐슨(D. Jorgenson)의 신고전학파 투자이론에 관한 설명으로 옳지 않은 것은?   [세무사 21]

① 중요한 투자결정요인은 자본의 사용자비용이다.

② 자본의 사용자비용이 낮아지면 투자는 늘어난다.

③ 자본의 사용자비용에는 포기된 다른 투자로 인한 기회비용도 포함된다.

④ 자본재 구입비용은 즉시 비용처리하고, 지급이자에 대한 비용공제는 허용하지 않는 경우 법인세는 투자에 중립적이다.

⑤ 자기자본의 귀속이자비용이 공제되지 않아도, 차입금에 대한 이자공제가 허용되고 세법상 감가상각률과 경제적 감가상각률이 일치하면 법인세는 투자에 영향을 미치지 않는다.

정답 및 해설

18 ① 완전한 보상이 이루어지지 않은 경우 대체효과는 위험부담행위를 감소시키고, 문제에서 위험부담행위의 소득탄력성이 0보다 크다고 주어져 있으므로 소득효과도 위험부담행위를 감소시킨다. 따라서 개인의 위험부담행위는 명백히 감소하게 될 것이다.

만약, 위험부담행위의 소득탄력성이 0보다 작다면 조세부과에 따른 개인의 위험부담행위변화는 대체효과와 소득효과의 상대적인 크기에 의존하게 된다.

19 ④ 1) 투자로 인해 손실이 발생했을 경우 세액의 일부를 환급해 주거나 공제해 주어 손실분에 대해서 조세부담을 감소시켜 주는 것을 손실상계라고 한다.

2) 완전한 손실상계가 허용되지 않는 경우 투자소득에 대해서 조세가 부과되면 기대수익만 감소하고, 위험은 줄어들지 않게 되므로, 대체효과는 위험부담행위를 줄이는 방향으로 작동하지만, 소득효과는 상대적인 위험 기피도인 위험부담행위의 소득탄력성에 영향을 받게 된다.

3) 위험부담행위의 소득탄력성이 양(+)이라면 조세부과로 인해 실질소득의 감소가 위험부담행위를 줄이게 되고, 음(−)이라면 조세부과로 위험부담행위는 증가하게 된다.

20 ② 개인의 위험부담행위의 소득탄력성에 따라 소득효과는 달라진다. 만약 탄력성이 양(+)이라면 소득효과는 위험보유의 감소로 나타나며, 탄력성 값이 음(−)이라면 소득효과는 위험보유의 증가로 나타난다.

21 ⑤ 1) 자기자본의 귀속이자비용이 공제되지 않고 차입금에 대한 이자공제가 허용되는 것이 회계상의 이윤이다. 경제학에서는 자기자본의 귀속이자를 비용으로 여긴다.

2) 따라서 경제학과 회계학을 동일하게 놓기 위해서는 세법상 감가상각률과 경제적 감가상각률이 일치하고 자기자본에 대한 귀속이자비용을 공제시켜주어야 회계상의 당기순이익과 경제적 이윤이 동일해진다. 이 경우 법인세는 투자에 영향을 미치지 않는다.

22
지식형
★★

조세와 기업의 투자에 관한 설명으로 옳지 않은 것은? [세무사 19]

① 신고전파 투자이론에 따르면 자본의 사용자비용이 적을수록 투자가 증가한다.
② 자본 스톡의 사용자비용 탄력성이 클수록 조세정책의 기업 투자에 미치는 영향이 크다.
③ 토빈의 q이론에 따를 경우, 자본의 대체비용이 클수록 투자가 줄어든다.
④ 자본의 사용자비용과 관련된 한계실효세율 측정은 세전수익률을 세후수익률로 나누어서 구할 수 있다.
⑤ 투자를 촉진하기 위한 방법으로 가속상각제도의 채택, 투자세액공제 허용 등이 있다.

23
지식형
★★

법인세 부과가 기업의 투자행위에 미치는 영향에 관한 설명으로 옳은 것은? [세무사 15]

① 한계실효세율이 음(−)의 값을 가지는 경우, 법인세 부과가 투자행위를 위축시킬 수 있다.
② 법인세가 부과된 후 자본의 사용자비용이 감소하면 법인세 부과가 투자행위를 위축시킨다고 해석할 수 있다.
③ 투자세액공제나 가속상각제도의 채택은 자본의 사용자비용을 증가시킨다.
④ 자본의 사용자비용과 관련된 한계실효세율 측정은 세후수익률을 세전수익률로 나누어서 구할 수 있다.
⑤ 법인세가 부과된 후 자본의 사용자비용에 변화가 없으면 투자행위에 중립적이라고 해석할 수 있다.

24
지식형
★

신고전학파의 기업투자 결정 모형에서 자본의 사용자비용에 직접적으로 영향을 미치지 않는 것은? [세무사 11]

① 이자율   ② 투자세액공제율   ③ 사내유보비율
④ 법인세율   ⑤ 경제적 감가상각률

25
지식형
어떤 기업이 사용하는 자본의 시장수익률이 10%, 경제적 감가상각률이 2%이고, 이 기업이 창출하는 모든 이익은 특정인 A에게 배당된다. 법인세율이 20%, 배당소득에 대한 세율이 40%일 때, 자본사용비용(user cost of capital)에 관한 설명으로 옳지 않은 것은? [세무사 10]

① 경제적 감가상각률이 2%보다 커지면 자본사용비용은 증가한다.
② A에 대한 배당소득 과세는 자본사용비용에 영향을 미치지 않는다.
③ 법인세율이 20%보다 작아지면 자본사용비용도 줄어든다.
④ 자본의 시장수익률이 10%보다 커지면 자본사용비용도 커진다.
⑤ 자본사용비용은 경제적 감가상각률과 자본의 시장수익률의 합에 비례한다.

정답 및 해설

22 ④ 자본의 사용자비용과 관련된 한계실효세율 측정은 한계실효세율 $t = \dfrac{p-s}{p}$ (p: 세전수익률, s: 세후수익률)로 정의된다.

23 ⑤ ① 한계실효세율이 음($-$)의 값을 가지는 경우, 법인세 부과가 투자행위를 촉진시킬 수 있다.
② 법인세가 부과된 후 자본의 사용자비용이 감소하면 법인세 부과가 투자행위를 촉진한다고 해석할 수 있다.
③ 투자세액공제나 가속상각제도의 채택은 자본의 사용자비용을 감소시킨다.
④ 자본의 사용자비용과 관련된 한계실효세율 측정은 한계실효세율 $t = \dfrac{p-s}{p}$로 정의된다.

24 ③ 이자율과 감가상각률 및 법인세율이 높아지면 자본의 사용자비용이 높아지는 데 비해, 투자세액공제율이 상승하면 자본의 사용자비용이 낮아진다. 사내유보는 기업의 이윤 중 주주에게 배당하지 않고 사내에 보유하고 있는 부분이므로 자본의 사용자비용에는 아무런 영향을 미치지 않는다.

25 ② 1) 문제에서 '기업이 사용하는 자본의 시장수익률'이란 이자율을 의미한다.
2) 자본의 사용자비용 C = (r + d)P$_K$이다. 실질이자율(r)이 상승하거나 경제적 감가상각률(d)이 커지면 자본의 사용자비용이 증가한다. 법인세율이 낮아지면 기업의 자기자본 수익률이 상승하므로 자본의 사용자비용이 낮아지는 효과가 발생한다.
3) 지문분석
② 개인 A의 입장에서 볼 때 자신이 투자한 법인이 얻은 소득을 배당받을 때 배당소득세가 과세된다면 투자수익률이 낮아지므로 투자를 줄이게 될 것이다.

[오답체크]
① 경제적 감가상각률이 2%보다 커지면 d가 증가한 것이므로 자본사용비용은 증가한다.
③ 법인세율이 20%보다 작아지면 세금이 감소하여 자본사용비용도 줄어든다.
④ 자본의 시장수익률은 이자율이므로 10%보다 커지면 자본사용비용도 커진다.
⑤ 공식에서 보듯이 자본사용비용은 경제적 감가상각률과 자본의 시장수익률의 합에 비례한다.

26 ★★
지식형

조세가 투자에 미치는 영향을 분석하는 접근방법 중에 한계실효세율접근법이 있다. 이에 관한 설명으로 옳지 않은 것은? (단, 세전 및 세후실질수익률에서 감가상각충당분은 제외함) [세무사 09]

① 한계실효세율은 한계적인 투자계획으로부터 나오는 세전실질수익률과 당해 투자계획의 자본 제공자가 받는 세후실질수익률과의 차이를 세전실질수익률로 나눈 것이다.

② 부과된 조세가 세후투자소득을 어느 정도 감소시키는지를 분석한다.

③ 가속상각제도나 투자세액공제제도는 한계실효세율을 낮추지 못한다.

④ 한계실효세율이 0보다 작으면 조세가 투자를 촉진한다.

⑤ 한계실효세율이 클수록 투자를 위축시키는 효과가 크다.

---

05 조세의 기업에 대한 자본구조와 배당정책 ★

27 ★★
지식형

조세가 기업의 자본구조(資本構造)에 미치는 영향에 대한 설명으로 틀린 것은?

① 모딜리아니-밀러의 정리에 따르면 기업의 자본구조와 기업의 가치 사이에는 아무런 상관관계가 없다.

② 부채에 따른 감세효과(tax shield)만을 고려하면 부채비율이 높을수록 기업의 가치가 더욱 크다.

③ 감세효과만 본다면 타인자본의 비중이 큰 기업일수록 조세부담의 경감 규모가 크므로 기업가치 또한 크다고 결론지을 수 있다.

④ 감세효과뿐 아니라 재무적 곤경의 위험까지 고려한다면 부채-자본비율의 상승이 바람직한 것만은 아니다.

⑤ 법인소득세가 기업의 자본구조에 영향을 미치는 것은 사실이나 개인소득세는 기업의 자본구조와 무관하다.

---

28 ★
지식형

배당이 세법상 불리함에도 불구하고 배당이 이루어지는 이유로 옳지 않은 것은?

① 비영리단체의 경우는 배당금처럼 정상적인 소득에 한해서 사용이 가능하도록 정관에 규정되어 있는 경우가 있다.

② 경영진은 적절한 배당률을 선택함으로써 기업 활동에서 나온 수익의 수준이나 성장 가능성에 대한 신호를 주주에게 발송하려 하기 때문이다.

③ 경영진에 대한 주주들의 불신이 존재하기 때문이다.

④ 행태경제 이론의 관점에서 비합리적임에도 불구하고 배당이 이루어짐을 설명할 수 있다.

⑤ 기업의 이윤극대화에 도움이 되기 때문이다.

정답 및 해설

26 ③ 가속상각제도, 투자세액공제제도가 시행되면 세후수익률이 커져 한계실효세율이 낮아지므로 투자가 촉진된다.

27 ⑤ 모딜리아니-밀러 정리에 의하면 기업의 자본구조와 기업의 가치는 무관하므로 조세부담만을 고려할 때 높은 부채비율을 선택하는 것이 유리하다. 그러나 재무적 곤경도 간과할 수는 없는 문제이다. 개인소득세도 자본구조의 선택에 영향을 미칠 수 있다. 주주의 배당소득이나 자본이득 등에 개인소득세가 부과되므로 사내유보와 배당의 규모를 결정할 때 개인소득세의 영향도 무시할 수 없다.

28 ⑤ 기업의 이윤극대화는 한계수입과 한계비용이 일치하는 점에서 이루어진다. 이윤이 극대화된 후에 배당이 되는 것이므로 직접적인 관련이 없다.

해커스 서호성 재정학

제11장

소득분배 이론과
재분배정책

01

소득분배 이론
★★

핵심 Check: 소득분배 이론

에지워즈의 최적 분배 이론	모든 사람이 동일한 효용함수를 가질 때 완전한 균등분배 시 사회후생이 극대화됨
러너의 동등확률 가정	모든 사람이 특정한 효용함수를 가질 확률이 동일하다면 완전한 균등분배 시 사회후생이 극대화됨
로렌츠곡선	서수적 소득분배, 대각선에 가까울수록 소득분배 공평
지니계수	• 기수적 소득분배 • 0~1 사이의 값을 가지며 0에 가까울수록 소득분배가 공평
10분위 분배율	0~2 사이의 값을 가지며 2에 가까울수록 공평
앳킨슨지수	0~1 사이의 값을 가지며 0에 가까울수록 공평
달튼지수	0~1 사이의 값을 가지며 1에 가까울수록 공평

핵심 Plus +

공리주의 (Unitarianism)

국민의 행복도(만족도)의 합을 최대로 하는 것을 목표로 한다. (최대 다수의 최대 행복) 단, 한계효용체감의 법칙을 가정하므로 소득 재분배정책은 필요하다고 보는 입장이다. 그러나 재분배정책을 과도하게 할 경우 근로의욕을 떨어뜨려 사회 전체의 부를 증진시키는 원동력을 떨어뜨릴 수 있고 세금 징수와 배분 과정의 누수 현상이 일어난다며 적절한 수준에서 정책을 펴야 한다고 주장한다.

존 롤스의 점진적 자유주의(Liberalism)

절차적 공정성을 따르면 내용과 관계없이 정의라고 본다. 사회적, 자연적 우연성을 배제한 '무지의 베일' 상태에서는 최소 수혜자 최대의 원칙이 지켜질 것이라고 생각한다.

1. 공리주의적 최적 분배 이론

(1) 에지워즈의 최적 분배 이론

① 가정
- 사회후생이 개인의 효용을 합친 것과 같다.
- 모든 사람이 똑같은 효용함수를 가지며 효용은 오직 소득 수준에만 의존한다.
- 소득 수준이 올라감에 따라 소득의 한계효용이 점차 작아진다.

② 설명

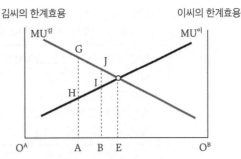

- 최초의 균형점이 A라고 하자. 이때 수직높이인 G까지의 높이가 김씨의 한계효용이며 H까지의 높이가 이씨의 한계효용이다.
- 만약 AB만큼의 소득을 이씨에게 떼서 김씨에게 준다고 하자.
- 이때 김씨의 효용 증가는 사다리꼴 GABJ의 면적이고, 이씨의 효용 감소는 사다리꼴 HABI이다. 따라서 사다리꼴 GHIJ만큼 사회후생이 커지게 된다.
- 이러한 과정을 계속하면 결국 완전히 균등한 분배(E점)가 이루어졌을 때 사회후생이 극대화된다는 것이다.

③ 한계

- 모든 사람의 효용함수가 동일하지 않다.
- 모든 사람의 한계효용을 체감하지는 않는다.
- 분배의 상태가 변화할 때 총소득의 크기가 달라지는 경우가 일반적이다.

(2) 러너의 동등확률 가정

① 가정

사람들의 효용함수가 서로 다르다 해도, 모든 사람이 특정한 효용함수를 가질 확률이 똑같다.

② 결론

에지워즈와 동일하게 균등한 분배가 최적이라는 결론을 도출할 수 있다.

소득세 누진구조에 대한 에지워스(F. Edgeworth) 최적 분배 모형에서는 다음과 같은 가정을 하였다. 이 모형에 관한 해석으로 옳지 않은 것은? [세무사 20]

- 가정 1: 주어진 세수를 충족시키면서 개인들의 효용의 합을 극대화하는 형태로 최적 소득세를 결정한다.
- 가정 2: 개인들은 자신의 소득에만 의존하는 동일한 효용함수를 가지며, 효용함수는 한계효용체감의 특성을 보여주고 있다.
- 가정 3: 사회 전체의 가용한 소득은 고정되어 있다.

① 가정 1은 공리주의적인 사회후생함수를 가정하였음을 의미한다.
② 가정 2는 이타적인 효용함수를 배제하고 있음을 의미한다.
③ 가정 3은 분배 상태가 변화할 때 총소득의 크기가 달라질 수 있다는 점에서 비현실적이라는 비판을 받고 있다.
④ 가장 높은 소득자로부터 세금을 거두어 가장 낮은 소득자에게 재분배하는 경우 사회후생은 증가하게 된다.
⑤ 가정 2로 인해 최적 소득세는 모든 사회 구성원의 소득 균등화까지 이르지는 못한다.

해답

애지워스의 공리주의적 최적 분배 모형에서는 모든 사람의 한계효용함수가 동일하므로 소득 균등화가 가장 바람직함을 보여준다. 정답: ⑤

2. 계층별 소득분배와 불평등 발생원인

(1) 의미

소득이 가장 큰 사람부터 차례로 배열했을 때 각 소득계층에 소득이 얼마나 균등하게 분배되어 있는지 분석하는 이론이다.

(2) 소득분배 불평등의 발생원인

① 개인적인 요인

개인별 능력이나 노력의 차이, 교육·훈련기회의 차이, 출신 환경(부모의 교육 정도 등), 상속재산의 차이 등이 있다.

② 사회적인 요인

신분제도와 남녀차별 등의 사회제도, 경제 성장 위주의 정책하에 농민·노동·기업가 사이에 소득분배 불균형이 발생하는 경제제도, 조세제도나 사회복지제도 등 경제구조 변화에 따른 노동시장의 변화 등이 있다.

③ 기타 요인

운(Luck), 자산가격변동 등이 있다.

(3) 임금격차의 발생원인

① 작업조건에 따른 요인

어렵고 위험한 직업의 임금이 더 높다(보상 격차).

② 인적자본에 따른 요인

인적자본(교육, 훈련 등에 의한 지식) 수준이 높으면 생산성이 높으므로 임금도 높다.

3. 계층별 소득분배 이론

(1) 로렌츠곡선

① 로렌츠곡선의 정의

로렌츠곡선은 계층별 소득분포 자료로 세로축을 소득누적점유율, 가로축을 인구 누적점유율로 나타낸 곡선을 의미한다.

② 균등 정도의 판단

소득분배가 균등할수록 로렌츠곡선은 대각선에 접근한다.

③ 로렌츠곡선의 평가(서수적 소득분배)

- 소득분포 상태를 시각적으로 나타내므로 간단명료하나 불평등 정도를 측정할 수 없다.
- 로렌츠곡선이 서로 교차하는 경우 소득분배 상태를 비교할 수 없는 단점이 있다.

④ 그래프

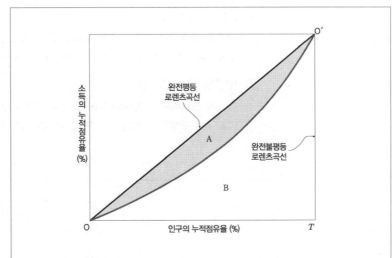

- 직선OO': 완전평등
- 곡선OO': 면적 A가 클수록 불평등
- △OTO': 완전불평등

(2) 지니계수

① 지니계수의 정의

지니계수란 로렌츠곡선에서 나타난 소득분배 상태를 수치로 나타낸 것으로 다음과 같이 나타낸다.

$$지니계수 = \frac{A의\ 면적}{\triangle OTO'면적} = \frac{A}{A+B}$$

② 균등 정도의 판단

지니계수가 취하는 값의 범위는 0 ≤ 지니계수 ≤ 1로 그 값이 작을수록 소득분배가 평등하며 소득분배가 완전히 균등하면 지니계수의 값은 0이다.

③ 지니계수의 평가(기수적 소득분배)

측정이 간단하여 많이 이용되고 있으나 전 계층의 소득분배 상태를 하나의 수치로 나타내므로 특정 소득계층의 소득분배 상태를 나타내지 못하며 특히 두 로렌츠곡선이 교차하면 비교할 수 없다는 단점이 있다.

(3) 10분위 분배율

① 10분위 분배율의 정의

10분위 분배율이란 계층별 소득분포 자료에서 최하위 40%의 소득점유율이 최상위 20%의 소득점유율에서 차지하는 비율을 의미하며 다음과 같이 측정한다.

$$10분위\ 분배율 = \frac{최하위\ 40\%\ 소득계층의\ 소득점유율}{최상위\ 20\%\ 소득계층의\ 소득점유율}$$

② 균등 정도의 판단

10분위 분배율이 취하는 값의 범위는 0 ≤ 10분위 분배율 ≤ 2로 그 값이 클수록 소득분배가 평등하며 소득분배가 완전히 균등하면 10분위 분배율의 값은 2이다.

③ 10분위 분배율의 평가

측정이 간단하여 많이 이용되고 있으나 최하위 40%와 최상위 20%만으로 구하므로 사회구성원 전체의 소득분배 상태를 나타내지 못한다는 단점이 있다.

(4) 앳킨슨지수

① 앳킨슨지수의 정의

앳킨슨지수란 현재의 평균소득과 균등분배대등소득을 이용하여 나타낸 수치로 다음과 같이 정의된다.

$$A = 1 - \frac{Y_E}{Y_A}$$

(Y_E: 균등분배대등소득, Y_A: 현재의 평균소득)

② 균등 정도의 판단

- 소득분배가 완전균등: $Y_E = Y_A$ → A = 0

- 소득분배가 완전불균등: $Y_E = 0$ → A = 1

  앳킨슨지수가 취하는 값의 범위는 0 ~ 1로 그 값이 작을수록 소득분배가 평등하며 소득분배가 완전히 균등하면 앳킨슨지수(A)의 값은 0이다.

- 분배 정도를 측정하는 수치는 지니계수와 동일하다.

③ 평가

소득분배에 대한 사회구성원의 주관적인 가치가 반영된 개념으로 균등분배대등소득이 작으면 앳킨슨지수는 커진다. → 소득분배가 불균등

④ 균등분배대등소득

균등분배대등소득이란 현재에 동일한 사회후생을 얻을 수 있는 완전히 평등한 소득분배 상태에서의 평균소득을 의미한다.

⑤ 그래프 분석

현재의 불평등한 상태에서의 각각의 소득이 50만원과 350만원이라면 1인당 평균소득이 200만원이 된다. 이때 사회 전체의 후생 W_0을 나타내는 사회무차별곡선이 다음과 같아서 사회구성원 모두에게 균등한 120만원을 재분배해도 현재와 동일한 후생 W_0을 유지할 수 있다면 균등분배대등소득이 120만원이다.

이때 앳킨슨지수는 $A = 1 - \dfrac{120}{200} = 1 - \dfrac{6}{10} = 0.4$이다.

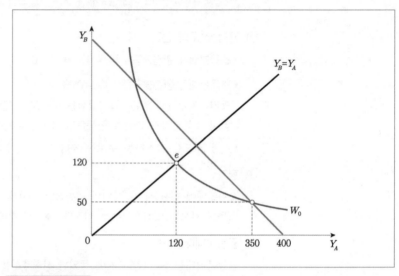

집중! 계산문제

소득이 Y_1, Y_2인 두 사람으로 구성된 사회의 후생함수가 $W = Y_1 \times Y_2$라고 한다. 두 사람의 소득이 각각 $Y_1 = 16$, $Y_2 = 4$이라고 할 때, 앳킨슨(A. Atkinson)지수는? [세무사 17]

① 0.1   ② 0.2   ③ 0.3   ④ 0.8   ⑤ 8

해답

☑ 앳킨슨지수 계산풀이법
1) 문제에서 제시된 자료로 평균소득을 구한다.
2) 균등분배대등소득을 제시된 사회후생함수를 통해 구한다.
3) $A = 1 - \dfrac{Y_E}{Y_A}$에 대입하여 구한다.

1) 개인 1의 소득이 16, 개인 2의 소득이 4이므로 현재의 평균소득 $Y_A = 10$이다.
2) 사회후생함수가 $W = Y_1 \times Y_2$이므로 현재 상태에서 사회후생은 $W = 16 \times 4 = 64$이다.
3) 두 사람이 8만큼의 동일한 소득을 갖고 있더라도 현재와 동일한 사회후생 64를 얻을 수 있으므로 균등분배대등소득은 $Y_e = 8$이다.
4) 따라서 앳킨슨지수는 $A = 1 - \dfrac{Y_e}{Y_A} = 1 - \dfrac{8}{10} = 0.2$로 계산된다.   정답: ②

(5) 달튼의 평등지수

① 공식(D)

$$D = \frac{\sum U(\text{개인 } i \text{의 소득})}{n \cdot U(\text{평균소득})}$$

② 균등 정도의 판단

완전히 평등한 경우 1, 완전히 불평등한 경우 0의 수치를 가진다. 따라서 값이 클수록 소득분배가 평등하다.

확인문제

소득불평등도지수에 관한 설명으로 옳지 않은 것은?　　　　　　　　　　　[세무사 17]

① 앳킨슨(A. Atkinson)지수는 소득분배에 대한 사회적 가치판단에 따라서 크기가 달라진다.
② 로렌츠(M. Lorenz)곡선은 하위 몇 %에 속하는 사람들이 전체 소득에서 차지하는 비율을 나타내는 점들의 궤적이다.
③ 지니계수(Gini coefficient)는 로렌츠곡선을 이용해서 계산할 수 있다.
④ 지니계수는 전체 인구의 평균적인 소득 격차의 개념을 활용하고 있다.
⑤ 달튼(H. Dalton)의 평등지수는 1에 가까울수록 불평등한 상태를 의미한다.

해답

달튼의 평등지수는 0과 1 사이의 값을 가지며, 소득분배가 평등할수록 그 값이 커진다.

정답: ⑤

재분배정책
★★★

핵심 Check: 재분배정책

부의 소득세제	S = m − tE, 근로의욕 저하가 발생할 수 있음
근로장려세제	점증 구간에서 노동공급이 증가할 수 있음
보조제도	• 효용 수준: 현금보조 > 현물보조 > 가격보조 • 정부 목표달성: 가격보조 > 현물보조 > 현금보조

1. 재분배정책에 대한 찬반 의견

(1) 찬성의 논리

① 윤리적 관점

평등주의자들은 현실의 분배 상태가 평등하지 못하면 이를 바로잡으려는 노력이 뒤따라야 할 것이라고 주장한다.

② 공공재로서의 공평한 분배

• 더로우(L. Thurow)는 재분배가 범죄의 감소, 사회적 안정성 등의 사회적 이득을 가져오며 이는 공공재의 성격인 비경합성과 비배제성을 가진다고 주장한다.

• 공공재의 성격 때문에 무임승차가 발생할 수 있으므로 정부가 개입해야 한다는 주장이다.

③ 사회보험으로서의 재분배

뜻하지 않은 일로 빈곤에 빠질 수 있는 것을 대비하기 위한 안전장치가 재분배정책이다.

④ 정치적 관점

경제력이 정치적 권력을 결정할 수도 있으므로 이와 같은 부의 부당한 집중을 막기 위해 부를 과감하게 분산시키는 것이 필요하다는 것이다.

(2) 반대의 논리

① 윤리적 관점

• 자유론자들은 재분배를 위한 정부의 개입이 개인의 정당한 권리를 침해하는 결과를 가져올 것이라는 점에서 반대하고 있다.

• 프리드먼은 현실에서 나타나는 불균등한 소득분배가 자신의 노력 결과이므로 불가피한 것이라고 주장한다.

② 효율성 저해

재분배정책이 효율적 자원배분을 저해하는 결과를 가져올 수 있으므로 반대하는 것이다.

핵심 Plus +

공리주의(Unitarianism) 자의 윤리적 관점

공리주의자들은 그 자체가 부유한 계층으로부터 빈곤한 계층으로의 재분배를 요구하는 것은 아니다. 그러나 공리주의자들이 일반적으로 설정하고 있는 상황에서 재분배를 통한 평등화는 사회 전체의 후생을 증진할 수 있게 된다.

핵심 Plus +

조세부담률

한 나라의 국민총생산 또는 국민소득에 대한 조세총액의 비율을 말한다.

국민부담률

국민이 낸 세금과 국민연금, 산재보험, 건강보험 등 사회보장성 기금을 합한 금액이 국내총생산(GDP)에서 차지하는 비율을 말한다.

③ 정치적 현실의 관점
  - 재분배정책을 시행하는 것은 정치적 기구나 불완전성이 존재하기 때문에 공평한 재분배를 수행하기 어렵다.
  - 재분배정책은 계층 간의 갈등을 조장함으로써 정치과정에 심각한 긴장을 일으킬 수 있다.

2. 빈곤선의 결정

(1) 의미

한 사회에 사는 사람 중에서 빈곤한 사람과 그렇지 않은 사람을 가르는 기준이 되는 것을 말한다.

(2) 빈곤선의 종류

① 절대적이고 객관적인 기준에 의한 빈곤선: 라운트리 방식

사람들이 생활하는 데 필요한 기본적인 의식주를 충족하는 데 소요되는 금액을 직접 계산하여 빈곤선을 설정하는 방식이다.

② 상대적이며 객관적인 기준에 의한 빈곤선

평균소득 또는 중위소득을 사용하는 방식으로 해당 사회의 생활 수준이 높아지면 빈곤선도 높아지게 된다.

③ 주관적인 기준에 의한 빈곤선: 라이덴 방식

설문조사를 토대로 빈곤선을 설정하는 방식이다.

④ 정책적인 빈곤선
  - 어떤 사회의 전반적인 경제적 능력과 그 사회에서 빈곤을 퇴치하고자 하는 의지라는 두 요소에 기초한 정책적 판단에 의해 적절한 빈곤선이 채택된다.
  - 각 나라에 설정된 공식 빈곤선이 이 관점에서 채택된 것으로 볼 수 있다.

⑤ 국민기초생활보장제도는 상대빈곤선을 기준으로 수급대상자를 선정한다.

(3) 빈곤율과 빈곤갭

① 빈곤율 $= \dfrac{\text{빈곤층 인구수}}{\text{전체 인구}}$

용어정리

중위소득
전체 가구에서 소득을 기준으로 50%에 해당하는 가구의 소득을 말한다.

② 특징

- 빈곤갭은 모든 빈곤층 인구의 소득을 빈곤선으로 끌어올리는 데 필요한 총소득이다.
- 빈곤갭은 빈곤층 인구 수가 반영되지 않는다.
- 빈곤층 내부의 소득재분배에 영향을 받지 않는다.

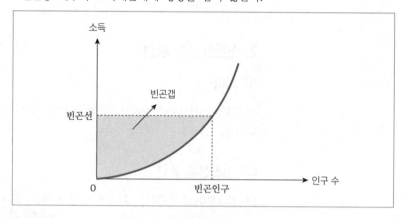

확인문제

빈곤에 관한 아래의 정의식에 근거하여 다음 설명으로 옳은 것을 모두 고른 것은?

[세무사 20]

- 빈곤율 = 빈곤층의 인구/전체 인구
- 빈곤갭 = 빈곤층 인구 수 × (빈곤선 - 빈곤층 인구의 평균소득)
- 소득갭비율 = (빈곤선 - 빈곤층 인구의 평균소득)/빈곤선

ㄱ. 빈곤율은 빈곤 완화를 위해 필요한 재원규모에 대한 정보를 알려주지 못한다.
ㄴ. 빈곤갭은 빈곤층 내부의 소득재분배에 영향을 받지 않는다.
ㄷ. 소득갭비율은 정부의 정책으로 빈곤층 인구의 평균소득을 증가시키면 늘어난다.

① ㄱ   ② ㄱ, ㄴ   ③ ㄱ, ㄷ   ④ ㄴ, ㄷ   ⑤ ㄱ, ㄴ, ㄷ

해답

ㄱ. 빈곤율은 빈곤층의 인구만 알려줄 뿐이다. 따라서 빈곤 완화를 위해 필요한 재원규모에 대한 정보를 알려주지 못한다.
ㄴ. 빈곤갭은 빈곤층 인구 수가 반영되지 않는다는 점과 빈곤층 내부에서의 소득재분배에 영향을 받지 않는다는 문제점이 있다.

[오답체크]
ㄷ. 소득갭비율은 정부의 정책으로 빈곤층 인구의 평균소득을 증가시키면 감소한다.

정답: ②

3. 사회복지제도

(1) 사회보험

핵심 Plus +

사회보장의 유형
비스마르크형은 사회보장급여 수준이 가입자가 납부한 보험료(혹은 갹출금)와 직접 연계된 보험의 성격이 강한 유형이며, 베버리지형은 재원조달에 있어 비스마르크형보다 보험료(갹출금)에 의존하는 정도가 훨씬 낮다.

① 의미

국민에게 발생하는 사회적 위험을 보험의 방식으로 대처함으로써 국민의 건강과 소득을 보장하는 제도이다.

② 목적

질병, 실업, 산업 재해, 은퇴 및 노령 등으로 인하여 발생할 수 있는 사회적 위험을 공공부문이 운영하는 보험의 방식을 통해 대비함으로써 모든 국민이 안전한 삶을 누리는 데 필요한 소득과 건강을 보장한다.

③ 특징

- 사(私)보험과 달리 강제 가입을 원칙으로 한다.
- 상호 부조의 원리를 기반으로 한다.
- 원칙적으로 수혜 정도와 무관하게 각자의 경제적 능력에 따라 비용을 부담한다.
- 미래에 직면할 사회적 위험에 대처하는 사전 예방적 성격을 가진다.
- 금전적 지원을 원칙으로 한다.
- 수혜자와 부담자가 일치한다.
- 소득재분배효과가 있다.

(2) 공공부조

① 의미

국가와 지방자치단체의 책임 아래 생활 유지 능력이 없거나 생활이 어려운 국민의 최저 생활을 보장하고 자립을 지원하는 제도이다.

② 목적

국가와 지방자치단체의 지원을 통해 최소한의 인간다운 생활을 보장하고 자립을 지원한다.

③ 구분

- 일반적 공공부조는 일정 수준 이하의 소득을 얻는 모든 사람에게 그 혜택이 돌아간다.
- 범주적 공공부조는 소득 수준 이외의 추가적 기준을 적용해 그 범주에 드는 사람에게만 혜택을 준다는 특성을 가진다.
- 대부분의 나라에서 범주적 공공부조 제도를 채택하는 경우가 많다.

④ 특징
- 금전적 지원을 원칙으로 한다.
- 사회보험보다 소득재분배효과가 크다.
- 국가의 재정부담이 증대될 우려가 있다.
- 대상자 선정과정에서 부정적 낙인이 발생할 수 있다.
- 현재 직면한 사회적 위험에 대응하는 사후 처방적 성격을 가진다.
- 수혜자와 부담자가 일치하지 않는다.

확인문제

사회보험과 공공부조에 관한 설명으로 옳지 않은 것은? [세무사 20]
① 사회보험으로 국민기초생활보장제도의 재원을 충당한다.
② 공공부조는 원칙적으로 정부의 예산으로 충당한다.
③ 부과방식의 사회보험은 수지균형을 원칙으로 한다.
④ 공공부조의 수혜대상 결정은 소득·재산조사를 근거로 한다.
⑤ 사회보험의 재원은 원칙적으로 보험료로 충당한다.

해답

기초생활보장은 공공부조에 해당한다. 공공부조는 조세로 충당함을 기본으로 한다. 사회보험은 사회보험의 재원으로 충당해야 한다. 정답: ①

4. 부의 소득세제

(1) 정의

① 개인의 소득이 일정 수준 이하로 떨어지면 음(-)의 세율이 적용된다.

② 음(-)의 세율이 적용되는 경우에는 보조금을 주는 것을 의미한다.

(2) 운영방식

① S = m - tE(m은 기초수당이며, t는 한계세율, E는 스스로 번 소득이다)

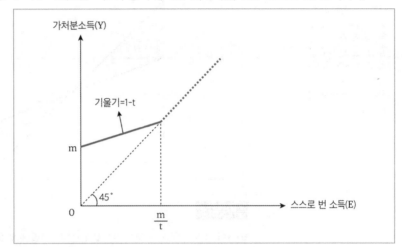

② 소득이 0인 경우 m의 소득을 기초수당으로 받으며, 자신이 번 소득 E가 $\frac{m}{t}$이 되면 보조금이 0이 된다.

③ 기초수당이 커질수록 사람들이 최소한으로 보장되는 소득이 커지기 때문에 재분배효과가 커진다.

④ 한계세율이 높을수록 자신이 번 돈이 늘어날 때 이와 거의 비슷한 크기로 정부의 지급액이 줄어들게 되므로 효율성이 저해된다.

(3) 장점

① 일종의 권리에 의해 정부로부터 보조를 받는 형식을 취하기 때문에 수치감을 느낄 필요가 없다.

② 일반적인 조세체계 안에서 운영이 가능해 행정적으로 매우 단순하다.

③ 별도의 수혜자격 심사를 하지 않아 비용이 절감된다.

④ 현금의 형태로 혜택을 주어 수혜자의 높은 효용 수준을 추구할 수 있다.

(4) 단점

① 일반적 조세제도의 틀 속에서 통합적으로 운용되기 때문에 특정한 집단의 특수한 요구에 쉽게 부응할 수 없다.

② 재정부담이 크나 결과를 장담할 수 없다.

③ 부의 소득세가 적용된 사람들뿐 아니라 기준선보다 약간 더 많은 소득을 벌고 있는 사람들의 근로의욕 저하가 발생할 수 있다.

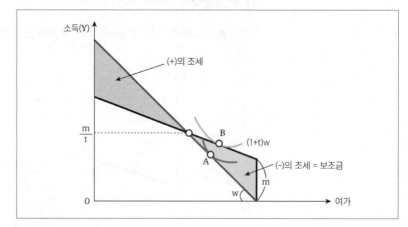

확인문제

부(-)의 소득세제에서 한계세율을 t, 모든 사람에게 최소한으로 보장되는 소득인 기초수당을 m이라고 할 때, 보조금은 S = m - tE(단, E는 스스로 번 소득)이다. 부의 소득세에 관한 설명으로 옳은 것을 모두 고른 것은?　　　　　　[세무사 19]

ㄱ. 누진적 소득세제의 논리적 연장이다.
ㄴ. 소득세의 납부과정에서 정부로부터 보조를 받는 형식을 취한다.
ㄷ. 어떤 사람이 스스로 벌어들인 소득이 m/t이면, 보조금은 0(zero)이다.
ㄹ. 재분배효과는 m이 클수록 커진다.
ㅁ. t가 클수록 근로의욕이 커진다.

① ㄷ, ㅁ　　　　　　② ㄱ, ㄴ, ㄷ　　　　　　③ ㄴ, ㄹ, ㅁ
④ ㄱ, ㄴ, ㄷ, ㄹ　　　⑤ ㄱ, ㄴ, ㄷ, ㄹ, ㅁ

해답

세율이 커지면 가처분소득이 줄어들어 근로의욕이 작아진다.　　　　　　정답: ④

5. 근로장려세제

(1) 정의

① 소득이 적어 생활이 어려운 근로자에게 생계비를 보조해 주는 제도이다.

② 근로소득이 생겨야 보조금을 받는 형태이므로 생산적 복지, 노동 연계복지라고 불리기도 한다.

③ 미국의 EITC(Earned Income Tax Credit), 프랑스의 PPE(Prime Pourl' Empoli), 영국의 WTC(Working Tax Credit)가 이와 같은 제도이다.

(2) 운영방식

① 근로장려세제의 구조

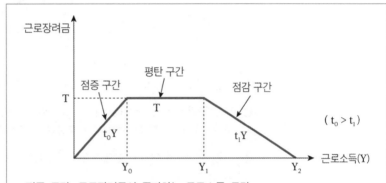

- 점증 구간: 근로장려금이 증가하는 근로소득 구간
- 평탄 구간: 근로장려금이 동일한 근로소득 구간
- 점감 구간: 근로장려금이 감소하는 근로소득 구간

② 우리나라의 근로장려금(2019년 기준)

가구원 구성	총급여액 등	근로장려금 지급액
단독 가구	400만원 미만	총급여액 등 × 400분의 150
	400만원 이상 ~ 900만원 미만	150만원
	900만원 이상 ~ 2,000만원 미만	150만원 - (총급여액 등 - 900만원) × 1,100분의 150
홑벌이 가구*	700만원 미만	총급여액 등 × 700분의 260
	700만원 이상 ~ 1,400만원 미만	260만원
	1,400만원 이상 ~ 3,000만원 미만	260만원 - (총급여액 등 - 1,400만원) × 1,600분의 260

* 홑벌이 가구: 부부 중 한 사람만이 직업을 가지고 돈을 버는 가구

(3) 근로장려금과 노동공급

① 그래프(단, 여가는 정상재임을 가정한다)

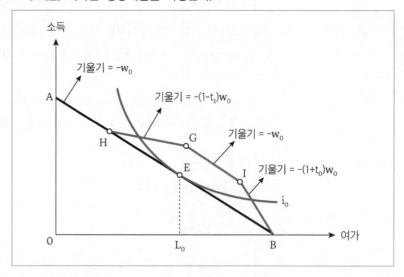

② BI는 점증 구간, IG는 평탄 구간, GH는 점감 구간이다.

③ 모든 구간에서 근로장려금 지급은 소득이 증가한 것이므로 소득효과가 발생하여 여가소비가 늘어난다. 따라서 노동공급이 감소한다.

④ 점증 구간에서 여가의 상대가격이 상승했으므로 여가소비가 감소하여 노동공급이 증가한다.

⑤ 평탄 구간에서는 대체효과가 발생하지 않는다.

⑥ 점감 구간에서는 여가의 상대가격이 하락했으므로 여가소비가 증가하여 노동공급이 감소한다.

⑦ 결론

구분	소득효과	대체효과	총효과
점증 구간	노동공급 감소	노동공급 증가	상대적 크기에 따라 달라짐
평탄 구간	노동공급 감소	없음	노동공급 감소
점감 구간	노동공급 감소	노동공급 감소	노동공급 감소

우리나라의 근로장려세제에 관한 설명으로 옳지 않은 것은? [세무사 19]

① 기초생활보장 등 각종 복지지원에서 제외되는 저소득근로자에게 생계비 등을 보조해 주는 제도이다.

② 근로장려금은 가구 구성과 소득 수준에 따라 달라진다.

③ 소득 수준이 높은 가구일수록 소득 1원 증가에 따른 가처분소득 증가분은 줄어드는 방식을 취한다.

④ 근로빈곤층의 노동공급에 미치는 영향을 최소화하면서 생계안정을 지원하는 제도이다.

⑤ 개인의 노동공급에 미치는 영향을 분석하면 소득효과 없이 대체효과가 존재하여 노동공급은 소폭 줄어든다.

해답

근로장려세제는 점증 구간에서 노동공급을 증가시키는 대체효과와 노동공급을 감소시키는 소득효과를 동시에 발생시킨다. 따라서 노동공급은 대체효과와 소득효과의 상대적 크기에 따라 증가할 수도, 감소할 수도 있다. 정답: ⑤

6. 보조제도

(1) 현금보조와 현물보조, 가격보조

① 현금(소득)보조

현금보조란 정부가 저소득계층을 위하여 현금을 보조하는 것으로 현금보조가 이루어지면 그 금액만큼 예산선이 바깥쪽으로 평행이동한다.

② 현물보조

• 현물보조란 정부가 저소득계층을 위하여 쌀과 같은 현물(X재)을 보조하는 것으로 현물보조가 이루어지면 그 수량의 금액만큼 예산선이 오른쪽으로 수평이동한다.

• 현물보조는 현금보조보다 예산선 영역이 △ABC만큼 작아진다.

③ 가격보조

가격보조란 특정 재화를 구입할 때 할인해 주는 보조로 재화의 가격이 하락한 효과와 같으므로 예산선은 회전이동하게 된다.

(2) 보조의 효과 비교

① 현금보조와 현물보조의 비교: Y재를 덜 선호하는 경우

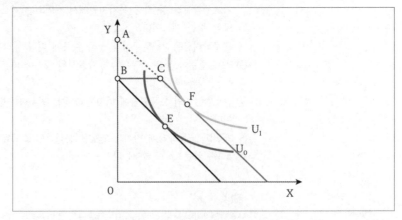

'현금보조(F점) = 현물보조(F점)'이므로 현금보조와 현물보조의 효과가 동일하다.

② 현금보조와 현물보조의 비교: Y재를 더 선호하는 경우

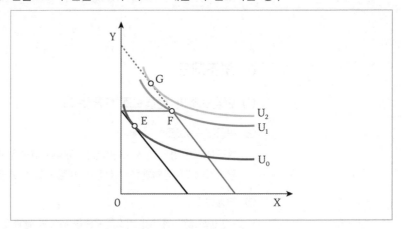

'현금보조(G점) > 현물보조(F점)'이므로 현금보조의 효용이 더 크다.

③ 현금보조와 가격보조의 비교: 보조금 지급금액이 동일할 때

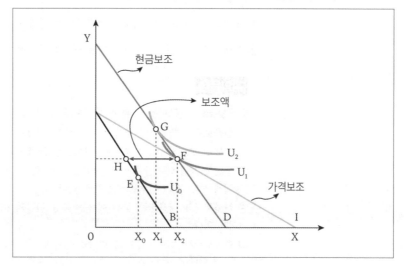

'현금보조(G점) > 가격보조(F점)'이므로 현금보조의 효용이 더 크다.

④ 두 재화가 완전보완재인 경우 현금보조와 가격보조의 효과가 동일하다.

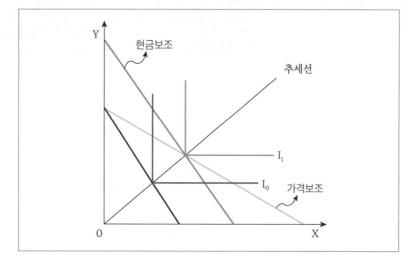

(3) 결론: 정부의 목표달성효과 비교(X재 소비 증진)

① Y재를 더 선호하는 경우(무차별곡선이 상방에 존재) ➜ 가격 > 현물 > 현금

② Y재를 덜 선호하는 경우(무차별곡선이 하방에 존재) ➜ 가격 > 현물 = 현금

확인문제

현물보조와 현금보조에 관한 설명으로 옳지 않은 것은?　　　　　　　　　[세무사 18]

① 현물보조의 대표적인 항목에는 의무교육, 의료, 주거 등 가치재들이 포함된다.

② 현물보조에 비하여 현금보조는 높은 행정비용과 운영비용을 수반한다.

③ 동일한 재정을 투입하는 경우 일반적으로 현금보조가 현물보조에 비하여 소비자에게 보다 넓은 선택을 가능하게 한다.

④ 현물보조를 사용하는 주된 이유는 해당 현물의 소비가 바람직하다고 생각하기 때문이다.

⑤ 현금보조가 가지는 단점 중 하나는 상대적으로 부정수급과 오남용 가능성이 크다는 것이다.

해답

현금보조는 보조금을 계좌에 입금하는 형태로 이루어진 데 비해 현물보조는 실제로 보조대상이 되는 재화를 구입하여 수혜자에게 지급해야 한다. 그러므로 행정비용과 운영비용은 현물보조가 현금보조에 비하여 더 많이 소요된다.　　　　　　　　정답: ②

사회보험제도
★★

핵심 Check: 사회보험제도

국민연금 적립방식	자신이 낸 보험료 수령
국민연금 부과방식	세대 간 소득재분배효과 발생
국민연금이 저축행위에 미치는 효과	재산대체효과만 저축을 줄이는 방향으로 영향을 주고, 은퇴·상속·인식효과는 모두 저축을 부추기는 효과를 가짐
건강보험 행위별 수가제	각 진료비를 책정하는 방식으로 의학발전에 기여하지만 과잉 진료가 이루어질 수 있음
건강보험 포괄수가제	질병별로 미리 정해진 금액만 받는 방식으로 의료비가 저렴하지만, 의학발전 저하와 과소 진료가 발생할 수 있음

1. 국민연금제도의 의의

(1) 의미

기본적으로 정부가 강제저축을 통해 국민의 노후 생계를 보장해 주는 보편적 연금프로그램이다.

(2) 국민연금제도의 재원

보험료 혹은 사회보장세라고 부르는 목적세를 부과해 국민연금제도의 재원으로 사용하고 있다.

(3) 국민연금제도의 재원을 충당하는 방법

① 적립방식(reserve-financed or fully funded method)
- 사람들이 낸 보험료 혹은 사회보장세를 적립해 기금을 만들고 이 기금에서 나오는 수익으로 연금을 지급하는 방식이다.
- 국민연금제도가 민간부문에서의 보험회사와 비슷한 방식으로 운영되는 결과가 나타난다.
- 연금이 고갈될 우려가 없으며, 세대 간 위화감도 없다.
- 대부분의 국가에서 고소득층은 자신이 납부한 것보다 연금수령액이 적고, 저소득층은 자신이 납부한 것보다 연금수령액이 많다. 이를 통해 세대 내 소득재분배효과가 있음을 알 수 있다.
- 우리나라가 채택하고 있는 방식이다.

② 부과방식(pay-as-you-go method)
- 현재 일하고 있는 사람들에게서 거둔 세금으로 은퇴해 있는 사람에게 연금을 지급한다는 것을 뜻한다.

- 중복세대 모형에 근거하여 세대 간의 계약을 통해 부양의무에 관해 합의를 본 것이라고 할 수 있다.
- 경제 성장률, 실업률, 출생률, 평균수명 등 많은 변수가 발생할 수 있다.

③ 세대 간 재분배효과
- 적립방식은 자신이 내는 돈을 받는 것이므로 세대 간 소득재분배가 발생하지 않는다.
- 부과방식은 근로세대가 비근로세대를 부양하는 것이므로 세대 간 소득재분배 효과가 발생한다.

(4) 중복세대 모형

① 의미

젊은 세대에 속하는 사람과 나이 든 세대에 속하는 사람이 중복되어 경제생활을 영위하고 있다는 의미에서 중복세대 모형이라고 한다.

② 가정
- 기간마다 n명의 사람들이 태어나고 있으며, 각 사람은 두 기간에 걸쳐 생존한다.
- 한 시점에서 2n명의 사람이 살고 있으며, 그 중 n명은 젊은 세대에 속하는 사람들이고 나머지 n명은 나이 든 세대에 속하는 사람들이다.
- 각 사람은 2단위의 소비 가능한 자원을 가지고 태어나는데, 이것은 바로 그 기간에만 소비할 수 있을 뿐 다음 기간으로 넘겨 소비할 수 없다고 한다.

③ 국민연금제도의 당위성

한계효용체감의 원칙을 생각하면 각자가 초기자원 2단위를 모두 생애 1기에 소비하고 2기에 아무것도 소비하지 못하는 상태보다 각 기에서 1단위씩 소비할 때의 효용이 다시 말하면, 전 생애에 걸친 소비에 따른 효용이 더 크다.

(5) 국민연금제도의 의의

① 시장실패의 보완
- 민간보험회사의 역선택 문제는 다른 사람보다 일찍 은퇴할 사람은 보험에 가입하고, 남보다 늦게 은퇴할 사람들은 가입을 꺼리게 되는 것이다.
- 국민연금의 강제 가입을 통해 역선택의 문제를 해결할 수 있다.

② 소득재분배
- 한 세대 안에서 가난한 사람과 부유한 사람 사이의 격차를 줄이는 역할을 할 수 있다.
- 일반적으로 노인세대는 빈곤층이므로 세대와 세대 사이에서 소득을 재분배하는 효과를 낼 수도 있다.

③ 온정적 간섭주의에 의한 개입

현실적으로 노후대비가 안 되는 사람들을 위해 정부가 온정적 간섭주의의 견지에서 국민연금제도를 운용한다.

(6) 우리나라의 국민연금제도

① 도입준비 단계 (1973년 국민복지연금법 제정)

1960년대 추진된 경제개발계획으로 산업화, 도시화, 핵가족화, 노령화가 빠른 속도로 진행되고, 이로 인해 발생된 사회문제의 해결방안으로 1973년 국민복지연금법이 제정·공포되었다.

② 도입 및 실시단계 (1986년 국민연금법 개정 및 1988년 제도시행)

노동시장 확대와 계속적인 출생률 저하 등으로 국민연금 제도에 대한 필요성이 증가되면서 1986년부터 종전의 국민복지연금 제도를 수정·보완하여 1988년 1월부터 국민연금 제도를 시행하게 되었다. 우선적으로 10인 이상 사업장에 근무하는 18세 이상 60세 미만의 근로자 및 사업주를 대상으로 실시하였다.

③ 확대단계

- 국민연금제도는 1988년 1월부터 상대적으로 관리가 용이한 10인 이상 사업장의 '18세 이상 - 60세 미만' 근로자 및 사업주를 우선 대상으로 시행되었다.

- 1992년 1월 1일 상시근로자 5 - 9명 사업장의 근로자와 사용자를 가입대상으로 포괄한 것을 기점으로 1995년 7월 1일 농어촌지역(군지역)으로 제도가 확대되었다.

- 1995년 8월 4일부터는 상시근로자 5명 이상 사업장의 외국인 근로자 및 사용자에게도 제도를 확대 적용하였다.

- 1999년 4월 1일부터 도시지역으로 확대 적용됨으로써 비로소 '전 국민 연금시대'가 열리게 되었다.

- 2003년 7월 1일부터는 5인 미만의 영세사업장, 근로자 1인 이상 법인, 전문직종 사업장을 포괄함은 물론, 임시·일용직과 시간제 근로자의 가입자격을 보다 완화함으로써 명실상부한 보편적 노후소득보장제도로 거듭나게 되었다.

2. 국민연금의 경제적 효과

(1) 저축행위에 미치는 효과

① 재산대체효과(wealth substitution effect)
- 강제저축에 의해 형성된 재산을 개인재산의 대체물로 인식하고 자발적인 저축(= 민간저축)을 줄인다는 것이다.
- 적립방식에서는 민간부문의 저축이 감소하는 만큼 기금으로 정부에 적립되므로 정부저축이 증가하여 총저축은 불변이다.
- 부과방식에서는 민간부문의 저축이 감소하나 정부저축과는 관련이 없으므로 총저축은 감소한다.

② 은퇴효과(retirement effect)
- 국민연금제도는 은퇴를 빨리하게 되어 은퇴기간이 늘어나는 결과를 가져온다.
- 이와 같은 이유로 자발적인 저축을 증가시키는 것을 은퇴효과라고 한다.

③ 상속효과(bequest effect)
- 부모들은 국민연금의 도입으로 자녀들의 조세부담이 늘어난다고 인식한다.
- 이와 같은 이유로 부모들은 더 많은 재산을 자녀에게 상속해 주기 위해 저축을 늘린다는 것을 상속효과라 한다.

④ 인식효과
- 국민연금의 도입으로 노후생활준비에 대한 인식이 이루어진다.
- 노후대비인식은 저축을 증가시킨다.

⑤ 결론
재산대체효과만 저축을 줄이는 방향으로 영향을 주고, 은퇴·상속·인식효과는 모두 저축을 부추기는 효과를 갖는다는 것을 알 수 있다.

(2) 노동공급에 미치는 영향

① 소득효과
국민연금의 도입은 사람들의 순자산 혹은 실질소득을 증가시키므로 여가소비가 증가하여 노동공급이 감소한다.

② 대체효과
- 은퇴 전 시점만 고려한다면 조세 증가에 의해서는 여가의 상대가격이 낮아지므로 여가소비가 증가하여 노동공급이 감소한다.
- 은퇴 후 연금을 통해 소득이 증가하므로 은퇴 후까지 고려한다면 여가의 상대가격이 비싸지므로 여가소비가 감소하여 노동공급이 증가한다.
- 따라서 국민연금으로 인한 대체효과의 방향을 분명하게 알 수는 없다.

연금제도에 관한 설명으로 옳지 않은 것은?　　　　　　　　　　　　　[세무사 18]

① 노후소득의 감소에 대비한 사회보험제도이다.

② 사회보험으로 운용하는 이유는 역선택 문제가 있기 때문이다.

③ 우리나라의 국민연금은 적립방식이 아닌 부과방식으로 도입되었다.

④ 연금제도가 가지는 재산대체효과는 민간저축을 줄이는 방향으로 작용한다.

⑤ 부과방식의 연금이 운용되면 세대 간 소득 이전이 발생할 수 있다.

우리나라 국민연금제도는 부과방식이 아니라 적립방식으로 도입되었으며, 현재도 적립방식으로 운영되고 있다.　　　　　　　　　　　　　　　　　　　　　　　정답: ③

핵심 Plus +

고용보험

고용보험은 비자발적 실업자들에 대하여 일정 기간 소정의 실업급여를 지급함으로써 근로자들의 생계안정을 도모하는 제도이다. 고용보험제도는 근로의욕 감소, 자동안정화효과, 소득재분배효과 등의 경제적 효과를 가지고 있다.

3. 건강보험제도

(1) 의료보장제도의 구분

① 민간보험방식(consumer sovereignty)
- 정부의 개입이 최소화되는 특징을 가지고 있다.
- 대부분 직장에서 고용과 동시에 의료보험이 제공된다.
- 직장을 가지지 못한 노년층과 빈곤층에 대해서 정부가 별도의 의료보장 혜택을 제공하는 방식을 취하고 있다.
- 미국이 채택하고 있다.

② 사회보험방식(social health insurance)
- 국가가 의료보장에 대한 기본적 책임을 져야 한다는 취지에서 공적 의료보험제도를 도입하고 정부가 그 비용의 일부를 부담하는 체제이다.
- 국민이 낸 보험료가 공적 의료보험제도의 중요한 재원이 된다.
- 우리나라, 독일, 일본, 프랑스 등의 방식이다.

③ 국민 보건 서비스방식(national health service)
- 의료보장은 전적으로 국가의 책임이라는 취지에서 모든 국민에게 무상으로 의료서비스를 제공하는 것이다.
- 모든 국민에게 포괄적이며 균등한 의료서비스를 제공한다는 점에서 상품의 평등주의의 이상을 완벽히 구현할 수 있는 방식이다.
- 영국, 스웨덴, 이탈리아 등의 방식이다.

(2) 행위별 수가제와 포괄수가제

① 행위별 수가제

각 진료비를 책정하는 방식으로 의학발전에 기여하지만 과잉 진료가 이루어질 수 있다.

② 포괄수가제

질병별로 미리 정해진 금액만 받는 방식으로 의료비가 저렴하지만, 의학발전 저하와 과소 진료가 발생할 수 있다.

(3) 의료보험과 의료서비스의 과잉 소비

의료보험이 있는 경우에는 없는 경우에 비해 의료서비스 소비량이 늘어나며 이로 인해 사중손실이 발생한다.

확인문제

의료보험제도에서 포괄수가제와 행위별 수가제에 관한 다음 설명으로 옳은 것을 모두 고른 것은?   [세무사 17]

ㄱ. 포괄수가제의 경우 행위별 수가제에 비해 과잉 진료 행위가 줄어든다.
ㄴ. 포괄수가제의 경우 행위별 수가제에 비해 의료서비스 품질의 저하가 우려된다.
ㄷ. 포괄수가제에 비해 행위별 수가제는 의학발전에 부정적이다.

① ㄱ   ② ㄱ, ㄴ   ③ ㄱ, ㄷ   ④ ㄴ, ㄷ   ⑤ ㄱ, ㄴ, ㄷ

해답

포괄수가제란 미리 정해진 일정액의 진료비를 부담하는 제도이다. 이에 비해 행위별 수가제는 의사의 개별 진료 행위의 수가를 모두 합해 총진료비를 산출하는 방식이다.

[오답체크]

ㄷ. 행위별 수가제하에서는 개별 진료에 대해 모두 진료비를 받을 수 있으므로 다양한 방법을 통해 환자를 치료할 가능성이 크다. 그러므로 행위별 수가제는 포괄수가제보다 오히려 의학발전에 긍정적인 영향을 줄 수 있다.   정답: ②

제11장 개념확인 O X 문제

01 소득분배 이론 ★★

01 두 지역의 로렌츠(M. Lorenz)곡선이 서로 교차한다면 두 지역의 소득분배 평등도의 비교가 어렵다.

(○, ×)

02 로렌츠곡선은 소득분배의 평등도에 대한 서수적인 평가를 나타낸다. (○, ×)

03 로렌츠곡선이 대각선에 가까이 위치할수록 평등한 분배를 나타낸다. (○, ×)

04 로렌츠곡선에서는 사회구성원이 똑같은 소득을 나누어 갖는 균등분배를 평등한 소득분배로 전제한다.

(○, ×)

05 셋 이상의 로렌츠곡선을 동시에 비교할 수 없다. (○, ×)

06 앳킨슨(A. Atkinson)지수는 소득분배에 대한 사회적 가치판단에 따라서 크기가 달라진다. (○, ×)

07 로렌츠곡선은 하위 몇 %에 속하는 사람들이 전체 소득에서 차지하는 비율을 나타내는 점들의 궤적이다.

(○, ×)

08 지니계수(Gini coefficient)는 로렌츠곡선을 이용해서 계산할 수 있다. (○, ×)

09 지니계수는 전체 인구의 평균적인 소득 격차의 개념을 활용하고 있다. (○, ×)

정답 및 해설

01 ○

02 ○

03 ○

04 ○

05 X 로렌츠곡선이 서로 교차하지만 않는다면 셋 이상의 곡선도 동시에 비교할 수 있다.

06 ○

07 ○

08 ○

09 ○

10 달튼(H. Dalton)의 평등지수는 1에 가까울수록 불평등한 상태를 의미한다. (○, ×)

11 로렌츠곡선(Lorenz curve)의 경우 대각선에 가까울수록 소득분배가 평등하다. (○, ×)

12 로렌츠곡선은 불평등의 정도에 대해 서수적으로만 평가 가능하고 어느 정도 더 평등한지는 판단할 수 없다. (○, ×)

13 두 로렌츠곡선이 교차하는 경우에는 하위소득자부분의 곡선이 대각선에 가깝게 위치한 경우가 더 공평한 분배 상태인 것으로 해석된다. (○, ×)

14 3개 이상의 로렌츠곡선이 있는 경우에도 서로 교차하지 않는다면 동시에 분배 상태를 비교할 수 있다. (○, ×)

15 로렌츠곡선에 의해 분배 상태를 비교할 때는 다른 불평등도지수에 의해 평가할 때보다 더욱 강한 가치판단이 개입한다는 문제점이 있다. (○, ×)

16 지니계수는 0에서 1 사이의 값을 가지며 소득분배가 평등할수록 0에 가까워진다. (○, ×)

17 로렌츠곡선이 대각선과 일치할 때 지니계수는 0의 값을 가진다. (○, ×)

18 앳킨슨지수 값은 불평등성에 대한 그 사회의 가치판단을 전제로 하여 계산된다. (○, ×)

19 앳킨슨지수에서 소득분배가 불균등할수록 균등분배대등소득과 평균소득과의 격차가 커진다. (○, ×)

20 앳킨슨지수가 0에 가까울수록 소득분배가 불평등하다. (○, ×)

정답 및 해설

10 X 달튼의 평등지수는 0과 1 사이의 값을 가지며, 소득분배가 평등할수록 그 값이 커진다.

11 ○

12 ○

13 X 두 로렌츠곡선이 교차하는 경우 비교 불가능이다.

14 ○

15 X 앳킨슨지수만이 가치판단이 개입된다.

16 ○

17 ○

18 ○

19 ○

20 X 0에 가까워진다는 것은 균등분배대등소득과 평균소득의 격차가 적어진다는 것으로 소득분배가 평등하다는 것이다.

21 십분위 분배율은 하위 20%에 속하는 사람들의 소득점유비율을 상위 40%에 속하는 사람들의 소득점유비율로 나눈 값으로 그 값이 클수록 소득분배가 평등하다고 할 수 있다. (○, ×)

22 지니계수는 0에 가까울수록 평등하고 십분위 분배율의 값은 1에 가까울수록 평등하다. (○, ×)

23 5분위 배율은 상위 20%에 속하는 사람들의 소득점유율을 하위 20%의 소득점유율로 나눈 값으로 그 값이 클수록 소득분배가 불평등함을 의미한다. (○, ×)

24 쿠즈네츠의 U자 가설은 세로축에 소득분배의 균등도를, 가로축에 경제발전단계 또는 1인당 국민소득을 표시한 평면에서 설명된다. (○, ×)

25 한 나라의 소득분포가 제1오분위 8%, 제2오분위 10%, 제3오분위 20%, 제4오분위 26%, 제5오분위 36%로 주어졌을 때 십분위 분배율은 0.5이다. (○, ×)

26 소득이 Y_1, Y_2인 두 사람으로 구성된 사회의 후생함수가 $W = Y_1 \times Y_2$라고 한다. 두 사람의 소득이 각각 $Y_1 = 16$, $Y_2 = 4$라고 할 때, 앳킨슨(A. Atkinson)지수는 0.4이다. (○, ×)

27 갑과 을 두 사람이 존재하는 경제에서 이들의 후생이 소득 수준과 동일한 경우, 갑의 소득은 400, 을의 소득은 100이다. 앳킨슨지수(Atkinson index)로 소득분배를 평가할 때 롤스의 사회후생함수는 0.6이다. (○, ×)

정답 및 해설

21 × $\dfrac{\text{하위 40\%의 소득점유비율}}{\text{상위 20\%의 소득점유비율}}$ 이다.

22 × 십분위 분배율은 2에 가까울수록 평등하다.

23 ○

24 ○ 쿠즈네츠의 U자 가설은 시간에 따라 소득분배가 악화되었다가 개선된다는 가설이다.

25 ○ 제1오분위와 제2오분위의 소득을 합한 최하위 40% 소득계층의 소득이 전체 소득에서 차지하는 비중이 18%이고, 제5오분위에 해당하는 최상위 20% 소득이 전체 소득의 36%이다. 그러므로 최하위 40%의 소득을 최상위 20%의 소득으로 나눈 십분위 분배율은 0.5이다.

26 × 개인 1의 소득이 16, 개인 2의 소득이 4이므로 현재의 평균소득 $Y_A = 10$이다. 사회후생함수가 $W = Y_1 \times Y_2$이므로 현재 상태에서는 사회후생 $W = 16 \times 4 = 64$이다. 두 사람이 8만큼의 동일한 소득을 갖고 있더라도 현재와 동일한 사회후생 64를 얻을 수 있으므로 균등분배대등소득 $Y_e = 8$이다. 그러므로 앳킨슨지수는 $A = 1 - \dfrac{Y_e}{Y_A} = 1 - \dfrac{8}{10} = 0.2$로 계산된다.

27 ○ 갑의 소득이 400, 을의 소득이 100이므로 사회 전체의 평균소득은 250이다. 그리고 두 사람의 효용 수준이 소득과 동일하므로 최초 분배 상태에서는 갑의 효용이 400, 을의 효용이 100이다. 롤스의 사회후생함수하에서는 사회후생 $W = \text{Min}[400, 100] = 100$이고, 두 사람의 소득이 모두 100인 경우에도 사회후생 $W = \text{Min}[100, 100] = 100$이므로 균등분배대등소득은 100이 된다. 그러므로 앳킨슨지수는 $A = 1 - Y_e/Y = 1 - 100/250 = 0.6$이다.

28 부의 소득세제도는 일정 수준 이하 저소득층의 가처분소득을 증가시키는 효과가 있다. (○, ×)

29 부의 소득세제에서 기초수당(basic allowance)이 클수록 재분배효과가 커진다. (○, ×)

30 부의 소득세(negative income tax)가 부과될 때 소득효과는 노동공급을 증가시키는 방향으로 작용한다. (○, ×)

31 부의 소득세 부과는 면세점 이하 소득계층에 대한 여가의 기회비용을 하락시킨다. (○, ×)

32 (여가가 정상재인 경우) 부의 소득세를 부과하면 면세점 이하 소득계층에서 대체효과는 소득효과와 반대 방향으로 작용한다. (○, ×)

33 우리나라의 근로장려세제는 기초생활보장 등 각종 복지지원에서 제외되는 저소득근로자에게 생계비 등을 보조해 주는 제도이다. (○, ×)

34 우리나라의 근로장려세제에서 근로장려금은 가구 구성과 소득 수준에 따라 달라진다. (○, ×)

35 우리나라의 근로장려세제는 소득 수준이 높은 가구일수록 소득 1원 증가에 따른 가처분소득 증가분은 줄어드는 방식을 취한다. (○, ×)

36 우리나라의 근로장려세제는 근로빈곤층의 노동공급에 미치는 영향을 최소화하면서 생계안정을 지원하는 제도이다. (○, ×)

37 우리나라의 근로장려세제에서 개인의 노동공급에 미치는 영향을 분석하면 소득효과 없이 대체효과가 존재하여 노동공급은 소폭 줄어든다. (○, ×)

정답 및 해설

28 ○ 부의 소득세는 면세점 이하 저소득층의 가처분소득을 증가시키는 보조금 성격의 사회보장제도이다.

29 ○

30 X 여가가 정상재인 경우 부의 소득세로 인한 소득효과는 노동공급을 감소시키는 방향으로 작용한다.

31 ○ 부의 소득세로 인한 대체효과는 여가의 기회비용을 낮춰 노동을 감소시킨다.

32 X 소득효과와 대체효과는 여가소비를 늘리는 같은 방향으로 작용한다.

33 ○

34 ○

35 ○

36 ○

37 X 근로장려세제는 점증 구간에서 노동공급을 증가시키는 대체효과와 노동공급을 감소시키는 소득효과를 동시에 발생시킨다. 따라서 노동공급은 대체효과와 소득효과의 상대적 크기에 따라 증가할 수도, 감소할 수도 있다.

38 이전지출로 인해 발생하는 비효율은 대체효과와 관련이 있다. (○, ×)

39 현물보조의 대표적인 항목에는 의무교육, 의료, 주거 등 가치재들이 포함된다. (○, ×)

40 현물보조에 비하여 현금보조는 높은 행정비용과 운영비용을 수반한다. (○, ×)

41 동일한 재정을 투입하는 경우 일반적으로 현금보조가 현물보조에 비하여 소비자에게 보다 넓은 선택을 가능하게 한다. (○, ×)

42 현물보조를 사용하는 주된 이유는 해당 현물의 소비가 바람직하다고 생각하기 때문이다. (○, ×)

43 현금보조가 가지는 단점 중 하나는 상대적으로 부정수급과 오남용 가능성이 크다는 것이다. (○, ×)

44 현금보조의 경우 대체효과가 소득효과를 압도하여 X재의 소비량이 증가한다. (○, ×)

45 현금보조의 경우 해당 재화만이 아니라 다른 재화의 공급도 증가하는 왜곡 현상으로 인하여 사회후생의 손실이 초래된다. (○, ×)

46 이전지출 수혜자가 비가치재(dement goods)에 대한 선호가 높은 경우에는 현금보조하지 않아야 한다.
(○, ×)

47 현물보조는 대체효과가 나타나고 소비자 선택에 제약을 가하게 되므로 비효율적일 수 있다. (○, ×)

정답 및 해설

38 ○

39 ○

40 X 현금보조는 보조금을 계좌에 입금하는 형태로 이루어진 데 비해 현물보조는 실제로 보조대상이 되는 재화를 구입하여 수혜자에게 지급해야 한다. 그러므로 행정비용과 운영비용은 현물보조가 현금보조에 비하여 더 많이 소요된다.

41 ○

42 ○

43 ○

44 X 현금보조는 소득효과만 있다.

45 X 사회후생의 손실은 대체효과로 인해 초래되는데, 현금보조는 대체효과가 일어나지 않는다. 또한, 해당 재화와 다른 재화의 공급이 함께 증가하는 것은 왜곡 현상으로 볼 수 없다.

46 ○ 비가치재는 술/담배와 같은 것이다. 이러한 경우는 현물보조가 더 바람직하다.

47 X 현물보조는 대체효과가 나타나지 않는다.

48 바우처정책의 경우 소득효과만 발생하지만 현금 지급정책의 경우 에너지 가격체계의 변화를 발생시켜 대체효과도 추가적으로 나타나게 된다. (○, ×)

49 가격보조의 경우 현금보조보다 보조금 수혜자의 후생수준이 낮다. (○, ×)

50 가격보조의 경우 현금보조보다 X재의 소비량은 작아진다. (○, ×)

51 정부 이전지출의 목적이 특정 재화에 대한 소비를 장려하기 위한 것이라면 가격보조가 효과적인 정책수단이 된다. (○, ×)

52 가격보조로 인하여 소비가 증대되어도 후생비용은 발생하지 않는다. (○, ×)

53 소비자에게 가격보조를 하거나 생산자에게 가격보조를 하거나 소비 증대효과는 동일하다. (○, ×)

54 가격보조의 경우 정부는 소득보조에 비해 적은 보조금 지출을 통하여 수혜자가 소득보조와 동일한 크기의 효용을 누리도록 할 수 있다. (○, ×)

03 사회보험제도 ★★

55 완전적립방식인 국민연금제도에서는 나이 든 세대가 젊은 세대에 의존한다는 인식이 생기게 된다. (○, ×)

56 부과방식에 의한 연금이 새로 도입되는 경우 청년층에서 노년층으로 세대 간 소득 이전효과가 발생한다. (○, ×)

정답 및 해설

48 X 바우처정책은 대표적인 현물보조정책이다.

49 ○

50 X 가격보조는 현금보조에 비해 소비량이 늘어날 수 있다.

51 ○

52 X 가격보조는 대체효과로 인한 후생비용이 발생한다.

53 ○ 세금 부담의 주체가 달라도 발생하는 효과가 동일한 것처럼 보조받는 주체가 달라도 발생하는 효과는 동일하다.

54 X 소득보조의 경우 정부는 가격보조에 비해 적은 보조금 지출을 통해 수혜자가 소득보조와 동일한 크기의 효용을 누리도록 할 수 있다.

55 X 완전적립방식은 세대 간 재분배 문제가 없다.

56 ○

57 국민연금제도를 도입하면 재산대체효과(wealth substitution effect)로 국민저축이 줄어든다. (○, ×)

58 재산대체효과는 적립방식에서 국민 총저축(민간의 자발적 저축 + 정부의 강제적 저축)을 감소시킨다. (○, ×)

59 연금 급여에 대한 기대로 조기에 퇴직하는 효과가 발생하는 퇴직(은퇴)효과는 저축을 늘리는 작용을 한다. (○, ×)

60 자식 세대의 가처분소득 감소를 우려한 부모 세대가 상속자산을 늘려주려고 시도해서 자발적인 저축이 늘어나는 효과가 있다. (○, ×)

61 완전한 적립방식하에서는 개인의 포트폴리오 구성만이 바뀔 뿐 국가 전체로서는 저축 규모가 증대되지 않는다. (○, ×)

62 국민연금제도는 은퇴 후 개인의 실질소득을 증가시킴으로써 은퇴 후 노동공급을 줄이는 효과를 발생시킨다. (○, ×)

63 연금제도는 노후소득의 감소에 대비한 사회보험제도이다. (○, ×)

64 연금제도를 사회보험으로 운용하는 이유는 역선택 문제가 있기 때문이다. (○, ×)

65 우리나라의 국민연금은 적립방식이 아닌 부과방식으로 도입되었다. (○, ×)

정답 및 해설

57 X 국민연금의 부과방식에 의하면 민간저축은 감소하고 정부저축은 관련이 없으므로 국민저축이 줄어들지만, 완전한 적립방식에 의하면 민간저축은 줄어들고 정부저축은 늘어나기 때문에 국민저축은 동일하다.

58 X 민간의 자발적 저축과 정부의 강제적 저축이 반대 방향으로 작용하므로 국민 총저축이 같거나 감소할 수 있다.

59 ○ 국민연금으로 인한 은퇴효과는 민간저축을 증가시킨다.

60 ○

61 ○

62 ○

63 ○

64 ○

65 X 우리나라 국민연금제도는 부과방식이 아니라 적립방식으로 도입되었으며, 현재도 적립방식으로 운영되고 있다.

66 연금제도가 가지는 재산대체효과(wealth substitution effect)는 민간저축을 줄이는 방향으로 작용한다. (○, ×)

67 부과방식의 연금이 운용되면 세대 간 소득 이전이 발생할 수 있다. (○, ×)

68 연금제도는 노동공급과 노동수요의 증대를 가져와 경제 성장에 기여하게 된다. (○, ×)

69 적립방식의 연금제도는 일반적으로 세대 내의 구성원 간에 부(wealth)의 이전을 초래한다. (○, ×)

70 연금 급여에 대한 기대로 조기에 퇴직하는 퇴직효과(retirement effect)는 개인저축을 늘리는 작용을 한다. (○, ×)

71 연금제도는 저축의 중요성을 일깨우는 인식효과(recognition effect)를 가져오며 이는 개인저축을 늘리는 작용을 한다. (○, ×)

72 연금 급여에 대한 기대는 개인저축을 줄이는 재산대체효과를 발생시킨다. (○, ×)

73 사회보험은 대체로 민간보험이 수행할 수 없는 위험에 대해 가입자를 보호해준다. (○, ×)

74 의료보험시장에서 발생하는 정보의 비대칭성은 시장에 대한 정부개입의 근거가 된다. (○, ×)

75 공공의료보험제도의 도입은 역선택으로 인한 가입자 감소 문제를 완화한다. (○, ×)

정답 및 해설

66 ○

67 ○

68 X 국민연금제도가 시행되면 노년층의 조기 은퇴가 일반화되어 노동공급이 감소한다. 그러므로 국민연금제도는 노동공급의 감소를 가져와 경제 성장에 부정적인 영향을 미칠 가능성이 크다.

69 ○

70 ○

71 ○

72 ○

73 ○ 민간보험이 역선택 문제로써 제공할 수 없는 서비스를 정부가 제공해 주는 것이 사회보험이다.

74 ○

75 ○ 강제 가입을 통해 가입자 감소 문제를 완화한다.

76 의료보험제도는 사적 보험제도와 달리 도덕적 해이가 발생하지 않는다. (○, ×)

77 실업보험제도는 소득세제와 함께 경기변동에 대한 자동안정조절기능을 보유하고 있다. (○, ×)

78 고용보험제도는 새로운 일자리를 구하는 데 따른 기회비용은 줄어들 수 있다. (○, ×)

79 고용보험 수혜기간의 연장은 구직활동을 게을리 하게 하는 도덕적 해이를 일으킨다. (○, ×)

80 고용보험 지급기간이 장기간인 국가일수록 실업률이 높아지는 경향이 있다. (○, ×)

81 포괄수가제의 경우 행위별 수가제에 비해 과잉 진료 행위가 줄어든다. (○, ×)

82 포괄수가제의 경우 행위별 수가제에 비해 의료서비스 품질의 저하가 우려된다. (○, ×)

83 포괄수가제에 비해 행위별 수가제는 의학발전에 부정적이다. (○, ×)

84 병원 방문의 수요곡선이 $400-Q$(Q: 병원 방문횟수)이고, 건강보험이 없는 상태의 방문당 비용은 100, 건강보험 가입 시 방문당 본인부담금은 20이다. 이 경우 소비자의 도덕적 해이로 인한 후생비용은 3,200이다.
(○, ×)

정답 및 해설

76 X 도덕적 해이는 완벽한 해결방안이 없다.

77 ○ 경제안정화기능을 가진 제도로는 실업보험제도와 누진세제 등이 있다.

78 ○ 실업기간의 소득이 일정 수준 보장되기 때문에 이직에 대한 기회비용은 줄어든다.

79 ○

80 ○

81 ○

82 ○

83 X 행위별 수가제하에서는 개별 진료에 대해 모두 진료비를 받을 수 있으므로 다양한 방법을 통해 환자를 치료할 가능성이 크다. 그러므로 행위별 수가제는 포괄수가제보다 오히려 의학발전에 긍정적인 영향을 줄 수 있다.

84 ○ 병원 방문의 수요곡선이 $P=400-Q$이고, 건강보험이 없을 때 방문당 한계비용 $MC=100$이므로 $P=MC$로 두면 최적 방문횟수 $Q=300$이다. 건강보험 가입 후에는 방문당 본인부담금이 20이므로 개인의 입장에서 보면 방문당 한계비용 $MC=20$이다. 따라서 건강보험 가입 후 개인의 최적 방문횟수는 $Q=380$이 된다. 그러므로 건강보험제도가 시행되면 80단위만큼의 과잉 소비가 이루어진다(도덕적 해이). 도덕적 해이에 따른 후생비용은 $3,200\left(=\dfrac{1}{2}\times80\times80\right)$이다.

01 소득분배 이론 ★★

01
지식형

소득분배의 불평등도 측정에 관한 설명으로 옳은 것은? [세무사 21]

① 지니(Gini)계수: 0과 1 사이의 값을 가지며, 1에 가까울수록 소득이 평등하게 분배되었음을 나타낸다.
② 달튼(H. Dalton)의 평등지수: 0과 1 사이의 값을 가지며, 1에 가까울수록 소득이 평등하게 분배되었음을 나타낸다.
③ 앳킨슨(A. Atkinson)지수: -1과 1 사이의 값을 가지며, 1이면 소득이 완전평등하게 분배되었음을 나타낸다.
④ 5분위 배율: 하위 20%에 속하는 사람들의 소득점유비율을 상위 20%에 속하는 사람들의 소득점유비율로 나눈 값이다.
⑤ 십분위 분배율: 상위 40%에 속하는 사람들의 소득점유비율을 하위 20%에 속하는 사람들의 소득점유비율로 나눈 값이다.

02
계산형

갑과 을 두 사람이 존재하는 경제에서 이들의 후생이 소득 수준과 동일한 경우, 갑의 소득은 400, 을의 소득은 100이다. 앳킨슨지수(Atkinson index)로 소득분배를 평가한 설명으로 옳은 것은? [세무사 18]

① 롤즈의 사회후생함수인 경우 앳킨슨지수는 0이다.
② 롤즈의 사회후생함수인 경우 앳킨슨지수는 0.4이다
③ 롤즈의 사회후생함수인 경우 앳킨슨지수는 1이다.
④ 공리주의 사회후생함수인 경우 앳킨슨지수는 1이다.
⑤ 공리주의 사회후생함수인 경우 앳킨슨지수는 0이다.

03
지식형

로렌츠(M. Lorenz)곡선에 관한 설명으로 옳지 않은 것은? [세무사 17]

① 두 지역의 로렌츠곡선이 서로 교차한다면 두 지역의 소득분배 평등도의 비교가 어렵다.
② 소득분배의 평등도에 대한 서수적인 평가를 나타낸다.
③ 로렌츠곡선이 대각선에 가까이 위치할수록 보다 평등한 분배를 나타낸다.
④ 사회구성원이 똑같은 소득을 나누어 갖는 균등분배를 평등한 소득분배로 전제한다.
⑤ 셋 이상의 곡선을 동시에 비교할 수 없다.

04 소득불평등도지수에 관한 설명으로 옳지 않은 것은?

지식형

[세무사 17]

① 앳킨슨(A. Atkinson)지수는 소득분배에 대한 사회적 가치판단에 따라서 크기가 달라진다.

② 로렌츠(M. Lorenz)곡선은 하위 몇 %에 속하는 사람들이 전체 소득에서 차지하는 비율을 나타내는 점들의 궤적이다.

③ 지니계수(Gini coefficient)는 로렌츠곡선을 이용해서 계산할 수 있다.

④ 지니계수는 전체 인구의 평균적인 소득 격차의 개념을 활용하고 있다.

⑤ 달튼(H. Dalton)의 평등지수는 1에 가까울수록 불평등한 상태를 의미한다.

정답 및 해설

01 ② 달튼(H. Dalton)의 평등지수는 $\dfrac{\sum U(개인\ i의\ 소득)}{n \cdot U(평균소득)}$ 으로 구하고 0과 1 사이의 값을 가지며, 1에 가까울수록 소득이 평등하게 분배되었음을 나타낸다.

[오답체크]

① 지니(Gini)계수: 0과 1 사이의 값을 가지며, 0에 가까울수록 소득이 평등하게 분배되었음을 나타낸다.

③ 앳킨슨(A. Atkinson)지수: 0과 1 사이의 값을 가지며, 0이면 소득이 완전평등하게 분배되었음을 나타낸다.

④ 5분위 배율: 상위 20%에 속하는 사람들의 소득점유비율을 하위 20%에 속하는 사람들의 소득점유비율로 나눈 값이다.

⑤ 십분위 분배율: 하위 40%에 속하는 사람들의 소득점유비율을 상위 20%에 속하는 사람들의 소득점유비율로 나눈 값이다.

02 ⑤
1) 갑의 소득이 400, 을의 소득이 100이므로 사회 전체의 평균소득은 250이다.
2) 두 사람의 효용 수준이 소득과 동일하므로 최초 분배 상태에서는 갑의 효용이 400, 을의 효용이 100이다.
3) 롤스의 사회후생함수하에서는 사회후생은 W = Min[400, 100] = 100이고, 두 사람의 소득이 모두 100인 경우에도 사회후생은 W = Min[100, 100] = 100이므로 균등분배대등소득은 100이 된다. 그러므로 앳킨슨지수는 $A = 1 - \dfrac{Y_e}{Y} = 1 - \dfrac{100}{250} = 0.6$이다.
4) 공리주의 사회후생함수하에서 사회후생은 W = 400 + 100 = 500이고, 두 사람의 소득이 모두 250인 경우에도 사회후생은 W = 250 + 250 = 500이므로 균등분배대등소득이 250이다. 사회구성의 평균소득과 균등분배대등소득이 모두 250이므로 앳킨슨지수는 $A = 1 - \dfrac{Y_e}{Y} = 1 - \dfrac{250}{250} = 0$이 된다.

03 ⑤ 로렌츠곡선이 서로 교차하지만 않는다면 셋 이상의 곡선도 동시에 비교할 수 있다.

04 ⑤ 달튼의 평등지수는 0과 1 사이의 값을 가지며, 소득분배가 평등할수록 그 값이 커진다.

소득분배 이론과 재분배정책

제11장

해커스 서호성 재정학

05
계산형

소득이 Y_1, Y_2인 두 사람으로 구성된 사회의 후생함수가 $W = Y_1 \times Y_2$라고 한다. 두 사람의 소득이 각각 $Y_1 = 16$, $Y_2 = 4$이라고 할 때, 앳킨슨(A. Atkinson)지수는? [세무사 17]

① 0.1   ② 0.2   ③ 0.3
④ 0.8   ⑤ 8

06
계산형

한 나라의 소득분포가 제1오분위 8%, 제2오분위 10%, 제3오분위 20%, 제4오분위 26%, 제5오분위 36%로 주어졌을 때 십분위 분배율은? [세무사 12]

① 0.25   ② 0.30   ③ 0.50
④ 1.00   ⑤ 2.00

07
지식형

A, B 두 사회는 구성원 수도 같고, 전체 소득도 같다고 한다. 원점에서 수평축의 중간점까지는 A의 로렌츠곡선이 B의 로렌츠곡선 아래에 있고, 중간점에서 마지막까지는 A의 로렌츠곡선이 B의 로렌츠곡선 위에 있다. 이에 관한 설명으로 옳은 것은? [세무사 13]

① A의 지니계수가 B의 지니계수보다 크다.
② B의 지니계수가 A의 지니계수보다 크다.
③ 두 로렌츠곡선의 교차점에서는 A와 B의 소득점유율이 상이하다.
④ A의 로렌츠곡선상 한 점의 좌표가 (20, 10)이라면, 하위소득자 10%가 전체 소득에서 20%를 점유하는 것을 나타낸다.
⑤ 상대적으로 A는 B보다 중간점 이하의 소득계층에서 소득 편차가 크다.

08
지식형

분배의 정의 및 이론에 관한 설명으로 옳지 않은 것은? [세무사 12]

① 평등주의적 정의관의 문제점 중 하나는 개인의 정당한 권리가 침해될 가능성이 있다는 것이다.
② 에지워드(F. Edgeworth)의 최적 분배 이론에서 전제된 가정 중 심각한 문제는 소득의 한계효용이 일정하다는 것이다.
③ 에지워드는 사회후생이 극대화되기 위해서는 완전히 균등한 분배가 이루어져야 한다고 주장한다.
④ 러너(A. Lerner)는 사람들의 효용함수가 다르다 해도 모든 사람이 특정 효용함수를 가질 확률이 같다는 가정하에서 균등한 분배가 최적임을 주장하였다.
⑤ 러너는 기대효용 관점에서 균등한 분배 상태와 불균등한 분배 상태를 비교할 때 균등한 분배 상태에서의 기대효용이 더 크다는 것을 입증하였다.

09 불평등 발생의 원인과 대책에 관한 설명으로 옳지 않은 것은? [세무사 12]

지식형

① 불평등을 발생시키는 원인들은 크게 개인적 요인과 사회적 요인으로 구분될 수 있다.

② 불평등의 원인으로 유전적 요인, 교육적 환경 차이, 경제적 환경 차이 등이 있다.

③ 앳킨슨(A. Atkinson)지수에서 소득분배가 불균등할수록 균등분배대등소득과 평균소득과의 격차가 커진다.

④ 블라인더(A. Blinder)는 실업 문제의 우선해결에 중점을 두는 경제안정화정책은 빈곤층보다 중산층 이상의 고소득층에 유리하다고 보았다.

⑤ 불평등 현상을 완화하기 위하여 정부는 누진세제와 각종 사회보장제도를 시행한다.

10 어떤 사회가 롤스(J. Rawls)의 사회후생함수를 선택한 경우에 관한 설명으로 옳지 않은 것은? [세무사 12]

지식형

① 원초적 위치(original position)라는 가상적 상황에서 출발하고 있다.

② 부자와 가난한 사람의 소득을 전부 합친 후 절반씩 나누어 가지면 사회후생은 증가한다.

③ 이 사회는 소득재분배정책을 위험에 대비하는 보험정책으로 간주한다.

④ 이 사회에서는 소득 중간계층에 대한 감세정책으로 사회후생이 증가하지 않는다.

⑤ 복권 당첨으로 부자의 소득이 증가하면 사회후생은 감소한다.

정답 및 해설

05 ② 1) 개인 1의 소득이 16, 개인 2의 소득이 4이므로 현재의 평균소득 $Y_A = 10$이다.

   2) 사회후생함수가 $W = Y_1 \times Y_2$이므로 현재 상태에서 사회후생은 $W = 16 \times 4 = 64$이다.

   3) 두 사람이 8만큼의 동일한 소득을 갖고 있더라도 현재와 동일한 사회후생 64를 얻을 수 있으므로 균등분배대등소득은 $Y_e = 8$이다.

   4) 따라서 앳킨슨지수는 $A = 1 - \dfrac{Y_e}{Y_A} = 1 - \dfrac{8}{10} = 0.2$로 계산된다.

06 ③ 제1오분위와 제2오분위의 소득을 합한 최하위 40% 소득계층의 소득이 전체 소득에서 차지하는 비중이 18%이고, 제5오분위에 해당하는 최상위 20% 소득이 전체 소득의 36%이다. 그러므로 최하위 40%의 소득을 최상위 20%의 소득으로 나눈 십분위 분배율은 0.5이다.

07 ⑤ ①② 알 수 없다.

   ③ 두 로렌츠곡선의 교차점에서는 A와 B의 소득점유율이 동일하다.

   ④ A의 로렌츠곡선상 한 점의 좌표가 (20, 10)이라면, 하위소득자 20%가 전체 소득에서 10%를 점유하는 것을 나타낸다.

08 ② 에지워드의 최적 분배 이론에서는 소득의 한계효용이 일정한 것이 아니라 체감하는 것으로 가정한다.

09 ④ 소득 수준이 낮은 계층일수록 실업률이 높은 경향을 보이므로 실업 문제 우선해결에 중점을 두는 경제안정화정책은 소득 수준이 낮은 계층일수록 유리하다.

10 ⑤ 롤스의 사회후생함수에 의하면 사회후생은 가장 소득 수준이 낮은 사람의 효용에 의해 결정된다. 그러므로 중간계층에 대한 감세정책으로 중간계층의 소득이 증가하거나 복권 당첨으로 부자의 소득이 증가하더라도 사회후생에는 아무런 변화가 발생하지 않는다.

★★
11 소득분배에 관한 설명으로 옳지 않은 것은? [세무사 11]

지식형

① 공리주의적인 관점에서는 노동공급이 비탄력적인 경우, 소득재분배로 인한 왜곡이 크기 때문에 소득 재분배를 원하지 않는다.

② 롤스(J. Rawls)의 최소 극대화 기준을 나타내는 사회무차별곡선의 모양은 L자형이다.

③ 노직(R. Nozick)은 개인들의 경제활동으로 창출된 소득분배 상태를 교정하는 것보다 그 분배 상태가 형성되는 과정을 중시한다.

④ 평등주의적인 사회후생함수에서 도출된 사회무차별곡선은 평등주의적 성향이 강할수록 원점에 대해 더욱 볼록한 모양을 갖는다.

⑤ 쿠즈네츠(S. Kuznets)의 U자 가설은 세로축에 소득분배의 균등도를, 가로축에 경제발전단계 또는 1인 당 국민소득을 표시한 평면에서 설명된다.

★★
12 소득불평등지수에 관한 설명으로 옳지 않은 것은? [세무사 11]

지식형

① 앳킨슨(A. Atkinson)지수 값은 불평등성에 대한 그 사회의 가치판단을 전제로 하여 계산된다.

② 5분위 배율은 상위 20%에 속하는 사람들의 소득점유율을 하위 20%의 소득점유율로 나눈 값으로 그 값이 클수록 소득분배가 불평등함을 의미한다.

③ 지니(Gini)계수는 0에서 1 사이의 값을 가지며 소득분배가 평등할수록 0에 가까워진다.

④ 달튼(H. Dalton)의 평등지수는 0에서 1 사이의 값을 가지며 소득분배가 평등할수록 1에 가까워진다.

⑤ 십분위 분배율은 하위 20%에 속하는 사람들의 소득점유비율을 상위 40%에 속하는 사람들의 소득점 유비율로 나눈 값으로 그 값이 클수록 소득분배가 평등하다고 할 수 있다.

02 재분배정책 ★★★

★★
13 부의 소득세제(negative income tax)가 S = a - tE로 주어졌을 때 다음 설명으로 옳지 않은 것은?

지식형 (단, S: 보조금, a: 기초수당, t: 한계세율, E: 스스로 벌어들인 소득) [세무사 21]

① a가 50만원, t가 0.2일 때 E가 250만원이면 보조금 혜택이 중단된다.

② a가 50만원, t가 0.25일 때 보조금을 받기 위해서 E는 200만원 미만이어야 한다.

③ 다른 조건이 일정할 때, t가 인하되면 조세부담이 줄어들어 보조금도 같이 줄어든다.

④ 정부가 선택할 수 있는 정책변수는 a와 t이다.

⑤ 다른 조건이 일정할 때, a가 클수록 재분배효과가 증가한다.

14
지식형

정부의 사회취약계층을 위한 현물보조와 현금보조에 관한 비교 설명으로 옳은 것을 모두 고른 것은? (단, 정부지출은 동일하다)

[세무사 21]

> ㄱ. 현물보조는 현금보조보다 소비자들이 선호한다.
> ㄴ. 현물보조는 현금보조보다 높은 행정비용과 운영비용을 수반한다.
> ㄷ. 현금보조는 현물보조에 비하여 오남용 가능성이 높다.
> ㄹ. 현금보조는 현물보조보다 소비자에게 보다 넓은 선택의 자유를 부여한다.

① ㄱ, ㄴ   ② ㄱ, ㄹ
③ ㄴ, ㄷ   ④ ㄱ, ㄷ, ㄹ
⑤ ㄴ, ㄷ, ㄹ

정답 및 해설

11 ① 노동공급이 비탄력적이라면 근로소득세를 부과하더라도 노동시간의 거의 변하지 않는다. 그러므로 소득재분배에 따른 왜곡이 별로 크지 않다.

12 ⑤ 십분위 분배율은 하위 40%에 속하는 사람들의 소득점유비율을 상위 20%에 속하는 사람들의 소득점유비율로 나눈 값이다. 십분위 분배율은 0과 2 사이의 값을 가지며, 그 값이 클수록 소득분배가 평등함을 나타낸다.

13 ③ 다른 조건이 일정할 때, t가 인하되더라도 기초수당에는 변함이 없으므로 소득이 없는 사람은 동일한 보조금을 받게 된다.

[오답체크]
① a가 50만원, t가 0.2일 때 E가 250만원이면 50 - (0.2 × 250) = 0이므로 보조금 혜택이 중단된다.
② a가 50만원, t가 0.25일 때 E가 200만원이면 50 - (0.25 × 200) = 0이므로 보조금을 받기 위해서 E는 200만원 미만이어야 한다.
④⑤ 정부가 선택할 수 있는 정책변수는 a와 t이다. 다른 조건이 일정할 때, a가 클수록 재분배효과가 증가하지만 t가 증가하면 초과부담이 증가한다.

14 ⑤ 정부의 목표달성에는 가격보조 ≥ 현물보조 ≥ 현금보조,
소비자의 효용수준은 가격보조 ≤ 현물보조 ≤ 현금보조 순이다.

[오답체크]
ㄱ. 현물보조는 현금보조보다 소비자들이 덜 선호한다.

15 ★★
지식형

우리나라의 근로장려세제에 관한 설명으로 옳지 않은 것은? [세무사 19]

① 기초생활보장 등 각종 복지지원에서 제외되는 저소득근로자에게 생계비 등을 보조해 주는 제도이다.
② 근로장려금은 가구 구성과 소득 수준에 따라 달라진다.
③ 소득 수준이 높은 가구일수록 소득 1원 증가에 따른 가처분소득 증가분은 줄어드는 방식을 취한다.
④ 근로빈곤층의 노동공급에 미치는 영향을 최소화하면서 생계안정을 지원하는 제도이다.
⑤ 개인의 노동공급에 미치는 영향을 분석하면 소득효과 없이 대체효과가 존재하여 노동공급은 소폭 줄어든다.

16 ★★
지식형

음(-)의 소득세제(negative income tax)가 S = b - tE로 주어졌을 때의 설명으로 옳지 않은 것은? (단, S: 보조금, b: 기초수당, t: 한계세율, E: 스스로 벌어들인 소득) [세무사 15]

① b가 30만원, t가 0.1일 때, E가 300만원이면 보조금 혜택이 중단된다.
② 일반적으로 이 제도를 설계할 때의 기본적인 선택변수는 b와 t이다.
③ b가 30만원, t가 0.2일 때, 보조금을 받기 위해서 E는 150만원 미만이어야 한다.
④ 다른 조건이 일정할 때, b가 클수록 재분배효과가 작아진다.
⑤ 다른 조건이 일정할 때, t가 인하되면 보조금이 늘어난다.

17 ★★
지식형

정부가 저소득층을 위해 소득을 지원하거나 식품가격을 보조할 수 있다고 하자. 정부지출의 경제적 효과에 관한 설명으로 옳지 않은 것은? (단, 저소득층의 무차별곡선은 원점에 대해 볼록한 일반적 형태를 가짐) [세무사 15]

① 정책목표가 개인들의 효용 증대에 있다면 소득지원정책보다는 가격보조정책이 더 효과적이다.
② 가격보조정책의 경우 소득효과와 대체효과가 동시에 발생한다.
③ 가격보조정책이 비효율성을 일으키는 원인은 상대가격구조가 변하기 때문이다.
④ 소득지원정책은 소득효과만 발생시키므로 자원배분의 비효율성을 유발하지 않는다.
⑤ 정책목표가 대상자의 식품 소비 증대에 있다면, 가격보조정책이 소득지원정책보다 더 효과적이다.

18
지식형 ★★

소득재분배정책에 관한 설명으로 옳지 않은 것은?

① 소비세를 재원으로 한 공공부조는 소득재분배 수단이 될 수 없다.
② 소비세보다 소득세를 징수하는 것이 소득분배의 공평성을 높일 수 있다.
③ 공공부조는 국가의 도움에 의존하려는 성향을 갖게 하는 문제점이 있다.
④ 부의 소득세 제도는 일정 수준 이하 저소득층의 가처분소득을 증가시키는 효과가 있다.
⑤ 절대 빈곤층을 대상으로 하는 공공부조는 대표적인 소득재분배정책이다.

정답 및 해설

15 ⑤ 근로장려세제는 점증 구간에서 노동공급을 증가시키는 대체효과와 노동공급을 감소시키는 소득효과를 동시에 발생시킨다. 따라서 노동공급은 대체효과와 소득효과의 상대적 크기에 따라 증가할 수도, 감소할 수도 있다.

16 ④ 다른 조건이 일정할 때, 기초수당(b)이 클수록 지급받는 보조금의 크기가 커지므로 소득재분배효과가 커진다. 부의 소득세제 기본구조가 $S = b - tE$이므로 스스로 번 소득이 동일하더라도 t가 낮을수록 보조금의 크기가 커진다.

17 ① 정부의 보조금 지급액이 동일한 경우 가격보조를 할 때보다 소득보조를 할 때 저소득층의 효용이 더 많이 증가하므로 정책목표가 개인들의 효용 증대에 있다면 소득지원정책이 가격보조정책보다 더 효과적이다. 이에 비해 보조대상 재화의 소비량은 가격보조 시에 더 크게 증가한다. 그러므로 정부의 목적이 식품 소비 증대에 있다면 가격보조가 더 효과적이다.

18 ① 소비세를 재원으로 하더라도 이를 저소득층에게 공공부조의 형태로 지급한다면 소득재분배가 이루어진다. 따라서 소비세를 재원으로 한 공공부조도 소득재분배 수단이 될 수 있다.

19 ★★ 계산형 A국은 2014년부터 아래 그림과 같이 근로장려세제를 도입하기로 했다. 정부가 근로소득 1,100만원까지는 근로장려세를 100원당 40원씩 지급하고, 근로소득 1,500만원에서 3,700만원까지는 100원당 20원씩 줄여 지급한다. A국의 2014년에 예상되는 노동공급과 관련한 설명으로 옳은 것은? (단, 여가는 정상재이다)

[세무사 14]

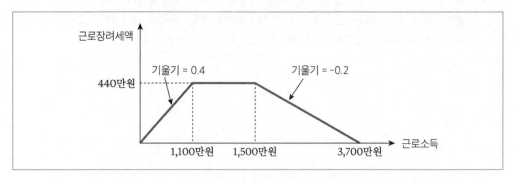

① 2013년 노동시장에 전혀 참여하지 않았던 사람은 소득효과의 크기에 따라 노동시장의 참여 여부를 결정한다.
② 근로소득이 600만원인 사람은 대체효과가 소득효과보다 크면 노동공급을 감소시킬 것이다.
③ 근로소득이 1,300만원인 사람은 소득효과만 존재하므로 노동공급을 증가시킬 것이다.
④ 근로소득이 2,500만원인 사람은 대체효과와 소득효과 모두 노동공급을 감소시킬 것이다.
⑤ 근로소득이 5,000만원인 사람은 노동공급을 감소시킬 것이다.

20 ★★ 지식형 가격보조에 관한 설명으로 옳지 않은 것은? [세무사 14]

① 소비자에게 가격보조를 하면 상품의 가격이 인상될 수 있다.
② 소비자에게 가격보조를 하거나 생산자에게 가격보조를 하거나 소비 증대효과는 동일하다.
③ 가격보조로 인하여 소비가 증대되어도 후생비용은 발생하지 않는다.
④ 가격보조는 소비촉진효과를 기대하고 도입한다.
⑤ 가격보조는 상품 한 단위당 정액으로 보조하거나 가격의 일정 비율을 보조하는 방법이 있다.

21 ★★ 지식형 일정 연령의 아동이 있는 저소득층 가구에게 교육바우처가 지급될 경우 발생할 수 있는 결과로서 옳지 않은 것은? [세무사 14]

① 저소득층 가구의 사립학교 진학률이 높아질 수 있다.
② 저소득층 가구의 교육 기회를 확대하는 효과가 있다.
③ 고소득층 가구의 공교육비지출이 늘어난다.
④ 개인들의 선호에 따른 교육을 가능하게 한다.
⑤ 학교 간 경쟁이 가능하여 공교육의 수준을 높일 수 있다.

22 정부는 저소득층에 대한 에너지 복지정책으로 전력, 등유 등 특정 에너지로 교환할 수 있는 바우처정책
지식형 또는 동일한 수준의 에너지를 구입할 수 있는 현금 지급정책의 도입을 고려하고 있다. 이에 관한 설명으로
옳지 않은 것은? (단, 모든 재화는 정상재이며, 바우처 환매는 불가능함) [세무사 13]

① 두 정책에서 저소득층의 예산선은 서로 다르게 나타난다.

② 바우처정책은 에너지 소비뿐만 아니라 다른 재화에 대한 소비를 증가시킬 수 있다.

③ 바우처정책은 현금 지급정책에 비하여 상대적으로 선택 가능한 재화의 조합이 적다.

④ 바우처정책은 정부가 일종의 가부장적 역할을 하여 소비자 주권에 개입하는 사례로 볼 수 있다.

⑤ 바우처정책의 경우 소득효과만 발생하지만 현금 지급정책의 경우 에너지 가격체계의 변화를 발생시
켜 대체효과도 추가적으로 나타나게 된다.

정답 및 해설

19 ④ 근로소득이 2,500만원인 사람은 점감 구간이므로 대체효과와 소득효과 모두 노동공급을 감소시킬 것
이다.

[오답체크]

① 여가가 정상재이면 근로장려금 지급에 따른 소득효과는 노동공급을 감소시킨다.

② 근로소득이 600만원인 사람의 노동공급은 대체효과와 소득효과의 상대적인 크기에 따라 증가할
수도 있고, 감소할 수도 있다.

③ 평탄 구간에서는 소득효과만 발생하므로 노동공급이 감소한다. 따라서 근로소득이 1,300만원인 사
람의 노동공급은 감소한다.

⑤ 근로소득이 3,700만원을 초과하면 근로장려세제의 영향을 받지 않으므로 근로소득이 5,000만원
인 사람의 노동시간은 변하지 않는다.

20 ③ 가격보조가 시행되면 보조대상 재화의 상대가격이 하락하므로 민간부문의 의사결정 왜곡이 발생하게
된다. 정부의 인위적인 개입으로 재화의 상대가격이 왜곡되면 대체효과가 생겨나므로 후생손실이 초
래된다.

21 ③ 교육바우처(educational vouchers)제도는 정부가 학부모에게 공립이든 사립이든 학교 유형과 관계없
이 학비로 사용할 수 있는 일정 금액의 쿠폰을 지급하는 제도이다. 교육바우처제도가 사립학교 진학률
이 높은 고소득층 가구의 공교육비지출을 증가시킨다고 보기는 어렵다.

22 ⑤ 두 방식의 보조금 모두 예산선의 평행이동을 가져오므로 대체효과는 발생하지 않고 소득효과만 발생
한다.

★★
23
지식형

정부가 재분배정책의 일환으로 저소득자에 대한 사회복지 정액보조금을 늘리면서, 한편으로는 고소득자의 한계세율을 높였을 때 나타날 수 있는 현상으로 옳지 않은 것은? (단, 여가는 정상재이다) [세무사 12]

① 저소득자 후생 증가
② 고소득자 후생 감소
③ 저소득자 노동공급 증가
④ 대체효과로 인한 고소득자 노동공급 감소
⑤ 초과부담 증가

★★
24
지식형

음(陰)의 소득세(negative income tax)가 T = t(B - Y)와 같이 설정(단, T: 음의 소득세, t: 한계세율, B: 소득보장액, Y: 개인소득)되어 있다고 할 때, 옳지 않은 것은? [세무사 11]

① 소득보장액은 50만원, 개인소득은 25만원, 한계세율은 0.5일 때, 음의 소득세액은 12.5만원이다.
② 소득보장액은 높게, 한계세율은 낮게 설정하면 비효율성을 줄이면서 재분배효과를 높일 수 있다.
③ 소득보장액은 100만원, 개인소득은 25만원, 한계세율은 0.5일 때, 최종소득은 62.5만원이다.
④ 음의 소득세제의 재분배효과는 소득보장액이 클수록 작아진다.
⑤ 선형의 한계세율구조를 가정할 경우, 한계세율이 인상되면 음의 소득세액은 증가한다.

03 사회보험제도 ★★

★★
25
지식형

공적 연금과 사적 연금에 관한 설명으로 옳지 않은 것은? [세무사 21]

① 인플레이션이 있는 경우 공적 연금과 달리 사적 연금에는 인플레이션에 조정된 연금이 지급된다.
② 공적 연금은 사적 연금시장에서 나타날 수 있는 역선택 문제를 해결할 수 있다.
③ 공적 연금은 사적 연금보다 준비금을 적게 보유할 수 있다.
④ 사적 연금은 공적 연금에 비해 수요자의 다양한 요구에 대응하기 용이하다.
⑤ 공적 연금은 위험의 공동 부담이라는 측면에서 사적 연금시장에서 나타날 수 있는 도덕적 해이 문제를 해결할 수 있다.

26 연금보험을 사회보험 형태로 운영하는 이유로 옳은 것을 모두 고른 것은?

지식형

[세무사 21]

> ㄱ. 재정수입 확보
> ㄷ. 시장실패 보완
>
> ㄴ. 세대 내 소득재분배
> ㄹ. 온정적 간섭주의

① ㄱ, ㄴ, ㄷ   ② ㄱ, ㄴ, ㄹ   ③ ㄱ, ㄷ, ㄹ
④ ㄴ, ㄷ, ㄹ   ⑤ ㄱ, ㄴ, ㄷ, ㄹ

27 우리나라에서 시행 중인 소득재분배정책에 관한 설명으로 옳지 않은 것은?

지식형

[세무사 21]

① 국민기초생활보장제도는 절대빈곤선을 기준으로 수급대상자를 선정한다.
② 근로장려세제는 근로빈곤층(working poor)에게 생계안정지원과 동시에 근로유인을 위한 제도이다.
③ 공공부조는 일반 국민이 납부한 세금을 재원으로 저소득계층을 지원하는 프로그램이다.
④ 우리나라에서 운용 중인 사회보험은 국민연금, 건강보험, 고용보험, 산재보험, 노인장기요양보험이 있다.
⑤ 사회보험제도는 가입자들이 납부한 보험료를 기본 재원으로 운영된다.

정답 및 해설

23 ③ 저소득층에 대한 보조금 지급액을 늘리면 저소득층은 점점 더 보조금에 의존하려는 경향이 커질 것이므로 저소득층의 노동공급이 감소할 가능성이 크다. 한편, 고소득자에 대한 한계세율을 인상하면 초과부담이 증가할 뿐만 아니라 상대가격 변화에 따른 대체효과가 크게 나타나 고소득자의 노동공급이 감소할 가능성이 높다.

24 ④ 소득보장액(B)이 50만원, 개인소득(Y)이 25만원, 그리고 한계세율(t)이 0.5일 때 부의 소득세 T = 0.5(50 - 25) = 12.5만원이므로 최종소득은 37.5만원이 된다. 이제 소득보장액 B가 100만원으로 증가하면 부의 소득세 T = 0.5(100 - 25) = 37.5만원이므로 최종소득은 62.5만원이 된다. 이처럼 소득보장액이 클수록 저소득층의 가처분소득이 많이 증가하므로 소득재분배효과가 커진다.

25 ① 사적 연금은 계약조건에 따라 인플레이션이 조정될 수도 있고 조정이 안 될 수도 있다.

[오답체크]
② 공적 연금은 강제 가입을 통해 사적 연금시장에서 나타날 수 있는 역선택 문제를 해결할 수 있다.
③ 공적 연금은 정부가 운영하므로 사적 연금보다 준비금을 적게 보유할 수 있다.
④ 사적 연금은 다양한 상품 구성이 용이하므로 공적 연금에 비해 수요자의 다양한 요구에 대응하기 용이하다.
⑤ 공적 연금은 자기부담금을 통해 위험의 공동 부담이라는 측면에서 사적 연금시장에서 나타날 수 있는 도덕적 해이 문제를 해결할 수 있다.

26 ④ 재정수입 확보를 위해서는 연금보험을 사회보험의 형태가 아닌 민간보험처럼 정부의 지원 없이 개인이 모든 비용을 지불하게 해야 한다.

27 ① 국민기초생활보장제도는 상대빈곤선을 기준으로 수급대상자를 선정한다.

28 **연금제도의 경제적 효과에 관한 설명으로 옳지 않은 것은?** [세무사 17]

지식형

① 연금제도는 노동공급과 노동수요의 증대를 가져와 경제 성장에 기여하게 된다.

② 적립방식의 연금제도는 일반적으로 세대 내의 구성원 간에 부(wealth)의 이전을 초래한다.

③ 연금 급여에 대한 기대로 조기에 퇴직하는 퇴직효과(retirement effect)는 개인저축을 늘리는 작용을 한다.

④ 연금제도는 저축의 중요성을 일깨우는 인식효과(recognition effect)를 가져오며 이는 개인저축을 늘리는 작용을 한다.

⑤ 연금 급여에 대한 기대는 개인저축을 줄이는 자산대체효과(wealth substitution effect)를 발생시킨다.

29 **공적 연금보험제도 도입이 민간저축에 미치는 영향에 관한 설명으로 옳지 않은 것은? (단, 다른 조건은 일정하다고 가정한다)** [세무사 16]

지식형

① 노후대비에 대한 인식이 더욱 제고되어 민간저축은 증가한다.

② 연금보험료를 납부하게 되면 개인의 가처분소득 감소로 민간저축은 감소한다.

③ 평생에 걸친 소비의 현재가치는 소득의 현재가치와 같다는 조건하에서 자산대체효과는 민간저축을 감소시킨다.

④ 상속효과에 따르면 민간저축은 증가할 것이다.

⑤ 공적 연금보험제도의 실시로 발생하는 은퇴효과는 민간저축을 감소시킨다.

30 **병원 방문의 수요곡선이 400 - Q(Q: 병원 방문횟수)이고, 건강보험이 없는 상태의 방문당 비용은 100, 건강보험 가입 시 방문당 본인부담금은 20이다. 소비자의 도덕적 해이로 인한 후생비용은?** [세무사 16]

계산형

① 3,200　　　　　　② 4,000　　　　　　③ 5,000

④ 6,000　　　　　　⑤ 6,400

31 우리나라 고용보험제도는 보험료를 일정 기간 납부하면 실직 시 일정 기간 실업급여로 지급하게 된다. 이의
지식형 경제적 효과로 옳은 것은?   [세무사 16]

① 구직활동을 하지 않게 한다.

② 자발적 실업자에게도 지급된다.

③ 도덕적 해이는 발생하지 않는다.

④ 경기가 좋아지면 실업급여의 지급이 늘어난다.

⑤ 소득대체율이 높을수록 구직노력을 덜 하게 하는 유인이 발생한다.

정답 및 해설

28 ① 국민연금제도가 시행되면 노년층의 조기 은퇴가 일반화되어 노동공급이 감소한다. 그러므로 국민연금
제도는 노동공급의 감소를 가져와 경제 성장에 부정적인 영향을 미칠 가능성이 크다.

29 ⑤ 공적 연금제도가 시행되어 조기 은퇴가 이루어지면 퇴직 후의 기간이 길어진다. 그러므로 은퇴효과는
민간의 자발적인 저축을 증가시키는 효과가 있다.

30 ① 1) 병원 방문의 수요곡선이 P = 400 - Q이고, 건강보험이 없을 때 방문당 한계비용 MC = 100이므로
P = MC로 두면 최적 방문횟수 Q = 300이다.

2) 건강보험 가입 후에는 방문당 본인부담금이 20이므로 개인의 입장에서 보면 방문당 한계비용
MC = 20이므로 건강보험 가입 후 개인의 최적 방문횟수는 Q = 380이 된다.

3) 그러므로 건강보험제도가 시행되면 80단위만큼의 과잉 소비가 이루어진다(도덕적 해이).

4) 도덕적 해이에 따른 후생비용은 $3,200\left(=\frac{1}{2}\times80\times80\right)$이다.

5) 그래프

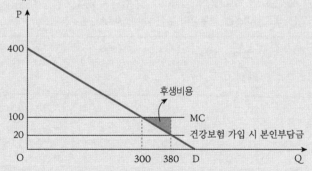

31 ⑤ 실업급여를 시행하면 높은 급여를 지급할수록 진실한 구직노력을 덜 하게 하는 유인이 발생한다.

[오답체크]

①② 구직활동을 하지 않으면 지급되지 않는다.

③ 일자리를 구하려는 노력이 줄어들면 도덕적 해이가 발생할 가능성이 크다.

④ 경기가 좋아지면 실업급여의 지급이 줄어든다.

32 ★★
지식형

사회보장 및 사회보험 관련 설명으로 옳은 것은 모두 몇 개인가?　　　　　　　　　　[세무사 15]

> ㄱ. 절대 빈곤의 기준소득은 중위소득이다.
> ㄴ. 빈곤 갭(poverty gap)은 빈곤 가구의 소득 수준을 빈곤선 수준까지 끌어올리는 데 필요한 총소득이다.
> ㄷ. 도덕적 해이로 인해 실업급여가 많을수록 실직 기간이 길어질 수 있다.
> ㄹ. 국민연금의 재원조달방식 중 부과방식은 적립방식에 비해 지불능력이 더 안정적이다.
> ㅁ. 근로장려세제는 공적 부조의 문제 중 하나인 근로의욕의 저하를 해결하기 위하여 도입한 세제이다.

① 0개　　　　　　　　　② 1개　　　　　　　　　③ 2개
④ 3개　　　　　　　　　⑤ 4개

33 ★★
지식형

건강보험(의료보험) 시행과정에서 발생하는 도덕적 해이를 줄일 수 있는 방안을 모두 고른 것은?　　　　　　　　　　[세무사 14]

> ㄱ. 공제제도(deductibles)　　　　　　　ㄴ. 영리병원제도
> ㄷ. 공동보험제도(coinsurance)　　　　　ㄹ. 정보의 확산

① ㄱ, ㄷ　　　　　　　　② ㄴ, ㄹ　　　　　　　　③ ㄱ, ㄴ, ㄷ
④ ㄴ, ㄷ, ㄹ　　　　　　⑤ ㄱ, ㄴ, ㄷ, ㄹ

34 ★★
지식형

우리나라 건강보험제도에 관한 설명으로 옳은 것은?　　　　　　　　　　[세무사 14]

> ㄱ. 일반적으로 역선택 문제가 발생한다.
> ㄴ. 진료비는 건강보험에서 전액 부담하는 것이 효율성 측면에서 바람직하다.
> ㄷ. 건강보험 당연지정제가 폐지된다면 의료시장의 양극화가 일어날 수 있다.
> ㄹ. 건강보험을 통해 제공되는 의료서비스는 외부성이 높은 서비스이다.

① ㄱ, ㄴ　　　　　　　　② ㄴ, ㄷ　　　　　　　　③ ㄴ, ㄹ
④ ㄷ, ㄹ　　　　　　　　⑤ ㄱ, ㄷ, ㄹ

★★
35
지식형

고용보험제도(실업보험제도) 실시의 영향으로 옳지 않은 것은?   [세무사 14]

① 불황일 때 유효수요를 줄여 경기를 위축시킨다.

② 고용보험의 급여 수준이 증가하면 실업기간이 늘어나는 경향이 있다.

③ 고용보험 지급기간이 장기간인 국가일수록 실업률이 높아지는 경향이 있다.

④ 직업탐색기간이 길어져 직업숙련도 및 기술에 보다 적합한 직업을 찾을 수 있다.

⑤ 고용이 안정적인 집단은 그렇지 않은 집단과 비교하여 상대적으로 불리할 수 있다.

정답 및 해설

32 ④ ㄱ. 절대 빈곤의 기준소득은 최저 생계비다.

ㄹ. 국민연금의 재원조달방식 중 적립방식이 부과방식보다 지불능력이 더 안정적이다.

33 ⑤ 의료보험제도가 시행되면 의료서비스를 과잉으로 소비하는 도덕적 해이가 발생하는데, 이를 줄일 수 있는 대표적인 방법으로는 일정 금액을 넘는 의료비만 의료보험에서 지불하는 공제제도와 의료비의 일정 비율만을 의료보험에서 지불하는 공동보험제도가 있다. 또한, 영리병원도 자신이 대부분의 의료비를 지불해야 하므로 도덕적 해이가 감소할 것이다.

34 ④ ㄱ. 우리나라 건강보험제도는 모든 국민이 의무적으로 가입해야 하므로 역선택의 문제는 발생하지 않지만 건강보험제도가 시행되지 않을 때보다 의료서비스를 과잉으로 소비하는 도덕적 해이는 여전히 발생한다.

ㄴ. 진료비 전액을 건강보험에서 부담한다면 의료서비스의 과잉 소비는 더 심해질 것이므로 진료비 전액을 건강보험에서 부담하는 것은 자원배분의 효율성의 측면에서 바람직하지 않다.

35 ① 경기불황으로 실업자가 늘어나면 실업급여 지급액이 늘어난다. 실업급여 지급액이 증가하면 민간의 가처분소득이 증가하므로 소비가 증가한다. 소비가 증가하면 유효수요가 증가한다. 그러므로 고용보험제도는 경기 위축을 방지하는 자동안정화기능이 있다.

★★
36
지식형

적립방식의 국민연금제도 도입이 미치는 경제적 효과에 관한 이론적 설명으로 옳지 않은 것은?

[세무사 13]

① 국민연금제도를 도입하면 재산대체효과(wealth substitution effect)로 국민저축이 줄어든다.
② 국민연금제도가 도입되면 은퇴효과로 자발적인 저축이 증가한다.
③ 국민연금제도가 도입되면 상속효과로 자발적인 저축이 증가한다.
④ 국민연금제도가 도입될 때 나타나는 소득효과는 노년층의 노동공급을 줄이게 된다.
⑤ 국민연금제도 도입이 초래하는 대체효과가 노동시장에 미치는 효과는 불분명하다.

★★
37
지식형

사회보험제도에 관한 설명으로 옳지 않은 것은?

[세무사 12]

① 고용보험, 건강보험 등이 대표적인 예이다.
② 소득재분배의 기능도 있다.
③ 소비평탄화(consumption smoothing)효과가 있다.
④ 국민연금제도의 재산대체효과는 저축을 줄이는 방향으로 작용한다.
⑤ 사적 보험제도와는 달리 도덕적 해이는 발생하지 않는다.

★★
38
지식형

국민연금제도의 경제적 효과에 관한 설명으로 옳지 않은 것은? (단, 다른 조건은 일정하다고 가정한다)

[세무사 11]

① 재산대체효과는 자발적인 저축을 줄이도록 영향을 미친다.
② 은퇴효과는 자발적인 저축을 줄이도록 영향을 미친다.
③ 상속효과는 자발적인 저축을 증가시키도록 영향을 미친다.
④ 국민연금제도는 은퇴 후 개인의 실질소득을 증가시킴으로써 은퇴 후 노동공급을 줄이는 효과를 발생시킨다.
⑤ 국민연금제도가 국민연금에 가입한 근로자들의 노동공급에 미치는 효과는 불분명하다.

정답 및 해설

36 ① 재산대체효과란 사람들이 국민연금 납부를 노후대비를 위한 저축으로 간주함에 따라 민간의 자발적인 저축이 감소하는 효과를 말한다. 그런데 완전적립방식하에서는 정부가 국민연금으로 걷은 금액을 모두 저축하므로 민간저축 감소분만큼 정부저축이 늘어나게 되어 경제 전체의 총저축은 변하지 않는다.

37 ⑤ 가입이 의무화되어 있는 사회보험의 경우 역선택은 발생하지 않으나 여전히 도덕적 해이는 발생한다.

38 ② 국민연금제도의 도입으로 은퇴기간이 길어질 것으로 예상하면 사람들은 자발적으로 저축을 증가시킬 것이다. 그러므로 은퇴효과에 의해서는 자발적인 저축이 증가한다.

cpa.Hackers.com

해커스 서호성 재정학

제12장

재정학의 기타주제

01

재정적자와 국채

★★

핵심 Plus +

공채의 특징
넓은 의미에서 국가,
지방자치단체 및 공
공기관이 부족한 재
원을 조달하는 과정
에서 발생한 금전적
채무를 의미한다.
공채는 자발적 교환
원리에 의해 조달되
어 강제성이 없으며,
저축자금에 의해 충
당된다. 단기간에 큰
금액을 조달하는 것
이 가능하지만 조세
와 달리 저항이 없다.

핵심 Check: 재정적자와 국채

국채의 경제적 효과	• 케인즈 경제학자: 재정적자는 총수요를 증가시킴 • 통화주의자: 재정적자는 구축효과를 발생시켜 총수요와 관련 없음
리카도의 대등 정리	정부지출이 일정한 수준으로 결정되어 있다면 그것이 조세로 조달되던 국채를 통해 조달되던 총수요에 아무런 영향을 미치지 못함
국채의 자본축적과 경제 성장에 미치는 효과	재정적자는 저축이 줄어들고 이자율이 상승하여 장기적 성장에 악영향을 끼침
국채가 국제수지에 미치는 효과	재정적자는 수입 증가, 이자율 상승, 국민저축 감소로 인한 투자 감소로 국제수지를 악화시킴
국채부담	• 러너: 내부채무는 현세대, 외부채무는 미래세대에게 부담 • 뷰캐넌, 모딜리아니: 미래세대 부담

1. 재정적자와 국가채무의 크기

(1) 정부지출에 대한 관점의 변화

① 전통적 견해

정부의 수입이 허용하는 범위 안에서 지출을 해야 마땅하다는 사고방식을 가지고 있었다.

② 현대적 견해

경제안정에 주안점을 두고 있으므로 경제안정의 관점에서 재정을 운영하다 보면 지속적인 재정적자를 경험하는 것이 일반적이다. 이를 기능적 재정(functional finance)이라고 한다.

(2) 인플레이션 효과

① 채무자가 유리

인플레이션 상황에서는 물가 상승이 자동으로 빚을 줄여주어 채무자가 유리하다.

② 인플레이션 조세

인플레이션이 발생하면 국채를 발행하여 빚을 진 채무자인 국가의 부담이 줄어들게 된다. 이를 인플레이션 조세라고 한다.

(3) 이자율 변동의 효과

① 채권가격과 이자율은 반비례
- 이자율과 채권가격은 역의 관계에 있어 이자율이 올라가면 채권가격이 내려가게 된다.
- 채권가격 × (1 + 이자율) = 채권만기가격
- 만기가격이 100만원이고 이자율이 0.1이라면 채권가격은 90.1만원이다.
- 만기가격은 고정이므로 채권가격이 상승하면 이자율(= 채권 수익률)은 하락한다.

② 이자율 상승과 정부부채
정부가 발행한 국채의 액면은 그대로라고 할지라도 이자율 상승으로 인해 그것의 시장가치가 떨어진다면 정부의 실질적 채무는 줄어든 것이 된다.

(4) 자본지출의 존재

① 자본지출(capital expenditure)
도로나 항만 등과 같은 사회간접자본을 조성하기 위한 지출을 자본지출이라고 한다.

② 자본예산 방식의 채택
도로나 항만과 같은 자본재는 여러 해를 쓸 수 있으므로 쓴 돈을 한 번에 정부지출에 포함시키는 것이 아니라 엄밀한 의미에서 볼 때 그 해의 정부지출은 자본재의 감가상각분에 국한되어야 한다.

③ 문제점
현실의 지출 항목을 언제나 경상지출과 자본지출로 명백하게 구분할 수 있는 것이 아니라는 문제점이 있다.

(5) 암묵적 국가채무

① 좁은 의미의 국가채무
IMF가 제시한 기준으로 정부가 상환의무를 지며 상환금액을 예측할 수 있는 경우를 의미한다.

② 넓은 의미의 국가채무
좁은 의미의 국가채무와 더불어 국가보증채무와 사회보험과 관련된 잠재적 채무는 물론, 공적 자금과 관련된 잠재적 채무까지 모두 국가채무로 계산하는 것을 의미한다.

③ 재정적자의 크기
암묵적 채무를 포함하는 넓은 의미로 국가채무를 설정한다면 정부재정의 기반 그 자체가 흔들리는 위험에 직면할 수 있다.

2. 재정적자의 경제적 효과

(1) 총수요에 미치는 영향

① 가정

정부가 현재의 지출 수준을 그대로 유지한 채 국민으로부터 거둬들이는 세금을 경감시켜 주기로 했다고 하자. 지출 수준에 변화가 없이 조세를 경감시켜 주기 위해서는 그 금액에 발행하는 국채를 발행해야 한다.

② 전통적인 케인즈 경제학자(Keynesian)

조세를 예전보다 적게 내면 처분가능소득이 늘어나 소비 수준을 높일 수 있어 총수요가 증가한다.

③ 통화주의자(monetarist)

- 국채 발행이 구축효과를 가져오기 때문에 총수요가 변화하지 않을 것이라고 주장한다.
- 구축효과는 국채 발행으로 정부가 가용자금을 놓고 민간부문과 경합하여 이자율이 상승하게 된다. 이로 인해 기업의 투자가 줄어들어 총수요의 변화가 별로 없다는 것이다.

④ 배로(R. Barro)의 리카도의 대등 정리(Ricardian equivalence theorem)

- 정부지출이 일정한 수준으로 결정되어 있다면 그것이 조세로 조달되던 국채를 통해 조달되던 총수요에 아무런 영향을 미치지 못한다.
- 국채는 기본적으로 미래의 조세부담을 뜻하며 그 부담의 현재가치는 국채의 가치와 정확하게 일치한다. 따라서 민간부문의 경제활동에 아무런 영향을 미치지 못한다.
- 리카도의 대등 정리가 성립하게 되면 국채의 발행이 이자율을 상승시키는 결과는 나타나지 않고, 따라서 구축효과도 나타나지 않게 된다.

(2) 자본축적과 경제 성장에 미치는 영향

① 국민저축의 구성

- 폐쇄경제를 가정할 때 민간경제는 $Y = C + S_P + T$(Y는 소득, C는 소비, S는 저축, T는 조세)로 구성되어 있다. 식을 변형하면 민간저축은 $S_P = Y - C - T$ 이다.
- 정부저축은 조세가 +이고 정부지출이 −이므로 $S_G = T - G$ 이다. 따라서 총저축은 민간저축과 정부저축의 합이므로 $S = S_P + S_G = Y - C - G$이다.

② 재정적자

정부가 적자재정을 운영하게 되면 적자 폭만큼 정부가 빌려 쓰는 셈이 되어 국민저축을 줄이는 결과가 나타난다. 이에 따라 투자를 하려는 기업들이 자금을 구하기 힘들어져 투자가 위축되는 효과가 나타난다.

③ 국채 발행으로 인한 이자율 상승

국채 발행으로 인하여 이자율이 상승하면 투자가 위축되는 결과를 가져올 수도 있다.

④ 결론

재정적자로 투자가 위축되는 결과가 나타나면 장기적인 성장에 지장을 받을 것이다.

(3) 국제수지에 미치는 영향

① 국제수지의 구성
- 개방경제를 가정할 때 수요 측면에서는 $Y = C + I + G + X - M$이고, 분배 측면에서는 $Y = C + S + T$이다. (X: 수출, M: 수입)
- $C + I + G + X - M = C + S + T$이므로 $X - M = (S - I) + (T - G)$가 성립한다.

② 재정적자가 가처분소득 증가로 이어질 때

국공채 발행 ➜ 가처분소득 증가 ➜ 수입 증가 ➜ 국제수지 악화

③ 재정적자로 이자율이 상승할 때

국공채 발행 ➜ 이자율 상승 ➜ 외화 유입 ➜ 자국 화폐의 가치 상승 ➜ 가격경쟁력 하락 ➜ 국제수지 악화

④ 재정적자로 국민저축이 감소할 때

국공채 발행 ➜ 국민저축 감소 ➜ 투자재원 감소로 인한 투자 감소 ➜ 국제경쟁력 하락 ➜ 국제수지 악화

3. 국채의 부담

(1) 전통적 견해(A. Lerner)

① 내부채무(internal debt)

정부가 그 나라 국민으로부터 돈을 빌리는 형식을 취할 때 생기는 채무를 의미한다.

② 외부채무(external debt)

정부지출을 위해 해외에서 빌려다 씀으로써 생기는 채무를 의미한다.

③ 내부채무는 현세대가 부담하지만, 외부채무는 미래세대가 부담한다.
- 내부채무는 조세부담도 상환도 국내에서 이루어지므로 현세대가 부담한다.
- 외부채무는 현재세대의 소비가 증가한다면 혜택은 현재세대가 누리지만 미래세대가 이 채무를 상환해야 하므로 부담은 미래세대가 지게 된다.

④ 예외

외부채무의 경우 소비가 아닌 투자로 이용된다면 미래세대는 더 높은 수준의 소비를 누릴 수도 있다.

(2) 미래세대로 부담이 전가된다는 견해

① 가정

• 이자율이 0이고 따라서 시간할인율도 0이다.

• 청년세대, 중년세대, 노년세대로 구성되며 소비의 증가는 동일하게 증가한다.

② 설명

• 정부가 채권을 발행하면 노인을 제외한 청년과 중년세대가 구입할 것이다.

• 이로 인해 노년층은 소비의 증가가 이루어질 것이다.

• 시간이 지나 채권을 정부가 상환하면 앞서 채권을 구입한 청년과 중년세대가 이자를 포함하여 상환받아 소비가 늘어날 수 있다.

• 결국, 채권 발행 시 태어나지 않았거나 아주 어렸던 세대가 청년세대의 채권의 부담을 지게 된다.

③ 결론

재정적자에 따른 국채부담은 미래세대가 지게 된다.

(3) 리카도의 대등 정리(R. Barro)

① 유산 상속과 관련된 선택을 하는 과정

자신의 후손이 미래에 져야 할 추가적 조세부담에 해당하는 만큼 유산을 더 늘려 물려줌으로써 정부가 국채를 발행한 효과를 상쇄시킨다는 말이다.

② 국채부담

리카도의 대등 정리가 성립하면 미래세대는 아무런 부담을 지지 않는다.

③ 국채 발행과 국민저축

리카도의 대등 정리가 성립하면 국채 발행이 국민저축과 투자에 전혀 영향을 미치지 않고, 따라서 자본축적에도 아무런 변화가 생기지 않는다.

확인문제

공채에 관한 설명으로 옳지 않은 것은?   [세무사 19]

① 고전파 경제학에서는 균형재정을 바람직한 것으로 보았기 때문에 공채 발행을 부정적으로 인식하고 있다.

② 케인즈 경제학에서는 적자재정에 따른 공채 발행을 보다 적극적으로 수용하고 있다.

③ 재원조달 측면에서 볼 때 '리카도의 대등 정리'가 적용되면 조세에 비해 공채 발행으로 더 큰 총수요 증가를 기대할 수 있다.

④ 이용 시 지불 원칙에 의하면 정부의 투자지출에는 공채 발행이 바람직하다.

⑤ 공채 발행은 그 목적과 달리 결과적으로 소득재분배를 유발할 가능성이 높다.

해답

리카도의 대등 정리는 공채를 발행하여 정부지출을 늘린다고 해도 저축을 증가시켜 총수요 증가의 효과가 없다는 것을 의미한다.   정답: ③

02

공공요금의 이론

★★★

한계비용 가격설정	효율적 생산가능하지만 기업손실 발생
평균비용 가격설정	기업손실은 없지만 과소 생산
가격차별	탄력적인 상품에 낮은 가격, 비탄력적인 상품에 높은 가격
이부가격제	소비자잉여만큼 기본요금을, 사용료는 한계비용만큼 받음
램지 가격설정	$\dfrac{\dfrac{P_X - MC_X}{P_X}}{\dfrac{P_Y - MC_Y}{P_Y}} = \dfrac{e_Y}{e_X}$

1. 공공요금 부과의 목적

(1) 효율성: 가장 중요한 목적

① 생산과정의 효율성

공공부문이 생산·공급하는 재화나 서비스에 공공요금형태로 가격이 부과된다면, 이로부터 나오는 한계편익이 얼마나 되는지에 대한 정보가 효율적으로 전달되어 공공부문이 효율적인 생산 수준을 선택할 수 있게 만들어준다.

② 소비과정의 효율성

일정한 가격을 지불해야 소비할 수 있다면 사람들은 가격이 한계편익과 일치하는 수준까지 사려 할 것이므로 효율적인 수준에서 소비가 이루어질 수 있다.

(2) 공평성

① 사용량에 따른 불공평성의 발생

전기나 수도와 같은 사용재의 성격을 갖는 재화나 서비스의 경우에 무료로 배분한다면 많이 소비하는 사람일수록 더 많은 이득을 얻는 불공평성의 문제가 발생한다.

② 소비량에 따른 공공요금 부과가 바람직함

사용재의 성격을 갖는 재화나 서비스는 공공요금을 부과해 각자가 소비하는 양에 비례하여 그 비용의 부담을 지도록 만들어야 공평하게 된다.

(3) 재정수입의 획득

① 재정수입을 위한 수단

공공요금의 징수를 통해 재정수입목표를 위한 수단으로 정당화될 수 있다.

② 부차적 목표일 수밖에 없음

다만 공공요금을 통해 너무 많은 재정수입을 올리는 것은 공공요금의 기본취지와 어긋나기 때문에 부차적인 목표일 수밖에 없다.

③ 공공부문의 비효율적 운영

공공부문은 민간기업에서 볼 수 있는 적극적인 이윤 동기가 없으므로 비효율적 운영이 되는 경우가 대부분이다.

2. 한계비용 가격설정과 평균비용 가격설정

(1) 한계비용 가격설정

① 의미

- 정부가 해당 재화의 가격을 수요곡선과 한계비용(MC)곡선이 교차하는 점으로 설정하는 것이다.
- 가격은 하락하고 생산량은 증가하여 $P = MC$가 성립하므로 완전경쟁과 같은 효과가 있다.

② 문제점

정부가 독점기업의 MC를 정확히 아는 것이 불가능하며 자연독점인 경우는 독점기업이 적자가 발생한다.

(2) 평균비용 가격설정

① 의미

- 정부가 해당 재화의 가격을 수요곡선과 평균비용(AC)곡선이 교차하는 점 ($P = AC$)으로 설정하는 것이다.
- 가격을 평균비용으로 설정하면 총수입과 총비용이 같아져 적자가 발생하지는 않는다.

② 문제점

$P > MC$가 되어 자원배분이 비효율적으로 이루어지고 자연독점기업은 평균비용을 낮추려는 기술혁신의 유인이 사라진다.

(3) 그래프 분석

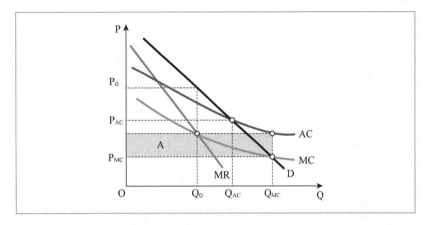

① 자연독점기업의 이윤극대화(MR = MC)

MR과 MC가 만나는 점에서 이윤극대화가 이루어지며, 이때 생산량: Q_0, 가격: P_0이다.

② 한계비용 가격정책(P = MC < AC)

자원배분이 효율적으로 이루어지나 가격 P_{MC}가 평균비용(AC)보다 낮으므로 자연독점기업은 A만큼 적자가 발생한다.

③ 평균비용 가격정책(P = AC > MC)

자연독점기업은 적자가 발생하지는 않지만 $P_{AC} > MC$가 되어 자원배분이 비효율적이다.

3. 한계비용 가격설정의 대처방안

(1) 의미

① 자연독점이 발생하여 한계비용 가격규제를 사용하면 자원배분이 효율적으로 이루어지나 독점기업은 적자가 발생한다.

② 대처방안으로는 일반재원으로 보조금을 주는 것, 평균비용 가격설정, 가격차별, 이부가격제도 등이 있다.

핵심 Plus +

가격차별의 종류

가격차별은 동일한 재화에 다른 가격을 설정하는 것이다.

1급 가격차별은 모든 정보를 가진 생산자가 수요자의 모든 지불용의를 다 받는 것이다.

2급 가격차별은 재화 구입량에 따라 다른 가격을 설정하는 것이다.

3급 가격차별은 소비자들을 그 특징에 따라 몇 개의 시장으로 나누어 각 시장에서 서로 다른 가격을 설정하는 것이다.

탄력적인 소비자 그룹은 싸게, 비탄력적 소비자 그룹은 비싸게 부과한다. 이를 위해서는 시장 분리 가능, 시장 간 재판매 불가능, 각 시장에서의 수요의 가격탄력성이 달라야 함, 시장 분리에 드는 비용이 적어야 하는 등의 조건이 필요하다.

(2) 가격차별

① 의미

소비자 그룹을 둘로 구분하여 한 그룹은 높은 가격인 P_2를 받고 다른 한 그룹은 낮은 가격인 P_1으로 판매하게 하는 정책으로 수요의 가격탄력성이 비탄력적인 수요자에게는 높은 가격을 설정하고 탄력적인 수요자에 대해서는 낮은 가격을 설정하는 경우가 이에 해당된다.

② 이중가격정책의 효과

P = MC에서 생산이 이루어지므로 자원배분이 효율적이나 일부 소비자는 P > MC인 가격을 부담하므로 소비자 간 소득재분배가 이루어진다.

③ 그래프

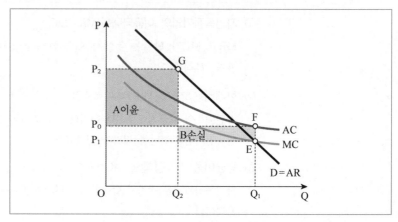

- 독점기업은 생산량 Q_1을 단위당 가격 P_0로 생산하므로 총비용이 □OP_0FQ_1 만큼 든다.

- 이때 수입은 생산량 Q_2를 P_2의 가격으로 그리고 생산량 $Q_1 - Q_2$을 P_1의 가격을 받으므로 □A만큼의 이윤과 □B만큼의 손실이 발생한다. 따라서 □A와 □B를 같게 하면 독점기업은 정상이윤만 얻게 된다.

(3) 이부가격제도(two-part tariff)

① 의미

소비자로 하여금 일정한 금액(= 가입비)을 지불하고 특정 상품을 사용할 권리를 사게 한 다음, 그것을 사는 양에 비례하여 추가적인 가격(= 사용료)을 지불하게 하는 방법이다.

최대부하 가격설정

성수기(= 부하기)와 비성수기(= 비부하기)의 가격을 다르게 설정함으로써 생산설비의 효율적 이용을 도모하는 것을 최대부하 가격설정이라고 한다. 성수기의 수요자는 생산설비 보유에 따른 고정비용과 이용에 따른 가변비용(= 한계비용)까지 부담하며 비수기의 수요자는 고정비용은 부담하지 않고 가변비용만 부담한다.

② 가입비와 사용료의 설정

- 독점적 생산자가 소비자잉여의 크기를 예상해 이를 가입비로 받는다.
- 사용료를 한계비용과 일치시킴으로써 이윤극대화를 시도한다.

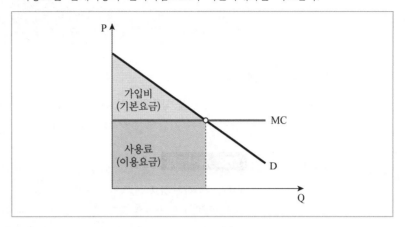

③ 단점

고정요금이 너무 높게 설정될 경우 소비자들이 구입을 포기할 수 있다.

④ 오이(W. Y. Oi)의 최적 이부요금설정방식

- 최적 이부요금을 계산해내기 위해서는 비용함수와 수요함수뿐만 아니라 각 소비자의 선호에 대한 정보가 필요하다.
- 고정 수수료(기본요금)와 단위당 사용요금(사용료)을 적절히 결정하여 사회후생을 극대화하자는 것이다.
- 기본요금에 대한 탄력성이 크면 기본요금을 싸게, 탄력성이 작으면 기본요금을 높게 책정한다.

4. 램지 가격설정

(1) 가정

공공부문이 여러 가지 재화나 서비스를 생산·공급하고 있는데, 이들을 공급하면서 일정한 재정수입을 달성해야 한다는 조건이 붙어있는 경우를 가정한다.

(2) 한계비용 가격설정의 불가능

① 한계비용 가격설정을 통해서는 재정수입의 요구를 충족시키기 어렵다.

② 재정수입의 요구 때문에 한계비용 가격설정을 포기해야 하므로, 이에 따른 효율성 상실을 극소화하는 것을 원하기 때문에 차선의 방책의 가격설정 원리가 램지 가격설정이다.

(3) 공식

$$\frac{\dfrac{P_X - MC_X}{P_X}}{\dfrac{P_Y - MC_Y}{P_Y}} = \frac{e_Y}{e_X}$$

(4) 목적

효율성의 상실을 극소화하기 위해서 수요의 가격탄력성이 큰 서비스일수록 가격을 한계비용에 가깝게 설정해야 하는 것이다.

집중! 계산문제

정부가 공급하는 상호독립적인 공공서비스 X와 Y의 한계비용은 각각 $MC_X = 20$, $MC_Y = 30$이고, 가격은 각각 $P_X = 25$, $P_Y = 50$이다. Y의 수요의 가격탄력성이 1일 때, 요금 책정에 따른 효율성 상실의 극소화를 보장하는 X의 수요의 가격탄력성은?

[세무사 16]

① 1   ② 2   ③ 2.5   ④ 3   ⑤ 3.5

해답

> ☑ 램지 가격설정 계산풀이법
> 1) 문제에서 제시된 수치를 정확하게 파악한다.
> 2) 파악한 수치를 램지 가격설정 공식 $\dfrac{\dfrac{P_X - MC_X}{P_X}}{\dfrac{P_Y - MC_Y}{P_Y}} = \dfrac{e_Y}{e_X}$ 에 대입하여 구한다.

정부가 상호독립적인 공공서비스 X와 Y를 공급할 때 초과부담을 극소화하려면 램지의 역탄력성 규칙에 따라 공공요금을 설정하면 된다. 즉, $\dfrac{\dfrac{P_X - MC_X}{P_X}}{\dfrac{P_Y - MC_Y}{P_Y}} = \dfrac{e_Y}{e_X}$ 가 성립하도록 공공서비스 X와 Y의 요금을 설정하면 된다. $\dfrac{P_X - MC_X}{P_X} = \dfrac{25 - 20}{25} = 0.2$이고,

$\dfrac{P_Y - MC_Y}{P_Y} = \dfrac{50 - 30}{50} = 0.4$이므로 이를 램지 가격설정 규칙에 대입하면

$\dfrac{0.2}{0.4} = \dfrac{1}{\epsilon_X}$, $\epsilon_X = 2$로 계산된다.

정답: ②

공공요금에 관한 설명으로 옳지 않은 것은?   [세무사 15]

① 공공요금을 정부가 관리하는 중요한 이유 중의 하나는 관련 공기업이 자연독점 성격을 가지기 때문이다.

② 평균비용곡선이 우하향하는 경우, 한계비용 가격설정방식은 평균비용 가격설정방식에 비해 사업 손실을 줄일 수 있다.

③ 한계비용 가격설정방식을 적용할 경우, 공기업의 손실을 보전하는 방법으로 차별요금제와 이부요금제를 고려할 수 있다.

④ 이부요금제는 서비스 이용기회에 대한 기본요금과 소비량에 대한 사용요금으로 구성된다.

⑤ 최대부하 가격설정방식(peak-load pricing)이란 수요의 변동을 평준화시킴으로써 설비를 최적으로 이용하는 것을 목적으로 한다.

평균비용곡선이 우하향하는 한계비용 가격설정방식에서는 적자가 발생하나 평균비용 가격설정방식을 사용하면 적자가 발생하지 않는다. 그러므로 한계비용 가격설정방식에 비해 손실을 줄일 수 있는 방법이 평균비용 가격설정방식이다.   정답: ②

지방재정
★★

중앙집권제도의 장점	경제안정, 소득재분배, 자원배분(외부성, 규모의 경제, 조세징수의 효율성)
지방분권제도의 장점	주민 선호의 충실한 반영, 공공사업의 조세부담의 인식 용이, 정부 사이의 경쟁
티부 모형	자신의 선택에 의해 자신이 원하는 수준의 공공재를 공급하는 지방정부를 선택 ➜ "발에 의한 투표"
교부금의 유형	• 무조건부 교부금: 현금보조와 동일 • 조건부 비대응교부금: 현물보조와 동일 • 조건부 대응교부금: 가격보조와 동일
끈끈이효과	지역주민의 소득이 증가할 때보다 동액의 무조건부 보조금이 지급될 때 중앙정부의 지출이 더 많이 증가하는 효과

핵심 Plus +

중앙집권화율
중앙집권화의 정도를 객관적으로 비교하기 위한 지표로서, 중앙정부의 직접적 지출 정부부문의 총지출 로 측정한다.

재정연방체제(fiscal federalism)
중앙정부와 지방정부 사이에 경제적 역할의 분담체계가 이루 어져 있는 상태를 가리킨다.

1. 중앙집권제도의 장점

(1) 경제안정

① 수단의 부재

중앙정부에 비해 지방정부들은 효과적인 재정정책이나 통화정책의 수단을 가지고 있지 않다.

② 능력의 부족

지방정부가 현재의 경제 상황에 대하여 정확하고 적절한 대책을 세울 수 있는 능력을 갖춘 경우는 드물다.

(2) 소득재분배

① 형평성의 문제

비슷하게 가난한 사람임에도 어느 지역에 살고 있느냐에 따라 재분배정책의 혜택이 달라지는 문제가 발생한다.

② 인구이동의 발생

가난한 사람은 지방정부의 재분배정책의 혜택이 높은 곳으로 이주하려고 하지만 부유한 사람은 조세부담을 피하고자 재분배정책의 강도가 약한 지역으로 이주하는 현상이 발생한다. 이는 사회후생의 손실을 가져오는 원인이 된다.

(3) 자원배분

① 외부성의 존재

지방정부가 생산한 공공재가 외부성을 보이면 무임승차의 문제가 발생하여 효율적인 생산이 어렵다.

② 규모의 경제

전국적으로 통일된 규격을 유지하고 행정 규모를 크게 만드는 데서 나오는 이득이 크다.

③ 조세징수의 효율성

- 조세징수와 관련된 행정조직을 지방자치단체가 유지한다면 조세 1원당 행정비용은 커진다.
- 노동과 자본에 대한 조세를 특정 지방자치단체에서 높게 책정한다면 다른 지역으로 이동하게 만드는 교란이 발생해 효율성이 떨어지게 된다.

2. 지방분권제도의 장점

(1) 주민 선호의 충실한 반영

중앙집권제도보다 지방분권제도가 각 지역의 특수한 여건 혹은 그 지역주민들의 독특한 선호를 충분히 반영하는 행정이 가능하다.

(2) 공공사업과 관련된 조세부담의 인식 용이

지방분권하에서는 주민들이 정부의 지출프로그램과 관련된 추가적 조세부담을 좀 더 명백하게 인식하기 때문에 효율적인 정책수행이 가능해진다.

(3) 정부 사이의 경쟁

지방분권하에서는 경쟁을 통해 효율적 생산을 촉진할 뿐만 아니라, 정부 운영상의 기술혁신을 촉진한다는 점에서도 장점이 있다.

분권화된 재정제도의 장·단점에 관한 설명으로 옳지 않은 것은?　[세무사 15]

① 지방 공공재 공급과정에서 인근 자치단체 간에 발생하는 외부성을 해결하기 어렵다.

② 주민들이 자신이 원하는 공공재를 공급하는 자치단체로 이동할 유인을 제공함으로써 지방정부 간 경쟁을 촉진시킨다.

③ 지방정부가 중앙정부보다 지역 내 공공부문의 자원배분에 필요한 지역 내 수요를 파악하는 데 유리하다.

④ 이동성이 높은 생산요소에 무거운 세금을 부과할 수 있기 때문에 조세징수상의 효율성이 증가한다.

⑤ 지방정부 간 조세경쟁으로 인해 조세제도가 비효율적으로 운영될 가능성이 있다.

해답

이동성이 높은 생산요소일수록 세율이 높은 지역에서 낮은 지역으로 이동하는 경향이 크게 나타날 것이다. 그러므로 지역별로 독립적인 조세제도를 운영하게 되면 자원배분의 비효율성이 초래될 가능성이 크고, 조세징수상의 비효율성도 초래될 것이다.　　정답: ④

3. 분권화 정리

(1) 국가 공공재와 지역 공공재

① 국가 공공재

국가 공공재는 국민 전체의 차원에서 소비가 이루어지는 국방, 치안 등으로 중앙정부가 생산, 공급한다.

② 지역 공공재

지역 공공재는 한 지역에 모여 사는 사람들이 주로 소비하는 학교, 공원 서비스 등으로 지방정부가 생산하는 것이 바람직하다.

(2) 오우츠(W. Oates)의 분권화 정리

① 분권화 정리

지역 공공재를 어느 단계의 정부가 생산하든 똑같은 비용이 든다면, 중앙정부가 모든 지역에 대해 일정한 양을 공급하는 것보다 각 지방정부가 스스로의 판단에 의해 적절한 양을 공급하는 것이 효율적이다.

② 중앙정부가 비효율적인 원인

- 중앙정부의 정보 부족 때문에 지역 공공재에 대한 각 지역의 수요를 정확히 알기 어렵다.
- 정치적 압력 때문에 중앙정부가 어떤 특정 지역에서 다른 지역보다 더 높은 수준의 지역 공공재를 공급하기 어렵다.

4. 티부 모형

(1) 기본가정

① 다수의 지역사회가 존재

다양한 지방정부가 제공하며 상이한 재정프로그램을 제공한다.

② 완전한 정보

사람들은 지방정부마다 제공되는 재정프로그램이 어떻게 다른지를 정확히 알고 있다.

③ 완전한 이동성

집을 사고파는 거래비용이나, 직장의 이동 등 개인이 지방정부를 선택하기 위한 이동성에 제약을 주는 요소가 없다.

④ 규모에 대한 수익 불변의 생산기술

규모의 경제가 없다는 의미이다. 만약 규모의 경제가 존재한다면 규모가 큰 소수의 지방정부만 존재하는 상황이 발생하기 때문이다.

⑤ 외부성이 존재하지 않음

각 지방정부가 수행한 사업에서 나오는 혜택을 그 지역주민만 누릴 수 있다.

⑥ 지방정부의 재원은 재산세

지방정부의 재원은 재산세이며 그 지역에 주택을 보유하는 사람들이 낸 세금에 의해 충당된다.

(2) 결론

① 쇼핑하듯이 자신의 선택에 의해 자신이 원하는 수준의 공공재를 공급하는 지방 정부를 선택하게 될 것이다. 이를 "발에 의한 투표"라고 한다.

② 오우츠의 분권화 정리와 마찬가지로 분권화된 체계에서 지방 공공재의 효율적 자원배분이 달성됨을 의미한다.

(3) 배타적 구획규제(exclusionary zoning)

① 지방정부의 재원이 재산세에 의해 충당될 때 부유한 지역 안에서 저렴한 집을 얻어서 살 수 있다면 적은 세금만 내고도 좋은 지방정부의 지출프로그램의 혜택을 입을 수 있다. 이런 집들이 늘어난다면 부유층의 부담이 더 커진다.

② 오늘날 선진국의 많은 도시에서 정해진 최소 규모를 넘도록 규제하는 형식인 배타적 구획규제를 통해 이 문제를 해결하려고 노력하고 있다.

(4) 한계

① '완전경쟁시장, 이동성의 제약이 없다.' 등의 앞에서 설정한 가정을 충족하기 어렵다.

② 티부 가설에 따르면 부자는 부자끼리 가난한 사람은 가난한 사람끼리 살아야 효율성이 충족되는 것이다. 이는 절대로 공평성을 충족할 수 없다.

> **확인문제**
>
> 티부 가설(Tiebout hypothesis)에 관한 설명으로 옳지 않은 것은? [세무사 14]
> ① 지방 공공재는 비례재산세에 의해 조달된다고 가정한다.
> ② 지방 공공재의 외부효과가 존재하더라도 티부 가설은 성립한다.
> ③ 발에 의한 투표(voting with the feet)에 의해 지방 공공재에 대한 선호를 표출한다.
> ④ 티부 가설이 성립하기 위해서는 충분히 많은 지역이 존재해야 한다.
> ⑤ 균형 상태에서는 지방 공공재에 대한 선호가 비슷한 사람들끼리 모여 산다.
>
> **해답**
>
> 한 지역의 공공재 공급이 다른 지역에 영향을 미치는 외부효과가 존재하면 어떤 지역의 주민이 낸 세금이 다른 지역의 편익 증대에 사용되므로 지방 공공재의 최적 공급이 이루어지기 어렵다. 즉, 지방 공공재의 외부효과가 존재하면 티부 모형이 성립하지 않는다.
>
> 정답: ②

5. 지방재정조정제도

(1) 의미

지방자치단체의 부족한 재원을 보충하고 각 지방자치단체 간의 재정 수준을 균등화시키는 데 필요한 재원을 지원하는 제도이다.

(2) 수단

① 지방교부세

지방자치단체의 재정수요와 조세수입을 비교하여 재원 부족이 발생하면 이를 보전할 목적으로 중앙정부가 지방자치단체에 교부하는 재원으로 무조건부 교부금에 해당한다.

② 국고보조금

지방자치단체가 시행하는 특정 사업 경비의 일부 또는 전부를 중앙정부가 지원하는 제도로 특별히 장려할 필요가 있는 사업에 한하여 지원한다. 조건부 교부금에 해당한다.

핵심 Plus +

재정 불균형의 유형
중앙정부와 지방정부 사이의 불균형을 수직적 재정 불균형이라고 하고, 지방정부들 사이의 불균형을 수평적 재정 불균형이라고 한다.

지방정부의 재원
세외수입으로 수수료와 사용료, 자체수입으로 지방세 의존수입으로 교부금이 있다. 지방조정제도는 교부금을 통해 중앙정부가 지방정부의 재정을 조정하는 것이다.

국고보조금의 목적에 따른 분류
교부금은 중앙정부가 수행해야 할 업무를 지방정부에 위임하는 경우에 그 소요경비 전체를 지급하는 것이다. 예 선거 등
부담금은 지방자치단체가 수행하기로 되어 있지만, 중앙정부도 긴밀하게 협력해야 할 업무의 수행에 드는 경비의 전부 또는 일부를 제공하는 것이다. 예 전염병 예방 등
협의의 보조금은 중앙정부가 정책수행의 관점에서 필요하다고 생각하거나 지방자치단체의 재정 사정상 필요하다고 생각해 지방자치단체에 지급하는 보조금을 의미한다. 예 지하철 건설 등

(3) 의의

① 지역 간 외부성의 문제 해결
- 한 지역에서 수행한 공공사업의 편익이 다른 지역의 주민에게 돌아가는 외부성이 생기는 경우가 종종 있다.
- 외부성을 바로잡기 위해 피구적 보조금(Pigouvian subsidy)을 지급하여 유인구조를 바로잡아야 한다.

② 재정 능력의 차이 줄임
- 지역 간의 재정 능력 격차로 인해 주민들 사이에 수평적 공평성의 문제가 생길 수 있다.
- 모든 국민이 지방정부가 제공하는 공공서비스에 대해 평등한 기회를 받을 수 있어야 한다.

③ 지역 공공재의 효율적 생산

지방정부가 주민들의 선호나 필요를 더 잘 파악할 수 있으므로 중앙정부가 자금만 대고 생산은 지방정부가 담당하는 역할분담을 통해 효율성을 높일 수 있다.

(4) 교부금의 유형

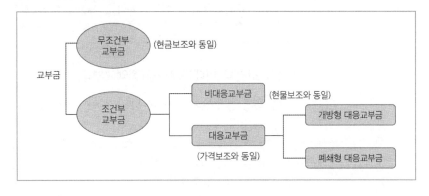

6. 교부금의 경제적 효과

(1) 무조건부 교부금

① 아무런 조건 없이 지급하는 교부금이다.

② 그래프

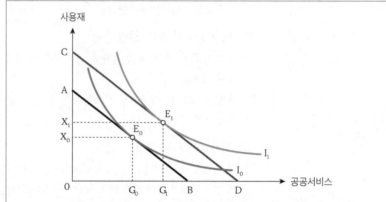

- 소득효과로 공공재의 소비가 늘지만, 사용재의 소비도 증가하여 주민의 조세부담을 경감해 주는 감세효과가 있다.
- 주민소득이 증가하므로 지역 간 재정력 격차를 줄여주는 재분배목적을 달성할 수 있다.

(2) 조건부 비대응교부금(정액교부금)

① 특정 공공재를 공급해야 하는 조건을 붙여 지급하는 교부금이다.

② 그래프

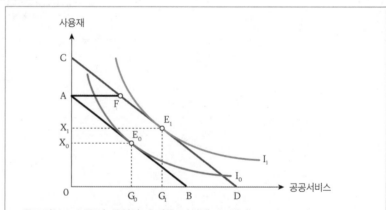

- 무조건부 교부금과 동일한 효과를 나타낼 수 있다.
- 지역주민이 현물보조를 받은 것보다 지역 공공재를 더 적게 선호하면 조건부의 조건이 발생하는 것이므로 반드시 일정 수준 이상의 공공재를 생산해야 한다.

③ 지역 공공재의 효율적 생산

지방정부가 주민들의 선호나 필요를 더 잘 파악할 수 있으므로 중앙정부가 자금만 대고 생산은 지방정부가 담당하는 역할분담을 통해 효율성을 높일 수 있다.

(3) 조건부 대응교부금(정률교부금)

① 가격보조형식으로 교부금의 최고 한도가 정해져 있지 않으면 개방형, 정해져 있으면 폐쇄형이다.

② 그래프

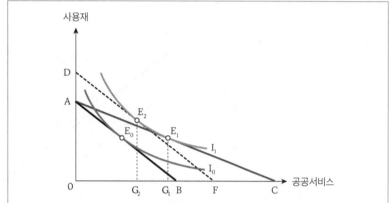

- 소득효과에 의해 실질소득이 증가하면 모든 재화의 소비가 증가한다.
- 대체효과에 의해 상대적으로 가격이 하락한 공공재의 소비가 늘고 사용재의 소비가 감소한다.

7. 끈끈이효과

(1) 의미

① 지역주민의 소득이 증가할 때보다 동액의 무조건부 보조금이 지급될 때 중앙정부의 지출이 더 많이 증가하는 효과이다.

② 중앙정부의 보조금이 지방세를 감소시키는 것이 아닌 지방 공공재 공급에 사용되는 현상이다.

③ 그래프

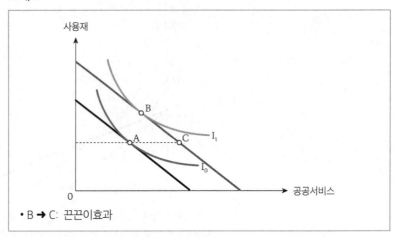

• B ➡ C: 끈끈이효과

(2) 발생원인

① 관료들의 예산극대화 경향

관료들의 예산극대화를 원하여 자신들에게 유리한 방향으로 예산을 지출한 결과로 발생할 수 있다.

② 재정착각

• 교부금이 증가할 때 자신들의 소득이 증가한 사실을 제대로 인식하지 못하여 공공재가 과다 생산된다.

• 평균조세가격이 하락하는데 세금을 적게 납부하더라도 공공재 소비를 할 수 있으므로 한계조세가격이 내려간 것으로 인식하기 때문이다.

01 재정적자와 국채 ★★

01 고전파 경제학에서는 균형재정을 바람직한 것으로 보았기 때문에 공채 발행을 부정적으로 인식하고 있다.
(○, ×)

02 케인즈 경제학에서는 적자재정에 따른 공채 발행을 보다 적극적으로 수용하고 있다. (○, ×)

03 재원조달 측면에서 볼 때 '리카도의 대등 정리'가 적용되면 조세에 비해 공채 발행으로 더 큰 총수요 증가를 기대할 수 있다.
(○, ×)

04 이용 시 지불 원칙에 의하면 정부의 투자지출에는 공채 발행이 바람직하다. (○, ×)

05 공채 발행은 그 목적과 달리 결과적으로 소득재분배를 유발할 가능성이 크다. (○, ×)

06 공채를 전액 중앙은행이 인수할 경우, 경기가 과열된 상태에서는 인플레이션을 억제하는 효과가 있다.
(○, ×)

07 공채를 전액 중앙은행이 인수할 경우, 화폐공급량이 감소하기 때문에 유효수요 증대효과는 없다. (○, ×)

08 공채가 전액 시중에서 소화될 경우, 이자율이 상승하고, 민간투자가 억제되는 현상을 구축효과라고 한다.
(○, ×)

정답 및 해설

01 ○

02 ○

03 × 리카도의 대등 정리는 공채를 발행하여 정부지출을 늘린다고 해도 저축을 증가시켜 총수요 증가의 효과가 없다는 것을 의미한다.

04 ○

05 ○

06 × 중앙은행이 공채를 인수함에 따라 통화량이 증가하면 인플레이션이 유발될 가능성이 크다.

07 × 정부가 공채를 시중에 매각할 때는 통화량의 변화가 나타나지 않는 데 비해 공채를 중앙은행이 인수하면 통화량이 증가하게 된다. 그러므로 공채를 중앙은행이 인수하면 시중에서 소화될 때보다 유효수요 증대효과가 크게 나타난다.

08 ○

09 공채의 잔액이 증가함에 따라 민간의 소비지출이 감소하는 현상을 러너효과라고 한다. (○, ×)

10 공채가 전액 시중에서 소화될 경우, 중앙은행이 인수할 경우보다 유효수요의 증대효과가 크다. (○, ×)

11 전통 케인즈학파에서는 국채 발행을 통해 총수요가 증가한다고 주장한다. (○, ×)

12 국채 발행을 통해 재정적자를 충당하면 케인즈학파는 승수효과만큼 총수요 증가를 가져온다고 하였다.
(○, ×)

13 케인즈는 유효수요 창출을 위한 적자재정을 주장하였으나, 국공채 발행이 미래세대의 경제적 부담을 증가시키는 이유로 재정적자의 보전을 위한 국공채 발행에는 반대하였다. (○, ×)

14 통화주의자들은 국채 발행이 구축효과를 유발하여 총수요에는 거의 변화가 없다고 주장한다. (○, ×)

15 구축효과는 재정지출 증가를 국공채 발행으로 조달할 때 이자율이 상승하여 민간투자를 감소시키는 현상을 말한다. (○, ×)

16 통화주의학파는 경제 불황기에는 호황기보다 구축효과가 크게 나타난다고 하였다. (○, ×)

17 이자율에 영향을 주지 않을 만큼 민간부문에 여유자금이 충분할 경우, 정부의 공채 발행을 통한 재원조달로 인하여 구축효과가 발생하지 않는다. (○, ×)

18 리카도의 대등 가설에 따르면 국채 발행은 미래 조세부담의 증가를 의미하기 때문에 총수요의 촉진효과가 나타나지 않게 된다. (○, ×)

정답 및 해설

09 X 국공채 발행으로 민간보유 금융자산이 증가하면 자산 보유자들이 더 부유하게 되었다고 느끼게 되어 민간의 소비지출이 증가할 수도 있는데, 이를 국공채의 자산효과(wealth effect) 혹은 러너효과(Lerner effect)라고 한다.

10 X 중앙은행의 통화발행은 승수효과를 발생시키므로 시중보다 더 큰 유효수요 증대효과가 있다.

11 ○

12 ○

13 X 케인즈는 국공채의 발행에 찬성하였다.

14 ○ 통화주의자들은 국채 발행을 통해 재정지출이 증가해도 민간투자와 소비가 감소하여 총수요에는 거의 변화가 없다고 주장한다.

15 ○ 구축효과는 재정지출 증가를 국공채 발행으로 조달할 때 이자율이 상승하여 민간투자와 소비를 감소시키는 현상을 말한다.

16 X 호황기에 이자율이 더 높으므로 호황기에 구축효과가 더 크게 나타난다.

17 ○

18 ○

19 리카르도(Ricardo)의 대등 정리(equivalence theorem)에 따르면, 재정지출 재원을 공채 발행으로 조달하는 경우와 조세로 조달하는 경우의 경제적 효과는 동일하다. (○, ×)

20 리카도의 대등 정리에 따르면 적자재정은 총수요에 아무런 영향을 미치지 못한다. (○, ×)

21 리카도 대등 정리가 성립하면, 국채 상환에 대비한 저축이 증가하여 이자율이 오르지 않아서 구축효과가 발생하지 않는다. (○, ×)

22 리카도의 대등 정리에 따르면 국채 발행이 국민저축과 투자에 영향을 미치지 않는다. (○, ×)

23 리카도 대등 정리에 따르면 경기 침체기에는 조세보다 국채로 정부지출 재원을 조달하는 것이 효과적이다. (○, ×)

24 리카도의 대등 정리에 따르면 국채의 발행은 궁극적으로 현재세대의 부담이 된다. (○, ×)

25 인플레이션 상황에서는 정부부채의 실질적 부담이 감소한다. (○, ×)

26 인플레이션 조세란 인플레이션 진행으로 인해 국채의 실질가치가 낮아지는 현상을 말한다. (○, ×)

27 국가채무의 잔액이 변하지 않더라도 이자율이 상승한다면 실질적인 국가채무잔액은 줄어들게 된다. (○, ×)

28 국채의 액면가격은 변화하지 않더라도 이자율 상승으로 국채의 시장가치가 하락한다. (○, ×)

29 지출을 극대화하기를 원하는 관료들은 가능하면 많은 지출을 경상지출 항목으로 분류함으로써 재정적자의 폭을 줄이려고 한다. (○, ×)

정답 및 해설

19 ○ 리카르도 대등 정리는 재원조달 중립성 정리라고도 한다.

20 ○

21 ○ 리카도 대등 정리에 의하면 국민은 국채를 미래의 세금으로 인식하여 국채 상환에 대비한 저축이 증가하여 이자율이 오르지 않아 구축효과가 발생하지 않는다.

22 ○ 리카도의 대등 정리에 따르면 국채 발행은 총수요, 저축, 이자율, 투자 등에 영향을 미치지 않는다.

23 X 리카도 대등 정리는 침체기/호황기 등과 관련이 없다. 침체기/호황기는 통화주의학파가 주장한 구축효과의 크기와 관련이 있다.

24 ○

25 ○ 인플레이션이 발생하면 채무자가 유리하다. 인플레이션 상황에서는 정부부채의 실질적 부담이 감소하게 된다.

26 ○

27 ○ 이자율과 채권가격은 항상 반비례하므로 이자율 상승 시 실질적 국가채무잔액은 줄어들게 된다.

28 ○ 이자율 상승 시 실질적 국채의 가격이 하락한다.

29 X 지출을 극대화하기를 원하면 가능한 많은 지출을 자본예산 항목으로 분류하여야 한다.

30 공채 발행의 증가는 이자율의 상승을 초래하여 무역수지를 악화시킬 수 있다. (○, ×)

31 국채 발행이 증가하면 이자율이 상승하고, 원화환율이 하락하여 경상수지가 악화된다. (○, ×)

32 재정적자를 국채 발행으로 충당하면 소비 및 수입 증가를 통하여 경상수지에 부정적 영향을 초래할 수 있다. (○, ×)

33 고전파 경제학자들은 국공채 발행으로 인한 정부수입이 비생산적으로 사용됨에 따라 자본축적이 저해되면 미래세대가 그 경제적 부담을 짊어지게 될 것으로 파악하였다. (○, ×)

34 국공채 발행으로 인한 정부수입이 사회간접자본의 건설에 사용되는 비중이 클수록, 국공채의 경제적 부담이 미래세대에 귀착되는 비중도 더 커진다. (○, ×)

35 뷰캐넌은 개인적인 관점에서 국채를 자발적으로 구입할 경우 현재세대는 어떠한 실질부담도 지지 않는다고 주장한다. (○, ×)

36 러너는 국채가 국내에서 소화되는 내부채무의 경우 세대 간 부담 이전을 일으킨다고 주장한다. (○, ×)

02 공공요금의 이론 ★★★

37 공공요금은 사용재의 성격을 갖는 재화에 부과되는 것으로 수익자부담 원칙을 적용할 수 있다. (○, ×)

38 비용체감산업은 초기에 대규모 설비투자가 요구되는 경향이 있다. (○, ×)

39 비용체감산업은 평균비용보다 한계비용이 낮다. (○, ×)

정답 및 해설

30 ○

31 ○

32 ○

33 ○

34 X 사회간접자본은 미래세대 또한 편익을 누릴 수 있다. 국공채 발행으로 인한 정부수입이 사회간접자본의 건설에 사용되는 비중이 클수록, 국공채의 경제적 부담을 현대세대와 미래세대가 나눠 가진다.

35 ○

36 X 러너는 내부채무는 현세대가 부담을 지고 외부채무는 미래세대가 부담을 진다고 주장한다.

37 ○ 사용재의 성격을 갖는 재화는 공공재와는 달리 배제할 수 있다. 이 경우 혜택을 보는 사람이 요금을 낸다.

38 ○ 비용체감산업은 수도, 전기, 우편사업 등 초기에 대규모 설비투자가 요구되는 경향이 있다.

39 ○ 비용체감산업은 장기적으로 보았을 때 비용이 점차 감소하므로, 평균비용보다 한계비용이 낮다.

40 비용체감산업은 시간이 경과함에 따라 자연독점화하는 경향을 보인다.　　　　　(○, ×)

41 일반적으로 공공부문이 생산하는 재화나 서비스의 한계비용 가격설정은 효율적인 결과를 초래할 수 없다.

　　　　　(○, ×)

42 전기, 수도 등 사용재의 성격을 갖는 재화나 서비스의 경우에는 조세보다 공공요금을 부과함으로써 자원배분의 효율성을 높일 수 있다.　　　　　(○, ×)

43 규모의 경제가 작용하는 재화나 서비스의 경우에는 한계비용에 따라 가격을 설정한다면 손실이 발생할 수 있다.　　　　　(○, ×)

44 램지 가격설정은 효율성을 달성할 수 있으나 분배상 문제를 일으킬 수 있다.　　　　　(○, ×)

45 공공요금설정에서 분배적 측면을 고려한 낮은 가격책정은 정부의 재정부담을 증가시킬 수 있다. (○, ×)

46 규모에 대한 수확체증인 공공서비스 공급일 경우, 한계비용 가격설정방법으로 요금을 결정하면, 공급되는 공공서비스양은 효율적이다.　　　　　(○, ×)

47 규모에 대한 수확체증인 공공서비스 공급일 경우, 한계비용 가격설정방법으로 요금을 결정하면, 공공서비스를 생산하는 기관은 이윤을 창출할 수 없다.　　　　　(○, ×)

48 규모에 대한 수확체증인 공공서비스 공급일 경우, 평균비용 가격설정방법으로 요금을 결정하면, 공급되는 공공서비스양은 비효율적이다.　　　　　(○, ×)

49 규모에 대한 수확체증인 공공서비스 공급일 경우, 평균비용 가격설정방법으로 요금을 결정하면, 공공서비스를 생산하는 기관은 이윤을 창출할 수 있다.　　　　　(○, ×)

정답 및 해설

40 ○ 초기에 큰 비용이 요구되기 때문에 장기적으로 가면 독점화하는 경향이 있다.

41 X 한계비용 가격설정은 효율적인 결과를 초래한다.

42 ○

43 ○

44 ○

45 ○

46 ○

47 ○

48 ○

49 X 정상이윤으로 초과이윤은 존재하지 않는다.

50 규모에 대한 수확체증인 공공서비스 공급일 경우, 이부가격제도(two-part tariff)는 기업의 손실 규모를 줄이기 위하여 도입된다. (○, ×)

51 한계비용 가격설정방식은 한계편익을 나타내는 수요곡선과 한계비용곡선이 교차하는 점에서 공공서비스의 가격을 결정하는 방식이다. (○, ×)

52 수요곡선과 한계비용곡선이 교차하는 점에서 생산할 경우 자원배분의 효율성이 극대화된다. (○, ×)

53 자연독점상황에 있는 공기업이 한계비용에 맞추어 가격을 설정하는 경우 해당 공기업은 적자를 보게 된다. (○, ×)

54 비용체감산업의 경우, 한계비용 가격설정방식을 적용하면 효율성을 달성하지만 손실이 발생한다. (○, ×)

55 규모에 대한 수익 불변 현상이 존재하는 경우 수요곡선과 장기 한계비용곡선이 일치하는 수준에서 공공요금을 결정하면 손해가 발생한다. (○, ×)

56 자연독점상황에 있는 공기업이 평균비용 가격설정방식을 채택할 경우 결손이 발생하는 문제를 해결할 수 있다. (○, ×)

57 자연독점일 경우 평균비용 가격설정을 하면 경제적 이윤은 0이 된다. (○, ×)

58 자연독점상황에 있는 공기업이 평균비용 가격설정방식을 채택할 경우 한계비용 가격설정방식보다 가격은 높고 공급량은 적게 된다. (○, ×)

59 규모에 대한 수익체증이 존재하는 경우 평균비용 가격정책을 시행하면 효율적인 자원배분이 달성된다. (○, ×)

정답 및 해설

50 ○

51 ○

52 ○ 한계비용 가격설정방식을 채택하는 경우 자원배분의 효율성이 극대화된다.

53 ○ 자연독점의 경우(= 비용체감산업 = 자연독점상황) 한계비용 가격설정을 하면 결손이 발생한다.

54 ○

55 X 규모수익이 불변할 때는, 평균비용이 일정하고, 평균비용과 한계비용이 같다. 그러므로 규모의 수익 불변 현상이 존재하는 경우 한계비용 가격설정은 평균비용 가격설정과 같아 생산자의 손실은 없다.

56 ○ 자연독점일 경우 한계비용 가격설정을 하였을 때 결손이 발생하는 문제를 해결하기 위해 평균비용 가격설정방법을 적용한다.

57 ○ 손실이 발생하지 않는다는 것은 경제적 이윤이 0이 된다는 말과 같다.

58 ○

59 X 규모에 대한 수익체증이 존재한다는 것은 규모의 경제와 유사한 개념이다. 규모의 경제는 한계비용 가격정책을 시행해야 효율적인 자원배분이 달성된다.

60 규모의 경제가 존재하여 발생하는 문제를 해결하는 방안 중의 하나로 이부가격제도(two-part tariff)를 들수 있다. (○, ×)

61 이부요금제는 서비스 이용기회 제공에 대해 부과하는 고정요금과 실제 소비량에 대해 부과하는 종량요금으로 구성된다. (○, ×)

62 일정한 가입비를 징수하고 사용료는 한계비용에 맞추어 결정하는 이부가격제도는 효율적인 생산 수준을 달성할 수 있다. (○, ×)

63 이부요금제에서 관로나 선을 통해 공급된 서비스는 수요의 가격탄력성이 높으므로 기업이 기본요금 인상을 통해 부담을 이용자에게 전가시킬 수 있다. (○, ×)

64 이부요금제는 전화, 가스처럼 관로나 선을 통해 서비스를 공급하는 경우에 주로 적용된다. (○, ×)

65 이부요금제는 소비자들에게 가입비가 묵시적 장벽으로 작용하는 부작용이 있을 수 있다. (○, ×)

66 제2급 가격차별 방식에 따라 공공요금을 책정하면 공평성 측면에서 문제가 생길 수 있다. (○, ×)

67 램지 가격설정 원칙은 일정한 재정수입을 달성해야 하는 조건을 충족하면서도 경제적 효율성의 상실을 초래하지 않는 가격설정방식을 모색하는 것이다. (○, ×)

68 램지 가격설정방식은 일정한 재정수입을 달성해야 하는 조건을 충족하면서도 파레토 효율성을 달성하는 방안이다. (○, ×)

69 램지 가격설정 원칙에 따르면, 비효율성을 최소화하기 위해서는 수요의 가격탄력성이 클수록 가격과 한계비용의 격차는 상대적으로 더 크게 설정되어야 한다. (○, ×)

정답 및 해설

60 ○

61 ○

62 ○

63 X 전기나 수도와 같은 것은 수요의 가격탄력성이 낮다.

64 ○

65 ○

66 ○

67 X 램지 가격설정 원칙은 일정한 재정수입 달성을 가정하고, 이 가정을 충족하면서 경제적 효율성의 상실을 최소화하는 가격설정방식을 모색하는 것이다.

68 X 램지 가격설정방식은 경제적 효율성의 상실을 감안하기 때문에 파레토 효율성을 달성하는 방안은 아니다.

69 X 비효율성을 최소화하기 위해서는 수요의 가격탄력성이 클수록 가격과 한계비용의 격차는 상대적으로 더 작게 설정되어야 한다.

70 램지 가격설정방식은 수요의 가격탄력도가 매우 큰 공공서비스의 경우에는 한계비용 수준에 근사하도록 공공요금이 결정되어야 한다. (○, ×)

71 램지 가격설정방식은 소득분배 측면에서 바람직하지 않을 수 있다. (○, ×)

72 정부가 공급하는 상호독립적인 공공서비스 X와 Y의 한계비용은 각각 $MC_X = 20$, $MC_Y = 30$이고, 가격은 각각 $P_X = 25$, $P_Y = 50$이다. Y의 수요의 가격탄력성이 1일 때, 요금 책정에 따른 효율성 상실의 극소화를 보장하는 X의 수요의 가격탄력성은 20이다. (○, ×)

03 지방재정 ★★

73 정부부문의 총지출 중 중앙정부의 직접적 지출이 차지하는 비율을 중앙집권화율이라 하며, 분권 수준을 파악하는 지표로 사용된다. (○, ×)

74 오우츠는 공공재 공급비용이 동일하다면 지방 공공재는 중앙정부보다 지방정부가 공급하는 것이 효율적일 수 있다고 주장하였다. (○, ×)

75 오우츠의 분권화 정리는 공공재 공급에 있어서 규모의 경제가 있고, 인접지역으로의 외부성이 없는 경우에 성립한다. (○, ×)

정답 및 해설

70 ○ 가격탄력성이 클수록 한계비용과 가격이 비슷하게 결정되어야 한다.

71 ○ 램지 가격설정방식은 공평성 입장에서 바람직하지 않다.

72 ○ 정부가 상호독립적인 공공서비스 X와 Y를 공급할 때 초과부담을 극소화하려면 램지의 역탄력성 규칙에 따라 공공요금을 설정하면 된다. 즉, $\dfrac{\frac{P_X - MC_X}{P_X}}{\frac{P_Y - MC_Y}{P_Y}} = \dfrac{\epsilon_Y}{\epsilon_X}$가 성립하도록 공공서비스 X와 Y의 요금을 설정하면 된다.

$\dfrac{P_X - MC_X}{P_X} = \dfrac{25-20}{25} = 0.2$이고, $\dfrac{P_Y - MC_Y}{P_Y} = \dfrac{50-30}{50} = 0.4$이므로 이를 램지 가격설정 규칙에 대입하면 $\dfrac{0.2}{0.4} = \dfrac{1}{\epsilon_X}$, $\epsilon_X = 2$로 계산된다.

73 ○

74 ○

75 × 오우츠의 분권화 정리는 규모의 경제가 발생하지 않는 경우에 성립한다.

76 티부는 개인들의 지역 간 이동이 자유롭다면, 개인들이 선호하는 지방정부를 선택하는 '발에 의한 투표'를 주장하였다. (○, ×)

77 티부 모형은 지방정부의 재원은 재산세로 충당하는 것을 상정하고 있다. (○, ×)

78 분권화로 지역들이 차별성을 가지고, 여러 지역 중에서 투표자가 자신이 원하는 곳을 선택할 수 있다면 결과적으로 후생이 증가할 수 있다. (○, ×)

79 분권화로 지방정부는 각 지역의 특성에 부합하는 다양한 정책들을 시도할 수 있다. (○, ×)

80 한 지역의 공공재가 다른 지역에도 영향을 주는 외부성을 가지고 있는 경우 분권화는 효율적인 공공재배분을 가능하게 한다. (○, ×)

81 조세행정에는 규모의 경제가 존재하기 때문에 국세 행정을 이용하여 징수하고 이후 지방으로 배분하는 형태로 조세행정과 재정배분이 이루어지기도 한다. (○, ×)

82 지방자치단체장은 선거를 통해 선출되기 때문에 지역주민들의 수요에 민감하게 반응한다. (○, ×)

83 경제안정화정책은 중앙정부와 지방정부가 대등한 입장에서 수행할 수 있다. (○, ×)

84 소득재분배정책은 지역주민의 사정을 잘 아는 지방정부가 담당하는 것이 더 바람직하다. (○, ×)

85 지방재정은 재정지출의 편익과 비용분담의 연계성이 중앙정부보다 강하기 때문에 재원조달 측면에서도 응익주의적 요소가 강한 편이다. (○, ×)

정답 및 해설

76 ○

77 ○

78 ○

79 ○

80 X 지방정부는 그 지역의 공공재 공급이 다른 지역에 미치는 외부성을 고려하지 않을 것이므로 외부성이 존재하는 경우 분권적인 체제하에서는 공공재의 효율적인 공급이 이루어지기 어렵다.

81 ○

82 ○

83 X 경제안정화정책은 중앙정부가 수행하는 것이 더 바람직하다.

84 X 소득재분배정책은 중앙정부가 수행하는 것이 더 바람직하다.

85 ○

86 공공재로부터 편익의 귀속 지역이 전국적인 경우에는 중앙정부가, 지방 단위에 그칠 때에는 지방정부가 공급하는 것이 바람직하다. (○, ×)

87 지방정부는 중앙정부보다 모든 형태의 공공재를 보다 효율적으로 공급할 수 있다. (○, ×)

88 혼잡이 발생하는 지방 공공재의 경우 효율적 공급이 이루어지기 위해서는 추가적인 이용자에게 그로 인하여 발생하는 한계혼잡비용만큼을 부담시켜야 한다. (○, ×)

89 생산비용이 같은 경우 지방 공공재의 공급은 중앙정부가 결정하기보다는 지방정부가 자율적으로 결정하도록 하는 것이 효율적이다. (○, ×)

90 오우츠의 분권화 정리에 따르면, 지방정부에 의한 지방 공공재 공급이 주민들의 선호를 더 잘 반영할 수 있다. (○, ×)

91 지역 간 공공재에 대한 선호가 이질적인 경우 중앙정부가 일률적으로 공급하는 것이 효율적이다. (○, ×)

92 티부 모형은 공공재의 경우에는 시장에 의한 자원배분이 비효율적일 수밖에 없음을 보이고 있다. (○, ×)

93 티부 가설은 지방 공공재의 경우 주민들의 선호를 바탕으로 하는 효율적인 공급이 이루어질 수 있다는 주장이다. (○, ×)

94 티부는 주민이 자유롭게 거주지를 선택할 수 있다면 지방 공공재가 효율적으로 공급될 수 있다고 하였다. (○, ×)

95 티부 모형은 한 나라 안에는 서로 다른 재정프로그램을 가진 지방정부가 충분히 많이 존재하며, 사람들은 각 지역에 대하여 완벽한 정보를 가지고 있다는 것을 가정한다. (○, ×)

정답 및 해설

86 ○

87 X 지방정부와 중앙정부가 효율적으로 공급할 수 있는 공공재는 구분된다.

88 ○ 경합성이 있는 지방재의 경우 추가적 이용자에게 한계혼잡비용을 부담시키는 것이 효율적이다.

89 ○ 생산비용이 같다면 지방 공공재 공급은 수요에 대해 더 많은 정보를 가진 지방정부가 결정하는 것이 더 바람직하다. (오우츠의 분권화 정리)

90 ○

91 X 선호가 이질적이라면 선호에 대한 정보가 더 많은 지방정부가 공급하는 것이 효율적이다.

92 X 티부 모형은 공공재의 경우 시장에 의한 자원배분이 효율적일 수 있음을 보여준다.

93 ○

94 ○

95 ○ 티부 모형의 가정으로는 충분히 많은 지방정부, 공공재 공급 수준과 조세수준에 대한 완전한 정보 등이 있다.

96 티부 모형은 지방 공공재는 비례재산세에 의해 조달된다고 가정한다. (○, ×)

97 티부 모형은 개인의 지역 간 이동이 완전히 자유로우며 비용도 들지 않을 것을 가정한다. (○, ×)

98 지방 공공재의 외부효과가 존재하더라도 티부 가설은 성립한다. (○, ×)

99 티부 모형은 자신이 선호하는 지방자치단체로 이주하는 선택을 통해 개인의 공공재 선호를 드러낸다.
(○, ×)

100 티부 가설에 따르면 균형 상태에서는 지역별로 비슷한 기호와 소득 수준의 사람들이 모여 살게 된다.
(○, ×)

101 정부 간 보조금은 중앙정부와 지방정부 간 수직적 재정 형평화, 지방정부 상호 간 수평적 재정 형평화, 재정적 외부성의 교정, 가치재의 공급 등의 차원에서 그 필요성이 인정된다. (○, ×)

102 무조건부 교부금(unconditional grants)은 중앙정부가 지방정부와 세입을 공유한다는 입장에서 아무런 조건 없이 제공하는 교부금을 뜻한다. (○, ×)

103 무조건부 교부금은 대체효과가 발생하지 않으며 지방주민의 공공서비스와 사적재 소비를 동시에 증가시킬 수 있다. (○, ×)

104 비대응교부금(non-matching grants)은 중앙정부가 지방정부와 세입을 공유한다는 입장에서 아무런 조건 없이 제공하는 교부금을 뜻한다. (○, ×)

105 비대응교부금은 소득효과만을 갖는다. (○, ×)

정답 및 해설

96 ○

97 ○

98 X   티부 가설이 성립하기 위해서는 지방 공공재의 외부효과가 존재하지 않아야 한다.

99 ○

100 ○

101 ○

102 ○

103 ○   무조건부 교부금은 공공재 공급뿐만 아니라 지방세를 감면하거나 사용재 소비에 사용할 수 있다.

104 X   비대응교부금은 현물보조와 유사한 조건이 있는 보조금이다.

105 ○   비대응교부금은 현물보조와 유사한 성격을 띠며 소득효과만을 갖는다.

106 조건부 정액보조금은 현물보조와 유사한 형태이다. (○, ×)

107 중앙정부가 제공하는 조건부 정액보조금은 공공재 생산에만 사용해야 한다는 전제가 붙어있다. (○, ×)

108 조건부 정률(定率)보조금은 지방 공공재의 가격을 변화시킨다. (○, ×)

109 개방형 대응보조금은 지역 공공재의 소비에 대하여 대체효과와 소득효과가 모두 작용한다. (○, ×)

110 개방형 대응보조금은 지역 공공재의 소비는 증가시키나 사용재의 소비는 증가시킬 수도 있고 감소시킬 수도 있다. (○, ×)

111 무조건부 보조금보다 개방형 조건부 정률보조금하에서 더욱 적은 공공재가 생산된다. (○, ×)

112 동일 수준의 효용 가정하에서 무조건부 보조금과 개방형 대응보조금을 비교하면 지역 공공재의 소비량은 후자의 경우가 전자의 경우보다 많다. (○, ×)

113 우리나라의 국고보조금은 조건부 정률보조금의 한 예에 해당한다. (○, ×)

114 끈끈이효과(flypaper effect)에 의하면 무조건부 보조금이 동일액수의 소득 증가보다 지역 공공재 공급을 더 적게 초래한다. (○, ×)

115 끈끈이효과란 지방정부가 받는 보조금이 동일한 금액의 소득 증가보다 지역 공공재 공급을 더 적게 초래한다. (○, ×)

정답 및 해설

106 ○

107 ○

108 ○

109 ○

110 ○ 개방형 대응보조금 지급 시 소득효과에 의하면 공공재가 정상재라면 공공재와 사용재의 소비 모두 증가하고, 대체효과에 의하면 공공재가 정상재라면 공공재는 소비가 증가하지만, 사용재는 소비가 감소하기 때문에, 개방형 대응보조금은 지역 공공재의 소비는 증가시키나 사용재의 소비는 증가시킬 수도 있고 감소시킬 수도 있다.

111 × 공공재 생산에 비례하여 조건부 정률보조금을 받으므로 공공재 생산이 증가할 수 있다.

112 ○

113 ○

114 × 끈끈이효과에 의하면 무조건부 보조금이 동일액수의 소득 증가보다 지역 공공재 공급을 더 많이 초래한다.

115 × 더 많은 공공재를 생산한다.

01 재정적자와 국채 ★★

01
지식형
★★
적자재정에 따른 국채 발행의 효과에 관한 설명으로 옳은 것은? [세무사 21]

① 리카르도(D. Ricardo)는 총수요를 변화시킬 수 있다고 하였다.
② 러너(A. Lerner)는 내부채무는 미래세대의 부담을 증가시킨다고 하였다.
③ 통화주의자들은 총수요가 변한다고 하였다.
④ 배로(R. Barro)는 국민저축과 투자에 전혀 영향을 미치지 않는다고 하였다.
⑤ 케인즈학파는 국채 발행을 통해 조세부담을 경감시켜주어도 총수요는 변하지 않는다고 하였다.

02
지식형
★★
정부의 세금 인하로 인해 발생하는 경제적 효과로 옳지 않은 것은? [세무사 21]

① 가처분소득이 늘어나 화폐 수요가 증가한다.
② 소비지출이 증가하므로 총수요곡선이 오른쪽으로 이동한다.
③ 리카르도(D. Ricardo)의 대등 정리에 따르면 세금 인하로 인해 발생하는 재정적자를 국채로 충당할 때 총수요에 아무런 영향을 끼치지 않는다.
④ 구축효과가 없다는 가정하에 세금 감면액과 정부지출 증가액이 동일한 크기라면 두 정책의 총수요효과는 동일하다.
⑤ 구축효과가 없다는 가정하에 정부지출을 줄이는 만큼 세금을 감면하면 재정적자의 변화 없이 총수요를 감소시킨다.

정답 및 해설

01 ④ 배로(R. Barro)는 리카르도의 등가 정리를 통해 정부지출의 증가는 민간저축을 증가시켜 국민저축과 투자에 전혀 영향을 미치지 않는다고 하였다.

[오답체크]
① 리카르도(D. Ricardo)는 등가 정리를 통해 공채 발행이 총수요를 변화시킬 수 없다고 보았다.
② 러너(A. Lerner)는 외부채무는 미래세대의 부담을 증가시킨다고 하였다.
③ 통화주의자들은 공채 발행을 통한 정부지출의 증가는 구축효과를 일으켜 총수요가 불변한다고 하였다.
⑤ 케인즈학파는 국채 발행을 통해 조세부담을 경감시키면 승수효과를 통해 총수요가 증가한다고 보았다.

02 ④ 구축효과가 없다는 가정하에 세금 감면액과 정부지출 증가액이 동일한 크기라면 균형재정이다. 균형재정승수는 1이다. 예를 들어 100억원의 정부지출과 100억원의 조세감면이 이루어졌다면 100억원만큼 국민소득이 증가한다.

03 ★★
지식형
정부지출 증대를 위한 공채 발행이 경제에 미치는 영향에 관한 설명으로 옳은 것은? [세무사 18]

① 공채를 전액 중앙은행이 인수할 경우, 경기가 과열된 상태에서는 인플레이션을 억제하는 효과가 있다.
② 공채를 전액 중앙은행이 인수할 경우, 화폐공급량이 감소하기 때문에 유효수요 증대효과는 없다.
③ 공채가 전액 시중에서 소화될 경우, 이자율이 상승하고, 민간투자가 억제되는 현상을 구축효과라고 한다.
④ 공채의 잔액이 증가함에 따라 민간의 소비지출이 감소하는 현상을 러너효과라고 한다.
⑤ 공채가 전액 시중에서 소화될 경우, 중앙은행이 인수할 경우보다 유효수요의 증대효과가 크다.

04 ★★
지식형
국가채무에 관한 설명으로 옳지 않은 것은? [세무사 15]

① 인플레이션은 국가채무의 실질가치를 감소시킨다.
② 이자율 상승은 국가채무의 일부를 자동적으로 갚아주는 효과를 가진다.
③ 리카도의 대등 정리가 현실에서 성립할지라도 국채 발행은 여전히 미래세대의 부담으로 남는다.
④ 기술진보와 생산성의 증대로 미래세대가 현재세대보다 더 풍요로운 생활을 즐길 수 있다면, 국채에 의해 재원을 조달하는 것이 정당화될 수 있다.
⑤ 일반적으로 국채 발행은 어느 정도 구축효과를 통해 민간부문의 투자를 위축시킬 수 있다.

05 ★★
지식형
국채 발행에 관한 설명으로 옳지 않은 것은? [세무사 14]

① 이자율 상승은 국채의 시장가치를 하락시켜 정부부채를 줄이는 효과가 있다.
② 국채 발행이 증가하면 이자율이 상승하고, 원화환율이 하락하여 경상수지가 악화된다.
③ 러너로 대표되는 국채에 관한 전통적인 견해에 따르면, 내부채무의 경우 미래세대로 부담이 전가되지 않는다.
④ 리카도 대등 정리에 의하면, 국채를 발행하는 경우 민간소비가 증가하여 총수요가 증가한다.
⑤ 리카도 대등 정리가 성립하면, 국채 상환에 대비한 저축이 증가하여 이자율이 오르지 않아서 구축효과가 발생하지 않는다.

06 ★★
지식형
재정적자의 경제적 효과에 관한 설명으로 옳은 것을 모두 고른 것은? [세무사 13]

> ㄱ. 통화주의학파는 경제 불황기에는 호황기에 비해 구축효과가 크게 나타난다고 하였다.
> ㄴ. 국채 발행을 통해 재정적자를 충당하면 케인즈학파는 승수효과만큼 총수요 증가를 가져온다고 하였다.
> ㄷ. 리카도(D. Ricardo) 대등 정리가 성립하지 않는 경우에 재정적자를 국채로 충당하면 국제수지를 악화시킨다.

① ㄱ   ② ㄱ, ㄷ   ③ ㄴ
④ ㄴ, ㄷ   ⑤ ㄷ

★★
07
지식형

특정 회계연도의 정부지출은 300조원, 정부수입은 270조원이어서 30조원을 국채로 조달하였다. 정부수입은 모두 조세 형태이며, 재정적자는 전액 국채로 충당한다고 가정할 경우, 리카도(D. Ricardo) 대등 정리에 부합하는 것으로 옳은 것은? [세무사 13]

① 정부지출이 증가하면 총수요가 영향을 받는다.
② 정부지출 수준은 그대로 유지한 채 감세를 통해 정부수입을 축소시키면 경기를 부양하는 효과가 발생한다.
③ 정부지출이 증가할 때 구축효과로 인하여 총수요는 영향을 받지 않는다.
④ 경기 침체기에는 조세보다 국채로 정부지출 재원을 조달하는 것이 효과적이다.
⑤ 경기 호황기에는 조세보다 국채로 정부지출 재원을 조달하는 것이 효과적이다.

정답 및 해설

03 ③ ① 중앙은행이 공채를 인수함에 따라 통화량이 증가하면 인플레이션이 유발될 가능성이 크다.
② 정부가 공채를 시중에 매각할 때는 통화량의 변화가 나타나지 않지만, 공채를 중앙은행이 인수하면 통화량이 증가하게 된다. 그러므로 공채를 중앙은행이 인수하면 시중에서 소화될 때보다 유효수요 증대효과가 크게 나타난다.
④ 국공채 발행으로 민간보유 금융자산이 증가하면 자산 보유자들이 더 부유하게 되었다고 느끼게 되어 민간의 소비지출이 증가할 수도 있는데, 이를 국공채의 자산효과(wealth effect) 혹은 러너효과(Lerner effect)라고 한다.
⑤ 중앙은행의 통화발행은 승수효과를 발생시키므로 시중보다 더 큰 유효수요 증대효과가 있다.

04 ③ 리카도의 대등 정리에 의하면 국채가 발행되면 현재세대는 미래세대의 부담 증가를 우려하여 더 많은 유산을 물려주기 위해 저축을 증가시킨다. 그러므로 리카도의 대등 정리에 의하면 국채가 발행되면 그 부담은 현재세대가 지게 된다.

05 ④ 리카도의 대등 정리에 의하면 국채 발행으로 조세감면이 이루어지더라도 경제의 실질변수에는 아무런 변화가 발생하지 않는다. 즉, 국채가 발행되고 조세가 감면되어 가처분소득이 증가하더라도 합리적인 개인들은 미래의 조세 증가를 예견하고 이를 모두 저축하므로 민간소비는 전혀 변하지 않는다. 이처럼 국채가 발행되더라도 민간소비가 변하지 않으므로 총수요도 전혀 변하지 않는다.

06 ④ 경제가 불황일 때는 확대적인 재정정책을 시행하더라도 이자율이 별로 상승하지 않으므로 호황기일 때보다 구축효과가 적게 나타날 가능성이 크다.

07 ① 리카도의 대등 정리가 성립한다면 정부지출 재원조달방식의 변경은 실질변수에 아무런 영향을 미치지 않지만 정부지출이 증가하면 그 이전보다 총수요는 증가한다.

08 리카도(D. Ricardo)의 대등 정리에 관한 설명으로 옳지 않은 것은? [세무사 12]

지식형

① 국채 발행의 부담이 미래세대로 전가되지 않는다.
② 국채 발행이 국민저축과 투자에 영향을 미치지 않는다.
③ 개인들은 공공부문의 부채를 정확하게 파악하여 의사결정을 한다.
④ 개인들은 원하는 차입을 아무런 제한 없이 조달할 수 있다는 자본시장의 완전성을 전제로 한다.
⑤ 재정적자가 증가하면 민간저축이 감소한다.

09 공채에 관한 설명으로 옳지 않은 것은? (단, 다른 조건은 일정하다고 가정한다) [세무사 11]

지식형

① 리카르도(D. Ricardo)의 대등 정리(equivalence theorem)에 따르면, 재정지출 재원을 공채 발행으로 조달하는 경우와 조세로 조달하는 경우의 경제적 효과는 동일하다.
② 러너(A. Lerner)에 따르면, 외부채무(external debt)는 정부지출 재원을 민간부문에서 조달하기 때문에 미래세대의 부담이 늘어나지 않는다.
③ 공채 발행에 따른 재정지출의 증가가 민간투자를 감소시키는 현상을 구축효과라고 한다.
④ 이자율에 영향을 주지 않을 만큼 민간부문에 여유자금이 충분할 경우, 정부의 공채 발행을 통한 재원 조달로 인하여 구축효과가 발생하지 않는다.
⑤ 공채 발행의 증가는 이자율의 상승을 초래하여 무역수지를 악화시킬 수 있다.

02 공공요금의 이론 ★★★

10 공공요금과 관련된 설명으로 옳지 않은 것은? [세무사 19]

지식형

① 일반적으로 공공부문이 생산하는 재화나 서비스의 한계비용 가격설정은 효율적인 결과를 초래할 수 없다.
② 전기, 수도 등 사용재의 성격을 갖는 재화나 서비스의 경우에는 조세보다 공공요금을 부과함으로써 자원배분의 효율성을 높일 수 있다.
③ 규모의 경제가 작용하는 재화나 서비스의 경우에는 한계비용에 따라 가격을 설정한다면 손실이 발생할 수 있다.
④ 램지 가격설정은 효율성을 달성할 수 있으나 분배상 문제를 일으킬 수 있다.
⑤ 공공요금 설정에서 분배적 측면을 고려한 낮은 가격책정은 정부의 재정부담을 증가시킬 수 있다.

11 ★★
지식형

규모수익체증하에서 적정 공공요금 결정 이론에 관한 설명으로 옳지 않은 것은?　　　　　　[세무사 18]

① 한계비용 가격설정방법으로 요금을 결정하면, 공급되는 공공서비스양은 효율적이다.
② 한계비용 가격설정방법으로 요금을 결정하면, 공공서비스를 생산하는 기관은 이윤을 창출할 수 없다.
③ 평균비용 가격설정방법으로 요금을 결정하면, 공급되는 공공서비스양은 비효율적이다.
④ 평균비용 가격설정방법으로 요금을 결정하면, 공공서비스를 생산하는 기관은 이윤을 창출할 수 있다.
⑤ 이부가격제도(two-part tariff)는 기업의 손실 규모를 줄이기 위하여 도입된다.

12 ★★
지식형

규모에 대한 수확체증인 공공서비스 공급에 있어서 가격을 한계비용과 같도록 설정함으로써 발생하는 손실을 해결하려는 방안으로 옳지 않은 것은?　　　　　　[세무사 16]

① 일반 세원으로 손실을 충당한다.
② 공공서비스의 평균비용으로 공공서비스가격을 결정한다.
③ 소비자가 사용하는 양에 따라 다른 가격을 설정한다.
④ 소비자로 하여금 일정한 금액을 지불하게 한 다음 소비자가 구입하는 양에 비례하여 추가적인 가격을 설정한다.
⑤ 한계수입과 한계비용이 같은 점을 공공서비스가격으로 한다.

재정학의 기타주제

제12장

해커스 서호성 재정학

정답 및 해설

08 ⑤ 리카도의 대등 정리에 의하면 재정적자로 인해 국채가 발행되면 사람들은 미래의 조세부담이 증가할 것을 예견하고 저축을 증가시킨다. 그러므로 재정적자가 증가하면 민간저축이 증가한다.

09 ② 러너에 의하면 내국채의 경우에는 미래세대가 국채 원리금의 상환을 위해 조세를 부담해야 하나 그 원리금 상환도 미래세대에게 이루어지므로 미래세대의 부담이 늘어나지 않는다. 그러나 외국채의 경우에는 원리금은 외국인에게 지급되나 미래세대는 국채 상환을 위해 조세를 부담해야 하므로 그 부담이 미래세대에게 전가된다.

10 ① 한계비용 가격설정은 수량은 효율적이지만 생산기업이 적자가 나는 단점을 가진다.

11 ④ 규모에 대한 수익이 체증하는 경우 한계비용 가격설정방식으로 요금을 결정하면 적자가 발생하나 평균비용 가격설정방식으로 요금을 설정하면 가격과 평균비용이 동일하므로 공공서비스를 생산하는 기관의 이윤은 0이 된다.

12 ⑤ 규모의 경제가 존재하는 공공서비스의 요금을 한계수입과 한계비용이 일치하는 점에서 결정하면 이윤극대화는 이루어지나 생산량이 대폭 감소하므로 후생손실이 커진다. 그러므로 한계수입과 한계비용이 일치하는 수준에서 공공서비스요금을 설정하는 것은 바람직하지 않다.

[오답체크]
②는 평균비용 가격설정에 대한 설명이다.
③은 제2급 가격차별에 대한 설명이다.
④는 이부요금제도에 대한 설명이다.

13
★★
지식형

공공요금에 관한 설명으로 옳지 않은 것은?   [세무사 15]

① 공공요금을 정부가 관리하는 중요한 이유 중의 하나는 관련 공기업이 자연독점 성격을 가지기 때문이다.
② 평균비용곡선이 우하향하는 경우, 한계비용 가격설정방식은 평균비용 가격설정방식보다 사업 손실을 줄일 수 있다.
③ 한계비용 가격설정방식을 적용할 경우, 공기업의 손실을 보전하는 방법으로 차별요금제와 이부요금제를 고려할 수 있다.
④ 이부요금제는 서비스 이용기회에 대한 기본요금과 소비량에 대한 사용요금으로 구성된다.
⑤ 최대부하 가격설정방식(peak-load pricing)이란 수요의 변동을 평준화시킴으로써 설비를 최적으로 이용하는 것을 목적으로 한다.

14
★★
지식형

비용체감산업에 관한 설명으로 옳지 않은 것은?   [세무사 14]

① 비용체감산업에서는 평균비용보다 한계비용이 낮다.
② 비용체감산업은 장기 평균비용이 감소하는 특징으로 나타난다.
③ 한계비용 가격설정방식에 따르면 손실이 발생하지 않는다.
④ 비용체감산업은 시간이 경과함에 따라 자연독점화하는 경향을 보인다.
⑤ 비용체감산업은 초기에 대규모 설비투자가 요구되는 경향이 있다.

15
★★
지식형

기존 시설에 대한 초과 수요가 존재할 경우 이 시설을 가장 효율적으로 이용할 수 있도록 공공요금을 책정하는 방법은?   [세무사 14]

① 평균비용과 일치시키는 공공요금
② 평균비용에서 경제적 지대를 제외한 공공요금
③ 장기 한계비용과 일치시키는 공공요금
④ 경제적 지대만큼의 공공요금
⑤ 한계비용에 경제적 지대를 추가한 공공요금

16
★★
지식형

오이(W. Y. Oi)에 의해 제시된 최적 이부요금에 관한 설명으로 옳지 않은 것은?   [세무사 17]

① 총요금 중에서 고정 수수료와 사용 단위당 요금 사이의 비중은 재화를 공급받는 소비자들의 고정 수수료에 대한 탄력성에 의존한다.
② 램지의 가격설정방식에서 적용된 역탄력성 법칙과 유사하다.
③ 고정 수수료에 대한 탄력성이 클수록 고정 수수료를 낮게 책정하고 사용 요금을 높게 책정하면 효율성이 증가한다.
④ 단일요금 부과의 경우에 비하여 더 높은 효율성을 달성할 수 있다.
⑤ 최적 이부요금은 비용함수와 수요함수만을 이용하면 산출할 수 있다.

17 ★★
지식형

공공서비스의 가격설정 이론에 관한 설명으로 옳지 않은 것은? [세무사 13]

① 규모의 경제가 존재할 때 한계비용 가격설정을 할 경우 결손이 발생한다.
② 이부가격제도에서 공공요금은 독점적 생산자가 소비자잉여의 크기를 미리 예상해 이를 가입비로 받고 사용료는 한계비용과 일치하게 설정한다.
③ 자연독점일 경우 평균비용 가격설정을 하면 경제적 이윤은 0이 된다.
④ 최대부하 가격설정(peak-load pricing)에서 비부하기(off-peak period)의 단위당 공공요금은 한계비용 수준으로 설정하는 것이 효율적이다.
⑤ 규모의 경제가 존재할 때 평균비용 가격설정으로 효율적인 생산량을 도출할 수 있다.

18 ★★
지식형

공공요금 결정 원리에 관한 설명으로 옳지 않은 것은? [세무사 12]

① 공기업이 동일한 서비스 공급에 대해 차별가격을 적용하여, 수요의 가격탄력성이 높은 그룹에는 낮은 가격을, 낮은 그룹에는 높은 가격을 적용함으로써 효율성 상실을 최소화할 수 있다.
② 이부요금제는 서비스 이용기회 제공에 대해 부과하는 고정요금과 실제 소비량에 대해 부과하는 종량요금으로 구성된다.
③ 이부요금제는 전화, 전기, 가스처럼 관로나 선을 통해 서비스를 공급하는 경우에 주로 적용된다.
④ 최대부하 가격 결정 원리는 성수기와 비수기에 따라 요금을 달리함으로써 수요의 변동 폭을 줄여, 설비의 최적 이용을 실현하기 위한 것이다.
⑤ 이부요금제에서 관로나 선을 통해 공급된 서비스는 수요의 가격탄력성이 높기 때문에 기업이 고정요금 인상을 통해 부담을 이용자에게 전가시킬 수 있다.

정답 및 해설

13 ② 평균비용곡선이 우하향하는 한계비용 가격설정방식하에서는 적자가 발생하나 평균비용 가격설정방식을 사용하면 적자가 발생하지 않는다. 그러므로 한계비용 가격설정방식보다 손실을 줄일 수 있는 방법이 평균비용 가격설정방식이다.

14 ③ 한계비용 가격설정을 하면 효율적인 생산이 이루어지지만 손실이 발생한다.

15 ⑤ 문제의 경우에서 공공시설의 효율적인 이용이란 측면에서 보면 초과 수요가 존재하므로 한계비용에 공공시설의 보유에 따른 경제적 지대를 더한 수준으로 공공요금을 설정하는 것이 바람직하다.

16 ⑤ 최적 이부요금을 계산하기 위해서는 비용함수와 수요함수뿐만 아니라 각 소비자의 선호에 대한 정보가 필요하다.

17 ⑤ 평균비용 가격설정은 기업의 적자가 발생하지는 않으나 효율적 생산이 이루어지지 않는다.

18 ⑤ 전화, 전기, 가스 등과 같이 관로나 선을 통해 공급되는 서비스는 대부분 필수재이므로 수요가 매우 비탄력적이다. 탄력적인 경우 가격 인상 시 수요량이 급격히 감소하므로 이용자에게 전가시킬 수 없다.

19 공공부문이 공급하는 재화나 서비스에 대한 공공요금 부과와 관련된 설명으로 옳지 않은 것은?
지식형
[세무사 11]

① 공공요금 부과의 정당성은 공공요금이 가격기능을 수행하게 하여 자원배분의 효율성을 높이는 데 있다.
② 비용체감산업의 경우, 한계비용 가격설정방식을 적용하면 효율성을 달성하지만 손실이 발생한다.
③ 비용체감산업의 경우, 평균비용 가격설정방식을 적용하면 손실은 발생하지 않지만 과소 생산으로 인한 비효율이 발생한다.
④ 램지 가격설정 원칙에 따르면, 비효율성을 최소화시키기 위해서는 수요의 가격탄력성이 클수록 가격과 한계비용의 격차는 상대적으로 더 크게 설정되어야 한다.
⑤ 공공요금 부과를 통해서 소득재분배목표를 달성하려는 정책은 효율성을 저해시킬 뿐만 아니라 손실보전 문제를 발생시킬 우려가 있다.

03 지방재정 ★★

20 지방분권제도에 관한 설명으로 옳지 않은 것은?
지식형
[세무사 21]

① 지역의 특성을 반영한 제도의 도입이 용이하다.
② 지역주민의 욕구를 반영한 행정을 실현할 수 있다.
③ 자치단체 간 경쟁을 유발하여 효율적인 생산을 촉진한다.
④ 중앙정부의 교부금으로 인해 지방의 재정자립도가 높아진다.
⑤ 지역 간 재정능력의 불균형으로 지역 간 격차가 커질 수 있다.

21 티부(C. Tiebout) 가설에 관한 설명으로 옳지 않은 것은?
지식형
[세무사 21]

① 개인의 완전한 이동성이 보장되어야 한다.
② 지방정부가 취한 행동이 외부성을 발생시키지 않아야 한다.
③ 상이한 재정프로그램을 제공하는 지역사회의 수가 충분히 많아야 한다.
④ 각 지역사회가 공급하는 재화와 조세에 대해 주민이 완전한 정보를 가지고 있어야 한다.
⑤ 공공재의 생산 규모가 증가할수록 단위당 생산비용이 하락하는 규모의 경제가 발생하여야 한다.

★★
22
지식형

지방분권에 관한 설명으로 옳지 않은 것은?

[세무사 19]

① 정부부문의 총지출 중 중앙정부의 직접적 지출이 차지하는 비율을 중앙집권화율이라 하며, 분권 수준을 파악하는 지표로 사용된다.

② 오우츠는 공공재 공급비용이 동일하다면 지방 공공재는 중앙정부보다 지방정부가 공급하는 것이 효율적일 수 있다고 주장하였다.

③ 오우츠의 분권화 정리는 공공재 공급에 있어서 규모의 경제가 있고, 인접 지역으로의 외부성이 없는 경우에 성립한다.

④ 티부는 개인들의 지역 간 이동이 자유롭다면, 개인들이 선호하는 지방정부를 선택하는 '발에 의한 투표'를 주장하였다.

⑤ 티부 모형은 지방정부의 재원은 재산세로 충당하는 것을 상정하고 있다.

정답 및 해설

19 ④ 램지 가격설정 원칙에 따르면 주어진 재정수입을 확보하면서도 효율성 상실을 극소화하기 위해서는 수요의 가격탄력성이 큰 재화일수록 가격과 한계비용의 격차가 상대적으로 더 작게 공공요금이 설정되어야 한다.

20 ④ 교부금은 국가가 지방자치단체의 재정을 지원하기 위한 것, 국가 또는 지방자치단체가 그 사무의 일부를 위임하고 이에 소요되는 비용을 충당해 주기 위한 것이다. 따라서 중앙정부의 교부금으로 인해 지방의 재정자립도가 낮아진다.

21 ⑤ 티부 모형의 가정은 다음과 같다.

1) 다수의 지역사회가 존재
   다양한 지방정부가 상이한 재정프로그램을 제공한다.

2) 완전한 정보
   사람들은 지방정부마다 제공되는 재정프로그램이 어떻게 다른지를 정확히 알고 있다.

3) 완전한 이동성
   집을 사고파는 거래비용이나, 직장의 이동 등 개인이 지방정부를 선택하기 위한 이동성에 제약을 주는 요소가 없다.

4) 규모에 대한 수익 불변의 생산기술
   규모의 경제가 없다는 의미이다. 만약 규모의 경제가 존재한다면 규모가 큰 소수의 지방정부만 존재하는 상황이 발생하기 때문이다.

5) 외부성이 존재하지 않음
   각 지방정부가 수행한 사업에서 나오는 혜택을 그 지역주민만 누릴 수 있다.

6) 지방정부의 재원은 재산세
   지방정부의 재원은 재산세이며 그 지역에 주택을 보유하는 사람들이 낸 세금에 의해 충당된다.

22 ③ 오우츠의 분권화 정리는 규모의 경제가 발생하지 않는 경우에 성립한다.

23 ★★
지식형

지방분권화에 관한 설명으로 옳지 않은 것은? [세무사 18]

① 분권화로 지역들이 차별성을 가지고, 여러 지역 중에서 투표자가 자신이 원하는 곳을 선택할 수 있다면 결과적으로 후생이 증가할 수 있다.
② 분권화로 지방정부는 각 지역의 특성에 부합하는 다양한 정책들을 시도할 수 있다.
③ 한 지역의 공공재가 다른 지역에도 영향을 주는 외부성을 가지고 있는 경우 분권화는 효율적인 공공재배분을 가능하게 한다.
④ 조세행정에는 규모의 경제가 존재하기 때문에 국세 행정을 이용하여 징수하고 이후 지방으로 배분하는 형태로 조세행정과 재정배분이 이루어지기도 한다.
⑤ 지방자치단체장은 선거를 통해 선출되기 때문에 지역주민들의 수요에 민감하게 반응한다.

24 ★★
지식형

지방재정조정제도의 하나인 보조금제도에 관한 설명으로 옳지 않은 것은? [세무사 17]

① 우리나라의 국고보조금은 조건부 보조금(conditional grant)이다.
② 우리나라의 보통교부세는 무조건부 보조금(unconditional grant)이다.
③ 무조건부 보조금은 그 중 일부가 지역주민의 조세부담을 완화시키는 데 사용될 수 있다.
④ 비대응보조금(non-matching grant)은 지역주민의 사적재 소비를 늘리도록 영향을 미칠 수 있다.
⑤ 대응보조금(matching grant)은 공공재의 소비를 증가시키고 지방정부의 재정부담 완화로 사적재의 소비도 증가시킨다.

25 ★★
지식형

재정연방체제 이론에 따른 중앙정부와 지방정부 간 기능 배분에 관한 설명으로 옳지 않은 것은? [세무사 16]

① 공공재 공급효과가 미치는 공간적 범위에 따라 중앙정부와 지방정부가 공급해야 할 공공재를 구분해야 한다.
② 조세부담-편익 연계가 강한 공공재는 지방정부가, 그렇지 않은 공공재는 중앙정부가 공급하는 것이 바람직하다.
③ 무임승차의 가능성이 높은 공공재의 경우에는 중앙정부가, 그렇지 않은 공공재는 지방정부가 공급하는 것이 바람직하다.
④ 국방과 외교는 중앙정부가, 쓰레기 수거와 거리청소는 지방정부가 공급하는 것이 바람직하다.
⑤ 부정적 외부성이 존재하는 공공재는 중앙정부가, 긍정적 외부성이 존재하는 공공재는 지방정부가 공급하는 것이 바람직하다.

26 ★★
지식형

중앙정부의 지방자치단체에 대한 교부금 지원이 초래하는 끈끈이효과(flypaper effect)에 관한 설명으로 옳지 않은 것은? [세무사 16]

① 지방정부의 공공재 지출 증대효과는 중앙정부의 정액교부금 지원을 통한 경우가 중앙정부의 조세감면-주민소득 증가에 의한 경우보다 효과가 더 크다.
② 중앙정부의 교부금으로 인해 지방 공공재의 생산비가 하락한 것으로 주민들이 인식하는 경향이 있다.
③ 지역주민이 중앙정부의 교부금 지원에 따른 한계조세가격의 하락으로 인식하는 재정착각에 빠질 수 있다.
④ 관료들이 중앙정부로부터 교부금을 받았다는 사실을 공개할 때 나타나는 현상이다.
⑤ 지방자치단체 관료들의 예산극대화 동기와 무관하지 않다.

27 ★★
지식형

지방재정에 있어서 교부금(grants)에 관한 설명으로 옳지 않은 것은? [세무사 13]

① 범주적 교부금(categorical grants)은 중앙정부가 특정한 조건을 달고 지방정부에 제공하는 교부금이다.
② 대응교부금(matching grants)은 지방정부가 어떤 사업을 수행할 경우 비용의 일정 부분을 중앙정부가 부담하는 방식으로 교부금을 지급하는 방식이다.
③ 비대응교부금(non-matching grants)은 대응교부금과 달리 아무런 대응조건 없이 중앙정부가 교부하는 교부금이다.
④ 대응교부금은 가격보조에 해당하고 비대응교부금은 소득보조에 해당한다고 볼 수 있다.
⑤ 무조건 교부금(unconditional grants)은 중앙정부가 지방정부와 세입을 공유한다는 입장에서 아무런 조건 없이 제공하는 교부금을 뜻한다.

정답 및 해설

23 ③ 지방정부는 그 지역의 공공재 공급이 다른 지역에 미치는 외부성을 고려하지 않을 것이므로 외부성이 존재하는 경우 분권적인 체제하에서는 공공재의 효율적인 공급이 이루어지기 어렵다.

24 ⑤ 대응보조금이 지급되는 경우에는 지방정부의 공공재에 대한 지출 규모가 커질수록 중앙정부의 보조금도 증가한다. 그러므로 대응보조금이 지급될 때 지방정부의 공공재에 대한 지출 규모가 매우 커지면 지역주민의 사적재 소비가 그 이전보다 감소할 수도 있다.

25 ⑤ 긍정적이든 부정적이든 간에 지역 간 외부성이 발생하는 공공재의 경우는 지방정부가 공급하면 과소 공급 혹은 과다 공급이 이루어질 수 있으므로 중앙정부가 공급하는 것이 바람직하다.

26 ④ 끈끈이효과가 나타나는 이유는 지방 관료들도 예산 규모 극대화를 추구하는 경향이 있기 때문에 중앙정부가 보조금을 지급하더라도 이를 지역주민에게 공개하지 않고 더 높은 지출 수준을 유지하려고 하기 때문이다. 만약 중앙정부로부터 보조금을 받았다는 사실이 공개되면 지역주민의 재정착각이 나타나지 않을 것이므로 끈끈이효과가 완화될 것이다.

27 ③ 조건부 교부금은 대응교부금과 비대응교부금으로 나누어진다. 대응교부금은 지방정부가 수행하는 사업에 소요되는 비용의 일정 부분을 중앙정부가 부담하는 방식으로 지급하는 보조금이다. 그러므로 대응교부금은 가격보조에 해당하는 방식으로 지급하는 보조금이다. 이에 비해 비대응교부금은 중앙정부가 일정 규모의 보조금을 지급하되 이를 특정한 공공사업에 사용해야 한다는 조건을 붙인 보조금이다. 그러므로 비대응교부금은 소득보조에 해당하는 효과를 갖는 보조금이다.

★★ 28
지식형

중앙정부와 지방정부의 재정기능에 관한 설명으로 옳지 않은 것은? [세무사 12]

① 티부(C. Tiebout)는 주민이 자유롭게 거주지를 선택할 수 있다면 지방 공공재가 효율적으로 공급될 수 있다고 하였다.
② 공공재로부터 편익의 귀속 지역이 전국적인 경우에는 중앙정부가, 지방 단위에 그치는 경우에는 지방정부가 공급하는 것이 바람직하다.
③ 지역 간 공공재에 대한 선호가 이질적인 경우 중앙정부가 일률적으로 공급하는 것이 효율적이다.
④ 공공재 공급에 있어서 규모의 경제가 발생하는 경우 중앙정부가 공급하는 것이 바람직하다.
⑤ 소득재분배기능은 전국적인 수준에서 시행되어야 하므로 중앙정부가 맡는 것이 바람직하다.

★★ 29
지식형

지방재정과 관련한 설명으로 옳지 않은 것은? [세무사 11]

① 오우츠(W. Oates)의 분권화 정리에 따르면, 지방정부에 의한 지방 공공재 공급이 주민들의 선호를 더 잘 반영할 수 있다.
② 공공재가 공간적 파급효과(spillover effect)를 발생시킬 경우, 지방정부가 공급하는 것이 효율적이다.
③ 티부(C. Tiebout) 모형에 따르면, 지방 공공재의 경우 분권적인 배분체계에서 효율적인 자원배분을 실현할 수 있다.
④ 경제정책의 세 가지 목표인 경제안정, 소득재분배, 자원배분 중 지방정부에서는 자원배분의 역할이 강조된다.
⑤ 지방재정조정제도의 주요 목적은 수평적 재정 형평성 및 수직적 재정 형평성의 제고에 있다.

정답 및 해설

28 ③ 오우츠의 분권화 정리에 따르면 지역별로 공공재에 대한 선호가 이질적이면 중앙정부가 일률적으로 공급하는 것보다는 지역주민의 선호를 잘 알고 있는 지방정부가 공급하는 것이 더욱 더 효율적이다.

29 ② 공공재가 지역 간 외부성(spillover effect)을 발생시키는 경우에는 지방정부가 공급하는 것보다는 중앙정부가 공급하는 것이 더 효율적이다.

해커스
서호성
재정학

개정 2판 3쇄 발행 2024년 6월 24일

개정 2판 1쇄 발행 2023년 1월 26일

지은이	서호성
펴낸곳	해커스패스
펴낸이	해커스 경영아카데미 출판팀

주소	서울특별시 강남구 강남대로 428 해커스 경영아카데미
고객센터	02-537-5000
교재 관련 문의	publishing@hackers.com
학원 강의 및 동영상강의	cpa.Hackers.com

ISBN	979-11-6880-988-8 (13320)
Serial Number	02-03-01

회계사 · 세무사 · 경영지도사 단번에 합격,
해커스 경영아카데미 cpa.Hackers.com

해커스 경영아카데미

· 서호성 교수님의 **본 교재 인강** (교재 내 할인쿠폰 수록)
· **세무사 기출문제, 시험정보/뉴스** 등 추가 학습 콘텐츠
· 선배들의 성공 비법을 확인하는 **시험 합격후기**